El sol bajo la seda

ÉRIC MARCHAL

El sol bajo la seda

Traducción de
Joan Riambau

Grijalbo

Título original: *Le soleil sous la soie*

Primera edición: febrero, 2014

Printed in Spain – Impreso en España

ISBN: 978-84-253-4974-4
Depósito legal: B-28.564-2013

Compuesto en Fotocomposición 2000, S. A.

Impreso en Rodesa
Villatuerta (Navarra)

GR 4 9 7 4 4

A E. & R.,
a H. & B

Nota

Algunos personajes de esta novela son imaginarios y otros reales, con su verdadero nombre o a veces bajo uno ficticio, en función de las libertades tomadas en la adaptación de sus vidas.

La intriga, por su parte, es ficción, aunque utiliza numerosos acontecimientos de la historia de Francia y del ducado de Lorena, desde los más conocidos hasta algunos sucesos oscuros u olvidados.

1

Ducado de Lorena, enero de 1694

La casucha le mantenía al resguardo como un abrigo de paño español. La divisó, a la salida del bosque de Nomeny, cuando el cielo plomizo dejó caer sobre él una tromba de copos de nieve. Tironeó hasta el agotamiento de las riendas de su mula, que se negaba a entrar, y se tumbó con el animal frente a la chimenea, en la que solo quedaba un manto de ceniza fría. Al despertar constató con alivio que alguien había dejado un haz de leña seca y se apresuró a encender un fuego. Ya tendría ocasión al día siguiente de ir a por unas ramas secas para dejarlo tal cual lo había encontrado. La vivienda, toda ella de adobe, estaba deshabitada. Tal vez perteneciera a una familia que había huido cuando llegaron las tropas francesas. O de la hambruna, que rondaba por aquellas tierras.

Lorena no pasaba por su momento más glorioso en aquel fin de siglo, martirizada por treinta años de guerra y de ocupación francesa, con un clan ducal exiliado en Austria, en campaña abierta contra Luis XIV. Abandonados a su suerte, los habitantes pagaban un gravoso tributo debido al conflicto con el alistamiento de los suyos en la milicia y los impuestos exigidos en todas las circunscripciones para el mantenimiento de las tropas.

Nicolas se frotó las manos antes de acercarlas a las generosas llamas. Temía sobre todo los sabañones y las grietas, que en esa época del año aparecían aunque viajara siempre con las manos arrebujadas en unos mitones de lana. Eran su más preciada herramienta, más incluso que sus lancetas y tenacillas.

La mula también se había aproximado a la fuente de calor y le mostraba los costados. Nicolas había descargado sus cosas, que cabían en dos sacos de lona y un maletín, y las había depositado en el ángulo opuesto a la chimenea, junto a la puerta por la que el viento se colaba aullando a cada ráfaga. Su último paciente, un granjero del pueblo de Solgne, le había dado víveres para resistir tres o cuatro días. Le había eliminado un bulto en la base del cuello mediante un emplasto que el médico Pierre Alliot había aplicado con éxito al hijo del duque de Lorena. Ese detalle había tranquilizado al hombre, al igual que la perspectiva de evitar una dolorosa cauterización.

Nicolas abrió su maletín y sacó el tratado de Govert Bidloo. Aunque la obra estaba en latín, cosa que le impedía leerlo, las láminas de anatomía que la ilustraban lo fascinaban. Habían sido creadas por el pintor Gérard de Lairesse. Cada dibujo, a lápiz, aportaba un realismo pasmoso a las realizaciones del cirujano holandés. Había comprado el libro en la feria de Metz el verano anterior, y desde entonces no había pasado un día ni una noche sin que ojeara un pasaje o contemplara un dibujo para grabar en su memoria cada detalle.

La única ventana de la casucha permanecía cubierta por un vaho perlado de gotas de agua. Nicolas se percató en ese instante de que no estaba cerrada con tablas de madera, y eso le intrigó. Aquel lugar, aunque estuviera impregnado de humedad, no olía a moho como era habitual en las estancias en las que solía alojarse. La mula se había acercado al vidrio y lamía a lengüetazos la condensación, y el aire exhalado por sus ollares la cubría de nuevo. Cuando se detuvo y volvió a su lugar junto al fuego, Nicolas vio claramente una sombra que se deslizaba por el exterior. Alguien lo observaba. Abrió la puerta sin brusquedad y vio a un niño harapiento que corría por el sendero. Iba descalzo. Cuando Nicolas le gritó que se detuviera, el chiquillo redobló sus esfuerzos. Al llegar a la linde del bosque se volvió, sin aliento.

—¡Ven aquí, no tengas miedo!

El niño desapareció entre las sombras del sotobosque. Un aullido resonó en la profundidad de la masa verde, y otros le respondieron a su vez. Un grito animal que conocía bien. Lobos. Había numerosas manadas, a las que el invierno y la rabia habían vuelto agresivas. Rondaban incluso cerca de los pueblos. Nicolas titubeó ante la posibilidad de ir tras el niño, pero finalmente dio media vuelta, persuadido de que no había nada que temer, pues sin duda el chiquillo ya estaría junto a sus padres, que debían de haber hallado un hogar en el bosque, como cientos de otros. Los franceses habían bautizado *schenapans* a aquellos que se habían negado a alistarse en las tropas del rey y los perseguían por los caminos loreneses. Los *schenapans* eran una peste. Cogió la hogaza de pan más grande que tenía, la envolvió en un paño limpio y la metió en el hueco de uno de los muros exteriores, a una altura suficiente para quedar fuera del alcance de los animales hambrientos. La cosecha había dado aquel año trigo abundante y de calidad, y las reservas eran más copiosas que de costumbre. Nicolas podía beneficiarse de ello gracias a la generosidad de sus pacientes. Los cirujanos barberos y los cirujanos ambulantes eran los únicos practicantes que pasaban por pueblos y aldeas, abandonados por los médicos y los boticarios, que preferían ejercer en poblaciones más grandes.

Tras una jornada de camino fría y ventosa, se sintió fatigado. Cerró el libro y lo dejó con cuidado en el maletín, y luego se tumbó sobre una manta en el suelo. Fuera, los copos de nieve ahogaban silenciosamente los ruidos nocturnos. No le gustaba dormir, no le gustaba la idea de abandonarse sin defensa a un estado en el que no era amo y señor de nada, ni siquiera de sus pensamientos. Sus sueños siempre estaban habitados por pesadillas. Luchó contra el agotamiento que trataba de adueñarse de él, antes de ceder y dejarse sumir en la negrura.

La primera pesadilla lo devolvió a la realidad tres horas más tarde. Al no conseguir disipar las imágenes que lo obsesionaban, se puso el abrigo, se cubrió con la manta y salió. El cielo estaba despejado y las estrellas resplandecían al albedo óptimo. El frío era soportable y permaneció largo rato contemplando el espectáculo de la noche, que lo calmaba y lo llenaba de algo de certidumbre frente a la perpetua cavilación de su mente. Cuando se disponía a entrar de nuevo, alargó la mano hacia la oquedad: el pan había desaparecido.

***

El látigo de cuero restalló en el aire sobre las cabezas de los caballos. El cochero refunfuñaba. A uno de los animales, por la noche, se le había inflamado el tendón de la rodilla anterior derecha. Le había sido imposible reemplazarlo y la yegua ralentizaba el avance del tiro. Habían salido de Metz por la mañana y habían recorrido en cuatro horas los veintiocho kilómetros que los separaban de Pont-à-Mousson. Allí se habían detenido, en la posada del Point du Jour. El hombre había constatado con inquietud que el estado de su percherona había empeorado, a pesar de la cataplasma que le había aplicado la víspera. No había osado hablarle de ello a su señor, el conde Charles de Montigny, que lo había sermoneado por el retraso acumulado a mitad de camino. A buen seguro, no tendría derecho a la recompensa habitual de dos francos que recibía tras cada viaje. El conde podía mostrarse tan dispuesto al castigo como a la generosidad. Y ese día no era cuestión de dar media vuelta ni de llegar tarde a destino: Charles de Montigny acompañaba a su sobrina a casa del marqués de Cornelli para su próxima boda. El futuro esposo había organizado un banquete en compañía de los principales notables de Nancy. Tenían que llegar antes del anochecer. Por su parte, el cochero necesitaba imperiosamente ganarse su propina, pues la había adelantado para comprar al pañero de la Grande-Rue una tela de seda de Italia que le encantaría a su esposa. Tenía que hacerse perdonar tras su última disputa, cuando volvió borracho a su casa y le dio de palos en la cabeza y los riñones; a punto estuvo de quebrarle los huesos, e hizo que perdiera un diente —su último incisivo— y le provocó unos dolores recurrentes que la hacían incapaz de ocuparse de la casa. La esposa lo había amenazado con denunciarlo al tribunal y, si volvía sin la tela, a buen seguro que acabaría ante el juez y tendría que pedir disculpas públicas.

Bebió de un trago su jarra de vino y se puso en pie, decidido a recuperar el retraso. Los animales habían descansado y comido hierba fresca. No todo estaba perdido.

—¡Menudo semblante tenéis, sobrina! ¡Parece que os lleve al suplicio y no junto a vuestro prometido! —exclamó el conde mientras se ajustaba la peluca que un bandazo del carruaje le había hecho caer sobre la frente—. Vais a contraer matrimonio con uno de los mejores partidos del lugar, un Cornelli, unido por alianza a los Visconti del Milanesado. ¡Vamos, sonreíd!

Rosa de Montigny obedeció y volvió la cabeza hacia el paisaje para evitar la mirada de su tutor. Tenía los rasgos finos y angelicales y la piel de una delicadeza extrema, propios de las mujeres de su familia.

—¡Es un viejo de cuarenta y cinco años! —dijo con una voz ya carente de convicción por haber abusado de tal argumento.

—Os acostumbraréis, ya veréis. Ahora que Nancy está en manos de los franceses, hay que hacerse a la nueva situación. No creo que el duque vuelva a recobrar la autoridad sobre sus súbditos. Estoy obligado a cuidar de vuestro futuro. Se lo prometí a vuestra madre en su lecho de muerte.

Las ruedas de la carroza pasaron torpemente sobre la raíz de un árbol y el cuero de las correas crujió.

—¡Eso si este cochero no nos mata antes! —añadió a la vez que se ajustaba la peluca por segunda vez.

Adivinó los pensamientos de su sobrina reflejados en su mirada.

—No presentarnos allí no haría más que aplazar las cosas. Dentro de un tiempo, me agradeceréis que os diera vuestra felicidad.

—Tengo frío —dijo Rosa, y se cubrió con la piel de oso que envolvía su asiento.

Charles le tendió la suya, y ella se la puso sobre las piernas.

—Os agradezco que os ocupéis de mí, como habéis hecho a lo largo de todos estos años, tío, pero la felicidad es una cuestión tan personal como la ropa interior, y solo puede estar en manos de quien la lleva.

—Siempre con vuestras insolentes mofas. Mi niña, de ahora en adelante tendréis que evitarlas. Hablar de libertad y de independencia no es cosa de mujeres, salvo si entre las mismas contáis a esas aventureras de dudosa virtud.

—¿Conocéis a alguna, tío?

—¡Dios me libre, no! No frecuento a esa gente.

—En tal caso ¿de qué las creéis culpables?

—Lo sabéis tan bien como yo.

Ella no quiso responder. Para Charles de Montigny, una mujer solo era honorable por la fortuna que podía proporcionarle una herencia o una boda ventajosa. Todas las que carecían de esas dos condiciones tenían ante ellas el fermento de una vida libertina. Ella sabía que no había argumento alguno que pudiera hacerlo cambiar de opinión y desde hacía tiempo ya no discutía con él sobre ese tema. La carroza aminoró la marcha y se situó a la izquierda para adelantar a un hombre que tiraba de una mula cargada.

—Podéis esperar una pronta viudedad —añadió él tras un largo silencio.

—Parece que el marqués de Cornelli está en plena forma física.

—Hace un rato era un viejo —respondió, malicioso.

—Tiene veintiséis años más que yo, pero todos sus antepasados murieron habiendo cumplido los ochenta años. Me he informado —respondió ella con una seriedad que sorprendió a su tío.

—Estamos en guerra y con un poco de suerte pronto partirá y oirá silbar las balas —prosiguió él sin cambiar de tono—. Hace diez años fue ayudante de campo de Carlos V.

—¿Por qué un recién casado iba a tener ganas de abandonar a su esposa para ir al campo de batalla? ¿Tan fea soy?

—Por supuesto que no. Pero sabéis ser irresistible en vuestros argumentos. ¡De vos depende convencerlo de la necesidad de volver al campo de batalla!

—¡Qué retorcido llegáis a ser, tío!

—Construyo vuestro futuro. No sois más que una soñadora que ha abusado de lecturas licenciosas como las de ese Bayle. ¡Otro protestante!

Ella calló. La amplitud de miras de su tío se limitaba a ciertas cuestiones, y esta no era una de ellas. El fieltro rojo del habitáculo acolchado estaba desgastado y en algunos lugares tan rozado que dejaba entrever la madera de la osamenta. El carruaje, comprado de ocasión a la familia del preboste Lançon a la muerte de este, era la viva imagen de la situación financiera de Charles de Montigny: estaba en las últimas.

Fuera, el látigo del cochero restallaba sin cesar como una tormenta sobre sus cabezas. Los dos percherones blancos avanzaban al galope ligero.

***

Nicolas abandonó la casucha, no sin antes dejar allí un pan y cecina, y prosiguió su camino. Se detuvo en Nomeny, donde se cruzó con una compañía de infantería de las tropas francesas, una cincuentena de hombres que dos días antes habían ocupado todas las casas del pueblo bajo las miradas desesperadas de los habitantes, que, además de verse obligados a darles albergue, debían entregarles una contribución diaria de cinco libras. Los excesos de los soldados en campaña eran de sobra conocidos a lo largo y ancho del ducado y todo el mundo temía su presencia, sobre todo en los pueblos. El oficial al mando era un capitán que no tenía una autoridad manifiesta sobre sus hombres. Nicolas evitó todo contacto y tomó la ruta de Nancy en dirección a Ajoncourt. El camino de tierra era ancho y permitía que se cruzaran o se adelantaran los vehículos. Sobre todo tenía la ventaja de evitar los senderos forestales, resbaladizos debido al hielo y muy poco seguros por la presencia de vagabundos.

Tropezó con un objeto que lo hizo trastabillar. Una larga correa de cuero desgastada. Recordó la imagen de la carroza que lo había adelantado no hacía mucho. Escrutó los alrededores y la distinguió, a unos quinientos metros. Se le habían roto las ballestas y las correas de la suspensión. El vehículo había volcado en un campo. La portezuela derecha estaba abierta y señalaba, vertical, cual estandarte rígido, hacia una oscura forma yaciente. Nicolas se subió a su mula y esta arrancó al trote.

En el momento en que llegaba junto a la carroza, Charles de Montigny surgió de la parte posterior, con la peluca en una mano y un reloj de bolsillo en la otra. Un hilillo de sangre surcaba su cráneo calvo.

—Todo está en orden, caballero, todo está en orden. ¿Podéis ayudarnos? ¡Todo está en orden, pero vamos con retraso!

Su voz era entrecortada, hablaba deprisa y sus frases denotaban cierta confusión mental. Aún bajo los efectos del impacto, erraba alrededor del carruaje con paso mecánico.

—¿Hay otras personas? —preguntó Nicolas al comprender con alivio que lo que había tomado por un cuerpo inanimado no era más que una piel de oso colgada de la ventanilla.

—Aquí, venid, por favor —llamó una voz femenina.

Cogió su maletín y rodeó la carroza. Rosa de Montigny estaba arrodillada junto al cochero, que gemía tendido sobre la hierba. El conde se reunió con ellos.

—A ella no le ocurre nada, ya os lo digo yo. Ayudadnos a poner el carruaje de nuevo en el camino, por favor.

Nicolas no respondió y se aproximó al herido.

—¡A ese ni lo toquéis! —gritó Charles de Montigny—. Por culpa de ese miserable nos vemos así. Lo despido, no volverá a trabajar a mi servicio. ¡Venid, vamos a poner la carroza sobre sus ruedas! —añadió situándose junto al vehículo.

Nicolas deshizo las vendas que le envolvían las manos.

—¿Dónde os duele? —preguntó al hombre, que trataba de incorporarse en vano.

—Mi hombro… es mi hombro —respondió con una mueca de dolor que enojó al conde.

—¡Vamos, en pie, Claude! ¡Ya veis en qué aprieto nos estáis poniendo!

—Lo lamento mucho, señor conde…

—Este hombre está herido, señor —intervino Nicolas—. Su estado requiere una cura de urgencia. En cuanto a vuestro carruaje, no irá a ninguna parte: tiene dos ruedas rotas.

—¡Ah, no! ¡Eso no es posible! Tenemos una cita, una cita importante, ¡una cita crucial, para ser sincero!

Ante la indiferencia de su sobrina y del desconocido, le dio un puntapié a uno de los radios de la rueda y lo rompió. Se quedó un instante boquiabierto, renqueando y maldiciendo por todos los diablos a los herederos del señor de Lançon, que le habían vendido un carruaje carcomido.

Nicolas le quitó la chaqueta al cochero y le rasgó la camisa. Sobre el omóplato había aparecido un bulto, mientras que en el hombro podía verse una cavidad.

—Es una luxación —concluyó.

—¿Una qué? —balbució el interesado, que se sentía desfallecer.

—Vuestra articulación se ha desencajado. Será doloroso, pero os lo volveré a colocar en su lugar.

—¿Qué sois? ¿Un matasanos?

Abrió su maletín y extrajo un paño, unas gasas y un frasco que desprendía un fuerte olor a pino.

—Me llamo Nicolas Déruet. Soy cirujano ambulante.

Claude volvió súbitamente en sí:

—¿Cuánto me va a costar eso?

—¡Yo no voy a pagar! —exclamó el conde, que se había sentado sobre la hierba a una decena de metros y los observaba con un fingido aspecto despreocupado.

—No os pediré nada —respondió Nicolas.

—Os pagaré de mi bolsillo —intervino Rosa, y miró fijamente a su tío. Luego, con voz dulce y serena, se dirigió a Nicolas—: ¿Puedo ayudaros?

—Explicadme qué ha sucedido.

—Se ha oído un fuerte crujido en la carroza y hemos dado bandazos a izquierda y derecha durante lo que me ha parecido mucho tiempo…

—He notado que se habían roto las correas y he tratado de detener a los dos caballos, pero el carruaje ha acabado por volcar hacia la izquierda. Por suerte, en ese momento íbamos a poca velocidad —explicó el cochero.

—Creo que Claude nos ha salvado la vida —declaró Rosa y miró a su tío, que se volvió de espaldas.

—Los caballos aún estaban unidos al tiro —prosiguió Claude— y uno de ellos estaba herido. He temido que fueran presa del pánico y arrastraran la carroza. El señor conde y su sobrina aún se encontraban en el interior. He soltado al primero y cuando iba a liberar al segundo, me ha coceado con las patas traseras. Un poco más y me arranca la cabeza.

Nicolas se desató la bota derecha y colocó su pie bajo la axila del cochero a la vez que tendía su brazo perpendicularmente a su cuerpo. El hombre hizo una mueca de dolor. Estaba contraído.

—Permaneced tumbado, volved la cabeza hacia la señora y miradla fijamente a los ojos. ¿De acuerdo?

—No, no estoy de acuerdo —intervino Charles de Montigny al tiempo que se aproximaba—. Pero ¿qué significa todo esto? ¡Ese lacayo no va a mirar a mi sobrina! —añadió enfáticamente.

—Claude, miradme —dijo Rosa, indiferente a las baladronadas de su tutor.

—No, Claude, miradme a mí, ¿de acuerdo? —ordenó Charles y se situó detrás de su sobrina—. ¡A los ojos! ¡Vamos!

—Pero ¿qué tengo que hacer? —respondió el herido, cuyos ojos desorbitados iban de uno al otro.

Nicolas aprovechó para ejercer una tracción suave y progresiva sobre el miembro, una tensión que detuvo al oír un pequeño crujido seco.

—Podéis poneros en pie. Ya está.

—¿Ya está? —dijo el hombre al tiempo que se restregaba el hombro—. ¿Se acabó? ¡Pues sí, ya no me duele!

Se incorporó, primero con aprensión, y luego se sintió más seguro.

—¡Es increíble! ¡No he notado nada! ¡Es un milagro!

—Vamos, Claude, no blasfeméis —se enojó el conde—. No es más que una práctica manual, ¡no es obra de Dios! Será mejor que vayáis a por nuestros animales y deis con una manera de sacarnos de esta situación. ¡Vamos!

El hombre se dirigió hacia el campo vecino, donde los dos percherones habían encontrado hierba en medio de una tierra árida. Nicolas impregnó una gasa con el líquido del frasco oloroso.

—Ahora, vos —le dijo al conde, que lo interrogaba con la mirada.

Este retrocedió:

—¡Si estoy bien!

—Tenéis varias heridas en el rostro. Os voy a poner un emplasto.

—Sería mejor ocuparse de mi peluca —replicó al tiempo que señalaba el postizo desgarrado.

—Eso no es de mi competencia, señor —respondió Nicolas, y le mostró el apósito húmedo.

El conde le presentó la frente.

—Sin embargo, creía que los cirujanos también eran peluqueros y barberos, ¿acaso estoy errado? —preguntó el conde haciéndose el ingenuo.

—No es ese mi caso. Yo opero y corto fístulas, suturo, cauterizo y vendo, pero no me ocupo ni de pelos ni de uñas. Sano los cuerpos, señor, no cuido de la estética de las pieles.

—Bello y noble oficio —intervino Rosa.

—Sin duda os referís a la medicina, querida sobrina, pero el caballero no es más que el criado de la misma. Será tan hábil como gustéis, pero manejar la navaja y la lanceta no es un arte. Sin embargo, os estoy muy agradecido por vuestra intervención. Os haremos llegar vuestros emolumentos una vez estemos de regreso en Metz.

Nicolas le puso la gasa en la mano.

—No os inquietéis por mis honorarios y sí por la cicatrización de vuestra herida. Aplicaos esta gasa varias veces sobre la herida, hasta que esté seca. Y pedidle a vuestro boticario que os prepare una fórmula de trementina, aceite rosado y yema de huevo. Aplicáosla hasta que se haya cerrado por completo.

El conde miró con asco el grasiento apósito de olor intenso.

—Consultaré acerca de ello a mi médico personal —respondió—. Ahora tenemos cosas más urgentes que resolver.

—Como gustéis. Tal vez prefiráis que la infección os envenene los humores —añadió Nicolas—. En tal caso, ya ni el gran Alliot podrá ayudaros.

El conde se encogió de hombros y fue junto a su cochero, que estaba verificando el estado de las patas de los percherones. Rosa se acercó a Nicolas.

—Me parecéis una persona de confianza. ¿Queréis ayudarme, caballero? —susurró.

—¿Ayudaros? Si está en mi mano, por descontado, señora.

—Voy a hablaros de algo que concierne a todo el mundo, excepto tal vez a mi tío. La felicidad y la bienandanza.

La joven le contó el objetivo del viaje y su oposición a tal proyecto.

—Tengo la esperanza de que este accidente nos impida reunirnos con el marqués de Cornelli y que más tarde este se halle en otras disposiciones.

—¿Por qué hacéis esto? ¿Amáis a otro hombre?

La pregunta pareció sorprenderla:

—No, pero quiero ser libre e independiente. Y si debo casarme, será con quien mi corazón elija, y no con quien decida mi tutor.

La respuesta hizo sonreír a Nicolas.

—Vuestro corazón es noble y generoso, pero temo que la vida pronto lo someterá.

Ella le clavó los ojos con intensidad.

—¿Tan viejo sois para saber tanto sobre la vida?

—Cada día me enriquece con experiencias que me susurran que moriré sin pretender conocerla, condesa.

—No soy condesa, para desgracia de mi tío. ¿Y soy vuestra experiencia de hoy? —preguntó con un tono de voz en el que afloraba cierto enojo.

Ella sintió un escalofrío y él cogió la piel de oso y la cubrió.

—Debo de pareceros tan exótico como vos me parecéis alejada de las contingencias. Un consejo: seguid así. Cuando se ponen los pies en el suelo, rara vez es sobre seda. Con mis respetos.

Ella se volvió para comprobar que su tío aún no hubiera acabado con el cochero y condujo a Nicolas hacia la mula.

—¡En tal caso, llevadme con vos!

—¿Disculpadme?

—Llevadme con vos. Quiero ser libre.

—Pero ¿quién os dice que represento la libertad? ¿Y sabéis a qué precio?

—¡Yo lo fijaré! ¿Me ayudaréis?

—A evitaros una unión no consentida, sí. A raptaros de vuestra vida, no. ¡Y me lo agradeceréis!

Se oyó la voz del conde:

—¡Rosa, nos marchamos!

Los ojos de Rosa imploraron a Nicolas.

Ambos hombres se acercaron con los caballos de tiro. Los animales estaban nerviosos. Uno de ellos cojeaba.

—Aún están asustados —comentó Montigny para explicar su estado—, pero pueden andar.

Quiso acariciar el cuello del más próximo, pero el caballo retrocedió, resoplando.

—Hay algo más —intervino Nicolas.

—¿Qué más? ¿Acaso también sois especialista en animales? —preguntó con sequedad Montigny.

Nicolas escrutó los alrededores.

—Allá —dijo, y extendió el brazo para señalar un lugar en la linde del bosque.

—¿Qué sucede? No veo nada.

—¿Qué es? —preguntó Rosa, que había distinguido una mancha oscura inmóvil.

—Un lobo.

—¿Un lobo? ¿Será peligroso? —se inquietó Charles de Montigny.

—No mientras esté solo y a esta distancia —respondió Nicolas mientras cargaba su maletín sobre la mula—. ¿Qué vais a hacer?

—Avanzaremos al paso hasta Amance, donde encontraremos caballos de refresco. Así podremos llegar hasta Nancy…

—¿Y qué vais a hacer con los lobos? —insistió Nicolas.

—Acabáis de decirme que no hay peligro…

—Aquí no, a buen seguro, pero el camino de Amance se adentra en el bosque —mintió.

La mancha oscura desapareció tras los árboles.

—¡Ahora sí lo he visto! —afirmó el conde, a quien su miopía le impedía distinguir el menor detalle a más de diez metros.

—Ha ido a buscar a la manada.

La frase de Nicolas cayó como un mazazo.

—Eso sí es un problema —concluyó Charles de Montigny—. Eso es un problema considerable.

Se aproximó a él.

—Sin embargo, señor Déruet, vos conocéis bien estas tierras y tal vez podáis acompañarnos. Seré generoso.

La frase hizo pestañear a Nicolas.

—Sé que las apariencias dicen lo contrario —prosiguió el conde—. Pero hoy es un día maldito. Sacadnos de esta pesadilla. Ayudadnos, señor Déruet.

—¿Implorar la ayuda de los desconocidos es una costumbre familiar? —dijo Nicolas, y se cuidó de evitar la mirada enojada de Rosa—. La única solución posible es desandar el camino hasta Nomeny, no estamos lejos. Hay allí una compañía de franceses, pero siempre será menos peligrosa que una manada de lobos, ¿no os parece?

El conde asintió. Había acabado por convencerse de que su accidente era un caso de fuerza mayor que no podría enturbiar de ninguna manera su relación con el marqués. Tal vez incluso este haría mandar una carroza a recogerlos tras la terrible experiencia. La emoción provocada solo podría serles beneficiosa, y más aún teniendo en cuenta que Charles de Montigny pretendía relatar con gran imaginación cómo los cánidos rabiosos los habían rodeado.

Rosa eligió subirse a la mula mientras su tío se encaramaba con tremenda dificultad a la grupa del percherón sano. El extraño grupo de viajeros avanzó al mando de Nicolas. Desde su partida de la casucha, sabía que lo seguía el chiquillo del bosque, y había hecho creer que su enclenque silueta era la de un lobo.

***

Para su alivio, los soldados franceses habían levantado el campamento y cuando llegaron el pueblo había recobrado su calma habitual. Nomeny era una capital de comarca cuya población había sido diezmada por la guerra, y de setecientos hogares había disminuido a solo cien. Las calles eran anchas, las casas nuevas contaban con muros de piedra tallada, y algunas de ellas habían sido edificadas con las ruinas del castillo local, derribado por orden de Luis XIV.

Los viajeros se detuvieron frente a la casa de Pierre de Morteuil, lejano descendiente de Nicolás de Lorena, conde de Vaudémont y marqués de Nomeny, a quien tan ilustre parentesco bastaba a ojos de Charles para considerarlo hombre de bien. Aceptó acogerlos esa noche de buena gana, dado que además fue el obligado de Montigny unos años antes en un asunto de impagados. La despedida de Nicolas se resumió en una última mirada que Rosa le dirigió.

Decidió ir a casa de Jean Lecouteux, cura de la parroquia, al que había curado el año anterior y de cuya compañía y saber había disfrutado. Por lo general desconfiaba de los devotos y los soldados de Dios, que componían el grueso de la escarcela de los eclesiásticos, pero en Nomeny había dado con un cura abierto a la humanidad y a las nuevas ideas. Pasaron la velada comentando la situación del ducado hasta que el sacerdote soltó un bostezo redhibitorio y se retiró a rezar.

Los pasos del padre Lecouteux resonaron en el pasillo de la rectoría. Se oyó cerrarse la puerta de entrada. Dos perros ladraron a su paso. Luego el silencio se adueñó de la noche. Nicolas aguardó un buen rato tumbado en su jergón a que el sueño lo venciera. Pero lo dejó plantado. Se levantó a tientas, cogió su pedernal y encendió una vela. Abrió su maletín y eligió el libro de Harvey, *Sobre el movimiento del corazón en el hombre y los animales*, e imaginó la lucha de ideas que debía de haber vivido, más de sesenta años antes, contra la incredulidad y la oposición de los médicos para imponer sus revolucionarias ideas sobre la circulación de la sangre. Nicolas hizo aparecer una vena comprimiendo su brazo y observó el leve movimiento de esta al ritmo de sus latidos cardíacos. Leyó durante un buen rato, hasta que se consumió la vela, y luego permaneció en la penumbra sin conciliar el sueño. Había tantas preguntas sin respuesta… Los perros ladraron de nuevo. Sintió un ligero sopor y dejó que lo arrastrara. La puerta se abrió en el momento en que cerraba los ojos. El padre Lecouteux se inclinó hacia él:

—Nicolas, necesito vuestra ayuda. Es la hija de Bruyer.

La familia Bruyer vivía en una granja cerca de la iglesia, en la que criaban vacas y gallinas por cuenta de un propietario de la comarca de Nomeny. Con cinco hijos, solo tenían una chica, hecho que la madre atribuía a la escasa disposición del padre por el fervor religioso. La joven, embarazada, había roto aguas aquella mañana y el parto duraba ya más de veinte horas.

—¿Está con ella la matrona? —preguntó Nicolas, sin obtener respuesta.

Una carroza con lujosa marquetería dorada se hallaba estacionada frente a la entrada de la granja. El cochero y un lacayo aguardaban cerca de la misma, sentados en silencio, calentándose ante un brasero.

—Os lo explicaré —dijo Lecouteux ante la mirada interrogadora de Nicolas—. No hay matrona, la comadrona es de Nancy. Ella me ha enviado a buscaros cuando le he dicho que estabais aquí, pues conoce vuestra reputación.

En el interior, en la cocina, el padre y los cuatro hijos estaban sentados frente a la chimenea. Sus miradas eran tristes y tenían los semblantes abatidos. El hombre se puso en pie para saludar a Nicolas.

—Soy yo quien os ha mandado llamar, señor.

—¿Qué sucede? —preguntó Nicolas mientras dejaba su bolsa en el suelo.

—Se presenta de nalgas —respondió una voz a su espalda.

La comadrona también parecía exhausta. Llevaba un pañuelo en la cabeza con el que cubría su cabello y encuadraba su rostro como el de una monja. Su camisa blanca estaba maculada de manchas y aureolas; sus manos eran largas y delicadas y llevaba las uñas cortas. No tenía nada en común con las parteras que hasta entonces había conocido.

—No se dará la vuelta —añadió ella—. Lo he probado todo. La madre está muy débil.

—¿Puedo verla?

La mujer buscó con la mirada la aprobación del padre.

—Mi hija no quiere ni oír hablar de ello, se niega a que un hombre la vea dar a luz. Ni siquiera ha querido parir junto al fuego. Solo en la cama, como en la corte. Trabajar para el señor marqués le ha dado semejantes ideas. Pero vos sois diferente, vos no sois un hombre sino un cirujano. Incluso la comadrona ha requerido vuestra presencia. La salvaréis, ¿verdad?

La habitación no tenía ventanas. A ambos lados de la cama se habían dispuesto unas hileras de velas. La joven, recostada entre un montículo de almohadas, parecía dormir. Su madre, que estaba junto a ella, le susurró unas palabras al entrar Nicolas. La parturienta gimió, incapaz de pronunciar palabras comprensibles. Él tomó asiento y, en silencio, puso su mano sobre el vientre de la paciente. Las contracciones no habían cesado. La comadrona introdujo sus dedos en el perineo y constató que las nalgas lo habían dilatado. Quiso hacer un último intento.

—Antes de cederos el sitio —añadió ella.

Nicolas sabía lo que significaba esa frase: una cesárea y la muerte de la madre. Sin embargo, también él coincidía en ese diagnóstico.

Ella hundió su brazo al máximo en el orificio interno.

—¡Noto unos dedos, las manos y los pies!

Trató de apartar las manos y de agarrar los pies, mientras Nicolas presionaba sobre el abdomen para facilitar la expulsión. La joven gritó. Su madre le suplicó que contrajera el vientre con todas las fuerzas que le quedaran, y lo hizo. La comadrona solo consiguió echar atrás las nalgas, sin lograr desplegar las piernas del feto. Extenuada, la hija de los Bruyer desfalleció.

—¡No! —exclamó la comadrona—, no nos dejes ahora. ¡Ahora no!

En un último esfuerzo, consiguió agarrar uno de los pies y sacarlo al exterior, y luego el otro.

—¡Los tengo! ¡Los tengo! —anunció.

Sin consultarse, intercambiaron sus puestos. Se requeriría mucha fuerza física para dar a luz al recién nacido. Todos prodigaron ánimos a la joven, que, agotada, ya no conseguía abrir los ojos.

Nicolas logró extraer las piernas y luego las nalgas. La comadrona las envolvió rápidamente con un paño seco y caliente y comprobó que los brazos del niño estuvieran pegados a lo largo del cuerpo antes de dejar que el cirujano reanudara la tracción. Nicolas tomó todas las precauciones para poder agarrarlo lo mejor posible, asiendo con sus manos las caderas y antebrazos del bebé, y acto seguido tiró progresivamente, cada vez con más fuerza. Vio aparecer la parte inferior del tórax y continuó maniobrando. El cuerpecito, empero, se quedó atorado en ese punto. Nicolas aumentó la tracción, sin resultado alguno. Con una mirada fugaz, cambiaron de nuevo sus posiciones, él presionando sobre el vientre y ella tratando de sacar al niño, sin que este avanzara ni un dedo.

—¿Y la cabeza? —preguntó Nicolas y se aproximó a la madre.

—Está encajada en la pelvis. Ya no puede ceder más, así no lograremos sacarla.

Él examinó a la joven y no le halló el pulso. Sus tegumentos eran de una palidez extrema y sus músculos estaban fláccidos. La vida la abandonaba.

—La criatura está muy débil —dijo la comadrona al intuir el titubeo de Nicolas.

Adelantándose a su decisión, hizo salir a la madre de la chica, que se había puesto a rezar con un rosario entre las manos y estaba apoyada en la cama. Nicolas preparó el instrumental para la cesárea. Con un escalpelo, hizo una larga incisión longitudinal en medio del abdomen, luego alzó el peritoneo ayudándose con los dedos y lo cortó con unas tijeras. La joven abrió la boca como si tratara de inspirar una última bocanada de aire y se quedó inmóvil. Nicolas vio la matriz, entre los intestinos, y la cortó con precaución para no herir al niño. Lo sacó del vientre y lo sostuvo en alto con los brazos extendidos mientras la comadrona le cortaba el cordón, que se le había enroscado al cuello. El recién nacido tenía la piel cianótica y no respiraba. La matrona vio un vaso de alcohol que la familia había preparado a su demanda, se echó un trago al gaznate y lo sopló sobre el rostro de la criatura. El recién nacido se debatió y arrancó a llorar a pleno pulmón. Lo abrazó, lo tranquilizó y lo examinó. No tenía ninguna deformidad ni anomalía, excepto una mancha oscura en la piel, en la base del cuello, del tamaño de una moneda. Lo lavó, lo frotó con sal y un poco de miel y lo vistió con los paños que había hecho mantener calientes.

Nicolas constató la defunción de la madre y le cosió la piel del vientre antes de cubrirla con una sábana. Se limpió las manos y el rostro con un paño limpio y cogió en brazos al bebé mientras la comadrona también se aseaba. Por primera vez desde su llegada, la miró fijamente a los ojos. Eran de un verde intenso y puro, de un color que jamás había observado en ninguna otra persona, semejante a la piedra de jade que tenía en su maletín.

—¿Qué os sucede? —preguntó ella dejando el paño—. Os habéis quedado de piedra. ¿Es vuestra primera cesárea?

De pronto, los ojos de aquella mujer le parecieron familiares. Tuvo la curiosa sensación de haber vivido ya aquel momento con ella. Como si ya hubiera pasado por ello. Consciente de su fatiga física y nerviosa, se serenó.

—Ni siquiera sé cómo os llamáis.

Ella se quitó el pañuelo que cubría sus cabellos y le sonrió.

—Me llamo Marianne. Marianne Pajot.

Tomó al niño en brazos.

—Venid, nos aguarda otra prueba.

La familia Bruyer se había reunido para rezar alrededor del padre Lecouteux. En cuanto vieron a Marianne y a Nicolas, comprendieron lo sucedido y se pusieron en pie en silencio. Todos se precipitaron a la habitación donde yacía la joven.

—Dejemos que comulguen unidos en su dolor —dijo el cura tomando al niño en sus brazos—. Voy a bautizarlo antes de que Dios lo llame a su seno.

—Es de constitución robusta —afirmó Marianne—, y de momento el seno que necesita es el de un ama de cría. Saldrá de esta.

—¿Dónde está el padre de la criatura? —inquirió Nicolas—. No lo he visto. ¿Está muerto?

Marianne se sentó en una silla y se restregó el rostro. Estaba extenuada.

—Esa pobre Mathilde Bruyer sufrió el acoso repetido de su amo, un noble del ducado —respondió el cura—. Tras dejarla embarazada, la despidió y la mandó a su casa, con una pequeña renta.

—Él me encargó que me ocupara del parto —añadió ella—. Quería que su hijo, aunque fuera un bastardo, tuviera la posibilidad de nacer.

—Pero ¿quién es?

El recién nacido gritó. Un grito animal, felino, agudo.

—Hay que alimentarle de inmediato. ¿Quién ha dado a luz recientemente en el pueblo? —preguntó Marianne.

—Hay dos mujeres en esa situación —propuso el cura—. Ayer una de ellas perdió a su criatura, se asfixió en la cama. Aún le sube la leche. Iré a preguntar.

Desde la habitación llegaba la letanía de oraciones entrecortadas por sollozos ahogados. Nicolas echó un leño al fuego y avivó las brasas. Las llamas hicieron crepitar la leña seca. El recién nacido no debía coger frío.

Interrogó a Marianne, cuya destreza y juventud lo habían impresionado. Había recibido las enseñanzas de la hija de Louise Bourgeois, la comadrona de las reinas, en París, y había ejercido en el Hôpital-Dieu antes de regresar a Lorena en 1692. Pronto dejó de hablar de ella misma y no mostró curiosidad por él. En su oficio, los fracasos eran numerosos, pero no se acostumbraba a ello y buscaba mentalmente qué tendría que haber hecho para salvar a la madre y a su hijo. Él comprendió que ella aún no había vuelto del todo a la realidad y respetó su petición implícita. No se cansaba de mirarla, y ella se dio cuenta aunque no lo manifestó.

—¿Podemos verlo?

La familia Bruyer había entrado en la cocina sin que los oyeran. El padre tendió los brazos para conocer a su nieto. Sonrió por primera vez en toda la noche y acarició la mejilla del recién nacido, que, demasiado débil para llorar tras haber agotado todas sus fuerzas, simplemente tuvo un reflejo de succión.

—Tiene hambre —dijo, y se lo entregó a su esposa.

Esta deshizo los paños que lo cubrían y dejó aparecer el cuello y los hombros. A la vista de la mancha de vino, dirigió una mirada de espanto a Nicolas.

—Eso no es nada —dijo mientras se aproximaba a ellos—. La criatura no está enferma, es natural que tenga la piel de ese color, pero no se va a extender y quizá con el tiempo hasta desaparecerá.

—¡Es la marca del diablo! —exclamó el padre mientras retrocedía, horrorizado.

—He visto a muchos niños que lo tenían, se lo aseguro, incluso en familias de linaje real. Algunos se lo transmiten de generación en generación. No hay nada diabólico.

—¡Es el diablo! ¡Ha castigado a mi hija por haber fornicado con el marqués!

Su esposa, que había cubierto de nuevo el cuello del niño con el paño, parecía presa del pánico. Marianne fue a coger al niño y lo apoyó contra su hombro con intención de mostrarles que nadie tenía que temer conjuro alguno. De nada sirvió: veían en ese angioma un signo del destino y decidieron que el recién nacido no podía quedarse en su hogar.

—¡Nos traerá la desgracia! —exclamó el padre—. ¡Ya ha matado a mi hija!

Cuando el cura regresó con el ama de cría, los Bruyer armaron tal escandalera que la pobre mujer se negó a acercarse al pequeño y salió sin decir palabra. El padre Lecouteux trató de hacerles entrar en razón, pero ni siquiera el párroco pudo convencerlos de que aquella marca no era de origen diabólico. Los procesos por brujería, que menudearon en Lorena a principios de siglo bajo la férula del fiscal general Nicolas Rémy, y que condujeron a la hoguera a más de novecientos desventurados, habían dejado huella en el inconsciente colectivo y, aunque ya nadie hubiera sido acusado ni ejecutado por ese cargo desde hacía cuarenta años, algunos aún estaban convencidos de que el diablo podía cobrar forma humana en cualquier hogar. La familia Bruyer respaldó al unísono a su padre y este amenazó con abandonar a la criatura en el bosque si la comadrona no se lo llevaba consigo.

—Sé de un lugar en Nancy donde lo acogerán —intervino el cura.

—¿Y quién le dará de comer? —inquirió Nicolas.

—Mañana mismo encontraré a un ama de cría —respondió Marianne—. Partiremos al alba. Por esta noche, se contentará con un poco de agua.

El padre Lecouteux se ofreció a albergar a la comadrona las pocas horas que aún los separaban del alba. Él, por su parte, optó por acompañar a la familia en el duelo.

Los dos cocheros aguardaban fuera, junto al brasero que se mantenía con la misma intensidad. Marianne les puso al corriente de los hechos. El fallecimiento de la joven pareció afectarlos. La conocían bien, puesto que estaban al servicio del mismo hombre. Miraron con compasión al chiquillo envuelto en paños.

—¿Cómo se llama? —preguntó uno de ellos.

—El cura lo ha bautizado Simon.

—¿Simon? Es bonito, a su madre le hubiera gustado.

Marianne y Nicolas regresaron a la rectoría y depositaron al niño sobre la gran cama del cura. Ninguno de los dos tenía ganas de dormir. Nicolas encendió unas velas y cogió su maletín, del que extrajo varios libros.

—Son mis tesoros más valiosos —declaró al presentarlos como si de sus amigos se tratase.

Ella escogió las obras de La Framboisière, un grueso tratado que versaba sobre anatomía, medicina y remedios, escrito en francés. Hojearon las láminas mientras las iban comentando a la luz de sus propias experiencias. Su apasionada conversación les permitió desprenderse de las imágenes de la noche y se prolongó un buen rato, hasta que el niño estuvo a punto de asfixiarse debido a las flemas que se le habían acumulado en la parte posterior de la garganta. Marianne lo solucionó inclinándolo hacia delante y haciendo que las evacuara con unas palmaditas en la espalda. Nicolas la observó fascinado. El chiquillo pronto se calmó y cerró los ojos.

Lo miraron mientras dormía plácidamente.

—¿Creéis que vivirá? —preguntó Nicolas sin dejar de mirar al recién nacido.

—No lo sé. Ya es un milagro que esté vivo en estos momentos.

Él la miró y recordó la destreza de la que había hecho gala.

—Vos sois el milagro. Sois...

—Una matrona. Nada más —respondió ella, fatigada—. ¿Sabéis cuántos niños pierdo durante el parto o mueren poco después? Uno de cada cuatro, a veces más. ¡Eso no es ningún milagro! No, no soy más que una asistenta, y Dios hace todo lo demás.

—En tal caso, Dios guía vuestra mano —concluyó él.

—Aprendamos a apreciar lo que nos da y a no sufrir demasiado por lo que nos quita —dijo ella con cierto misterio—. ¿Me haréis el favor de acompañarme mañana hasta Nancy? ¿Es ese vuestro destino?

—Os ayudaré a llevar al huérfano a las monjas. A pesar de que su padre no esté muerto. ¿No habría que advertir a ese hombre de la nueva situación?

—Desgraciadamente, si me encuentro aquí es porque no quiere saber qué será del crío.

—¿No puede asumir su descendencia, aunque sea ilegítima? ¿Tan poca consideración tiene hacia los demás y hacia sí mismo? ¿Quién es?

Ella hizo una mueca que él no alcanzó a interpretar.

—El marqués de Cornelli.

***

Las herraduras de los caballos resonaron sobre los adoquines al pasar por la puerta de la Craffe. El recién nacido, que había dormido durante el trayecto, se despertó sobresaltado y se puso a llorar a pleno pulmón hasta que llegaron al convento del Refugio. Sus gritos se redoblaron cuando la monja que los recibió lo cogió en brazos sin miramientos. Tenía hambre, frío y sentía la franca hostilidad de ese nuevo entorno.

La superiora, la madre Janson, una vez fue puesta al corriente de las circunstancias del nacimiento, desvistió a la criatura y la observó como habría hecho con cualquier mercancía en un tenderete de la place Saint-Epvre. Rascó un poco la piel a la altura de la mancha sin desvelar la menor emoción. Nicolas le explicó que el lipoma seguramente se reabsorbería durante la infancia, si lograba sobrevivir y superar esa edad. La monja, de expresión impasible, respondió que la eventualidad era tan poco probable que, aunque las únicas internas fueran féminas, aceptaba quedarse con el huérfano por caridad cristiana y, sobre todo, en agradecimiento al padre Lecouteux. Marianne le dio las gracias efusivamente y le prometió la llegada de un ama de cría antes de mediodía.

La inmensa puerta de madera se cerró de un portazo a sus espaldas. Nicolas observó la fachada del edificio y tuvo la sensación de que tras haber salvado al pequeño Simon, acababan de condenarlo.

—¿Qué clase de internas suelen acoger esas mujeres? —preguntó a Marianne cuando esta subía a la carroza.

Indicó al cochero la dirección de su destino antes de responderle.

—Una clase tan dispar que solo pueden codearse en este lugar. Hay jóvenes virtuosas de buena familia iluminadas por la fe, penitentes que viven un sincero arrepentimiento e incluso pecadoras. Pero no os inquietéis por vuestro protegido, estas se hallan en un ala aparte. Tengo la sensación de que os arrepentís ya de nuestro gesto, ¿me equivoco?

—En cuanto hayáis doblado la esquina correré a arrancarlo de las garras de esas monjas —bromeó él.

Desató a su mula de la parte posterior del carruaje.

—Lo que no quiere decir que no vaya a venir regularmente a preguntar por él —dijo alzando la voz para que ella pudiera oírlo.

La calle despertaba entre el repiqueteo de las herramientas, los relinchos de los caballos y las risotadas de los artesanos que se preparaban para su jornada laboral.

—No me gustaría que lo trataran a base de pociones de un charlatán, recetas de un buhonero o que lo hicieran las propias monjas, tras lo que hemos luchado vos y yo —prosiguió a voz en grito—. ¡En tal caso mejor sería haberlo dejado en el bosque a merced de los lobos!

La madre Janson, que en aquel momento salía del convento por una puerta de servicio, lo fulminó con la mirada antes de cruzar. La larga cofia negra que le rodeaba la cabeza se balanceaba al ritmo del rosario que pendía de su cintura. Desapareció por la rue de la Salpêtrière. Marianne, que había contemplado la escena, no pudo reprimir una breve y melodiosa risa.

—Tendréis que hacer gala de más diplomacia si queréis que os abran las puertas del convento, señor barbero —se burló—. Y temo que vuestro oficio os mantendrá alejado del huerfanito buena parte del tiempo.

Nicolas asomó la cabeza por la portezuela del carruaje.

—Voy a establecerme un tiempo en Nancy, conozco a algunos colegas que me acogerán.

—¡Es muy loable tomarse en serio el papel de padre!

—No soy su padre, ni su tutor, simplemente quien lo ha traído al mundo. ¿Y quién os dice que el pequeño Simon es el motivo de mi sedentarización?

—De hecho, se trata de una decisión madurada y reflexionada, ¿no es cierto?

El hocico de la mula impaciente apareció por la portezuela opuesta. Nicolas la hizo retroceder suavemente con un movimiento de la mano.

—En cierto modo. Una rápida maduración.

—¿Y a qué es debida?

—A nuestro encuentro —respondió él, serio.

El semblante de la comadrona se quedó inmóvil por la sorpresa durante una fracción de segundo antes de recuperar su aspecto.

—No penséis mal —prosiguió él sin darle tiempo a responder—. Me interesa vuestra ciencia del parto. Me gustaría que me enseñarais la técnica. En mis desplazamientos, a veces me encuentro en esa situación, ¿me entendéis?

Ella observó las manos de Nicolas, envueltas en unas vendas que formaban una especie de finos mitones, y luego su rostro sonriente. Su piel era mate como la de los campesinos, pero los rasgos de su boca y su nariz eran sorprendentemente delicados, y sus cabellos, una media melena, se ondulaban con gran desorden. Su físico desprendía un discreto encanto y su actitud denotaba una confianza natural.

—Os entiendo —dijo ella en un tono que hubiera deseado desenvuelto—, pero no soy la persona que necesitáis. No soy más que una practicante, no una maestra. Ahora debo dejaros, tengo que dar con un ama de cría.

—Hagamos un trato —propuso él—. Os confiaré mis secretos y vos a mí los vuestros.

—No tengo secreto alguno, solo técnicas que hallaréis en vuestros propios libros. Señor Déruet, he apreciado vuestro trabajo de esta noche y…

—¿… ya no podéis separaros de mí?

—Y cuento con vuestra discreción para que no corra la voz acerca de este asunto —terminó ella.

La campana de la iglesia vecina dio nueve campanadas amortiguadas. Ella le dirigió una mirada de súplica.

—Solo prometedme una cosa —insistió él.

—La respuesta es sí.

—¿Cómo, sí? ¡Si no sabéis lo que os voy a pedir!

—Os he dicho que no tenía ningún secreto que confiaros, pero no que no quisiera volver a veros.

***

Todos los comercios habían abierto sus postigos en la rue Saint-Jacques, que despertaba desperezándose como un gato. La enseña, una bacía amarilla, se balanceaba sobre el mostrador del establecimiento, a merced de un viento sibilante e irregular. François Delvaux era uno de los más veteranos maestros cirujanos instalados en aquella plaza. Y uno de los más temidos por su carácter autoritario y buscapleitos. Cuando Nicolas entró este estaba de espaldas, arrodillado frente a su paciente, al que había sentado en un taburete y practicado una incisión en la piel a la altura del pie, justo debajo de la articulación del tobillo. El hombre, un burgués que se dedicaba a la trata de madera, se había clavado accidentalmente una astilla varias semanas antes y había dejado que el cuerpo extraño se enquistara sin preocuparse, hasta que comenzó a sentir dolor.

Cubierto con un gorro blanco del que jamás se separaba, el cirujano refunfuñaba mientras sujetaba el miembro que el hombre tendía a apartar en cuanto acercaba el escalpelo.

—¡Dejad de moveros! ¡De lo contrario os haré mal el corte! —le ordenó bruscamente.

—¡Pero es que me hacéis daño! —se defendió el otro al tiempo que se llevaba ambas manos a la cabeza para acentuar sus palabras.

—¿Daño? ¡Si aún no os he tocado! —exageró el práctico facultativo—. Os voy a hacer un corte del tamaño de una uña, ¡y eso duele menos que una sangría!

El hombre gruñó. François Delvaux tomó su reacción por

una reprobación y eso lo enojó. La máquina colérica se había puesto en funcionamiento.

—En primer lugar, señor comerciante, tendríais que haber ido con más cuidado en lugar de ensartaros el pie cual gañán atolondrado. En segundo lugar, siento una enorme curiosidad por saber de qué tipo de madera se trataba: ¿haya de panadero, como la que me habíais prometido para mi establecimiento, o madera blanca como la que me habéis entregado esta semana, de la que humea y crepita profusamente?

El hombre retiró de inmediato el pie, sobre el que temía que el cirujano ejerciera represalias, y buscó con la mirada su zapato, que no alcanzó a ver.

—No sé de qué estáis hablando, maese Delvaux, sin duda habrá sido un error de mi encargado —dijo con voz ligeramente trémula.

—¿Un error de vuestro encargado? ¿Cuatro haces de leña de carpe y madera blanca rodeados por un haz de haya que aparentaba honradez? ¿Osáis llamar a eso un «error»? ¡Yo lo calificaría más bien de clarísima estafa!

El cirujano se había puesto en pie y el burgués lo imitó y retrocedió instintivamente.

—¡Os hacía el honor de pretender salvar vuestra miserable vida de contrabandista, a pesar de la embarazosa situación en la que me habéis puesto, y no se os ocurre más que poner en duda la calidad de mis cuidados! —gritó para que lo oyera todo el vecindario.

—¡No es eso, solo he dicho que me dolía!

—Es vuestra madera putrefacta lo que os duele, ¡y no mi lanceta! Pues a buen seguro se ha podrido y Dios, en su gran misericordia, ¡os castigará allá donde habéis pecado!

—No os permito que… —aventuró el hombre a modo de protesta.

—Vuestro calzado está debajo del mueble, detrás vuestro, y la puerta enfrente de vos, caballero. Id a ver a uno de mis colegas que tenga la caridad de extraeros la prueba del delito, si aún queda alguno en esta ciudad al que no hayáis tratado de estafar

—concluyó Delvaux rematando su perorata con un gesto teatral.

Se volvió hacia la salida y se halló frente a Nicolas.

—¡Por todos los santos del paraíso! —exclamó.

El burgués aprovechó para escabullirse sigilosamente con su zapato en la mano.

—¡Por todos los santos del paraíso! —repitió, como si quisiera convencerse de la realidad de lo que sus ojos veían—. ¡A mis brazos, Nicolas!

Durante el efusivo abrazo se intercalaron risas de uno y otro. Delvaux puso fin a las mismas brutalmente:

—¿Cuánto tiempo hace?

—Tres años, maestro, y aquí sigue todo igual.

—No vuelvas a llamarme maestro o te daré una patada en el culo. Te recuerdo que también tú eres maestro.

Condujo a Nicolas hacia la mesa y apartó todos los instrumentos que había sobre la misma con el reverso de la manga.

—¿Te parece que nada ha cambiado? —preguntó, intrigado—. Y sin embargo hice obras en la fachada y encargué ese enorme aparador a Sourdis, el ebanista. Seis meses tuve que esperar. ¿No lo has visto?

—Me refería a ti y al ambiente en general —replicó Nicolas, con una amplia sonrisa—. Por lo demás, reconozco que este sitio se ha aburguesado un poco.

El cirujano suspiró antes de echarse a reír.

—No lo suficiente para el gusto de la patrona, pero demasiado para el mío.

—¿Cómo está?

—Bien, bien. Sabes, desde la muerte del hijo no ha vuelto a recuperar la alegría. Se ha ido al lavadero, como cada día. Espero que puedas quedarte a comer, estará muy contenta de verte.

—A decir verdad, pensaba quedarme algo más de tiempo.

—¡En buena hora! Podrás dormir en la buhardilla, tu cama aún está ahí. ¿Tienes que marcharte mañana?

Nicolas inspiró profundamente el aire de la estancia que olía a esencias aromáticas mezcladas con el polvo del ambiente.

—Con tu permiso, y si lo aceptas, quisiera volver a trabajar para ti.

—¿Para mí? ¡Vamos, Nicolas, ya no eres mi aprendiz! ¡Ni siquiera estamos a la par, eres muy superior a mí! ¡Y no es modestia, ya sabes que no es mi fuerte!

Se puso en pie y sacó del aparador una botella de vino y dos vasos.

—¿Qué sucede? ¿Tienes problemas? ¿Te busca la soldadesca?

—No, es solo que me gustaría pasar un tiempo en Nancy.

—Entonces ¿has vuelto para instalarte? —Se sentó y dispuso los vasos ante ellos—. Puedo ayudarte a abrir tu propio establecimiento. ¡Este año soy el rey del *han*!*

—Cógeme de asistente. Me parece que no tienes a nadie.

—Llevas razón. El último se largó hará un mes —respondió mientras se rascaba el mentón.

Maese Delvaux tenía la frente arrugada de los quincuagenarios, prolongada por una nariz torcida y rota y un mentón ligeramente prognato que le confería el aspecto de hacer una mueca permanente. Sus manos eran callosas debido al trabajo que hacía en sus viñas y que lo fatigaba más que sus pacientes. Su talla menuda y su corpulencia media contrastaban con la voz poderosa que no dudaba en utilizar en cuanto se encolerizaba, como los animales que aumentan su tamaño para atemorizar a sus enemigos. Estos lo llamaban «el Erizo Blanco» debido a su carácter y al gorro, que se había convertido en su prenda fetiche desde que le cubrió la cabeza durante su primera operación para recoger sus largos cabellos. Veinticinco años después, el pelo escaseaba, pero el gorro era el mismo.

Escanció vino en los vasos y tendió el suyo a Nicolas.

—¿Así que quieres volver? ¡Sea, te contrato! ¡No voy a dejar perder semejante negocio!

Brindaron y compartieron algunos recuerdos del aprendizaje de Nicolas con el Erizo Blanco hasta que llegó la patrona, que se

* El rey presidía una corporación de artesanos (denominada *han*) y era elegido por sus pares anualmente.

echó a llorar nada más verlo y se arrojó en sus brazos. Seguía oliendo a jabón y leche como diez años antes, cuando él fue acogido en su familia. Su piel seguía sin tener ni una arruga, pero su mirada había perdido la intensidad y sus iris ardientes, el fuego. Fue ella quien lo desvirgó, a los quince años, sobre el jergón de la buhardilla, sin que maese François llegara a saberlo nunca. Tras iniciarle en el mundo de los hombres, fue luego madre y tutora. Fue ella quien le enseñó a leer, al año siguiente, con los pocos tratados de medicina o de anatomía escritos en francés que componían el núcleo de la biblioteca del maestro. Desde el primer momento, François detectó en él unas aptitudes fuera de lo corriente. Nicolas era capaz de reproducir sin entrenamiento cualquier técnica quirúrgica con solo haberla leído una vez. Sus gestos eran los más seguros y precisos de todos los practicantes del lugar, y sobre todo los más rápidos, hecho que era esencial para el éxito de las intervenciones, dado que los pacientes estaban despiertos y contraídos por el dolor. El Erizo Blanco lo refrenó voluntariamente, dobló su carga de trabajo, lo trató con más dureza que a los demás aprendices, se mostró más injusto y consiguió canalizar el carácter y el don del joven. Al final de su período de aprendizaje, y cuando podría haberse cubierto de oro, se marchó con su mula a hacer de cirujano ambulante por las aldeas más perdidas y los campos más inseguros.

François Delvaux cerró su establecimiento sin esperar a que anocheciera, para desesperación de un paciente que llegó justo después, llamó con los nudillos al portal y se vio despedido con cajas destempladas por el dueño. El desventurado, al que un absceso anal impedía sentarse desde hacía varios días, había aguantado hasta no soportarlo más antes de acudir al cirujano. El Erizo Blanco, asomado a la ventana del primer piso, le dijo que se bajara los calzones y le mostrara las posaderas, cosa que hizo el hombre tras asegurarse de que nadie rondaba por la calle. Aunque no pudiera ver el estado del tumor del ingenuo, silbó de forma exagerada en señal de sorpresa y, sin perder la seriedad, le indicó la dirección de un cirujano amigo suyo, precisándole que en cada esquina debería detenerse y contar hasta cien para evitar que le estallara el absceso. El hombre le dio las gracias y se marchó siguiendo escrupulosamente las consignas del maestro. François se rió un buen rato de su propia broma y le explicó a Nicolas que ese paciente le debía sus honorarios desde el año anterior, lo que el tribunal aún no había solucionado, pues andaban desbordados de faena.

—Aplico personalmente la sentencia —concluyó, poco dispuesto a aguardar la condena oficial.

Comieron los tres de buen humor y el maestro propuso a su antiguo aprendiz una salida nocturna.

La humedad había invadido la ciudad ducal, dejando aquí y allá sombras de bruma en suspensión que surcaban los aires como barcos fantasma. Siguieron la orilla del arroyo Saint-Thiébaut, cuyo chapoteo oían sin alcanzar a distinguirlo, y lo cruzaron a la altura de la rue du Pont-Moujat a través de una majestuosa obra de piedra. Penetraron en la posada de los Trois Maures, único establecimiento respetable del barrio, según François, puesto que siempre le habían pagado sus honorarios al contado. El lugar contaba con varias mesas alrededor de las cuales había conversaciones animadas. Sus vecinos eran soldados franceses a los que el alcohol había vuelto vocingleros y vehementes. Se lamentaban de su menguada soldada y de la poca consideración que hacia ellos mostraba la población local. Cuando la tensión con el resto de la clientela aumentó, acabaron por abandonar el local.

—¡Adiós, muy buenas! —comentó el maestro cirujano—. Aún no han entendido que aquí no pactamos con el ejército de ocupación. Nos chupan la sangre con sus impuestos, diezmos, gabelas y utensilios: los alojamos, les damos de comer y encima les pagamos por su asquerosa guerra. Hasta los burgueses están desesperados.

—¿Cómo logras sacar adelante a tu familia?

—No logro sacarla adelante. El ducado es un barco que se va a pique, Nicolas, no hay vuelta de hoja.

Apuró el vaso de un trago como si así refrendara sus palabras. Permaneció unos instantes en silencio, luego se enderezó el gorro sobre su cabeza y su rostro se iluminó con una amplia sonrisa.

—¡Sin embargo, tú has vuelto, así que no todo está perdido!

—Solo estoy de paso.

—Bien lo sé, yo hace treinta años que estoy de paso, muchacho. Y además, tendré que dejar de llamarte «muchacho», ¡ya me sacas más de un palmo! Pero que sepas que para Jeanne y para mí siempre has sido nuestro protegido.

—No lo olvido, François. Nunca os he olvidado. Os he llevado conmigo por los caminos del ducado.

Un leño crepitó en la gran chimenea y proyectó un chorro de chispas sobre la mesa más próxima. El posadero apagó las brasas cubriéndolas con un paño húmedo.

—¡Más madera de pacotilla! —exclamó François dirigiéndose al hombre—. Debéis de tener el mismo proveedor que yo, ¡que Dios le pudra el pie! —concluyó.

Su declaración dejó pensativos a los allí reunidos sobre el lugar al que iba dirigida la cólera divina.

Nicolas se relajó. El reencuentro con su mentor había reavivado el recuerdo de sus años de aprendizaje y de compañerismo, y el vino había acabado de derribar sus defensas naturales ante cualquier muestra de sentimentalismo. La soledad que le imponían su trabajo itinerante y la rudeza de su oficio habían curtido sus emociones y le habían forjado un caparazón. Jamás se había abierto a la confidencia acerca de la rudeza de la vida del cirujano ambulante. Se abandonó escuchando a su antiguo maestro y riendo de sus baladronadas y sus excesos verbales y gestuales. Redescubría el placer de la despreocupación.

—¿Vamos a casa? —propuso François tras haber explicado a la concurrencia cómo había logrado que su último paciente se bajara los pantalones en plena calle—. Mañana será tu primer día y el sol siempre amanece demasiado pronto.

—Estoy impaciente por empezar.

—¡No sabes lo que te espera! —respondió el Erizo Blanco resoplando ruidosamente—. Un montón de casos desquiciados, te va a encantar. Y, por cierto, no hemos hablado de tus honorarios…

—Solo pido alojamiento, manutención y algo con lo que sustituir estos andrajos.

—Tu falta de exigencias me parece incluso ofensiva —dijo François, y acto seguido escupió al suelo—. Te quedarás con lo que paguen aquellos a los que atiendas, pero te aviso de que vas a tener que pelearte para conseguirlo.

—No puedo aceptar —respondió Nicolas mientras se anudaba las vendas de sus manos—. El establecimiento es tuyo.

—No veas en ello deferencia alguna, eso me dejará más tiempo para mis ocupaciones personales. Mis viñedos y mi *Nina*.

Al salir, la niebla había cubierto la ciudad entera bajo un manto homogéneo. Se acodaron en el puente y contemplaron el arroyo que se abría camino entre las masas oscuras de las casas.

—¿Sigues encaprichado con esa barca? —preguntó Nicolas.

—¡La *Nina* no es una barca! ¡Es toda mi vida! ¡Mi obra maestra, más importante que cualquier otra cosa!

Desde hacía veinte años, al Erizo Blanco, tan terrenal ante el Eterno, fruto de generaciones de viñaderos y granjeros enraizados en el ducado, se le había metido entre ceja y ceja construir su barco tras haber trabado amistad con un geógrafo de paso que le había elogiado la belleza del mundo y vendido un mapa que representaba las vías navegables de Francia y de los países limítrofes. Aquel mapa fue una verdadera revelación para el cirujano.

—La *Nina* es la llamada de la aventura —le dijo a Nicolas al tiempo que apoyaba una mano sobre su hombro—. Mira —añadió señalando con el dedo la sombra del riachuelo—, ¿puedes imaginarte que este chorrillo de agua da en el Meurthe, que se une al Mosela antes de arrojarse al Rin? Y ese río majestuoso, ¿sabes dónde muere? ¡En el Mar del Norte!

Rebuscó en uno de sus bolsillos y del mismo sacó media cáscara de nuez vacía y se la mostró.

—Si la lanzo desde lo alto de este puente, en pocos días habrá llegado a los océanos del mundo… ¿Te imaginas?

El argumento, que el comerciante ya había utilizado para venderle el mapa, se había convertido para él en una verdadera obsesión: la aventura, con la que siempre había soñado, empezaba bajo sus propios pies. Desde aquel instante no había cejado en la construcción de un navío a bordo del cual podría lanzarse al encuentro de las inmensidades marinas y sus leyendas. La realidad de sus finanzas, sin embargo, lo había mantenido encadenado al suelo, más incluso que la peor de las tormentas. Amarrada en el puerto del Crosne a unos kilómetros de la ciudad, la embarcación de cinco metros de eslora parecía la cáscara que sostenía en su mano. El mástil, tallado en madera verde tres años antes, solo aguardaba ser alzado y las velas ya estaban encargadas, pero ambas cosas se hallaban a la espera debido a la falta de solvencia del maestro cirujano. François, que se había convertido en la mascota de los marinos de Crosne, era ya el único que creía que algún día la *Nina* se haría a la mar.

Lanzó la cáscara al agua. Zarandeada por la corriente, giró sobre sí misma, volcó y acabó atrapada en un amasijo de ramas, pelusa de cuero y tejidos en descomposición procedentes de los artesanos del vecindario. François dirigió una mirada desolada a Nicolas y se encogió de hombros. La demostración se había ido a pique.

Sintieron una presencia a sus espaldas.

—¿Deseáis pasar, caballeros?

Se dieron la vuelta y vieron a tres soldados franceses que, uno junto al otro, ocupaban el ancho del puente.

—¿Deseáis pasar? —repitió el único suboficial, un cabo de la compañía de granaderos reales.

—Buen ojo tenéis —respondió François—, esa es en efecto nuestra intención.

Reconoció a algunos de los hombres que se habían dado a la bebida en la posada de los Trois Maures.

—En tal caso, tendréis que pagar para pasar. Sois dos, un franco por cabeza.

—Tenéis buen ojo y sois mejor matemático —constató François—. ¡Esto sí que es una soldadesca de calidad!

—Basta ya de ironías. O pagáis u os quedaréis aquí toda la noche.

—Pagar, pagar, siempre pagar… Pronto el ocupante nos hará pagar hasta el aire que respiramos —dijo François, indignado, dirigiéndose a Nicolas—. Me pregunto qué diría el teniente general de la comarca si llegara a saber que sus hombres se dedican a robar a los honrados ciudadanos de esta ciudad.

—No creo que le hiciera mucha gracia —respondió Nicolas ignorando a los tres soldados.

—¿Verdad? Mañana se lo preguntaré, vendrá a verme para que le saque una muela.

—Vamos, dos francos —repitió el hombre al tiempo que extendía la mano.

—¿Lo hueles, Nicolas? —dijo François, y empezó a olfatear ruidosamente.

—Sí —respondió este olisqueando a su vez—, parece…

—¡La peste a miedo! Y viene de ahí —añadió, y se situó ante el hombre.

Olió su guerrera.

—¡Por supuesto, mi olfato no me engaña nunca! Un soldado que tiene miedo…

—Es un problema… —prosiguió Nicolas.

—Un problema muy gordo —insistió François—. El miedo conlleva la putrefacción de los órganos.

—Qué duda cabe, ya he visto casos así —remachó Nicolas, y se quedó mirando fijamente al hombre mientras sus dos comparsas retrocedían un paso—. El paciente parecía estar bien…

—Eso es, «parecía»…

—Y un día, al venir a visitarse por una picazón, se desplomó ante mis narices. De golpe. Fulminado, muerto. El mal se lo había comido por dentro y sus órganos se habían deshecho como si fueran de arena.

—¡La podredumbre!

—Y esa peste…

—La misma que ahora, ¿verdad?

—¡Basta ya! —exclamó el hombre—, ¡basta ya! No me gustan esas bromas, ¡marchaos ahora mismo!

Los militares se hicieron a un lado para franquearles el paso.

—Debería veros un médico —le aconsejó François al pasar junto a él.

La mirada del soldado reflejó a la vez el miedo y la frustración.

Avanzaron unos metros, felices de haber recuperado su complicidad. En el momento en que el Erizo Blanco abrió la boca para hablar, su rostro se descompuso en una terrible mueca de incomprensión y cayó de rodillas, llevándose las manos al espinazo. El hombre los había seguido y lo había apuñalado por la espalda.

2

Nancy, enero de 1694

La herida era superficial. La puñalada lo había rozado y la hoja se había hendido en la grasa que cubría su costado izquierdo. Con la ayuda de un vecino, Nicolas lo trasladó, consciente, hasta la casa, le cosió la herida y le aplicó un ungüento a base de boñiga de vaca mezclada con grasa de cerdo en las proporciones indicadas por François, quien, a pesar del dolor naciente, había insistido en supervisar la cura. Jeanne lo veló toda la noche. De buena mañana, en su frente había surgido una pequeña arruga que ya nunca desaparecería.

El estado de François, aunque no supusiera peligro alguno, le impedía llevar a cabo su trabajo. Peor aún, lo compelió a guardar cama casi una semana, cosa que nunca se había visto obligado a hacer y lo puso de un humor de perros. Nicolas se ocupó de todos los pacientes del cirujano, que consideraban su presencia como un don divino. De los tres, la más afectada por el accidente fue Jeanne. Le fue imposible conciliar el sueño y se dejó la salud en sus tareas cotidianas.

La chimenea de la trastienda desprendía un calor infernal que al paciente le era difícil soportar. Transpiraba por todos los poros de su cuerpo desnudo, tendido en una cubeta de madera. Su rostro de pepona se había puesto rojo como un tomate, un hilillo de saliva se había secado en la comisura de sus labios violáceos, le dolían las piernas y su respiración era superficial. El médico le había diagnosticado una sífilis que había ocultado a su entorno. La enfermedad venérea le daba miedo y lo avergonzaba. Una vez se le curó la herida que le había aparecido a la altura del sexo, le pareció que ya había salido del atolladero. Sin embargo, la erupción generalizada, declarada dos semanas después, lo obligó a alojarse en casa de François Delvaux hasta que desaparecieran las lesiones cutáneas. De oficio notario, pretextó a su mujer un viaje importante a París que le llevaría tres semanas.

El hombre resopló. El aire caliente le daba la impresión de estar ahogándose. Nicolas entró con un cubo en la mano y un par de guantes en la otra.

—¿Podéis acabar con esta tortura? —ordenó el paciente en un tono que no dejaba lugar a duda alguna—. ¡Me voy a desmayar!

—Debéis transpirar antes de la fricción —respondió Nicolas sin obedecerlo—. De lo contrario, se os va a quedar dentro el veneno de la sífilis. Y en tal caso sí podréis hablar de tortura.

El hombre, visiblemente impresionado, se acomodó en la bañera a la espera de recibir el tratamiento. Echó un vistazo al contenido del cubo antes de cerrar los ojos. Nicolas se puso los guantes de cuero flexible y metió la mano en la mezcla de manteca y sales de mercurio que acababa de preparar. Frotó al paciente a la altura de sus articulaciones, despacio y a conciencia. Una vez acabadas las fricciones, le tendió una camisa con la que el hombre se cubrió refunfuñando.

—Muy bien —dijo François, que había presenciado la escena sin que lo hubieran oído entrar—. Quedaos junto al fuego y sudad hasta que el mal os salga por los poros. Ese es el precio de vuestra cura.

—Dadme de beber, maese Delvaux, desde esta mañana tengo la boca ardiendo —dijo el hombre, y le mostró la lengua.

Tenía inflamados el interior de sus mejillas y las encías. Nicolas se secó las manos y le llevó agua fresca del pozo. No le gustaba utilizar las fricciones mercuriales para tratar de curar la sífilis, pues a menudo el remedio era peor que el mal, pero no conocía otro tratamiento. El hombre babearía como un animal rabioso, luego la erupción desaparecería y su estado mejoraría. Se creería curado y le pagaría los honorarios de treinta francos a François, contento de haber sanado tan fácilmente cuando la sífilis a menudo era sinónimo de enfermedad incurable. Sin embargo, Nicolas sabía por experiencia que esta siempre volvía a por sus víctimas, a veces incluso años después. Las sales de mercurio no podían con ella.

Dejó que François charlara con su paciente acerca de las próximas cosechas y fue a la buhardilla a por sábanas limpias. Allí estaba Jeanne tendiendo la ropa. Dobló las que ella había lavado el día anterior y eligió la más gastada para hacer trapos. Jeanne le sonrió comedidamente, sin duda al recordar al joven que jugaba al escondite con ella entre las hileras de sábanas colgadas. Sus risas no habían resonado en la buhardilla desde hacía un lustro. Ella lo ayudó a acabar su tarea antes de llenar un cubo de paños manchados de grasa.

—Te acompaño al lavadero —propuso Nicolas—. Necesito salir.

Pasaron junto a la explanada arbolada con tilos que delimitaba la frontera entre la ciudad nueva y los barrios antiguos, y cruzaron el baluarte de Michottes. Jeanne, que había permanecido en silencio a lo largo del trayecto, lo detuvo:

—¿Crees que mi François se va a curar?

—Claro, si ya está curado. No te preocupes. Refunfuña de impaciencia, y eso es buena señal, ¿no crees?

—Sí, sí…

Nicolas dejó en el suelo la cubeta que ya empezaba a agarrotarle los músculos. La colada estaba empapada de agua.

—¿Qué sucede, Jeanne? ¿Qué quieres decirme?

—El otro día, cuando volvisteis, tuve mucho miedo de que se muriera. Desde entonces no he dejado de pensar en ello. Es como…

—¿Una obsesión?

Ella permaneció en silencio.

—Es normal, Jeanne, créeme, y desaparecerá poco a poco. Como la niebla sobre el canal. Con el tiempo, todo acaba por volver a la normalidad.

—¿Crees que Dios ha querido castigarnos?

—Creo que un soldado borracho trató de vengarse.

—Pero ¿qué le hemos hecho?

—Nada. François simplemente se cruzó en su camino y el bribón quería dinero.

—No, a Dios. ¿Qué le hemos hecho a Dios?

—Vamos, Jeanne, aún tenemos un buen trecho.

Cuando fue a recoger el fardo de ropa, un vehículo detenido en el patio de la mansión situada frente a ellos atrajo su atención. La madera de las ruedas era nueva y contrastaba con el aspecto vetusto del habitáculo.

—¿Qué miras? —preguntó ella al ver el patio desierto.

—Conozco esa carroza... ¿A quién pertenece ese palacete, Jeanne?

—Estamos en la rue Naxon. Es del marqués de Cornelli.

La imagen de la joven dispuesta a seguirlo para evitar un matrimonio por interés lo hizo sonreír y le explicó la anécdota a Jeanne.

—¡Si te hubiera visto untar al notario, es de ti de quien habría salido huyendo! A buen seguro habrá olvidado ya su antojo aventurero.

—Llevas razón —dijo él mientras echaba un último vistazo al edificio, en el que vio una sombra deambular a través de las ventanas del primer piso.

La silueta se detuvo para observarlos. El aspecto era masculino, de hombros anchos y altos, pero en la penumbra no alcanzaba a distinguir el rostro.

—¿Qué lado de ese cristal es el más envidiable? —preguntó Nicolas—. ¿El suyo o el nuestro?

—El suyo, por descontado —respondió Jeanne, y lo obligó a avanzar por la calle.

Sentirse observada la había trastornado.

—Menuda pregunta —prosiguió ella—. ¿Quién no iba a querer estar de ese lado?

El lavadero hervía de actividad y tuvieron que aguardar a que quedara libre un sitio antes de entrar. Jeanne se arrodilló ante el borde inclinado y echó su colada en el agua clara. El vaho surgía de la boca de las lavanderas al ritmo de su respiración cual nubes que se elevaran hacia el techo del estanque. Al cabo de unos minutos, las manos de Jeanne estaban enrojecidas debido al vivo frío del agua. El estruendo de las palas de lavar enjuagando las coladas entrecortaba las conversaciones con su ritmo regular. Nicolas doblaba la ropa y la depositaba sobre la cubeta a medida que las lavaba. Eran los únicos que permanecían en silencio y concentrados en su trabajo.

—¿Conoces a Marianne Pajot? —preguntó de repente.

Ella aprovechó para incorporarse y aliviar su espalda dolorida por las contracturas.

—Es una comadrona de Nancy —añadió él como si ella necesitara alguna pista.

—Lo sé, la conozco. Fui una de las que la eligieron.

—La he visto en plena faena. Tiene mucha experiencia.

Jeanne prosiguió su tarea.

—Es la mejor matrona del ducado —confirmó ella—. Ha salvado algunos casos desesperados. Y jamás ha estado embarazada.

—¿Nunca? Creía que para ser comadrona era necesario…

—¿Haber parido? Hasta ella, así fue. Sin embargo, en la parroquia todo el mundo estuvo de acuerdo en que fuera nuestra comadrona. Incluso los dos cirujanos le dieron el certificado de aptitud sin discutir.

—¿Sabes dónde podría encontrarla?

La sonrisa de Jeanne dibujó unas profundas arrugas en sus mejillas.

—Anda, ¿acaso has preñado a alguna boba y requieres sus servicios? ¡Prométeme que volverás pronto y me ayudarás a llevar de vuelta la colada!

***

Marianne se alojaba en la casa de beneficencia de Saint-Epvre, situada en la residencia del burgués Pierre Diart, en la rue du Point-du-Jour. La joven congregación había sido creada cuatro años antes para socorrer a los pobres de la parroquia, y ella había sido elegida por las damas del patronato para ocuparse de las solteras embarazadas y del «fruto de su libertinaje». La mayoría de estas trataban de abortar o abandonaban a sus hijos al nacer, a la puerta de una iglesia en el caso de los más afortunados, o en la calle, una zanja o el bosque en los otros casos. Los niños nacidos sin padre que habían logrado evitar esos dos escollos ya solo podían esperar que no les quitara la vida una enfermedad infantil o la malnutrición. Menos de uno de cada dos alcanzaba la adolescencia. La Iglesia y las buenas almas cristianas habían creado diversas casas de beneficencia para canalizar la desesperación de las madres con embarazos no deseados y evitar que los recién nacidos murieran antes de poder ser bautizados.

La rue du Point-du-Jour comprendía casas de hermosa factura y un palacete con una imponente escalera exterior de piedra. Le vino a la memoria el comentario de Jeanne: «¿Quién no iba a querer estar en el interior de esas casas?». A punto estuvo de responderle: «Yo…», pero ella no habría podido comprender sus motivos. Había preferido callar.

Marianne no pareció sorprendida ante la visita de Nicolas, o por lo menos no lo manifestó. Se disponía a salir para dirigirse al convento del Refugio para saber del pequeño Simon, cuyo voraz apetito había agotado la capacidad mamaria de su primera ama de cría. Su excepcional constitución le había permitido sobrevivir al traumatismo de su nacimiento milagroso, cuyo relato había circulado por la institución entera. Nicolas le propuso acompañarla, cosa que ella aceptó sin reserva ni entusiasmo excesivo. El sol de un día de invierno se había apoderado del cielo y salpicaba con reflejos tornasolados su falda de paño de color burdeos y púrpura. Observó su corsé negro atado a la espalda, las mangas apedazadas de su camisa de tela de cáñamo y su capucha oscura forrada de satén, que parecía acariciarla a cada paso. Le veía a Marianne una gracia fuera de lo común y un encanto que no quería explicarse por miedo a verlo desvanecerse. Desde su llegada a Nancy solo había pensado en ella, a pesar de tratar de refrenar sus sentimientos y su creciente atracción hacia una mujer cuya belleza estaba emparejada con sus habilidades de excelente practicante.

Simon era el único niño del convento. Las internas le habían cogido apego y le ofrecían todo tipo de atenciones. Siempre había una dispuesta a cogerlo en brazos en cuanto empezaba a llorar, de tal manera que la criatura estaba más consentida y mimada que si hubiera vivido en casa de sus padres. Solo la madre Janson temperaba los excesos de las jóvenes, que proyectaban en la criatura sus deseos de maternidad. Al recibirlos, la superiora conservaba la misma expresión impasible de su primer encuentro. Su rostro diáfano formaba un cuadrado claro en el centro de su toca oscura, y sus manos invisibles hacían voltear sus mangas anchas. No pudieron ver al niño, pero los condujeron junto a una parturienta de dieciséis años que padecía síncopes con una frecuencia que alteraba su estado físico y su embarazo. Marianne prometió a la directora ocuparse de ella hasta el parto. La hermana les dio las gracias y se retiró a su celda a rezar.

—¿En qué pensáis? —preguntó ella cuando salían del convento.

Se detuvieron bajo el porche de la entrada principal.

—Creo que vuestra joven paciente padece del mal de epilepsia, pero ya lo sabéis —respondió mientras observaba su reacción.

Ella hizo un gesto de asentimiento.

—¿Qué podemos hacer?

—¿Nosotros? ¡No soy médico ni boticario! —exclamó, y dio un paso hacia la calle.

Marianne permaneció inmóvil. La respuesta no le bastaba.

—¡Por eso os lo pregunto! En su estado, sobre todo no hay que sangrarla ni purgarla. ¿Qué se puede hacer? ¿Qué dicen vuestros libros?

—Que hay decenas de remedios contra las convulsiones provocadas por los humores crasos del cerebro. Pero ninguno sería eficaz.

Un carruaje pasó con gran estruendo por la callejuela estrecha y obligó a Nicolas a volver bajo el porche.

—¿Por qué no intentarlo? —preguntó ella cuando se hizo el silencio de nuevo.

—Si insistís... Conozco a un médico que hace que quien padece una crisis se coma sus propios cabellos, otro propone estornudar utilizando polvo de aristoloquia, y vi a un hombre morir así. Un charlatán que gozaba de gran renombre en el norte del ducado hacía colgar del cuello de los epilépticos muérdago de roble, o les daba a beber polvo de cráneo humano mezclado con raíz de saltaojos y vino de España. En vano. ¿Queréis más recetas?

—Sois un derrotista, maese Déruet, os imaginaba más pugnaz —dijo ella para tratar de provocarlo—. Si sigue extenuándose de esa manera, puede morir al dar a luz.

—Os he dicho que no hay remedio conocido que pueda evitarlo, no que no haya nada que hacer.

—En tal caso ¿qué sugerís? —preguntó ella cruzándose de brazos en señal de impaciencia.

—Que aceptéis mi propuesta de alimentarnos mutuamente de nuestras experiencias —respondió mientras apretaba el paño que le servía de guante en la mano derecha—. Os ayudo con vuestra paciente y me dejáis asistir al parto.

—Si lográis liberarla de su epilepsia, estoy dispuesta incluso a abriros mis cuadernos de notas y mis libros.

—¿Y vuestro corazón?

Nicolas había hablado sin pensar, en un impulso emocional del que se arrepintió en el acto. A lo lejos, un hombre llamaba a los transeúntes con convicción y constancia. Su voz ronca, que llegaba hasta ellos a intervalos, prometía a los curiosos vivir un momento excepcional.

—Lamento mi impertinencia —añadió—. Disculpadme y olvidad lo que os acabo de decir, Marianne. Estoy avergonzado.

—¿Por qué? ¿Acaso el corazón no forma parte de la anatomía?

Él no se atrevía a mirarla y trituraba nerviosamente sus guantes. Ella se echó a reír al ver su rostro apesadumbrado.

—Comencemos por la epilepsia y más adelante ya estudiaremos la sede de los arrebatos amorosos, ¿no os parece?

—Habéis logrado además sacarme de esta metedura de pata. Os estoy muy agradecido.

Se arregló los cabellos y sonrió.

—Permitidme al menos acompañaros a vuestra casa.

—Caminemos un poco —dijo ella mientras alzaba su falda para pasar sobre un gran charco de barro dejando al descubierto un brazalete de oro en su tobillo derecho—. Tengo curiosidad por saber qué ofrece ese charlatán.

Se unieron al corrillo que rodeaba al voceador instalado en la rue de Grève. Este estaba encaramado en un estrado de madera junto a un carro cubierto con un telón negro. Arengaba a la multitud sin cesar y con éxito, como atestiguaba el creciente público que se agolpaba alrededor de la improvisada carpa. El hombre señaló el carromato con un dedo:

—Llegado directamente del país de Lituania, donde vivía en estado salvaje y donde fue capturado hace treinta años. Su madrina es la reina de Polonia y su padrino es el embajador de Francia, ni más ni menos. De paso en Nancy, de camino a Versalles, donde debe ser presentado ante el rey, venid a admirar un ejemplar único de hombre salvaje, damas y caballeros, y me refiero a un hombre que, como una bestia, vivió su infancia en el bosque.

La muchedumbre murmuró, sorprendida y a la par incrédula.

—A pesar de los esfuerzos de nuestros sabios, no puede hablar, ni vestir ropa ni calzarse. Se ha quedado en estado animal y su ferocidad no tiene parangón. Venid, entrad y, solo por tres gordas,* admirad a esa criatura de Dios que en toda Europa desean ver.

* Moneda lorena.

—¿Y quién nos dice que no son pamplinas y una tomadura de pelo? —exclamó un hombre fornido, con mejillas de hámster y gruesos labios.

Buscó con su mirada la aprobación de los demás.

—¿Y si se trata de un actor compinchado? —añadió su vecino, cuyo parecido físico no dejaba duda alguna acerca de su pertenencia a la misma hermandad.

Otros asintieron con la cabeza. El charlatán, al percibir que perdía la confianza de la asamblea, alzó el tono y acalló el alboroto naciente.

—Tengo en mis manos un documento oficial —prosiguió a la vez que mostraba al público un papel, con los brazos extendidos— que prueba de forma concluyente el origen y la historia única de Joseph Urfin, ¡nombre que la mismísima reina de Polonia dio al bautizado!

Por más que alargaron el cuello y sus ojos trataron de leer, nadie consiguió descifrar el texto. En ese mismo instante, un gruñido surgió del carromato, seguido de un grito sordo que hizo temblar el habitáculo sobre sus ejes y arrancó un chillido a la multitud.

El hombre aprovechó el incidente para volver a meterse a su auditorio en el bolsillo.

—No corréis riesgo alguno, puesto que su jaula fue utilizada para transportar a un gorila gigante. Es indestructible. Vamos, damas y caballeros, venid a contemplar a este fenómeno de la naturaleza. Es un momento único en vuestras vidas, puesto que mañana mismo estaremos de nuevo en camino. Por tres gordas, ¡podéis acercaros a Joseph Urfin, el único, el sin par hombre salvaje!

—¡Que se vaya a Versalles a sustituir a Luis! —gritó un hombre—. ¡No se notará la diferencia!

El público se rió estrepitosamente. Otras chanzas acerca del rey de Francia brotaron aquí y allá. Los cuatro soldados presentes, que vigilaban despreocupados al gentío, se aproximaron. Uno de ellos subió al estrado y observó a los allí congregados, con los puños en las caderas. Los otros tres se habían apostado entre los asistentes, que debían de ser unas cincuenta personas.

—Marchémonos —dijo Nicolas a la vez que asía a Marianne del brazo—. Esto acabará mal.

—¡Que nadie se mueva! —exclamó el oficial que había visto el gesto—. ¡Quien trate de huir será considerado sospechoso! ¡Que confiese quien ha osado atentar contra la dignidad de nuestro rey!

Los soldados trataron de desenvainar sus espadas, pero enseguida fueron zarandeados y derribados por varios hombres, mientras los asistentes se dispersaban apresuradamente por las calles vecinas.

—¡A mí la guardia! —gritó el oficial antes de verse proyectado al suelo por los dos hermanos de mejillas de hámster, que se limpiaron los pies sobre su capa antes de desaparecer en dirección a las fortificaciones.

Nicolas había tomado a Marianne de la mano y la había llevado hacia la calle adyacente más estrecha, colindante con la iglesia de Saint-Nicolas. Oyeron el ruido de los pasos de la compañía que acababa de entrar en la rue de Grève. Ella pidió que se detuvieran para recuperar el aliento.

—¿Por qué huimos así? No hemos hecho... —comenzó a decir antes de que tirara de nuevo de su mano.

Nicolas había entrevisto el destello de los cascos que se aproximaban a la plaza de la iglesia. Aquel sitio era un callejón sin salida que daba a unas viñas y descampados. La ciudad nueva apenas tenía cien años y muchas parcelas aún no habían sido edificadas, a pesar del compromiso de los propietarios con el duque Carlos. Cruzaron sin contratiempos los solares y circularon por varias callejuelas transversales hasta desembocar en una gran plaza luminosa en la que reinaba una ingente actividad y la peste a carroña.

—¿Dónde estamos? —preguntó Nicolas, que no conocía todos los barrios de Nancy.

—En la plaza del mercado —respondió ella, y le obligó a soltarle la mano.

Se alisó sus ropas desajustadas, su camisa de tela y su capucha, y prosiguió:

—¿Qué habéis hecho? Al huir, nos hemos convertido en culpables, ¿os dais cuenta de las consecuencias si nos hubieran atrapado?

—Imagino sobre todo las que habríamos sufrido de habernos quedado. Marianne, ¿por qué creéis que todo el mundo ha actuado como nosotros? ¿Sabéis lo que harán los franceses?

—Pero ¡si no me habéis dejado elección! Detesto que alguien tome decisiones en mi lugar, ¡ni se os ocurra volver a hacerlo! —declaró con firmeza pero evitando elevar la voz.

—Cogerán al primero que pillen, lo acusarán de haber insultado a su rey y le harán confesar una conspiración urdida por los extranjeros.

—¡Ahí están! —exclamó ella cuando varios hombres y dos caballeros penetraban en la plaza y se apostaban en las cuatro esquinas—. Esta vez, ¡nada de salir corriendo! ¿Me habéis comprendido? Lo haremos a mi manera.

Los soldados habían ocupado la plaza y bloqueado todas las salidas posibles. Los comerciantes y los artesanos seguían trabajando con fingida indiferencia. En los tenderetes había carne de buey y de cordero, procedente del matadero vecino, y harinas, de trigo y espelta, de los molinos de Boudonville y de Saint-Thiébaut. Marianne entró en el establecimiento del único panadero de la plaza sin preocuparse de Nicolas, que se apresuró a seguirla. Compró un pan con dos gordas y conversó con la patrona acerca de la salud de esta. La tensión del exterior se percibía a través del repiqueteo de las armas que los soldados acababan de desenvainar, el crujir de los pasos sobre los adoquines, el nerviosismo de los animales, caballos y perros vagabundos. Nicolas se situó junto a Marianne, que observaba la articulación rojiza e hinchada de la muñeca de la vendedora.

—No quisiera heriros, pero prefiero mi manera a la vuestra —declaró él, y se volvió hacia la puerta de entrada.

—No os angustiéis. ¿Qué os parece su herida? —inquirió al tiempo que le mostraba la mano de la panadera.

Nicolas no se dignó mirarla y permaneció en su posición, al acecho.

—Me temo que si ahora entrara el oficial que estaba sobre el estrado nos reconocería a primera vista.

—Mi amiga nos ayudará a escabullirnos, pero antes quisiera conocer vuestra opinión.

Lo invitó de nuevo a examinar el brazo de la mujer. Nicolas le echó un rápido vistazo y luego miró fijamente a Marianne a los ojos.

—No es grave. Los huesos no están rotos, solo los humores se han derramado bajo la piel, la carne está fláccida pero flexible y el traumatismo es superficial. El mal no se va a extender. Se debe a una caída, ¿verdad? —añadió dirigiéndose a la panadera, que se lo confirmó asintiendo con la cabeza.

Desde el exterior llegaron algunos gritos. Órdenes voceadas, insultos y protestas. Asió a Marianne del brazo:

—¿Nos vamos ya?

Ella le indicó que pasara al otro lado del mostrador y siguieron a la dueña por la trastienda, atravesaron el patio y luego un jardín colindante con la rue Saint-Jean, desde donde podrían volver al casco antiguo. La mujer les abrió una portezuela encastrada en el murete.

—Haceos un bálsamo con flores de corazoncillo —le aconsejó Nicolas—, las encontraréis donde Malthus, el boticario. Aplicadlo en una venda y no os la quitéis hasta que volváis a notar bien la articulación. No os preocupéis, y gracias por vuestra ayuda.

Marianne también le dio las gracias. Llegaron en silencio a la rue du Point-du-Jour, y de allí fueron a la casa de beneficencia donde ella se alojaba. Nicolas trituraba nervioso los paños sucios y gastados que cubrían sus manos.

—Para empezar, os daré la dirección de un excelente fabricante de guantes —le propuso ella—. Esos harapos os hacen parecer un mendigo.

—Lleváis razón. Se ha convertido en costumbre utilizar…

En aquel instante recordó haberle prometido a Jeanne que volvería al lavadero para ayudarla a transportar la colada. Debía de estar esperándolo desde hacía horas. Se dio una palmada en la frente.

—Debo irme —exclamó—. Ya os explicaré… ¿Cuándo puedo volver a veros?

—Hoy habéis sabido dar conmigo —respondió ella, sorprendida ante el cambio de comportamiento—. Seguro que conocéis el camino.

—No olvidéis nuestro acuerdo… —suplicó Nicolas retrocediendo.

En cuanto dobló la esquina, echó a correr.

***

François acabó de vendarse el vientre maldiciendo a Nicolas. Jeanne lo contemplaba, aterrada. Se sentía responsable de lo sucedido. En el lavadero, pronto acabó de aclarar el resto de la colada, la dobló y la apiló en la cubeta de madera, y luego charló con su vecina, la esposa de uno de los curtidores de la ciudad. El lugar se vació poco a poco y, al ver que Nicolas no regresaba, le pidió a la última lavandera presente que avisara a su marido. El Erizo Blanco llegó media hora después y se burló de que no pudiera acarrear sola la cubeta de la colada. Debía de pesar casi treinta kilos y Jeanne, tras dos tentativas que la habían dejado sin resuello al cabo de unos metros, comprendió que debía hacer llamar a su marido. Este insistió en llevarla solo, a peso, pero se vio obligado a detenerse varias veces para recuperar el aliento y las fuerzas, bajo la burlona mirada de su mujer. Al llegar al establecimiento, su camisa estaba empapada en sudor y una mancha oscura había aparecido en el costado izquierdo: la cicatriz se había abierto debido al esfuerzo y sangraba abundantemente. Una hora más tarde, logró detener la hemorragia y cubrió la herida con un ungüento de su invención.

—Lo siento mucho —dijo ella tras recoger los paños empapados de sangre.

—¿Qué es lo que sientes? Has hecho lo debido. No podías dejar la colada ahí abandonada ni traerla hasta casa —respondió él mientras se ponía una camisa por encima del vendaje—. Suerte que al final Charles me ha echado una mano.

Se puso su gorro y descendió para reunirse con su amigo Charles Jaquet, que lo aguardaba en el establecimiento. Lo tranquilizó con respecto a su estado y le ofreció una copa de vino para agradecerle su ayuda. Charles la bebió, se limpió los labios con la manga y le explicó el incidente del hombre salvaje, del que había sido testigo. Al no haber podido dar con el responsable del crimen de lesa majestad, los soldados franceses habían regresado a la rue de Grève y habían detenido a Hugues Comans, el charlatán, al que habían hallado postrado, sentado en el estrado. Había ofrecido poca resistencia, persuadido de que su documento tenía valor de salvoconducto y que pronto se desvanecería cualquier sospecha sobre él relacionada con un complot antimonárquico.

—Sin embargo, lo han encerrado en la torre de la Craffe —precisó Charles—. No parece que vaya a salir de ahí demasiado pronto.

—¿Y el hombre salvaje? ¿Está con él? —preguntó François mientras servía otra ronda de vino.

—¡Quita! ¡Sigue en el carruaje! Y todo el mundo le tiene miedo.

—¿Estás insinuando que nadie se ha atrevido a entrar?

—Nadie. Ni siquiera sin pagar, no sé de nadie a quien le apetecería acercarse.

Apuró su copa de un trago.

—¡Tal vez sea una criatura diabólica! —observó con la vista puesta en el rosario depositado sobre la cómoda—. ¡Aúlla como un animal salvaje!

—¡Pardiez, será porque tendrá hambre y frío! —replicó François mientras se masajeaba el vendaje—. Si su amo sigue encerrado un día más, ¡acabará por morir!

—¿Quién va a morir? —preguntó una voz a sus espaldas.

—¡Nicolas! —exclamó François al tiempo que daba un puñetazo sobre la mesa sin volverse.

Nicolas se plantó ante él.

—Lo siento, François, no tengo excusa alguna. Ninguna. Lo he olvidado…

El Erizo Blanco se incorporó con dificultad.

—Tu atolondramiento me va a costar unos días de reposo suplementarios —le dijo tras haberle explicado la situación.

—Lo siento —repitió.

—Tienes un verdadero don para la cirugía, un ojo y un diagnóstico infalibles, pero eres incapaz de recordar una cita. Lo tienes complicado para regentar un establecimiento. ¿Cuántas veces te lo habré dicho ya?

—Cientos de veces, François, cientos... Y me fui a recorrer las calles...

El Erizo Blanco suspiró.

—No hablemos más de ello. Estoy contento de que hayas vuelto a casa, muchacho. Los franceses están nerviosos.

—Dime, ¿quién se va a morir?

La imagen del carromato con el telón negro de Joseph Urfin le volvía a la mente sin cesar. El lamento del hombre salvaje desgarraba el silencio de la noche de vez en cuando, y la mayoría de los ocho mil habitantes de la ciudad podían oírlo con claridad. Estudió un buen rato sus libros, escribió sobre un papel apergaminado las últimas observaciones relativas a los pacientes de aquella semana y luego, al no conseguir conciliar el sueño, se decidió a salir. Jeanne lo oyó bajar las escaleras, rebuscar por la cocina y luego salir a la calle. Tampoco ella lograba conciliar el sueño, y a su inquietud por su marido se sumaba la que sentía por Nicolas, filial. Aguardaría su regreso.

El estrado y el carromato transformado en jaula de circo no habían sido trasladados. Allí solo había un soldado que luchaba contra el frío y el sueño junto a un brasero en vías de extinción. El salvaje profirió un alarido sordo y de poca potencia, lo que denotaba su agotamiento. A la luna le faltaba ya un pedazo y la niebla tenaz absorbía las migajas de luz que esta desprendía. Nicolas aguardó a que el centinela se adormilara y pasó por detrás de él, se deslizó entre el vehículo y el muro hasta la portezuela trasera y entró. La atmósfera estaba dominada por un violento olor a excrementos. Sus ojos se acostumbraron rápidamente a la oscuridad. El espacio había sido dispuesto de tal manera que la jaula ocupara dos terceras partes de la superficie y el resto quedara libre para la circulación de los espectadores. Nicolas dejó en el suelo la jarra de agua y el pan que había llevado consigo y se acercó a los barrotes. Distinguió la forma inmóvil del cuerpo de Joseph Urfin, tumbado sobre un jergón de paja. Su cabeza estaba vuelta hacia él. Sus ojos parpadearon. No dormía y estaba observándolo. Nicolas dio un paso atrás. El hombre se sentó lentamente y se apoyó contra la pared de madera. Al contrario de lo que había llegado a imaginar, su piel no estaba cubierta de pelos tersos y negros. Joseph era lampiño y tenía el cabello de un rubio veneciano, y unos rasgos finos y regulares. Era alto y poco musculado. No tenía nada de animal salvaje, aparte de su desnudez. Nicolas no sintió hostilidad alguna, simplemente curiosidad entremezclada con miedo. Tomó el pan y se lo ofreció. Joseph se aproximó a los barrotes. Permanecía sentado y aguardaba. Nicolas comprendió que debía ganarse su confianza y mordió uno de los extremos del pan antes de volver a ofrecérselo. El hombre, con un gesto amable, lo tomó y volvió al fondo de su jaula para comérselo. Idéntico ceremonial se repitió para la jarra de agua. Mientras la sostenía, Nicolas pudo observar las cicatrices de golpes en su espalda así como diversas fracturas mal consolidadas en las costillas y los brazos.

—¿Podéis comprenderme? —preguntó con cautela y articulando de manera exagerada.

Joseph le sonrió.

—Mañana. Volveré mañana.

Una nueva sonrisa del salvaje.

Nicolas salió y se escabulló silenciosamente entre los resquicios de la noche.

***

No había logrado dormirse y abrió la tienda más pronto que de costumbre. Su primer paciente fue el propio François, al que le había cambiado las vendas y le había cubierto la herida con una mezcla de la que se negó a explicarle la composición. El Erizo Blanco lo sintió como una humillación que le reconcomió durante todo el día, a pesar de las explicaciones de Nicolas acerca del juramento que le había hecho a quien le reveló el secreto. Tras ocuparse de la sífilis del notario, cada vez más reacio al tratamiento a medida que pasaba el tiempo, de la pierna de un hombre atropellado por un carruaje que circulaba demasiado rápido y de una herida por arma de fuego en el pecho que un soldado francés se había infligido a sí mismo, se dirigió al domicilio del burgués Richard Audoux, cuyo médico había aconsejado una trepanación debido a las recalcitrantes migrañas. A Nicolas, que solo la había practicado en dos ocasiones, le horrorizaba esa operación. La tasa de mortalidad era escalofriante, y para los supervivientes las secuelas a menudo eran graves e irreversibles. Prefería los tratamientos de los boticarios a base de mezclas de plantas e ingredientes diversos, que, para ciertos dolores, permitían conseguir una mejoría o incluso la curación con menores riesgos. El paciente parecía un hombre sensato y decía estar dispuesto a cualquier cosa para evitar la trepanación. Nicolas le propuso que se pasara al día siguiente por su establecimiento y le entregaría un bálsamo y una tisana que habría fabricado. Sabía que al hacer tal cosa acababa de infringir las reglas en vigor en su gremio de no cuestionar el diagnóstico de los médicos y no dispensar pociones médicas. Sin embargo, estaba persuadido de haber tomado la mejor decisión para su paciente. Richard Audoux, feliz al haberse librado de que le abrieran la tapa de la sesera, insistió en pagarle su visita sin aguardar a que su estado mejorara. Al salir, Nicolas hizo tintinear las monedas en su mano antes de guardarlas en el bolsillo de su abrigo. Había decidido entregarle todos sus honorarios a François para que este pudiera avanzar en la construcción de la *Nina*. De cualquier forma, no habría sabido qué hacer con ese dinero y no sentía necesidad de poseer más de lo que tenía. El alojamiento y la manutención, así como la posibilidad de comprarse libros y ropa, bastaban para sus necesidades. El tiempo se había vuelto más clemente y el aire ya no aguijoneaba el rostro como los días precedentes. De un nido colgado del saliente de un tejado, vio un pájaro alzar el vuelo piando. Dio por acabada su jornada laboral y se encaminó hacia la rue du Point-du-Jour.

Marianne se hallaba ausente y la criada no le indicó a qué hora regresaría. Nicolas se dirigió al librero Pujol, que poseía el mejor fondo de libros de medicina y cirugía de todo el ducado. A lo largo de los años, el hombre se había hecho amigo suyo y le permitía, cada vez que pasaba por Nancy, consultar las obras como habría podido hacerlo en una biblioteca. Cuando lo vio entrar en su tienda, Pujol cruzó el establecimiento y le dio un caluroso abrazo.

—¡Nicolas, supe por Delvaux de tu regreso y aguardaba impaciente tu visita! ¿Cómo estás, amigo mío? Tengo ahí un libro que te va a gustar —añadió sin darle siquiera tiempo a responder.

Cuando puso en sus manos *La anatomía francesa*, de Théophile Gelée, una reedición ampliada con un tratado de Guillaume Sauvageon sobre las válvulas cardíacas, Nicolas supo que no podría marcharse sin comprarlo. La *Nina* debería aguardar un poco más.

Luego se detuvo en la tienda de Malthus, el boticario de la rue des Dominicains, para aprovisionarse de plantas, aceites aromáticos y sales de diversos minerales. La tienda era muy atractiva, con una fachada de madera tallada y un interior que olía a trementina y mentol, con estanterías repletas de cientos de botes y frascos que encerraban los secretos del químico boticario. El mostrador, amplio y acogedor, lo regentaba la patrona. Ella era también la encargada de transmitir las noticias, en particular los comadreos acerca de los notables de la ciudad, en lo que se había convertido en una verdadera especialista. Observó que en la lista que Nicolas le había entregado figuraban sales de mercurio e hizo un mohín.

—Decidme, señor Déruet, ¿acaso tenéis a algún enfermo de sífilis en vuestro establecimiento? Me preguntaba si nuestro notario, que partió precipitadamente camino de París, no habría hecho un alto en casa de maese Delvaux…

Dio la callada por respuesta y se contentó con hacerle añadir polvo de cuerno de ciervo a la lista, cosa que ella no alcanzó a interpretar y la dejó perpleja respecto a las conclusiones que podía extraer.

—No molestes a mi amigo Nicolas con tus habladurías —dijo Gabriel Malthus al salir de la trastienda.

Ella se encogió de hombros, le entregó la lista y prosiguió su lectura de *La Gazette de Hollande*. Gabriel depositó la lista sobre el mostrador sin siquiera mirarla. Los dos hombres se retiraron a la cocina.

—¡A veces me da la impresión de que solo aprendió a leer para devorar esas revistas de chismes! —declaró—. Al margen de eso, es una esposa perfecta. Y todos tenemos nuestras pequeñas manías, ¿no es cierto?

La del boticario estaba relacionada con la búsqueda de un elixir de la longevidad. Gabriel trataba desde hacía años de dar con una fórmula que le permitiera aminorar el envejecimiento del cuerpo, empezando por el suyo. Sin embargo, la suerte no le había sonreído y lo había dotado de una constitución frágil. A sus cuarenta y seis años aparentaba diez más. Tenía la espalda encorvada, la cabeza hundida entre los hombros y la piel arrugada como la de los trabajadores del campo y salpicada de manchas negras cada vez más numerosas. Su barba gris espesa e hirsuta, que se negaba a cortar, unida a unos cabellos con abundantes claros, largos y descuidados, acababa de darle el aspecto de un viejo de salud precaria.

—Estoy a punto de conseguirlo —concluyó como si tratara de convencerse a sí mismo—. Dime qué te parece —pidió a Nicolas mientras le servía el último avance de su fórmula, una mezcla de más de veinte plantas y extractos de órganos de animales, de la que por precaución ocultaba cada nueva receta en un lugar diferente de su establecimiento.

Bebió su dosis e hizo chasquear la lengua, como si el efecto vigorizador fuera inmediato. Nicolas tragó la suya. El conjunto había macerado en un alcohol fuerte, principal causa de la sensación de euforia.

—¿Cómo les van los negocios a los barberos? —preguntó Gabriel, que sabía lo mucho que Nicolas detestaba la parte capilar de su oficio.

—Bien. ¿Y los de los refrescadores de traseros? —respondió aludiendo a la práctica de los enemas, ya que constituía el principal negocio de muchos boticarios.

—¡De maravilla!

Ese intercambio se había convertido en un ritual cada vez que se reencontraban.

—Nicolas, estoy contento de que hayas vuelto —continuó Gabriel mientras se servía otro trago de su elixir—. Entre mis amistades se encuentra una persona de alcurnia que sufre un cálculo biliar. Hasta ahora nada se lo ha aliviado, ni siquiera mis remedios. Sus médicos le han propuesto que se opere, pero de momento ha rechazado todas las ofertas, incluso la de Charles-François Félix.

—¿El primer cirujano del rey de Francia?

—En persona. Estaba de acuerdo en venir a operarlo a Lorena.

—¿Quién es para ser digno de tanto interés?

—No puedo revelarte su nombre. Pero conoce tu reputación. Varios allegados, entre los que me cuento, han conseguido convencerlo de que se deje operar por ti.

—¿Por mí?

—Eres el mejor.

—¡Félix es mucho mejor que yo!

—Eres el más preciso y el más rápido. Nadie es capaz de eliminar la piedra como tú. Puedes estar seguro de ello.

La patrona entró y la conversación cesó de inmediato. Sin ninguna prisa, cogió un mortero y una mano de mortero del armario de la vajilla y buscó un paño limpio. Los dos hombres la contemplaron, mudos.

—Parecéis dos confabuladores —dijo ella al salir, sin aguardar una respuesta.

—¡Esa es la opinión de una experta! —le espetó Gabriel antes de cerrar la puerta para mayor seguridad.

—¿Por qué ese hombre oculta su identidad? —preguntó Nicolas.

—Porque oficialmente no puede hacerse operar por un ambulante del campo, por muchas cualidades que este reúna, tras haber declinado la oferta de los más afamados cirujanos. Comprenderás que en tales circunstancias todo debe quedar en secreto.

—Ese paciente, por ilustre que sea, me parece muy complicado. Dile que me siento honrado por la confianza y la estima que le merezco, pero que hay otros tan capacitados como yo para sanarlo.

—¡Solo lo hará contigo! —exclamó Gabriel dando muestras de hartazgo—. Y si lo haces con éxito, la recompensa serán cinco mil libras de plata. Sé que ese argumento no sirve para ti, pero me ha pedido que te lo haga saber.

—Que enriquezca a Félix, ¡por mí no hay problema! —respondió Nicolas, y se encaminó hacia la puerta.

Malthus se cruzó en su camino, impidiéndole salir.

—¡Nicolas, me he comprometido en tu nombre! ¡No puedes dejarme en la estacada!

La mirada de Nicolas se volvió más negra que un cielo de tormenta.

—Pero ¿con qué derecho...?

—No puedes curar solo a los pobres, piensa también en los sufrimientos de los poderosos —dijo Gabriel en una tentativa tan desacertada que pareció una broma y disipó la tensión naciente.

—Pensaré en ello, solo lo pensaré. ¿Cuándo padeció el último ataque?

—Hace dos semanas.

—Esperemos al siguiente. ¿Realmente es tan poderoso tu amigo?

—¿Quieres una prueba? Habla, pide y verás.

—Lo siento, no quiero deberle nada a ese hombre. No quiero deberle nada a nadie, sea quien sea.

—Te equivocas, Nicolas. La independencia no existe y tu postura es insostenible. Todos necesitamos a los demás. Cuando tengas mi edad, lo entenderás.

Su mujer llamó a la puerta.

—Confabuladores, ¡necesito vuestra ayuda! No alcanzo hasta el frasco de agua de nicotiana. Está demasiado alto.

—¿Utilizas nicotiana? —preguntó Gabriel—. ¿Para qué?

—Cada uno tiene sus secretos, amigo.

Al otro lado de la puerta, la patrona se impacientaba. Nicolas tapó con cuidado la botella de elixir y se la guardó en el bolsillo de su abrigo.

—Me la llevo para uno de mis pacientes. Lo necesita más que tú y yo juntos.

***

En su segunda tentativa en la casa de beneficencia de Saint-Epvre se llevó la sorpresa de que lo recibiera Marianne en persona. Ella se mostró contenta de volver a verlo, como si el tiempo transcurrido desde la víspera hubiera supuesto una espera de varios meses. Lo condujo a su apartamento, que se componía de una alcoba y una cocina, y se hallaba situado en la primera planta de la casa del burgués Pierre Diart. La notable superficie de las estancias sorprendió a Nicolas, así como la riqueza de la ornamentación de las mismas.

—Nada de todo esto me pertenece —precisó ella ante su mirada impresionada—. Aquí no soy más que la comadrona.

Él se situó ante un inmenso espejo de pie y se contempló sin complacencia.

—Sí, parezco un mendigo —proclamó simulando que pedía limosna.

Ella se rió y se situó tras él. Sus ropas se rozaban. Él sentía su aliento agradable en la nuca. Se contemplaban, silenciosos, a través de sus reflejos en el espejo. Él retrocedió imperceptiblemente para arrimarse al cuerpo de Marianne. Ella lo abrazó por la cintura y apoyó la cabeza contra su hombro. Se sonrieron. Él se volvió despacio y la besó en los labios, y luego hundió la cabeza entre sus cabellos y se arrebujó contra su cuerpo. Ella hizo lo mismo. Sentían cómo sus corazones se embalaban y sus respiraciones se aceleraban al unísono. Metió la mano bajo la camisa de Marianne y le acarició el vientre a través del corsé, y acto seguido ascendió con suavidad hacia su pecho.

—No… —le susurró ella al oído—. Nicolas, no…

Él aflojó su abrazo poco a poco.

—Sé que vuestro impulso es sincero, que no sois uno de esos seductores que desaparecen en cuanto han cometido su agravio, pero no somos marido y mujer. No deseo comportarme como una chica desvergonzada, ni deseo que me toméis por tal.

Él la asió de las manos y se las besó.

—Lamento mi apresuramiento, Marianne. Soy el único culpable del mismo. ¡Sin embargo, lo que siento por vos es tan fuerte!

—¡También yo estoy trastornada, no os lo voy a ocultar!

—En tal caso ¿me perdonáis?

Ella le acarició el cabello.

—¿Qué podría reprocharos? Acabáis de obsequiarme una dulce emoción. Sabed que me cuesta mantener este discurso, que mi deseo es parejo al vuestro, pero deberemos armarnos de paciencia.

Nicolas asintió adoptando un aire abatido.

—Pero ¡que ello no os impida abrazarme! —añadió ella, y lo condujo frente a la chimenea de llamas adormiladas—. Me vais a leer ese libro que habéis comprado en la librería de Pujol, ¿queréis?

Marianne depositó un tronco sobre el hogar, se sentó en el suelo y lo invitó a sentarse a su lado. Nicolas extrajo la preciada obra de su bolsa y se arrimó a ella. Permanecieron un buen rato sin decirse nada, con los ojos cerrados.

—Habladme, Nicolas, que me llene de vuestra voz —murmuró ella mientras apoyaba su cabeza contra el vientre de él.

Él le explicó su visita nocturna al carromato del salvaje y le habló de su intención de regresar aquella misma noche. Había previsto darle a beber el elixir de Malthus para que recobrara fuerzas.

—Llevadme con vos —pidió ella acentuando su súplica con una implorante mirada.

Nicolas aceptó sin rechistar. La situación no se le antojaba peligrosa. Luego hojeó *La anatomía francesa* deteniéndose a cada pregunta de Marianne, leyendo las descripciones, añadiendo sus propios comentarios y provocando los de ella.

Al anochecer, la luz que el fuego desprendía se reveló insuficiente. Ella se levantó para disponer algunas velas alrededor de ellos y las encendió. Ninguno se fatigaba de contemplar el rostro del otro, sobre el que bailoteaban las sombras y las luces de las llamas que devoraban las mechas. Cuando el carillón de la iglesia de Saint-Epvre dio ocho secas campanadas, Marianne se puso en pie de inmediato y cogió el pan que destinaba a las comidas del día siguiente.

—Vayamos a saludar al señor Urfin —declaró antes de apagar las velas.

El olor a cera caliente invadió la estancia.

***

Oyeron el lamento del salvaje antes de llegar siquiera a la rue de Grève. Cuando ante su vista apareció el carromato de telones negros, el entorno ya no era el mismo.

—¡Menudo plantel! —exclamó Nicolas al ver a los cuatro centinelas allí apostados.

—¿Qué hacemos?

Dos soldados se calentaban junto a un brasero mientras los otros dos montaban guardia frente a la portezuela del carromato.

—No hay manera de entrar sin que nos vean.

—Tal vez le han dado de comer.

El grito dolorido del prisionero sirvió de respuesta.

—Qué se le va a hacer, dadme el pan —dijo él con la mano tendida—, voy para allá.

—Pero ¿cómo lo vais a hacer?

—Hablaré con ellos. Pediré que me dejen entrar.

—¿Por caridad cristiana? —preguntó ella, dubitativa.

—Digamos que tengo con qué negociar —dijo, y se sacó del bolsillo cinco francos que le quedaban de su jornal.

Marianne se había apostado en la esquina de la callejuela que rodeaba la iglesia de Saint-Nicolas, desde donde podía observarlo mientras trataba de convencer a los soldados franceses. Si acaso lo detuvieran, tenía la consigna de ir a avisar a François Delvaux para ponerlo al corriente de la situación. La entrevista fue breve. Vio cómo pagaba a los hombres y acto seguido les entregaba el pan y la botella que contenía el elixir. Se habían negado a permitirle entrar. Los lamentos de Joseph habían cesado. Cuando Nicolas se alejó, volvieron a empezar, redoblados. Se unió con Marianne en la oscuridad y le explicó que solo había logrado obtener una promesa de que le entregarían los alimentos al prisionero a cambio de la recompensa. Los cuatro soldados se hallaban en aquel momento en acalorada conversación. Uno de ellos cogió los alimentos y se dirigió al carromato. Lo atrapó uno de los otros, y entre todos le impidieron entrar. Acto seguido se pelearon y el soldado se rindió.

Nicolas y Marianne vieron a los vencedores repartirse el pan y beberse el remedio como si fuera peor que un vino de tres al cuarto. Uno de ellos estrelló la botella contra el carromato. Se rompió con un estrépito de cristal roto.

—Se acabó. Lo siento —dijo Marianne para consolarlo.

—Aún no. Sé qué me queda por hacer.

—¿Qué?

—Pedirle un favor a un amigo de Malthus. Veremos si es tan poderoso como dice ser.

3

Nancy, de febrero a abril de 1694

Al día siguiente, el charlatán Hugues Comans fue puesto en libertad y abandonó la ciudad con su precioso cargamento y con víveres para el viaje hasta Versalles, acompañado por dos caballeros del cuarto regimiento de dragones. Tenían orden de que el hombre entregara a Joseph Urfin al rey sin ofrecerlo como espectáculo por las ciudades y pueblos del camino. Tuvieron que aguardar un buen rato hasta que se abrió la puerta de Notre-Dame, pues el conserje no lograba que funcionara el mecanismo, que se había atorado por el frío. Luego las caballerías se perdieron rápidamente en el horizonte.

Nicolas hizo saber a Malthus que estaba a disposición de su ilustre amigo para operarlo. Transcurrieron los días sin tener noticias del misterioso paciente y acabó por olvidarlo. Marzo abrió una brecha en el frío invernal. Los vendedores ambulantes lo aprovecharon e invadieron las plazas y los mercados: restauradores, taberneros, vendedores de aves, asadores, pescaderos y pasteleros, todo tipo de comerciantes que ofrecían mercancías de calidad mediocre que los impuestos hacían inasequibles para la mayoría de la población. Ese tiempo más agradable desapareció tal como había llegado y el mes de abril empezó con hielo y con los mostradores de los puestos de los feriantes vacíos.

Cada tarde, en cuanto anochecía, Nicolas cerraba el pesado postigo que servía de mostrador, se guardaba varias velas en el bolsillo y atravesaba la ciudad para ir al encuentro de Marianne. Pasaban parte de la noche acurrucados uno junto al otro, conversando y descubriéndose, a menudo susurrando, como adolescentes que algo tramaran, para no llamar la atención de los propietarios de la casa de beneficencia. La presencia de un hombre en su habitación le costaría a Marianne ser expulsada de la congregación y cesada en su función de comadrona. Invariablemente, él regresaba a la rue Saint-Jacques, extenuado, para echar una cabezada antes de levantarse al alba. Abría el establecimiento cada mañana a eso de las seis, atendía a los pacientes que acudían allí, luego a los enfermos a los que acogían, instalados en la trastienda, y finalmente iba a casa de aquellos cuyo estado o fortuna exigían tal desplazamiento. A veces, cuando la ocasión se lo permitía, acompañaba a Marianne en sus visitas a los enfermos y a las mujeres embarazadas del barrio. En más raras ocasiones, se encontraban solos y paseaban por los caminos de los bastiones del este de la ciudad, que les ofrecían cierta intimidad y los ocultaban de miradas ajenas. Pero el frío los alejaba de allí con más firmeza que todas las patrullas francesas. Por primera vez en su vida no sentía el ahogo que lo había llevado a huir de la ciudad y de sus obligaciones, y fue el primer sorprendido al constatar que no se le hacían pesados los rigores impuestos por el ritmo de su trabajo. Se daba cuenta de que la libertad podía florecer en cualquier lugar de la tierra. Se sentía libre, y eso también se lo debía a Marianne.

La puerta de servicio, por donde entraba habitualmente, estaba cerrada. Marianne lo esperaba bajo un porche vecino.

—Me ha sido imposible preveniros, lo lamento mucho. —explicó ella mientras lo conducía hacia la calle—. Esta noche hay una recepción. No podemos entrar sin que nos descubran.

Un carruaje se detuvo frente a la casa de Pierre Diart. Del mismo descendió una pareja a la que seguía un criado vestido con librea con un enorme candelabro en la mano y que los acompañó hasta el interior de la casa, de la que llegaba el rumor de los invitados.

—¡Cómo me gustaría tener un lugar que me perteneciera, que solo fuera mío! —confesó ella, soñadora—. De donde nadie nos pudiera echar.

—Mientras, os propongo que nos calentemos en mi habitación sobre la tienda.

—¿Y qué dirá vuestro patrón?

—¿François? ¡Estará encantado de conocer a la persona que me ha hecho enraizar aquí! Y la patrona también. Y en su biblioteca tiene libros maravillosos.

—En tal caso debo aceptar.

—Son encantadores y a buen seguro serán de vuestro agrado, ya veréis.

No tuvieron que hacer presentaciones. François y Jeanne dormían tan profundamente a su llegada que subieron a la habitación de Nicolas, la mitad de la cual estaba ocupada por sábanas que se secaban con dificultad y saturaban la atmósfera de humedad. Sus ronquidos atravesaban la pared que separaba ambas habitaciones e inundaban el espacio con una marea sonora.

—Esto no tiene nada que ver con vuestro alojamiento —se disculpó él.

—Qué más da, estamos juntos y eso es lo principal.

—Me gustaría poder ofreceros lo más bello de todo el ducado. Lo merecéis.

Ella le sonrió y le acarició la mejilla. Descendieron a la trastienda, donde no había ningún paciente, y avivaron el fuego. Permanecieron un buen rato contemplando el tronco de leña incandescente sobre cuyo cadáver bailaban las llamas.

—Casémonos —propuso él súbitamente—. Nos amamos, ¿no es cierto? En tal caso ¿para qué esperar?

—Sí, nos amamos —respondió ella abrazándolo con más fuerza—. Os amo, Nicolas Déruet.

Esas palabras, pronunciadas por primera vez por Marianne, lo llenaron de una sensación nueva y extraña que ningún euforizante habría logrado provocar. Se sentía como un niño, se sentía como un pájaro y se sentía invulnerable, y esas palabras eran su caparazón, su alimento y su refugio.

—Dado que nos amamos, sin embargo, debemos concedernos el tiempo necesario para consolidar nuestra unión —prosiguió ella—. El matrimonio nos une hasta la muerte.

—Soy consciente de ello, pero os hablo de nacimiento y me respondéis con muerte. La muerte es una obscenidad para quienes se aman.

—Nicolas, apenas nos conocemos.

—¡Hemos estado tanto tiempo juntos últimamente!

—Y espero que pasemos aún mucho más tiempo juntos —respondió ella para serenarlo—. Sabed que os añoro muchísimo en cuanto abandonáis la rue du Point-du-Jour.

—¿Y por qué aguardar en tal caso? Mañana queda muy lejos y más allá me parece una eternidad.

—En la eternidad, los días más largos son siempre los primeros... Nicolas, en mi actitud no hay desdén ni añagaza. No tengo compromiso alguno con otra persona, solo quiero...

La interrumpió el ruido de la aldaba en la puerta de entrada, seguido por vigorosos puñetazos descargados directamente sobre la madera de la misma. De nuevo, la aldaba resonó con golpes nerviosos.

—Voy a abrir —dijo él deshaciendo su abrazo muy a su pesar—. De lo contrario, François le arrojará aceite hirviendo al intruso. Nunca ha tenido buen despertar.

Al ver el rostro inquieto de Malthus, Nicolas comprendió el objeto de su visita. El boticario le comunicó que su amigo debía ser operado de inmediato del cálculo: la piedra que obstruía la vejiga le producía dolores insoportables y la poca orina que lograba miccionar estaba teñida de sangre.

Sacó a François de sus sueños en el momento en que este se hacía a la mar con la *Nina*, lo que le valió que le arrojara las zapatillas y le soltara una retahíla de insultos alambicados antes de obtener su conformidad para asistirlo en la operación. Las presentaciones con Marianne fueron sucintas, pues el Erizo Blanco no alcanzaba a comprender por qué motivo la comadrona de Saint-Epvre se hallaba en el local reservado a los internos, en plena noche y sin que hubiera ningún recién nacido en los alrededores. Ya tendría tiempo de averiguarlo a su regreso. Ella los esperaría en compañía de Jeanne.

Una vez en el carruaje, Malthus echó las cortinillas para ocultar la vista al exterior.

—Supongo que de nada servirá preguntarte adónde vamos —constató Nicolas metiéndose las manos bajo la chaqueta para que no se le enfriaran.

—Os devolveremos a vuestro establecimiento en cuanto termine la operación.

—Que el cochero no abandone su asiento —dijo François—. Los caballos aún no habrán recobrado el aliento cuando vuestro enfermo ya esté completamente sano y yo vuelva a estar al timón de mi barca.

Nicolas maniobró sus articulaciones para mantenerlas calientes. Había elegido la técnica que iba a utilizar y revisó mentalmente los gestos que debería llevar a cabo. Se sentía en condiciones de hacerlo.

***

Al cabo de diez minutos de trayecto, el tiro se detuvo en el patio de un palacete. No reconocieron el lugar, pues la negrura y la ausencia total de luz les impedían identificar la fachada. Siguieron a Malthus y entraron por una puerta lateral, atravesaron varias habitaciones en hilera y desembocaron en un segundo patio, más pequeño. Un fuerte olor a excrementos les confirmó la proximidad de los establos. El boticario los condujo directamente a la única estancia iluminada que ocupaba todo el espacio del fondo: la guarnicionería. En el interior de la misma, un hombre con uniforme militar francés daba órdenes a unos criados que iban de un lado a otro. Decenas de velas y candelabros se habían dispuesto alrededor de una mesa cubierta con una sábana.

—¡Ah, por fin estáis aquí! Daos prisa, ¡sufre unos dolores espantosos! —advirtió el militar señalando un sillón que les daba la espalda.

No habían visto la forma humana ovillada que ocupaba el sillón, envuelta en un largo batín de seda de vivos colores. Nicolas depositó su bolsa y se acuclilló ante él.

El hombre llevaba un antifaz que le ocultaba la mitad superior del rostro. Alzó la cabeza con dificultad y observó al cirujano.

—Me duele... Ya no puedo más... Estoy dispuesto a lo que sea para acabar con este sufrimiento —murmuró, con el resuello entrecortado.

—Os curaremos —respondió Nicolas—, pero necesitaremos vuestra absoluta colaboración. Deberéis hacer cuanto os pida y todo saldrá bien.

Apoyó su mano sobre la del hombre, que hizo una mueca. Todo su cuerpo estaba contraído por el dolor.

—Tengo miedo... —añadió el desconocido.

Todos sabían los riesgos de semejante operación, la más practicada y la más mortífera. Uno de cada dos pacientes moría.

—¡Necesito a tres personas que me ayuden! —espetó François al militar, que eligió a los ayudantes entre los criados presentes.

El Erizo Blanco hizo colocar una silla boca abajo sobre la mesa, que serviría de respaldo, acercó una segunda mesa, más pequeña, que cubrió con una sábana blanca y sobre la que depositó una docena de instrumentos que se utilizarían para la operación. Luego se reunió con Nicolas y su paciente, que conversaban en voz baja.

—Estamos listos —anunció tendiéndole un frasco de vidrio marrón.

Nicolas ofreció a su paciente una dosis de láudano, pero el hombre no quiso beberla.

—¡No me fío de la química! He traído mi propio tratamiento, si no veis contraindicación alguna.

Señaló la botella de armañac que había a sus pies. Nicolas asintió. El militar se apresuró a servirle una copa, que bebió de un trago, y luego una segunda. El alcohol permitiría que el hombre fuera menos sensible al dolor y que estuviera más relajado en el momento de llevar a cabo la incisión.

Se puso en pie trabajosamente. Nicolas lo ayudó a quitarse el batín corto y los calzones y a descalzarse. El hombre se quitó él solo las medias que vestía debajo, deteniéndose a menudo presa del dolor que lo inmovilizaba. Dos criados lo subieron a la mesa y allí se tumbó entre gemidos. Pidió una nueva ración de aguardiente y bebió dos copas. François le hizo doblar las piernas y las ató contra sus brazos con dos cintas de seda. Unas gotas de sudor perlaban su frente y el extremo del antifaz. Solo vestía ya una camisa de tela, que Nicolas le había arremangado hasta el ombligo. El paciente era corpulento y sus pliegues de grasa impedían de entrada algunas de las variantes de la operación. Lo hizo avanzar hasta que las nalgas sobrepasaron el borde inferior de la mesa.

El cirujano decidió practicar una incisión lateral del perineo y constató con alivio que François había seleccionado y preparado el instrumental necesario para ese tipo de intervención. El acuerdo tácito de su antiguo maestro lo tranquilizó, así como la mirada que le dirigió.

De los tres ayudantes, uno sostenía la cabeza del paciente y los otros dos se ocupaban de inmovilizarle brazos y piernas. Nicolas buscó a Gabriel Malthus con la mirada. Había desaparecido de la estancia, de cuyas paredes colgaban riendas y bocados, así como algunos trofeos de caza. El lugar estaba saturado de polvo y de pelos equinos que revoloteaban a cada desplazamiento.

A la señal de Nicolas, François asió el sexo del hombre con su mano y lo tendió verticalmente.

—Fijaos, está nevando —dijo con despreocupación mirando hacia la ventana.

Nicolas introdujo un catéter de metal, curvado y acanalado, en la uretra del paciente. La operación había empezado. Cuando el hombre se contrajo, la sonda ya había entrado en la vejiga y golpeado contra el cuello de la misma. El dolor era intenso pero soportable.

Sin necesidad de decir palabra, François tendió a Nicolas un bisturí que este tomó con la mano derecha mientras con la izquierda reseguía el rastro del catéter bajo la piel. Siguiendo la acanaladura, hizo una abertura lateral entre el escroto y el ano, lo bastante profunda para poder hacer una incisión en la próstata y en el cuello de la vejiga.

El paciente gritó y trató de liberarse. Los ayudantes acentuaron su presión sobre las extremidades para mantenerlo inmóvil, pero logró contorsionarse. François soltó una maldición y se disculpó. Nicolas, que se anticipó a la reacción, retiró el escalpelo para evitar cortar accidentalmente el peritoneo o una arteria local. Anunció con voz serena:

—Once líneas.

El tamaño de la incisión daba a François una indicación del instrumental requerido para retirar la piedra. Maese Delvaux cogió unas pinzas rematadas por unas cucharillas dentadas. Nicolas introdujo el dedo en la herida, hasta la vejiga, para localizar la piedra. El paciente gritó de nuevo, un grito más sordo, más animal y también más ahogado. Cuando la notó, al tocarla le sorprendió el tacto de la misma. En lugar de ser duro, tenía allí un cálculo más bien blando a la presión. No podía verlo y no deseaba ampliar la abertura. Con ayuda de las pinzas trató de extraer la concreción que obturaba la vejiga, pero esta resbaló varias veces entre las cucharas de las pinzas.

François lo interrogó con la mirada. La calma y la concentración de las que Nicolas siempre hacía gala durante una operación lo impresionaban y esa en concreto, que se complicaba, no era una excepción. No insistió con las pinzas y le pidió unos separadores, que situó en los bordes de la incisión. El hombre gemía y se contraía a cada inspiración.

—Señor, aguantad firme —dijo Nicolas—, no sucumbáis al desvanecimiento, ya casi estamos. Voy a sacar la piedra.

Tenía los tegumentos pálidos y se mordía los labios. Nicolas temía que debido al dolor su paciente sufriera un síncope que podría ser fatal.

Tomó un segundo bisturí de doble filo, dispuesto en una vaina, y lo introdujo hasta el cálculo. Este se hallaba encastrado en el cuello de la vejiga, retenido por las vegetaciones. Se ayudó con el dedo para guiar el instrumento, retiró la vaina y cortó la mucosa a la altura de la adherencia. En ese momento el hombre se incorporó movido por una fuerza inesperada, rompió varias de sus ataduras y le dio una patada a Nicolas, que, sorprendido, no alcanzó a esquivarlo y cayó pesadamente al suelo. El enfermo gritó sin recuperar el resuello, con un aullido espantoso, enloquecido por la violencia del dolor que sus movimientos desordenados amplificaban aún más. François se abalanzó sobre él para inmovilizar sus extremidades mientras los otros volvían a atarlo. El hombre trató de morder las manos que lo agarraban de los hombros. Nicolas lo amordazó sin contemplaciones. Tenían el tiempo contado. Menos de dos minutos después del incidente, proseguía la sección de las carnes que rodeaban el cálculo de la vejiga. El escalpelo, sostenido con pulso firme y preciso, liberó sin arrancarla la piedra enquistada, que acto seguido extrajo con la ayuda de las pinzas. Nicolas verificó que no hubiera más cálculos en la vejiga y retiró los separadores. Dispuso un paño enroscado en forma de mecha en la herida para que drenara la orina, que se evacuaría por esta vía natural mientras no cicatrizara. Deshizo las ataduras sin que el paciente hiciera ni un gesto. El hombre, que había cesado de gemir, se hallaba en un estado de semiinconsciencia y obedecía mecánicamente a las órdenes que daba el cirujano. El antifaz se había desplazado hacia la frente y pudieron ver parte de su rostro, que no conocían. El militar se dio cuenta de ello y volvió a colocarle la máscara. François le hizo doblar las rodillas, que consiguió mantener juntas gracias a una venda, y le colocó dos maderas para inmovilizárselas. Nicolas rodeó la herida de apósitos, le aplicó unas compresas y lo cubrió todo con una venda.

—Podéis llevarlo a su cama —dijo al soldado que aguardaba sus instrucciones.

Los dos cirujanos se hallaron a solas. François buscó su gorro, que había perdido durante el alboroto y había ido a dar bajo un sillón. Limpió el instrumental y lo guardó con cuidado en una bolsa. Nicolas había eliminado las adherencias de carne alrededor del cálculo y observaba la piedra. Esta tenía el tamaño de un huevo de codorniz. Era lisa, y eso lo tranquilizó. La presencia de facetas en su superficie habría podido significar la presencia de otros cálculos en la cavidad. La había sondeado con el dedo y no había hallado nada.

François vio la botella de armañac en el suelo y la cogió.

—A tu salud, amigo —exclamó, y la alzó antes de beber ruidosamente.

Se la ofreció a Nicolas, que bebió el sorbo que quedaba.

—¡Vaya mal trago hemos pasado! —observó el Erizo Blanco—. ¡Ese animal se habría podido matar empalándose en el escalpelo!

Nicolas contempló las cabezas de ciervo disecadas que parecían salir de la pared.

—¿Dónde piensas que estamos? ¿Quién crees que es?

—Diría que estamos en alguna dependencia del palacio ducal. En cuanto a saber de quién se trata, nos bastaría con hacer una visita, pues nos han dejado solos —constató al tiempo que se daba la vuelta.

Se halló frente a Gabriel Malthus, a quien no habían oído entrar.

—¡Señores, felicidades! —exclamó el boticario—. Vengo de la habitación de nuestro amigo y se halla en relativa buena forma a la vista de lo que acaba de sufrir. ¡Bravo! Ya estamos todos tranquilos.

—Quisiera marcharme ya —dijo Nicolas.

Cuando salieron, la nieve cubría el patio con un fino manto. Algunas gotas de sangre la habían manchado con una línea de puntos que se perdía en la oscuridad.

El trayecto de regreso transcurrió en silencio. François descendió el primero, tamborileó en la puerta y aguardó a que Jeanne fuera a abrir.

—Debe seguir una dieta estricta. Pasado mañana tendré que cambiarle el drenaje —precisó Nicolas, que había permanecido en el carruaje con Malthus.

—Vendré a buscarte al anochecer. En cuanto a tus honorarios…

—Le entregarás la suma entera a maese Delvaux —dijo antes de pisar el estribo.

—Se hará como desees, una vez haya sanado. Nicolas, realmente te guía la mano de Dios.

***

Dos días después, el boticario condujo al cirujano siguiendo el mismo protocolo discreto y lo acompañó hasta la habitación del enfermo. Este había recuperado cierta prestancia así como un tono de voz altivo y distante, pero conservaba su antifaz. Esa noche había dormido poco a causa de dolores abdominales que se habían iniciado la víspera y no remitían. Cuando deshizo el vendaje, Nicolas pudo constatar que la piel alrededor de la herida y en la parte inferior del peritoneo había cobrado un color violáceo. A consecuencia de una pequeña hemorragia interna se había formado un hematoma. El drenaje de paño había evacuado parte de la sangre, pero la mayoría se había derramado en el interior y había coagulado.

—Esa es la causa de vuestros dolores —concluyó—. La zona es pequeña, haré una punción en el coágulo cuando haya cicatrizado la herida —añadió, tranquilizador.

El militar que los había acompañado durante la operación entró en la habitación, sin aliento.

—Señor, está aquí Jean-Baptiste Courlot, que viene a veros. No he podido impedirlo. Sabe que estáis convaleciente.

—¿Quién lo ha avisado? —gruñó el enfermo tratando de incorporarse.

De inmediato lamentó haberlo intentado.

—Es mi médico personal —le explicó a Nicolas con parejas muecas de pesar y de dolor.

Se quitó la máscara, pues ya era inútil. El hombre tenía el rostro marcado por el cansancio y una mirada dura. Una antigua cicatriz en la sien acentuaba la rudeza de sus rasgos.

El doctor Courlot hizo una entrada teatral.

—En cuanto ha llegado a mis oídos… —comenzó antes de

hacer una reverencia—. En cuanto he sabido… —prosiguió tres pasos más lejos y tras una nueva reverencia—. ¡Aquí estoy! Señor, pero ¿qué es esa locura de dejaros operar por un barbero ambulante?

Hablaba y a la vez agitaba los brazos que, cautivos en las amplias mangas de su abrigo rematado por una piel de armiño, parecían debatirse para liberarse.

—Permitidme que os examine —propuso mientras se desprendía de su voluminosa vestimenta, que arrojó sin miramientos en brazos del militar—. ¿Podéis…? —preguntó al enfermo señalando su sexo.

El hombre suspiró y lo alzó para mostrar la herida. El médico se inclinó. Sostenía los bordes de su peluca, ofensivamente rociada de harina de almidón, cuyos tirabuzones le caían frente al rostro.

—¡Dios mío, Dios mío, qué terrible resultado! ¡Cuánto os debe de haber dolido! —exclamó al descubrir la presencia de Nicolas junto a él.

La idea de que aquel hombre harapiento, que llevaba unos paños en lugar de guantes, pudiera ser el autor de la operación pasó por su cabeza y se desvaneció rápidamente. Se incorporó y agitó su índice como un maestro regañando a un alumno.

—¡Os había recomendado que recurrierais a los servicios del señor Félix! ¡Más vale utilizar las pociones de Malthus que ver un trabajo como este!

—La operación se desarrolló sin problema alguno —intervino Nicolas—. La piedra estaba enquistada en la vejiga y pudo ser extraída entera. Ese hematoma es consecuencia de haber arrancado mucosas. Es benigno y superficial. Mi paciente, el caballero, se encuentra perfectamente.

Courlot sintió una súbita sorpresa.

—Y vos sois… —preguntó con aire de desagrado.

—El cirujano al que se le encomendó esta operación. Nicolas Déruet.

—¿Así que sois vos…? Señor, no tengo el honor de conoceros y os pediría que tuvierais la gentileza de dejarnos a solas —respondió, y le dio la espalda.

—Debo velar por la buena cicatrización de la incisión y por la evolución de la operación que he practicado —replicó Nicolas, y luego se dirigió al enfermo—: La cirugía no es asunto de médicos.

El doctor Courlot se volvió prestamente.

—Pero ¿qué sabéis vos de medicina, señor, qué vais a saber? ¿Acaso la habéis estudiado? No, eso parece. ¿Acaso sabéis siquiera leer y escribir? Lo dudo. Eso es lo que pasa cuando se les da tanta coba a los criados. Se toman por lo que no son.

—En ese caso ¿qué creéis que debe hacerse para mejorar el estado de nuestro paciente? —preguntó Nicolas.

—Necesitáis una sangría, señor, de inmediato —dijo sin mirar siquiera al cirujano—. Vuestros humores se han derramado por vuestro cuerpo, arrastrando consigo toxinas y venenos. Hay que eliminároslos. Solo una sangría...

—Os debilitará y os dejará sin las fuerzas vitales que necesitáis para vuestra convalecencia —lo interrumpió Nicolas.

Jean-Baptiste Courlot se quedó un instante sin palabras. No solo el cirujano había osado interrumpirlo, sino que se había permitido criticar su tratamiento. Su mirada indignada buscó ayuda entre la asistencia, pero todos la rehuyeron.

—Ponéis en duda... ponéis en duda... —repitió, estupefacto.

—Señores, por favor —declaró el paciente con un esfuerzo para no gritar—. Mantened la cordura. El único objetivo de ambos es mi curación, y vuestra disputa me agota y me enoja.

El médico le hizo una reverencia.

—Lleváis razón, lo siento en el alma. Me he dejado llevar por la pasión, para defenderos, señor, de los charlatanes de tres al cuarto que por sumas inconcebibles serían capaces de intentar cualquier cosa.

Nicolas comprendió la razón profunda de su cólera: el dinero ofrecido por la cura se le escapaba al médico de las manos. Salvo si tratara de atribuirse toda o parte de la misma. El enfermo logró sentarse en la cama.

—Señor Déruet, volved como estaba previsto dentro de tres días para curar la herida. Mientras, el señor Courlot se ocupará de mí. La acción de ambos es complementaria. No desaprovecharé ocasión alguna de sanar. Ahora debo descansar.

Una vez fuera de la habitación, Courlot se aproximó a Nicolas.

—El señor De Rouault ha requerido vuestras manos para el resultado que podemos constatar. No necesitará vuestra cabeza para salvarlo. La mía le conviene mucho más. Impediré que nos importunéis y que os entrometáis en nuestro arte.

Se apresuró a pasar delante de él y lo ignoró con desprecio. Más que la amenaza del médico, a Nicolas le había impresionado el nombre pronunciado: el caballero De Rouault era el gobernador de Lorena, nombrado por el rey Luis XIV. El hombre más poderoso del ducado.

***

—Las noticias no son buenas —declaró Malthus a Nicolas, que acababa de abrirle—. En verdad son malas, muy malas.

François, al oírlo, salió de la trastienda con las manos cubiertas de un emplasto verdoso.

—Id a los Trois Maures, y en cuanto acabe con mi paciente me reuniré con vosotros —dijo mientras se limpiaba los antebrazos sobre su camisa.

Jean-Baptiste Courlot, llegado a Nancy con las últimas tropas francesas, se había hecho nombrar, sin legitimidad alguna, representante del primer médico del rey y había tratado de hacerse con el control del gremio ducal, diezmado por la guerra y la ocupación. Los otros médicos, sin embargo, y a pesar de ser poco numerosos y desavenidos, se habían unido ante él y lo habían obligado a moderar sus ambiciones. Cuidaba del gobernador, su más ilustre paciente, con la hosquedad de un perro de caza, controlando cuanto incumbía a la salud de este sin compartir nada.

Desde el día siguiente a su encontronazo con Nicolas, se había instalado en casa del caballero De Rouault y lo había convencido, ante el recurrente dolor de su hematoma, para que le fueran practicados un enema y una sangría por un cirujano de su elección.

—Se ha ocupado de ello Basile Loisy, lo sé por su aprendiz —precisó François, que acababa de reunirse con ellos—. Dos sangrías de una libra cada una.

Nicolas enarcó las cejas, pero permaneció en silencio. A aquella hora temprana de la tarde, la taberna estaba desierta y el posadero, tras servirles sus bebidas, había desaparecido.

—Hay más, amigos —añadió el boticario—, y aún peor. El hombre anda por ahí diciendo que la operación, realizada por un cirujano ambulante, a punto estuvo de costarle la vida a su paciente. Ha convencido al propio De Rouault y quiere ponerte un pleito, Nicolas. Courlot se ha entrevistado con el juez de la comarca para llevarte ante los tribunales.

—Pero ¡si le salvó la vida, fui testigo de ello! —espetó François—. Sin él, la piedra le habría obstruido el conducto. Nadie lo habría hecho mejor que Nicolas. Ningún otro lo hubiera podido hacer.

—Lo sé, bien que lo sé. Pero tal vez fuera aconsejable desaparecer durante algún tiempo, hasta que se calmen los ánimos.

—¡Jamás! —exclamó François al tiempo que descargaba un puñetazo sobre la mesa—. Que vaya a los tribunales, si lo desea, pero ¡hubo testigos, empezando por un servidor!

La reacción de su amigo emocionó a Nicolas, pero sus preocupaciones andaban lejos de allí. El enema aparentemente había acrecentado los dolores de la herida y del perineo, y las dos sangrías habían acabado de agotarlo. Estaba preocupado por su paciente y debía verlo de inmediato. Preguntó a Malthus acerca del militar presente durante la operación.

—Chaudrac es su ayudante de campo. Muy atento y ambicioso. Jamás hará algo que pueda ir en contra de sus intereses, aunque se trate de salvar a su señor. Nunca se enfrentará a la medicina.

—En tal caso debo hallar una manera de acceder al palacio. Debo ver a mi paciente.

—¡A nuestro paciente! —exclamó François—. Malthus, tú que eres íntimo suyo, podrás llevarnos junto a su lecho.

El boticario hundió la mano entre su barba y se frotó el mentón.

—Bien quisiera seros de mayor utilidad, pero me suponéis privilegios de los que no dispongo —respondió, azorado—. No os habréis figurado que soy un habitual de palacio, ¿verdad?

—¿No pretenderás hacernos creer que no eres más que un alcahuete del gobernador? —rugió el Erizo Blanco—. Tu mujer anda por ahí gallardeando de que cruza el umbral de palacio cada semana.

—Si ya la conocéis... No, lo mejor será optar por la discreción y aguardar a que la curación haga olvidar las disputas.

Miró a Nicolas fijamente a los ojos.

—Nos conocemos desde hace tiempo y no creo haberos decepcionado como amigo. Te lo suplico, deja que Courlot diga que es él quien ha curado a nuestro gobernador. Déjalo pavonearse. No eres hombre que aspire a honores, tu gloria es saber que has salvado a un paciente más. Y Dios...

—¡Reconocerá a los suyos! —interrumpió François, airado.

Gabriel Malthus sintió que cada argumento suplementario lo aislaría aún más. Su crédito se había agotado. Se marchó sin decir palabra.

—¡Menudo cobarde, menudo titiritero! —maldijo el cirujano mientras se rascaba la frente bajo el gorro—. No te preocupes, no te dejaré solo.

—Debo hallar una manera de entrar en el palacio ducal.

—Ya lo hiciste una vez, hace diez años, ¿te acuerdas?

—¡Recuerdo sobre todo cómo acabó esa aventura!

***

La muralla des Dames circundaba el lado este del palacio, que contenía un inmenso jardín elevado. La fortificación tenía forma triangular y en cada ángulo había una glorieta unida a las otras por una hilera de tilos. François le había informado: el foso que la rodeaba había sido vaciado a finales del otoño y solo se volvería a llenar con la llegada de la primavera. El puente levadizo que unía la glorieta principal de la muralla con los campos circundantes estaba tendido para permitir a los jardineros que regresaban de

Fontainebleau transportar las especies singulares destinadas a los macizos de la zona verde. Efectuaban incesantes idas y venidas bajo la mirada distraída de los dos alabarderos de guardia. Las glorietas laterales dominaban un muro que, a aquella altura, no tendría más de tres metros y que contaba con numerosas presas en las piedras sin tallar con las que estaba construido. Nicolas se situó bajo el muro en el camino más al norte y no tuvo que esperar mucho tiempo a que los guardas se distrajeran de su tarea de vigilancia: su atención fue rápidamente cautivada por una de las mujeres que descargaban plantas y cuyos senos escapaban del corsé cada vez que se agachaba para coger la carga. La observaron libidinosamente y salpimentaron la contemplación con comentarios de su propia cosecha.

Nicolas se pegó contra el muro, se agarró a dos piedras prominentes de la muralla y se encaramó con la fuerza de los brazos. Sus pies, apoyándose en los salientes de las rocas, lo propulsaron a cada empuje unos centímetros más arriba. Rápidamente tuvo la cima al alcance de su mano, pero se vio obligado a detenerse para recuperar el resuello. El esfuerzo, por breve que hubiera sido, era muy intenso y a sus músculos comenzaba a faltarles el oxígeno. Con un último empuje alcanzó la glorieta y se tendió en el suelo, sin aliento. No había nadie en la entrada, nadie lo había visto. Sin embargo, el ligero roce de un vestido a su espalda delató una presencia.

—¿Cómo está mi cirujano preferido? —dijo una voz.

Él se volvió y vio una falda de tafetán de color anís de la que sobresalían unas delicadas puntillas blancas. Al alzar la cabeza, reconoció a su interlocutora a pesar de que el rostro de esta estuviera oculto, a contraluz, bajo un amplio sombrero.

—¡Rosa de Montigny!

—¿Habéis venido a salvarme de nuevo? —preguntó ella descubriéndose.

Se puso en pie y se sacudió el polvo antes de responder:

—Hago ejercicio, solo ejercicio. Os saludo, Rosa.

Le dio un besamanos poco protocolario y observó los alrededores que había memorizado gracias a un cuadro de Jacques Callot que François le había mostrado en uno de los libros de su biblioteca.

—Os ejercitáis entrando por un lugar poco habitual —observó ella.

Él ignoró su observación y la miró.

—¿Cómo van vuestros asuntos, Rosa? —preguntó a la par que con la mirada trataba de hallar el camino a seguir.

—¿Os referís a mi boda? Va por buen camino.

—Eso es bueno. Parece que habéis entrado en razón.

—¿Y vos, señor Déruet? —preguntó, y se desplazaba hacia él cada vez que escrutaba el lugar con la mirada—. ¿Qué enfermo os trae aquí de tan curiosa manera?

A punto estuvo de confesar el objeto de su presencia y de solicitar su ayuda, pero se reprimió. Sin embargo, ella habría sido de gran ayuda, puesto que le costaba mucho relacionar el plano que había visto en el libro con la realidad del lugar. El jardín suspendido era una gran superficie, compuesta de diez cuadrados de vegetación y delimitado por una rampa decorada con estatuas que representaban personajes mitológicos.

—Vengo al encuentro de alguien que requiere mis consejos —dijo, evasivo.

—¿Un paciente del que ignoráis el nombre?

—La discreción forma parte de mi oficio, querida Rosa.

—En cualquier caso, la otra vez curasteis a nuestro cochero. Mi tío os alaba por todas partes, más aún puesto que no le costó dinero.

—¿Y cómo se encuentra vuestro tío?

—Sigue pegado a las faldas de mi futuro marido.

—¿El marqués de Cornelli?

—En persona. Aún se muestra tan tenaz en su deseo de esposar mi juventud.

La imagen de Mathilde Bruyer, fallecida al dar a luz, abandonada por el marqués, le vino al recuerdo.

—¿Puedo acompañaros? —preguntó ella al tiempo que le ofrecía el brazo—. ¿Hacia dónde os dirigís?

Él distinguía el segundo parque, más pequeño, presidido en el centro por un estanque que aguardaba la primavera para escupir su chorro de lluvia hacia el cielo. Más allá, varias hileras de edificios. Sabía que las estancias del gobernador se hallaban junto a una torre rematada con un campanario. Contó tres así.

—Por aquí —indicó él señalando la más próxima, un edificio cuadrado de techado redondo—. Esa torre.

—¿Estáis seguro? ¿Los Doce Camarines?

En los labios de Rosa se dibujaba una sonrisa burlona.

—Sí —respondió él, y comenzó a caminar con paso decidido—, conozco bien este lugar. Eso es, los Doce Camarines.

—En tal caso, conocéis bien el lugar donde desahogaros, pues me conducís a las letrinas.

Se detuvieron a escasos metros de la torre, que no era precisamente elegante. Había criados que iban y venían con cubos en las manos.

—¿Qué debo pensar, señor Déruet? ¿Qué tipo de consejos dispensáis?

—De acuerdo, Rosa. Jamás podré ser un charlatán. Os debo una explicación.

La puso al corriente de la situación.

—El edificio que buscáis es la torre del Reloj —dijo ella tras haberlo escuchado—. Pero habrá que dirigirse al extremo opuesto. El gobernador se aloja en la habitación dorada. Sé dónde se halla.

—¿Queréis ayudarme?

—¡Debo saldar una deuda!

Ella olfateó el aire.

—¡Y vos seguís desprendiendo un perfume de aventura!

Gracias a Rosa, Nicolas pudo dar con la habitación de su paciente y entrar en la misma sin que los guardias se lo impidieran. Gracias a la intercesión de ella, el caballero De Rouault aceptó la presencia del cirujano. Este pudo examinar la incisión, cuya cicatrización se desarrollaba con mayor lentitud de lo previsto y cuyo hematoma persistía, aunque no se había extendido. También pudo constatar los desastres causados por las sangrías y enemas administrados desde hacía dos días. Logró convencerlo de detener ese tratamiento propuesto por su médico y permitirle regresar la semana siguiente para eliminar la sangre coagulada que tanto dolor le causaba. Decidieron mantener la entrevista en secreto para no despertar la ira del médico. De Rouault le aseguró que Courlot no lo denunciaría ante el tribunal de la comarca.

Al salir, Nicolas se encontró de nuevo con Rosa, que lo aguardaba al final de la galería cubierta. Había aceptado que le mostrara el lugar, «para que nunca volváis a perderos por aquí», precisó entre risas. Subieron por la Espiral, una gigantesca escalera de caracol de pendiente tan suave que los duques de Lorena tenían por costumbre subirla a caballo. Desde lo alto, pudieron admirar el conjunto de la propiedad. Rosa lo condujo por todos los rincones del palacio, hasta los más recónditos, sin dejar de explicarle hasta el menor detalle de la historia y de la construcción del mismo.

—Ahora os mostraré algo que no olvidaréis jamás —añadió, y se encaminó hacia la torre del Reloj.

En el interior del edificio de cuatro plantas había una escalera comparable a la de la Espiral, de desmesuradas proporciones, en cuyo recorrido se habían dispuesto bancos. Se detuvieron en la primera planta y penetraron en una inmensa estancia. Nicolas se quedó sorprendido ante el abandono de aquel lugar rico en decoraciones dignas de Versalles. Numerosas tablas y lienzos, así como cornamentas de ciervos, decoraban las paredes. El mobiliario había sido apilado como si aquello fuera un desván.

—La galería de los Ciervos —dijo ella sin emoción particular y manteniendo el mismo porte en dirección a la puerta opuesta, que distaba unos cincuenta metros.

Él se percató de que se hallaban solos, mientras el resto del palacio hervía de actividad.

—¿Qué sucedió aquí?

La voz de Nicolas resonó en la vasta estancia. Rosa se detuvo.

—¿Qué sucedió?

—Os halláis en la sala donde se celebraban las asambleas de los Estados Generales de Lorena. El duque huyó hace sesenta años y los franceses están aquí. Este lugar ha corrido la misma suerte que el ducado: abandonado.

—Es increíble… tenéis razón, es un lugar que jamás olvidaré —dijo él, impresionado por el carácter estancado de la estancia.

—No importa, no quería mostraros el polvo del ducado. Seguidme.

Abandonaron la galería de los Ciervos a través de una sala más pequeña que servía de guardamuebles. Algunas mesas de bella factura, de molduras doradas con oro fino o de mármol con ágatas incrustadas, estaban apiladas como en una trastienda. Varios tapices, que representaban a un ilustre personaje que Nicolas identificó como Carlos el Temerario, colgaban de las paredes.

Rosa distinguió un objeto depositado sobre una cómoda, cubierto con un paño negro, que parecía una jaula de pájaros.

Invitó a Nicolas a retirar el paño de grueso fieltro. Obedeció y no pudo evitar soltar un grito.

—Pero ¿qué es esto?

Tenía en sus manos una figura humana de madera, con todos los músculos y tendones visibles y móviles. Un maniquí articulado único.

—Nadie sabe de dónde procede, ni quién lo construyó —dijo ella anticipándose a las preguntas de él—. Parece que ya estaba aquí desde antes de que se construyera el palacio.

En la madera no había grabados ni nombre ni fecha alguna. La precisión de los detalles anatómicos lo fascinó. Permaneció un buen rato moviendo el maniquí, observando el juego de los músculos y de los huesos, estudiando la interacción entre todos los elementos de las articulaciones. Volvió por fin a la realidad y dirigió a Rosa una mirada de sincero agradecimiento.

—Aunque esté aquí abandonado, por desgracia no está en venta —dijo ella a su pesar.

—Si alguna vez, un día…

—Os lo haría saber, por descontado.

Salieron por el patio de honor y volvieron a los jardines.

—¿Cómo conocéis tan bien este lugar? —preguntó Nicolas cuando tomaban la rampa entre los dos parques—. Si mi pregunta os parece indiscreta, no me respondáis.

—Mi padre, a quien no conocí, era descendiente de Jacques Bellange, que fue el pintor de la galería de los Ciervos. Vivo con el recuerdo de mis antepasados desde que nací, gracias a mi señor tío. O por culpa suya. ¿Tal vez sea esa una de las causas de mi anhelo de libertad? ¿Qué creéis, vos que sois un modelo de independencia?

—Carezco de explicación, tanto para vos como para mí —respondió—. Pero también yo os mostraré algo aquí cuya existencia ignoráis.

Intrigada, Rosa lo siguió hasta el edificio que cerraba el jardín al sur.

—¿Conocéis este lugar? ¿Conocéis la Orangerie? —le preguntó ella, atónita.

—Entré ahí hace diez años. Y dejé una cosa.

***

El otoño de 1684 arrojaba sus últimas luces sobre la ciudad mientras el viento frío del invierno envolvía ya las noches. A sus quince años, el joven aprendiz Nicolas Déruet trabajaba con maese Delvaux desde hacía seis meses y ya había impresionado a su patrón con su seguridad y su osadía. Estaba secretamente enamorado de Jeanne, quien, una noche de julio, en la buhardilla que utilizaba como habitación, le había descubierto la intimidad del amor físico. Desde aquel momento Nicolas no había cesado de mostrarle sus sentimientos mediante mil atenciones y detalles, a los que la patrona respondía con sonrisas aunque sin convertirle en amante titular. Su pérdida de virginidad debía quedar entre ambos como un momento único y sin continuidad. Pero el adolescente tenía la cabeza repleta de sueños y energía suficiente para enfrentarse a cualquier obstáculo.

Estando próximo el aniversario de Jeanne, creyó haber hallado la manera de inclinar definitivamente los sentimientos de ella hacia él. Había oído hablar de la Orangerie del palacio ducal, y se le ocurrió penetrar allí para coger algunas frutas y llevárselas a Jeanne para que pudiera saborear esa sensación desconocida. Entró en el recinto, franqueó la muralla a la altura de la glorieta del bastión des Dames, y alcanzó sin dificultad las sombras de los grandes invernaderos de la Orangerie. Las plantas, que pasaban el verano en el jardín, habían sido trasladadas al interior desde hacía algunas semanas. Comprobó con alivio que aún no se habían recolectado los frutos para deleite de los duques. Las ramas se doblaban bajo el peso de las naranjas, de pequeño tamaño y de un color que no albergaba duda alguna acerca de su maduración. Del centenar que tenía ante sus ojos, cogió tres y se las guardó en el zurrón que llevaba en bandolera. Luego vio el naranjo de mayor tamaño, con un tronco del ancho de ambas manos juntas, y extrajo su escalpelo más afilado. Rascó ligeramente la corteza para conseguir una pequeña superficie lisa y grabó un mensaje con la punta del bisturí. Una vez escrito, sopló sobre el mismo y, satisfecho, se dirigió hacia la salida del invernadero, cogiendo a su paso una naranja más para él. También estaba deseoso de conocer el sabor de esos frutos del sol.

Vio una sombra perfilarse a su izquierda y alguien le empujó bruscamente al suelo sin tener tiempo de hacer el menor gesto. Su rostro mordió el polvo y luego lo pusieron en pie, con los brazos bien sujetos a la espalda. Sus agresores eran dos, y sentía el aliento de los mismos en su nuca. Ante él, a la luz de una antorcha sostenida por un soldado francés, había un caballero de brazos cruzados, con mirada firme. Cogió la fruta que había rodado hasta sus pies.

—¿Así que andamos robándole las naranjas al duque? —dijo a la vez que mostraba el objeto del delito.

—El duque se halla en el exilio —respondió Nicolas sin dejarse impresionar.

Tenía las muñecas doloridas. Trató de liberarse. Notó que la presión se hacía más firme. Se rindió.

—Sin embargo, aún reina en su palacio y yo soy el garante. Quien roba esta naranja, le roba al duque. ¿Cómo os llamáis, maldito bribón?

El hombre, a pesar de su juventud, hablaba con autoridad. Ante la ausencia de respuesta, prosiguió.

—Los tribunales están tan ocupados por los delitos de los de vuestra calaña que esta noche he decidido ejercer de juez.

Los otros lo aprobaron. Cogió la antorcha de manos del soldado y la acercó a Nicolas para observar mejor su rostro.

—Menuda pinta de ladrón... Vamos a cortar el mal por lo sano.

Nicolas se echó bruscamente hacia atrás, hizo trastabillar a los dos guardianes y, aprovechando la sorpresa, logró soltar sus brazos. Se volvió y los empujó hacia los naranjos de las macetas. En ese instante, el hombre le propinó un bastonazo en la zona lumbar que le hizo doblarse sobre sus rodillas. El dolor lo dejó sin aliento y los otros lo agarraron de nuevo. El que llevaba la voz cantante asió la antorcha y se dirigió al soldado:

—¡Id a por un tajo y un hacha! Le cortaremos tantos dedos como frutas haya robado. ¡Vamos! —exclamó ante el titubeo del militar.

Ante esas palabras, Nicolas sintió crecer en él una rabia incontrolable. Sus dedos eran sus instrumentos de trabajo, su bien más preciado. El único. Gritó.

***

—¡Menuda crueldad! —exclamó Rosa al imaginarse la escena—. Es lo que más detesto de la naturaleza humana.

—¡Mirad, es mi árbol! —indicó Nicolas mientras recorría los pasillos.

Se reunió con él al fondo del invernadero, donde, algo apartado de los demás, un venerable naranjo, de tronco grueso y curvado, parecía vigilar sobre el bosque de cítricos. Dio con la inscripción y puso la mano sobre la misma, como si acariciara las palabras y los recuerdos. Ella se aproximó y leyó: *«Omnia vincit amor»*.

—¿Sabéis latín? —le preguntó.

—Es la única frase que conozco en esa lengua: «El amor todo lo vence».

—«El amor todo lo vence...» Esa es la cita que desearía como divisa. Pero mi camino no me conduce por esos lares —añadió ella con amargura—. ¿Y vos aún creéis lo mismo, Nicolas?

Un ruido seco llamó de repente su atención. Dos pájaros sobre el tejado del invernadero se peleaban por un gusano, intercambiando golpes con las patas y el pico, piando, batiendo las alas, hasta que el bicho se partió por la mitad y cada pájaro se fue con su botín.

La distracción permitió a Nicolas evitar la respuesta. Rosa le tomó la mano y la observó.

—No os falta ningún dedo. ¿Qué sucedió?

El soldado francés prefirió despertar a un oficial antes que obedecer a un civil, por muy amigo del gobernador que fuese. Al entrar en la Orangerie, dos hombres yacían en el suelo, sin resuello. El tercero se sostenía la mano izquierda, con el puño cerrado. El hombre que había querido cortarle los dedos a Nicolas había recibido un tajo de escalpelo. Algunas gotas de sangre escapaban de su palma e, impulsadas por la gravedad, caían al suelo. Tras comprobar que nadie requería asistencia, el oficial hizo registrar los jardines y los edificios de palacio. En vano. Desde hacía un buen rato, Nicolas ya se hallaba de regreso en el establecimiento, con el corazón y la garganta ardiendo tras la carrera y con la espalda molida por los palos recibidos. Se curó solo, sin decirle nada a François, y al día siguiente aguardó a que el patrón hubiera bajado a la tienda para obsequiarle a Jeanne las tres naranjas. Ella sonrió, le acarició la mejilla y le hizo prometer que jamás volvería a correr riesgos por ella. Compartieron la primera fruta e hicieron la misma mueca provocada por el sabor ácido y azucarado. Luego, durante el día, Jeanne le explicó que estaba orgullosa de haber sido la primera mujer que le hubiera dado placer, pero que ella no era ni sería jamás su futuro. Él lo comprendió y se sumergió en el trabajo hasta la mañana en que ella ya no fue su primer pensamiento al despertar.

La silueta del conde de Montigny pasó frente a los ventanales acristalados del invernadero.

—Vuestro tío os está buscando —dijo, y retiró su mano de la de Rosa—. ¡Espero que esta vez no queráis marcharos conmigo!

—Voy a probar la aventura del matrimonio, puesto que no puedo recorrer el mundo. Lo dejaremos para otra ocasión.

—Cuidaos, joven Rosa. El mundo en el que vivís solo tiene el tacto de la seda en su superficie.

Ella se alejó, pero volvió sobre sus pasos.

—¿Llegasteis a saber quién era el hombre que quiso mutilaros?

—Sí. La historia pronto corrió por la ciudad. Los franceses buscaron sin gran convicción al ladrón de la Orangerie que había humillado a un amigo del gobernador. Durante un tiempo fue la comidilla de los habitantes, pero pronto lo olvidaron. Sé que envió a hombres a la ciudad a hacer pesquisas, sin resultado.

—¿Quién fue? —repitió Rosa con firmeza, presa de una súbita intuición.

El azoramiento de Nicolas se reflejó en su rostro.

—Rosa, preferiría…

—¿Quién?

—El marqués de Cornelli. Vuestro futuro esposo.

***

Los días siguientes estuvieron presididos por cierta ligereza. Nicolas había relatado a François su entrevista con el gobernador, cosa que lo había tranquilizado. Solo Malthus seguía evitándolos y se mostraba extrañamente ausente cada vez que le visitaba en su tienda. Nicolas también le había contado a Jeanne su paso por la Orangerie. Ella acabó por confesarle que no se pudo comer las otras dos naranjas, demasiado amargas para su gusto, pero que las guardó durante mucho tiempo, tanto como le fue posible, hasta que el Erizo Blanco se enfadó por su testarudez al no tirar unos alimentos cubiertos de moho y ella se deshizo de los mismos sin decir palabra. La mejor noticia, sin embargo, fue fruto de una mala noticia. Las repetidas visitas de Nicolas a casa de Marianne parecían provocar problemas morales al propietario y esta aceptó trasladarse a vivir con Jeanne y François. Fue este último quien lo propuso, antes incluso de que Nicolas lo sugiriera, precisándole que podrían compartir el lecho. A pesar de ser un jergón de paja en una habitación húmeda, fría, mal iluminada e invadida por la colada de la tienda, Marianne jamás había sido tan feliz. No añoraba su lujoso apartamento de la casa del Refugio. Se alimentaban uno del otro.

«Esos dos están hechos para entenderse», repetía François sin cesar, con el asentimiento de su esposa, a veces incluso acompañado de un beso que significaba: «Nosotros también».

Había transcurrido una semana desde su paso por el palacio ducal. Nicolas se despertó más temprano que de costumbre para preparar el instrumental que necesitaría para eliminar el hematoma del gobernador. Abrió los postigos de la tienda tratando de no hacer ruido. Marianne aún dormía tras haberse pasado parte de la noche explicándole su vida en París, cuando estudiaba en el Hôpital-Dieu. Él se durmió con el sonido de su voz y soñó con un parto durante el cual ella extraía naranjas en lugar de un feto y hacía malabares con las mismas ante una platea de nobles que los aplaudían como si se tratara de una representación teatral. La imagen seguía dando vueltas en su cabeza mucho después de despertarse.

Un carruaje que no era el del gobernador fue a buscarlo. Las cabezas de todos los tenderos se volvían hacia el vehículo desconocido estacionado frente al establecimiento del cirujano barbero. El caballero De Rouault aún quería tratar bien a su médico personal. Nicolas esperaba estar de regreso antes de mediodía para ayudar a François con parte de sus pacientes. El cochero hizo restallar el látigo y el coche de caballos desapareció entre una niebla densa.

A mediodía, François almorzó con Jeanne y Marianne bromeando acerca de la imposible puntualidad de Nicolas.

—¿Siempre ha sido así? —preguntó Marianne mientras les ofrecía un tenedor.

François rechazó el utensilio, pero a Jeanne le encantó poder utilizarlo.

—Nicolas es incapaz de ponerse barreras en el tiempo —dijo, y sumergió los dedos en el plato de guiso de carne—. Siempre acabará una tarea sin preocuparse por lo que lo aguarda después. Igual que hoy. No soporta verse encerrado en un sistema, sea cual sea. Incluso me sorprende que se quede tanto tiempo en Nancy. Por lo menos me sorprendía antes de conoceros, Marianne.

Ella se sonrojó ligeramente. Jeanne advirtió su azoramiento y abordó otro tema.

—¿Cuando estabais en París frecuentabais a la alta sociedad? ¿A gentilhombres y nobles?

—Frecuentar no es la palabra que utilizaría, pero debido a mi profesión me vi a veces en la intimidad de las estancias de personas de alcurnia.

—Debe de ser fascinante —exclamó Jeanne, sin soltar su tenedor.

—Más bien sorprendente, para mí que soy de condición modesta.

François asintió con un gruñido. Partió unos trozos de pan y se los ofreció.

—La persona de más alta alcurnia a quien he operado fue un general que estaba de paso en Nancy —dijo mascando—. Jamás he llegado más arriba.

Súbitamente detuvo la masticación y adoptó un aire enojado. Ambas mujeres lo miraron, inquietas. El Erizo Blanco se metió la mano en la boca y de la misma extrajo una muela amarillenta y desmirriada.

—¡Vaya faena! —exclamó mientras la observaba—. ¡Y con un pedazo de pan!

Escupió al suelo una mezcla de saliva y sangre y se enjuagó la boca con vino. Jeanne se santiguó. François la vio hacerlo y refunfuñó de nuevo.

—¡Déjate de supersticiones! Si cada vez que se cae una muela tuviera que ocurrir una desgracia, ¡el ducado ya estaría sepultado bajo toneladas de cenizas!

Acabaron de almorzar en silencio. François contó con su lengua los dientes que le quedaban y se mostró cariacontecido. Pronto se vería obligado a contentarse con sopa y vino o a convertir los alimentos en puré.

—Me voy arriba, Nicolas ha anotado algunas recetas para fortalecer los dientes —dijo mientras ellas recogían la mesa.

Encontró el cuaderno en la maleta que contenía sus libros y tratados, y eligió una fórmula que le había facilitado a Nicolas el padre Chomel, salvia hervida en vino, con la que debería enjuagarse la boca todas las mañanas. La idea le gustaba más que la infusión de raíces de lechetrezna, que gozaba del favor del cura. Podría utilizar el vino de su parra y tragarse el líquido tras enjuagarse, cosa que además le daría fuerzas para iniciar la jornada. Bajó la escalera silbando, animado ante esa perspectiva.

Charles Jaquet se hallaba en la cocina con Jeanne y Marianne. Las dos mujeres parecían abatidas.

—Charles, no te he oído llegar. ¿Qué sucede? —preguntó al ver que por las mejillas de la comadrona caían unas lágrimas.

—El gobernador ha fallecido esta mañana —dijo su amigo sin osar mirarlo a la cara—. Su médico acusa a Nicolas de ser el causante de la muerte. Lo han llevado a la cárcel de la puerta de la Craffe.

4

Nancy, abril de 1694

Nicolas vendó cuidadosamente sus manos entumecidas y movió las articulaciones para calentarlas. La puerta de la Craffe se hallaba al norte de la ciudad y se componía de un edificio central y dos torres circulares que albergaban la prisión. Su celda era una jaula de tres metros por dos que por toda comodidad solo tenía un poco de paja en el suelo. Había humedad por doquier y le impregnaba la ropa. El olor a moho también. Sus ojos se habían acostumbrado a la penumbra imperante, puesto que la única fuente de luz era un rayo procedente de la aspillera lateral de la torre que le permitía estimar el tiempo transcurrido. Habían pasado tres días desde su detención en el palacio ducal, debida a la acusación del médico del gobernador. En cuanto el fallecimiento de este último se hizo oficial, Jean-Baptiste Courlot denunció ante el juez una conspiración dirigida contra el representante de Francia, y Nicolas se arrojó sin saberlo en la boca del lobo. François y Marianne fueron a verlo la misma tarde. Desde entonces, nadie más. No tenía noticias ni del exterior ni del interior. El centinela, Mathieu, era un buen tipo al que conocía vagamente, pues lo había curado cuando era aprendiz y este lo había reconocido. Iba dos veces al día a llevarle pan y agua, a veces col hervida, y, excusándose, le decía que no tenía noticia alguna acerca de su suerte.

La luz del día se había extinguido del todo en su cuarta noche en la cárcel cuando Mathieu llegó con un cesto en la mano. El soldado francés que solía acompañarlo no se hallaba allí. Abrió la celda y le tendió la cesta.

—De parte de vuestros amigos de fuera. No os olvidan.

Cerró rápidamente la puerta de nuevo. La llave rechinó en la cerradura. Hizo tintinear las monedas que tenía en el bolsillo.

—Vuestra comadrona ha dado más de lo necesario por vos, así que le he permitido dejar esas cosas.

El precio a pagar por las familias por el encarcelamiento de un pariente era de dos francos al día. Eso evitaba sobre todo que se pudriese en una mazmorra sin espacio, ni luz ni posibilidad de tumbarse. La torre poseía dos de esos «agujeros de la muerte», de los que rara vez uno salía vivo.

Nicolas halló en la cesta una manta y una muda, así como dos hogazas de pan y una botella de un elixir elaborado por François, cosa que lo hizo sonreír. Marianne le había escrito una larga carta. Por primera vez, descubrió su caligrafía amplia y generosa.

El carcelero, que se había quedado junto a la celda, aguardó a que hubiera acabado de leer y le espetó:

—¿Buenas noticias?

—Buenas —respondió, y deslizó la carta en la manga de su camisa—. Las acusaciones son infundadas y el juez restablecerá la verdad.

La realidad tenía más matices. Marianne le contaba la dura disputa entre François, representante del gremio de cirujanos, y el gremio de médicos dirigido por Courlot, que quería convertir a Nicolas en ejemplo de la excesiva magnanimidad de los derechos concedidos a los criados de la medicina. Los médicos locales no tenían simpatía alguna por aquel que se había erigido en su representante, pero le temían lo suficiente como para no enfrentarse a él, en particular en un caso que podía revelarse muy sensible dada la notoriedad del difunto. Los procesos contra los cirujanos abundaban, iniciados por lo general por las familias que reclamaban reparaciones tras operaciones de catastróficos resultados, pero ninguno había sido encarcelado antes del posible juicio. El fiscal había sido sensible a las acusaciones de conspiración antifrancesa proferidas por Courlot. François había solicitado que los resultados de la autopsia practicada se hicieran públicos, con intención de demostrar que no había error alguno en el acto quirúrgico, pero la decisión estaba en manos del juez y este aún no se había decidido. «Que se apresure —pensó Nicolas—. No podré soportar esta situación mucho tiempo.»

Un grito desgarrador surgió de una de las mazmorras.

—¡Ah, es el hugonote, que tiene hambre! —exclamó Mathieu en tono jocoso, y echó una mirada a la reja metálica que cubría el agujero.

Se aproximó al mismo y respondió al lamento:

—¡Tendrás que esperar a mañana, chico! ¡El panadero ya ha cerrado!

Se rió de su broma y asió la antorcha que había dejado apoyada en el muro al entrar.

—¡Esperad! —gritó Nicolas—. ¡Tened!

Le ofreció uno de los panes por entre los barrotes.

—¡Dádselo!

El carcelero se aproximó, titubeando.

—¿Sabéis quién es? ¿Sabéis lo que ha hecho? —le dijo a Nicolas al tiempo que le acercaba la llama al rostro.

La luz, a la que no estaba acostumbrado, lo hizo tambalearse.

—No, y no me importa —respondió con los ojos entornados—. Ese hombre tiene hambre, dadle mi pan.

Mathieu dudó un instante y luego tomó la hogaza. La miró con incomprensión, se acercó a la mazmorra, refunfuñó, se volvió hacia Nicolas, se encogió de hombros y se dirigió hacia la salida con el pan.

—¿Qué hacéis? —gritó el cirujano.

El hombre ni siquiera se giró y mostró el alimento con el brazo tendido.

—También yo tengo hambre. ¡Hay hambre para todo el mundo!

La pesada puerta se cerró. Los cerrojos resonaron.

—¡Menudo rufián! —rugió Nicolas antes de dejarse caer sobre la paja húmeda.

Los lamentos del desventurado habían recomenzado. Nicolas se dejó dominar por la cólera para mejor expulsarla y luego, una vez serenado, trató de dar con una solución. Tomó el pan que le quedaba y se acercó a los barrotes.

—¿Señor, me oís?

Los gemidos cesaron.

—¿Me oís?

Interpretó un murmullo como una respuesta afirmativa.

—Escuchad lo que pretendo hacer —dijo Nicolas tratando de no elevar la voz y articulando lo más claramente posible—. Voy a cortar mi pan en pequeños pedazos y os los voy a tirar.

Evaluó la distancia entre el agujero y su celda en unos tres metros. Partió la hogaza en trozos que podía sostener en la palma, sacó el brazo entre dos barrotes y apuntó hacia la hendidura que alcanzaba a distinguir en la penumbra como un óvalo aún más oscuro. Lanzó el primer pedazo con el brazo extendido, pero no empleó fuerza suficiente y cayó en el suelo a unos centímetros de su objetivo. El segundo rebotó en uno de los barrotes horizontales de la reja. Nicolas decidió cambiar de técnica y dio al proyectil una trayectoria más curva lanzándolo hacia lo alto, para que cayera casi en vertical sobre el agujero. La idea se demostró sensata puesto que el pan, tras tocar la reja, desapareció en el agujero de la mazmorra.

Oyó un hilo de voz:

—Gracias…

Prosiguió hasta agotar sus provisiones de pan, con un éxito casi absoluto. El hombre pudo comer de esta manera dos terceras partes del pan.

—Gracias —dijo de nuevo.

Luego, tras un breve silencio:

—Me llamo Anselme Gangloff. Agradezco vuestra humanidad, caballero.

Su voz era débil, casi sin resuello.

—¿Por qué estáis aquí, señor Gangloff?

—Soy de una religión que la vuestra califica de herética —respondió entrecortando sus palabras con silencios—. Practicaba mi culto con mi familia y otros miembros sin que ello provocara molestia alguna. Fueron los monjes de la abadía de Beauchamp quienes nos hicieron venir de Alemania para ocuparnos de sus rebaños. Y ahora nos dicen que nos marchemos. Por nuestra confesión. O que nos convirtamos. Envié a mi familia a refugiarse en tierras seguras y decidí quedarme para hacer valer mis derechos. Me encarcelaron una primera vez. Me negué a hacerme cargo de los gastos de manutención y de vigilancia. Por ello estoy aquí desde hace quince días. He pedido la intervención del rey de Prusia. Cada día espero una buena noticia.

—Lamento lo que os sucede, señor Gangloff. Trataré de ayudaros.

—Ya habéis hecho mucho por mí. Me habéis hecho ver que hay razones para esperar.

***

Ya llevaba una semana sumido en la inercia de la espera permanente. Echaba en falta a Marianne. Sus labios. Añoraba la libertad, que se había convertido en objetivo último de su vida. Se ahogaba. Los únicos momentos de alivio eran las conversaciones susurradas con Anselme, pero este se debilitaba enseguida y las charlas eran breves. Marianne había logrado hacerle llegar una segunda cesta de provisiones, de la que había compartido los alimentos sólidos con su compañero de infortunio. A Mathieu, el carcelero, no le pasaban inadvertidas las migajas que cubrían el suelo junto al agujero de la mazmorra, pero cerraba los ojos ante el destino de las mismas.

El sol acababa de alcanzar la pared de su celda y alumbraba con un pequeño rectángulo de luz las múltiples inscripciones grabadas por los sucesivos prisioneros. Gritos de dolor, confesiones de inocencia, las últimas palabras antes de una ejecución: «Que Dios me perdone», «Antes la muerte que la garrucha», «¡Inquisición!». La mayoría de los textos se limitaban a un nombre y una fecha:

«Lasnière 1582», «Catherine Bonhomme 1616», «Claude Henri 1645»... La luz diurna menguó poco a poco y entregó a la penumbra las últimas palabras de cientos de destinos rotos. «No soy brujo.» «Soy víctima de una conspiración.» «Abraham Racinot, llamado André des Bordes, 28 de enero de 1625.» Nicolas leyó el mensaje y se sentó sobre la paja fresca. La habían cambiado por primera vez aquella misma mañana, hecho que le había remontado la moral y luego lo había inquietado acerca de la duración de su estancia allí. Sin embargo, como en todas las demás ocasiones, Mathieu no había respondido a sus preguntas y se había contentado con sonreír. Nicolas había llegado a pensar que la caída por la que tuvo que curarlo ocho años atrás había dejado unas secuelas irreversibles. Por la tarde, su guardián regresó acompañado de un desconocido cubierto de negro de pies a cabeza, que se presentó como escribano del fiscal del rey. La autopsia había revelado que el gobernador padecía diversos cálculos enquistados en los riñones, uno de los cuales había obturado la uretra por encima de la vejiga. La operación de Nicolas solo había logrado postergar un desenlace fatal.

—Por ello probablemente la causa del fallecimiento es natural —concluyó el individuo.

«Acelerada por las desmesuradas sangrías de su médico», pensó Nicolas, aliviado por las conclusiones de la autopsia.

—¿Cuándo podré salir de aquí? —preguntó.

El escribano le dirigió una fría mirada antes de desplegar el papel que llevaba en la mano. Mathieu le aproximó la antorcha para facilitarle la lectura del mismo.

—Hemos tenido conocimiento de nuevos elementos. Parece que una suma de cinco mil francos, destinada a los honorarios por la intervención quirúrgica si la misma llegaba a buen término, ha desaparecido del cofre del difunto gobernador. Dicha suma se ha volatilizado. Se ha constatado igualmente que el señor Déruet pronunció hace dos meses unas palabras antifrancesas acompañadas de amenazas hacia los soldados de nuestras tropas, y que tales hechos tuvieron lugar en el puente Moujat ante testigos. A la vista de todo ello, nos, Étienne d'Hablainville, representante del procurador de Su Majestad nuestro buen rey Luis XIV, solicitamos que se prolongue la detención del señor Nicolas Déruet hasta que tenga lugar el proceso que promovemos en nombre de Francia y de la viuda de la víctima. Los gastos de cautiverio ascenderán a partir de hoy a cinco francos diarios.

Nicolas se precipitó hacia los barrotes e hizo retroceder a ambos hombres.

—¡No he hecho nada, soy inocente! —gritó.

Las inscripciones en el muro le vinieron a la memoria. Todos debieron de gritar como él cuando fueron acusados, pero todos acabaron sucumbiendo a una justicia unívoca.

—Inocente —clamó cuando los dos hombres salían sin decir palabra y sin mirarlo.

Cayó postrado, con la cabeza entre las manos.

—Inocente… —murmuró, atónito.

El encierro era el peor de sus miedos. Al acabar su aprendizaje, cuando ante él se presentaba una brillante carrera, había dejado Nancy y se había ido al campo para permanecer al margen de una sociedad que sentía como una alienación. Había huido de la realidad a favor de sus libros y de la práctica quirúrgica a la que se había entregado. No soportaría mucho tiempo más la cárcel. Sería mejor acabar.

La voz de Anselme Gangloff lo extrajo de sus pensamientos más negros.

—Lo siento, Nicolas. Quisiera poder ayudaros. Rezaré a Dios por vos.

—Creo que no puedo quejarme ante vuestra situación.

Nicolas se puso en pie, se aproximó a los barrotes y los asió como si quisiera poner a prueba la solidez de los mismos.

—Pero creo que necesitaré la ayuda de vuestro Dios —concluyó al fin.

—¿«Vuestro Dios»? ¿No sois católico?

—Lo soy por el santo sacramento del bautismo, pero, disculpadme por la blasfemia, cuanto más estudio el cuerpo del hombre menos veo en él la obra de Dios. Me he vuelto ateo, Anselme, ¡pero solo aquí puedo confesarlo!

—Vuestros asuntos se arreglarán. Sois hombre de bien, ¡y en eso nunca me equivoco!

—Todo tiene un principio, Anselme, y todo tiene un final.

Se tendió en el suelo y observó un buen rato la pequeña forma oscura que iba y venía entre su celda y el muro que la rodeaba. La rata había descubierto algunas migas de pan y se estaba dando un festín. Envalentonada, se acercó al prisionero, dio vueltas alrededor de su pierna y se metió bajo la paja junto a sus calzones. Nicolas permaneció inmóvil. Los últimos acontecimientos lo habían aturdido. Contra lo que cabía esperar, el sueño se adueñó rápidamente de él y lo privó de ensoñaciones.

***

Una luz inhabitual lo despertó. Una luz intensa como un sol frío. Alguien susurró su nombre. Abrió los ojos bruscamente y se incorporó. Cuatro hombres provistos de antorchas se hallaban frente a su celda. Uno de ellos introdujo la llave en la cerradura. Nicolas retrocedió hasta la pared. El hombre alzó la cabeza y le sonrió.

—¡François! —murmuró al descubrir a su amigo.

—He venido a buscarte, muchacho —dijo tras abrir la reja.

Se echaron uno en brazos del otro. Maese Delvaux sintió que Nicolas estaba muy débil, más incluso de lo que había temido. Sus extremidades temblaban ligeramente y tenían dificultades para sostener su cuerpo.

—François, no entiendo nada de lo que está sucediendo. No he tocado ese dinero que dicen…

—Chitón… Ahorra tus fuerzas, sé que no tienes nada que ver con ello. ¡Ponte estas ropas!

Un hombre le tendió unos calzones, una camisa y ropa interior limpia, así como una chaqueta de buen corte. François le resumió la situación mientras se cambiaba.

—Cuando te encarcelaron, creímos que todo volvería enseguida al orden. Yo había asistido a la operación y era evidente que la autopsia demostraría tu inocencia. Pero cuando ese acerbo y perverso Courlot se sacó de la manga la desaparición de la suma destinada al pago de tus honorarios, comprendí que no saldríamos de esta con la ayuda de un juez. La situación se ha vuelto putrefacta, Nicolas. Han indagado y han hallado detalles que convertirán en pruebas acerca de tus sentimientos antifranceses. Ya no se puede esperar más. Con mis amigos, hemos decidido actuar. Marianne nos ha ayudado muchísimo. Venimos a sacarte de esta prisión.

Nicolas dejó de vestirse.

—Marianne... ¿dónde está? ¿Cómo está?

—Te lo explicaré por el camino. Debemos salir.

—¿Y el centinela? —preguntó mientras se abotonaba la chaqueta—. ¿Y los soldados?

—A los soldados los han llamado como refuerzo ante unos supuestos alborotos en la ciudad nueva. En cuanto a Mathieu, está desvanecido y atado de pies y manos. No podrá molestarnos. No te inquietes por él, los franceses no le harán nada. Ven, apresurémonos.

En cuanto salió de la celda, se detuvo.

—No me marcharé solo —anunció Nicolas, y se aproximó a la mazmorra—. Nos llevaremos a Anselme.

—¿Anselme?

—Mi compañero de infortunio. No puedo dejarlo.

El hombre lo había oído todo.

—Me quedo aquí, Nicolas. No quiero ser un fugitivo.

Nicolas tomó una de las antorchas y se acercó al foso. Lo vio por vez primera. Anselme se había puesto en pie. Su rostro estaba cubierto por una barba abundante y su cuerpo, descarnado, pero en sus ojos brillaba una determinación intacta.

—Abandonaré este agujero libre cuando el rey reconozca la justicia de mis derechos —declaró con una voz cuya serenidad los impresionó a todos.

Los dos hombres se miraron un breve instante en silencio. Anselme le hizo una señal con la mano y luego desapareció en la oscuridad.

Un carruaje los aguardaba justo enfrente de la puerta de la Craffe. François detuvo a Nicolas antes de que este saliera del edificio mientras los otros tres comprobaban que la calle era segura.

—Nicolas, debo hablarte de la contrapartida... Comprenderás que esta operación solo ha sido posible gracias a ciertas complicidades.

—Me preguntaba cuándo ibas a explicármelo. ¿Qué les debo? —dijo Nicolas, que estaba dispuesto a huir a cualquier sitio para evitar la prisión—. Contrariamente a las apariencias, no poseo ni siquiera cinco mil francos. Solo cuento con mis manos como agradecimiento —añadió a la vez que mostraba sus palmas vendadas.

—Eso es justo lo que se te ha pedido. Los que han hecho posible tu evasión son partidarios de la familia de los Habsburgo.

—¿Nuestro duque exiliado? ¿Y qué esperan de mí? ¿Que me ocupe de sus sangrías?

—En estos momentos el duque se halla en campaña contra los otomanos con los ejércitos del gran elector de Sajonia. Necesitan cirujanos.

—François, ¿me estás diciendo que me has alistado en el ejército alemán? ¿No habrás hecho eso?

—No exactamente. El duque está al frente del ejército de Lorena. Serás el segundo cirujano.

—¿Yo en el ejército? —repitió como para sí mismo—. ¡Será mejor volver ahora mismo a la celda!

—Nicolas, no vas a estar en el frente, seguirás dedicándote a lo tuyo y desaparecerás durante unos meses. Era la única opción negociable con ellos.

Sintió que el olor a moho se había diluido en el umbral. El fresco del exterior tenía el sabor de la libertad.

—¿Y si la guerra dura treinta años?

—Pronto acabará, créeme.

—¿Y Marianne?

—Piensa en ti y te ama. Es gracias a ella que has podido salir esta mañana —añadió François—. Ella también deberá pagar un alto precio. He podido constatar hasta qué punto te echaba en falta. Ahora debemos irnos.

Lo asió del brazo. Nicolas no avanzó.

—Quiero verla. Acepto, pero quiero verla antes de partir.

—Por desgracia, eso no va a ser posible. La han llamado para atender al pequeño Simon. No le queda más que un hilo de vida.

***

Nicolas convenció a François, quien rápidamente se percató de que su amigo era capaz de dejarlo plantado para ir al encuentro de Marianne y de la criatura. Prefería acompañarlo en aquella escapada disparatada que ver cómo los acontecimientos se les escurrían de las manos por completo. El carruaje avanzó con un trote perezoso para no llamar la atención. De camino al convento del Refugio no se cruzaron con ningún soldado y llegaron allí en menos de un cuarto de hora. François descendió el primero. La rue Saint-Nicolas estaba desierta a aquella hora de la mañana. Le dio las indicaciones a seguir para salir de la ciudad, se caló el gorro en la frente y refunfuñó.

—Ya sabes que no soy muy dado a las efusiones…

Nicolas descendió y lo abrazó. La emoción le impedía hablar.

—Así que te digo hasta pronto, ¡y ni se te ocurra dejarte allí la piel! Un consejo: para las heridas de flecha sigue siempre las recomendaciones de Ambroise Paré. ¡He visto morir a muchos! El hombre con el que estás citado en la Antigua Posta lleva con él una bolsa que contiene tus cosas. Sé que no podrías vivir sin ellas.

—Gracias —murmuró sin más Nicolas.

—Te queda poco tiempo, no lo olvides. En una hora habrán cerrado todas las puertas de la ciudad. ¡Vete!

Marianne tenía al pequeño Simon en su regazo y le masajeaba suavemente el vientre. Al ver a Nicolas, su mirada se tiñó de inquietud.

—¡No!

Él se llevó un dedo a los labios y le sonrió. El chiquillo gruñó, pero no se despertó. Nicolas se sentó junto a ella y la abrazó.

—¡Huye, te lo suplico! —sollozó ella.

—No podía marcharme sin verte. ¿Cómo está la criatura?

Ella se enjugó la mejilla sobre el hombro de él.

—No lo sé. Ha llorado y se ha dormido de agotamiento. Creo que la leche del ama de cría lo estaba envenenando. La pobre muchacha ya no alcanza a alimentarse como es debido. Es la hambruna, y no sé si podré dar con otra.

—Lo salvarás una vez más.

Ella no respondió y se dejó invadir por el calor del cuerpo de su amado. Hubiera deseado abrazarlo y acurrucarse contra él hasta quedarse sin aliento, pero el niño se lo impedía.

La madre Janson entró y le dirigió una mirada de reproche a Nicolas.

—Los franceses patrullan el barrio —dijo, y cogió al niño—. Saldréis por los jardines que os conducirán a la rue Saint-Dizier.

—Iré solo —afirmó Nicolas—. Marianne puede quedarse en su convento. ¡Es a mí a quien buscan!

—Conozco Nancy mejor que tú y te guiaré hasta tu contacto —replicó Marianne—. ¡Y no tienes elección!

Simon se despertó sollozando.

Marianne caminaba unos metros delante de él. Nicolas había logrado negociar con ella tal precaución. No debían verla en su compañía. Se cruzaron con una patrulla y los soldados se volvieron al paso de ella ignorando a Nicolas, cosa que lo tranquilizó ligeramente acerca de la información de que disponían. Tal vez su evasión aún no era conocida por todos. Su alegría duró poco. Cuando subían por la rue Saint-François, divisaron una aglomeración una cincuentena de metros más arriba: los franceses cribaban la entrada a la place Saint-Jean en compañía de un civil que parecía muy nervioso. Nicolas identificó demasiado tarde a su carcelero. Mathieu señaló con el dedo hacia él. Marianne reaccionó de inmediato y se volvió.

—¡Sígueme!

Tomó a la derecha y Nicolas se unió a ella, la agarró de la mano y aceleraron el paso.

—¡Qué manía tienes de hacerme correr…! ¡Gira a la derecha después de la iglesia!

Desembocaron en una gran explanada.

—¿Es la plaza del mercado?

Ella asintió mientras trataba de recobrar el aliento. Él aprovechó para echar una mirada en derredor: no había ni un soldado a la vista. Solo estaban presentes los tenderos, que trataban de calentarse junto a sus tenderetes, y unos pocos clientes. Había menos mercancía que de costumbre. La harina estaba racionada y la carne, a precios disparatados. Atravesaron el ágora en diagonal. Hasta ellos llegó el tintineo de las armas.

—Ya llegan —dijo ella con calma.

—Vamos a ocultarnos en ese edificio —propuso Nicolas, y señaló una fachada que había advertido la última vez que pasaron por allí.

Ella hizo una mueca.

—¿Conoces ese sitio? —preguntó mientras se aproximaban a la entrada y ella aminoraba el paso.

—Sí. No es una buena idea.

—No tengo otra. Si damos media vuelta, el carcelero me delatará.

Ella se detuvo junto al amplio portalón de madera abierto. En el interior había mucho alboroto y hasta ellos llegaban los ruidos y distinguían el ir y venir. Un olor acre y metálico invadió sus narices.

—Es muy mala idea —repitió mientras entraban en aquella boca abierta.

***

El ternero mugió justo antes de que el hombre le atara el hocico con una cuerda. El animal estaba tendido en el suelo con las patas atadas y había cesado de debatirse. El hombre se incorporó, se limpió las manos sobre su camisa manchada, bromeó con su colega que se hallaba sentado junto al lomo del animal y empuñó un mazo. Lo alzó una vez, hizo un molinete antes de adquirir velocidad y asestó un fuerte golpe sobre el cráneo del animal, que se partió con un crujido. El ternero fue presa de convulsiones. El segundo matarife, al acecho, le cortó el cuello con un gesto preciso y vigoroso. El animal emitió un sonido agudo y luego unos gemidos lastimeros mientras ambos hombres, insensibles a la agonía, comenzaban a despiezarlo sobre un charco de sangre y orines.

En el momento en que Nicolas y Marianne entraron en la estancia, una nube de humo se elevaba de los restos animales a la par que los invadía un insoportable olor a vísceras. Los matarifes se volvieron hacia los dos intrusos. Marianne se tapó la nariz. No se atrevía a avanzar. Uno de los dos hombres se incorporó y se rascó la frente con el dorso de la mano, dejando un amplio rastro oscuro. Todos permanecían en silencio. El río de sangre les cubría los zapatos y les mojaba los pies.

Fuera, un militar gritó unas órdenes. Iban a rodear la plaza. Nicolas tomó a Marianne en sus brazos y la llevó en volandas para pasar sobre el animal. Ella se aferró a su cuello y ocultó su rostro contra su pecho. En el momento en que se disponían a salir, uno de los hombres les indicó:

—¡Por ahí!

A su derecha había una abertura angosta y oscura. Mientras titubeaban, el hombre añadió:

—Es el depósito. Nunca se meten ahí, ni siquiera para comprobar la higiene.

Marianne, que había escondido la mitad inferior de su rostro en la blusa, se negó moviendo la cabeza.

—No tenemos elección —dijo suavemente Nicolas, y la abrazó con más fuerza.

Ella cerró los ojos.

Cuando Nicolas se agachó para entrar en el cuchitril, Marianne sintió el olor insoportable de la carne en descomposición y, más ácido, el de la carne aún caliente. Cuando él se sentó al fondo de la sórdida y fría estancia, ella se negó a abrir los ojos. Apoyó la cabeza contra el pecho de Nicolas y se concentró en los latidos de su corazón.

Antes de refugiarse contra la pared del fondo, Nicolas se había visto obligado a circular entre los animales abiertos y despiezados, colgados de ganchos del techo. Había una docena en un espacio de pocos metros cuadrados.

No tardaron en oírse los pasos de los soldados. Habían penetrado en el matadero entre las protestas de los matarifes y los carniceros que sacrificaban y despiezaban los animales en la sala central. Una vaca se había escapado de su verdugo y había salido a la plaza causando destrozos en varios puestos y tenderetes antes de ser abatida por un granadero del regimiento de Turenne. Algunos soldados habían subido a la primera planta del edificio, donde las mujeres se dedicaban a rascar los restos de las carnes recuperadas en las casas burguesas. Tras un somero registro, furiosos al no dar con el fugitivo, habían confiscado aquellos sucedáneos de alimentos para su propio consumo. Las regatonas, cuyos ingresos procedían solo de la reventa de esos trozos a la población, protestaron, y aquello aún encolerizó más a los militares, que rompieron las ventanas y arrojaron sus utensilios al río Saint-Thiébaut. Menos de treinta minutos después de su llegada, el ejército se había retirado de la plaza como la resaca tras una ola enorme.

Marianne no había abierto en ningún momento los ojos. El ruido fuera había cesado. Nicolas le acarició los cabellos, luego la mejilla y la besó. No había dejado de mirarla en la penumbra donde los cadáveres colgantes de los animales se balanceaban como fantasmas. Había devorado con la mirada aquel rostro de piel fina, de rasgos que consideraba incomparables por su belleza, lo había grabado en su mente para que cada día le ofreciera un reflejo fiel de la mujer a la que amaba. El tiempo iba a ser largo, muy largo, lejos de ella.

—Prométeme que me esperarás —le susurró él al oído.

—Prométeme que regresarás —respondió ella con voz temblorosa.

Ella sentía escalofríos de frío y de asco. El olor de la muerte los rodeaba. Él se quitó la chaqueta y la cubrió.

Advirtió una sombra nueva entre los esqueletos de los animales y alzó la vista. Ahí estaba el joven carnicero que los había ayudado. Podía huir.

En compañía de su guía, Nicolas cruzó la puerta de Saint-Jean sin volver la vista atrás. Las herraduras de los caballos resonaron sobre las vigas del puente que cruzaba las aguas grises y bajas del río. Unos pescadores andrajosos, que parecían espectros, trataban de arrancar a las aguas sus escasos peces. Los rebaños habían abandonado los pastos de hierba rala. La ciudad fortificada se diluyó lentamente tras ellos y desapareció en la bruma.

5

Reino de Hungría, mayo de 1694

La lluvia sucedió a la niebla y el viento a la lluvia. Los días sucedieron a los días, los abedules y alerces a los robles y abetos, el feldespato al calcáreo, pero el cielo seguía siendo desesperadamente gris. Nicolas y su guía cruzaron Alemania, Austria y Hungría en silencio. Varias veces pensó en huir, en regresar al ducado, ocultarse en el campo, pero le había dado su palabra a François. Y su compañero de viaje sin duda estaba encargado de vigilarlo para evitar que huyera. El hombre llevaba barba, tenía un rostro taciturno y nunca lo miraba a la cara. Iba vestido de civil, con ropa ya vieja, pero tenía una bolsa llena de monedas con las que pagaba el alojamiento y la comida, en silencio. Siempre en silencio. Atravesaron Europa sin hacer ruido, y un día al olor de la tierra húmeda se sumó otro olor que jamás olvidaría. Acababan de llegar a la región de Buda* tras veinticinco días de viaje y avanzaban por un sendero gredoso en lo alto de una meseta donde las patas de sus caballos se hundían hasta los menudillos a cada paso. Una larga línea oscura serpenteaba por el valle, cortándolo en dos en el medio. Cuando descendieron hacia ella, comprendió que lo que había tomado por un río era una columna de soldados, hom-

* Actual Budapest.

bres a pie, jinetes y carros, que se extendía a lo largo de varios kilómetros. El olor, llevado por el viento, se había intensificado.

—La pólvora —dijo escuetamente su guía ante su mirada interrogadora.

El olor de la guerra.

Se presentaron ante el comandante, el conde De Rabutin, un francés que se había pasado al servicio del Sacro Imperio Germánico tras haber sido capitán de uno de los regimientos de Lorena. La llegada de Nicolas pareció ponerlo de buen humor antes de que su ayudante de campo le anunciara una noticia que le hizo recobrar su máscara de severidad. Las tropas durmieron al raso aquella noche en Tordinci, un pueblo próximo a Vukovar. Nicolas, cuyo guía había desaparecido sin ni siquiera despedirse, se dirigió solo a la granja en la que se había instalado el hospital de campaña en el extremo este de la aldea. La casa no tenía puerta y la azotaba un viento frío y caprichoso. Una decena de enfermos se hallaban en angarillas o en el suelo, sobre la paja esparcida. El cirujano allí presente se volvió a la llegada de Nicolas, le dirigió una mirada distraída y acabó de lavarse las manos en una palangana de cobre de agua parduzca. Se secó en su camisa, prendió la pipa con un yesquero y se plantó ante él, exhalando volutas de humo que pronto se diluyeron en la corriente de aire que atravesaba el edificio.

—¿Así que eres tú y solo tú los refuerzos médicos que el duque requería...? —preguntó con una mueca de escepticismo.

—Me hicieron una invitación que no pude rechazar —respondió Nicolas.

—Lo sé. Sé quién eres y por qué estás aquí. ¡Bienvenido a este desbarajuste! Me llamo Germain Ribes de Jouan —dijo al tiempo que le tendía una mano de dedos pequeños y callosos—. Cirujano principal de los regimientos loreneses del duque. Y por añadidura, ¡el único! Bueno, hasta hoy. El cielo me envía un asistente del que me han dicho que tiene unas manos de oro. Espero que sepas coser —añadió al advertir que Nicolas observaba el instrumental, no muy propio de un cirujano.

—Creo que domino los principios.

—Mejor, porque aquí solo conocemos dos instrumentos: sierra y aguja. ¡Ya puedes tirar todos los demás! —añadió, y lo invitó a sentarse en el suelo contra dos toneles que servían de respaldo.

Un perro, acurrucado contra la única bala de paja del lugar, se puso en pie y se situó entre ambos hombres.

—¡Ah, aquí está nuestro segundo asistente! —dijo mientras acariciaba el lomo del animal, que le lamía el rostro con grandes lengüetazos—. Tatar, te presento a nuestro nuevo matasanos. ¡Nicolas, Tatar!

El animal, un sabueso de Transilvania de pelaje negro, bostezó y solicitó una caricia que Nicolas le ofreció. Su pelo era suave y vigoroso.

—¡Tatar parece bien alimentado! —observó.

—¡Me ocupo de ello personalmente! Recibe la misma ración que los soldados —dijo el cirujano mientras golpeaba su pipa contra la suela de su bota—. ¡Eh, Grangier, tenemos sed!

El hombre, que entraba con los brazos cargados de botellas, les dio un litro de vino y se sentó junto a ellos.

—Grangier será tu camillero —precisó Germain a la vez que descorchaba la botella ruidosamente.

—Encantado —dijo el cabo, y alzó la botella como saludo.

—Aquí, en el hospital, tenemos nuestra propia disciplina —explicó Germain—. ¡Nada de grados ni de reverencias! Cuando hay que operar bajo la metralla, solo cuenta la eficacia. Somos un equipo, incluido Tatar —añadió, y sirvió vino en el balde del perro.

El animal fue a lamerlo con deleite.

—Pero en cuanto estamos fuera volvemos a ser soldadesca —concluyó.

—Carne de cañón —añadió Grangier.

—Nuestro «hospital» parece tranquilo —comentó Nicolas mientras echaba un vistazo a los pocos enfermos presentes.

—Solo se trata de heridas y contusiones, caídas y diarreas, lo clásico de un ejército en desplazamiento —explicó el cirujano.

—Aguardad al próximo contacto… —predijo el cabo, y descorchó su segunda botella.

—No podremos ni respirar —concluyó Ribes de Jouan mientras acariciaba el vientre de Tatar, tumbado panza arriba—. Nuestra posada tiene buena fama —bromeó.

—Pero ¿contra quién luchamos? ¿Quién es ese enemigo? —preguntó Nicolas, que lo desconocía todo acerca de la situación.

—¿Quién? Jenízaros, cipayos, silihdares, gediklis, muteferrikas, tschauschs, tártaros...

El perro se incorporó con las orejas erguidas, al acecho.

—¡No, tú no, lo siento, amigo! —exclamó Germain—. El gran visir, el khan de crimea, el beylerbey de Rumelia...

Ribes de Jouan exhaló una larga calada de su pipa, que depositaba sobre el tonel a cada trago de vino.

—... en resumidas cuentas, el Imperio otomano al completo llama a nuestras puertas. Pero nuestra hospitalidad tiene límites.

Grangier se puso en pie y orinó en un rincón.

—Los únicos que no quieren unirse a nosotros son los franceses —dijo, y volvió la cabeza para mirar a Nicolas—. Tienen demasiados prejuicios. Nosotros seguimos al duque de Lorena desde la victoria de Viena.

—¡Hace más de diez años! —masculló Ribes de Jouan—. ¡Te lo imaginas, Grangier, ya llevamos más de diez años aquí!

El cabo se encogió de hombros con impotencia y salió a buscar la comida a la cantina ambulante.

Nicolas dejó que sus pensamientos lo llevaran junto a Marianne. Su única motivación era regresar cuanto antes junto a ella.

Ribes de Jouan pareció adivinarlo.

—Aquí las mujeres son de buena constitución, y todas devotas de nuestra causa. El grado de oficial nos otorga cierto prestigio. Sobre todo disfruta de sus favores. No esperes a estar de regreso en casa a final de año, no sería más que una quimera. Los turcos están en estas tierras desde hace más de cien años y no tienen intención de recoger los bártulos y largarse a Constantinopla. ¿Acaso no bebes?

Nicolas miró la botella llena en tres cuartas partes que sostenía. Se daba cuenta de a qué se había comprometido a cambio de su libertad. Acababa de perderla creyendo haberla logrado. Debería ocupar su mente sin cesar para que jamás se instalara en ella la duda.

—No —respondió—. No quiero más. Con vuestro permiso, ¿puedo inspeccionar a los heridos y darles los cuidados necesarios?

El cirujano se inclinó hacia él para coger la botella de vino.

—Como quieras. Te supervisaré desde aquí —le susurró al oído.

Se apoyó contra el tonel, le rascó la cabeza a Tatar e hizo una señal para que empezara. Nicolas abrió su maletín, se quitó las vendas e inició la consulta. Ribes de Jouan había dicho la verdad: todos los pacientes sufrían pequeños traumatismos relacionados con la marcha forzada que llevaban desde hacía tres semanas. Las tropas, que debían dirigirse a Peterwardein,* se habían visto obligadas a cambiar de camino en varias ocasiones en función de los desplazamientos del enemigo.

El cabo Grangier regresó con cuatro escudillas y una hogaza de pan, se sentó junto a Germain, le dio su ración y abrió la segunda tartera, que depositó a los pies del perro. Hundió en la suya una cuchara de madera y extrajo un caldo parduzco que olisqueó.

—Otra vez esa maldita col —refunfuñó asqueado antes de zamparse una enorme cucharada.

La ración desapareció en cuatro tacadas. Grangier se limpió la boca con la manga. Ambos observaban a Nicolas atendiendo a los pacientes.

—¿Qué tal lo hace el nuevo? —preguntó el cabo, y fue a coger la última escudilla.

Ribes de Jouan se la retiró antes de que tuviera tiempo de hundir en ella su cuchara.

—¡Ni se te ocurra tocar su comida!

—¡Eh, que no es más que una cucharada! ¡Ni se va a dar cuenta! Yo tengo necesidades de peso —respondió Grangier al tiempo que palmeaba su abdomen voluminoso.

* Petrovaradin, cerca de Novi Sad, en la actual Serbia.

—No tienes más que esforzarte en el campo de batalla. Y además, pronto te vas a hartar.

Depositó la escudilla entre él y Tatar. La mirada del animal fue varias veces de la comida a su amo, antes de desestimar su petición implícita.

—¡El perro es más educado que tú! —comentó Germain—. Para responder a tu pregunta, ese joven Déruet tiene una buena reputación que me parece merecida. Aquí, sin embargo, el mejor cirujano no es necesariamente el técnico más brillante. Se trata de ser el más rápido en el momento de operar en una urgencia. Sin temblar ni acobardarse. Pronto veremos a qué categoría pertenece. Uno de nuestros exploradores me ha dicho que ha visto a varios miles de turcos a menos de diez kilómetros de aquí.

—Ya hace más de dos semanas que están ahí y todo el mundo se evita.

—Lo sé, compadre. Lo sé. Nuestro comandante sabe lo que hace. Es el único francés en quien confiaría en estos momentos.

***

Las tropas levantaron el campamento al día siguiente al alba. Los soldados heridos pudieron ser trasladados en carro, o a caballo aquellos a los que su estado se lo permitía. Los dos cirujanos se habían subido a la ambulancia volante, nombre con el que se conocía la carreta ligera que recorría el campo de batalla y posibilitaba llegar rápidamente hasta los heridos más graves.

A Nicolas le resultó agradable la compañía de Ribes de Jouan. El hombre adoraba hablar de sí mismo, pero también era muy curioso y de carácter jovial. Había tenido la pesada tarea de organizar un servicio sanitario para los regimientos loreneses y, con unos reducidos efectivos, había logrado armar un hospital de campaña de gran eficiencia. Contaba con cinco enfermeros, dos de los cuales tenían como misión dar con el lugar de acampada en las ciudades o pueblos donde las tropas se detenían. Un auténtico hospital en el mejor de los casos, más a menudo un convento o un hospicio, también granjas o un edificio abandonado en las aldeas más pequeñas. En caso de un alto en un bosque o en plena campiña, desplegaban la inmensa tienda confeccionada especialmente para su unidad, que podía cobijar hasta cincuenta pacientes. Los otros tres enfermeros, así como un segundo cirujano, recorrían las zonas de combate para atender las urgencias y evacuar a los heridos hasta el hospital donde Ribes de Jouan ejercía junto a dos asistentes. Habían hecho gala de tal eficacia que varios regimientos austríacos o alemanes habían copiado su organización. Nicolas podría paliar la ausencia del segundo cirujano, al que una herida en el brazo había alejado del teatro de operaciones.

—Un proyectil que detuvo su trayectoria en un soldado de infantería al que estaba evacuando —precisó Germain cuando ya llegaban al campamento—. Le rebotó en la mano y acabó impactando en su antebrazo, con la palma hacia arriba —concluyó entre risas.

El hombre se reía de todo con la misma facilidad, como si la guerra hubiera borrado en él la jerarquía de la gravedad de las cosas. Nada más llegar al edificio de la granja que les serviría de enfermería, rompió todos los cristales de las ventanas a bastonazos.

—El exceso de calor adormece los cuerpos y las mentes —le explicó a Nicolas—. Y las habitaciones cerradas están llenas de miasmas que no se evacúan. Así, nadie las podrá cerrar en cuanto me dé la vuelta. ¿Y qué mejor para apreciar la vista sobre el Danubio?

A lo largo del día habían marchado junto al río, jugando al escondite con el mismo, y en aquel momento se hallaban a menos de cincuenta metros de la orilla.

Grangier y los demás enfermeros se reunieron con ellos y con los heridos; no había habido que lamentar que hubiese más heridos adicionales, a pesar de que varios carros de víveres habían volcado en una zanja oculta por unas hierbas altas. Todos se tendieron sobre la paja fresca y lo agradecieron como si se tratara de un lujo. Según los rumores más recientes, estaban a solo un día de camino de la ciudadela de Peterwardein, donde harían un alto prolongado. La moral de los hombres estaba en un óptimo momento, más aún sabiendo que Grangier había lanzado una red al río y había pescado unas cuantas percas para la cena.

—¡Hoy nos libramos del caldo con carne de caballo, para variar! —exclamó Ribes de Jouan mientras relamía las espinas de su pescado antes de arrojarlas hacia atrás—. Pero esto no es más que un aperitivo, ¡mañana dormiremos en una cama!

Todos los presentes lanzaron gritos de hurra y se felicitaron. Descorchó una botella de vino.

—Para esta ocasión, voy a recetar en la lista de remedios un poco de alcohol. ¡Y no para su aplicación local! Hacedla circular —dijo, y tendió la botella a su vecino tras beber ávidamente varios tragos—. Pero ¿dónde está Nicolas? —preguntó al percatarse de la ausencia de este.

—Fuera —respondió Grangier—. Ha ido a lavar sus paños y a hacer compresas.

—¿Y Tatar? No lo veo.

—Anda con él.

—Ya me ha abandonado hasta mi más fiel asistente —concluyó el cirujano—. ¡Devolvedme ese brebaje, que voy a ahogar mi desesperación!

Las voces y las risotadas llegaban hasta Nicolas desde la granja, abierta a los cuatro vientos. Se había alejado voluntariamente del grupo con intención de leer el tratado de anatomía de Bidloo aprovechando la luz del día que acababa. El sol se había retirado a la sombra de la colina situada tras el edificio que ocupaban e iluminaba con rayos rasantes la meseta, cuyo paisaje de rastrojos se recortaba con mayor nitidez aún. A pesar de la distancia, distinguió a dos hombres de pie junto a sus monturas. La forma de sus sombreros, ancha y triangular, así como sus largas capas, que les daban el aspecto de extraños volátiles, hacían presagiar que pertenecían a la coalición. Parecían mirar en su dirección. Un resplandor luminoso le indicó que el más bajo de ambos sostenía un catalejo. Nicolas siguió leyendo y acabó por olvidarlos. Se concentró en la vigésima primera lámina, que mostraba las diferentes partes del corazón así como las arterias y venas adyacentes. Desde que tuvo conocimiento de los trabajos de Harvey acerca de la circulación sanguínea, trataba de relacionar sus propias observaciones con aquella teoría revolucionaria, y los resultados le abrían fascinantes perspectivas.

Añoraba a Marianne. Había salido del ducado un mes atrás y no había día en que no sintiera el deseo irreprimible de robar un caballo para ir en busca de ella. Finalmente había decidido que su guerra no duraría más que algunos meses durante los cuales sería sus ojos y sus oídos, y que al llegar la Navidad ya estaría otra vez junto a ella. Cuando alzó de nuevo la vista hacia la colina, las dos sombras habían desaparecido.

***

A Nicolas lo despertó con un sobresalto el gruñido ahogado de Tatar. Se había dormido de cansancio sobre la hierba, con el libro entre las manos. El perro gruñó de nuevo en respuesta a las voces de Ribes de Jouan. Lo estaban buscando. Al ponerse en pie se dio cuenta de que sus ropas estaban húmedas del rocío, pero afortunadamente su libro no había sufrido desperfecto alguno. Sintió un escalofrío y se encaminó con premura hacia la granja, donde reinaba una actividad anormal. Se habían instalado en el centro varias mesas cubiertas de tela de lino y los enfermos que podían valerse por sí mismos, reunidos al fondo de la sala, preparaban vendas rasgando paños limpios. Germain se dirigió a él, con una sonrisa.

—¿Dónde estabas, Nicolas? Los turcos han cruzado el Danubio esta noche por un puente que han construido y han atacado la vanguardia de nuestra columna a dos kilómetros de aquí. Prepárate para recibir a los primeros heridos.

Su serenidad contrastaba con la tensión imperante. La acción parecía volverlo eufórico. Grangier silbó al perro, que salió pegado a sus botas.

—¿Cuál es el papel de Tatar? —preguntó Nicolas alineando sus instrumentos bajo la mirada burlona de Ribes de Jouan.

—Lo comprenderás cuando tengas el placer de dirigirte al campo de batalla. No cargues con tantos trastos, no tendrás ocasión de utilizarlos —añadió al tiempo que sostenía una cureta entre el pulgar y el índice y la agitaba ante sus ojos.

—Sierra y aguja, ¿verdad? —respondió Nicolas mientras seguía preparando su material.

—A fin de cuentas, si tienes tiempo que perder… —dijo, y la depositó junto a los otros instrumentos—. Yo voy a beberme una copita antes de tener las manos demasiado ocupadas.

Nicolas apiló varios montones de compresas que impregnó de esencias líquidas contenidas en frascos de vidrio. Uno de los camilleros se acercó a observarlo y le preguntó acerca de aquellas mezclas tras intentar olisquear uno de los paños humedecidos y cuyos vapores le provocaron tos.

—Utilizo una mezcla de ácido sulfúrico, quinquina y alcanfor para desbridar las heridas —explicó Nicolas—. Y otra, que utilizo como apósito, que solo contiene alcanfor diluido en vino. Pero no se lo digáis al comandante Ribes, ¡pues lo he cogido de su provisión de alcohol!

El hombre, un tal Philippe que antes de alistarse en el batallón lorenés había sido grabador en una imprenta de Toul, se ofreció a ayudarlo a confeccionar sus remedios.

El olor a azufre de la pólvora llegó desde el exterior, traído por el viento del oeste, así como notas de música militar que Germain Ribes tarareó hasta la llegada de los primeros heridos. Los camilleros los apearon de los carros utilizados como ambulancia y partieron de nuevo al terreno de los combates.

La mayoría procedía de las primeras líneas del regimiento alemán de infantería Sahn-Salm, caídos bajo la metralla enemiga, balas y proyectiles de cañón. Tras una clasificación somera, los dos cirujanos decidieron amputar a la mitad de los heridos. El único enfermero del equipo médico que hablaba y entendía el alemán fue reclutado para comunicar a los soldados la gravedad de sus heridas y prepararlos para la operación. A los gritos de dolor sucedían los de rechazo ante el diagnóstico y, tras un rato más o menos largo, se oyeron palabras de aceptación y de desesperación.

Nicolas jamás había visto semejantes lesiones: los miembros no estaban seccionados, sino que en la mayoría de las ocasiones habían sido aplastados, con los huesos desplazados y triturados y las articulaciones desgarradas. Comprendió de inmediato lo que Ribes de Jouan había tratado de decirle: la cirugía clásica no podía aplicarse en los campos de batalla, donde los traumatismos eran específicos. Debería aprender.

—Las armas de fuego lo han cambiado todo —le explicó Germain mientras se inclinaba hacia un montón de instrumentos apilados sobre un paño en el suelo.

Su rostro y su camisa blanca estaban maculados de sangre coagulada. Dudó entre una y otra sierra y escogió la de dientes más finos.

—En una herida de arma blanca, la piel, los músculos y los tejidos son perforados netamente. En cuanto a los nervios y los vasos, incluso pueden salir ilesos —le explicó a Nicolas, que operaba en la mesa contigua a la suya—. Al final, si el paciente no se desangra, tiene muchas posibilidades de salir con vida sin que su integridad física se vea afectada.

Germain se aproximó a un herido cuyo brazo ya no se sostenía del hombro más que por algunos ligamentos. El hombre gemía y temblaba de pies a cabeza.

—Philippe —gritó para imponerse a la algarabía de aullidos y lamentos que llenaba la estancia—, ¡necesito láudano y aguardiente! ¡Tengo que amputarlo de inmediato!

Dos soldados se situaron a la altura de las piernas del herido y un tercero detrás de su cabeza, dispuestos a inmovilizar al desventurado. Germain suspiró y prosiguió su demostración dirigida a Nicolas.

—Las balas y otros proyectiles, por su parte, destrozan la anatomía de un cuerpo, como puedes ver. Es imposible repararlo. Demasiadas migajas. Por ello hay que recurrir a la mutilación. Las guerras modernas ya no respetan a los combatientes.

El enfermero había logrado que el herido bebiera algunas gotas de láudano antes de que este se atragantara y tosiera hasta quedarse sin resuello.

—Lástima de aguardiente —dijo el cirujano a la vez que tendía la mano—. Ya hemos esperado demasiado, hay que hacerlo ahora.

Philippe le dio la botella de alcohol, de la que bebió un trago antes de devolvérsela. Germain cortó los músculos a la altura del hombro.

—¡Mira esto! ¡La cabeza del húmero está hecha trizas y el plexo braquial completamente desgarrado! —masculló.

El hombre, que había gritado bajo el efecto del escalpelo, se desvaneció. Germain aserró el hueso y no pudo evitar seccionar una arteria que salpicó de sangre a los ayudantes presentes. La ligó rápidamente y aplicó un tampón de compresas sobre el muñón, que le costó vendar. Luego se acercó a Nicolas para observar el trabajo de este. El herido había recibido una bala en el rostro que le había arrancado el ojo y la mejilla derecha, así como parte de la oreja.

—Este muchacho ha tenido suerte —comentó Germain—. ¡Ha recibido un balazo, no tiene ninguna herida que ponga su vida en peligro y dispone del cirujano más capacitado del ejército para coserlo!

Nicolas no respondió a la chanza, a la que ni siquiera prestó atención. Le había practicado al desventurado buen número de suturas en el rostro y había extraído todas las astillas de hueso de la zona del impacto. Tras la cicatrización, las partes blandas de la boca recuperarían su funcionalidad y solo habría perdido irremediablemente el ojo.

—Demasiado tiempo, señor Déruet —dijo aparentando sostener un reloj de bolsillo en la mano—. Oigo el rugido de los cañones que nos traerán una numerosa clientela. ¡No somos encajeras!

Su voz burlona se dejaba oír por encima de los gritos de dolor de los soldados. Nicolas cosió el párpado para preservar lo que quedaba de la órbita ocular. A su lado, Germain seguía soltando sin cesar una retahíla de palabras. Cuando el cirujano calló, Nicolas comprendió que acababa de llegar una segunda ola de heridos. Loreneses del regimiento de la Sainte-Croix. Ribes de Jouan ya estaba clasificando las urgencias. Nicolas se incorporó: estaba extenuado y le dolía la espalda.

***

La primera pausa, tras cinco horas de actividad desenfrenada, tuvo lugar hacia mediodía. Los cocineros habían matado un buey y asaron la carne para los enfermos y el personal del hospital de campaña. Cada uno de ellos recibió también una ración doble de vino. Germain hacía gala de una energía inagotable, ayudado por el nivel de su adrenalina y el alcohol que ingería entre un paciente y otro. Nicolas salió de la granja, en la que los loreneses constituían en aquel momento la mayor parte de los heridos. «Los gemidos y los gritos son nuestra única lengua común», pensó mientras rodeaba el edificio para dirigirse a la orilla del Danubio. Estiró los músculos de su espalda antes de sentarse. Más lejos, Grangier y dos de los enfermeros de la ambulancia se habían quitado la camisa y se lavaban el rostro y el torso, cuya piel estaba manchada de salpicaduras de sangre. El olor del tabaco de pipa de Ribes de Jouan llegó a su olfato antes de que el cirujano se dirigiera a él.

—¡Qué lugar tan hermoso! —dijo, y se dejó caer a su lado—. Tiene el encanto de la Hungría salvaje y la magia de este río. ¿Sabes qué significa la palabra Danubio? Es el nombre del dios romano de los ríos: Danubius... Cuenta la leyenda que en algún lugar de este caudal hay una mujer pez que atrae a los hombres con su gran belleza.

Rebuscó entre la hierba un guijarro que hizo rebotar sobre el agua.

—Las leyendas son invenciones, ¿no es así? Eso no es óbice para que cada vez que me acerco al agua no pueda evitar pensar en ello, no pueda reprimir la loca esperanza de una súbita aparición. En cualquier caso, si algún día se me ocurriera escribir mis memorias, solo contaré los viajes y los encuentros en las regiones que la guerra me ha permitido visitar, porque el resto sería de lo más aburrido. ¡Y la mitad me la inventaría!

Nicolas observó su físico mientras hablaba. Parecía contar unos cuarenta años y tenía un rostro cuadrado de poderosa mandíbula, cabello castaño cuya longitud quedaba disimulada por su pelo rizado, cejas espesas así como unas anchas y espesas patillas que le cubrían las mejillas hasta el mentón. «Macizo», pensó para sí.

Germain dio una calada a su pipa de brezo y emitió un borborigmo de satisfacción.

—¡Ah… con un poco de suerte pronto levantaremos el campamento! La marcha es una actividad beneficiosa para todos nuestros heridos. Cuando el cuerpo no tiene más remedio que avanzar, la mente se ve obligada a seguirlo y no le queda tiempo para lamentaciones. Y he comprobado que la actividad física ayuda a la supuración de las heridas. De cualquier forma, ¡no hay suficientes asientos para todo el mundo! —concluyó, satisfecho de su argumento.

Más lejos, los tres suboficiales habían entrado en el agua, a pesar de lo fría que estaba, y jugaban a salpicarse ruidosamente. Germain se quedó observando a Nicolas con su mirada de antracita.

—Pero ¡mira que asesinar al gobernador de Nancy!

—¡Soy cirujano, no un asesino!

Ribes de Jouan miró hacia la granja.

—Sí… bueno… la diferencia a veces es muy tenue, ¿no crees?

Ambos hombres rieron al unísono. Los hechos de Nancy, que Nicolas había relegado a lo más profundo de sí mismo, volvieron a la superficie de su memoria.

—Soy cirujano —repitió.

—Lo sé. El mejor en tiempos de paz y pronto mi igual en los campos de batalla. Te he observado y aprendes deprisa, Nicolas.

Tatar salió correteando de entre las altas hierbas que delimitaban la orilla y nadó ladrando hasta los soldados que se bañaban.

—También él tiene ganas de jugar —comentó Germain antes de silbar sonoramente.

Le hizo una señal para que volviera junto a él.

—Lo voy a necesitar —añadió— y no quiero que se tuerza una pata.

El animal resopló alegremente ante ellos y se sentó entre ambos hombres.

—¿Qué hace en un campo de batalla? —preguntó Nicolas al constatar las cicatrices en los costados de Tatar.

—Da con los heridos que hemos olvidado, con aquellos que ya no tienen fuerzas para pedir ayuda pero que aún pueden ser atendidos. No somos lo bastante numerosos como para rastrear el terreno de manera sistemática. Y, al anochecer, nos vemos obligados a ceder el terreno a los carroñeros.

Nicolas sintió que un frío helado se adueñaba de él. Germain acarició al animal tras la cabeza.

—Y nuestro pequeño camillero tiene un olfato infalible para dar con los vivos en un osario a la intemperie. ¿Verdad, Tatar?

El animal miró a uno y luego al otro y acto seguido se lamió la pata.

—Tiene otro don: hallar y recuperar los miembros arrancados —dijo Germain, pendiente del efecto producido en su interlocutor.

—¿Recuperar los miembros? Pero ¿por qué razón...? ¡Nadie puede coser un brazo o una pierna! —exclamó Nicolas mientras observaba al animal y se lo imaginaba en el momento de depositar un brazo a los pies del cirujano jefe como si se tratara de un palo cualquiera—. ¡Eso no tiene pies ni cabeza!

—¡Por supuesto, mi querido amigo! —respondió, satisfecho con el resultado—. ¡Una razón puramente sentimental!

Agitó los dedos de su mano derecha y le mostró las falanges.

—¡Los anillos! ¡No sabes el apego que los soldados tienen a sus anillos! Perder una mano puede llegar a ser aceptable, pero si con la misma se pierden los anillos, ¡eso sí que no! Un tipo al que hay que hacerle un muñón en la parte superior del brazo o del antebrazo será mucho más dócil si sabe que se han encontrado sus alhajas. Y ahí está Tatar para traérselas.

El perro se había erguido y miraba un punto en la lejanía. Los dos hombres se volvieron hacia la colina desde la que se avistaban las orillas del río, allí donde Nicolas había distinguido la víspera las dos siluetas. Allí estaban otra vez, acompañadas de otras formas idénticas, todas alineadas en la cima del montículo, inmóviles cual estatuas ofrecidas a un dios pagano. Vieron de nuevo los destellos del catalejo bajo el sol.

—¿Quiénes son? ¿Es el Estado Mayor?

—Nicolas, te presento a nuestro duque Leopoldo I, hijo del difunto Carlos V, y a su guardia personal, con el conde de Carlingford a la cabeza de la misma —declaró Germain poniéndose en pie y llevándose la mano a la frente a modo de visera.

—¿Cuál es de entre ellos? ¡Solo veo siluetas!

Un clamor resonó de repente en el río: los tres soldados salieron precipitadamente del agua, cuya corriente arrastraba cadáveres.

—El juego continúa —dijo Germain, flemático.

***

Las ambulancias, dos grandes carros conducidos por caballos de tiro, arrojaron una primera ola de soldados víctimas de un ataque sorpresa de los otomanos contra el flanco derecho de la coalición. Los camilleros, entre los que Nicolas reconoció a Philippe de Toul, rodearon a Germain Ribes de Jouan para informarlo de la situación. Uno de ellos, nervioso y visiblemente traumatizado por lo que había visto, hablaba en voz alta para que todos lo oyeran.

—Pero ¡si están ahí, ahí al lado, mi comandante! Han roto nuestras líneas con su caballería atacándolas por el flanco. Eran como una ola inmensa que nos ha ahogado. ¡Es una auténtica carnicería!

—Tranquilízate, Alban —respondió Germain—. Ten, bebe un trago —dijo, y le ofreció una botella de vino.

Lo asió del brazo para llevarlo a un aparte y tratar de hacerle entrar en razón. El alcohol sin embargo no hizo más que acentuar el estado del hombre, que se negó a seguirlo y se volvió hacia los heridos.

—¡Tenemos que huir! ¡Tenemos que marcharnos de inmediato! ¡Están a punto de llegar!

Algunos, entre aquellos que podían valerse por sí mismos, se habían puesto en pie, titubeando, y se aproximaron a los testigos del ataque.

—¡No tenéis más que oler y oír! —prosiguió Alban.

Un olor a humo llegaba desde el exterior, así como el retumbar de los cañonazos. El frente parecía muy próximo.

—¡Nos van a exterminar! —exclamó un soldado con el rostro tumefacto.

Germain tomó la palabra cuando ya varios heridos se dirigían al exterior del edificio.

—¡De aquí no sale nadie! —les gritó.

La autoridad de su tono de voz inmovilizó a los prófugos.

—Estáis todos bajo mi responsabilidad y os prohíbo que echéis a perder todos nuestros esfuerzos para manteneros con vida —añadió mientras se dirigía hacia la puerta.

A su paso, cogió un mosquete que estaba apoyado contra una pared y apuntó con el mismo a los presentes.

—No solo no voy a curar a nadie que huya, ¡en persona daré la puntilla a quien se atreva!

—¿Cuál es la situación? —preguntó Nicolas a Grangier, que acababa de reunirse con él, con Tatar a sus talones.

—Al marcharnos, el general De Rabutin había lanzado una contraofensiva. Sabe dónde estamos y nunca nos dejará a merced de los turcos. Se dice que nuestro duque Leopoldo ha ordenado que el regimiento de Mercy se quede junto a nuestra posición.

Una decena de heridos se habían reunido alrededor de Ribes de Jouan.

—¿Sabéis qué harán si dan con nuestro refugio? —preguntó uno de ellos, un hombre con uniforme de infantería blanco y azul del regimiento de Lorena-Vaudémont, que llevaba la frente vendada—. ¡Nos van a matar a cuchillo! ¡Los jenízaros luchan sin cuartel!

Nicolas se situó junto a Germain.

—Estamos más seguros aquí —afirmó al grupo—. Mucho más que ahí fuera.

Una treintena de soldados habían permanecido tendidos en sus jergones. Algunos seguían la discusión con miradas atemorizadas; otros, con la conciencia alterada, seguían gimiendo o gritando de dolor, indiferentes ante cuanto acontecía fuera.

—¡Curadme, os lo suplico, me duele mucho! —gritó un hombre de voz silbante.

Su caja torácica estaba hundida a la altura de su pecho derecho. El aire entraba y salía de la misma directamente a cada respiración con un ruido de fuelle roto.

—Vais a ayudarme —dijo Nicolas al conductor al que había curado aquella misma mañana de varios golpes de sable en la frente y en la parte superior del cráneo—. A cada cerdo le llega su San Martín, ¿verdad? Necesitamos a todos para echar una mano a los camaradas, y nuestro duque nos protege.

El hombre pareció dubitativo, pero asintió con el mentón. El último argumento había sido decisivo en su decisión. Ribes alzó su fusil.

—¡A buena hora! ¡Abrimos de nuevo el hospital!

Le lanzó el arma a Grangier, que la asió con una mano. A su vez, este le lanzó por los aires una botella al cirujano, que bebió tres tragos de la misma.

—¡Todo el mundo a sus puestos! Necesitamos diez hombres capaces de transportar a aquellos que ya no pueden hacerlo. ¡Y dos más para ir a por cubos de esa agua milagrosa que fluye por las venas del Danubio! ¡Vamos, ya hemos perdido demasiado tiempo! —exclamó.

Todos se pusieron en marcha con un ardor que no era fingido. Germain y Nicolas operaron codo a codo, intercambiando consejos y opiniones, apoyando mutuamente sus decisiones, en una danza tan bien coreografiada que pronto los enfermeros estuvieron convencidos de que aquellos dos se conocían desde hacía mucho tiempo.

—Mi apreciado asistente, ¿cuál es tu diagnóstico para esta herida de metralla en la rodilla?

Nicolas acabó de vendar el brazo del soldado al que acababa de evitarle ser amputado y se volcó sobre el paciente de Germain, un suboficial de la caballería alemana al que una bala le había destrozado el fémur izquierdo a la altura de la articulación superior. Philippe, el camillero, le había cortado la bota alta de arriba abajo para liberar la extremidad entera. A pesar de estar acribillada de fragmentos de hueso, la arteria parecía intacta aunque la parte inferior de la pierna se sostuviera ya solo por la carne y los tendones. El hombre se hallaba transido, principalmente debido a la absorción de una botella entera de aguardiente, y no manifestaba sufrimiento alguno de forma visible. Se había negado a despojarse del gorro alto característico de su regimiento de húsares, cosa que había hecho refunfuñar a Germain. Su uniforme azul de múltiples botones dorados estaba incólume y parecía en orden de revista.

—Creo que seccionaría a la altura de la cabeza del hueso y le ligaría la femoral —respondió Nicolas tras su examen—. Pero ante todo hay que extraerle el vizcaíno* que se le ha alojado en el cóndilo, ahí —añadió a la vez que señalaba un punto negro que contrastaba con la blancura del hueso—. El principal riesgo es que se rompa la arteria, a la vista de su lamentable estado.

—¿En conclusión?

—¡Necesitaréis tiempo y suerte!

—Llevas razón. Y hoy no dispongo ni de una ni de otra cosa en mis alforjas —observó mientras se restregaba el mentón.

Ribes de Jouan había perdido ocho pacientes en el curso de las amputaciones de la tarde, y eso le había agriado el humor.

—Lo vas a operar tú —ordenó, y se apartó de la mesa—. Gracias a tu destreza, igual esta noche sigue con vida. ¡Manos a la obra! —añadió ante el titubeo de Nicolas.

—Hay un problema —los interrumpió Philippe, y señaló el gorro del soldado.

Por la piel del mismo corría sangre espesa, a la altura de la sien derecha, desde una pequeña cavidad que ninguno de ellos había descubierto al examinarlo.

* Proyectil de gran calibre procedente de un fusil del mismo nombre.

—¡Sanseacabó! —murmuró Germain—. Ha recibido una bala en el cráneo. Aisladlo y cubridlo para que tenga unos últimos instantes decentes. ¡A por el siguiente!

—Esperad —exclamó Nicolas al tiempo que asía un escalpelo.

Seccionó la correa del gorro y lo apartó para descubrir la cabeza del herido. Se aproximó a este para observar el lugar del impacto.

—¡Mirad la obertura! Es ovalada. La bala ha debido de rebotar en su pierna y luego le ha entrado verticalmente en el cráneo. Respira y su corazón aún late. Si le hubiera atravesado el cerebro de un lado a otro, habríamos descubierto un agujero al otro lado. Pero no hay ni rastro —añadió mientras examinaba el lado izquierdo de la cabeza—. Y si se hubiera quedado dentro, el daño causado habría sido inmenso y ya estaría muerto.

Ribes de Jouan observó a sus ayudantes, que parecían tan perplejos como él mismo.

—Brillante demostración, querido amigo... ¿Podemos retirarlo? Para verificar vuestra hipótesis, aguardaremos a que haya fallecido, si no tienes inconveniente.

Nicolas sumergió ambas manos entre los cabellos del húsar. Germain se encogió de hombros.

—Si hay que lavarle el pelo, avisad al barbero... No creo que...

—¡Mirad! —lo interrumpió—. ¡Ahí, en la parte superior del cráneo!

Todos se inclinaron sobre la zona que Nicolas había descubierto. Había un pequeño orificio visible, medio taponado por sangre coagulada.

—¡La bala ha salido por ahí! Quizá no haya causado desperfectos irremediables en el cerebro. ¡Hay que curarlo!

—Olvidas la pierna, o lo que queda de la misma, sin contar con lo que aún no hemos descubierto. ¡Este soldado es una caja de sorpresas!

—Me ocuparé de su fémur si os ocupáis de curarle la herida del cráneo.

—Nicolas... —comenzó antes de interrumpirse.

No se había percatado de la juventud del soldado. «Dieciséis o diecisiete años, como mucho», pensó el cirujano. Se volvió hacia su enfermero.

—Grangier, ¿cuántos heridos quedan por operar?

—Tres, todos de nuestra tierra —respondió el enfermero insistiendo en las últimas palabras.

Ribes de Jouan lo miró muy serio.

—Los loreneses son robustos, haz que esperen. ¡Manos a la obra! Nicolas, tienes diez minutos para hacer un milagro.

Germain sacó de una caja una corona de trepanación, una cuchilla de afeitar y una sonda de goma. Se inclinó sobre el joven soldado, se rascó el pecho y recitó para sus adentros la primera plegaria que le vino a la cabeza para concentrarse. Observó que el insistente olor a humo había desaparecido así como el retronar de los cañones, y se sintió decepcionado ante aquella súbita calma. Nada le era más útil a la hora de operar que la inminencia del peligro. Tras haber rasurado la parte del cráneo donde se hallaban los dos orificios, los drenó con la ayuda de la sonda. Las heridas parecían limpias y no se apreciaba que hubiera ninguna hemorragia. Temía, sin embargo, que se hubiera podido coagular una gran cantidad de sangre en el interior desde que se había producido la herida. Antes de que tuviera tiempo de volverse, Nicolas respondió a su titubeo:

—Yo también pasaría el trépano para exudar ahora cuanto haya que evacuar.

Germain sonrió, satisfecho de verse ratificado en su decisión. Una vez soldados los huesos, sería imposible reducir el hematoma que ambos sospechaban que existía.

—¿Y su pierna? —preguntó aplicando el trépano junto al orificio de la bala y apretándolo para presionar sobre el cráneo—. ¿Cómo lo ves? ¿Necesitas ayuda?

—Gracias, pero no hace falta. Ya he acabado.

Germain no pudo evitar volverse. Nicolas se lavaba las manos en uno de los cubos de agua.

—He ligado la arteria, extraído el vizcaíno y amputado como he podido —comentó Nicolas.

—¡Dios! —exclamó Germain al ver el resultado.

No solo su asistente había logrado conservar intacta la articulación, sino que había preservado un muñón de pierna de más de diez centímetros, que había vendado con un paño impregnado de un cicatrizante fabricado por él mismo.

—Pero ¿cómo has podido..?

—He tenido suerte. Es tan robusto como un lorenés. ¿Os echo una mano?

Cinco minutos más tarde Ribes de Jouan había aplicado rodomiel en los orificios de entrada y de salida de la bala y le dejaba a Grangier la tarea de vendarle la cabeza al herido con paños limpios. Tenía la impresión de haber hecho cuanto la cirugía podía ofrecer a un paciente. En el momento en que el joven coracero alemán salía de su coma etílico entre gemidos, dos exploradores del regimiento de infantería de Bassompierre trajeron noticias tranquilizadoras. Las tropas del khan de Crimea, tras una penetración que las había llevado a menos de quinientos metros del edificio donde se hallaban, habían sido rechazadas a la otra orilla del río por una carga de caballería de la coalición. Una hora después de que callaran los cañones, los otomanos se habían batido en retirada, jaleados por los gritos de alegría de los combatientes. Los heridos y los sanitarios se felicitaron, y Germain pudo encenderse una pipa a la que dio unas caladas con deleite, a pesar de la pésima calidad del tabaco. Los soldados que habían tratado de huir fueron a pedirle perdón y a que les concediera la gracia de no informar del incidente a sus superiores.

—Curiosa petición —dijo a Nicolas, una vez sentado y mientras acariciaba el pelo de Tatar, tendido junto a él—. ¡Nunca se me hubiera ocurrido! ¡No hay nada tan natural como el instinto de supervivencia! En este caso, sin embargo, se equivocaban. El peligro para ellos habría sido salir.

—¿Y habríais disparado?

Una enorme sonrisa invadió su rostro.

—¡Soy cirujano, no un asesino!

***

Al día siguiente, tras solo una breve noche de descanso, las tropas levantaron el campamento. En medio de la larga hilera en movimiento, la columna de las ambulancias, formada por una decena de carros, transportaba a los heridos más graves. Los otros, en mejores condiciones, seguían a pie o a caballo. Una lluvia fría y penetrante de primavera los acompañó a lo largo de todo el camino hasta que escampó al aproximarse a Peterwardein. Nicolas se había instalado junto a Germain en la ambulancia volante, que conducía con destreza por el camino embarrado donde los grandes carros avanzaban con dificultad resbalando en el lodazal. El cirujano jefe de los ejércitos loreneses había hecho cargar la parte posterior de la carreta de víveres y de botellas de vino y había recorrido la columna a lo largo del trayecto para distribuir comida a los enfermos con los que se encontraban. Nicolas pudo constatar su gran popularidad, tanto por los litros de alcohol que repartía como por la calidad de los cuidados que prodigaba.

Germain tenía una sed que nada parecía saciar, e hizo honor a parte de sus provisiones. El flujo de sus palabras incrementó a medida que avanzaba el día y a la par que la concisión y la claridad de su razonamiento disminuían bajo el peso de las botellas vaciadas. Tras haber estado a punto de volcar la ambulancia en una zanja por no medir bien la distancia, detuvo el vehículo en mitad del camino, alivió la vejiga contra una de las ruedas, volvió a subirse con dificultad al asiento y le dejó las riendas a Nicolas antes de tumbarse y quedarse dormido de inmediato. Lo despertó una hora más tarde un lametón de Tatar, que había subido al carro aprovechando un alto del convoy. Se desperezó, encendió su pipa y refunfuñó quejándose de la espera provocada. Señaló las manos vendadas de Nicolas como si las viera por primera vez.

—¿Por qué siempre las llevas así? ¿Las proteges del frío o de un ladrón que te las pudiera robar? —bromeó mientras mostraba las suyas, de dedos gruesos, articulaciones huesudas y la piel cubierta de una mata de pelo en el dorso.

—No lo sé —respondió Nicolas, y se apretó las vendas—. Tal vez sea por costumbre.

—Mientes muy mal, hay otra razón —dijo Germain seguro de sí mismo—. Y la descubriré.

Nicolas contempló el paisaje sin responder. El llano, salpicado de montículos cubiertos de vegetación, le recordaba el relieve de su Lorena.

—¡Siempre lo descubro! —prosiguió Ribes de Jouan—. Nos estamos rezagando, pásame las riendas.

Salió de la hilera e hizo que el caballo se pusiera al trote. Al cabo de una hora, el camino se hizo más ancho junto a un meandro del río. A lo lejos pudieron distinguir unas construcciones humanas.

—Hemos llegado —dijo sin más.

La fortaleza, en la cima de una pequeña colina a orillas del Danubio, parecía flotar treinta metros por encima de la niebla que se elevaba desde el río, en un cuadro irreal e inquietante.

—El olor de los turcos aún flota sobre la ciudad —dijo Germain a modo de explicación—. Solo se la reconquistamos hace siete años —añadió, y chasqueó la lengua para dar ánimos al caballo que daba muestras de fatiga.

Entraron en la ciudadela por la puerta del sur, donde todas las murallas estaban ocupadas por soldados armados y centinelas dispuestos a dar la alarma ante cualquier movimiento sospechoso en la llanura circundante. El volumen interior parecía sorprendentemente espacioso comparado con la visión que se tenía desde el exterior. Las calles centrales, amplias y pavimentadas, permitían que los carros se cruzaran, y los edificios ofrecían imponentes superficies de paredes nuevas o restauradas. Quedaban pocos rastros de los ciento cincuenta años de dominación otomana. La ambulancia volante se dirigió hacia el monasterio de Belakut, edificado cinco siglos antes por monjes cistercienses franceses, donde los emisarios de Ribes de Jouan habían decidido instalar el hospital de campaña. Se habían dispuesto camas en la gran capilla de la abadía, y algunas ya estaban ocupadas por los primeros en llegar.

—Al menos no tendréis la tentación de romper las ventanas —comentó Nicolas observando los vitrales multicolores, fuera de alcance, que decoraban la parte superior de las paredes.

—¡Por fin un sitio donde se respira! —asintió Germain—. ¡Grangier! —gritó, al ver a su asistente.

La acústica lo sorprendió por la potencia del eco. Todos los presentes se volvieron hacia los recién llegados.

—Grangier —repitió sin alzar el tono de voz.

El enfermero atravesó el altar para reunirse con ellos.

—Encuentra una cincuentena de mantas, aquí no hay bastantes —le ordenó—. De noche hará frío. ¿Qué has hallado como dormitorio?

—Puedes elegir: un palacete requisado para los oficiales…

Germain hizo una mueca como respuesta.

—… con camas de verdad, un cocinero de verdad y la élite de nuestro ejército como vecinos —prosiguió el enfermero.

Germain añadió a su mueca un gesto de asco.

—¿No tienes más que seda para ofrecerme? ¿No habrá una buena y vieja tela de yute?

—Philippe y yo hemos dispuesto unos jergones de paja en la sacristía. Queda espacio para nuestros dos cirujanos, casualmente…

—Mira que llegas a ser bobo, y no me lo ibas a decir… ¡Claro que nos alojaremos ahí! Y si no hay suficiente espacio, os castigaré enviándoos a dormir con la flor y nata de la oficialidad.

—También hemos reforzado las provisiones de vino. Para macerar las hierbas, por supuesto —ironizó Grangier.

—¡Ya sabía yo que al lado de una iglesia encontraríamos el paraíso! —retronó la voz de Germain.

Varios heridos se quejaron de dolores.

—Yo me ocuparé de ellos —dijo Nicolas.

Dispensó los cuidados habituales y se detuvo junto al joven alemán al que habían salvado la vida. Le cambió las vendas de la cabeza y vio que las heridas lucían sanas, y también el muñón de su pierna izquierda. El soldado estaba despierto y observaba cómo lo curaba, en silencio. Nicolas cogió una lanceta para practicarle una sangría. Detestaba aquella terapia, que juzgaba más nefasta que útil en la mayoría de los casos, pero el miembro del herido había sido aplastado en parte y temía que hubieran podido introducirse sustancias tóxicas en su sangre. Cambió de opinión. El hombre le susurró una palabra que no conocía pero de la que comprendió el sentido.

—Volveré mañana —respondió en voz queda y articulando de manera exagerada.

El húsar asintió.

Al salir de la capilla se cruzó en el claustro con un grupo de cuatro monjes vestidos con hábito blanco y la cabeza completamente cubierta por una capucha negra. No se veía ninguno de los rostros. Sus pies, descalzos en unas sandalias gastadas, sobresalían a cada paso silencioso, antes de desaparecer de nuevo cubiertos por la marea de tela que los recubría. Nicolas los siguió con la mirada hasta que entraron en una sala con una puerta amplia, en la que juraría haber visto a una familia.

El aire exterior, batido por el viento y saturado de humedad, arrastraba el olor de los rebaños por la fortaleza. Era de noche y una lluvia fina como una puntilla barría Peterwardein. Tomó las calles más anchas y llegó rápidamente a los límites de la fortificación, erizados de bastiones que formaban las ramas de una estrella gigantesca. Nicolas recorrió parte de las murallas en las que centinelas y cañones se sucedían cada diez metros. Jamás había visto una defensa tan colosal. Sus ropas de civil, que había conservado desde su llegada al campamento y que Germain también vestía, le valieron rápidamente el recelo de los soldados de guardia, que lo interrogaban sobre su presencia allí en alemán, en polaco o en húngaro, a lo que respondía con gestos poco convincentes. El ejército del Sacro Imperio Germánico era una Babel.

Abandonó las fortificaciones y regresó con paso rápido al interior de la ciudad. La ciudadela englobaba, además de la parte superior que dominaba el río desde un acantilado de impresionante verticalidad, un conjunto de barrios apenas a la misma altura que el Danubio, en su mayoría compuestos de campos o huertas. Vio un grupo de casas situado en el extremo norte de la ciudad, cuyas calles y callejuelas contrastaban con el resto de la ciudad por su estrechez y por la aparente ausencia de hombres de las tropas imperiales. Nicolas tenía la sensación de que lo seguían desde que había salido de la abadía y se había vuelto varias veces sin alcanzar a ver a nadie. Intuitivamente, no pensaba que hubiese peligro inminente. Los braseros situados en las esquinas de las calles procuraban una luz suficiente para no tropezar con los adoquines desiguales. En el interior de las casas, algunas chispas fugaces atestiguaban la presencia de chimeneas reconfortantes. Se perdió tras atajar por una callejuela oscura y le preguntó a un hombre que fumaba una pipa apoyado contra la pared. El quídam, de piel mate, cabello moreno largo y ondulado, llevaba un sombrero de astracán, de alas alzadas, rematado por una pluma de ave ancha y corta. Vestía un amplio chaquetón de piel vuelta cuyo bajo arrastraba por el suelo. Pareció comprender la pregunta de Nicolas al oírle pronunciar el nombre del monasterio y le hizo señal de que lo siguiera, cosa que hizo con dificultad. El hombre tenía unos andares felinos y caminaba tan deprisa que Nicolas creyó haberlo perdido en varias ocasiones. El húngaro, sin embargo, lo esperaba en cada esquina, con una sonrisa burlona en los labios. Incapaz de reconocer el camino de la ida, Nicolas preguntó varias veces a su guía:

—¿Belakut? ¿Belakut?

El individuo de la pipa respondió con invariables gestos afirmativos. Había que seguir hacia delante. Dotado de un sólido instinto de orientación, Nicolas estaba convencido de que el fulano lo conducía en la buena dirección, aunque no hubiera vuelto a ver ni un solo uniforme desde que se había adentrado en la parte baja de la ciudad. Sin embargo, la actitud de su guía y el camino que habían tomado lo incitaban a la prudencia. Nicolas, empero, había distinguido la sombra alargada de su perseguidor deslizándose por las fachadas. De repente, a la salida de una calle empinada, la vio: la abadía se alzaba ante ellos, imponente, como si dominara los edificios contiguos con su poderío sereno. El *betyar** se volvió y le dijo en húngaro:

* Salteador de las estepas de Hungría.

—¡Tienes suerte, extranjero, de estar protegido, de lo contrario te habría desplumado!

Nicolas le tendió la mano para darle las gracias, sin comprender de qué había escapado. El otro se la estrechó mientras echaba un vistazo a la callejuela: en la oscuridad, distinguió el contorno de unas ropas amplias y un débil reflejo metálico a la altura del rostro.

***

Al día siguiente, el hospital improvisado acogió a diez nuevos heridos. Un grupo de soldados que trabajaban en la construcción de un puente sobre el Danubio, frente a la ciudadela, habían sido víctimas de la caída de dos pilares de madera de varios metros de altura. Los más graves sufrían diversas fracturas y conmociones, que Germain calificó de heridas «civiles» y dejó en manos de Nicolas. Por la tarde, recibieron la visita del equipo médico del regimiento alemán al que pertenecía el joven coracero. La noticia de su salvación milagrosa había corrido por todos los acuartelamientos y la popularidad del equipo de Germain había aumentado aún más. El rumor les atribuía el poder de curar cualquier herida y de evitar a buen seguro las amputaciones, de tal manera que incluso había soldados que habían pedido ser destinados a uno de los regimientos loreneses a pesar de que estos estuvieran muy expuestos al entrar en combate. El coronel Von Humboldt, uno de los cirujanos personales del elector de Sajonia, también se acercó hasta allí para contemplar el trabajo de sus colegas y los invitó a su mesa aquella misma noche. Nicolas declinó la invitación con cortesía y se excusó diciendo que tenía que ocuparse de las curas.

—Yo sí iré, eso es parte del juego —le dijo Germain como si se excusara—. Aprovecharé para pedir más material y una carreta suplementaria. ¡Parece que tiene alcoholes de extraordinaria calidad!

Nicolas aprovechó la velada para escribir a Marianne. Su primera carta desde su precipitada salida de Nancy. «Desde mi huida», pensó esperando que los franceses no hubieran llevado a cabo represalias contra sus allegados. Le contó su viaje y su primera campaña, describió el ambiente y cómo la añoraba. Germain le había explicado que se habían dispuesto transportes regulares con el ducado para establecer lazos entre los soldados y sus familias. La mayoría no sabía leer ni escribir, y el capellán castrense, ayudado por algunos oficiales caballerosos, se encargaba de redactar mensajes, a menudo una simple lista de nombres asociada al estado de salud, que se distribuían por pueblos y ciudades dos o tres veces al año por voluntarios que elegían quedarse en su tierra. Ese lazo había tranquilizado a Nicolas, y se había decidido a disciplinarse y escribirle semanalmente, aunque las cartas solo fueran a ser enviadas meses después.

Una vez seca la tinta, enroscó los papeles, los depositó en su bolsa más grande, la que contenía todos sus libros, y decidió salir. Tatar, tumbado junto al brasero de hierro fundido de la estancia, se incorporó como una esfinge y lo examinó con una mirada en la que se mezclaban la fatiga y su deseo de acompañarlo, hasta que se tendió de nuevo en el suelo.

La noche había caído y en la iglesia ya solo resonaban algunos gemidos quejumbrosos. El claustro formaba un rectángulo y se abría a un jardín, impecable, a través de unas ojivas de trabajados arabescos. El edificio de mayor tamaño se hallaba en el extremo opuesto a la capilla, en el lado que daba a la calle principal. Estaba constituido por el refectorio en la planta baja y las celdas de los monjes en la planta superior. Una veintena de religiosos vivían allí permanentemente, pero solo se había cruzado con ellos de forma casual. Los hombres de Dios parecían rehuir su presencia. Recorrió el ala izquierda que unía la capilla a la cantina y sus estancias lo sorprendieron por la riqueza de los ornamentos. Tomó una escalera estrecha que llevaba a un sótano, cuyo acceso estaba cerrado por una puerta de madera maciza protegida por una reja.

Volvió sobre sus pasos hasta el claustro desierto. Una de las campanas dio diez campanadas, único signo de actividad humana en la abadía. Nicolas recordó el lugar donde había visto a una familia de civiles y se dirigió hacia allí. Aquella puerta también estaba cerrada con llave. Era hora de volver a su jergón. Cuando dio media vuelta, vio a un chaval de unos diez años que lo observaba, agazapado en la sombra de la fuente del claustro. Lo llamó mientras este huía corriendo hacia la sala capitular vecina. Nicolas aceleró el paso y entró. No tuvo tiempo ni de buscarlo, pues se halló inmovilizado contra el suelo por un adulto del que sintió el aliento en el cogote. El hombre pronunció unas palabras en una lengua que no conocía. Nicolas logró liberar su brazo izquierdo de la presa de su agresor y le asestó un primer codazo en el rostro que lo dejó indiferente y luego un segundo que provocó su ira. El hombre agarró la cabeza de Nicolas por los cabellos y la golpeó contra el suelo de mármol. Aturdido, y mientras esperaba un nuevo ataque, el otro soltó la presa. Le llegó la voz de Germain, ensordecida por unos murmullos.

—*Abbahagy!* ¡Suéltalo! —gritó varias veces.

Nicolas logró volverse y vio al cirujano, que apuntaba al desconocido con una pistola. Apoyaba el cañón contra el pecho del hombre. Este llevaba una máscara de hierro que le cubría todo el rostro.

***

El cura encendió con cuidado las doce velas del candelabro que sostenía en la mano.

—Les pido disculpas de todo corazón —dijo con voz monocorde.

El padre Étienne era el superior del convento. Alertado por los gritos del cirujano, había ido a la sala capitular y había apaciguado los ánimos.

—Si no hubiera regresado tan pronto de mi cena —se enojó Germain—, en estos momentos mi asistente no tendría cabeza y yo no tendría asistente. Acepto vuestras excusas, pero sobre todo nos debéis una explicación, a Nicolas y a mí.

El hombre de la máscara de hierro estaba sentado en un rincón y balanceaba la cabeza adelante y atrás refunfuñando. El padre Étienne lo observó y luego se dirigió a Nicolas.

—¿Cómo os sentís? —preguntó al tiempo que aproximaba la fuente de luz a su rostro.

—Como alguien que hubiera besado el suelo con demasiada pasión —respondió al punto mientras se masajeaba la frente dolorida—. Pero estoy intacto. Y por mi parte, el incidente está zanjado.

—Lo lamento profundamente —insistió—. Nosotros... poseemos algunas familias de *robs* gitanos en el monasterio.

—¿*Robs*? —preguntó Germain, incrédulo.

—¿Qué significa que las «poseen»? —intervino Nicolas.

—Quiere decir que las compró —respondió Germain—. Los *robs* son esclavos.

—¿Esclavos?

—No exactamente —rectificó el padre Étienne, incómodo—. Es una servidumbre de tipo feudal. Un *rob* puede comprar su libertad. Es libre de ir y venir.

—Contra pago de una suma —rectificó Germain—. Pueden liberarse, pero son esclavos.

El cura manifestó cierto nerviosismo.

—El voivoda* Basareb donó cuatro familias gitanas a nuestro monasterio, ¿por qué tendríamos que haberlas rechazado? Ofrecemos la caridad cristiana a todo el mundo sin distinción, vos mismos sois testigos de ello. A esta gente aquí se la trata bien, mucho mejor que en otros sitios.

Nicolas se acercó al hombre y se acuclilló junto a él.

—¿Cómo se llama?

—Babik. Es el padre del muchacho al que seguisteis. Tuvo miedo por él y fue presa del pánico.

—¿Qué lengua habla?

—Gitano y húngaro. Pero comprende nuestra lengua. Su clan viajó por Francia durante dos años.

* Comandante de una región militar, equivalente a un teniente general.

Los ojos negros del gitano miraban a los presentes con determinación.

—¿Por qué motivo lleva esa máscara?

—Babik se ha comportado mal y ha sido castigado —dijo el cura, y unió las manos en señal de oración.

—¿Un castigo? ¡Una tortura! —intervino Germain—. Aquí es habitual. Solo les quitan ese aparato para comer.

—La naturaleza de este pueblo exige a veces cierta autoridad. No tienen entre sus costumbres el respeto de la obediencia y del bien.

Nicolas se aproximó lentamente a Babik y puso las manos sobre el casco de metal. Estaba cerrado por detrás con un candado.

—Desearía examinarlo, padre, ¿me permitís quitárselo?

El cura retiró una de las llaves que colgaban de su cinturón de cuerda y se la tendió, en silencio, a Germain. El cirujano abrió el candado y la máscara. No pudo evitar un sobresalto al ver el estado de la piel del desventurado. Babik aspiró una gran bocanada de aire como si se dispusiera a sumergirse en el Danubio, y luego varias más, tomándose su tiempo, con los ojos cerrados, concentrado en su respiración recobrada. Su piel resplandecía por el sudor y sus cabellos de jade estaban aplastados en mechones sobre su frente. Varias zonas de su rostro estaban descamadas y enrojecidas. Germain entregó el casco, abierto en dos como un molde de fundición, a Nicolas, y este interrogó al cura con la mirada. El hombre comprendió su petición.

—Le levanto ahora mismo el castigo —indicó mientras depositaba el candelabro sobre la mesa del consejo, cuya superficie circular, de piedra, destacaba ante una hilera de majestuosos sillones de madera labrada.

«El mismo lugar donde se le debió de dictar sentencia al desgraciado», pensó Germain, que agradeció al monje su clemencia.

—Voy a por mis ungüentos —intervino Nicolas, y dejó caer la máscara, que rodó a los pies del padre Étienne.

Rebuscó en sus cajas, apiladas en la sacristía, y despertó con el ruido a los enfermeros. Grangier, creyendo que se trataba de una urgencia, se levantó soñoliento y, antes de que Nicolas se lo pudiera impedir, entró en la capilla contigua donde acabó por tropezar con uno de los heridos allí tendidos. El hombre no reaccionó, pero el vecino de este, un húsar con el brazo amputado, soltó un grito al ver que el enfermero estaba a punto de abalanzarse sobre él en su caída. Algunos gemidos respondieron como un eco, mientras Grangier, aún bajo los efectos de su velada regada con vino húngaro, volvía a dormirse, tumbado boca abajo.

Cuando Nicolas regresó a la sala capitular, el superior ya se había marchado. La familia de Babik lo rodeaba. Sus padres, su esposa, sus tres hijos y sus dos hermanas lo mimaban como a un recién nacido bajo la mirada divertida de Germain, que se había encendido una pipa bien cargada de tabaco.

—Un regalo de nuestros amigos —dijo orgulloso, y le mostró el objeto labrado en madera de roble.

Babik, que permanecía sentado en la misma posición en una esquina, sonrió al verlo y articuló un «gracias» pronunciado con fuerte acento eslavo. Hizo una señal a su familia, que se marchó tras haberle dado las gracias a Nicolas con palmoteos amistosos. Solo su hijo permanecía junto a él y sacaba pecho con aspecto protector. Babik le alborotó el cabello.

Nicolas mostró el ungüento preparado por él y detalló la composición del mismo, a base de llantén y malva, antes de proponerle que se lo aplicara sobre la piel. La carne estaba cortada en algunos lugares debido al frotamiento con el metal. Babik escuchó con interés y pronunció una frase en gitano.

—Mi padre comprender —respondió el muchacho en un francés chapurreado—. Él decir gracias. Yo también. Mucho.

—¡A buenas horas! —exclamó Germain—. ¡Si tenemos aquí un traductor! ¿Cómo te llamas, chaval?

—Azlan —dijo con orgullo.

Babik permaneció estoico cuando Nicolas aplicó el ungüento grasiento sobre las úlceras. Llevaba varios collares de oro al cuello, así como anillos en los dedos. Nicolas se sintió intrigado ante tanta ostentación.

—Es cuestión de orgullo —respondió Germain, que había recogido la máscara de hierro y la lanzaba al aire como una pelota—. Al hacer gala de su fortuna muestra que un día podrá comprar su libertad y la de su familia.

—Ahora que habláis de dinero, ¿cuál es nuestra paga? —preguntó Nicolas a la vez que se vendaba las manos.

—¡Por fin una pregunta importante! Empezaba a tener dudas de que fueses a preguntarlo alguna vez… Como cirujano, tienes derecho a dos francos diarios, alimentado y albergado en los palacios que ya conoces.

Aspiró una nueva calada de su pipa antes de proseguir.

—Al oficial pagador siempre hay que tirarle de una oreja, pero ya tienes derecho a un mes de soldada que guarda en su cofre. Si quieres disfrutarla aquí, ¡no lo dudes! Te indicaré posadas y tabernas de buena frecuentación. Y si quieres atender a la población local durante tus horas de permiso, como ahora, tú mismo fija tus honorarios.

Grangier entró con aspecto sombrío.

—¿Por fin se te ha pasado la borrachera? —preguntó Germain—. No has sido capaz de aguantar ante los oficiales. ¡Te estás haciendo viejo, compadre!

—Nuestro herido alemán, vuestro milagro…

—¿Qué le sucede?

—He tropezado con él hace un momento…

—Espero que no le hayas roto las costillas, eso ya sería el colmo —bromeó Germain.

—¡Ay… quizá! No me he dado cuenta. En todo caso, eso no sería grave.

—¡Cómo se nota que no eres tú quien los tiene que curar!

—Ya no tiene importancia. Ha muerto. Mientras dormía.

Ribes de Jouan arrojó la máscara contra la pared con tal fuerza que esta se partió en dos debido al impacto.

—¿Por qué? ¿Por qué me ha hecho eso? —gritó mientras Azlan se refugiaba en brazos de su padre—. ¡Era nuestro mayor éxito! Todo el ejército imperial nos admiraba… ¡Ahora seremos el hazmerreír!

Se alejó de los demás, echando pestes, y se volvió.

—¡Quiero hacerle la autopsia! ¡Ahora mismo!

—Es inútil —respondió Nicolas—. Ve a avisar al cura —le dijo a Grangier.

Se quedaron un instante en silencio.

—¿Por qué? —murmuró Germain dirigiendo su mirada interrogadora a Nicolas.

—Porque no somos Dios, solo cirujanos. Solo hombres.

6

Peterwardein, septiembre de 1694

Habían transcurrido cuatro meses desde que llegaron a Peterwardein. Las heridas de Babik cicatrizaron rápidamente gracias a los remedios de Nicolas y el hombre había recibido el encargo de ambos cirujanos de mejorar su intendencia cotidiana cuando el hospital, en un primer momento provisional, se había instalado en una relativa permanencia. El padre Étienne y los demás monjes seguían mostrándose discretos y, poco a poco, trataban de recuperar su terreno. En un principio la ocupación de la capilla fue negociada por los emisarios de Ribes de Jouan para una semana como mucho. El alto mando, sin embargo, había tomado otra decisión y la ciudad se había convertido en la base de los ejércitos imperiales y de sus aliados. Los loreneses ya no tenían idea alguna de la duración de su estancia e incluso habían dejado de apostar por una u otra fecha para su marcha. Todos se habían acomodado a una vida cotidiana en la que la principal ocupación era la lucha contra la rutina. Nicolas había obtenido autorización para abrir en el monasterio dos veces por semana una consulta para los civiles húngaros. El padre Étienne vio en ello la ocasión de atraer a la religión cristiana a las ovejas nacidas bajo dominio otomano. Eran muchos los que se habían quedado en la ciudad tras la liberación de la misma por las tropas del Sacro Imperio. Los musulmanes se codeaban con los cristianos sin temor a represalias, al igual que el culto de los cristianos había sido respetado durante la era turca. Azlan no se separaba de Nicolas y desempeñaba a la perfección su papel de intérprete y de ayudante sanitario junto a los enfermos y las familias de estos, en su mayoría gitanos, *robs* que trabajaban para un amo acaudalado o nómadas de paso en la fortaleza. El cirujano hacía también funciones de boticario, y sus conocimientos de los remedios le habían originado a partes iguales una cola de pacientes llegados de todos los pueblos vecinos y la enemistad del único boticario oficial establecido en la ciudad.

Las nubes, venas henchidas de lluvia, sangraban desde hacía una semana sobre Peterwardein y transformaban las calles sin adoquinar en lodazales, con una atmósfera fría y brumosa que había hecho aumentar el número de soldados hospitalizados en la capilla debido a infecciones pulmonares.

—¿No irás a salir en un día como este? Y por cierto, ¿qué día es hoy?

Germain, tras hacer esa pregunta, se echó sobre los hombros el abrigo de piel de cordero que un comerciante de la ciudadela le había obsequiado tras haberle curado un furúnculo rebelde. Le había crecido el cabello, al igual que un largo bigote que se toqueteaba maquinalmente durante el día entero. Con la pipa entre los labios, de pie frente a la ventana de la sacristía, a los ojos de cualquier paseante habría podido parecer un burgués húngaro que hubiera acudido a confesarse.

—Hoy es 10 de septiembre. No tenemos provisiones, no tengo salvia, ni violeta, ni adormidera blanca —replicó Nicolas—. Puede seguir lloviendo varios días y los enfermos ya no tienen remedios para calmar la tos.

—¿Solo es 10? —dijo Germain, pensativo—. Aún es septiembre... Llévate contigo a Babik.

—Ha ido a ayudar al padre Étienne. Azlan me acompañará.

—Por lo que a mí respecta, son mis pensamientos los que te acompañarán —respondió Germain mientras se servía un vaso de vino antes de sentarse en una silla ante el brasero.

Se bebió el vaso de un trago y se llenó otro.

—Luego iré a ver si encuentro un fiambre. Una buena autopsia me distraerá —añadió con un bostezo exagerado.

Nicolas se había percatado del cambio de comportamiento del cirujano, que a medida que pasaban los días parecía más desocupado. Las únicas urgencias se debían a los accidentes en las diferentes obras que se hallaban en curso y los pocos civiles que acudían a consultarlo se veían invariablemente remitidos a otros cirujanos. «Las incisiones me hastían y las litiasis me provocan aburrimiento», anunció a Grangier tras negarse a curar a un burgués en pleno ataque de cálculos. Había a la vez una verdad que él mismo se negaba: tras tantos años en el campo de batalla, ya no se sentía capaz de operar más que cuerpos deformados por la guerra, acuciado por la urgencia y el peligro.

Azlan aceptó con entusiasmo ayudar a Nicolas en su búsqueda. Descendieron las escaleras de la ciudadela hasta el bastión oeste y luego cruzaron por el puente de madera que los regimientos alemanes habían construido para cruzar el Danubio. Vista desde aquella orilla, la ciudad tenía el aspecto de una fortaleza inexpugnable. El muchacho guió a Nicolas atravesando varios prados hasta el lindero de un bosque, donde sabía que crecían plantas parecidas a las descritas por el lorenés. Al llegar al lugar, el chiquillo se encogió de hombros: el campo había sido segado recientemente.

—Hay otro allí abajo, cerca de la colina, ven —exclamó, decidido a no resignarse al fracaso.

Había dejado de llover. Sus bocas exhalaban una bruma tibia que se fundía de inmediato en la humedad reinante.

—¿Tienes familia, *gadjo*? —preguntó Azlan cuando llevaban un buen rato caminando en silencio.

—No, no tengo hijos —respondió Nicolas, y entonces se dio cuenta de que jamás nadie se lo había preguntado.

¿Cómo iba a crear un hogar un cirujano ambulante?

—Pero ¿tienes mujer? ¿La *család*?

—¿Qué es la *család*?

—Madre. Padre. Familia. ¡Todo!

—No.

Azlan se detuvo y abrió los ojos como platos.

—¿Así que tú solo? ¿Solo tú?

A aquel chaval, el simple hecho de pensar en esa palabra le parecía inconcebible. Nicolas se echó a reír al ver su rostro incrédulo.

—Azlan, estar solo no es un castigo. Me gusta esta vida. Y además tengo amigos. Y una prometida.

—¿Prometida? ¿Qué es prometida? ¿Un regalo? —preguntó el chiquillo, que acababa de descubrir un campo de hierbas altas.

—Amor —respondió Nicolas a la vez que depositaba la palma de su mano sobre su pecho—. Una mujer que me ama y a la que yo amo.

—¿Está allí? —preguntó Azlan mientras señalaba la ciudadela con el dedo.

—No, por desgracia no. Está lejos.

—¿En Francia?

—Tan lejos como Francia.

El chiquillo le tironeó de la manga.

—¿Quieres un amor aquí? ¡Yo encontrar!

Nicolas se agachó junto a él.

—No lo busco, Azlan. Aquí es la guerra, y pronto volveré junto a ella.

—Yo tengo a Babik, Djidjo, Gabor, Yanna, Peshan, Keja y Nuzri. ¡Nosotros siempre juntos!

—¡Tu familia es preciosa!

—Sí —respondió el niño.

Siguió caminando y volvió sobre sus palabras.

—¿Qué es «preciosa»?

—Es lo más importante en el mundo.

—¿Como las joyas de Babik? ¡Un día no seremos *robs*!

—Como las joyas de tu papá, en efecto. Representan vuestra libertad.

—Sí —repitió Azlan.

Los sueños de libertad hervían en su cabeza de niño. Vieron un prado de hierbas silvestres a los pies de un montículo coronado por algunos árboles, donde una mancha oscura llamó la atención de Nicolas. La salvia estaba mezclada con otras especies salvajes, pero a la vista de sus características flores azules dio un grito de alegría que Azlan repitió, y luego profirió otro más al que el chaval respondió como un eco. Se batieron entonces en un duelo de gritos, entrecortados por risotadas, interrumpido únicamente por una patrulla a caballo atraída por el jolgorio. Prosiguieron la recolección y llenaron la mitad de un saco de tela con salvia húmeda y olorosa, a pesar de que sus flores acabaran apenas de abrirse. Esa fue toda su cosecha, pues las dos horas siguientes no pudieron coger nada en el camino de regreso. Había vuelto a llover y las botas se hundían en el barro resbaladizo que dificultaba su avance. Cuando divisaron el puente que cruzaba sobre el Danubio, su moral remontó y aceleraron el paso de forma imperceptible. A lo lejos se oyó el toque a rebato. Nicolas se volvió hacia Azlan, súbitamente lívido.

—¡Rápido, *gadjo*, echa a correr! ¡Van a cerrar las puertas!

—¿Qué sucede?

—¡Los turcos! ¡Los turcos!

***

Frederik Kuyrijsk no pudo reprimir un bostezo de aburrimiento. El trayecto desde Buda era monótono y la compañía del hombre de armas que estaba frente a él era francamente desagradable. El militar, un oficial de un regimiento de infantería de las Provincias Unidas que iba a sumarse a las tropas del Sacro Imperio Germánico, no había cesado de explicar sus campañas, poco numerosas pero con tal lujo de detalle que a Kuyrijsk pronto se le hizo insoportable. La angostura del carruaje no le permitía ni siquiera estirar las piernas y tenía las articulaciones doloridas desde la última parada, y tampoco preservarse del aliento pútrido de su vecino, que, feliz de haber hallado a un compatriota en tierras lejanas, seguía exhalando sus palabras insípidas que apestaban a bilis. La lluvia tamborileaba sobre la cubierta del vehículo y, a pesar de que la intensidad de la misma había redoblado, no había logrado hacer inaudibles las palabras del oficial holandés. Las caballerías parecían fatigadas y el látigo restallaba, atronador, sobre sus cabezas. Las ruedas del carruaje se hundieron en una curva de arena. El cochero gritó animando a las bestias que sufrían por tirar del vehículo. Debía evitar quedar atorado allí.

—¡Estos desgraciados no hacen ni carreteras! ¡Como si en este país no tuvieran piedras! —refunfuñó a la vez que apartaba la manta de delicados bordados que llevaba sobre las rodillas—. ¡Qué ganas tengo de llegar a Rusia!

—¡Tenéis un largo viaje por delante, señor! —declaró el soldado, que se interesaba por él por primera vez—. Sin querer ser indiscreto, ¿cuál es vuestro destino?

Frederik Kuyrijsk detestaba a los desconocidos, los militares y las preguntas impertinentes, cosa que convertía a su compañero de viaje en un peligroso reincidente. Decidió no responder, luego cambió de opinión y prefirió cortar por lo sano cualquier conversación revelándole el destino de su periplo, que con su magnificencia aplastaría al necio y su malsana curiosidad.

—Me dirijo a la corte del zar a presentar el resultado de mis investigaciones y ofrecer a Su Majestad un obsequio de un valor inestimable, fruto de varios años de trabajo, en nombre de Guillermo III de Orange, rey de Inglaterra y estatúder de nuestras Provincias Unidas.

El otro no pareció impresionado ante el abolengo de sus relaciones, y ello ofendió profundamente a Kuyrijsk.

—¿Y con tamaño tesoro viajáis sin escolta? —preguntó el soldado con tono profesional—. ¿No es una imprudencia?

Kuyrijsk frunció el ceño ante el comentario del oficial.

—¡No me he referido a su valor comercial! Mi obsequio es algo único y será la admiración del mundo entero, ¡ese es su verdadero valor!

De nuevo subió su manta y se decidió a contemplar cómo desfilaba el paisaje por la ventanilla.

—No os lo toméis como algo personal, caballero, pero no deberíais decirle ese tipo de cosas a un desconocido —prosiguió el oficial—. Imaginad que yo no fuera una persona honrada y me entraran deseos de despojaros de vuestro tesoro.

Kuyrijsk se encogió de hombros y siguió ignorándolo.

—Lleváis razón, me habéis juzgado bien y no debéis temer nada. Un bribón, sin embargo, os habría desvalijado sin compasión y sin la menor dificultad para, al final, llevarse un botín carente de valor. Conozco a algunos por estas tierras que no se lo habrían pensado dos veces y os habrían matado para saciar su ira. ¡Podéis creer lo que os digo!

El paisaje amodorraba a Kuyrijsk, que dirigió su mirada al soldado.

—¿Y adónde pretendéis llegar, joven?

—Aún tengo tiempo antes de volver con mi regimiento. Vuestro viaje merece una buena escolta. Os ofrezco mis servicios.

—¿Quién os dice que los necesito?

—La seguridad de llevar a término vuestra misión ante el zar.

—Creo que hasta ahora he sabido componérmelas sin vuestra ayuda.

—Cien florines, más alojamiento y manutención —propuso el hombre, y se inclinó ante Kuyrijsk.

Este echó la cabeza hacia atrás con un gesto de repugnancia. El olor a carroña acababa de llegarle a la nariz, a pesar de que estaba habituado a los olores putrefactos. No debía ceder. Su precioso cargamento era un encargo de Pedro el Grande y a la entrega iba a recibir la suma de tres mil florines, que no tenía intención de compartir con nadie y por ninguna razón.

—Vuestro regimiento os necesita para combatir a los otomanos —respondió a modo de conclusión mientras se llevaba a la nariz un pañuelo para anticiparse a las exhalaciones del individuo.

El soldado le hizo señal de que callara, y eso lo ofuscó.

—Menuda osadía... pero ¿quién os habéis creído que sois? —protestó con el pañuelo aún pegado a la nariz.

El otro lo interrumpió, levantando una mano.

—¡Silencio! ¿No habéis oído?

Escuchó atentamente. La lluvia martilleaba con la misma violencia.

—No. ¿Qué queréis...?

El hombre había entreabierto la portezuela, dejando que el viento y una cortina de agua entraran en el habitáculo.

—¡Cesad de una vez con esta fantochada! —gritó Kuyrijsk para hacerse oír.

En el mismo instante se dio cuenta de que el carruaje ganaba velocidad. Las sacudidas lo obligaron a agarrarse de la manecilla. El cochero gritaba para dar ánimos a los caballos, que se habían lanzado al galope. El militar se había asomado al exterior del vehículo y había hablado con él.

—¿Oís? —preguntó a Kuyrijsk tras volver a sentarse—. ¿Lo oís ahora? —repitió, con el rostro empapado.

El toque a rebato se distinguía entre el estruendo de la tormenta. Las campanadas eran rápidas y nerviosas, sin interrupciones.

—¡Es un toque de alarma! —confirmó el soldado.

—¿Será un incendio? —sugirió Frederik Kuyrijsk sin convicción.

—No, las campanadas indican un ataque —respondió, evidentemente complacido.

—¿Las tropas otomanas?

—O una banda de *betyars* que corra por estos parajes. No sé qué sería peor.

Kuyrijsk tragó saliva ruidosamente.

—Mi oferta sigue en pie —añadió el hombre, a la vista de que había llegado el momento de negociar.

—De acuerdo, cien florines si me lleváis sano y salvo a mi destino.

—El precio será algo más elevado, pues los riesgos han aumentado. Doscientos.

—¡Sois vos el bandido! Ciento cincuenta, ni un florín más.

—Doscientos.

El carruaje circuló sobre la hierba y pasó sobre una piedra. Los dos hombres fueron zarandeados. Kuyrijsk se dio de cabeza contra el montante de la portezuela y se hizo un rasguño superficial en la ceja derecha. Un hilillo de sangre se deslizó por su sien antes de absorberlo con el pañuelo que se llevó al rostro.

—Ya veis que en Hungría sí hay piedras —dijo el hombre.

—¡Maldito país! —masculló Kuyrijsk mientras apretaba el pañuelo contra la herida.

—Doscientos florines. Y la mitad por adelantado.

Kuyrijsk se rindió. Sacó una bolsa de su chaqueta y contó dos veces las monedas antes de entregárselas.

—¡Maldito país! —repitió, y se guardó la bolsa de nuevo.

El cochero acababa de avistar el puente tras el cual la ciudadela de Peterwardein desplegaba su silueta maciza y altiva. Se volvía regularmente, persuadido de ver aparecer en cualquier momento la avanzadilla turca pisándoles los talones. Corrían siempre rumores acerca de movimientos de las tropas enemigas en el valle, pero desde el mes de mayo no se había producido ninguna escaramuza entre los contendientes y el cochero había acabado por aceptar hacerse cargo del viaje. La lluvia y el viento, unidos a la velocidad del tiro, le fustigaban el rostro. Le costaba ver a unos pocos metros. En el momento de franquear el puente no aminoró lo suficiente la velocidad, las ruedas delanteras golpearon el primer tronco transversal y el carruaje dio un salto que las suspensiones amortiguaron parcialmente. El vehículo salió despedido hacia un lado y chocó con la barandilla derecha antes de estabilizarse en una trayectoria rectilínea. El hombre gritó para animar a los caballos. Cada vez le era más difícil alzar la cabeza, cegado por la lluvia que le azotaba el rostro. Solo le quedaban por recorrer cien metros antes de llegar a la otra orilla del Danubio cuando distinguió dos sombras que corrían por el puente. Tiró con todas sus fuerzas de las riendas, pero los caballos, embalados y nerviosos, orejearon antes de responder a sus órdenes. No hubo impacto. Los dos peatones se lanzaron al costado derecho y desaparecieron entre la bruma que ascendía del Danubio. El carruaje no aminoró la marcha una vez cruzado el puente y rodeó las fortificaciones por el sur, antes de detener su carrera ante el bastión de Hornwerk. En el interior, los dos pasajeros, a los que la velocidad había estampado contra las paredes del habitáculo, se recobraron de inmediato y salieron. Frederik cayó de rodillas sobre la hierba enfangada. Sus piernas ya no lo sostenían. Vomitó una espuma biliosa.

—¡Maldito país! —concluyó al tiempo que se ponía en pie, tambaleándose.

A su lado, el mayor, haciendo altavoz con sus manos, gritaba hacia la fortaleza. Fue entonces cuando Kuyrijsk se dio cuenta de que el puente levadizo estaba alzado.

***

Nicolas empujó a Azlan justo antes del impacto con el carruaje y cayeron al río, a unos veinte metros de la orilla. El chiquillo no se había asustado y nadó vigorosamente para evitar que la corriente lo arrastrara. Lograron salir del agua frente a la primera línea de fortificaciones, en el único sitio donde la orilla no había sido recrecida, y siguieron el camino junto a la muralla.

Al cabo de cinco minutos, el muchacho fue presa de unos irresistibles escalofríos. Sus ropas empapadas se le pegaban a la piel, la lluvia los aguijoneaba y el vapor que saturaba la atmósfera hacía difícil respirar.

—¿Qué vamos a hacer, *gadjo*? —preguntó Azlan con la voz entrecortada por el tembleque.

—No temas, ya hallaremos la manera de entrar en la ciudadela.

—No, me refiero a las plantas… ¿qué vamos a hacer para cogerlas? —respondió el chaval, cuya mirada reflejaba una sentida tristeza.

Nicolas lo tranquilizó. Se había visto obligado a soltar el saco de salvia en el río, pero encontrarían más. «Plantas aún más bonitas», le prometió.

Anduvieron unos diez minutos antes de llegar a la escalera que conducía desde la orilla del río a la ciudadela. Los centinelas habían abandonado aquella posición y se habían replegado en las murallas, formando las líneas de defensa superiores. Cuando llegaron a mitad de altura, se detuvieron bajo un bastión cuya cornisa los protegía de la lluvia. La vista sobre el río serpenteando por el valle en meandros muy ceñidos era excepcional. La cabeza de puente, compuesta por una decena de edificios en la otra orilla del Danubio, tenía el aspecto de una fortificación, con todas las puertas cerradas a cal y canto. Los soldados se habían congregado en el extremo norte y, a doscientos metros de allí, dos caballeros, inmóviles, se hallaban a descubierto. El rojo y amarillo de sus uniformes, así como sus gorros de fieltro blanco, no dejaban duda alguna acerca de su pertenencia a las tropas otomanas. Se les unió una decena de hombres armados con fusiles al hombro. Su visible indolencia armó una algarabía entre los militares que estaban en las fortificaciones. Los jenízaros, una vez su provocación hubo triunfado, desaparecieron en los sotobosques colindantes. Los exploradores anunciaban la inminente llegada del grueso de las tropas.

—Tengo frío —confesó Azlan.

Nicolas se quitó la chaqueta y el chiquillo se arropó con ella. El relativo calorcillo de la prenda lo calentó un instante a pesar de la humedad.

—Pongámonos de nuevo en camino, tu familia debe de estar sufriendo por ti —le propuso.

Un sonido extraño atrajo la atención de ambos, un ruido pesado y regular de rozamiento contra el suelo. De entre la bruma surgieron dos hombres, cada uno tirando de un pesado baúl. Un tercero los precedía y los apremiaba con gestos y gritos. Los tres parecían espectros en la penumbra del anochecer. Nicolas se detuvo a su altura y el que los guiaba, tras esbozar un saludo sin descubrirse, se dirigió a él en una lengua que no identificó. Los dos comparsas aprovecharon para sentarse sobre sus baúles y recobrar el aliento.

—¿Alguno de vosotros me entiende? —preguntó Nicolas al trío tras mirar a Azlan, que le confesó con una mirada que tampoco él entendía ni una palabra.

—*Ja!* ¡Yo hablo vuestra lengua! —dijo Kuyrijsk—. ¿Sois francés?

—Formo parte de uno de los regimientos loreneses de la guarnición —respondió Nicolas al comprender que sus ropas de civil podían confundirlo con un viajero.

—¡Dios sea alabado! —exclamó Kuyrijsk, excitado y tironeándole de la manga de la chaqueta—. ¡Vos podréis ayudarnos, caballero! Vuestros hombres deben abrirnos, mi carruaje…

Nicolas no se dejó engatusar.

—Primero debo hallar ropa seca para mi joven amigo.

—¿No habéis visto a los turcos? ¡Ya tendremos tiempo de secarnos una vez dentro!

—Me temo que no alcanzáis a comprender la situación, caballero. Nadie bajará el puente levadizo mientras exista el menor riesgo. Tenemos que ir hasta los puestos de guardia al este de la ciudad y refugiarnos allí, si quieren acogernos, hasta que llegue mañana.

—Pero ¡tenemos al enemigo en nuestros talones!

—¿Tenéis ropa seca? —insistió Nicolas a la vez que señalaba los dos baúles.

Frederik Kuyrijsk le impidió avanzar.

—¡Avisad al jefe de vuestras tropas y que baje ese puente!

—¡Vos mismo podéis hacerlo! —replicó Nicolas, y lo apartó con el brazo.

Kuyrijsk se volvió hacia el oficial y lo abroncó en holandés.

—¡Espabilad y hallad una solución si queréis vuestros florines! ¡Id a que abran ese puente de una vez, por Dios!

El oficial y el cochero obedecieron en silencio. Kuyrijsk los contempló desaparecer, resignados, por el camino de ronda.

—¡Eh! ¿Qué hacéis vos? —gritó a Nicolas.

El cirujano lorenés había abierto las dos correas de cuero que cerraban los dos baúles.

—¡Ni se os ocurra tocar mis cosas, caballero!

Nicolas no respondió y arrastró el cofre al abrigo del bastión, donde constató que estaba cerrado con llave.

—¡No voy a ayudaros! —refunfuñó Kuyrijsk.

La intensidad de la lluvia redobló. El viento le confería una trayectoria curva que los forzaba a agachar las cabezas.

—Nadie va a abrirnos —repitió Nicolas—. Se necesitan cinco minutos para bajar y volver a subir completamente el puente levadizo. ¿Cuánto tiempo creéis que necesitarían los turcos para romper nuestras defensas y precipitarse en el interior?

—No lo sé —respondió el holandés mientras calibraba la distancia—. Pero nuestros arqueros los diezmarían a todos antes, ¿verdad?

—En menos de tres minutos, los primeros soldados ya se hallarían dentro, sobre una alfombra de muertos. Y nosotros formaríamos parte de ellos. ¿Es eso lo que queréis?

—Lo que quiero es llegar a Moscú, donde gentes de la realeza me esperan con impaciencia —dijo Kuyrijsk, nervioso—, y me hallo en tierras hostiles, rodeado de bárbaros sanguinarios y de un soldado perdido. Ahora, caballero, ¡dejadme en paz! —le ordenó a Nicolas.

Vio el segundo baúl, lo colocó al abrigo de la lluvia y lo abrió con una llave que llevaba colgada del cuello.

—Veamos… —dijo, y empezó a manosear la pila de ropas que este contenía.

Su titubeo exasperó al lorenés.

—Eso debería convenir —declaró Nicolas, y asió una chaqueta espesa de bordados grises.

—¡Ni hablar! Eso es un jubón de carnero, no hay diez iguales en todas las Provincias Unidas. ¡No os lo voy a dar!

Kuyrijsk se sumergió en su cofre para evitar que Nicolas se acercara al mismo y lo sermoneó mientras ahondaba en los estratos de sus ropas. Nicolas distinguió medias, calzones y calzas de tejidos nobles: seda, moaré y terciopelo, que denotaban la asidua frecuentación de una corte europea.

—¡Aquí está! —dijo Kuyrijsk al tiempo que extraía un chupetín de lana basta y una manta gris cubierta de manchurrones—. Eso debería irle bien. ¡Que se lo quede, se lo regalo! —añadió, exultante al poder deshacerse de unos trapos que utilizaba para limpiar sus colecciones.

Cerró cuidadosamente su baúl, sereno como si lo peor hubiera pasado ya, se puso en pie y adoptó una pose grandilocuente.

—He faltado a todas las formas, ni siquiera me he presentado: Frederik Gustav Kuyrijsk, médico forense del tribunal de Amsterdam, anatomista, botánico e inventor en mis ratos de ocio. ¿Con quién tengo el honor de…?

Se interrumpió y se quedó un instante mirándolo fijamente, boquiabierto. Bajó la mirada hacia su pierna derecha, en la que acababa de sentir un dolor fulgurante: la punta de una flecha le acababa de atravesar una bota y se le había clavado en la pantorrilla. Un diluvio de metal y de madera cayó sobre ellos.

***

Ribes de Jouan refunfuñó al oír el relato de Babik. Había enviado al gitano en busca de su hijo y de Nicolas en cuanto oyó tocar a rebato, pero este acababa de regresar con las manos vacías. Apuró su vaso de vino local y llenó su pipa con tabaco tan apretujado que no la pudo encender y tuvo que retirar un pellizco para que tirara. Las primeras caladas lo calmaron un instante, pero sus temores se adueñaron de él de nuevo. Si no se hallaban en la ciudadela, tal vez habrían podido refugiarse en las fortificaciones de la cabeza de puente, donde también se hallarían seguros. Una simple mirada hacia Babik le confirmó que la hipótesis más probable era que no hubieran tenido tiempo suficiente para regresar antes del cierre de los portones y que hubieran tenido que esconderse en el bosque. Sin embargo, tenía un mal presentimiento. Lamentaba haberlos dejado salir sin el gitano, sin una escolta de soldados, sin haberlos puesto sobre aviso de los rumores que corrían por la ciudad desde hacía algunos días. Su mente había olvidado la guerra y lo que la rodeaba.

Refunfuñó otra vez, se calzó sus botas más altas, que le llegaban hasta medio muslo, se cubrió con un abrigo sin mangas de piel gruesa, un gorro de *betyar* de ala corta y alzada que había ganado una noche de borrachera con unos soldados húngaros y se colgó una pistola de sílex de su ancho cinturón.

—¡Vamos! —dijo, tras silbar entre dientes.

Tatar se unió a ellos en la capilla, ocupada solo por una decena de enfermos. Germain le hizo olisquear uno de los paños que Nicolas utilizaba como guantes. Lo había robado unos días antes para comprobar si estaba impregnado de un ungüento especial que lo protegiera de las infecciones de los pacientes. El tejido, sin embargo, no estaba bañado en remedio alguno y solo olía al jabón de los sucesivos lavados. Acabó por creer que, para Nicolas, aquellas vendas no eran más que unos mitones baratos.

El perro lo olfateó, emitió un gruñido ahogado y condujo a ambos hombres hasta la puerta del bastión oeste, donde se sentó gimiendo.

—Ahora ya estoy seguro de ello, siguen ahí fuera —murmuró Germain para sus adentros—. Fue-ra —articuló claramente para Babik, que lo observaba con inquietud.

Alrededor de ellos, los soldados iban de un lado a otro y cargaban los proyectiles por las bocas de los cañones antes de empujarlos y aproximarlos a las almenas, dispuestos a abrir fuego en cuanto se diera la orden. Había grupos de arqueros que se desplegaban, al igual que los tiradores de élite de los diversos regimientos de artillería. Los que habían avistado a los exploradores turcos, al otro lado del Danubio, habían transmitido la información y esta corrió rápidamente por las murallas de la ciudadela. El grueso de las tropas fue desplegado en las defensas opuestas, al este, allí donde el Estado Mayor estaba convencido de que el enemigo concentraría sus fuerzas. Germain habló con los oficiales superiores a los que conocía, por haberlos curado o por haber compartido con ellos veladas regadas con vino, para prevenirlos acerca de la situación de Nicolas y Azlan, pero ninguno de ellos pareció prestar atención. En los rostros volvían a aparecer los rasgos de la guerra tras cuatro meses de calma e indolencia engañosas. La tensión se palpaba de nuevo y se adivinaba ya el olor a pólvora.

El conde De Rabutin replegó su catalejo y permaneció unos breves momentos pensativo, de pie en las murallas más altas de Peterwardein, frente al Danubio. ¿Por qué los turcos se anunciaban de manera tan visible? No creía en la inminencia de un asalto, pues las condiciones meteorológicas les daban la desventaja a los atacantes frente a los defensores de la plaza. Era más probable, y más preocupante, un asedio.

La voz de su ayudante de campo lo apartó de sus cavilaciones.

—Mi comandante, el cirujano jefe de los regimientos loreneses está aquí y desea hablar con vos.

—Que vaya a verme a última hora de la tarde al cuartel general. Ahora estoy inspeccionando el lugar —respondió, y volvió a desplegar el catalejo en señal de que no había más que hablar.

—Lo sé, mi general, pero insiste y dice que es urgente. Es relativo a las fuerzas enemigas. Dice tener información de gran importancia.

El conde titubeó. Ribes de Jouan era más conocido por su inconformismo y por su reserva ante la jerarquía militar que por la fiabilidad de sus afirmaciones. Acabó por aceptar verlo, tras recordar que el cirujano jamás le había pedido nada.

De Rabutin se quedó sorprendido ante el hombre que se presentó ante él, acompañado por un *rob* gitano. Se parecía como dos gotas de agua a los ladrones que recorrían la región y a unos cuantos de los cuales él mismo había ordenado encarcelar o colgar. Germain se dio cuenta de ello y se disculpó por su vestimenta antes de relatar la salida de Nicolas y la ausencia de este de la ciudadela.

—¿Esa es la información de gran importancia que poseéis? Que no haya regresado a tiempo es un verdadero problema, lo admito, pero no puedo arriesgarme a enviar a unos hombres en su búsqueda. No se abrirá ninguna puerta sin mi expresa autorización o la del conde Von Capara, ¿queda claro? —añadió dirigiéndose a su ayudante de campo.

La llegada de un emisario puso fin a la conversación: la presencia de merodeadores había provocado una respuesta de los centinelas en el bastión de Hornwerk.

Se habían refugiado bajo una cornisa de las fortificaciones, sentados tras el baúl de ropas que Nicolas había abierto y volcado para ofrecer la mayor superficie de protección posible. Kuyrijsk había tratado de oponerse sin demasiado empeño y luego acabó por tumbarse junto a ellos. A las olas de flechas de trayectoria parabólica, espectaculares pero poco peligrosas gracias a la protección que les ofrecía el refugio natural, sucedieron tiros rectilíneos, sin duda procedentes de arcabuces, más silenciosos y de gran eficacia, y algunos proyectiles habían alcanzado la madera del baúl.

El diluvio cesó tan abruptamente como se inició. Solo la lluvia seguía cayendo de manera constante, y las gotas resonaban sobre las hojas y los charcos de agua. La calma recobrada hizo que la violencia del diluvio pareciera aún mayor.

—¡Nos han disparado! ¡Nuestro propio ejército! —maldecía Kuyrijsk—. ¡Estoy herido, necesitamos auxilio!

Mostró la herida en su pierna e hizo una mueca.

—Creo que voy a desmayarme —anunció antes de perder el conocimiento.

Cuando despertó, tenía a su lado su bota y su pie estaba vendado hasta la rodilla.

—¿Qué ha sucedido?

—Os habéis desvanecido unos minutos —respondió Nicolas—, y he aprovechado para curaros.

—¿Y dónde habéis encontrado vendas? —preguntó antes de ver su camisa blanca preferida desgarrada sobre el suelo—. ¡Oh, no!

La recogió y la contempló, incrédulo.

—No, no… ¿no os habréis atrevido a…?

—Con los paños de Inglaterra se hacen las mejores vendas —respondió Nicolas al tiempo que le devolvía su bota—. ¡Y no habríais llegado muy lejos con un pie ensartado!

Kuyrijsk se palpó la pantorrilla a través de la protección y frunció el ceño, sorprendido.

—¿Cómo la habéis podido sacar?

—Aprendí las lecciones del señor Paré.

Nicolas le tendió la mano.

—Me llamo Déruet y soy segundo cirujano destinado en los regimientos de la Sainte-Croix y Bassompierre.

Kuyrijsk le estrechó la mano y sonrió por primera vez aquel día.

—Encantado, maese Déruet. ¡Al fin tenemos algo en común! Me preguntaba qué diablo de hombre podía ser tan poco respetuoso con los mejores tejidos… ¡Un cirujano militar! Estáis perdonado.

Trató de ponerse en pie apoyándose en la pierna sana.

—¡No os mováis! —dijo Nicolas reteniéndole por el hombro.

—Pero ¡si puedo andar! —protestó el holandés.

—Estoy seguro de ello, pero ¡no os dejaré andar para que os caiga encima otra lluvia de flechas! Si es necesario, aguardaremos a que se haga de noche para huir. Sin embargo, espero que Germain nos habrá sacado de esta antes.

—Dios mío… ¿y el mayor y el cochero? ¿Qué les habrá sucedido?

—Temo que fue su presencia lo que provocó esta reacción. Espero que hayan logrado ocultarse —respondió Nicolas, que no tenía muchas esperanzas de volver a verlos con vida.

Azlan, arrebujado contra él, los miraba con sus ojazos negros, silencioso.

—No temas, pronto habremos salido de esta —le aseguró Nicolas, y lo abrazó.

—No miedo, *gadjo*, no miedo. Oír a Tatar.

—¿Tatar?

—Sí. Ladrar.

—El chiquillo lleva razón, hay un perro que ladra no lejos de aquí —confirmó Kuyrijsk.

Los ladridos parecían proceder de las entrañas de la muralla situada a un centenar de metros de ellos y se iban acercando. Luego se hizo el silencio. La lluvia había cesado y la tierra empapada silbaba por el bochorno.

De pronto oyeron una voz humana, muy próxima.

—¡Babik, es Babik! —exclamó Azlan incorporándose.

Su padre le hablaba en gitano. A pesar de sus esfuerzos, no consiguieron verlo. Azlan frunció el ceño y asentía a cada frase. Cuando hubo acabado, el chiquillo les explicó la situación.

***

Germain no había tenido que ir hasta el bastión de Hornwerk para comprender que los centinelas habían disparado a Nicolas y a Azlan. Fue corriendo a la abadía a cambiarse de ropa, se vistió con su uniforme de oficial y se dirigió al hospital de las tropas alemanas, donde sabía que podría hallar al primer cirujano del elector de Sajonia. El coronel Von Humboldt estaba preparando sus instalaciones ante una posible afluencia de heridos y había hecho disponer camas suplementarias en todas las estancias, incluso en la cantina, que había transformado en improvisada sala de operaciones. El hombre aceptó interceder a favor de Germain ante el gobernador militar de la plaza.

—Von Capara es un hombre de honor y aprecia vuestro trabajo, querido Ribes de Jouan. He alabado ante él vuestro sistema de ambulancias volantes. No cabe duda de que aceptará vuestra petición. ¡Me voy ahora mismo!

La confianza de Von Humboldt le dio tranquilidad. Germain tomó asiento, encendió la pipa que se había echado al bolsillo y llamó a un enfermero que disponía sierras sobre una mesa. Los instrumentos formaban unas hileras de rectitud perfecta.

—¿Qué les dais a vuestros pacientes para las operaciones?

El hombre, halagado al ver que alguien se interesaba por su trabajo, se aproximó con gran reverencia y respondió con aire docto, ayudándose de los dedos para contar.

—Utilizamos láudano para los casos más dolorosos. Tenemos también un aguardiente de uva para los casos más ligeros y…

—¡Es suficiente! —lo interrumpió Germain—. ¡Eso bastará! ¿Queréis ir a buscarme una botella de ese aguardiente, por favor?

El soldado asintió y regresó con una botella que le tendió con orgullo.

—¿Queréis probarlo con vuestros pacientes?

—Así es —respondió Ribes de Jouan a la par que descorchaba la botella con los dientes—, pero antes lo probaré personalmente.

Cuando el coronel Von Humboldt regresó de su entrevista, media hora más tarde, Germain había negociado el intercambio de dos cajas de vino de Hungría por una de aguardiente de Sajonia que les alegraría las veladas en que estuvieran desocupados.

—Tengo buenas noticias —anunció, alegre—. Mañana, en cuanto haya luz suficiente y los centinelas hayan comprobado que no hay ningún turco en el perímetro, se descenderá el puente del bastión de Hornwerk para dejarlos entrar.

—¿Mañana? —rugió Germain—. Pero si es ahora cuando hay que dejarlos entrar, ¡es ahora cuando se hallan en peligro!

La reacción del lorenés no le gustó al oficial, pues la interpretó como una muestra de ingratitud.

—Es cuanto podemos hacer de momento —respondió secamente—. No habría que haber permitido que salieran cuando desde ayer se había dado orden de acuartelar a todo el mundo. ¿Quién les autorizó a salir? ¿Vos?

Germain palideció y murmuró un agradecimiento antes de retirarse. Acababa de recordar que no había abierto la carta que un ordenanza le llevó el día anterior a la capilla. La había guardado en el bolsillo de su pantalón y se había ido a jugar al lansquenete* con unos camilleros a la posada del Arsenal. Se llevó la mano al bolsillo y localizó la carta. Abrió el sello y leyó la orden de De Rabutin a todos los regimientos de incrementar al máximo la vigilancia y de no autorizar ninguna nueva salida de la ciudadela salvo excepción debidamente motivada.

Ribes de Jouan soltó una maldición: él era el responsable del peligro en el que se hallaban. Fue al encuentro de Babik, que estaba en la abadía, y le explicó la situación omitiendo el episodio de la carta. El gitano lo condujo a una de las celdas, en la que se hallaba el padre Étienne. El hombre estaba arrodillado junto a un crucifijo y meditaba. No se volvió cuando llegaron.

—Ayudadnos, padre…

El fraile terminó su oración, se santiguó y se puso en pie lentamente. Su rostro estaba medio cubierto por la capucha.

—Os indicaré cómo llevarles provisiones, pero no podremos hacer nada más. Están en manos de Dios.

Ribes de Jouan le dio las gracias, enojado. Tenía la sensación de que el cura había adivinado sus pensamientos y su secreto. Desconfiaba de él y a la vez sabía que era su único y último recurso.

Con un gesto de la mano, el padre Étienne los invitó a seguirlo hasta la biblioteca de la sala capitular. Tomó un libro de gran formato, de papel apergaminado y muy grueso.

* Juego de naipes, popularizado en Europa a partir del siglo XVI, cuyo nombre proviene del de las tropas de infantería alemanas conocidas como *landsknecht*. *(N. del T.)*

—En el subsuelo de Peterwardein hay un conjunto de galerías, algunas de las cuales se remontan al período de Bela IV, cuando nuestro monasterio fue construido por nuestros hermanos llegados de Francia.* Recorren todos los bastiones.

El volumen contenía los planos de los laberintos subterráneos.

—El hermano Petrus los recorrió y trazó una fiel topografía —añadió con tono de admiración—. Dedicó a ello más de diez años.

—¿Alguno de esos túneles desemboca al exterior? —preguntó Germain tratando de cogerle el libro de entre las manos, sin éxito.

El cura cerró el libro de inmediato.

—Si esas salidas existieran, sería imprudente por mi parte revelároslas... Algunas galerías, sin embargo, recorren las murallas exteriores de Hornwerk. En las mismas se han excavado aberturas y por ellas os podréis comunicar.

—¿Podría acompañarnos el hermano Petrus hasta allí?

El cura guardó el libro en la biblioteca.

—Por desgracia no es posible, puesto que nuestro hermano nos ha dejado. Falleció hace cuatro años.

—¡Maldición! —espetó Germain—. Pero ¿cómo podremos llegar hasta allí sin guía ni plano?

—Os indicaré cómo ir y volver, pero bajo ningún concepto debéis apartaros del camino. Desde el año pasado, vuestras tropas han excavado otras galerías y esas no las conozco. Seguid escrupulosamente mis instrucciones si deseáis regresar sanos y salvos. De lo contrario...

«De lo contrario...» Las palabras del cura resonaban aún en los oídos de Germain mientras desgranaba mentalmente el recorrido que este le había indicado. Babik lo había acompañado y lo tranquilizaba, no solo por su presencia. Había decidido llevarse a Tatar consigo, convencido de que en caso de que se perdieran este sabría dar con la salida. El gitano marchaba a la cabeza, con una

* El edificio fue construido entre 1247 y 1252.

antorcha en cada mano, el torso abombado y aspecto decidido. Llevaba a la espalda un estuche del tamaño de un pequeño fusil que había intrigado a Germain, pero el hombre había fingido no comprender su pregunta. De su determinación irradiaba una forma de certidumbre acerca del éxito de su empresa. Atravesaron la primera galería a lo largo de cien metros y luego torcieron a la derecha en la tercera intersección, en la esquina de la cual había un crucifijo grabado en la piedra. Con esa señalización, el recorrido no presentó dificultad alguna. Los pasillos eran más altos y anchos de lo que habían imaginado, excavados en una roca cretácea desmenuzable, y solo una ligera pendiente les indicaba el descenso hacia la base de las fortificaciones al nivel del Danubio. La inclinación acabó tras un cuarto de hora. «Ya hemos llegado», pensó Germain. Al alcanzar una intersección en forma de T, Tatar ladró mirando a su dueño y se fue hacia la oscuridad, hacia el lado derecho. Sus ladridos disminuyeron de intensidad y luego cesaron de golpe. Germain tomó una de las antorchas de manos de Babik.

—¡Vamos! —decidió ante el titubeo de este.

El cura les había indicado que siguieran el lado izquierdo una vez llegados al bastión de Hornwerk. La galería de la derecha era más reciente que el resto de la edificación, y había bastantes escombros en el camino que dificultaban el avance. Tatar reapareció y con un ladrido sordo los invitó a seguirlo. Los condujo hasta una aspillera tallada en el muro, que les permitió entrever las sombras de la vegetación exterior. Oían el ruido del río que fluía no lejos de allí. Babik llamó y su hijo respondió. Se hallaban a una veintena de metros de ellos. Le explicó que deberían aguardar hasta el día siguiente al amanecer antes de poder entrar de nuevo en la fortaleza. Azlan lo tranquilizó acerca de su suerte: se encontraban bien y se hallaban en compañía de un extranjero que les había prestado ropas secas.

—Pero ¡no podremos aguantar mucho rato, apesta a perfume! —añadió.

Babik contagió su risa a Germain, que ignoraba la razón de la misma pero necesitaba eliminar la tensión acumulada. Por fin todo parecía ir bien.

Nicolas se deslizó hasta la angosta abertura de piedra.

—Lo siento, Germain. Nos hemos aventurado demasiado lejos.

—No es… No pasa nada —respondió—. No podías preverlo. Lo importante es que estáis ahí, sanos y salvos. Os hemos traído bebida y alimentos.

Nicolas cogió los dos panes y la botella de agua que el cirujano le tendía.

—Nada debéis temer, los soldados vigilan los alrededores y ningún turco se atreverá a acercarse a vosotros. Babik y yo nos quedaremos aquí hasta que amanezca.

—Gracias, gracias por todo. Vuelvo con los otros.

—Lo olvidaba: has recibido carta de Nancy.

—¿La tenéis? ¿La tenéis aquí?

Le costó no echarse a gritar y se la arrancó de las manos en cuanto la carta apareció por la aspillera. Desde hacía cinco meses, Marianne no abandonaba sus pensamientos. Ella no lo había olvidado.

Germain se arrojó en brazos de Babik y se mostró muy efusivo. Ambos hombres hablaban al unísono, cada uno en su lengua, felicitándose, sin que llegaran a comprenderse. Luego el gitano abrió el estuche y extrajo un violín. Las primeras notas resonaron en el túnel, escapándose por las aspilleras, libres como el viento. Una música desconocida para Germain, de sonoridades y ritmos nuevos, que subía y bajaba varias octavas con un prodigioso virtuosismo, una música a la vez feliz y triste, llena de vida. Los ojos del niño se iluminaron.

—¡Es Babik, es él, y toca el *bas'alja* para mí!

La lluvia había cesado y se habían abierto claros en el cielo que dejaban ver la bóveda estrellada. La cornisa los protegía del frío y las ropas secas de Kuyrijsk, con las que se habían abrigado, los aislaban de la humedad. Azlan se había dormido en brazos de Nicolas al son del violín de su padre. El holandés se había relajado y se mostraba más amistoso. Su herida, superficial, ya no le dolía. Había comprendido la suerte que había tenido cuando Nicolas le confirmó que el cochero y su compañero de viaje habían muerto alcanzados por flechas de los centinelas de la ciudadela.

—¡Menudas aventuras podré contar en la corte del zar! —dijo mientras imaginaba los rostros impresionados de los miembros de la familia de Pedro el Grande—. Eso no hará más que incrementar el valor de mi tesoro.

Sacó una llave que llevaba colgada al cuello.

—¿Deseáis ver mi gabinete de curiosidades? A vos puedo mostrároslo, maese Déruet.

—¿Qué es ese gabinete? —preguntó Nicolas mientras le ayudaba a arrastrar el pesado baúl hacia ellos.

Kuyrijsk no respondió, abrió el baúl, metió las manos en él y extrajo un objeto protegido por gruesas mantas. Se sentó junto a Nicolas y desplegó los envoltorios.

—Observad esta composición —dijo, y le entregó una caja de grandes dimensiones cubierta con un cristal transparente.

En el interior, un cuadro representaba un esqueleto en un decorado de árboles y plantas. La débil luz nocturna no permitía distinguir mucho más.

—¿Qué os parece? —preguntó, a la espera de un cumplido que tardaba en ser pronunciado.

—¿Cómo habéis logrado dar esa impresión de relieve al personaje y a esa naturaleza? Es una pintura muy curiosa...

—¿Pintura? ¡Esto no es una vulgar pintura! —se indignó Kuyrijsk, hasta el extremo de que estuvo a punto de ahogarse—. ¡Es un diorama!

Nicolas comprendió entonces el valor de aquella pieza, cuya representación le había parecido poco lograda desde el punto de vista artístico: el personaje era un verdadero esqueleto, de feto o de recién nacido a la vista de la talla del mismo, los árboles estaban hechos de pulmones, vasos sanguíneos y varios riñones. La obra era un conjunto de piezas anatómicas.

—¡Es... increíble! —exclamó Nicolas, y se puso en pie para verlo mejor, desdeñando la menor prudencia.

Espejeó el objeto bajo los débiles rayos de luna para tratar de captar los máximos detalles.

—¿Cómo habéis logrado mantenerlos en tan perfecto estado?

Kuyrijsk había recuperado su sonrisa radiante.

—Eso es un secreto de fabricación, estimado amigo. Tras años de investigación en mi condición de médico forense, creo haber dado con la receta del embalsamamiento perfecto.

Le cogió de nuevo el objeto de las manos, contempló su obra con satisfacción y la dejó de nuevo en la caja.

—Mis composiciones pueden desafiar el paso del tiempo y, al igual que los cuadros de los grandes pintores, alcanzar la posteridad.

—Deberíais publicar vuestros resultados, para que todos vuestros colegas pudieran aprovecharlos. ¿Os dais cuenta de la calidad de la fijación que habéis obtenido? Esta técnica nos permitiría conservar piezas anatómicas únicas, crear colecciones que serían de gran utilidad para la educación de los cirujanos.

—Me pertenece y haré con ella lo que me plazca —respondió Kuyrijsk para dar por acabada la conversación.

Volvió a sentarse, en silencio.

—Maese Kuyrijsk, vuestro descubrimiento es esencial para el progreso de nuestro arte —abogó Nicolas, que había vuelto a tomar a Azlan en brazos.

El chiquillo entreabrió los ojos y volvió a cerrarlos.

—¿Arte? La pintura es un arte, la música y también la medicina, pero la cirugía no es más que una suma de técnicas para manos hábiles, ¡eso es lo que me respondieron en la Academia! ¡Después de todo lo que les había ofrecido! ¿Sabéis que descubrí la presencia de válvulas en el sistema linfático? Por toda recompensa, fui nombrado profesor de las comadronas de Amsterdam, ¡cuando merecía la presidencia de esa Academia de Medicina! Ya pueden tratar de copiar mi método, que jamás descubrirán mi secreto, esos… esos…

Kuyrijsk se había puesto colorado. Sus ojos buscaban desesperadamente la palabra certera que serviría de puntilla a sus colegas de la institución holandesa, pero tanto los detestaba que parecía que esa palabra aún estaba por inventar. El ruido del batir de unas alas precedió un grito sordo, muy próximo, al que respondieron otros procedentes del cielo.

—¿Qué es eso? —preguntó el holandés mientras se cubría instintivamente con su abrigo de piel gruesa.

—Buitres salvajes.

—¿Carroñeros? Pero ¡si no estamos muertos!

Los gritos volvieron a oírse, lúgubres.

—¡Fuera! ¡Fuera! —gritó Kuyrijsk agitando los brazos para asustar al invisible enemigo.

—Nada debéis temer, no están ahí por nosotros —dijo Nicolas—. Los cadáveres de vuestros compañeros de viaje deben de estar muy cerca.

El castañeteo de los picos confirmó brutalmente esas palabras. La ronda de los buitres se prolongó una hora, a lo largo de la cual ambos hombres no dejaron de hablar para tratar de ahogar los ruidos del festín, y luego cesó de repente. La tensión que mantenía a Kuyrijsk despierto cedió y acabó por dormirse. Al quedarse solo, Nicolas sacó la carta que había tenido todo ese tiempo contra su corazón y la abrió. La presencia de una gruesa capa de albugos le impedía la lectura de la misma. Reconoció la caligrafía: la misiva no procedía de Marianne, sino de François. Debería esperar para poder leer el mensaje del Erizo Blanco.

Sentado en la galería subterránea, Germain tenía la vista perdida en las sombras que bailaban sobre la pared frente a él. Las llamas de las antorchas flameaban como sedas al viento mecidas por la corriente de aire que recorría el subterráneo. Tatar dormía, tumbado sobre el vientre. Babik descansaba, con la cabeza apoyada sobre sus rodillas dobladas, sin que Germain alcanzara a saber si se había adormilado o si tenía todos los sentidos al acecho. El gitano lo impresionaba por la fuerza que desprendía y la serenidad que jamás lo abandonaba. Acarició el hocico del perro, que gruñó de placer, y luego se puso en pie en silencio. El animal abrió los ojos e irguió las orejas. Germain le indicó que se quedara junto a Babik y se acercó a la abertura. La noche le pareció menos oscura a través de la aspillera. El alba no tardaría en colorear el cielo.

7

Peterwardein, septiembre de 1694

Nicolas, mi muchacho:

Solo Dios sabe cuándo recibirás esta carta. Desde tu marcha las hemos pasado moradas. Sobre nosotros han recaído sospechas de complicidad en tu evasión y ese redomado de Malthus, el boticario, te ha acusado de todos los males. Por fortuna, las relaciones de Marianne nos han ayudado. Hasta ahora, los franceses nos han dejado en paz. El nuevo gobernador tiene otras prioridades. Sin embargo, no puedes regresar hasta que hayamos podido demostrar definitivamente tu inocencia, pues sigues estando acusado. Deberás sobrellevarlo con paciencia. Estoy seguro de que te las apañas. Debo comunicarte una triste noticia: Jeanne ha sido víctima de un mal terrible. Ya hace dos meses, una mañana cayó víctima de una apoplejía mientras se peinaba en su habitación y desde entonces ha perdido el uso de las piernas y del habla. Su rostro ha quedado inmovilizado cual máscara de piedra, si la vieras, muchacho, es desgarrador, en su mirada ya no hay vida. Todos los médicos a los que he consultado no han dado con nada mejor que aconsejar unas sangrías. ¡Los he echado a todos a la calle! Marianne es formidable, se ocupa de la patrona a diario, le da de comer, la asea y constato algunos progresos en sus intentos de hablarnos. ¡Dios mío, qué difícil es sin embargo verla así, como si fuera un recién nacido...! Marianne ha recibido tus cartas y siempre las aguarda con impaciencia. No puede escribirte, pero lo hará en cuanto le sea posible. Su corazón arde por ti con la misma intensidad que el tuyo, estate seguro de ello.

Cuídate mucho.

François

Nicolas permaneció un buen rato pensativo, sentado frente al brasero de su habitación, con la carta en la mano. Grangier, que había pasado varias veces, no había osado molestarlo. Germain no estaba allí para darles la bienvenida cuando bajaron el puente. Azlan se lanzó en brazos de su padre. Kuyrijsk fue a presentarse al gobernador de la plaza y Nicolas regresó a la abadía.

Buscó en su maleta los tratados más recientes y los hojeó con la esperanza de dar con una explicación a la enfermedad que sufría Jeanne. El tiempo fue pasando y habían transcurrido varias horas cuando cerró el último, el diccionario del padre Chomel, en el que depositó la carta. Se acercó al brasero para calentarse y constató a través de la ventana que volvía a llover. Grangier le sirvió una escudilla que ni siquiera tocó. Tampoco este tenía noticias de Germain. Nicolas salió. Las calles estaban llenas de rebaños de ganado que habían sido trasladados a la ciudad al darse la alerta y a los que aún no se les había atribuido una parcela. Bueyes, ocas y cerdos correteaban entre los soldados, en una indescriptible algarabía, bajo la mirada de los pastores a los que la anarquía imperante no parecía inquietarles. Preguntó en todos los hospitales de la guarnición, así como a los médicos civiles, acerca de la enfermedad de Jeanne. Algunos habían visto casos parecidos, pero ninguno tenía remedio que proponerle. Un cirujano austríaco le explicó que en una ocasión intentó una trepanación en un hombre que había quedado paralizado tras una crisis que había atribuido a una epilepsia, pero el paciente falleció durante la operación. Todos prometieron avisarlo llegado el caso de practicarle una autopsia a un enfermo aquejado de tal enfermedad. Regresó al monasterio, presa de la melancolía y la frustración. Ni siquiera le era posible desertar: los turcos habían pasado el día entero cavando trincheras alrededor de la ciudadela. La única buena noticia fue la presencia de Germain, al que su compadre había hallado borracho como una cuba.

—Es la primera vez que lo veo en tal estado —constató Grangier mientras lo observaba roncar, tumbado boca abajo sobre un jergón—. Esta ciudad no le sienta bien.

—Esta guerra no nos sienta bien. No es la nuestra.

Nicolas había pasado parte de la noche caminando por las murallas. Centenares de puntos luminosos rodeaban Peterwardein en un círculo de fuego. Los otomanos querían impresionarlos.

—Parece que son cuarenta mil —le precisó un centinela de un regimiento lorenés con el que había bebido un vaso de aguardiente—. ¡Cinco veces más que nosotros!

Se dirigió al bastión de Hornwerk desde donde les habían disparado las flechas. El capitán de guardia, un austríaco que se hallaba presente en el momento del incidente, lo reconoció y se disculpó. Los otros centinelas fueron a saludarlo y aquella reunión atrajo a los soldados vecinos hasta que un oficial puso orden con un tono hosco. Nicolas regresó a la abadía, donde todo el mundo dormía desde hacía ya un buen rato.

Al despertar, se sentía mareado. Una extraña sensación que compartía con los dos enfermeros y con Germain. Sin embargo, este último era el único que había abusado del alcohol el día anterior. Todos se habían encontrado para dispensar los cuidados cotidianos a los heridos.

—Una catarsis saludable —dijo Germain a Nicolas para comentar su gesto—. Estoy contento de que hayas vuelto —añadió, y entrecerró los ojos ante el exceso de luz en su retina dolorida—. ¡Menuda resaca! ¿Tienes algún remedio para quitármela?

Nicolas dejó que Grangier vendara a un soldado, cuya pierna se había amoratado tras ser aplastada al caerle encima el caballo, y condujo a Ribes de Jouan a la cocina, donde le ofreció un frasco.

—Lo he preparado esta mañana, pues me temía que os costaría despertaros.

Germain lo olisqueó, circunspecto.

—¿Qué es esto? ¿No será uno de tus remedios a base de cuerno de ciervo en polvo como la última vez?

—¡Bebed, confiad en mí! —bromeó Nicolas—. ¿O preferís los vapores de una decocción de col?

Germain se bebió el frasco de un trago.

—¡Hasta parece bueno!

—Serpol, sauce y rosa. Según parece, esta mezcla se utilizaba en la corte del zar.

—¿Según parece?

—Se trata de un rumor que oí en boca de comerciantes ambulantes hace algunos años.

—¿Así que me curas a base de rumores? —dijo Germain con una amplia sonrisa.

—Este parecía prometedor.

—¿Prometedor? ¿Y si fuera infundado?

—Pronto lo sabríais, mi comandante.

—Detesto cuando me llamas así, y lo sabes, Nicolas… ¡Irritándome reduces mis posibilidades de curación! —espetó, falsamente contrariado.

—Siempre nos quedaría la trepanación.

—Reservemos esa solución diabólica para los casos desesperados. Por lo que recuerdo, lo que me perforó ayer el cerebro no fue una bala sino ¡un aguardiente malo de verdad! —declaró Germain antes de echarse a reír.

Nicolas trató de compartir el buen humor de Ribes de Jouan, pero este se dio cuenta de ello.

—¿Algo te preocupa, amigo mío?

Le relató el contenido de la carta de François.

—Me gustaría regresar a Nancy para ayudar a Jeanne —concluyó Nicolas—. Una vez se haya resuelto esta historia —añadió al tiempo que señalaba con el brazo hacia la ventana.

—Esta historia, como tú dices, podría ser la última que vivamos —murmuró Germain para que no lo oyeran los otros presentes—. Los otomanos son muy numerosos y el grueso de nuestras tropas se halla muy lejos de aquí.

Lo asió por el hombro y lo llevó a un aparte.

—Y, sobre todo, vamos a necesitarte. Te voy a necesitar. Un cerco siempre tiene momentos críticos para las unidades que dispensan curas. Me eres indispensable.

—Aquí nadie es indispensable.

—Sí. Y me lo acabas de demostrar: ya no me duele la mollera.

***

El gran visir Surmeli Ali Pacha se había felicitado por la rapidez con la que sus tropas se habían desplazado de Belgrado a Peterwardein, sorprendiendo a los espías al acecho y a los exploradores enemigos, y aislando a la ciudadela de los otros regimientos del Sacro Imperio Germánico. Los jenízaros y los espahíes, además, habían instalado su campamento en menos de tres días y habían cavado amplias y profundas trincheras, a pesar de la lluvia incesante. Se había alzado una defensa con la mayoría de los carromatos para proteger las tiendas de los diversos regimientos. A la división Cemaat se le habían unido al cuarto día las divisiones Bölük y Sekban. El llano se había convertido en un inmenso terraplén de flores silvestres, cubierto de puntos rojos, amarillos o verdes. Al amanecer del quinto día, una vez los imanes concluyeron el oficio religioso, los sitiadores dispararon un cañonazo que hizo que el general De Rabutin saltara de su cama.

—No descansan ni un instante, ¡son como hormigas! —murmuró, admirado de la actividad de las tropas enemigas.

Observó que había pequeños grupos de combatientes que se habían reunido cada cien metros a lo largo de las trincheras, en los extremos de las cuales se habían dispuesto baterías de mosquetes. De Rabutin se apoyó entre dos aspilleras. Estaba convencido de que las unidades de élite se disponían a lanzar el primer asalto antes de mediodía. Había concentrado el máximo de tropas en las murallas para mostrar la potencia de fuego y disuadir a los otomanos. Lo que le inquietaba sobremanera era el número de asaltantes, más incluso que la determinación de estos.

—Querido conde De Rabutin, ¿cómo se presenta la situación?

Frederik Kuyrijsk, al que no había oído llegar, le hizo una reverencia cortesana a la que no respondió. El holandés se había apropiado de una estancia del edificio utilizado como cuartel general a cambio de una generosa propina al ocupante de la misma, uno de los ayudantes de campo del francés. De Rabutin, furioso, lo había trasladado como simple oficial a uno de los regimientos. Kuyrijsk se había mostrado tan curioso y apresurado por ponerse al corriente de los últimos partes que el general había llegado a sospechar que pudiera ser un espía infiltrado, hasta que se dio cuenta de que el hombre solo se preocupaba por su propia persona y por el retraso que aquello le provocaría en su importante viaje.

—La situación es la que veis, caballero —respondió De Rabutin, lacónico.

—En tal caso, es alarmante —pronosticó el holandés, tras dirigir una mirada al campamento de los asaltantes—. ¿Cómo lograréis sacarme de aquí?

—Estamos al abrigo y disponemos de suficientes provisiones para resistir hasta que lleguen nuestros refuerzos, nada debéis temer —dijo el general, cuya paciencia comenzaba a agotarse.

—Pero ¿quién avisará al zar de mi retraso? —volvió a preguntar mientras se acercaba a una almena para divisar mejor la llanura.

Durante una fracción de segundo, el conde De Rabutin deseó la llegada de una flecha turca disparada desde las trincheras. Se contuvo.

—Os aconsejo parapetaros tras la almena, señor Kuyrijsk, por vuestra seguridad.

El holandés se dio cuenta de que allí, al descubierto, era un blanco ideal y se ocultó presuroso tras la muralla.

—Pero ¡están muy lejos! —dijo en su defensa.

De Rabutin suspiró y se dirigió a su vecino, ayudante de campo del gobernador.

—Lavaulx, ¿cuál es el alcance máximo de un arco?

El hombre, sorprendido por el hecho de que el general le pidiera su opinión, se aclaró la voz antes de responder, henchido de una importancia que jamás le había sido concedida.

—Eso dependerá de la naturaleza de la madera, fresno o álamo, del tamaño del emplumado, del peso de la flecha y…

—Lavaulx… —se impacientó De Rabutin.

Nuevo aclarado de la voz.

—Perdón, mi general. Diría que unos doscientos cincuenta metros.

—¿Y a qué distancia se hallan las trincheras más próximas?

—A doscientos metros —respondió Lavaulx mirando fijamente al holandés—. Como mucho doscientos veinte.

—Gracias, Lavaulx. ¿Y ahora podríais acompañar al caballero a sus apartamentos?

En ese mismo instante, un sonido de tambor se alzó en el llano de los asaltantes, con un martilleo lento y obsesivo. Rápidamente se unieron timbales, címbalos y trompetas de notas agudas.

—¿Qué es eso? —preguntó Kuyrijsk, a quien le temblaban las manos.

—La *mehterhane*, su banda militar —dijo el general, ya sin ningún interés por el holandés.

De Rabutin fue a la batería más próxima para dar órdenes.

—¿La banda militar es un mal augurio? —preguntó Kuyrijsk al tiempo que detenía a Lavaulx, que seguía los pasos de su superior.

—Nunca se ha visto un asalto sin música. Deberíais retiraros, caballero. Se avecina tormenta.

Los asaltantes, tras arrojar nubes de flechas sobre las murallas de la ciudad, lanzaron a sus unidades de combatientes sobre los muros de Peterwardein. Centenares de grupos de cinco jenízaros cada uno, equipados con escaleras, trataban en olas sucesivas de encaramarse en diferentes puntos de las defensas, unas olas que los soldados apelotonados en las murallas rechazaban sin desfallecer. Mosqueteros turcos armados con arcabuces de mecha larga se aproximaron a unas decenas de metros de los primeros bastiones e hicieron gala de gran destreza, hiriendo o matando a soldados de la coalición a cada salva y provocando un conato de pánico en la muralla sur que el general De Rabutin logró atajar.

En su hospital de campaña, Germain estaba orgulloso de su equipo: desde el inicio del ataque, los camilleros habían ido a las almenas y evacuaron a los primeros soldados en camilla o gracias a la ambulancia volante. La capilla de la abadía se había llenado de heridos alcanzados por flechas, la mayoría de las cuales se habían quedado clavadas, enteras o parte de las mismas, en los brazos, los hombros o el tórax. Frederik Kuyrijsk se había unido a ellos y había pedido a Germain que lo autorizara a observar a Nicolas para mejorar sus conocimientos de medicina de guerra. Ribes se sintió más aliviado que humillado al no tener a su pontificador colega a su lado durante las diversas operaciones del día: la *mehterhane* turca, de la que oían la obsesiva música, ya era suficiente fuente de irritación.

El antebrazo del soldado de infantería había sido atravesado por una flecha cuya punta y emplumado eran visibles a un lado y otro del miembro. Tendido sobre la mesa de operaciones, el hombre estaba consciente y mostraba un nivel de dolor contenido. Grangier cortó la manga de la chaqueta mientras Nicolas preparaba el instrumental para extraer la flecha. Kuyrijsk se había acercado al herido y le tocaba el cuerpo con la punta de los dedos.

—Vais a amputar, ¿verdad?

Su pregunta hizo que ambos sanitarios se volvieran hacia él y lo miraran con reproche e incredulidad. El holandés se acercó a Nicolas para que los demás no lo oyeran.

—Llevo aquí más de una hora y aún no he asistido a una sola sección de un miembro. Es el momento ideal, ¿no os parece?

—¿Vais a amputarme? —se inquietó el soldado—. ¡Decídmelo! —añadió, presa del pánico.

—No tengo la menor intención —respondió serenamente Nicolas—. Vuestra herida es limpia y casi no habéis perdido sangre. Os voy a retirar esa flecha y os vendaré la herida. Eso es todo —respondió en dirección a Kuyrijsk, ceñudo.

—Ah, bien… De todas maneras, me gustará ver cómo lo hacéis para retirarla sin hacer una incisión en la mitad del miembro. ¿Sabéis qué decía Ambroise Paré, en quien os inspiráis? «Sería cosa ignominiosa y contra el arte si se ofendiera a la naturaleza más que a la flecha…» Os confieso que no alcanzo a comprender su significado completo, pero ¡la frase me gusta!

Cuando Nicolas se acercó al herido para operarlo, se topó con el sombrero de Kuyrijsk, un amplio tricornio de alas decoradas con volantes, que le llegaba a la cara. El holandés retrocedió tras un nuevo intercambio de miradas. El lorenés cortó el emplumado con unas pinzas y luego utilizó una tenaza dentada para extraer la punta del proyectil, lentamente, para no desgarrar aún más la carne. Acto seguido, aplicó una cataplasma sobre la herida, «a base de sauce y mostaza», precisó antes incluso de que se lo preguntaran, y enrolló un paño bien apretado en el antebrazo.

Nicolas tranquilizó al paciente y observó el hierro de la flecha que tenía en la mano.

—Incluso si una punta como esta se clava en el interior, en el propio hueso, existen maniobras que evitan las incisiones que puedan dañar nervios o arterias. Ese es el mensaje de Ambroise Paré —concluyó.

Tendió el objeto a Kuyrijsk, que lo tomó y lo observó antes de arrojarlo despreocupadamente al suelo. Los tambores de la *mehterhane* cesaron. Los otomanos se habían batido en retirada, dejando a los carroñeros un centenar de cadáveres y heridos inanimados.

El resto del día estuvo dedicado a hacer las curas a los pacientes. Sin embargo, dos de ellos, cuyas heridas leves no inspiraban inquietud, sufrieron fiebres y temblores y murieron antes de ponerse el sol. Otro falleció durante la noche, hecho que los enfermeros no descubrieron hasta la mañana siguiente.

—Una parálisis respiratoria —concluyó Germain, tras una rápida autopsia de los tres difuntos—. Sospecho que los turcos puedan haber envenenado las flechas.

Utilizó la cocina como morgue. Los tres cadáveres estaban alineados sobre la inmensa mesa del refectorio. Recogió las vísceras, que había apilado en el suelo como si fueran prendas de vestir, y las metió de cualquier manera en el tórax y el abdomen abiertos de cada uno de los cuerpos.

—Lo siento —dijo a los cadáveres—, ya no sé qué órgano pertenece a cada uno, pero en la situación en que os halláis, señores, no creo que me lo tengáis en cuenta. ¿Alguna objeción? Mi asistente os hará un bonito abrigo. ¡Vuestro turno, maese Déruet!

Se lavó las manos en un cubo de agua de lluvia que adquirió un tono rosa pálido. Se echó agua a la cara antes de sumergir la cabeza entera y luego se secó con un trapo sucio. Se dejó caer en una de las sillas del refectorio, con la cabeza entre las manos. Nicolas sintió la fragilidad que se ocultaba tras aquellas actitudes despreocupadas o provocadoras.

—¿Todo en orden, Germain?

Ribes de Jouan expiró ruidosamente.

—Desde que llegué a esta guerra he hablado más con los muertos que con los vivos, Nicolas. He abierto a centenares y centenares de hombres. También a turcos, a los que tratábamos de salvar tras haberlos llenado de plomo, mamelucos, yayas o espahíes. Debajo de la piel, todos somos del mismo color. Nada cambia. Y nunca he encontrado un alma en un cadáver. Solo el olor de la muerte. Ese olor lo llevo pegado, no me deja ni un momento. Y, créeme, no es el perfume de Dios… Dudo, amigo mío. Dudo acerca de la existencia de otra vida aparte de la que vivimos aquí. Y eso a veces me da miedo.

Nicolas depositó su instrumental quirúrgico y se sentó junto a él.

—Tengo las mismas dudas. Pero somos los únicos que vemos al ser humano tal como es, que tratamos de comprender los mecanismos que lo constituyen, cómo fluye en él la vida. El clero desconfía de nosotros para proteger a su Dios, los médicos desconfían de nosotros para proteger su institución y todos intentan controlarnos porque temen que podamos descubrir los últimos secretos del hombre. Ese es el precio de nuestra pasión.

Permanecieron en silencio escuchando cómo la lluvia golpeaba a ráfagas los cristales de la cocina. Entró uno de los monjes, un joven novicio de rostro picado de viruela y tonsura irregular. Se quedó boquiabierto ante el espectáculo de los cadáveres destripados.

—Volved más tarde, la cena aún no está lista —declaró Germain en tono serio.

El hombre se santiguó a la par que retrocedía y salió precipitadamente sin decir palabra. Los dos cirujanos aguardaron a que se hubiera alejado para reírse a carcajadas. Germain se puso en pie y cargó una pipa de tabaco.

—Ese irá por ahí explicando que se le ha aparecido el mismísimo diablo. ¿Crees que una vez se hayan resuelto los misterios de la naturaleza humana Dios caerá por su propio peso? ¿Como un icono pagano? —preguntó entre dos caladas, con la mirada puesta en el crucifijo que colgaba sobre la puerta de entrada.

—El hombre se creará otros dioses —respondió Nicolas, y cogió hilo y aguja—. Es una necesidad fundamental.

—Somos dos herejes dispuestos a acabar en la hoguera, ¿no crees?

—No en tiempos de guerra, nos necesitan demasiado —lo tranquilizó Nicolas, que había empezado a coser los cuerpos.

Germain se sentía feliz por haber recuperado un poco su buen humor. Abrió la ventana y arrojó el agua sucia a la calle, obligando a apartarse a un grupo de soldados que le gritaron antes de ver los cadáveres sobre la mesa. Se esfumaron perseguidos por los sarcasmos del cirujano.

—¿Qué pueden utilizar como veneno? —preguntó Nicolas una vez hubo acabado su trabajo.

—No tengo la más remota idea. No es la primera vez que soy testigo de ello, pero nunca he dado con un antídoto. ¡Ahora pensemos en otras cosas!

—Habría que dar con la manera de aspirar el veneno en la propia herida —prosiguió Nicolas.

—¿Ah? —dijo Ribes de Jouan mientras bostezaba—. No es mala idea. Hablaremos de ello mañana —añadió con desenfado.

Cogió dos botellines de aguardiente de uva y metió uno en el bolsillo de Nicolas cuando este se estaba ajustando las vendas de las manos.

—Mientras tanto disfrutemos del momento. La tormenta ha amainado. ¡Te propongo escaparnos a la mejor posada de la ciudad! La única digna de ese nombre que no está invadida por austríacos y húngaros.

—Volveré a la habitación, hay algo que me gustaría preparar antes del próximo asalto.

—Como quieras. No me esperes antes del alba, salvo que nuestros amigos se presenten de nuevo. ¡En tal caso, ya sabes dónde encontrarme!

Cuando llegó a la sacristía percibió que la estancia estaba muy caldeada. El brasero funcionaba a pleno rendimiento. Grangier y otro enfermero —reconoció a Philippe, el de Toul— estaban tumbados en sus jergones en el suelo. «Han debido de alimentar el brasero al máximo», pensó Nicolas, a quien el calor molestaba más que el frío. Tomó el volumen más grueso de las obras de Ambroise Paré, del que recordaba que contenía un capítulo relativo a las heridas por arma, y se tumbó en el camastro más alto, dispuesto sobre una tabla frente a la única ventana, cosa que le permitía ver un trozo de cielo durante el día y la bóveda celeste por la noche. No le gustaba ninguna de las obligaciones ligadas a la vida en grupo, en particular tener que turnarse para realizar las tareas, cosa que llevaba a cabo con dificultad a pesar de sus esfuerzos. Germain no se lo tenía en cuenta y le dejaba una gran libertad en los períodos de reposo. Desde su llegada a Peterwardein, Nicolas había pasado sus mejores momentos junto a la familia de Azlan, con la que compartía la ausencia de horarios fijos, en particular para las comidas.

Halló fácilmente la respuesta a su pregunta en la obra de Paré. El capítulo XXIII del noveno libro trataba de las heridas envenenadas.

—«Es necesario hacer escarificaciones profundas alrededor de la herida y poner ventosas con llama para atraer y extraer la materia virulenta» —leyó en voz alta—. Bien, pero ¿cómo encontrar…?

No pudo acabar su frase, víctima de un violento bostezo y de un deseo irresistible de dormir. Nicolas apenas tuvo tiempo de dejar el libro en el suelo y se abandonó por completo en la oscuridad del éter.

***

Los tambores. Oía los tambores. Su mente flotaba entre el sueño que lo seguía atrayendo y la realidad hacia la que su cuerpo se negaba a emerger. Pesado. Se sentía pesado. Le era imposible abrir los párpados. Las trompetas se habían sumado a la música mientras Nicolas seguía a la deriva entre dos mundos sin poder llegar a ninguno. Sus pensamientos, elásticos, no estaban ligados entre sí con coherencia. ¿Dónde estaba Marianne? Creyó oír su voz, pero ¿en cuál de los dos mundos se hallaba? ¿Y de dónde procedía esa música? Le dolía la cabeza, le dolía tanto que deseaba volver a caer en la inconsciencia. No lo logró. Tenía la impresión de ser una mente despierta en un cuerpo dormido. Y de pronto comprendió: algo sucedía en el exterior que lo encaminaba a la muerte. Sus pensamientos se encadenaron. Tenía que abrir los párpados. Su cuerpo se estaba convirtiendo en su propio ataúd. Gritó, pero no oyó sonido alguno aparte de los tambores, insoportables, que marcaban el ritmo de su cefalea. Se debatió, luchó contra sí mismo y contra esa aplastante pesadez. Gritó, reunió todas sus fuerzas y logró abrir los ojos a la realidad. Tenía la cabeza conmocionada, el cuerpo abotagado y los músculos no lo sostenían. Se sentó con dificultad en la cama. La habitación estaba a oscuras. Los dos enfermeros no habían cambiado de posición, tendidos de costado. Todo parecía normal y en calma. Salvo el rostro de Philippe: se había vuelto de color gris.

Nicolas gritó, pero sus cuerdas vocales solo emitieron un murmullo. Se sentía mareado y muy débil. Lentamente, logró arrastrarse hasta la ventana contigua al pie de su cama, la abrió y pidió auxilio con voz audible. Nadie lo oyó: a la ensordecedora *mehterhane* se habían sumado el retumbar de los cañones, los gritos de los soldados en las murallas y el martilleo de la lluvia que crepitaba con tanta fuerza como las salvas de los mosquetes.

Saltó al exterior. El chaparrón y el frío acabaron de despertarlo. Nicolas aspiró con ansia el aire que le había faltado. El brasero había emanado un gas tóxico que lo había asfixiado. Cuando se sintió lo bastante fuerte, inspiró aire profundamente, volvió a entrar por la ventana y tiró de Grangier por los brazos hasta sacarlo de la habitación. Se detuvo en el pasillo del claustro y lo zarandeó enérgicamente. Las puntas de los dedos del camillero se habían vuelto de color violeta oscuro y tenía el rostro cianótico. Nicolas constató que su corazón aún latía, pero que su respiración era apenas perceptible. No cesó de hablarle y de animarlo a abrir los ojos, recordando lo difícil que para él mismo había sido salir de aquella irresistible languidez. Sin embargo, parecía que la vida se le iba poco a poco. Nicolas gritó hasta que acudieron dos de los enfermeros que se hallaban de guardia en la capilla. Les ordenó que sacaran a Philippe de la habitación, aunque no albergaba duda alguna sobre el estado del desventurado camillero. Concentró todas sus fuerzas en Grangier, de quien ya no lograba distinguir los movimientos respiratorios. Su caja torácica parecía inmóvil y su abdomen no subía y bajaba. Al inclinarse hacia él sintió que un objeto se deslizaba de su bolsillo: el botellín de aguardiente de uva que le había obsequiado Germain, y cuya presencia había olvidado por completo. Le vino a la cabeza la imagen de Marianne cuando trajo al mundo al pequeño Simon. Abrió el botellín, bebió un trago y exhaló en el rostro de Grangier. Al segundo intento, el hombre se sobresaltó y sus pulmones se hincharon y se llenaron de aire. Emitió un gruñido. La muerte había decidido batirse en retirada.

A pesar del enorme cansancio y de las cefaleas que le taladraban el cerebro, Nicolas se hallaba en el hospital. Philippe de Toul ya estaba muerto cuando los enfermeros acudieron a socorrerlo y lo sacaron de la sacristía. Grangier fue transportado a la capilla en un estado de conciencia alterada, y Nicolas pidió a los dos enfermeros que permanecieran a su lado para darle fricciones y hablarle continuamente. En ningún caso debía dormirse. Le dio a beber pociones amargas, a base de quinquina y canela, hasta que vomitó, y le practicó una sangría para extraer la sangre contaminada, pero algunas zonas de su piel seguían manchadas.

Era imposible encontrar a Germain y el número de heridos que esperaban ser atendidos no hacía más que aumentar. Nicolas operaba con la ayuda del último asistente que le quedaba. El segundo enfermero, que se ocupaba él solo de la ambulancia volante, había llevado a sus espaldas a los soldados heridos, hasta que encontró ayuda en uno de los regimientos loreneses para transportar en camilla a los casos más urgentes. Algunos de los combatientes fallecían antes incluso de que el cirujano hubiera tenido tiempo de examinarlos. A las heridas de flecha siguieron las de bala y luego las de proyectiles de artillería. Los asaltantes hacían retronar sus cañones y algunos de sus proyectiles habían sobrepasado las murallas y habían caído en la ciudadela, despertando el pánico. La música militar de los turcos resonaba con más fuerza y de manera más obsesiva que nunca. El miedo invadía la estancia con su reconocible olor. Tenía que hallar una solución. La que le vino a la cabeza le pareció descabellada.

Ribes de Jouan entró en el hospital de campaña sostenido por dos soldados austríacos. Nicolas creyó en un primer momento que lo habían herido, pero luego vio que estaba completamente borracho y que le costaba andar por su propio pie. Su presencia, sin embargo, remontó la moral de los hombres que aguardaban ser atendidos. Germain dio las gracias a sus dos ayudantes y se dirigió, tambaleándose, hasta la mesa de operaciones.

—Ni un comentario —le espetó a Nicolas con el ceño fruncido—. ¡Menuda cara de poca salud tienes tú!

Al sentir que el suelo se hundía bajo sus piernas se agarró a la mesa vecina y descubrió a Frederik Kuyrijsk, con unas tenazas en la mano, dispuesto a extraer una flecha de la pierna de un soldado.

—Le he pedido que viniera a ayudarme —anticipó Nicolas—. Maese Kuyrijsk aceptó de inmediato y le estoy muy agradecido. Yo no hubiera podido aguantar solo mucho tiempo más.

Kuyrijsk lo saludó con un gesto ampuloso. Germain descubrió una hilera de vasos de coñac alineados junto al holandés.

—¿Acaso una vez acabe el asalto habrá una recepción y habéis olvidado invitarme?

—Maese Kuyrijsk ha logrado que el gobernador nos proveyera. Los utilizamos como ventosas para extraer el veneno de las flechas —respondió Nicolas, y prosiguió su operación.

Germain cogió uno de los vasos y lo examinó, incrédulo: aquel uso singular lo dejaba perplejo. Se encogió de hombros y palmeó la pierna del herido, que hizo una mueca de dolor.

—Mi más sentido pésame, valiente... Pero ¡mira, tendrás derecho a un embalsamamiento de primera!

El holandés fingió no haber oído la pulla a él dirigida.

—Vuestro regreso es una bendición, entre los tres aún seremos pocos —comentó, muy serio—. Hay varias amputaciones que nos aguardan, maese Ribes de Jouan. Si os veis con fuerzas, os asistiré.

—Dadme media hora y estaré en plena forma, para bien de los pacientes —dijo Germain—, ¡eso si antes esos tambores no hacen que me estalle la cabeza! No vamos a dejar que nos dominen también con su música, ¿verdad? ¡Babik! ¿Dónde está Babik? ¡Id a por él y traédmelo!

Se aproximó a una mesa en la que estaba tendido un oficial de caballería cuyo brazo formaba un ángulo imposible con el antebrazo. El hombre gemía medio inconsciente. Germain quiso sentarse junto a él, vio una silla y se dejó caer en la misma. La silla cayó a un lado y lo arrastró en la caída. En cuanto se puso en pie, refunfuñó, avergonzado.

—He dicho media hora, ¿no es así?

El cirujano cumplió su palabra. Menos de treinta minutos después su rostro parecía sobrio y hacía gala de una destreza ejemplar, para sorpresa de todos, y en particular de Kuyrijsk, que veía esfumarse sus veleidades de practicar él solo la ablación de un miembro. Babik llegó, volvió a marcharse y reapareció en compañía de sus dos hermanas y de dos primos. Cada uno llevaba consigo un instrumento de música. Afinó su violín y, a una señal de Germain, el quinteto se puso a tocar melodías populares húngaras. El cirujano levantó los brazos, con las palmas hacia el cielo.

—¡Más fuerte! ¡Quiero que vuestra música invada este lugar, que lo llene, quiero que expulse a su banda militar, que nos oigan desde sus ratoneras! ¡Quiero que ganéis esta batalla!

Los gitanos, motivados por la misión que Germain les confiaba y felices de poder tocar a sus anchas en un lugar donde su música jamás había sido autorizada, redoblaron su virtuosismo y animaron la moral de los heridos.

Los dolores y la debilidad de Nicolas se disiparon, las torpezas de Kuyrijsk disminuyeron y Germain silbó contento hasta que cesaron las hostilidades. El día comenzaba a decantarse hacia otras regiones. A la furia del combate sucedió una calma impresionante, solo salpicada por los gritos de los cuervos que habían vuelto a tomar posesión del cielo. En las calles de la ciudadela, los rebaños en desorden obligaban a aminorar la velocidad a los carros de los artilleros, que iban y venían de las murallas al Arsenal para reaprovisionar de armas antes de la siguiente escaramuza.

El abrigo de *betyar*, de piel gruesa, que Germain le había prestado le cubría hasta las pantorrillas y lo mantenía caliente. Le sentaba bien caminar y así recobraba todas las sensaciones que aún tenía adormecidas. Nicolas sintió la necesidad de tragar aire como si se tratara del agua de un arroyo tras un día caminando, necesitaba sentir su cuerpo. Contrariamente a Grangier, que se durmió en cuanto hubo comido, no quería ni podía dormir. Nadie había querido entrar en la sacristía, donde habían apagado el brasero. En el lugar aún estaban presentes las huellas del drama y allí permanecerían para siempre.

Tras errar mucho tiempo por las calles de Peterwardein se refugió en la posada del Arsenal en el momento en que la lluvia crepitaba de nuevo tras una corta tregua de unas horas. El ambiente era festivo y había mucho humo. Reconoció la voz de Germain, que, en la mesa del fondo, repartía cartas y dirigía comentarios burlones a sus compañeros de juego.

—¡Has pringado el primero, así que afloja ahora mismo! —le ordenó a su vecino de la derecha, que parecía remolonear para no pagar su apuesta.

Nicolas sonrió. Germain había tratado varias veces de iniciarlo en el lansquenete sin obtener jamás el menor resultado. Aquel juego, como todos los juegos de naipes, para él era un aburrimiento mortal y las reglas le parecían incomprensibles. Se instaló en una mesa apartada, cerca de la chimenea de tiro abierto cuyas llamas prodigaban un calorcillo regular y tranquilizador.

—¿Puedo sentarme?

El padre Étienne se hallaba de pie frente a él. Nicolas no lo había visto entrar.

—Padre, no os imaginaba en un lugar como este —observó antes de invitarlo con un gesto de la mano a sentarse en su compañía.

El monje tomó asiento y pidió una jarra de vino.

—Quería hablar con vos, maese Déruet.

—¿Por casualidad me habéis hecho seguir?

—¡Inútil precaución! Sabía dónde hallaros —respondió, y sirvió los dos vasos a la mitad.

Nicolas bebió un trago y dejó el vaso sobre la mesa. No le gustaba la constante seguridad de su interlocutor y la duda que siempre dejaba en el aire sobre sus intuiciones, como si fuera Dios en persona quien se las dictara al oído. A espaldas de ellos, Germain había vuelto a ganar una partida y uno de los jugadores abandonó la mesa armando ruido.

—¿Qué culpa tengo yo de que su carta sea múltiplo? —se justificó el cirujano ante los otros jugadores—. Debe pagar el bote del juego, así son las reglas. Si uno no tiene los medios necesarios, es mejor hacer de carabinero* —añadió dirigiéndose al hombre. Este, muy enojado, volvió sobre sus pasos para encararse con él y luego cambió de opinión.

Germain advirtió la presencia de Nicolas y el cura, pero fingió no haberlos visto.

—Habrá sido un duro día para vos —dijo el padre Étienne.

Nicolas respondió con el ceño fruncido.

—Es probable que si los turcos no hubieran hecho sonar sus tambores no me hubiera despertado. Y en estos momentos estaríais orando por mi alma y su salvación —concluyó.

El religioso lo miraba de arriba abajo. A Nicolas le producía una sensación incómoda. Sin duda el joven novicio los había denunciado por brujos o por demonios disfrazados de hombres.

—Solo soy un cirujano que trata de salvar vidas y que para ello trabaja con los cuerpos de los muertos. Nada más —añadió.

—No os inquietéis, ya hace mucho tiempo que la Iglesia no excomulga a quienes practican disecciones. Aunque hagan declaraciones heréticas —insinuó con tono de reproche.

—¿Por qué queríais verme?

—Quisiera presentaros a una persona que necesita vuestros cuidados.

—Todo el mundo en esta ciudad necesita cuidados, incluso yo mismo. ¿No puede esperar a mañana?

Nicolas estaba exhausto. Observó las llamas que bailaban sobre los troncos incandescentes, como guerreros victoriosos sobre los cadáveres de sus enemigos, mientras el cura le explicaba las razones de sus dudas antes de hacerle esa confidencia. La voz del hombre le llegaba disociada de la algarabía de fondo presidida por Germain, cuya fortuna en el juego parecía haber acabado. Recordó una velada durante la cual el cirujano trató de demostrarle el carácter matemático de la fortuna en el lansquenete, cuyo dominio solo podía conducir a la victoria. Las palabras del padre Étien-

* En el lansquenete, jugador temporal que debe ser invitado por la banca.

ne se entremezclaron con ese pensamiento errante. Nicolas vio que las brasas tenían el mismo color de los crepúsculos de verano loreneses, que viraban del ámbar al rosa oscuro. No podía concentrarse en las palabras de su interlocutor, pues su mente deseaba huir lejos, muy lejos de aquel país y de aquella guerra que absorbían su tiempo y toda su energía y que a punto habían estado de arrastrarlo al pozo más negro, como a otros miles.

Cuando por fin pudo apartar su mirada del fuego, el cura acababa de salir y lo esperaba fuera. Definitivamente, no le gustaba su manera de aparecer y desaparecer. Sus últimas palabras, sin embargo, lo habían sacado de su letargo. El cura le había susurrado al oído: «Os revelaré el secreto de la fortaleza». Unos metros más allá, Germain le cedió la banca a otro jugador.

***

Nicolas y el padre Étienne regresaron a la abadía en silencio. El frío había detenido los pensamientos del lorenés. Caminaba unos pasos detrás del religioso y observaba fijamente las sandalias de este, que aparecían y desaparecían bajo su hábito de lana basta. Una vez en el monasterio, el cura se dirigió a la sala capitular, encendió una antorcha y se puso ante Nicolas.

—¿Recordáis que os dije que poseíamos varias familias de *robs* gitanos, compradas por el voivoda Basareb hace cuatro años?

—Sí, y me he preguntado dónde estaban las otras familias. Solo he visto a la de Babik y Azlan —respondió Nicolas al tiempo que se sentaba en el borde de la mesa del consejo.

El cura reprobó esa actitud con la mirada. Nicolas se incorporó al entender que su gesto había molestado al cura. La mesa era un objeto simbólico sagrado.

—¿Las habéis revendido? —preguntó con cuidado de no recalcar la última palabra—. ¿Es eso?

—Había otras dos familias que llegaron antes que la que conocéis. Fue hace cinco años. Estaban a nuestro servicio para las comidas y las labores domésticas, así como para el mantenimiento de los edificios. Sin embargo, fueron víctimas de una enfermedad desconocida que empezó a diezmarlas. En ese momento tomamos la decisión de aislarlas del resto de la comunidad. Aislarlas, empero, no era suficiente. Tuvimos que esconderlas.

—¿Esconderlas de quién?

El cura no respondió. Empuñó la antorcha, abandonó la estancia, tomó las escaleras que conducían al sótano y abrió la puerta maciza que cerraba el acceso al mismo.

—Oficialmente, las galerías subterráneas están construidas en dos niveles. El hermano Petrus descubrió un tercer nivel durante sus exploraciones —comentó el padre Étienne mientras se adentraban por el pasillo central de aquella madriguera humana—. Los arquitectos militares que trabajan en la ampliación de esa red desde hace dos años ni siquiera han sospechado la existencia de ese nivel. Siempre hemos logrado mantenerlo en secreto.

Giraron a la izquierda y se adentraron por un pasillo más estrecho que los obligó a inclinarse un poco y que no los conducía a ninguna parte. El túnel acababa en un muro al pie del cual había un agujero de un metro de diámetro, excavado en el suelo como un pozo sin brocal, protegido por una reja de finos barrotes. El monje la alzó sin esfuerzo y se acuclilló frente al agujero, y luego se volvió hacia Nicolas.

—Tendréis que confiar en mí, Nicolas. Vamos a arrastrarnos por esa topera. Desciende muy rápido a lo largo de una decena de metros, luego sigue a la misma altura y luego vuelve a subir. Nos conducirá detrás de este muro.

—¿Cuánto tiempo nos llevará? —preguntó Nicolas, a quien aquella perspectiva no le entusiasmaba.

—Diez minutos para alguien que no esté acostumbrado. Tendréis que avanzar arrastrándoos con la ayuda de piernas y brazos. Estaréis en penumbra, seguid la luz de la antorcha que llevaré conmigo.

Mientras avanzaba, Nicolas pensó en Anselme Gangloff, el hombre que quizá aún penaba en una mazmorra de la cárcel de Nancy.

El religioso lo ayudó a salir tirando de él. Habían ido a dar a una galería tan grande como las otras, pero con más inclinación y que enseguida los llevó a altura del Danubio, hecho que la humedad que chorreaba de los muros les confirmó.

—Hace cuatro años pudimos aislar aquí a las quince personas que componían esas familias. Petrus lo pagó con su vida. Contrajo la enfermedad y murió dos meses más tarde.

—¿Cuáles son los síntomas de esa enfermedad?

—Fiebres altas y súbitas. Dolores musculares y hemorragias. Al principio solo aparecen heridas en la piel. Luego la sangre mana de todos los orificios. Como si el diablo hubiera decidido vaciar al desventurado de sus humores vitales.

—¿Cuántas personas han contraído la enfermedad en esas familias?

—Hemos llegado, maese Déruet.

El pasillo se había ensanchado y acababa en una especie de nicho parecido a las celdas de los monjes en la abadía. Una débil luz emanaba de una cavidad a su izquierda, y Nicolas creyó percibir un movimiento junto a la misma.

—Ahí está él —advirtió el padre Étienne.

—¿«Él»? ¿Queréis decir que…?

La silueta del hombre se recortó cual sombra chinesca ante ellos.

—Os presento a Vedel, el único superviviente de nuestros *robs*.

Aproximó la antorcha hacia él. Nicolas no pudo contener su reacción.

—¡Dios mío! —gritó.

***

El hombre los acechó por la calle manteniendo una distancia prudencial. Los siguió hasta la abadía, luego por las galerías y los vio desaparecer por el agujero excavado en el suelo, por donde, tras unos instantes de duda, también se deslizó. Se ocultó en la sombra a unos metros de ellos y los vio marcharse; aguardó unos instantes y entró en la celda de Vedel.

De regreso en la abadía, Nicolas se aisló en la nueva habitación que le habían asignado, situada en la misma planta que las de los monjes. Más que la imagen del hombre al que había visto, con el rostro cubierto de hematomas y heridas por todo el cuerpo, le sorprendió la inesperada petición del padre Étienne. No le había pedido que curara al desventurado gitano, que sobrevivía en aquel estado desde hacía varios años y había visto sucumbir a toda su familia. Por el contrario, le había suplicado que pusiera fin a su existencia.

Nicolas bebió un vaso de agua al que había añadido unas gotas de elixir a base de plantas cuya fórmula permitía prevenir las infecciones más habituales. Aquella, sin embargo, era totalmente desconocida para él.

Cuando, cuatro años atrás, se declararon los primeros síntomas en las familias *robs*, el monje cisterciense comunicó los casos al gobernador militar de la guarnición, quien dio orden de ejecutarlos para evitar el peligro de contagio. Étienne y los monjes de la abadía, tras deliberarlo, decidieron ocultarlos en las galerías descubiertas por el hermano Petrus. Luego llegó un nuevo gobernador y el asunto se desvaneció por sí solo. Von Capara, el nuevo general al mando de la ciudadela, fue puesto al corriente de la existencia de los *robs* unas semanas antes, pero el padre Étienne le aseguró que todos los miembros de las familias gitanas habían fallecido hacía ya tiempo. Aquello no satisfizo al militar y puso en duda su palabra de hombre de Iglesia. Según sus informaciones, los *robs* vivían ocultos en algún lugar de la ciudadela. Quería utilizarlos contra los turcos que los asediaban.

Germain sorprendió a Nicolas absorto en sus pensamientos.

—¿Algo va mal? ¿Los monjes te han obligado a rezar antes de ir a la cama?

Estaba sentado en el borde de su jergón, con la cabeza entre las manos. La jovialidad de su camarada lo animó un poco.

—¿Ya habéis terminado la partida?

—Mi suerte comenzaba a flojear y he preferido no ponerla a prueba —respondió Germain al tiempo que limpiaba su pipa de las briznas de tabaco calcinadas.

—Creía que las matemáticas sustituían el arte de adivinar las cartas... Me hablasteis de ese amigo vuestro que había desarrollado una teoría infalible...

—¿Rémond de Montmort? Si esa noche lo hubiera escuchado, ahora estaría sin blanca. Al final, sigo prefiriendo mi instinto —concluyó, y se dispuso a llenar la pipa de tabaco fresco—. Y ese instinto me dice que hay algo que te preocupa. ¿Me equivoco?

Tomó una silla y se sentó frente a Nicolas. El encendedor de sílex produjo una llama anaranjada y rectilínea.

—Cuéntame. ¿Qué sucede?

Nicolas sabía que podía confiar en la discreción del cirujano. Le relató su encuentro con Vedel en los subterráneos y la petición del religioso. Germain estaba nervioso y mascaba su pipa a la vez que aspiraba el humo. Al final de la explicación, se puso en pie.

—¿Por qué le interesa tanto al gobernador? ¡Los turcos no son tan necios como para recibirlo en su campamento como un regalo envenenado!

—Lo ignoro, pero no quiero quitarle la vida sea cual sea la razón.

—Somos cirujanos, no asesinos... —repitió Germain recordando una de sus conversaciones pretéritas—. ¡Estoy contigo! ¿Qué posibilidades de curación tiene ese desgraciado?

—Pocas. Su estado no ha cambiado desde hace cuatro años, pero sigue vivo.

—¿Viviendo como una rata en una madriguera? ¡Conozco destinos mejores!

—Creo poder aliviarle el dolor con algunos ungüentos. Cuando acabe el asedio, tal vez sea posible convencer al padre Étienne para que lo libere.

—¿Con el riesgo de que contagie a los demás como una epidemia de peste?

—Podríamos dejarlo huir al bosque...

—¿Y reñirle si infringe la prohibición de salir del mismo? Qué cándido eres, Nicolas. Ese hombre es un gitano, solo hará lo que le plazca. ¿Crees que se puede impedir al viento que vaya a donde quiera?

Nicolas se frotó el rostro. Las campanas de la capilla dieron las dos.

—Te dejo, mañana hablaremos —dijo Germain, y le palmeó la espalda.

Hizo tintinear las monedas que llevaba en el bolsillo.

—Voy a contar mi tesoro y a releer las martingalas de mi amigo matemático. Ya que puedo morir bajo las puñaladas de los otomanos, por lo menos que muera rico.

—Triste consuelo…

—¡Razón de más para salir de esta! —rectificó Germain—. Y ahora, duerme. Los turcos nos dejarán un día de asueto antes de volver a atacar nuestras murallas. Mañana no quiero verte por el hospital. Y es una orden.

Nicolas obedeció sin rechistar por primera vez en su vida. No salió de la habitación y dejó que el mundo siguiera su curso. Ribes de Jouan lo había adivinado: no hubo asalto en aquel décimo día de sitio. Azlan le hizo compañía, contento de disfrutar a solas de su amigo y profesor de francés. Desde hacía cuatro meses, Nicolas le enseñaba a leer y el crío había progresado de manera espectacular, aunque las únicas obras que tuviera a su disposición fueran los libros de teología de los monjes y los tratados de anatomía del cirujano.

La estancia solo tenía una abertura al exterior, una pequeña ventana frente a la cual había una mesa cuadrada que Nicolas había cubierto con un mantel de libros. El chiquillo se abalanzó sobre el volumen más grueso, cuya encuadernación en cuero estaba fatigada por los meses de viaje en las maletas del cirujano, se sentó sobre la cama con las piernas cruzadas y se concentró en su lectura en voz alta.

—*Gadjo*, cuando haya leído todo, ¿seré un gran sanador como tú? —preguntó mientras cerraba el diccionario del padre Chomel, que contenía páginas de agronomía y de horticultura ilustradas con dibujos y eran sus preferidas.

—Cuando hayas leído todos esos libros, serás un buen lector, Azlan. Luego vendrá la época de la experiencia. Nada puede reemplazar la experiencia. Es como un libro sin fin.

—Quiero aprender a curar, por mi familia, para que ellos nunca enfermos. ¿Cuándo me das la experiencia?

Nicolas se había aproximado a la única vela que los monjes habían dejado en la habitación. Estaba encastrada en la rama central de un candelabro de metal deslucido. La encendió e iluminó así la habitación que la penumbra había cubierto como una capa de polvo.

—¿Cuántos años tienes, Azlan?

—*Tizenkét*. Doce. ¡Ya soy un hombre, un gitano! ¿Cuándo me das la experiencia?

—Ven mañana a la capilla. Serás mi asistente cuando visite a los pacientes y les haga las curas. Pero a cada asalto, te irás del hospital. No dejaré que asistas a una operación. ¿De acuerdo?

—¡Choca esos cinco, señor! —exclamó el chiquillo.

—¿Quién te ha enseñado a hablar así? —preguntó Nicolas frunciendo el ceño, fingiendo sorpresa.

—Maese Germain. ¡Ahora sé jugar a cartas! Y puedo ayudarlo.

—¿Ayudarlo?

—Con signos, cuando juega al tarot.

Azlan se llevó los dedos a diversos lugares del rostro. Cada uno de esos signos representaba una figura o una baza importante. El chaval comunicaba así al cirujano las cartas de las manos de sus adversarios.

—¡Gana mucho y me da un poco! —precisó—. ¡Así un día podré comprar mi libertad!

—Ya hablaré yo con él… Azlan, hay otras maneras de conseguir la libertad. Maneras más honestas.

—Lo sé. Maese Germain dijo que hablas así.

—¿Ah, sí? —se sorprendió Nicolas, divertido, y se levantó del jergón en el que ambos estaban sentados.

El chico hizo lo mismo.

—Sí. Dice que tú no comprender y que su manera es más… ¡mejor!

—Azlan, si dejas de ayudar a Germain a estafar a otros tahúres, te pagaré por ayudarme en el hospital. El mismo precio. ¿De acuerdo?

El chiquillo hizo una mueca dubitativa.

—¿Qué? ¿Qué sucede?

No tuvo tiempo de responder. El padre Étienne acababa de entrar en la habitación sin llamar a la puerta, acompañado por otros dos monjes. Su rostro descubierto emanaba una cólera difícilmente contenida. Hundió sus manos en las amplias mangas de su hábito para ocultar sus puños, que apretaba con tanta fuerza que la piel de las articulaciones se había vuelto blanca.

—¡Cómo habéis osado! ¡Cómo habéis osado…! —gritó antes de que sus palabras se ahogaran en su garganta.

—¿De qué me estáis hablando? ¿Qué sucede?

El religioso fulminó con la mirada a Azlan, que abandonó de inmediato la estancia.

—Alguien ha avisado al gobernador. Los soldados han ido a prender a Vedel en su escondite —explicó uno de los otros monjes.

—Lo tienen en un lugar secreto y quieren utilizarlo para no sé qué locura —completó el padre Étienne—. ¿Por qué habéis hecho eso? ¿Por qué? ¡Habéis traicionado nuestra hospitalidad y mancillado nuestros principios en el propio seno de nuestra comunidad, señor Déruet!

—¡Nada tengo que ver con eso! Os doy mi palabra —certificó Nicolas en un tono que la preocupación creciente hacía poco creíble—. Además, ni siquiera he salido de aquí desde ayer por la noche, ¡y debéis de estar al corriente, pues no dejáis de vigilarnos!

—¡Erais el único que lo sabía, aparte de nosotros! No hay otra posibilidad: habéis traicionado a ese hombre. A menos que hayáis hablado de ello a alguien.

El lorenés sintió un escalofrío. El cura percibió la duda que acababa de nacer en él.

—¿Se lo habéis contado a alguien? —repitió como un ultimátum.

—Soy el único responsable de esta situación —afirmó Nicolas.

—En tal caso, ¡que Dios se apiade de vos! —exclamó el padre Étienne antes de salir.

Al darse la vuelta el bajo de su hábito dio contra el candelabro, que se tambaleó. La llama de la vela se extinguió de golpe. La penumbra se adueñó de nuevo de la estancia.

Germain le dijo a Nicolas lo mismo que este había dicho al religioso. Juró que no había hablado de ello con nadie, y eso le llegó a Nicolas a lo más hondo: el cirujano tal vez fuera un fanfarrón, pero sabía que era un hombre de honor. La duda lo aguijoneó a lo largo de toda la noche, de tal manera que solo logró conciliar el sueño ya casi al alba. Ese fue el momento que los asaltantes eligieron para atacar de nuevo la ciudadela, el séptimo ataque desde que había comenzado el asedio y el que tenía lugar a una hora más temprana. Todo el personal se reunió en la capilla para prepararse para la llegada de los heridos en un ambiente cargado. Germain y Nicolas se evitaron tanto como les fue posible, los enfermeros se cruzaban miradas cargadas de sobrentendidos. Todos estaban al corriente y cada uno tenía su versión de los hechos. Grangier, aún demasiado débil para echarles una mano, seguía instalado entre los pacientes. Se dirigió a Nicolas para darle su apoyo, así como a su compadre: para él era palmario que ninguno de los dos había podido cometer un acto tan cobarde como insensato.

Ribes de Jouan se enfureció al descubrir que su orquesta gitana había sido requisada por el coronel Von Humboldt para su hospital. El militar, que solo había oído parabienes de la misma, ordenó que a partir de aquel momento se presentaran ante él en cada ataque enemigo. Los tambores iniciaron su ritmo monocorde y los loreneses tuvieron que operar al son de la banda musical turca. Kuyrijsk ofreció sus servicios exigiendo a la par una absoluta libertad de diagnóstico. Germain le respondió que podía cortar y tajar a sus anchas tanto como deseara, e incluso embalsamar a pacientes vivos si le venía en gana, y el holandés se puso de muy buen humor.

La tensión ya dominaba el ambiente cuando llegaron los primeros heridos desde las murallas con sus extremidades acribilladas de flechas. Los cirujanos escarificaron las heridas y plantaron ventosas, técnicas que habían logrado disminuir en tres cuartas partes los envenenamientos debidos a los proyectiles durante los asaltos precedentes. Así logró curarse a una veintena de hombres que fueron alineados en jergones al fondo de la capilla, a la espera de la llegada de los siguientes. Germain se dejó caer en una de las sillas de brazos de la sala capitular, de la que se había apropiado sin pedir permiso a los monjes y que había bautizado como «trono». Bebió, sediento, media botella de vino de Hungría antes de sumergirse en un acceso de melancolía silenciosa de la que incluso Tatar, que le lamía la punta de los dedos, no pudo extraerlo. Nicolas lavó el instrumental en un gran cuenco de madera y vació el agua al pie de los arbustos que formaban el jardincillo central de la abadía, y volvió a llenarlo en la fuente junto a la cual Azlan se hallaba de guardia.

—¿Puedo ayudar, *gadjo*? —preguntó el chaval mientras iba a su encuentro.

—Luego, una vez haya acabado la batalla, necesitaré a mi ayudante preferido —respondió mientras le desordenaba el cabello.

La mirada del chiquillo lo extrañó. «Debería hablar con él», pensó Nicolas.

—Sé que *gadjo* no es traidor —afirmó el chaval anticipándose a su pregunta.

El cirujano depositó su balde y se acuclilló junto a Azlan.

—Lo sé y le vi. Le vi —insistió.

—¿A quién viste?

—Al que cura. Seguía a *gadjo* y al padre cuando bajaron de noche. Yo tener libros que haber cogido al padre. Temer castigo y esconderme debajo de la mesa. Pero lo vi. Al que cura…

Un clamor resonó en el hospital: la música de la *mehterhane* había cesado. El asalto había acabado.

***

El gobernador apartó las cortinas y abrió el ventanal que daba al amplio balcón. Su despacho se hallaba en la segunda planta del edificio más bonito de la ciudadela y gozaba de vistas sobre la ciudad y sus alrededores. Tendió el brazo hacia atrás, concediéndole así a su ayudante de campo el tiempo de entregarle su sombrero. Se cubrió la cabeza y salió a desafiar la lluvia densa y fría que caía continuamente sobre la fortaleza desde hacía tres días. El gobernador, protegido por su sombrero, alzó la cabeza y observó el cielo. No se veía ni una nube y el conjunto formaba una placa gris uniforme. Las primeras inundaciones se produjeron en la ciudad baja aquella misma mañana, y los informes de los expertos eran alarmistas: los rebaños que allí se hallaban debían ser trasladados a la ciudad alta en menos de tres días si las previsiones se cumplían. Luego llegaría el turno a los regimientos polacos que se habían alojado en esos barrios de Peterwardein.

—Por lo menos hay un punto positivo, mi general —anunció su asistente, que sostenía un pergamino desenrollado entre las manos.

—¿Cuál, Lavaulx?

—Tenemos provisiones de agua para varias semanas.

El general se volvió para verificar que su ayudante de campo no hubiera querido bromear, cosa que le hubiera sorprendido tanto como que súbitamente se abriera sobre su cabeza el cielo de Hungría. La mirada de Lavaulx le confirmó la seriedad de su afirmación.

—Eso me tranquiliza —dijo el gobernador mientras se dirigía a su mesa de trabajo—. Sabemos de qué no moriremos. ¿Hay noticias de los refuerzos?

—No, mi general, nada desde su último mensaje.

Las tropas de la coalición se habían enfrentado con varias columnas otomanas y se hallaban bloqueadas a más de doscientos kilómetros de Peterwardein. La marina austríaca, sin embargo, había logrado apoderarse de dos grandes caiques cargados de material de guerra destinado a las tropas de Surmeli Ali Pacha. La situación podía alargarse mucho tiempo.

—En tal caso, estamos obligados a salir de esta por nuestros propios medios. Ejecutaremos el plan previsto: hoy es lunes, la delegación irá el sábado al campamento turco para entregar un mensaje de mi parte. ¿Cómo va con el gitano?

—Está aislado, como ordenasteis. Vuestro cirujano le ha aplicado unos ungüentos para que su cara esté presentable y le proporcionaremos un uniforme de la guardia imperial. Mañana estará listo.

—No olvidéis que será él quien entregará en mano la carta al jefe del Estado Mayor del sultán y quien se quedará allí como garantía de nuestra buena fe.

—No os inquietéis, mi general, los turcos no se enterarán de nada.

El gobernador estaba convencido de que el enfermo no contagiaría a nadie pero que sus enemigos se tomarían la advertencia en serio y se lo pensarían dos veces antes de invadir la ciudadela.

—En cuanto regreséis, permaneceréis varios días en cuarentena para asegurarnos de que no habéis enfermado —añadió—. Nuestros médicos me han garantizado que no corréis ningún riesgo mientras no haya contacto.

—Avisaré a los otros miembros en el último momento. Prohibición de tocarlo —repitió Lavaulx, henchido ante la importancia de su misión.

—Bien, bien —dijo el gobernador tamborileando maquinalmente sobre su mesa de despacho.

—Una cosa más, mi general. Maese Kuyrijsk os aguarda y desea hablaros.

El gesto maquinal cesó de inmediato.

—¿Qué quiere ahora? Hacedlo entrar —ordenó con desgana.

El sombrero de Frederik Kuyrijsk surcó el aire con molinetes aproximativos hasta volver a aterrizar sobre su cabeza.

—Mi querido maestro —afirmó el general, que había ido a su encuentro—, la ayuda que nos habéis proporcionado pronto será decisiva en el destino de esta batalla.

—Es mi mayor deseo y esa es la razón por la que os desvelé el escondite de ese *rob* —justificó el holandés, que vestía su jubón de finos bordados dorados—. Arriesgando mi propia vida, pero sabía que haríais buen uso de ello.

—¿En qué puedo ayudaros, maestro? —preguntó el militar a la vez que lo conducía hacia el pasillo.

La aversión que sentía hacia su interlocutor había aumentado después de que este se presentó ante él para negociar esa información. «No hay peor mezcla que la de la estupidez y la venalidad —pensó al ver cómo le sonreía—. Hasta sus reverencias no son más que zalemas.» A sus ojos, Kuyrijsk era más peligroso que el pobre gitano.

—Sabéis el retraso que esta situación provoca en mi viaje y cuántas regiones peligrosas deberé atravesar aún. Me preguntaba si no podríais concederme una escolta para llegar sano y salvo a la corte del zar. Una pequeña escolta. Como recompensa por los servicios que os he prestado…

—Os prometo pensar en ello, ya veremos. Mientras, y como sabéis, hay otra urgencia.

Kuyrijsk comprendió que la entrevista había acabado e hizo voltear su sombrero.

Al descender la gran escalinata de mármol, se cruzó con el conde De Rabutin acompañado de sus dos cirujanos. Nicolas lo ignoró. Germain lo apuntó con un dedo que lo hizo retroceder.

—¡Ya no formáis parte del personal sanitario!

Su intervención ante el gobernador no tuvo efecto alguno. Von Capara negó estar relacionado con la desaparición del gitano y manifestó su cólera contra el padre Étienne por haberle mentido. De Rabutin expuso su preocupación por las tropas ante una posible epidemia a la que sus cirujanos no podrían enfrentarse. Nicolas defendió la actuación del cura, y el gobernador se escudó en ello para poner fin a la conversación. De regreso en la abadía, los dos hombres tuvieron que resolver una filtración de agua que procedía del techo de la iglesia y se vieron obligados a condenar casi una cuarta parte de la superficie ocupada por los heridos, que se apelotonaron en el espacio restante. La lluvia había logrado abrirse camino entre las tejas desplazadas por un proyectil que había alcanzado los tejados de Peterwardein.

—La situación se complica —anunció Germain, lacónico—. Cuando llegue el próximo asalto, no tendremos suficiente espacio.

—Queda aún la sala capitular —propuso Nicolas.

—Te dejo negociarlo con nuestro anfitrión. ¡Todo esto ya empieza a cansarme!

Ribes de Jouan se sentó en su «trono» y reclinó los brazos en los reposabrazos en una postura real.

—Te perdono por haber sospechado de mí, asistente mío —dijo en un tono de lo más florido—. ¡Los gases que te asfixiaron a buen seguro te ablandaron la mollera! ¡Te absuelvo!

—Su Majestad es demasiado bondadoso, pero Su Señoría también tenía ciertas dudas acerca de mi persona.

—¿Yo? Deja que trate de recordarlo...

Germain frunció el ceño como si hurgara en su memoria.

—Llevas razón... Sí. Te creí capaz de ello para huir de este lugar a cualquier precio y poder reunirte con tus allegados. Pero reconozco que me equivoqué.

Nicolas permaneció en silencio al pensar en Jeanne.

—Estaba equivocado, ¿no es cierto? —insistió Germain.

Los dos se midieron con la mirada.

—¿Una colación para los mejores cirujanos de la coalición? —propuso Grangier, a quien no habían oído llegar.

—¡Parece que ya estás mejor, compadre! —exclamó Germain mientras lo ayudaba con las escudillas y la botella con las que iba cargado—. ¿Comerás con nosotros?

Los tres hombres almorzaron un caldo y un pedazo de cecina antes de que los interrumpiera la llegada de una ambulancia que transportaba a los primeros heridos del día, unos granaderos a los que les había explotado un cañón defectuoso, cosa que había extendido el pánico en las murallas. La *mehterhane* había comenzado a sonar y los turcos habían logrado apoyar escaleras y trepar hasta las primeras almenas antes de ser rechazados. La marea cada vez era más alta.

***

El gobernador tomó la decisión el sábado por la mañana, cuando el diluvio aún redujo más su perímetro de vida. Algunos animales habían muerto ahogados al no haber podido ser evacuados de la parte baja de la ciudad. Ordenó izar bandera blanca para mostrar su voluntad de parlamentar y encargó a Lavaulx que preparara el grupo quc iría a entregar la carta al gran visir. Su ayudante de campo le confirmó que esta había sido escrita con la sangre del gitano y que el hombre la llevaba encima desde el día anterior.

Los cuatro caballeros aguardaban sobre sus monturas ante el puente levadizo del bastión de Hornwerk. Lavaulx se había situado a la altura de Vedel para tranquilizarlo y vigilarlo. Los centinelas mantenían al gentío a una distancia prudencial, pero la tensión reinante ponía nerviosos a los caballos. La orden de abrir la puerta no llegaba. Miró al *rob*, a quien se le había prometido la libertad en caso de que su misión tuviera éxito. Los estigmas en su rostro parecían cicatrices de guerra. El hombre tenía buen aspecto ataviado con su uniforme de oficial. «¡Pobre desgraciado, si supiera lo que la carta contiene! —pensó—. La orden del gobernador al gran visir para que se retire de inmediato... Tras semejante provocación, no tiene ninguna oportunidad de salir de esta con vida. Los turcos lo masacrarán como represalia.» Lavaulx resopló para infundirse ánimo. En pocos minutos estaría de vuelta en la ciudadela y sería promocionado para estar al mando de un regimiento de infantería. No vio, en la primera fila, el hábito de paño de lana del padre Étienne, que se fundió entre la masa antes de desaparecer. El cura corrió tan veloz como pudo hasta la capilla, donde halló a Germain y a Nicolas ocupados entablillando un codo fracturado.

—¿Así que pretenden enviarlo a que contagie a los turcos? ¡Están chiflados! —espetó Germain una vez el monje les hubo contado la escena de la que había sido testigo.

—¡Hay que evitarlo! —añadió Nicolas mientras se limpiaba las manos.

—Es demasiado tarde, solo aguardan la orden para salir del bastión de Hornwerk. ¡Que Dios los perdone! —concluyó el padre santiguándose.

—Aún hay una pequeña esperanza si podemos distraerlos. Id a por Babik y nos encontraremos en la entrada de la galería.

Menos de tres minutos más tarde, los dos cirujanos, acompañados por el gitano, iniciaban el descenso a los subterráneos.

—Germain, vamos allí donde nos encontrasteis la última vez.

—Recuerdo el trayecto perfectamente, tenía tanto miedo de perderme que se me quedó grabado en la memoria —respondió el cirujano, y aceleró el paso.

—Muy bien. En cuanto abran el puente, Babik le hablará a Vedel. Pasarán a unos veinte metros de nosotros. No tendremos mucho tiempo, y deberás convencerlo de que no debe ir allí. ¿Lo has entendido?

El gitano asintió.

—Si hubiera una epidemia, afectaría a todo el mundo, y a las familias de los *robs* igual que a las de los demás, como le sucedió a la suya hace cuatro años. ¿Le dirás eso? ¡Todo el mundo morirá, y no solo los enemigos!

—Sí —respondió Babik.

Sus ojos negros reflejaban el resplandor de la antorcha que sostenía en la mano. Su mirada expresaba una firme determinación.

A mitad de camino, Ribes de Jouan se detuvo y se volvió hacia sus compañeros.

—Tenemos un problema, señores.

—¿Nos hemos perdido?

Germain negó con la cabeza. Pisó con fuerza el suelo y se oyó un chapoteo.

—La galería está inundada —dijo, y movió la antorcha hacia el frente.

La luz solo les permitía ver a unos diez metros delante de ellos.

—¿Seguimos? —preguntó Germain.

Sin aguardar una respuesta, Babik se puso a la cabeza con paso decidido.

—Vamos, sigamos —concluyó.

El ruido de sus pasos pronto quedó ahogado: el nivel del agua les llegaba hasta el muslo y ralentizaba su avance. Recorrieron unos cien metros por una galería sin desnivel suplementario y luego torcieron a la izquierda, donde volvía a iniciarse la pendiente.

—Brrr... ¡Qué fría está! —constató Germain cuando el agua le llegó a la cintura.

—¿Está lejos?

—Solo quedan dos pasillos y habremos llegado al bastión —respondió mientras apartaba una masa oscura con el reverso de la mano.

—¿Qué era eso? —preguntó Nicolas, a quien le temblaban las mandíbulas sin poder controlarlas.

—Ratas muertas. Por aquí hay un montón. Está claro que estas no comían muy bien.

El gitano tragó saliva.

—¿No tendrás miedo a las ratas? —le preguntó Germain.

—No, Babik no nadar. No nadar...

Cinco minutos después llegaron a la intersección de la última galería. El agua les llegaba a los hombros. El gitano, más corto de estatura, se vio obligado a caminar de puntillas.

—¡Hemos llegado! —exclamó Germain, triunfal—. Ahí está la aspillera, a la derecha.

En cuanto doblaron la esquina, sin embargo, tuvieron que rendirse ante la evidencia: el nivel del agua había ascendido diez centímetros más. Babik fue presa del pánico cuando el líquido le llegó al mentón. Retrocedió, asustado, hasta la esquina de las dos galerías para hacer pie de nuevo y recuperar el resuello.

—¡Casi habíamos llegado! —gritó Nicolas, enfurecido—. Si no está frente a la abertura no logrará oírlo. Tal vez pueda llevarlo a hombros. ¿Babik?

En la mirada del gitano podía verse el miedo.

—¡Tengo una idea! —dijo Germain antes de inspirar profundamente y desaparecer bajo el agua.

Surgió de nuevo batiendo el agua y profirió un rugido.

—¡Aún siguen ahí! ¡Las piedras! Hay un montón de ellas en la galería, está en obras.

Tras cuatro inmersiones había apilado suficientes piedras para hacer un promontorio de medio metro de altura frente a la aspillera. Los dos cirujanos acompañaron a Babik, que se sostenía de los hombros de ellos, hasta la plataforma. Se aferró al estrecho ventanuco, la mitad del cual se hallaba bajo el nivel del agua.

—¿Y el puente levadizo? —preguntó Germain a la vez que intentaba ver el exterior.

Babik le indicó con un signo que estaba alzado.

—¡Hemos llegado a tiempo! ¡Lo lograremos! —exclamó antes de tender la antorcha a Nicolas.

Rebuscó en el bolsillo de su chaqueta y extrajo un botellín de aguardiente.

—¡Está intacto! Lo guardaremos para el regreso, amigos. ¡Nos mantendrá calentitos!

—Me gustaría saber qué sucede ahí arriba —dijo Nicolas—. Aquí no podremos aguantar mucho tiempo más.

El viento que soplaba por el pasillo hacía temblar las llamas de ambas antorchas.

—¡Dos tercios de los hombres presentes en esta guarnición están a mis órdenes, señor gobernador! ¡No podéis actuar de este modo sin consultármelo previamente!

El general De Rabutin estaba fuera de sí. Cuando supo de la intención de Von Capara de sembrar el terror entre el enemigo con la ayuda de un hombre enfermo, fue de inmediato al cuartel general. El bastión de Hornwerk se encontraba bajo control de sus soldados y había ordenado que lo bloquearan. La acción era puramente simbólica dado que su situación militar no le permitiría oponerse mucho tiempo al jefe de la plaza. Von Capara dejó que la tormenta escampara sin perder la serenidad y le expuso las razones de un plan que a su parecer era audaz pero inevitable.

—Querido De Rabutin, ha llegado el momento de ser sensatos —dijo, y le tendió una copa de cristal llena de vino—. Hay que hacer que las cosas se pongan de nuestra parte.

El general rechazó su ofrecimiento con un gesto brusco y salpicó de vino la camisa del gobernador.

—Las tropas enemigas están tan agotadas como las nuestras, conseguiremos vencerlas por fatiga —aseguró De Rabutin—. Pero, por lo que más queráis, ¡evitad el riesgo de una epidemia! ¡Ya tuve bastante hace tiempo!

Von Capara se limpió con delicadeza mientras prometía para sus adentros que le haría pagar caro semejante atrevimiento. Esperaba el regreso del coronel, al que había enviado a negociar directamente con el capitán del bastión. Era solo cuestión de tiempo, y no tenía prisa.

Germain agitó el botellín y lo vertió sobre su boca abierta para asegurarse de que no quedaba ni una gota.

—Esto nos reanimará —declaró sin convicción tras haberla tirado muy lejos.

Se relevaban para sostener las antorchas. Las llamas, al calentarles el rostro, los reconfortaban un poco.

—Podemos seguir así unos diez minutos. Luego tendremos que retroceder, de lo contrario me temo que el frío nos abotagará del todo —decidió Nicolas.

Un largo chirrido hizo eco a sus palabras.

—¡Ya está, ya abren! —comentó Germain, que sostenía las dos antorchas.

Al bajar el puente se produjo una ola que se propagó hasta ellos. El cirujano alzó los brazos al máximo para que no se apagaran las antorchas. Tendió una de ellas a Nicolas, que se había aproximado a Babik.

—¡Dividamos los riesgos! ¿Qué, veis algo?

Los cuatro jinetes aparecieron sobre el puente y se detuvieron a mitad del mismo. No pudieron reconocer a Vedel. Dos hombres, con la mano en la empuñadura de sus espadas, se colocaron frente a ellos. Todo era muy confuso.

—¡Ahora te toca a ti! —dijo Nicolas, y palmeó el hombro de Babik.

Babik gritó tanto como pudo. Llamó a Vedel, que volvió la cabeza en su dirección sin lograr localizarlo. Babik habló sin pausa. Le explicó la trampa en la que había caído y el riesgo de contagio para la población de los alrededores.

En el puente cundía el nerviosismo. Los guardias recibían órdenes de su capitán y contraórdenes del representante del gobernador. Y aquel hombre que hablaba a uno de los jinetes en una lengua desconocida, aquella voz que parecía surgir de debajo de la tierra, poderosa, intimidadora, hacía que la situación fuera aún más angustiosa. Los caballos tironeaban de sus bocados, relinchaban y pisoteaban con los cascos las tablas del puente.

Cuando Vedel respondió, todo el mundo se quedó inmóvil. Su voz era un grito de dolor.

—¿Qué dice? —preguntó Germain a la vez que agarraba al gitano del hombro.

—Él sabe. Quiere morir.

—¡No, así no, no sin luchar! —se rebeló Nicolas.

Babik tradujo. En el puente, los guardias habían desenvainado sus armas. Lavaulx gritaba que les abrieran paso en nombre del gobernador. Vedel retrocedió. El ayudante de campo le agarró la brida para evitar que diera media vuelta. Babik gritó la misma frase varias veces seguidas hasta que se le rompió la voz, agotado. Súbitamente, el puente se hundió unos centímetros en la hierba embarrada e inundada. Los caballos relincharon y Lavaulx tuvo que agarrar sus bridas con ambas manos, cosa que Vedel aprovechó para dar media vuelta.

—¡Vuelve a entrar, vuelve a entrar! —gritó Germain, esta vez aplastándole el hombro a Babik.

Los otros jinetes dudaron un instante y acabaron por seguirlo. El chirrido volvió a oírse: los dos aguilones de madera tiraban de las cadenas y alzaban el puente en su lenta ascensión. El movimiento provocó una nueva ola que desbordó el foso y sorprendió a los tres hombres mientras se congratulaban. Babik hizo un gesto de pánico y resbaló del promontorio, arrastrando a Nicolas en su caída. Ambos desaparecieron bajo el agua, que se había enturbiado debido al lodo que arrastraba. Germain, sorprendido, aguardó unos segundos antes de llamarlos. Podía ver los remolinos provocados por los dos cuerpos que parecían luchar y percibió que

Babik, al ahogarse, se aferraba a Nicolas. Germain sumergió la mano izquierda extendiendo a la vez el brazo derecho para salvaguardar su única fuente de luz. Agarró una manga, pero solo logró desgarrar el tejido y comprendió que nada lograría con una sola mano. Los segundos transcurrían y Nicolas seguía sin aparecer, ambos hombres se debatían cuerpo a cuerpo bajo el agua. El pánico de Babik le había dado nuevas fuerzas. Germain hizo un nuevo intento infructuoso, aspiró aire profundamente, arrojó la antorcha y se sumergió.

La penumbra lo inundó todo. La única luz procedía del alba que se insinuaba tras la aspillera. Germain avanzó a tientas. Babik abrazaba a Nicolas, quien tenía los brazos pegados al cuerpo. El agotamiento de ambos permitió a Germain separarlos. Ayudó a Nicolas a ascender a la superficie y luego volvió en busca del gitano, al que depositó sobre el promontorio. Los tres hombres recuperaron el resuello en silencio, exhalando un efímero vaho. Babik tosió y escupió el líquido que había comenzado a infiltrarse en sus pulmones. Dirigió una mirada lastimera a Nicolas.

—No pasa nada —dijo este, y le tendió la mano—. Todo va bien.

Germain resopló.

—Os comunico que ahora ya no disponemos de luz, así que deberemos confiar en mi infalible memoria.

—¿Y eso qué significa…?

—Que dentro de diez minutos me agradeceréis por segunda vez en el día haberos salvado la vida. Ahora, seguidme, Babik entre nosotros dos, y mantened siempre el contacto con la pared.

El camino de regreso les pareció corto. En menos de cinco minutos accedieron a una galería en la que el agua ya solo les llegaba a las rodillas. Estaban agotados, tenían los labios morados y los escalofríos sacudían sus músculos, paralizados por el frío. Sabían, empero, que se habían salvado. Se detuvieron antes de ascender la escalera que los conduciría a la abadía. Se adivinaban más que verse, pero sus miradas no se separaban. A Nicolas le vino a la cabeza la imagen de Babik cuando le quitaron la máscara. Sin él, no habrían logrado cambiar el curso de los acontecimientos.

—Babik, ¿qué le has dicho para convencerlo? —preguntó—. ¿Qué le has dicho a Vedel?

—*Cred pentru copii.* Piensa en tus hijos —respondió el gitano—. Piensa en nuestros hijos… —murmuró, y sonrió ante la idea de ver de nuevo a Azlan.

***

Tres días después, el miércoles 29 de septiembre, la crecida del Danubio provocó la inundación de todas las trincheras turcas. Aquella misma tarde, los jenízaros de Surmeli Ali Pacha levantaron el campamento. El río había encharcado completamente las tierras y la ciudadela parecía un islote rodeado de pantanos. El diluvio se prolongó aún durante una semana y acabó súbitamente, dando paso a nubes cuarteadas y luego a un sol resplandeciente que fue recibido con tanto alborozo como si se tratara del mismísimo gran elector de Sajonia.

A pesar de la retirada de las tropas enemigas, la actividad en la abadía no disminuía debido a las enfermedades transmitidas por el agua y las ratas que habían invadido la parte alta de la ciudad. Los dos cirujanos se turnaban día y noche hasta que se normalizara la situación.

Habían transcurrido dos semanas, el paisaje había recuperado su aspecto habitual y la naturaleza había absorbido el diluvio cuando llegaron los primeros refuerzos, y con ellos los mensajeros de las provincias de origen de los soldados llevando consigo noticias de sus familias.

—No hay carta para ti —anunció Germain—, pero ¡tengo algo mejor, mucho mejor!

Señaló al soldado que se hallaba sentado a la mesa del refectorio zampándose un pedazo de carne a mordiscos.

—Charles estuvo en Nancy el mes pasado. Le pedí que fuera a casa de tu amigo maese Delvaux. Tiene noticias de tus allegados. ¿Charles?

El hombre se tragó el bocado, se limpió la mano en la manga y asintió.

—Sí, los vi.

—¿Cómo están? —preguntó Nicolas, ansioso—. Vamos, ¡habla!

—La patrona está mejor.

—¿Cómo que está mejor? ¿Puede hablar?

—Sí, puede hablar...

—¿Y anda?

—Sí, también. Puede andar.

—Pero ¿cómo anda?

—Como alguien que avanza —respondió el hombre, que parecía no entender la insistencia de Nicolas—. Vino hacia mí y me dijo que no debíais preocuparos. No soy médico, pero puedo deciros que esa dama ya no parecía enferma.

—¿Y Marianne Pajot?

—¿La comadrona? Se fue a atender un parto. Sin embargo, maese Delvaux me dijo que ella os espera, y que os ocupéis de vos mismo, que él ya se ocupa de lo demás.

Nicolas abrazó al hombre, sorprendido.

—Gracias, amigo, muchísimas gracias.

No deseaba separarse de aquel que había visto a Marianne y le había anunciado la curación de Jeanne. Lo abrazó de nuevo un buen rato, haciéndole preguntas y abrazándolo a cada respuesta, casi ahogándolo, hasta el punto que Germain se vio obligado a poner fin a la entrevista.

—Tiene que descansar antes de reunirse con su regimiento —dijo tras un último abrazo de Nicolas.

Lo acompañó y regresó a la cocina, con una amplia sonrisa en los labios.

—Ya lo ves, te dije que no debías preocuparte. Están bien. El mes próximo saldrá un correo y podrás entregarle tus cartas.

—¿Cuándo podré volver allí?

—Lo siento, pero de momento no puedo dejar que regreses. Me es imposible, te lo aseguro. Solo somos dos. Te has vuelto indispensable, así son las cosas y tendrás que hacerte a la idea.

Germain partió una hogaza de pan y sumergió una rebanada en una escudilla de caldo.

—Sé cuáles son tus intenciones, amigo mío —añadió tras limpiarse el mentón por el que se deslizaban unas gotas de sopa—. No te lo reprocho, pero quiero que sepas que, si te marchas, cada soldado que muera por no haber podido ser operado a tiempo habrá muerto por tu culpa.

Se aproximó a Nicolas con el pan en una mano y la escudilla en la otra.

—Y daré la dirección de maese Delvaux a cuantas familias pierdan un hijo, para que te puedan encontrar.

Mordió de nuevo su pitanza y entregó la escudilla a Nicolas.

—Regresar a Lorena en este momento y sin escolta sería una locura. Te estoy salvando la vida —concluyó—. ¿Vienes conmigo a la autopsia de Vedel?

El gitano, en cuanto regresó al interior de la fortaleza, fue encarcelado y aislado. Su juicio, a manos de las autoridades militares bajo las órdenes del gobernador, fue expeditivo y, acusado de intento de deserción, el veredicto fue inapelable: Vedel fue condenado a muerte. Cuatro días antes de su ejecución fue víctima de una crisis de fiebre hemorrágica más fuerte que las precedentes y en menos de cuarenta y ocho horas falleció.

—Finalmente, su muerte contenta a todo el mundo —dijo Nicolas al tiempo que depositaba la escudilla sobre la mesa.

—A él más que a nadie. ¿Vienes? Sabremos más acerca de su enfermedad —propuso Ribes de Jouan cuando ya cruzaba el umbral.

Salieron de la abadía, pasaron junto al cuartel de los coraceros, dejaron la sala de los oficiales a su derecha y se detuvieron en la punta del bastión norte, bajo la torre cuadrada que alojaba un inmenso reloj coronado por un campanario, uno de los pocos vestigios de la ocupación otomana. El lugar ofrecía una vista única sobre el valle circundante y a ambos les gustaba ir allí a menudo.

—¿Cuándo abandonaremos esta fortaleza? —preguntó Nicolas sin dejar de contemplar el paisaje que había recobrado su aspecto inicial.

—No soy el general De Rabutin, pero ha llegado a mis oídos que levantaremos el campamento antes de diciembre. A todos nos vendrá bien salir de este atolladero para reunirnos con nuestro duque.

—El duque... ¿podremos verlo?

Germain estalló en una carcajada.

—Adivino tus intenciones, pero si crees poder obtener su gracia con la excusa de reunirte con tu amada, ¡ya puedes olvidarlo!

—Puedo presentar mi caso desde un punto de vista mucho más favorable —replicó Nicolas, ofendido.

—Nadie te impedirá intentarlo. Nuestro duque es un hombre recto y generoso. Sin embargo, lo único que te llevará de vuelta a casa será un tratado de paz. ¡Y nuestros príncipes son más avaros cuando se trata de tratados que en el caso de las batallas!

Tatar, que los seguía, intentaba cazar moscas a bocados. Sus dientes mordían invariablemente el vacío, y eso acabó por fastidiarlo. Ladró de impaciencia y volvió a situarse entre ambos hombres.

—Utilizaré mi soldada para comprar la libertad de Babik y de su familia —anunció Nicolas tras pasar un momento observando al animal en su infructuosa cacería.

—Esa decisión te honra, pero, sin ánimo de ofenderte, necesitarás más de seis meses de campaña para liberarlos de ese yugo. ¿Sabes cómo se llama esta región del reino de Hungría? —preguntó a la vez que señalaba la llanura a sus pies.

—No conozco la geografía de las tierras donde nos hallamos. Mi guía siempre me ocultó los mapas de los que disponía. Solo sé que yendo recto hacia el nordeste, en un mes llegaría a Nancy.

—Estamos en Esclavonia. De aquí a Warasdin pasando por Walpo, Possega y Rifia, todas esas tierras pertenecen a Esclavonia. Y no solo son fértiles en materia agrícola, créeme. Aquí el comercio de esclavos se remonta a la Antigüedad, y ni tú ni yo lograremos cambiar las cosas.

Sacó un escalpelo de su bolsillo ante la mirada asombrada de Nicolas.

—Siempre lo llevo encima, para limpiar mi pipa —confesó como si deseara excusarse—. Y eventualmente para abrir alguna piel. ¿Sabes lo que se cuenta acerca de ese eclesiástico y escritor al que llaman Fénelon?

—No lo conozco.

—Te confesaré que yo tampoco. El padre Étienne, sin embargo, lo conoció. Es un tipo curioso ese monje, con tantas contradicciones en su interior... como nos sucede a todos, a fin de cuentas —añadió mientras rascaba una piedra de la torre con la punta de su instrumental.

—¿Y qué le dijo Fénelon a nuestro anfitrión?

Germain sopló hacia el muro.

—Ya está, lo he grabado. Es mi contribución a la eternidad.

Nicolas se aproximó para leer la frase grabada.

—«Dios creó la libertad y el hombre la esclavitud...» —murmuró—. La fatalidad no existe. Algún día Esclavonia cambiará de nombre. Volveré aquí en cuanto haya reunido la suma.

—Es una causa noble. Perdida por adelantado, pero te ayudaré. Podría enseñarte algunas martingalas y subterfugios.

—Azlan ya me ha hablado de tus triquiñuelas.

—Son solo métodos para hacer justicia —se defendió Germain—. También él desea sacar a su familia de esta situación. Y todo sirve. Sobre todo el dinero de los soldados. ¿Qué quieres que hagan con él, aparte de perderlo en el juego? Es la guerra.

Nicolas permaneció en silencio.

—Ya verás, esta vida te acabará gustando —concluyó Germain.

La aguja larga del reloj atrapó a la corta, con sus flechas apuntando al cielo. Las campanas dieron la hora perezosamente. Un grupo salió de la sala de oficiales hablando a voces. El viento arrancó el gorro peludo de uno de ellos entre las risas de los demás.

—Ven —dijo Germain, y tiró de él—. Vamos a ver de qué color era el alma de Vedel.

8

Timisoara, agosto de 1696

Nicolas siguió a Ribes de Jouan. Dejaron la ciudadela el 23 de octubre de 1694 y recorrieron el reino de Hungría y sus provincias más lejanas; participaron en la victoria de su ejército entre Lippa y Lugos, en el condado de Bekes, donde Nicolas se adentró por primera vez en el campo de batalla con la ambulancia volante; llegaron a Transilvania por el valle de Harzag, donde el general De Rabutin fue nombrado comandante de la plaza; fueron hasta Valaquia acampando en Tchermich, la ciudad negra; luego en Moldavia, en Jaffy y Kotnar, donde Germain había hallado los mejores vinos de todos los confines del imperio; pasaron junto al reino de Polonia y jugaron al ratón y al gato con los otomanos en el condado de Marmarus; salvaron la vida de numerosos loreneses y soldados alemanes, austríacos, daneses, italianos, húngaros, polacos y algunos jenízaros extraviados; dejaron atrás dos inviernos y dos veranos, y el 12 de agosto de 1696, tras seguir el trío Teysse durante más de dos semanas, el viento de la guerra los condujo de nuevo a Peterwardein.

—No merece la pena sacar todo el material —indicó Ribes de Jouan—, en dos días nos iremos a Timisoara.

Grangier emitió un gruñido digno de un jabalí. Acababa de descargar la última caja.

—Creía que la ciudad estaba en manos de los turcos —replicó mientras alzaba con dificultad un bulto que hizo deslizar hasta el fondo del carromato.

—¡Eh, compadre, ándate con cuidado, que el material es frágil y valioso! —advirtió Germain, y se encaramó al vehículo—. Por fortuna, no se ha roto nada —concluyó tras su examen—. Pásame las otras cosas —añadió a la vez que señalaba dos cajas idénticas.

Cuando estuvieron cargadas, Germain las cubrió con una lona.

—A partir de ahora, prohibido tocarlas. Es la reserva personal del cirujano jefe, ¿está claro? Esas botellas envejecerán en mi bodega cuando la guerra acabe. Y, para responder a tu pregunta, nuestros enemigos predilectos se hallan enclaustrados en Timisoara y vamos a reunirnos con el elector de Sajonia para rodearlos. ¡Vamos a pasar unos días en el campo!

Al entrar en la capilla reconoció el olor a piedra y salitre que respiraron a lo largo de varios meses. Nada había cambiado, y los barreños de madera que habían dispuesto junto a la nave para recoger el agua de las goteras seguían cumpliendo su misión. Por fortuna, solo tenían una decena de pacientes, víctimas de caídas o de disentería, que ocupaban el ala derecha. Nicolas conversaba animadamente con un muchacho de cabello largo y ensortijado y de sonrisa radiante, que movía sus manos delicadas al compás de sus palabras.

—¡Azlan! —exclamó Germain al llegar junto a ellos—. ¡Ni te había reconocido!

—Casi quince años —respondió el gitano dándole un abrazo—. Quince —repitió valiéndose de sus dedos—, y ahora ya soy un hombre —añadió con una voz grave y potente que sorprendió al cirujano.

«La misma voz que su padre», pensó al recordar las súplicas de Babik a Vedel desde los subterráneos de la ciudad.

—Azlan se ocupa de todo —intervino Nicolas.

—Pronto seré un gran sanador —confirmó con una sonrisa que descubrió unos dientes blancos perfectamente alineados.

Los dos cirujanos descendieron a la cripta en la que había sido enterrado Philippe de Toul, no lejos del coro donde descansaban los monjes, para reunirse.

—He informado al padre Étienne de mi intención de comprarle la familia de Babik —murmuró Nicolas tras unos minutos de silencio, durante los cuales el recuerdo de la noche del drama volvió a su mente hasta que lo expulsó de una vez por todas.

—Quiero aportar una parte, tú solo no podrás con toda la suma, amigo mío.

—No es necesario —replicó Nicolas sin dejar de mirar al lugar en el suelo donde estaba grabado el nombre del natural de Toul—. Ya son libres.

—¿Libres?

La palabra de Germain resonó de forma extraña en la cripta.

—¿Libres? —repitió, incrédulo.

—Una vez partimos de aquí, el cura los liberó de su estado de *rob*. Les devolvió su condición de seres humanos. Abandonaron Peterwardein. Toda la familia se marchó, excepto Azlan —explicó Nicolas, y acto seguido se santiguó—. Ven, salgamos de aquí.

El joven gitano, falseando su edad, había sido contratado como aprendiz por el único cirujano civil de la ciudadela. El hombre necesitaba mano de obra y, poco escrupuloso, aceptó alojar al muchacho cuyas nociones acerca de curas y de plantas lo habían intrigado e impresionado.

—Ha llegado al fin de su aprendizaje y deberá partir como oficial —prosiguió Nicolas mientras ascendían por la calle que conducía al Arsenal.

El día estaba presidido por un sol que reinaba despóticamente desde el inicio del verano. El promontorio rocoso sobre el que había sido construida la ciudadela les permitía disfrutar de un ligero viento que hacía soportable la canícula. Nicolas se subió las mangas.

—Le gustaría partir con nosotros. Por eso se quedó aquí, convencido de que algún día volvería a por él.

—¿Con nosotros? ¿En nuestra unidad?

—Perdimos a un enfermero en la batalla de Lugos. Azlan nos será útil en el hospital como asistente y para atender las curas que no requieren operación.

—Es muy joven —observó Germain al tiempo que se frotaba el mentón—. ¡Nunca se ha visto un aprendiz de cirujano de catorce años!

—Sí —respondió Nicolas, a la par que se detenía frente a la torre del Reloj—. Yo.

Germain lo miró, incrédulo.

—¿Puedes prestarme tu escalpelo? —añadió Nicolas con la mano tendida hacia él.

Buscó la frase que su amigo había grabado dos años antes y rascó para hacerla desaparecer antes de inscribir una nueva.

—No conocí a mi padre. Me crió mi madre, sola. Durante toda mi infancia, para los demás fui el bastardo del pueblo. Antes de morir me confesó que era un francés, un militar de paso, capitán de un regimiento de dragones de la guarnición de Nancy en 1668. Cuando nací, ya había levantado su campamento.

—¿La abandonó tras dejarla embarazada?

Nicolas sopló el polvo que el escalpelo, utilizado a modo de pluma, producía.

—Nunca lo supo. Yo tenía trece años cuando me presenté al sargento reclutador diciendo tener dieciséis y haciéndome pasar por francés. No logré engañarlo, pero se apiadó de mí y me envió con el cirujano del campamento. No logré dar con mi padre, pero hallé mi vocación. Me quedé dos años en Metz antes de volver al ducado para mi formación como oficial.

—Pardiez, ya tenías más de diez años de práctica a la edad en la que yo empezaba a soñar con esta carrera. Desde el primer día supe que podría aprender más de ti que tú de mí.

—Tu experiencia es irreemplazable, Germain. Por ello quisiera que aceptaras a Azlan en nuestra unidad —añadió mientras limpiaba el muro con la palma de la mano—. Ya está, así está mejor. ¿Vamos a acabar con esta guerra?

Germain se aproximó. En el lugar de la máxima de Fénelon estaba grabado: «El hombre es libre sin la esclavitud de Dios».

***

Había miles de tiendas de campaña alineadas a una respetable distancia de la ciudad sitiada. Timisoara no tenía el aspecto inexpugnable de Peterwardein. La ciudadela, situada en una llanura, era de arquitectura modesta y en la misma se alzaban hacia el cielo dos torres y un minarete, que podían avistarse desde varios kilómetros de distancia. Las fortificaciones no ofrecían ninguna complejidad y contaban solo con una entrada, que se abría a orillas del Temes. Desde el 10 de agosto, fecha de inicio del sitio, y a lo largo de esos primeros días, no se había producido escaramuza alguna. Cada bando observaba al otro. Las tropas de De Rabutin trajeron consigo novecientos carros de víveres y municiones. El general francés había sido nombrado comandante en jefe de toda la caballería para aquella campaña, cosa que había hecho rechinar los dientes a más de uno entre los dignatarios del Estado Mayor de la coalición. La unidad de Ribes de Jouan llegó el 15 de agosto con el regimiento lorenés de Bassompierre y plantó la inmensa tienda que serviría como hospital de campaña alejada del campamento.

Azlan daba muestras de una incansable actividad y se ofrecía voluntario para todas las tareas. La primera semana transcurrió a la espera de un asalto que no llegó a tener lugar. Por el contrario, el 20 de agosto se dio orden de levantar el campamento.

—¿Qué sucede? ¿Por qué abandonamos? —preguntó Nicolas una vez Germain lo anunció a su equipo.

El cirujano lo condujo a un aparte.

—Oficialmente, se trata de un cambio de estrategia: esta ciudad ya no nos es de utilidad. Oficiosamente, este asedio no es más que una trampa para atraer a las tropas del gran visir al rescate. Han sido localizadas en Bardan, a veinte kilómetros de aquí. Seguiremos el curso del Bega para sorprenderlas en su aproximación y darles una paliza —añadió sin entusiasmo.

—No pareces muy convencido —observó Nicolas.

—A los turcos no es fácil engañarlos. ¿Quién va a creerse que treinta y ocho mil hombres son desplazados para ir a una ciudad que no es más que un furúnculo en el culo? Y parece que nuestra organización hace aguas: las tropas deberían estar en camino hace ya una hora y solo han partido dos regimientos. Tenemos la agilidad de una tortuga que quisiera atrapar un lagarto. De Rabutin está furioso con el elector de Sajonia. Para complicar las cosas, en estos momentos no tengo la menor idea de dónde podremos instalar el hospital de campaña. Grangier ha ido a inspeccionar algunas granjas de los alrededores. Lo difícil, sin embargo, es ser rápidos y estar bien informados.

—Tal vez deberíamos dejar aquí la tienda como solución en caso de repliegue.

—Tal vez.

Germain dudaba. Se sentó a reflexionar. Alrededor de ellos, los soldados habían formado filas y se disponían a emprender el camino. Un regimiento de caballería pasó al trote. Todos los miembros de la unidad de curas se habían reunido a la entrada de la tienda y aguardaban las instrucciones.

—Hay indicios contradictorios —prosiguió el cirujano—, demasiadas incertidumbres.

—Iré al campo de batalla con Grangier —propuso Nicolas—. Clasificaré a los heridos sobre la marcha. Llevaremos a los más urgentes a la granja que encuentre, donde tú operarás. Aquellos que estén en mejores condiciones subirán a un carromato que ellos mismos conducirán hasta aquí, donde Azlan los atenderá.

—Eso nos permitirá ir rápidamente de una granja a otra sin vernos obligados a transportar demasiados heridos... ¡Aceptado! —aprobó Germain a la vez que se ponía en pie—. Pero te prohíbo acercarte a los combates durante una carga, cuento contigo.

—¿Para tener siempre a alguien a quien desplumar al lansquenete?

—¡Para estar seguro de que pagarás tus deudas de juego!

Al llegar al cuartel general, el conde De Rabutin no había logrado contener su exasperación. Palmeó el cuello de su caballo, que acababa de recorrer varios kilómetros al galope, entregó las riendas a uno de los centinelas y entró en la tienda del Estado Mayor. Los mariscales Heister y Von Capara estaban reunidos alrededor del elector de Sajonia y examinaban un mapa. Cerca de ellos, un criado trinchaba un pollo frío que servía en unos platos de porcelana. Se había dispuesto una mesa y en el centro de la misma había una cesta inmensa de fruta fresca, y un segundo criado escanciaba un tokay ambarino en unas copas venecianas.

—¿General? —exclamó el elector sin ocultar su sorpresa—. ¿No deberíais hallaros al frente de nuestra caballería y preparándoos para el ataque?

—Alteza, he venido tan raudo como he podido tras haberlo concertado con el duque de Lorena. Hemos querido asegurarnos de que no se trataba de un error —respondió De Rabutin al tiempo que se descubría la cabeza.

—¿De qué error estáis hablando? —interrogó el gran elector a la vez que escrutaba a sus mariscales, que esbozaron gestos de incomprensión.

—De la orden de que nuestra caballería cargue contra el enemigo turco, alteza.

—De Rabutin, aplicamos el plan previsto desde el inicio, y un plan que también vos habíais aprobado, según recuerdo. ¿Disponéis de nuevos elementos que podríais presentarnos y que justificarían...?

—Nuestra infantería se halla lejos y rezagada, y cruza un espeso sotobosque, así que actualmente no puede apoyarnos. Y el enemigo se desplaza por nuestro flanco izquierdo, de espaldas al Bega. Aguarda a que crucemos las marismas para atacarnos. No estamos en una situación favorable —explicó el general señalando las posiciones sobre el mapa—. A ello cabe añadir que ya son más de las seis de la tarde y que en menos de dos horas caerá la noche.

—¿Acaso los loreneses tienen miedo en la penumbra? —preguntó Von Capara mientras cogía despreocupadamente un racimo de uvas.

El comentario y la actitud indignaron al general De Rabutin.

—El recuerdo que dejasteis en Peterwardein les da más miedo aún, gobernador.

—¡Cuidado, francés, estáis hablando a un mariscal del Sacro Imperio! ¡Alteza, ya hemos perdido demasiado tiempo! —exclamó Von Capara.

El gran elector se había vuelto hacia el exterior. Abierta a uno y otro lado, la tienda, situada en la cima de una pequeña colina, ofrecía una vista excepcional sobre todo el valle de Timisoara. Observó un instante con el catalejo la posición de las diversas fuerzas allí dispuestas.

—¿Y dónde está nuestro duque? —preguntó, fastidiado.

—Con sus hombres y el mariscal Taaft, alteza, cerca del antiguo campamento, a la espera de una orden juiciosa.

El elector de Sajonia replegó el catalejo. François Taaft, conde de Carlingford, además de consejero del emperador del Sacro Imperio Germánico, se había convertido en regente indiscutible del duque de Lorena, que tenía plena confianza en él. Que un hombre tan experimentado y sensato apoyara a De Rabutin le hizo vacilar. Pero el elector de Sajonia necesitaba un golpe de efecto, ahora que sus aliados de la coalición comenzaban a dudar de su capacidad para conducirlos a la victoria.

—En la guerra, solo la audacia y la sorpresa llevan al triunfo —prosiguió, y evitó la mirada de De Rabutin—. No se gana una batalla con sentido común. Confirmo mi orden. Indicad a nuestros regimientos sajones que sean los primeros en cargar.

—Es un honor, alteza —respondió Von Capara con una inclinación—. Mis hombres sabrán mostrarse dignos del mismo.

La entrevista había acabado. De Rabutin saludó en silencio. Al llegar al umbral de la tienda, el francés, sin poder contenerse, se volvió:

—No basta ser un gran príncipe para ser un gran capitán, alteza. Además se requiere experiencia y presencia de ánimo. Que Dios nos proteja a todos.

Nicolas y Grangier, sentados en la ambulancia volante, asistieron de lejos a la carga de los dragones alemanes. Como los húsares, había dicho el enfermero en calidad de experto. En su boca, sin embargo, aquello no era un cumplido. Los seis regimientos de coraceros alemanes se precipitaron sobre los pocos *kapukulus** que encontraron. Estos huyeron hasta el muro de carros, de donde surgió un bosque en movimiento de jenízaros. Ayudados por la caballería turca, bloquearon el ataque desordenado que acabó en confusa retirada. Los otomanos aumentaron su ventaja al perseguir a los que huían, que, tal como había pronosticado el general De Rabutin, no pudieron contar con apoyo alguno de los regimientos de infantería, atrapados en unas tierras baldías situadas unos kilómetros más lejos. El francés, anticipándose a la maniobra de los turcos, contraatacó con tres regimientos para obligarlos a atrincherarse tras su fortaleza de carros.

Cuando al caer la noche la ambulancia pudo por fin recorrer el perímetro, los diversos ataques en ambos sentidos habían cubierto el campo de batalla de cuerpos de colores enmarañados. El vehículo, un antiguo carruaje reconvertido, permitía transportar hasta a cuatro heridos a la vez. De la llanura pantanosa se elevaban gemidos y gritos que se entremezclaban con el croar de las ranas y los relinchos de los caballos agonizantes. La batalla se había saldado con varios centenares de muertos y otros tantos heridos que, dado su estado, no habían podido llegar al campamento base.

—¡Son como setas, no hay más que agacharse para coger unos cuantos! —constató Grangier al tiempo que alzaba a un oficial lorenés cuya chaqueta había adquirido un color burdeos por la sangre que la empapaba.

El hombre estaba inconsciente y tenía un corte en la guerrera a la altura del abdomen. Nicolas dejó que su asistente se marchara solo mientras él socorría a otros heridos con ayuda de Tatar, que se había quedado junto a él. Cuatro horas después, el enfermero había logrado realizar ocho viajes de ida y vuelta. Los gemidos habían callado y solo podían oírse los picotazos de los carroñeros que proseguían su trabajo.

* Caballeros de la guardia otomana.

—El hospital está lleno —anunció Grangier una vez hubieron instalado a un tercer herido—. Volvamos. Creo que hemos hecho cuanto hemos podido.

—Voy a por Tatar.

En el momento en que Nicolas silbaba, el perro husmeó una pista y partió corriendo hacia la oscuridad. La ausencia de luna y la presencia de numerosos cadáveres de caballos dificultaban la búsqueda.

Al conde De Rabutin le hirieron dos de sus sementales y a un tercero lo mataron durante el asalto. En la guerra, los animales servían a la vez de montura y de escudo, y sus despojos los recuperaban los vencedores para alimentar a los supervivientes. Tatar ladró, señal de que había alguien vivo allí cerca. Volvió hacia el cirujano y este lo siguió hasta una sombra oscura que parecía un árbol arrancado. Se trataba de dos caballos a los que se les habían enmarañado las riendas, enlazándolos en la muerte en una macabra escultura. Uno de los dos jinetes, un coracero del regimiento de Sahn-Salm, yacía cinco metros más lejos, con la nuca rota. El otro era invisible.

—Lo siento, amigo —dijo al perro—. Ya no puedo hacer nada por él. Vamos, regresemos.

Tatar ladró, pegado al cadáver del alazán. Nicolas, al acercarse, vio una bota que sobresalía debajo del flanco del animal. Oyó claramente un murmullo del que no comprendió las palabras. El hombre era un otomano.

***

Los dos caballos, al estamparse, habían caído uno sobre otro, y las patas traseras del segundo aplastaban el cuello del primero, bajo el que se hallaba aprisionado el jinete. A pesar de que se le había hundido la caja torácica, lograba respirar y se mantenía con vida desde hacía varias horas, pero parecía al borde del agotamiento. Nicolas hizo varios intentos para sacarlo, pero le fue imposible desplazar a los animales. Llamó a Grangier, que refunfuñó al ver el uniforme de *kapukulu* del hombre.

—Dejémoslo ahí, los turcos vendrán a por él mañana. Cada uno sus heridos. ¡No se morirá de frío!

—Tengo que examinar sus piernas, tal vez las tenga rotas —respondió Nicolas, y requirió su ayuda.

—¡Tenemos que volver al campamento!

La mirada del cirujano le recordó que le debía la vida. Los graznidos de los carroñeros se redoblaron. Se encarnizaban con una presa.

—De acuerdo, pero solo haremos un intento. Allí nos necesitan —respondió para justificarse.

—Trae la ambulancia, tiraremos de los animales con una soga —ordenó Nicolas.

En menos de diez minutos habían desplazado los cadáveres de los dos caballos y transportaron al herido a la carretilla, donde el cirujano lo examinó someramente a la luz de una antorcha que Grangier había encendido. Tenía varias costillas rotas y sus piernas habían sufrido un aplastamiento prolongado. Nicolas le vendó el tórax, le tendió la antorcha y le indicó que podía marcharse. El hombre titubeó, dio unos pasos y se volvió hacia ellos.

—*Çok teşekkür ederim* —articuló con dificultad—, *Allah sizi korumak*.

—¿Qué ha dicho?

—Creo que nos agradece que no lo llevemos con nosotros —respondió Grangier mientras empuñaba las riendas—. Solo espero que no tengamos que lamentarlo si mata a uno de los nuestros en una nueva batalla.

Chasqueó la lengua para que los caballos se pusieran en camino. La ambulancia volante circuló traqueteando por las lindes de los campos.

—Lo lamento, muchachos —se disculpó Grangier dirigiéndose a los tres heridos tumbados en la parte posterior—. Pronto habremos llegado.

Miró a Nicolas, cuyo rostro reflejaba la fatiga.

—Está perdido, ¿verdad? Ese turco, ¿está perdido?

Nicolas asintió con el mentón.

—Le quedan unas horas, dos o tres días como mucho. El aplastamiento ha liberado en su sangre un veneno que se extenderá por todo el cuerpo. Se le hincharán los riñones y se le detendrá el corazón... He curado a decenas como él y no sé cómo detener ese veneno que llevamos dentro de nosotros. Ese desventurado no constituye ningún peligro para nuestras tropas.

—Has hecho bien. Mejor que muera en paz. De no ser así, ¿también lo habrías soltado?

Nicolas se recostó contra el montante del carro sin responder.

—¿Lo habrías hecho prisionero o lo habrías soltado? —insistió Grangier.

—Soy cirujano...

Germain les dio la bienvenida con su habitual cordialidad.

—¡Los últimos clientes! Dense prisa, señores, el establecimiento iba a cerrar sus puertas, pero ¡por vuestras mercedes haremos una excepción!

La granja abandonada que habían ocupado se había ido vaciando poco a poco una vez operados o examinados los pacientes.

—No ha funcionado mal —comentó—. Y me parece que por su lado Azlan también se las ha apañado. ¡Vayamos a felicitarlo!

En plena noche regresaron al campamento que habían abandonado aquella misma mañana y que se hallaba sumido en una gran confusión tras la anárquica retirada de los regimientos de la coalición. Se habían encendido braseros y la mayoría de las tiendas se habían instalado sin orden ni concierto. Reinaba un desorden absoluto y por doquier había grupos de soldados que trataban de reincorporarse a sus unidades, de las que se habían visto separados en la desbandada. La tienda del hospital contrastaba con el resto del campamento por su organización y la calma reinante. Azlan recibió a los dos cirujanos con alegría y orgullo sinceros. Se empeñó en explicarles las curas que les había practicado a cada uno de los heridos.

—Excelente trabajo, bravo, chaval —lo felicitó Germain antes de coger una botella de vino que había junto a una mesa de operaciones.

Se sentó sobre el único jergón libre, se quitó las botas en medio de una nube de polvo, hizo gárgaras con el alcohol antes de tragarlo y se tumbó.

—Id a descansar, yo cuidaré de los enfermos —ordenó al tiempo que los despedía con la mano.

Nicolas y Azlan extendieron unas mantas sobre la hierba que rodeaba el hospital.

—Ya debe de estar durmiendo —pronosticó Azlan.

—Haré una ronda dentro de un rato para comprobar que sus ronquidos no molesten a los pacientes.

Azlan se echó a reír.

—Qué bueno es oír una risa en semejantes circunstancias y en este lugar —dijo Nicolas—, cuando esta tierra no ha hecho más que beber sangre a lo largo de toda la noche.

Se habían acostado de cara al cielo sin nubes. La oscuridad permitía observar todos los detalles de la bóveda celeste.

—¿Recuerdas cuando te enseñaba las estrellas en Peterwardein? —preguntó Nicolas a la vez que tendía la mano como si quisiera asirlas.

Azlan hizo lo mismo.

—Sí. Saltaba para agarrarlas. A veces me subías a hombros para acercarme a ellas. Pero nunca conseguí coger una.

—Te explicaba que se escabullían pero que, si lo deseabas de verdad, un día conseguirías una. A fuerza de obstinación y de voluntad.

—Y yo, cuando te ibas, cada noche saltaba sin parar, convencido de que lo lograría. Babik me miraba riéndose y me animaba.

—¿Echas de menos a tu familia?

—¿Cómo no voy a echarla de menos? Los llevo dentro de mí.

Nicolas sonrió.

—Recuerdo cuando me preguntabas: «¿Tú solo, *gadjo*? ¿No *család*?».

—¡Empezaba a aprender tu lengua! —se defendió Azlan.

—Has hecho muchos progresos en dos años. En todo.

—¡Yo dar gracias a padre Étienne! —bromeó—. ¿Sabes qué me regaló cuando me marché?

—No…

—Un libro de anatomía, ¡uno de verdad!

—En seis meses no encontré ni uno en su biblioteca. ¡Y mira que busqué a fondo!

—Lo guardaba en su celda. Parece que es único.

Nicolas se sentó, devorado por la curiosidad.

—¿De veras? ¿Me lo enseñarás?

—¡Por supuesto, eres mi maestro! ¿Voy a buscarlo?

En cuanto Nicolas asintió, Azlan se precipitó al interior de la tienda. El cirujano se puso en pie. Su fatiga y la melancolía que a menudo se apoderaba de él tras una jornada de combate habían desaparecido, disipadas por la conversación. La capacidad del adolescente para ser feliz y maravillarse ante cualquier cosa, incluso en las peores circunstancias, lo impresionaba. Azlan había logrado atrapar su estrella y Nicolas estaba orgulloso de haberlo guiado hacia ella. «*Gadjo*, cuando haya leído todo, ¿seré un gran sanador como tú?», le preguntó un día el chiquillo gitano. «Serás un gran sanador —pensó al recordar aquella conversación—. Solo tengo que lograr sacarte de esta guerra.»

Azlan tardaba mucho en regresar. Nicolas se puso en pie y se desperezó. Al este, el manto de la noche se había tintado de matices claros en los que se diluían las estrellas: el alba no tardaría en invadirlo todo. Le llamó la atención una gigantesca masa oscura, del tamaño de un bosque, que parecía moverse mecida por un viento anárquico. Cuando sus ojos enfocaron mejor, comprendió que aquel decorado en movimiento estaba compuesto por caballos que avanzaban al paso. Había centenares de ellos, montados por soldados cuyos sables relucieron bajo los primeros rayos del sol.

***

La noticia de la llegada de la caballería turca provocó un pánico indescriptible en el campamento. Los hombres trataban de huir a pesar de la oposición de los escasos oficiales presentes, cuyas amenazas no tenían ningún efecto disuasorio. Todos podían ver ya la inmensa línea de la tropa otomana que se había detenido a un centenar de metros de las primeras tiendas.

El hospital no había escapado al contagio del miedo. Algunos soldados que podían valerse por sí mismos se habían dado a la fuga pronosticando a los demás un destino poco envidiable. Cuando entró Nicolas, Azlan había logrado imponer una cierta calma bajo la carpa.

—Germain ha ido a buscar a los loreneses —le indicó—. Parece que el duque y el conde De Rabutin preparan nuestros regimientos. Son los únicos operativos y vendrán a defender esta plaza.

Varios caballos sin jinete pasaron al galope frente a la entrada.

—¡Ahí están, ya llegan los turcos! —gritó uno de los heridos al que le faltaba una pierna. Trató de levantarse y cayó pesadamente al suelo.

—¡Calmaos! —exclamó Nicolas—. Son los caballos de un regimiento de dragones. Nuestras tropas están concentradas más lejos y preparan la carga.

Cogió una venda de algodón de una caja y un frasco de ungüento.

—Voy a haceros la cura, debéis estar a punto para seguir a nuestras tropas cuando hagan batirse en retirada al gran visir. ¡Cuanto antes los echemos de Hungría, antes podremos regresar a casa!

—Bien dicho —opinó uno de los pacientes, un capitán de infantería del regimiento de Lorena-Commercy—. ¡Podéis contar conmigo!

Otros dieron muestras de aprobación, pero la mayoría de los heridos se hallaban en un estado de conciencia alterada por el dolor o el láudano.

Nicolas se llevó a Azlan aparte cuando estaba preparando gasas.

—Vas a ir a refugiarte al extremo este del campamento, donde está el Estado Mayor. Ponte bajo protección de su guardia en nombre de nuestro duque Leopoldo. Y si huyen, márchate con ellos.

—Pero tú…

—¡No discutas! No puedes quedarte aquí.

Tras una mirada suplicante, el muchacho comprendió que de nada serviría insistir. Dejó las compresas en la caja y salió sin volver la vista atrás. Unos segundos después, los tambores de la *mehterhane* resonaban en el valle.

A lomos de su caballo, un semental bayo que había encontrado errando por el campo, el conde De Rabutin dio la señal de partir. Había logrado hacer formar en cuestión de minutos a uno de los regimientos de Bassompierre, con la ayuda del duque de Lorena y del conde de Carlingford, de quien admiraba el coraje en el momento en que los mariscales del Sacro Imperio, con Von Capara a la cabeza, habían iniciado el repliegue y le habían ordenado que les cubriera la retirada. Sabían que ya solo podían contar consigo mismos, sin apoyo del fuego de la infantería.

Los caballos avanzaron primero al paso y luego al trote. El duque había aceptado la idea de De Rabutin de una carga al galope. La táctica era innovadora, pero el desequilibrio de las fuerzas exigía sorprender al enemigo. Leopoldo estaba convencido de que su regimiento lorenés era capaz de coronar con éxito aquella maniobra. A la señal del francés, los caballos se lanzaron a un trote más amplio. Frente a ellos, los otomanos, que habían invadido el ala oeste, luchaban cuerpo a cuerpo contra los escasos soldados de infantería aún presentes allí. Era un combate desigual que acababa en muerte. Cuando tuvieron a los *kapukulus* en el punto de mira, De Rabutin y el duque Leopoldo desenvainaron sus espadas y gritaron a la carga. Los caballos se lanzaron al galope cincuenta metros antes del contacto.

Germain regresó cargado con varios mosquetes y sables y los distribuyó a quienes aún podían utilizarlos, y se guardó para él un arcabuz de mecha y una pistola. Se sentó en su sillón, los cargó de pólvora y luego descorchó una botella de vino de Kotnar.

Nicolas apretó las vendas de sus manos y compartió la botella con su amigo.

—Por desgracia, esta botella tiene el inconveniente de que tal vez sea la última, pero ha cumplido con creces con su cometido —concluyó Germain tras el último trago—. Hay un par de cosas que me gustaría decirte por si acaso, pero creo que soy más supersticioso de lo que suponía.

—Ya me lo dirás esta noche, cuando acampemos de nuevo. Detesto que interrumpan nuestras conversaciones —respondió Nicolas.

Con un chasquido, una bala perdida atravesó el techo de la tienda.

—Hoy los vizcaínos vuelan bajo —comentó el cirujano, impasible.

—Y los nuestros ya tardan en cargar —se inquietó uno de los heridos, en cuyo rostro se dibujaban muecas de angustia.

En aquel mismo momento, el suelo tembló al paso de la caballería.

Las dos olas humanas se confundieron en un indefinible apelotonamiento. La potencia conseguida con la velocidad permitió al centenar de jinetes loreneses atravesar las líneas turcas entre el ensordecedor entrechocar de las armas. Las fuerzas otomanas pronto quedaron divididas en numerosos islotes de unos pocos soldados, a menudo sin su oficial, y aquello contribuyó a acelerar su desorganización. Los loreneses, a pesar de ser menos numerosos, parecían estar por todas partes. El caballo del duque fue herido de sable. Uno de sus ayudantes de campo fue a socorrerlo y le prestó su caballo. Al cabo de treinta minutos de encarnizado combate, los turcos se vieron obligados a batirse en retirada. El general, exaltado por su ardor, decidió obtener una ventaja decisiva y fue tras ellos. Al seguir sus pasos, Leopoldo pilló desprevenida a su guardia personal, tres oficiales y el conde de Carlingford, que fue el primero que lo vio y que espoleó a su caballo para ponerse a su lado. En el campo de batalla, una calma silenciosa sucedió al furor.

Los dos cirujanos y sus enfermeros salieron en cuanto oyeron las primeras exclamaciones de júbilo de los soldados. Los loreneses habían detenido el avance de la horda turca a menos de cincuenta metros de su tienda, que no había sufrido desperfecto alguno. Había numerosos heridos que pedían ayuda. Nicolas y Grangier llevaron hasta allí el material de primeros auxilios mientras Germain se preparaba para las operaciones en el interior del hospital. La batalla había sido un cuerpo a cuerpo con armas blancas, y Nicolas tuvo que atender numerosas heridas en la cabeza, en las extremidades y en el abdomen, contentándose con suturarlas y vendarlas, trabajando sobre el suelo, mientras Grangier transportaba hasta donde estaba Germain a los combatientes más gravemente heridos con una carretilla que había llenado con trapos y paños.

—¡Un cirujano, rápido! Allí abajo continúan los combates y hay heridos.

Nicolas alzó la vista hacia el capitán que acababa de dirigirse a él.

—¡Rápido! ¡Ayuda! —repitió el hombre. Seguía a lomos de su montura, la cual, presa de nerviosismo, no cesaba de moverse.

Nicolas avisó a los demás, cogió la ambulancia volante y siguió al oficial, que se adentró en la estepa húngara. Atravesaron un sotobosque y se cruzaron con varios pastores que huían a lomos de sus asnos hasta llegar a un llano donde reinaba una gran confusión. En el centro, el suelo, seco y polvoriento, proyectaba nubes de partículas ocres alrededor de varias zonas de combate, como si se tratara de jirones de niebla. Esa arena natural estaba rodeada de plantaciones.

—Los hombres a los que hay que atender se hallan allí —dijo el capitán, y le indicó el lugar con el dedo—. Volveré junto al duque, me necesita.

Los primeros choques entre los turcos y sus perseguidores habían tenido lugar en un campo de cáñamo, en la linde del cual Nicolas detuvo la ambulancia. Dos hombres que aún podían valerse por sí mismos llevaron hasta él a un tercero, inconsciente, que aún sostenía su espada apretada en la mano, y lo tendieron en la parte posterior del carro.

—El coronel ha luchado hasta el último momento —dijo uno mientras señalaba al herido—. Le ha roto la cabeza al jenízaro que le ha hecho esto.

Al hombre le habían abierto el vientre con un sable. Podían verse sus vísceras y de la herida abierta manaba una profusa hemorragia. Tenía el rostro tumefacto.

—Lo salvaréis, ¿verdad?

Nicolas sabía que no lograría despertarse, pero las heridas de los otros dos no requerían curas de urgencia, así que empezó a coser al primero. Les ofreció una botella.

—Bebed, es un remedio que ayuda al cuerpo a conservar las fuerzas.

Los dos oficiales bebieron el elixir mientras comentaban los combates que alcanzaban a ver.

—¡Nuestro duque acaba de hacer huir a dos turcos! ¡Si lo hubierais visto! Al llegar al prado, perseguía al enemigo con un coraje ejemplar. En medio de la metralla, dos han caído muertos a su lado, pero él se ha mantenido erguido y ha seguido adelante. Al conde de Carlingford le costaba seguirlo.

El otro aprobó con la cabeza.

—Yo estaba presente cuando lo ha atrapado. Carlingford ha tratado de hacerle entender que primero se debe a sus súbditos. El duque se ha puesto en pie sobre sus estribos y le ha respondido: «Si pierdo la vida será menos lamentable que si pierdo el honor. Mis hermanos pueden reparar el vacío que mi muerte causaría, pero nada podría reparar la grieta que la cobardía abriría en mi reputación».

—¡Y ha seguido adelante! —completó el primero.

Habían recibido orden de permanecer junto al coronel a la espera de la llegada de los auxilios y morían de impaciencia por volver al combate. El cirujano, al que el heroísmo guerrero dejaba de mármol o, en el peor de los casos, lo indignaba, vendó las heridas de los dos soldados concentrándose en sus gestos.

Tras una mirada a su superior, que agonizaba, se alejaron de la ambulancia volante y cruzaron el llano hasta el maizal en el que se había adentrado el último grupo de combatientes. Nicolas dirigió el carro hacia algunos cuerpos dispersos que había avistado, lamentando no haberse llevado a Tatar con él. El perro le habría permitido ganar un tiempo precioso en su búsqueda. No encontró a más supervivientes en la zona y por un momento pensó en adentrarse en el campo de cereales en el que se perdía el rastro de los caballos. Decidió volver al campamento y se dirigió al sotobosque. El sendero le pareció más largo que a la ida y desembocó en un pantano. Maldijo cuando vio que se había equivocado de camino, y más aún cuando le fue imposible dar media vuelta dado que el camino era muy estrecho. Se encaramó a la parte posterior del carro para comprobar cómo estaba el herido. El coronel, que seguía inconsciente, respiraba con dificultad y sus tegumentos estaban extremadamente pálidos. Nicolas, que no había dormido en toda la noche, sintió que lo invadía una pesada fatiga. Se sentó junto al moribundo, en la parte posterior del vehículo, y contempló el bosque que centelleaba bajo migajas de sol. El aire traía el perfume de las flores de verano, los insectos revoloteaban y zumbaban junto a sus orejas, una liebre brincaba sobre una alfombra de hojas, un pájaro carpintero picoteaba la corteza de un abedul. La guerra lo había acaparado tanto que había acabado por olvidar la vida que fluía ante sus ojos como la sangre. Sintió un movimiento junto a él y se volvió hacia el herido: el hombre había abierto los ojos y murmuraba. Nicolas le tomó la mano y se inclinó hacia él.

—Decidle a mi duque que muero… —susurró el coronel—, que muero sin temor… con el dolor de no haber visto Lorena liberada.

Tragó saliva y notó que tenía un sabor metálico. Su voz no era más que un débil hilillo que se apagaba en su boca.

—Decidle a mi esposa, Rosa, que… Decidle que el marqués de Cornelli se ha comportado como un hombre de honor y que puede estar orgullosa de su apellido.

Nicolas se echó hacia atrás y le soltó la mano. «No, no es posible, no puede ser él…» El coronel, con los ojos entrecerrados y el rostro abotagado, seguía espirando palabras, con un soplo átono, frases que se volvieron incomprensibles, luego ya simples movimientos de los labios. Y, por fin, nada.

Permaneció un momento contemplando el cuerpo sin vida, le tomó la mano y le abrió los dedos que se habían doblado: apenas visible, una cicatriz le cruzaba la palma. El recuerdo del corte que Nicolas le había hecho en el invernadero del palacio ducal, doce años antes.

***

Trató de dar marcha atrás por el camino, pero el tiro compuesto por dos alazanes solo había consentido dar unos pasos. Uno de los dos caballos, además, se había asustado y había coceado hasta inmovilizar las ruedas del carro en una rodera de tierra resbaladiza.

—Ahora sí que estoy atrapado —refunfuñó Nicolas.

A lo lejos, unos disparos esporádicos indicaban que los combates no habían cesado. Cubrió el cadáver con una manta, tomó la espada del marqués de Cornelli, desplegó la tela que cerraba la parte posterior de la ambulancia y desató a las dos monturas. Nicolas se subió a lomos del caballo menos nervioso y sostuvo al otro por las riendas. Sin silla, su postura no era muy cómoda, pero no quería dejar a los animales en manos de los turcos. Se agarró de la crin de su corcel e hizo que arrancara con un trote suave.

La imagen de Rosa apareció ante sus ojos. El recuerdo de la joven dispuesta a seguirlo para no tener que soportar la vida junto al marqués le hizo sonreír. Ahora ella debería refrenar la codicia de los hombres ante su belleza y su fortuna. El destino del pequeño Simon, a su vez, no se vería afectado ya que Cornelli lo había repudiado desde su nacimiento. «La iniquidad de la vida…» Nicolas se preguntó si el chiquillo habría sobrevivido a sus dos primeros años en el convento del Refugio. Todos esos pensamientos lo condujeron a Marianne. Solo había recibido noticias indirectas de ella, a través de mensajeros y por las cartas de François. Sin embargo, sentía su presencia, su perfume, su aliento junto a él en todo momento. Lo amaba, no tenía duda alguna. Lo sabía.

Llegó rápidamente al llano sembrado de cadáveres, en el cual un grupo de caballeros se dirigía hacia él al paso, cuatro oficiales rodeando al general De Rabutin, un joven soldado apenas mayor que Azlan, con uniforme verde y galones de plata, y un militar de uniforme resplandeciente. «Ese debe de ser nuestro duque», pensó Nicolas al observar a aquel hombre de unos cincuenta años, de aspecto altivo y físico imponente. Le hizo una señal a De Rabutin esperando que este lo reconocería a pesar de ir vestido de civil y manchado de sangre. El militar le devolvió el saludo y el grupo se dirigió hacia él al trote. En el mismo instante, una nube de flechas se elevó del campo de cáñamo con una trayectoria parabólica y se abatió sobre ellos. Dos oficiales fueron alcanzados y cayeron mientras los demás aceleraban su carrera, con excepción del más joven, que dio media vuelta para atacar a los jenízaros ocultos entre los matorrales obligando a los otros a unirse a él. Los turcos —una docena— se mostraron al descubierto. Varios de ellos iban armados con mosquetes que cargaron, mientras los demás lanzaban una segunda salva de flechas que no alcanzaron a nadie. El joven lorenés se lanzó sobre ellos el primero y evitó que dispararan los fusiles. Uno de los combatientes turcos, sin embargo, lanzó una nueva flecha que se clavó en el pecho de su montura. El jinete y el animal se desplomaron. El lorenés rodó hasta hallarse a los pies de los dos otomanos. Nicolas, que había anticipado los sucesos, lanzó a su caballo a un peligroso galope y, mientras De Rabutin y los demás mantenían alejados a los otros asaltantes, llegó junto al impetuoso combatiente, hizo algunos molinetes con la espada del coronel y le lanzó las riendas del segundo caballo.

—¡Reuníos con los demás! ¡Yo os cubro! —ordenó Nicolas.

El joven titubeó un instante.

—¡Vamos! —insistió hasta que le obedeció.

Los dos turcos no parecieron impresionados ante la maniobra de Nicolas y desenvainaron sus sables. Cuando se aproximaban, sonaron dos disparos que abatieron al primero e hicieron huir al segundo. Habían llegado refuerzos: una tropa de una cincuentena de hombres del regimiento de Bassompierre, entre los que se contaba Germain.

Nicolas descendió del caballo y arrojó la espada al suelo. Jamás hubiera vencido en un cuerpo a cuerpo, él, que jamás se había iniciado en el manejo de las armas. Ribes de Jouan se aproximó para comprobar que se hallaba bien y le ofreció su abrigo de *betyar*.

—Descansa, yo me ocuparé de los heridos, si aún queda alguno —dijo mirando a su alrededor.

Nicolas sintió un escalofrío a pesar del calor reinante. Se echó el capote sobre los hombros y se dirigió hacia el clan de oficiales loreneses que rodeaban al intrépido joven. El del uniforme resplandeciente avanzó hacia él.

—Quisiéramos agradeceros…

—¡Señor duque, la impericia de vuestro ayudante de campo habría podido costarnos muy cara!

—Sabed que no dejo de repetírselo desde el inicio de esta campaña.

—Pues a todas luces debe de ser duro de oído —prosiguió Nicolas, que no podía reprimir su cólera.

—Sabed igualmente que soy el mariscal Taaft, conde de Carlingford, y que esa persona no es mi ayudante de campo —añadió el militar, divertido.

—Qué importa —replicó Nicolas—. La guerra no es para novatos, por mucho entusiasmo que tengan.

Carlingford tosió antes de adoptar un aspecto ceremonioso.

—Maese Déruet, os presento a Leopoldo, duque de Lorena y de Bar, rey de Jerusalén, príncipe de Arches y de Charleville, duque de Calabria y conde de Provenza.

Nicolas miró de arriba abajo al soberano de diecisiete años. Su rostro tenía unos rasgos irregulares, de frente alta y mandíbula prognata, que contrastaban con unos ojos dulces y una sonrisa bondadosa. Leopoldo desprendía una soltura serena y una autoridad natural, a pesar de la inmadurez de sus rasgos. Ya no era el joven guerrero alocado que Nicolas había avistado a lo lejos, sino un jefe guerrero decidido. Una ráfaga de viento azotó el llano y levantó una polvareda ocre que los obligó a inclinar las cabezas. Solo Nicolas y Leopoldo, desafiando a la borrasca, permanecieron de pie y erguidos, mirándose fijamente a los ojos. Los sombreros salieron volando, los caballos relincharon y cocearon. Al amainar la ventolera, el duque se sacudió el polvo, volvió a ponerse el tricornio y sonrió.

—¿Qué hay más tranquilizador que lo salve a uno el cirujano de sus ejércitos? —dijo al tiempo que se ponía los guantes—. A partir de hoy no nos separaremos, maese Déruet.

Nicolas se inclinó con una reverencia de la que no volvió a levantarse hasta dos años más tarde, una vez acabada la guerra.

9

Nancy, febrero de 1698

El 20 de julio de 1697, Luis XIV, en conflicto con media Europa, devolvió a Leopoldo su ducado, cosa que siempre negó a su padre, Carlos V, muerto en el exilio. Dos meses más tarde, firmaba un tratado de paz con Inglaterra, Holanda y España. El rey de Francia, que contaba con adueñarse poco a poco de Lorena, le propuso la mano de su sobrina. La guerra contra los otomanos ya no incumbía a los loreneses.

Cuando se ordenó la disolución de los diversos regimientos, Germain decidió alistarse con los cirujanos alemanes del coronel Von Humboldt. «A pesar de la mala calidad de su aguardiente», dijo al separarse de sus hombres. Se echó en brazos de Nicolas. Cuatro años de guerra operando codo con codo, a menudo juntos, a unos heridos que devolvían a la vida desde las simas más profundas, habían forjado entre ambos una amistad indestructible. «Volveremos a vernos», añadió Ribes de Jouan, que no tenía por costumbre prometer a la ligera.

Azlan iba a cumplir diecisiete años, edad de la que ya se había apropiado para darse aires de adulto. Había adoptado la manera de vestir y el corte de pelo de los loreneses y solo el color mate de su piel y sus ojos muy negros delataban su origen. A quienes le preguntaban si había nacido en Egipto, tenía por costumbre responderles que era un lorenés de Hungría, y algunos le descubrían así un parecido con la familia ducal en el exilio. No había dudado ni un instante en responder a la propuesta de Nicolas de acompañarlo a Nancy. El cirujano hervía de impaciencia en Viena en compañía del duque, cuya madre, Leonor de Austria, acababa de morir dos meses después de que el Tratado de Ryswick restableciera a su hijo sus tierras de Lorena. Nicolas no podía regresar a Nancy sin protección, pues las tropas francesas aún no habían abandonado la ciudad y seguía siendo considerado un fugitivo. Tuvo que aguardar al mes de enero de 1698, cuando Leopoldo le confirmó que acompañaría al conde de Carlingford, el padre Le Bègue y el barón de Canon, con la misión de ir a Nancy para preparar la llegada oficial del soberano prevista en otoño. Llegaron a Saint-Nicolas-de-Port el 25 de enero, donde se detuvieron antes de emprender el último tramo de su viaje, que debía hacerles llegar el 4 de febrero a la ciudad ducal.

El convoy, compuesto por cuatro carrozas y una veintena de hombres a caballo, atravesaba a paso lento los pueblos y aldeas y suscitaba la curiosidad de los escasos habitantes de los mismos, más habituados a las columnas de regimientos franceses y al cortejo de servidumbres que estos imponían. Era algo realmente importante, tras la noticia del tratado y del regreso al país de los combatientes y exiliados. La esperanza se adueñaba de las gentes y les hacía pensar que sería posible pasar un invierno sin tantas estrecheces.

Carlingford contemplaba cómo desfilaban los paisajes desnudos salpicados de casas en ruinas, mientras distraídamente escuchaba los susurros del cura y del barón, que rivalizaban en anécdotas y bromas mientras se aproximaban a la ciudad. Sus compañeros de viaje ocultaban su emoción tras una fachada de apariencias. La mayoría de los hombres del grupo iban a reunirse con sus familias y a recuperar sus tierras. A pesar de que el conde, de origen irlandés, no contara allí con raíz alguna, sentía que la emoción se adueñaba de él por contagio. François Taaft de Carlingford había decidido seguir a su duque, de cuya educación y aprendizaje del manejo de las armas había estado al frente desde que este tenía doce años. Su posición de regente junto a Leopoldo lo convertía en el número dos del ducado. Estaba orgulloso, puesto que jamás había intrigado para alcanzar esa posición, pero veía en esa consagración el justo pago a los servicios prestados a la familia ducal. Los meses futuros serían de crucial importancia para la supervivencia del pequeño Estado: se vería obligado a obtener recursos financieros sin empobrecer a los súbditos, ya exangües al cabo de tres decenios de guerra y hambruna, debería reformar los engranajes del poder y la justicia en todas las comarcas, lograr el retorno de aquellos a los que la ocupación había llevado al exilio, al igual que la mano de obra especializada: artesanos y agricultores, leñadores y carboneros, aparceros y peones, e instaurar una policía civil cuya única idea fuera defender a Leopoldo.

El viaje había fatigado al conde de Carlingford y le dolía la espalda, que ya le tironeaba desde Estrasburgo. Ahogó un bostezo que atribuyó al colosal trabajo apercibido y observó las arrugas en la frente del barón de Canon, que se hundían o desaparecían al ritmo de sus intervenciones cual olas que se estrellaran contra las rocas.

—Estáis muy silencioso, ¿en qué pensáis, excelencia? —le preguntó el cura, que había advertido su distracción.

Carlingford frunció el ceño.

—Observo, padre, aprendo. De vos, de este ducado que desfila ante nuestros ojos. Me impregno de todo con el fin de ser digno de la tarea que el duque ha hecho el honor de confiarnos.

—¿Creéis que los franceses cumplirán su palabra? —intervino el barón acentuando sus arrugas.

—Sí, desalojarán Nancy, pero una vez se hayan asegurado de que no existe ninguna fortificación. En ese punto se puede confiar en ellos. Según vuestras informaciones, quedan todavía dos unidades, ¿no es así?

—Los regimientos de Guyena y de Languedoc. Habrá que esperar varios meses antes de que se marchen definitivamente.

—Nuestro duque no desea entrar en la capital mientras allí se hallen aún las fuerzas de Luis XIV —aseguró Carlingford—. Deberemos acelerar su partida sin herir su susceptibilidad.

—Hemos esperado treinta años, los meses que faltan serán una pura delicia.

—No subestimemos la dimensión de la tarea —replicó el conde—. No todo lo que tendremos que hacer será del agrado del pueblo, podéis estar seguros de ello. Sin ir más lejos, el cobro del derecho de bienaventurada ascensión al trono.

—¡Sin embargo, es un impuesto tradicional con la llegada de cada nuevo soberano! —espetó el padre Le Bègue—. Creedme que preferirán pagarlo a seguir siendo sangrados por los soldados franceses que se imponen en sus hogares.

—Sin duda…

—Y no olvidéis que nuestras cajas están vacías —insistió el barón—. ¿Cómo pretendéis reunir tantos fondos sin recurrir al extranjero?

—Probablemente llevéis razón…

—Pero ¡no estáis convencido de ello! —concluyó Canon.

—Soy militar y nada entiendo de los asuntos de Estado. Vuestra ayuda me será preciosa, caballeros —dijo para dar por terminada la conversación.

—Sabéis que podéis contar con nosotros, excelencia —respondió el barón con unos extraordinarios pliegues en la frente.

—Ya llegamos —interrumpió el cura, que tenía la nariz pegada al cristal—. ¡Ya veo la puerta de Saint-Nicolas!

Todos callaron al pasar por el edificio. El ruido característico de los cascos de los caballos sobre los adoquines resonó en sus oídos.

—¿Qué pensáis de maese Déruet? —preguntó Canon interrumpiendo el silencio.

—¿Déruet? ¿Qué queréis decir? —dijo con fingida sorpresa el conde de Carlingford.

—Leopoldo le ha tomado afecto desde su auxilio en el campo de batalla —explicó el cura—. Solo habla de él.

—Es un buen cirujano, el mejor que jamás haya visto —afirmó Carlingford para evitar el tema.

—¿No creéis que pueda albergar alguna ambición y pretenda aprovecharse de la debilidad que el duque siente por él? —dejó caer el barón.

«Ya estamos», pensó Carlingford.

—Caballeros, parece que no confiáis en la capacidad de discernimiento de nuestro amado soberano —respondió.

—Nada más lejos de nuestra intención…

—No temáis, vuestro hombre no os hará sombra. No tiene más ambición que curar y profundizar en su arte. Creedme.

—Muy seguro parecéis de ello, excelencia —dijo el cura, desafiante.

—El duque le propuso un título y tierras a su regreso al ducado —afirmó el conde.

—¿Lo veis? ¡Ya empieza! —exclamó el barón dando una palmada—. ¿Qué título? ¿Y dónde?

Carlingford sonrió.

—Déruet lo rechazó. Nuestro duque insistió dos veces más y añadió una renta. Y eso no cambió las cosas. Vuestro hombre es puro, caballeros, y tiene la cabeza llena de ideales improbables. En ningún caso os hará sombra.

—Eso nos tranquiliza —dijo Canon—. Comprenderéis que solo deseamos el bien de Su Alteza cuando tratamos de alejar a los oportunistas de su camino.

—Lo comprendo —aseguró Carlingford—. Solo le pidió la liberación de todos los hugonotes encarcelados en la torre de la Craffe, si aún los hubiera.

—¡Lo sabía! —reaccionó Le Bègue, y juntó las manos en señal de oración—. ¡Estaba seguro! Habrá que andarse con ojo, que no lo aparte de nuestro Papa.

—No tengo ningún temor, sé que velaréis por ello —replicó el conde, muy serio.

El sacerdote tomó la observación como una muestra de ánimo.

—Apretaremos las filas alrededor de él —añadió.

—Será mejor que vigiléis a los que se quedaron aquí y no a sus compañeros de armas, puesto que no hallaréis intrigantes ni mangoneros entre quienes arriesgaron su vida por él.

Nicolas y Azlan dejaron que el convoy entrara en la ciudadela por la puerta de Saint-Nicolas. Los loreneses se dirigían al palacio ducal para entrevistarse con el gobernador francés de la ciudad y anunciar su llegada oficial al ducado. Los dos hombres rodearon las murallas por la pradera que ceñía el edificio y se detuvieron ante la puerta de Saint-Jean, más al oeste. El cirujano palmeó el cuello de su montura, que lo había llevado a través de parte de Europa hasta Nancy. No podía apartar su mirada del inmenso edificio de piedra formado por cinco vanos: solo la parte central se utilizaba como entrada y, sobre el techo, dos columnas cuadrangulares soportaban cada una un sol dorado.

—Ya has llegado —dijo Azlan.

—Hace cuatro años dejé la ciudad por este lugar, como un fugitivo. Hace tanto tiempo que aguardo este instante, si tú supieras...

Nicolas inspiró una gran bocanada de aire frío y húmedo, que luego exhaló largamente.

—Retomo mi vida allí donde la dejé —añadió antes de hacer avanzar su caballo sobre las tablas de madera del puente.

Pasaron por el lado sur de la place Saint-Jean y dejaron que los caballos abrevaran en el arroyo, en el que se había construido un embalse de agua. Luego tomaron la rue du Moulin. Flotaba allí el olor a pan, procedente de los hornos públicos situados junto a la aduana. Dejaron atrás la casa Saint-Charles y se cruzaron con dos hombres que llevaban raquetas y pelotas. Salían de un edificio y conversaban ruidosamente en italiano.

—¿Qué hacen? —preguntó Azlan mientras les seguía con la mirada.

—Ahí hay una sala de juego de pelota —respondió Nicolas antes de explicarle las reglas, que consistían en devolver una pelota por encima de una red—. Parece que tiene gran reputación en toda Europa y algunos jugadores vienen de muy lejos para retar a los campeones del ducado.

—¿Podré probarlo? Parece muy divertido.

—Primero piensa en proteger tus manos —respondió Nicolas a la vez que le mostraba sus vendas—. Tus manos son...

—... mis herramientas de trabajo, lo sé —completó Azlan.

Hubiera deseado abarcar toda la ciudad con la mirada, pues estaba ansioso por descubrirla.

Ambos jinetes doblaron a la derecha y pasaron frente al matadero en el que los carniceros trabajaban, como la madrugada en la que Nicolas se había refugiado allí con Marianne. Tenía grabado en la memoria el recuerdo de la mirada de ella en la penumbra mientras, rodeados por cadáveres de animales, chapoteaban en la sangre envueltos en el olor a carne aún caliente. Se besaron largamente y luego ella lo empujó con suavidad hacia la luz del exilio.

La plaza del mercado estaba tan animada como antes de su partida y los tenderetes ofrecían mercancía suficiente para evitar la hambruna. En el centro, un hombre había sido expuesto en la picota, atado a un poste con una cadena metálica que le rodeaba el cuello. Sobre su cabeza, un rótulo indicaba que el individuo, panadero de la ciudad vieja, había utilizado para sus panes mezclas de harina mala y prohibida, y que había estafado en el peso de su mercancía. Su suplicio duraría dos horas.

Nicolas percibió la mirada inquieta de Azlan. La imagen de Babik y su máscara de acero cruzó sus mentes. El cirujano aceleró el paso. Se aproximaban a la rue Saint-Jacques y al establecimiento de François Delvaux. Descabalgaron de sus monturas para recorrer los últimos metros a pie.

—Aquí es —anunció Nicolas, y señaló una fachada menos alta que las vecinas.

El establecimiento estaba entre el de un comerciante de loza y el de un vendedor de madera. Sin embargo, había algo inusual que inquietó a Nicolas: la enseña, una bacía amarilla, no era visible. Al llegar frente a la fachada, no pudo reprimir un grito.

—¿Qué significa eso?

En lugar del postigo que servía de mostrador, había una simple puerta que daba a un pasillo interior. El resto había sido tapiado y la casa transformada en vivienda.

La grúa, de cinco metros de longitud, se hallaba sobre la única barraca de piedra del barrio del Crosne, el puerto de Nancy. El resto estaba conformado por casitas de madera que servían de almacén de mercancías o de viviendas para los trabajadores. Dos obreros manipulaban con dificultad las manivelas que desplazaban las dos enormes ruedas dentadas del mecanismo y alzaban una larga viga en posición vertical.

—¡Con mucho cuidado! —gritó maese Delvaux, que vigilaba las operaciones—. ¡No se trata de un simple trozo de madera! Es el mástil de mi barco, su corazón y sus pulmones. Se merece todo vuestro respeto —añadió, e hizo como si lo acariciase desde lejos.

Se volvió hacia el encargado, un marino que se hallaba a unos metros, de brazos cruzados, en la orilla del río.

—¿Podemos ir ya? ¿Traemos el casco? —preguntó impaciente el Erizo Blanco, y señaló el barco en el que tres obreros aguardaban sentados a que les dieran la señal de acercarlo.

—No —respondió el hombre—, hay demasiado viento. Tiene que estabilizarse.

Maese Delvaux movió el pie con gesto nervioso, pero solo pudo asentir. El mástil, suspendido de la cadena de la grúa, oscilaba ligeramente como un ahorcado de la soga. Nada parecía poder detener aquel balanceo. El puerto estaba situado a unos metros del puente de Malzéville, que cruzaba sobre el Meurthe con sus ocho arcos de piedra.

El marino se alejó de la orilla y se dirigió hacia las barracas.

—¡Eh! ¿Qué hacéis? —preguntó François.

—Voy a beber una copita. De nada sirve esperar con este frío. Continuaremos cuando se haya estabilizado —añadió al tiempo que señalaba la viga, que pasaba una y otra vez frente al Cristo de piedra, colgado en lo alto de una columna de diez metros a la entrada del puerto.

Hizo una señal a sus acólitos para que abandonaran la embarcación y lo acompañasen al almacén. El Erizo Blanco se caló el gorro en el cráneo y suspiró mirando al cielo, como si lo pusiera por testigo de la falta de motivación de los operarios en general y de aquellos en particular. Frente a él, dos pescadores en una barca recogían trabajosamente la red que habían lanzado. La red se había enganchado en las ramas de un tronco flotante y estaba a punto de desgarrarse. Uno de los dos hombres tuvo que lanzarse al agua para liberar la red y volvió a subir a la embarcación temblando de frío. «Menudo inconsciente», pensó François, quien durante varios minutos no había vuelto a prestar atención al movimiento de su mástil. Este se había detenido, alineándose con la columna del Cristo.

—Eso es una señal —murmuró—. ¡Ha llegado el momento!

Se volvió para reunir a su cuadrilla y se quedó estupefacto. A unos metros, Nicolas, que avanzaba en su dirección, se detuvo, también él sorprendido de encontrarse súbitamente frente a su maestro. Ambos hombres permanecieron inmóviles unos segundos antes de echarse uno en brazos del otro.

—¡Nicolas, muchacho…! —exclamó el Erizo Blanco, que lo abrazó aún con más fuerza para verificar que no soñaba—. Aquí estás, por fin… Después de tanto tiempo…

Enjugó con un gesto nervioso la lágrima que corría por su mejilla.

—¡Deja que te vea!

Retrocedió para mirarlo de arriba abajo.

—Pareces estar en forma. ¿Alguna herida?

—Estoy bien.

—¿La guerra ha terminado?

—Para mí, sí. El duque…

—Ven —lo interrumpió el Erizo Blanco—. ¡Vamos a instalarnos en la *Nina*!

Le mostró la embarcación de fondo plano, cuya proa aguda formaba un saliente anclado en la orilla. La chalana, de diez metros de eslora, estaba construida con tablas de roble claveteadas.

—Hoy hay que ponerle el mástil —explicó maese Delvaux a la vez que lo invitaba a sentarse frente a él—. ¡Qué fasto día, Dios santo, que también es el de tu regreso! ¿Qué me decías?

—El duque me ha prometido zanjar todas las causas abiertas contra mí.

—Se dice que le salvaste la vida.

—¿Cómo lo sabes?

—Maese Ribes de Jouan…

—¡Germain!

—Me hacía llegar noticias tuyas mediante sus mensajeros.

—Tu vecino me ha dicho dónde encontrarte. ¿Qué le ha pasado a tu establecimiento, François?

El Erizo Blanco se quitó el gorro para rascarse la frente. El blanco había ganado terreno en el gris de sus cabellos.

—Han sucedido muchas cosas desde que te fuiste. Para mí, la cirugía se ha acabado. Ahora me ocupo de mis viñas. Hago vino.

—¿Cómo está Jeanne?

François evitó la mirada de Nicolas para responderle. Miró a la lejana columna del Cristo.

—Muchacho, cómo decírtelo… Jeanne… Jeanne murió hace más de tres años, unos meses después de que te marcharas.

Nicolas se quedó en silencio. Había tenido ese presentimiento cuando halló la puerta cerrada en la rue Saint-Jacques. Dejó a Azlan en la ciudad y fue solo al puerto del Crosne. Era imposible. No podía ser Jeanne, ella no. La imagen de la patrona, rebosante de vida, apareció ante sus ojos. No podía creer que solo su recuerdo siguiera vivo.

François lo asió del antebrazo.

—Sé lo que sientes. Para nosotros también fue un golpe demoledor, créeme.

—Pero si se encontraba mejor… El soldado que vino a veros me transmitió noticias suyas. Se encontraba mejor…

—No, nunca se encontró mejor. Jeanne quedó paralizada durante un mes y luego, un día, no despertó. Te mentimos, Nicolas. Todos te mentimos. Cuando vuestro mensajero pasó por aquí, ya estaba muerta, pero temíamos tanto que desertaras para volver… Hubiera sido demasiado peligroso.

Nicolas apartó el brazo. El viento soplaba de nuevo y la embarcación chapoteaba mecida por las pequeñas olas. La cadena que sostenía el mástil chirrió bajo los movimientos de la viga.

—Entiéndenos —insistió el Erizo Blanco ante su silencio.

El marino y sus obreros salieron del almacén para verificar el estado de la grúa. Las oscilaciones del poste, cada vez más fuertes, ponían en sumo peligro la integridad del brazo. El encargado llamó a maese Delvaux, que ni siquiera lo oyó, y luego voceó unas órdenes.

—¿Y Marianne? Tenía noticias suyas a través de ti. ¿Por qué nunca me ha escrito?

—Marianne se comportó de una manera formidable durante la agonía de la patrona. La veló hasta el último momento. Se marchó seis meses después, cuando cerré el establecimiento.

—¿Volvió a la casa de beneficencia de Saint-Epvre?

François se quedó un instante en silencio, con los ojos fijos en sus botas, antes de enfrentarse a la mirada de Nicolas.

—No. Se marchó de Nancy. No he vuelto a tener noticias suyas. Nadie sabe dónde está.

La cadena, que sostenía el palo de madera suspendido sobre el agua, descendió de golpe. El mástil se hundió restallando sobre el río con un crujido sordo.

***

Nicolas, aún anonadado, se reunió con Azlan. Este lo aguardaba en la posada de los Trois Maures, donde alquilaron una habitación para aquella noche. Habían declinado el ofrecimiento de Carlingford de alojarse en el palacio ducal. El joven gitano, que había intuido que algo no iba bien, prefirió esperar a que Nicolas se confiara cuando lo considerase oportuno y no le preguntó nada, cosa que el cirujano le agradeció enormemente. Se sentía incapaz de pensar, doblegado por una realidad que parecía una pesadilla. Trabajar con cuerpos que la vida a menudo abandonaba y luchar contra la muerte que merodeaba como una mosca sobre un cadáver había vuelto a François insensible a las emociones. Había descrito a Nicolas los últimos momentos de su esposa con una precisión profesional que lo dejó helado. Aunque llegara a comprender la reacción de su maestro al cambiar de vida, su repentino cierre del establecimiento lo había perturbado.

Mientras que Azlan se quedó dormido nada más acostarse, Nicolas, como era habitual en él, inició su lucha cotidiana para conciliar el sueño. Esa reticencia se había incrementado a lo largo de los últimos cuatro años. No solo estaba ligada a esa inmersión en la nada que lo dejaba sin defensas, sino que ahora también temía las visiones de los cuerpos deformados por la guerra. Y ese día se añadía la imagen de Jeanne. Bajó a por unas velas de reserva para la noche, que se anunciaba más larga que las otras. Al saber que formaba parte de la delegación del duque, el posadero se negó a cobrarle las velas. Una vez de vuelta en la habitación, Nicolas tomó el libro que Marianne le había regalado y que consideraba como su tesoro más preciado. Lo habían leído juntos y lo habían anotado con comentarios y reflexiones personales. Nicolas había conservado uno de los cabellos que había quedado atrapado entre dos páginas, aquellas en las que se hablaba de la circulación de la sangre. El autor explicaba el mecanismo de la misma, debido a la dilatación del calor en el corazón. «El corazón es un sol», había escrito Nicolas. Ella le preguntó un día cuándo podría ver ese sol bajo la seda, pues jamás había asistido a una autopsia y sentía gran curiosidad por conocer la anatomía de ese órgano sin tener que consultar las láminas de los tratados. No tuvieron tiempo de hacerlo, pero a él la imagen le había parecido elegante y pensaba en ella cada vez que abría una piel con el escalpelo. La obra incluía igualmente una sección sobre los meteoros, que lo fascinaban, así como máximas, algunas de las cuales recitaba en los momentos de duda tras su separación. «Nada hay en nuestro poder más que nuestros pensamientos», escribió el autor. «Los pensamientos ya son acciones», añadió él en el margen, una noche en que ambos debatían acerca de cómo cambiar el orden del mundo.

Cerró el libro y olió el cuero de la encuadernación en busca del perfume de la mujer a la que amaba, pero los últimos olores habían desaparecido hacía ya mucho tiempo, reemplazados por el olor a pólvora.

—*Discurso del método. Para dirigir bien la razón y hallar la verdad en las ciencias* —leyó en voz alta.

Cada lectura del libro de Descartes lo había acercado a Marianne. Sin embargo, ahora que había alcanzado su destino, ella había desaparecido. La tentación del sueño aumentó poco antes del alba y se dejó arrastrar en su vertiginoso descenso.

Tres horas más tarde se hallaba ya fuera, en compañía de Azlan, a quien había explicado la situación. Visitaron a los cirujanos de Nancy para ofrecer sus servicios, pero ninguno quiso darles empleo. Nicolas advirtió las miradas intrigadas y desconfiadas dirigidas al joven gitano, pero ese malestar no cobró forma hasta llegar al último establecimiento, el de maese Grosclaude. El hombre había terminado una cauterización de la que no estaba satisfecho. Antes de recibirlos, ya estaba de muy mal humor. El paciente, tendido en la estancia contigua, emitía gemidos plañideros intercalados con gritos de dolor que hacían que el cirujano mantuviera el ceño fruncido.

—Detesto a ese tipo de clientes —le explicó a Nicolas a la vez que excluía a Azlan de la conversación de forma manifiesta—. Escandalizan a la calle entera como si fueran ternerillos en el matadero. ¡Os aseguro que causa muy mala impresión! Bueno, volvamos a nuestro asunto…

Se limpió las manos en un paño manchado de sangre.

—Me gustaría contrataros, conozco vuestras capacidades, Déruet, y me seríais útil para hacer callar a esos bocazas, pero en los tiempos que corren la vida es muy dura, el comercio ya no es lo que era y hay tantos pobres que, al final, yo seré uno más de ellos.

Se echó el paño al hombro como un posadero.

—Podría alojaros, alimentaros y daros, qué os diré, cinco francos al mes, si me queda bastante en la caja —propuso con los brazos en jarras.

—¡Eso es un robo! —exclamó Azlan, antes siquiera de que Nicolas pudiera responder.

—¡Y mi oferta no incluye al gitanillo! —replicó Grosclaude alzando el mentón—. Jamás lo admitiré en mi propia casa. ¡Y es el colmo que un vagabundo, que un inútil me trate a mí de ladrón! Ahora, o te largas o…

El hombre no pudo acabar su frase: Azlan lo había agarrado por el cuello y le apretaba la tráquea. Emitió un chillido al que respondió el gemido de dolor de su paciente.

—¡Espero vuestras disculpas! —espetó el joven gitano—. ¿Y bien?

Un nuevo chillido, esta vez más agudo. Grosclaude trató de debatirse. Pero la carencia de oxígeno comenzaba a debilitarlo. Se rindió y articuló un «perdón» apenas audible. Cuando Azlan lo soltó, cayó de rodillas y abrió mucho la boca, como un pez boqueando fuera del agua. Nicolas se aproximó a él y le palmeó el hombro.

—Habéis tenido suerte, maese Grosclaude. Por lo general, degüella a sus víctimas e incendia sus casas. Ya sabéis cómo son los gitanos, ¡tan imprevisibles!

Al reunirse con Azlan en la calle, este aún no se había serenado.

—Lo siento, no todos son como él —se disculpó Nicolas.

—Lo sé, pero ¡en todos los países he encontrado a tipos como ese! Son una familia numerosa. Y no olvides que hace cuatro años éramos *robs*. Unos esclavos.

—Dejemos aquí nuestra búsqueda. Mañana estaremos en mejor forma. Ahora mismo quiero ir a visitar a alguien que no se acordará de mí.

—¿Es demasiado viejo?

—¡Demasiado joven!

***

El convento del Refugio había cambiado de ubicación. El antiguo edificio de la rue Saint-Nicolas se había quedado pequeño y la madre Janson había adquirido unos terrenos entre la rue de Grève y la rue des Quatre-Églises, y había hecho edificar varios inmuebles donde las hermanas y las pensionistas se habían instalado desde hacía ya dos años. Nicolas contempló la fachada nueva del edificio sobre la que estaba inscrito «Gloria a Dios» antes de acceder al soportal. Para alivio suyo, la superiora se acordaba perfectamente de él. Había adelgazado y su rostro parecía demacrado, con los pómulos salientes y las mejillas hundidas. Se desplazaba con dificultad y parecía contener un dolor en el tórax. Una de las hermanas le acercó una silla en la que se sentó para recibirlo. Cuando le preguntó por el pequeño Simon y por Marianne, no pudo evitar sonreír.

—Sabía que vendríais, Nicolas Déruet.

Ella trituraba maquinalmente su rosario de bolas gastadas.

—He venido a ver a Simon. Debe de haber cambiado mucho desde mi última visita —dijo a la espera de ver entrar a un niño en la habitación—. ¿Goza de buena salud?

—Criamos al pequeño hasta que Marianne Pajot lo tomó bajo su protección. Desde entonces, no hemos vuelto a tener noticias de él. Y para responder a la pregunta que me haréis: no, no sabemos dónde se encuentran.

La decepción pudo leerse en el rostro de Nicolas. El niño era el último vínculo entre él y Marianne.

—Si lo supierais, ¿me lo diríais, madre?

El rosario se detuvo.

—Os lo repito. No sabemos dónde viven —respondió pronunciando con dificultad cada palabra—. Y si lo supiera, no os informaría de ello, caballero.

—Os agradezco vuestra sinceridad y lo comprendo —respondió. Sabía que no obtendría nada más de la superiora—. ¿Habéis consultado a un médico, madre? —añadió al ver que ella se ponía en pie con dificultad.

No había dejado de observarla durante la conversación. Su estado, el rictus y el dolor eran los típicos de todos los casos que había visto cuando era cirujano ambulante en el ducado. Le describió la lista de síntomas para apoyar su diagnóstico. La madre Janson ni siquiera parpadeó.

—¿Aceptáis mi ayuda? ¿Puedo ver vuestro tumor?

La hermana que le había traído la silla volvió para ayudar a su superiora a caminar. Marie-Thérèse Janson dio tres pasos sin casi alzar los pies y se detuvo frente a él.

—Solo Dios puede ver mi desnudez, puesto que así es como me presentaré ante él.

—Podría aliviar vuestro sufrimiento.

—El sufrimiento es una prueba que el Señor me envía. Os agradezco vuestra solicitud, pero el desenlace siempre es fatal, ¿no es así?

Él agachó la cabeza en señal de impotencia. Ella dio de nuevo unos pasos antes de que él se dirigiera a ella.

—Una última pregunta, madre, si me lo permitís: cuando Marianne vino a buscar al pequeño Simon, hace tres años, ¿os dijo por qué?

—Os equivocáis, hijo mío. Vino a por el niño en septiembre de 1696, hace solo año y medio.

***

Un sol frío dispensaba una luz opalina sobre las laderas de los Chanoines. Situado en el extremo del feudo de Turique, al pie de la colina de Buthegnémont, que dominaba el noroeste de Nancy, el lugar gozaba de gran renombre por la calidad de sus vinos. François Delvaux había comprado allí una hectárea de las viñas más codiciadas de la ciudad.

—Además de un prado inmenso —precisó a Nicolas a la vez que le mostraba el campo situado a sus pies—, que es otra hectárea de futura viña.

Nicolas observó los sarmientos escuchimizados por el frío y la sequía. François se acercó a él.

—Cuesta creer que de esas ramas muertas pueda salir alguna cosa, ¿no es cierto?

—Sobre todo me cuesta creer que hayas dejado la cirugía por una actividad tan alejada de la misma. Por cualquier otra cosa, de hecho —añadió cuando se volvieron para contemplar la vista de los pocos rayos que habían logrado atravesar la bóveda lechosa.

De los tejados salían humaredas que semejaban hilos tirados desde el cielo. Un convoy de varios carruajes se presentó ante la puerta de la Craffe. Hasta él llegó el ruido de las rejas, lejano y amortiguado.

—Sabes, ya no soportaba más andar en pos de mis honorarios y ver cómo me daban las razones más disparatadas para no pagarme lo que me debían. Estaba harto de curar a gentes vaciándolas de todos sus humores. No tenía la llama sagrada como tú, Nicolas. Y la muerte de Jeanne me decidió. Por lo menos, mis viñas no se quejan cada vez que me acerco a ellas cuchillo en mano, y dan sus frutos, más o menos gordos, más o menos dulces, si el cielo o los pájaros no se encargan de arrancarlos. Saco de ellas un millar de francos al año, descontado el diezmo. Los canónigos, por su parte, están exentos. Eso es competencia desleal. ¡Y los vinos extranjeros están invadiendo nuestras bodegas con unos precios a los que yo no puedo ofrecer ni una botella vacía!

—Si lo he entendido bien, la situación es compleja.

—Desesperada, más bien. En tres años he perdido más que en los treinta anteriores. Pero todo eso es provisional, a la espera de soltar amarras. Ven, subamos ahí. Desde allí arriba puede verse mi *Nina*. Con un poco de suerte, este verano tendré mi nuevo mástil.

Rápidamente llegaron al límite de su propiedad, lo cruzaron y atravesaron otras viñas y campos hasta llegar a la cima del monte.

—No me hablas de Marianne —dijo François—. Has venido para comprender, ¿verdad?

—He venido a verte y a comprender tu nueva vida.

—¿Intentarás encontrarla? —insistió François.

—Sí, aunque deba recorrer la ciudad y el ducado de punta a punta —afirmó—. ¿Te das cuenta de que tal vez en este mismo instante puede estar ahí, a nuestra vista, en alguna de esas casas, pensando en reunirse de nuevo conmigo?

—En tal caso ¿por qué se habría marchado sin dejar una dirección? —preguntó François con tiento—. La tengo en mucha estima porque se comportó de manera formidable con Jeanne, pero ¿te has preguntado si conservaba por ti los mismos sentimientos tras tu partida?

—¿Qué quieres decir?

—No creas que pretendo insinuar algo, no sé más que tú, pero no quisiera que persiguieras una quimera, muchacho.

—Y tu *Nina* ¿no es también una quimera?

—Un día partiré a bordo de mi barco. Iré hasta el fin. Más aún, puesto que ya nada me retiene aquí.

Nicolas a punto estuvo de responder «a mí tampoco», pero dejó un silencio. No deseaba oír la voz de la razón. No quería volver a oír los preceptos de Descartes. Se sentía capaz de llamar a las dos mil puertas de la ciudad. A las decenas de miles de puertas del ducado.

—¿Has encontrado trabajo? —preguntó maese Delvaux, a quien el silencio incomodaba.

Nicolas le contó entonces las desgraciadas peripecias del día anterior.

—Me siento responsable de Azlan —concluyó—, pero igualmente me veo incapaz de abrir un establecimiento. Nunca he sido buen comerciante.

—¡Y te lo confirmo! ¡Qué mala pata, ni siquiera puedo albergaros, puesto que mi casa no tiene más que una habitación! Deberíais ir a la casa Saint-Charles, pues el hospital Saint-Julien les envía cada vez más enfermos y las hermanas ya no pueden hacer frente a la afluencia de pacientes. He oído decir que querían ampliar. ¡Es el momento!

***

El conde de Carlingford dejó que su mente vagara contemplando la escena de caza reproducida sobre el tapiz que tenía enfrente. Parecía que los lobos habían inspirado al autor, pues había dibujado una jauría, con las mandíbulas bien abiertas y unos colmillos prominentes, frente a unos jinetes cuyas monturas espantadas coceaban para tratar de ahuyentar a los predadores. Hacía ya cinco días desde que había convertido aquella habitación en su despacho, y a cada pausa volvía a fijarse en aquel tapiz que en cada ocasión le inspiraba una reflexión diferente. A aquella estancia, desprovista de chimenea, le faltaban el calor y la luz, algo que haría corregir lo antes posible. Sin embargo, el carácter espartano de su lugar de trabajo no le desagradaba, pues estaba acostumbrado a la incomodidad de la guerra. Nada más llegar había tomado las decisiones más urgentes y había dictado las primeras ordenanzas, consultando con los nobles y los burgueses locales con los que debería arreglárselas, a la espera de las reformas que los privarían de algunos privilegios obtenidos durante la ocupación. El gobernador francés lo recibió con una cortesía teñida de condescendencia. Desde Viena, Leopoldo no cesaba de hacer llegar a Luis XIV señales de su voluntad de reconciliación y de paz. Todo transcurría como había previsto, y solo la demolición de las fortificaciones llevaba más tiempo del calculado y ello retrasaría la llegada del duque a su palacio. Los loreneses vivían esa destrucción de las defensas de la ciudad como una humillación, y Leopoldo no tenía intención de regresar a Nancy hasta que los soldados franceses se hubiesen marchado.

El conde, que no lograba concentrarse en los asuntos que tenía sobre la mesa, se puso en pie con dificultad. Su espalda, en la que sentía un tremendo dolor desde que había iniciado su viaje en Viena, seguía atormentándolo. Se acercó al ventanal que daba a la calle, de donde llegaba la alegre algarabía de los paseantes que se habían acercado a las tiendas adosadas a los muros del palacio. Abrió y avanzó hacia el balcón de piedra soportado por dos cupidos tallados. Lo recibió un frío seco que le azotó el rostro. A su izquierda, la iglesia de Saint-Epvre dejaba entrever su silueta de piedra amarilla, fina y esbelta, y a su derecha los tejados de la puerta de la Craffe, cubiertos por una delgada capa de nieve, sobresalían sobre las casas circundantes. Al darse la vuelta para entrar, Carlingford se sorprendió al hallarse frente al gobernador, a quien no había oído llegar.

—Excusadme si os he asustado —dijo el francés, satisfecho por haber conseguido su objetivo—. ¿Os molesto?

El conde miró de arriba abajo a aquel hombre, empolvado sobremanera, cuya voluminosa peluca de tirabuzones le llegaba hasta los omóplatos. Él, que durante las campañas prescindía de toda etiqueta, no soportaba que un militar de guarnición, como a sus ojos lo era el gobernador, se permitiera dirigirse a él con aquella impertinencia.

—No me habéis asustado —respondió, cáustico—, pero he temido que uno de los trofeos de la galería de los Ciervos se hubiera descolgado de la pared para embestirme.

El gobernador titubeó un instante, pero, al no hallar una respuesta ingeniosa, se acercó al balcón e inspiró aire de forma exagerada.

—Acabaré por añorar esta ciudad —dijo complacido mientras una vaharada de vapor acompañaba cada una de sus palabras—. No hemos explotado lo bastante sus riquezas. Contrariamente, a quienes no añoraré será a sus habitantes. ¿Sabéis qué se dice en Versalles?

—¿Que el rey tiene prisa por recuperar a su lado a tan fiel servidor como sois vos?

—Vuestro elogio me colma, conde —replicó el otro, sin haber captado la burla—. El señor hermano del rey me ha contado el dicho que circula en estos tiempos en la corte: «El lorenés villano, traiciona a Dios y a su hermano». Me parece muy apropiado.

—El señor hermano del rey, como sabéis, tiene intención de esposar a su hija con nuestro duque, que se hallará a la cabeza de este Estado —respondió Carlingford sin evitar regocijarse en la estupidez de su interlocutor, de la que ya le habían prevenido—. ¿Acaso pretendéis, mi estimado gobernador, que el futuro sobrino del rey Luis no es más que un villano traidor sin mayor interés?

Al francés le costó responder.

—Nada más lejos de mi intención…

El conde avistó a Nicolas y a Azlan entre el gentío. Los había mandado llamar para que le aliviaran el dolor. Invitó al gobernador a volver a entrar y cerró el ventanal con un exagerado suspiro.

—Menudo alivio… Por un instante he creído que sentíais simpatía por esos que deshonran a la casa de Lorena. Sin duda sabéis la distancia que hay del dicho al hecho, estimado gobernador.

—Sin duda… —balbució el hombre, que ya no osaba adentrarse en ese terreno, pues estaba seguro de ser derrotado.

Daba la impresión de haberse recogido en sí mismo.

—A ese respecto, por otra parte, me han llegado infames rumores acerca de vuestro comportamiento desde mi llegada —prosiguió Carlingford—. Pero sin ripios, contrariamente al vuestro.

—¿Cómo? ¿De qué rumores habláis? —exclamó el francés a la vez que se erguía.

—Nada importante, puesto que no se trata más que de rumores.

—Pero ¿cuáles? —preguntó en tono de súplica—. ¡Decidme!

El conde fingió rememorarlos antes de responder:

—Una historia acerca de unas monedas de oro que acuñasteis para exigir un impuesto sobre vuestra persona. Según parece, en una cara esas monedas llevaban grabada vuestra efigie y en la otra las armas de la ciudad. Al verlas, parece ser que dijisteis: «¡Haced unas monedas más grandes para que se me reconozca mejor!». Es inverosímil, ¿no es cierto?

—Sí, en efecto —respondió el francés evitando su mirada—. Bueno, os dejo con vuestros asuntos.

Se dirigió hacia la puerta. Carlingford hizo tintinear unas monedas que tenía en el bolsillo y el gobernador se dio la vuelta. Sacó una y la sostuvo entre el pulgar y el índice.

—Por casualidad, tengo en mi poder algunas monedas cuyo perfil me resulta muy familiar —dijo, con lo que atrajo la mirada del francés a la moneda.

La depositó sobre su mesa de trabajo y se aproximó a su interlocutor, que parecía incapaz de reaccionar.

—¿Sabéis qué sería un gran placer para nuestro buen rey Luis XIV?

El gobernador tragó saliva y negó con un movimiento de la cabeza.

—Que todas esas monedas sirvieran de regalo en honor de los esponsales de su sobrina y nuestro villano duque traidor. ¿Qué os parece?

—¿Y cómo podría yo…?

—¿Hallarlas? Confío en vos plenamente, mi querido amigo. Habéis llevado las cuentas de la ciudad de un modo tan escrupuloso desde vuestra llegada que ni un solo franco debe de haber escapado a vuestra vigilancia.

Cuando Nicolas y su asistente accedieron al despacho de François de Carlingford, este se hallaba acurrucado en su silla. Tras no dejar entrever la menor molestia frente al gobernador, se había sentado ante su mesa y había proferido un grito para aliviar el dolor que le reconcomía la parte baja de la espalda. Las crisis eran cada vez más frecuentes y agudas. Para él, no había lugar a rendirse o dar la impresión de que a los pocos días de su llegada el representante del duque se hallaba enfermo y era incapaz de asumir sus funciones. No deseaba que un médico lo examinara e hiciera circular la noticia. El único en quien confiaba era maese Déruet. Era también el único capaz de curarlo.

Nicolas deshizo sus vendas y se frotó las manos para calentarlas. Carlingford se había tendido, con el torso desnudo, sobre el canapé situado bajo el tapiz y las fauces abiertas de los lobos. El cirujano examinó el pequeño bulto rosáceo y terso, del tamaño de una nuez, situado en la base de la espalda.

—Es de la batalla de Eberbach. Asediábamos la fortaleza y Leopoldo, como de costumbre, se mostró muy intrépido —explicó Carlingford.

—Lo recuerdo —añadió Nicolas mientras palpaba con suavidad la zona dolorida—, era la primera vez que iba en la ambulancia desde Timisoara. Pero ese día no os atendí.

—Cuando lo tocáis me duele mucho —dijo el conde con una mueca—. Como si me clavaran una daga.

Nicolas miró a Azlan, y este extrajo varios instrumentos de la bolsa y los depositó junto al cirujano.

—No me curasteis —confirmó Carlingford— porque simplemente me caí del caballo.

—Parece que hay un cuerpo extraño en esa excrecencia de carne —explicó el cirujano—. Tendré que extraerlo. ¿Estáis de acuerdo, excelencia?

—¿Será muy largo?

—Menos de un minuto. Y luego unos días de reposo. Si lo deseáis, sin embargo, podéis pedir otras opiniones.

—Es inútil. Adelante.

—¿Puedes ir afuera y llenar de nieve el cubo de los paños? —pidió Nicolas a Azlan.

—¿Ahora os vais a poner a jugar? —bromeó el conde.

—No, vamos a aprovechar la situación. He observado que el frío intenso del hielo atenúa el dolor. Contadme cómo os caísteis.

—El duque atacaba a los turcos sin medir el peligro. Con uno de mis oficiales, un coronel veterano, nos dispusimos a protegerlo. Una bala de cañón disparada por los otomanos rebotó justo delante de nosotros y alcanzó al coronel en la pierna, e hizo estallar su sable. Mi montura se encabritó y me arrojó al suelo. Caí mal. No es heroico en absoluto, pero desde entonces el dolor no ha hecho más que aumentar.

Azlan regresó con el cubo lleno hasta la mitad de nieve, y con la misma hizo unas bolas y las envolvió en paños. Nicolas aplicó una de ellas sobre la protuberancia mientras su asistente calentaba con la llama la punta de un estilete. Su complicidad era tal que casi no necesitaban hablarse. Una vez se hubo fundido la nieve, secó la piel y depositó una segunda bola fría. Carlingford no reaccionó al aplicársela. La zona estaba dormida.

Mientras hablaban de la última campaña, Nicolas apartó el paño frío y abrió lateralmente la piel con un escalpelo. Acto seguido apartó los labios de la herida. El cuerpo extraño se hallaba enclavado en uno de los espacios transversales de las últimas vértebras lumbares, cerca del punto de unión de los músculos. Dirigió la hoja del bisturí un poco hacia fuera para evitar la lesión de los vasos sanguíneos contiguos. El objeto se había enquistado y los nervios próximos sufrían el pinzamiento provocado por el desarrollo del quiste, que provocaba dolores a cada movimiento. Nicolas cortó todas las adherencias y logró extraer el tumor mientras la zona aún estaba parcialmente anestesiada por el frío. Carlingford apretó los dientes.

—He extraído el cuerpo extraño —dijo Nicolas al tiempo que cogía el estilete con la punta al rojo que Azlan le tendía.

El conde resopló, pensando que la operación había terminado.

—Ahora cauterizaré los nervios lastimados para asegurarme de que no se produzcan nuevas adherencias nerviosas.

—¿Cauterizar? ¿Qué queréis decir? —preguntó Carlingford, que, tumbado boca abajo, no había visto el instrumento ardiente como una brasa.

—Eso significa que en los próximos cinco segundos no podéis ni pestañear, pase lo que pase.

Antes incluso de que el cuerpo se crispara, introdujo el estilete apoyándose a la vez sobre la espalda del paciente para evitar que se moviera. Cuando el olor característico a carne quemada llegó a su nariz, Nicolas ya había terminado. Le puso un nuevo paño lleno de hielo. François de Carlingford no había dado muestras de dolor.

—Ya está —concluyó mientras vendaba la herida.

Azlan había limpiado el objeto, un triángulo de metal del tamaño de un trébol, y se lo había entregado a Nicolas.

—Esto es la causa de vuestra desgracia, excelencia —anunció, y se lo puso en la mano.

—¿Qué es? —preguntó Carlingford al verlo centellear en su palma.

Nicolas se había limpiado las manos y se hallaba frente a él.

—Una punta de sable. Sin duda, el de vuestro oficial, que la bala de cañón hizo salir despedida como un proyectil. Me habéis concedido el honor de ser mi último paciente de guerra, excelencia —dijo Nicolas.

—¿Cuánto tiempo deberé permanecer sin levantarme?

—Evitad caminar mucho e inclinaros hacia delante mientras cicatriza. Cuando sintáis dolor de nuevo, pedid a uno de vuestros criados que os prepare unas compresas de hielo. ¡Y rezad para que la nieve dure por lo menos una semana más! ¿Tenéis noticias del duque?

—Se halla en Viena y se muere de impaciencia. ¿Sabéis cuáles fueron sus últimas palabras cuando lo dejé? Al decirle que habría que olvidar la guerra, dado que Lorena necesitaba una larga paz, me sonrió y me respondió: «No conseguiréis que tema la guerra, pero me ayudaréis a amar la paz, puesto que hoy es necesaria». ¿Os dais cuenta? Su Alteza solo tiene diecinueve años, y cuatro de ellos los ha vivido en campaña.

—Yo solo tengo diecisiete —reivindicó Azlan—. ¡Y soy el asistente del mejor cirujano del ducado!

Sus palabras hicieron reír al conde, que hizo una mueca de dolor.

—¡Nuestro nuevo Estado está lleno de promesas! —concluyó Carlingford.

Los lobos del tapiz le parecieron de repente menos amenazadores.

***

La casa Saint-Charles, establecida en la rue du Moulin en una antigua fábrica de cobre, nació en su día como farmacia para los pobres. Convertida en casa de beneficencia, llevada por unas monjas, se transformó en un lugar de distribución de alimentos y de curas durante cincuenta años, hasta que acogió a los soldados franceses heridos para paliar la saturación del hospital Saint-Julien.

—Somos un hospital que aún no se conoce por ese nombre, ni cuenta con los subsidios necesarios —dijo Catherine Plaisance, la madre superiora, a modo de bienvenida.

Su rostro, de rasgos juveniles y delicados, parecía comido por su toca blanca. Se había sentado junto al altar, presidido por un cuadro de san Carlos dando la comunión a los enfermos de peste. El resto de la estancia, que servía de sala para las auscultaciones, era de extrema sobriedad.

—Contamos con un médico —precisó ella—. El doctor Bagard recibe un sueldo de la ciudad, pero las nuevas que traéis me llenan de alegría —añadió mientras releía la carta que Nicolas le había entregado.

El conde de Carlingford, en su calidad de regente del duque, había dictado una ordenanza que destinaba los ingresos de los antiguos hospitales de Bouxières-aux-Dames, Bouxières-aux-Chênes y Leyr a la casa Saint-Charles, a la espera de una aportación regular de futuros impuestos. Un maná inesperado que conllevaba como contrapartida la contratación de Nicolas y Azlan como cirujanos de Saint-Charles para los pobres. Los dos hombres se instalaron allí el mismo día, en la primera planta del edificio, en unas habitaciones que daban a un gran patio trasero.

—¡Nos hemos convertido en príncipes! —exclamó Azlan, que jamás había conocido lujo semejante—. ¡Una cama de verdad y una habitación para mí solo!

—Un príncipe que empezará su jornada fabricando gasas y compresas —replicó Nicolas, a la vez que le lanzaba un saco de trapos.

—Ya volvemos a la esclavitud —dijo el muchacho con una inmensa sonrisa.

Las monjas se ocupaban ellas mismas de la farmacia y almacenaban los remedios en unas jarras de cerámica de Niderviller, de las que estaban muy orgullosas. Nicolas, que preparaba personalmente sus mezclas de plantas y sus ingredientes, tuvo que batallar con firmeza para conseguir que le permitieran añadirlas a la reserva que custodiaban con celo extremo. Al cabo de una semana, sin embargo, se habían adaptado a la situación y al ritmo de las consultas y las operaciones. El primer domingo, el 16 de febrero, Azlan se tumbó en su cama con la firme intención de quedarse allí todo el día para recuperar fuerzas. Nicolas aprovechó para ir en busca de Marianne.

Visitó las parroquias de la ciudad vieja y de la nueva, en cuyos registros estaban inscritas las nueve comadronas elegidas. El apellido Pajot estaba asociado a la iglesia de Saint-Epvre hasta 1694. Y luego no volvía a aparecer. Fue al domicilio de Louise Godfrin, que la sucedió a partir de 1695, pero la comadrona ni siquiera había conocido a Marianne. Callejeó un buen rato pensando en qué podía haber llevado a la mujer que amaba a desaparecer tras la muerte de Jeanne para luego reaparecer y llevarse con ella al pequeño Simon. Se cruzó con una patrulla de soldados franceses y, por reflejo, dobló por una callejuela adyacente. Los cuatro hombres, a los que su comportamiento les pareció sospechoso, hicieron amago de seguirlo, pero cambiaron de opinión. También para ellos la ocupación llegaba a su fin y nadie tenía ganas de correr riesgos antes de regresar a casa. Los mazazos que demolían las fortificaciones marcaban el ritmo de los días como la cuenta atrás de su partida. Todos sabían que en cuanto estos terminaran, el silencio sería sinónimo de la libertad recobrada.

Nicolas atravesó la explanada entre las dos ciudades y tomó la pasarela que llevaba al bastión de Haussonville, barrido por un viento helado que podía dejar como un carámbano al más pintado. Cada golpe de viento le quemaba la garganta. Se detuvo en la tienda de Pujol, el librero, a quien François Delvaux había avisado de su llegada pero que fingió sorpresa y se echó en brazos de Nicolas con emoción sincera. Aunque su actividad hubiera disminuido de forma considerable, el anuncio del retorno de la paz lo llevó a aguardar aún un año más antes de vender su establecimiento. Le ofreció un tazón de sopa e hizo que le explicara la campaña de Hungría. Nicolas resumió su relato. Deseaba con todas sus fuerzas borrar el recuerdo de los cuatro años que acababan de pasar, pegajosos como la sangre. Guiado por un presentimiento, preguntó a Pujol si Marianne Pajot había ido a comprar libros recientemente. Respuesta negativa. «No hay que confundir una intuición con una mala idea», se dijo para sus adentros antes de ponerse en pie para despedirse.

—Ha venido otra persona que me ha hablado de ti, Nicolas —añadió el librero cuando se despedían—. Una joven. La viuda del marqués de Cornelli.

***

—No veo en qué podría ayudarte ella, para ser francos —dijo François Delvaux, frente a un vaso de vino en la taberna del Chat qui Boit.

Nicolas se había reunido con su amigo, quien lo había invitado a él y a Azlan a la taberna más próxima a su nuevo domicilio, en la rue des Maréchaux. El dueño del establecimiento era uno de los mejores clientes del Erizo Blanco, y este iba allí muy a menudo. En el piso superior había cinco habitaciones y la taberna gozaba de buena reputación entre los artesanos de los diversos gremios, los cuales iban a comer allí a buen precio. No había ninguna mesa lejos de la chimenea, que en invierno siempre tenía un fuego vivo en aquella sala pequeña y de ambiente ruidoso.

—El marqués de Cornelli contrató a Marianne —respondió Nicolas—. Tal vez Rosa disponga de alguna dirección o de una indicación.

—¡Confiesa que ni tú mismo estás muy convencido de ello!

—No cuento con ninguna otra pista, François. No puedo quedarme de brazos cruzados.

—Ya hemos interrogado a los comerciantes y conserjes de todas las casas de la ciudad —completó Azlan—. Nadie sabe adónde ha ido.

Bebió un trago y se le desorbitaron los ojos.

—¡Vuestro vino es muy bueno, maese Delvaux, parece el tokay de Hungría! ¿Lo recuerdas, Nicolas?

—Sí, Germain acabó comprándolo por toneles para nuestra unidad. Allí es más barato que el agua del río.

François olisqueó su jarra de cerámica sorprendido, bebió un sorbo y murmuró:

—¿Tokay? ¿Tokay? ¿Acaso os habéis comido un diente de ajo los dos antes de venir aquí? Mi vino es más delicado y ligero, ¡no un licor del Sacro Imperio!

Nicolas lo cató a su vez y confirmó la impresión de Azlan. El Erizo Blanco cogió la jarra de su amigo, lo olió y lo bebió de un trago, y a punto estuvo de atragantarse.

—Pero ¿esto qué es? —refunfuñó, y se volvió para poder ver al posadero.

El hombre se hallaba en animada conversación en una mesa más apartada y le daba la espalda.

François tendió el recipiente a Nicolas, quien le confirmó que ambos brebajes nada tenían en común.

—¡Menudo bruto! —farfulló mientras se volvía de nuevo.

—Se habrá equivocado cuando hemos pedido la ronda, no tiene importancia —dijo Nicolas tratando de poner paz.

—Sí, está bueno… —comenzó Azlan, y acto seguido calló, fulminado por la mirada del Erizo Blanco—. Pero ¡el tuyo es mejor! Estoy seguro de ello —concluyó embarullado en sus propias explicaciones.

Bajó la vista en señal de rendición.

—¡Pedazo de animal! —prosiguió François—. ¡Cómo se atreve!

—¿A qué se atreve?

—Pero ¿no lo ves? ¡Sustituye mi vino por productos extranjeros! ¡Me echa de su establecimiento! Y como es un cobarde, a mí me ha servido del mío.

De la mesa donde el posadero, de brazos cruzados, parecía explicar una anécdota, se alzaron unas carcajadas.

—¡Y encima se está riendo de mí! ¡Debe de estar contándoles cómo me ha timado con ese veneno que trae de fuera!

El Erizo Blanco se contenía para no estallar de cólera. La ligera duda que persistía en su mente era la última barrera que lo protegía de una reacción incontrolable.

—¡Debo aclarar esta situación! —dijo apretando las mandíbulas.

—Llevas razón —respondió Nicolas, y alzó la mano para atraer la atención del posadero—. Vamos a hablar con él.

—¡No! —exclamó François, y le obligó a bajar el brazo—. Le entregué el pedido el mes pasado y en su bodega solo tenía mi vino. No me dijo nada. ¿Cómo voy a confiar en semejante embustero? Voy a comprobarlo personalmente. Bajaré a su bodega.

En ese momento entró un grupo y, al ver las mesas ocupadas, permanecieron dubitativos en el umbral dejando entrar una ola de aire fresco en la estancia. Junto a la puerta, un tintorero de la rue Saint-Jean que mojaba un pedazo de pan en una sopa humeante con sus manos manchadas, exclamó mostrando sus dientes colgantes de unas encías grisáceas:

—¡Esa puerta!

Al temer que la situación pudiera degradarse, el posadero se precipitó hacia los recién llegados, cuatro cuchilleros que trataron de negociar una mesa para almorzar. El tintorero reiteró su petición a voz en grito y aporreando la mesa. El tabernero salió a la calle con el grupo tras intercambiar algunos insultos con el irascible cliente.

—¡Ahí voy! —dijo François, que no había perdido detalle de la escena.

Antes siquiera de que Nicolas pudiera responderle, se había deslizado en la trastienda sin que nadie se fijara en él. Aún no había reaparecido cuando el posadero regresó al cabo de unos minutos: les había prometido finalmente que les conseguiría mesa en media hora a más tardar. Se precipitó hacia la chimenea y aproximó las manos para calentarlas, con la confianza de que pronto quedaría libre alguna mesa. No vio aproximarse al Erizo Blanco, con un par de botellas en cada mano. Este se dirigió a él.

—¿Desde cuándo? —gritó François—. ¿Desde cuándo en las tabernas del ducado se sirven brebajes extranjeros?

Todo el mundo calló. Extendió los brazos con las pruebas del delito.

—¿Desde cuándo nuestros viñedos ya no son dignos de nuestros paladares? ¿Acaso mi vino ya no es lo bastante bueno para los loreneses? —bramó con su voz profunda y grave.

El posadero se aproximó, con una sonrisa crispada, paso a paso.

—Precisamente, François, iba a hablarte de ello...

—¿Ibas a hablarme de ello? ¿O a apuñalarme por la espalda? —exclamó, y depositó bruscamente las botellas sobre una mesa.

El posadero las asió temeroso de que al Erizo Blanco se le pasara por la cabeza romperlas.

—¿Y qué quieres? ¿Acaso es culpa mía que los vinos extranjeros sean más baratos que los tuyos? —le replicó encogiéndose de hombros mientras volvía hacia la trastienda a guardar las botellas.

—¡Y aun así es caro! —añadió un cliente que vació su vaso y acto seguido dejó una moneda sobre la mesa.

—¿Lo ves? —dijo el tabernero volviendo sobre sus pasos—. ¡Por el mismo precio, mis clientes pueden beber el doble!

François se subió a la mesa de Nicolas y de Azlan, a quienes parecía que aquella situación los divertía.

—¡Oídme, oídme todos! —gritó, y a punto estuvo de perder su gorro blanco en plena agitación—. Hoy la guerra ha acabado y mañana el ejército de ocupación abandonará nuestro ducado. Pronto el duque Leopoldo hollará de nuevo la tierra de sus antepasados. Y vosotros, ¿qué hacéis para darle la bienvenida?

Nadie se atrevió a tomar la palabra.

—Yo os lo diré —continuó François—: ¡destruís el comercio local! ¡Aniquiláis nuestras posibilidades de reconstruir un Estado próspero y perdurable, así es como celebráis el regreso de nuestro soberano a sus tierras!

Un cliente observó dubitativo su vaso y volvió a depositarlo sobre la mesa. El posadero meneó la cabeza contrariado.

—Tiene razón —aprobó uno de los cuchilleros cuyo grupo había vuelto a entrar poco antes sin que nadie se diera cuenta de ello—. Si no hay viñas, yo no venderé hoces. Y ya puedo cerrar la tienda.

—Si no hay cuchilleros, no podré cortar mis paños —dijo otro.

—A mí me da igual, pues siempre podré teñir —afirmó el quisquilloso que se hallaba junto a la puerta.

—Pero ¡no seas ingenuo! —intervino François—. Ya no tendrás ni paños ni sedas a los que dar color. Sin cuchilleros, no habrá guarnicioneros, ni orfebres, ni carniceros ni asadores. Sin todos ellos, ni ropas ni alimentos. Así que podéis seguir bebiendo vino extranjero, pero, además de envenenaros, ¡llevaréis el ducado a la ruina y habréis sido los responsables de ello!

Descendió de su estrado envuelto en un silencio roto simplemente por el crepitar de los troncos entre las llamas. Nicolas y Azlan se pusieron en pie y lo siguieron.

—¡Caballeros, vuestra es la elección! —concluyó François en el momento de salir, dejando a sus espaldas un debate que se prometía animado.

Los tres hombres se dirigieron a casa de François, que los invitó a una copa de su vino.

—Para que el día por lo menos acabe bien —precisó antes de dejarse caer sobre su cama, abatido.

—¿Tan difícil es la situación? —preguntó Nicolas.

—¡Catastrófica, hijo mío! —respondió el Erizo Blanco al tiempo que lanzaba lejos su gorro—. Si mi mejor cliente falta a su compromiso, no resistiré hasta la próxima vendimia.

Contempló la bacía amarilla representada en la enseña de su antiguo establecimiento, que había colgado de la pared de su vivienda.

—Tal vez sea su último invierno bajo techo —añadió, y señaló la enseña—. ¡Y yo que creía ser demasiado viejo para volver al oficio!

***

El palacete de la marquesa Rosa de Cornelli se hallaba en plena rue Naxon, cerca del palacio de Lillebonne. La entrada estaba flanqueada por dos columnas discretas que soportaban una cubierta de piedra bajo la cual se refugió Nicolas. Una lluvia fina y penetrante caía sobre la ciudad desde aquella mañana. Un criado con librea lo recibió sin decir palabra y permaneció impasible al oír el nombre del visitante. Lo hizo pasar a un salón cuya ventana daba a la rue Recullée, una callejuela estrecha de casas adosadas a la muralla. Mientras aguardaba a Rosa, aprovechó para secarse frente a la chimenea y luego deslizó sus dedos sobre la piel de los libros ordenados en una estantería que ocupaba el ancho de la estancia. Descubrió dos tratados de medicina y de anatomía dispersos entre otros de filosofía y teología, entre el *Diccionario histórico y crítico* de Pierre Bayle y la *Ética* de Baruch Spinoza. No conocía a ninguno de los dos autores. Tomó la *Ética*, acarició la encuadernación y la abrió con cuidado.

Cuando ella apareció no pudo evitar admirar la delicadeza y la belleza de su piel. Rosa había perdido sus últimos rasgos de adolescente, pero conservaba su mirada impertinente. Llevaba sus cabellos azabache recogidos en un moño alto que ofrecía a la vista una nuca y un cuello exquisitamente diáfanos y enjoyados. Vestía de seda y organdí en tonos burdeos y rojo tornasolado, con un bordado de fina puntilla plateada que resaltaba la calidad de la confección. Las mangas de tul, holgadas y de color crudo, enmarcaban un corsé de escote modesto y prudente. Ella percibió la impresión que había causado a Nicolas y le dirigió una amplia sonrisa que él le devolvió, acompañada de un cortés besamanos.

—Estoy contenta de volver a veros, señor Déruet.

—Me preguntaba si aún os acordaríais de mí al escribiros. ¡Ha pasado tanto tiempo!

—Hace solo cuatro años. Yo iba al encuentro de mi futuro marido. Y sois el último que lo vio con vida. ¡Qué extraño meandro del destino!

—Así, lo sabéis...

—Sé que tenía tales heridas que nada pudisteis hacer para salvarlo. ¿Me acompañáis? He hecho preparar mi carruaje.

Se sentaron uno frente al otro en un vehículo espacioso de asientos confortables. Tenían a su disposición unas gruesas mantas. Al restallar el látigo, los caballos hicieron circular el carruaje bamboleándose por las calles de Nancy.

—¿Adónde vamos? —preguntó Nicolas. Habían cruzado la puerta de Saint-Nicolas de la ciudad nueva y avanzaban por un camino en mitad del campo.

—A ningún sitio, pero este es el lugar más seguro para hablar sin ser espiados u observados. Mi situación de viuda rica despierta muchas envidias.

—Al igual que vuestra belleza, Rosa.

—¿De verdad? ¿Sois sincero o adulador, Nicolas Déruet?

—¿Dudáis de mí?

—He encontrado tantos partidos interesados desde el año pasado que os confieso que ya no alcanzo a saberlo.

—¿Qué queda de aquella joven que quería huir de un prometido para disfrutar de la libertad?

—No creáis que he renunciado a mis ideales, pero mi tío tenía razón: hay más de un camino para verlos cumplidos. En ningún momento he querido ni buscado lo sucedido a mi marido, podéis creerme. Quiero sacar provecho de esa desgracia y tengo intención de vivir según mis preceptos sin que nadie me ponga cortapisas. ¿Os sorprende?

—Diría que me tranquilizáis.

La humedad, que impregnaba el ambiente, había cubierto de vaho los cristales. El exterior estaba solo representado por vagas formas de colores.

—¿Qué pensáis acerca del eudemonismo? —preguntó ella—. Creo que leíais a Spinoza cuando he llegado, ¿verdad?

—Os confesaré que no leo latín. Necesitaré vuestra ayuda.

—Ese hombre es un genio que proclama que la felicidad es el objeto de la vida humana. ¡Qué revolución! ¡Abajo las religiones y las morales que nos atan al suelo! La libertad se halla en la felicidad. Pero solo a vos puedo hablaros con tanta franqueza. En otros círculos, tales frases me conducirían de cabeza a la cárcel —añadió ella, y depositó casualmente su mano sobre la de Nicolas, para retirarla acto seguido.

—Ahora comprendo mejor por qué nos exiliamos en este retiro para intercambiar puntos de vista. ¿Viajáis así a menudo?

—Solo confío en este cochero. Por cierto, lo conocéis. Curasteis a Claude hace cuatro años.

—Una luxación del hombro —recordó Nicolas.

—Desde entonces me es leal y me ha seguido después de mi boda. Los demás son criados del difunto marqués, y después de enviudar para ellos me he convertido en algo venal. Les gustaría pillarme en falta y avergonzarme públicamente.

El carruaje había aminorado la marcha y circulaba al paso sobre troncos de madera, zarandeando a los ocupantes en el interior del habitáculo. Las sacudidas cesaron y el vehículo ganó velocidad.

—¿Y si hablamos del objeto de vuestra visita, Nicolas?

Rosa tenía una madurez inusual en una joven de veintitrés años. Sobre todo tenía un carácter fuerte y una inteligencia fuera de lo común que, sumados a su belleza, pronto le confirieron el poder de seducción y la fuerza de convicción que ejercía sobre sus interlocutores, hombres o mujeres, a los que siempre conducía allí donde ella quería. No pretendía abusar de ello, pero jamás se había privado de hacerlo, pues ese era el medio para dominar a cuantos habían querido regir su destino.

No había olvidado a Nicolas desde su primer encuentro. Para ella era la imagen de una irreductible libertad, la figura del viento que nada retiene ni aprisiona, inasible. Era diferente de los otros hombres y esa diferencia la atraía enormemente, pues se sentía cercana, muy cercana, como si en él hubiera hallado al único ser que podía comprenderla y ofrecerle cuanto ella soñaba. Era su reflejo, su doble, estaba convencida de ello. Rosa supo de su regreso por el conde de Carlingford y, desde entonces, buscaba la mejor ocasión para reencontrarse con él sin que pareciera que ella había ido en su busca. Hizo que Claude lo siguiera y descubrió dónde se alojaba y qué lugares frecuentaba. Aunque su carácter la empujara a desvelarle sus sentimientos, quería aguardar a que llegara el momento propicio para el reencuentro sin violentar su relación. Fue el propio Nicolas quien le proporcionó esa oportunidad. Cuando le pidió verla, ella se sintió liviana. Leyó y releyó su mensaje, sopesó cada palabra para hallar alguna huella de los sentimientos que lo empujaban, y lo conservó como un tesoro. Rosa compró en la librería de Pujol unas obras médicas que puso a la vista en su biblioteca y se sintió como una boba ante aquella puesta en escena, boba por su sujeción a otra persona, ella que siempre había seguido el camino de la independencia. Pero los sentimientos que en ella habitaban la trascendían, jamás había conocido semejante sensación y no tenía la impresión de alienar su libertad, al contrario, él era su libertad, ella lo sabía, lo veía como una evidencia.

Sin embargo, el único defecto de Nicolas era que todavía estaba enamorado de otra. Escuchó la solicitud de ayuda para dar con Marianne. Lo oyó hablar de ella, de su amor, y recibió esas palabras como bofetadas, como ofensas, sin por ello dejarlo entrever siquiera. Él aún no lo sabía, pero se equivocaba. Era ella, Rosa, su alma gemela, y no la comadrona que ocupaba su mente. Además, esa mujer había desaparecido. No obstante, ella lo ayudaría, iría con él hasta el final, hasta que él descubriera su error, que Marianne ya no lo amaba, que lo había olvidado. Aquel día Rosa estaría presente y los ojos de Nicolas se abrirían por fin para descubrir su destino.

El carruaje había emprendido el camino de regreso. Al abatimiento inicial de Rosa siguió la esperanza como bálsamo para sus heridas. Detestaba las moratorias y la tristeza, y trató de aprovechar la presencia de aquel con quien había soñado volver a ver desde hacía tanto tiempo, e impregnarse de sus rasgos, de su voz, de su sonrisa, aunque esa sonrisa estuviera destinada a otra.

El vehículo se detuvo ante el hospital Saint-Charles y Rosa prometió disponer todo lo necesario para hallar a Marianne. Contempló a Nicolas alejarse con la esperanza de que este se volviera y le dirigiera una última señal, pero la portezuela se cerró a su espalda.

Cuando Claude detuvo el carruaje en el patio interior del palacio, en la rue Naxon, oyó llorar a la marquesa. Indicó al criado que no abriera la portezuela, que él mismo se ocuparía de ello. Ella permaneció un buen rato en el habitáculo, con la mirada fija en el asiento que ahora estaba vacío.

10

Nancy, del 11 de mayo al 17 de agosto de 1698

El marqués de Huxelles, gobernador de Estrasburgo, contempló cómo el convoy se abría paso entre las filas de la caballería francesa que le rendía honores. Según las órdenes que había recibido de Versalles, había agasajado al duque Leopoldo como si del rey en persona se tratase. El soberano, que había partido de Viena, se detuvo la víspera en una ciudad invadida por numerosos loreneses que regresaban del exilio y que aguardaban para volver a Nancy en su compañía. Los que habían podido acercarse a él lo describían como un joven agraciado, dulce y bondadoso. Y quienes no habían tenido la ocasión amplificaban los cumplidos hasta convertirlo en un icono de santidad. Huxelles se sentía satisfecho ante el deber cumplido y mostraba su reconocimiento hacia Leopoldo, pues aquella mañana este había escrito a Luis XIV para agradecerle la acogida real del gobernador. Igualmente, se sentía aliviado tras la negativa del duque de Lorena a ser escoltado por tropas francesas hasta su Estado. Los gentilhombres y burgueses loreneses se habían organizado en compañías para proteger a su soberano a lo largo del trayecto. La heteróclita columna estaba compuesta por treinta y seis carruajes de vivos colores, centenares de carros que transportaban al servicio y el mobiliario de la casa de Lorena, setecientos caballos traídos de Hungría, tirados por haiduques,* y camellos, montados por prisioneros otomanos que, en particular, provocaban la sorpresa y atraían la curiosidad de los habitantes de las ciudades y pueblos que atravesaban. A esa columna se habían sumado todos los exiliados que se unían al duque por el camino. Al igual que un caudal de agua que creciera al verterse en él sus afluentes, el río humano serpenteaba a lo largo de más de tres kilómetros a su llegada al ducado.

Leopoldo miró con ternura a su hermano pequeño, el príncipe Francisco, que no se cansaba de responder a los saludos de la población con la que se cruzaban por el camino. A sus nueve años, solo había conocido la corte de Austria y sus fastos comedidos.

—Los loreneses son amables —dijo tras atravesar una aldea donde varias familias salieron de sus granjas para aplaudir al paso de su carroza.

—Están felices por recobrar la paz que les debemos —respondió Leopoldo.

Una nube ensombreció sus pensamientos. Ehrenfried Creitzen, sentado frente a él, lo advirtió. Su antiguo preceptor lo conocía muy bien y sabía que la pena por la muerte de su madre, acaecida seis meses antes, aún no se había extinguido.

—A todos nos hubiera gustado verla entre nosotros en este viaje. Trabajó mucho para que llegara este momento.

—¿Quién? ¿Habláis de mi madre? —preguntó Francisco, quien sin embargo no parecía prestarles atención.

Leopoldo dirigió una mirada de reproche a Ehrenfried y decidió cambiar de conversación.

—Estoy impaciente por ver a François de Carlingford y al padre Le Bègue, a quienes tanto he echado en falta.

—¿Y a mamá? ¿La veremos allí? —prosiguió Francisco a la espera de una respuesta.

—Mamá está en el paraíso con nuestros antepasados —respondió el duque en tono sobrio—. Mirad a esa gente, os están saludando —añadió a la vez que les devolvía el saludo.

* Los haiduques de Leopoldo eran húngaros que habían combatido junto a los loreneses contra los turcos. *(N. del T.)*

—Pero ¿no es ahí adonde vamos? ¿A la ciudad de nuestros antepasados? —insistió Francisco—. ¡Pues ahí tiene que estar nuestra madre!

—Mi querido señor hermano, sois un ángel. El padre Creitzen os explicará dónde se encuentra nuestra madre. Lo más importante es que penséis a menudo en ella y que ocupe un lugar importante en vuestro corazón —dijo para dar por terminada la conversación.

El convoy se detuvo a la entrada de un pequeño pueblo. Un gentilhombre lorenés se situó a la altura de su carroza.

—Alteza, ha llegado una milicia constituida de forma espontánea en Nancy para escoltaros.

—¿Dónde nos hallamos, señor de Spada? —preguntó Leopoldo a la vez que se asomaba por la portezuela para verlos.

—En Blâmont, alteza.

Leopoldo descendió y fue a su encuentro entre vítores. La tropa estaba compuesta por unos sesenta jinetes, vestidos con trajes blancos de gala, y ochenta hombres a pie, armados con arcabuces, que se presentaron como la compañía de los Buttiers. El convoy reanudó la marcha, escoltado por los recién llegados en un desorden alegre y despreocupado.

Tras un invierno largo y duro, la primavera aún no parecía dispuesta a asentarse en Lorena, pero todos recordaron que aquel día el sol brilló sobre aquellas tierras, tal vez simplemente porque lo habían anhelado con fuerza.

***

Rosa cumplió su palabra, pero las pesquisas que había iniciado conducían todas a la misma conclusión: Marianne había abandonado el ducado. Su rastro se perdía a su salida de Nancy. Nicolas no se conformaba con ello, pero su trabajo en Saint-Charles le ocupaba todo su tiempo. El cirujano de los pobres, como la madre superiora lo había bautizado, desempeñaba su oficio cada día desde el alba hasta más allá de la puesta de sol, domingos incluidos. Consagrado a las autopsias y embalsamamientos, sin dar descanso a su cuerpo ni, sobre todo, a su mente. Azlan trabajaba con denuedo a su lado, pero Nicolas refrenaba sus ardores y lo había obligado a descansar los domingos. El joven gitano, que había aprendido a escribir en cuatro meses, tenía una caligrafía redonda y fluida que a Nicolas le parecía muy legible. Le había encargado que escribiera la descripción de los casos que trataban. El doctor Bagard, a quien la idea le parecía interesante, le pidió que también dejara constancia de sus observaciones. Azlan se dividía entre ambas salas, y eso contribuía a que la relación entre médico y cirujano fuera excelente. Las finanzas del establecimiento mejoraban, y Nicolas pudo lograr que le compraran varias cajas de vino al Erizo Blanco que, a falta de saciar paladares sedientos, serviría como complemento de los anestésicos utilizados. Dado que la posada del Chat qui Boit, al igual que otras posadas de la ciudad, le había cerrado sus puertas en provecho de los vinos extranjeros, el pedido de Saint-Charles permitiría a maese Delvaux prolongar su actividad uno o dos meses. Nicolas le había propuesto que fuera a trabajar con ellos, pero sabía que su antiguo maestro era tan testarudo que solo aceptaría una vez él y su negocio se hubieran ido a pique. Aunque nunca se hubiera echado a la mar, tenía alma de capitán. Por el contrario, la construcción de la *Nina* había avanzado: ya estaba puesto el mástil y en un taller lionés estaban montando el velamen.

—Voy a confesarte un secreto, hijo —dijo el Erizo Blanco, que había ido a saludarlos a Saint-Charles—. He conseguido pagar las velas con cajas de vino. ¡También yo acabaré exportando mi mercancía!

Su carcajada resonó en todo el hospital. Se marchó tras acordar un nuevo pedido de vino que Nicolas destinaba al hospital Saint-Julien.

Azlan desplegó una hoja, abrió el tintero y mojó la pluma, que rechinó sobre los bastos hilos del papel.

—Jueves, 22 de mayo —murmuró completamente concentrado en su trabajo.

Iniciaba cada jornada con aquel ceremonial del que estaba orgulloso. Más tarde, tras las consultas y las curas, anotaría los casos que hubieran tratado. Luego aquellos papeles se sellaban y las monjas se ocupaban de conservarlos para que pudieran ser útiles a los propios enfermos o a futuros cirujanos.

En el momento en que Nicolas deshizo las vendas de sus manos, hasta ellos llegó un alboroto y entró una mujer con una criatura inanimada en sus brazos.

—¡Ayudadme, por piedad, ayudadme!

Azlan cogió a la chiquilla y la tendió con precaución sobre la mesa de operaciones cubierta con un paño oscuro. Nicolas había observado que las manchas de sangre sobre la tela blanca aumentaban la crispación y el miedo de sus pacientes y había hecho fabricar unos paños teñidos de azul oscuro.

—¿Qué ha sucedido? —preguntó al tiempo que se frotaba las manos para aumentar sus sensaciones táctiles.

A la pequeña Marie le había caído encima una tabla de madera que estaba apoyada verticalmente contra la pared de la casa vecina. La tabla, larga y gruesa, había resbalado y le había dado a la niña en la parte izquierda del cráneo. Marie gritó y perdió el conocimiento. Mientras la madre, aturdida, relataba el accidente con frases entrecortadas, Azlan preparó unos paños impregnados de un elixir antiséptico.

Nicolas limpió suavemente la herida, larga y oblicua, por la que se podía ver el hueso.

—Parietal y temporal derechos —dijo a Azlan para indicarle el alcance de la fractura.

Ninguno de los dos hacía ningún comentario alarmante para no asustar a la madre, postrada en un rincón de la habitación y acompañada por la hermana Catherine, pero la situación era crítica.

Limpió la sangre que manaba por la fosa nasal derecha y verificó que no hubiera otras heridas a consecuencia del golpe. No tenía ningún miembro fracturado. El pulso era lento pero suficientemente vigoroso y la respiración era regular. El cuerpo de la chiquilla sufrió una convulsión, pero no se despertó. La conmoción la había sumido en un estado de inconsciencia. Nicolas cubrió la herida con una compresa impregnada de polvo de raíz de iris y aristoloquia para evitar la hemorragia. Cambió la compresa al cabo de unos minutos y luego lo hizo media hora más tarde; la tercera tardó ya dos horas en empaparse de los fluidos que exudaba el cráneo. Intentaron que la niña bebiera una infusión vulneraria, pero seguía inconsciente y la vomitó. Decidió no hacerle una sangría y trasladó a la niña a una cama con cuidado de mantener la cabeza alzada para evitar un gran flujo de sangre en el cráneo. Marie descansaba, ligeramente inclinada hacia el lado de la fractura. Por la tarde, aún no había abierto los ojos y su madre hizo llamar a un cura para que le diera la extremaunción, pero Nicolas se apresuró a echarlo.

—Curaremos a su hija y haremos cuanto esté en nuestra mano para que despierte pronto. Confiad en nosotros, señora —dijo ante la mirada atónita de la mujer.

—Pero si ni siquiera le habéis hecho una sangría, ¡eso significa que mi hija se va a morir! —respondió entre sollozos.

—No se puede hacer nada más —añadió Azlan—. Creednos, una sangría no serviría de nada.

Ella lo miró desconfiada.

—Nosotros la velamos, id a acostaros —continuó Nicolas.

Una vez la madre se hubo marchado, el doctor Bagard, que se había mantenido al margen, se aproximó a los dos cirujanos cuando cambiaban las vendas empapadas de un líquido sanguinolento.

—Maese Déruet, no recurrir a una sangría podría ser muy arriesgado.

—Doctor, sé que mi decisión puede pareceros extraña, pero estoy convencido de que tal cosa la debilitaría aún más. Igualmente peligroso me parece utilizar un trépano. Ahora mismo está luchando por su vida y vamos a ayudarla con todos nuestros medios.

—No hablaba de la paciente, sino de vos. Si muere, os lo reprocharán. Todos sabemos lo que sucedió hace cuatro años. Tengo en gran estima vuestro trabajo y vuestra dedicación aquí, pero a veces hay que hacer una sangría como un acto… diplomático. *Abusus non tollit usum!**

* «El abuso no impide el uso.»

Bagard se marchó toqueteándose la barba. Azlan palmeó amistosamente el hombro de Nicolas.

—Aunque no he entendido lo que ha dicho, ¡tú tienes razón y ellos no!

—Si ella muere, seguro que me habré equivocado.

Decidieron velarla toda la noche. Nicolas despertó a Azlan al alba para abrir la consulta.

—Ha dormido tranquila —anunció—. Ha abierto los ojos y ha vuelto a dormirse. He cubierto el hueso con una gasa empapada en bálsamo de Fioraventi y toda la herida con bálsamo de Arceus y aceite rosado. Si se despierta de nuevo, ofrécele un caldo.

A mediodía fue a relevar a su asistente, que le anunció que la enferma tenía fiebre y que había sufrido algunas convulsiones que la habían hecho abrir los ojos.

—He aprovechado para que tomara un poco de lilio de Paracelso, pero ha caído de nuevo en el letargo —detalló Azlan—. Aún supura y le he cambiado las vendas. La madre está ahí, con el marido.

El hombre trabajaba como aparcero para un propietario que poseía numerosas tierras y su mujer se había colocado como criada en casa del mismo burgués, en la cocina. Nicolas les explicó con detalle lo que le sucedía a Marie y lo que pretendía hacer. Haría salir por la herida todas las materias que debían ser exudadas para que no hubiera ningún coágulo antes de suturarla definitivamente, pero no emplearía el trépano.

El padre meneaba la cabeza al ritmo de las explicaciones del cirujano y no dejaba de estrujar el sombrero entre sus manos.

—Ah, bien, bien... Pero ¿cuándo vuelve a casa con nosotros?

—Deberá quedarse aquí algunas semanas, hasta que los huesos de las fracturas vuelvan a soldarse —dijo Nicolas mientras veía a la madre bajar la mirada.

—Ah, bien, bien... Pero es que no somos ricos, ¿me entendéis? He venido a por la Marie y mi mujer se ocupará de ella.

—No tendréis que pagar nada a la casa Saint-Charles. Esto es una casa de beneficencia —explicó Azlan.

—Ah, bien, bien. Pero ¿cuándo podrá volver mi hija a casa? —insistió el hombre—. En casa la necesitamos.

Nicolas no respondió y les rogó que lo siguieran. La obstinación del padre le parecía indecente. Su hija aún no estaba a salvo. Llegaron al antiguo dormitorio que había sido acondicionado como habitación común y en la que había una veintena de camas en dos hileras. La mitad estaban ocupadas por pacientes. A la niña le habían puesto un gorro que le envolvía el cráneo, así como las vendas que le cubrían la fractura y la herida. Desde su llegada, Marie solo había abierto los ojos unos segundos en varias ocasiones. Cuando entraron, estaba dormida. Sus rasgos parecían relajados, pero tenía la frente cubierta de sudor provocado por la fiebre. Una mosca se había posado en su mejilla y movió las alas cuando el grupo rodeó a la chiquilla. El insecto alzó el vuelo cuando la madre se inclinó para darle un beso en los labios a su hija.

—No se la puede trasladar, pues necesita nuestras curas a diario —explicó Nicolas a la vez que observaba la reacción del padre.

Este parecía contrariado. La mosca trató de posarse dos veces en su cráneo parcialmente descubierto, pero la espantó con un manotazo nervioso. Azlan ofreció al padre un vaso de vino y los dos fueron a buscarlo a la cocina. A solas con la madre, Nicolas se sentó junto a ella. La oía murmurar sus oraciones.

—Tenéis una hija muy guapa. Y valiente. En estos momentos lucha para que venza la vida y ese combate debe llevarlo a cabo ella sola. Está bien que estéis a su lado para darle ánimos con vuestra presencia. Venid tan a menudo como os sea posible, señora, es lo mejor que podéis hacer por ella.

—Lo intentaré —dijo la mujer—, lo intentaré…

Sus ojos estaban enrojecidos por la pena e hinchados por la falta de sueño.

—¿Podéis explicarme cómo sucedió? —preguntó Nicolas amablemente.

La madre le describió de nuevo la caída de la tabla.

—En ese caso ¿podéis explicarme por qué no he hallado ningún trozo de madera en su cuero cabelludo, ni siquiera una astilla, nada de nada?

Ella bajó la vista.

—Yo… no sé… —murmuró.

La mujer miró hacia la puerta. La voz animada de su marido llegaba hasta ellos desde la cocina.

—Hay algo… Hay algo que deberíais saber, maese Déruet.

***

Azlan retiró las patatas que había asado a la brasa en la chimenea, ensartadas en la hoja de una espada, y las depositó en sus platos.

—¡Ya verás, son deliciosas! —le dijo a Nicolas, que olisqueaba el aroma que desprendían.

—Es la primera vez que tomo un alimento para ganado —comentó Nicolas mientras contemplaba la patata que había clavado con su escalpelo.

Azlan apartó la mano presuroso tras tocar una de las patatas con los dedos.

—¡El inconveniente es que tardan mucho tiempo en enfriarse! Mi familia, sin embargo, las comía a diario en Peterwardein. Incluso cuando no había trigo ni centeno, siempre era posible encontrar algunas patatas.

Decidió imitar a Nicolas y clavó con firmeza su bisturí en la patata. Luego la cortó en varios trozos, sopló un poco y los cogió con los dedos.

—¿Te he dicho que he recibido noticias de ellos? —preguntó Azlan antes de llevarse las manos a la boca y constatar que le había quedado fécula pegada a los dedos.

—No… ¿Cómo están Babik y la familia? —preguntó Nicolas mientras observaba divertido a su asistente lamiéndose la mano.

—Viven cerca de Buda y ha pasado una cosa formidable.

—¿Babik ha aprendido a nadar?

—Más formidable aún. ¡Tengo un nuevo hermanito! Se llama Dezso.

—Me alegro por ellos y por ti. Sinceramente. Tienes una familia estupenda, Azlan. Si hubiera tenido una, me hubiera gustado que fuese como la tuya. ¡A pesar de las patatas! —añadió tras mordisquear la piel carbonizada de la suya.

—¡He olvidado decirte que lo mejor está debajo de la piel!

—¿Maese Déruet?

La voz, desconocida, interrumpió su conversación. De pie en la puerta de la cocina, un oficial con uniforme del regimiento de la guardia recién creado por Carlingford agitó el mensaje que llevaba en la mano. Nicolas se incorporó y lo invitó a comer con ellos, pero el hombre rechazó el ofrecimiento. Esperaba una respuesta a la carta que el conde enviaba al cirujano, y la vista de aquella comida para cerdos en sus platos le resultó repugnante. Nicolas abrió el sello de la carta y la leyó en silencio.

—Debemos irnos de inmediato —apremió el soldado.

—¿Qué sucede? —preguntó Azlan, que se había aproximado.

—Nuestro duque se halla en Lunéville y el conde de Carlingford va a reunirse con él —le informó Nicolas tendiendo la carta al oficial—. Me pide que lo acompañe.

—Su Alteza Leopoldo reclama vuestra presencia —precisó el oficial.

—¿Tiene algún problema de salud? —dijo Azlan interrogando a Nicolas con la mirada.

—Goza de buena salud, gracias a Dios —respondió el oficial—. Su Alteza no puede viajar a Nancy y desea reunir a sus allegados y a los fieles que lo han acompañado en las campañas de Hungría. El conde nos espera, maese Déruet. Vamos.

—Decid al conde y a nuestro duque que esa invitación me honra, pero que no puedo acudir. Lo lamento, pero tengo aquí una paciente que requiere toda mi atención.

El hombre, que no se esperaba semejante respuesta, se quedó mudo unos segundos, hasta que se serenó.

—Vamos… Eso no es posible… Su Alteza os espera.

—Yo me ocuparé de la niña —propuso Azlan.

—Cuento con ello —replicó Nicolas—. La velaremos por turnos hasta que se cure. Gracias por haber venido hasta aquí, teniente.

El militar titubeó. Nicolas se sentó y pidió a Azlan su pluma y el tintero. Escribió una respuesta en la carta, la enrolló y se la entregó al oficial del regimiento de la guardia. El hombre saludó y se marchó sin decir palabra.

—¿Qué has escrito? —preguntó Azlan, espoleado por la curiosidad.

Nicolas pelaba la patata con su escalpelo.

—¿Qué has escrito en la carta? —insistió el chico, y volvió a sentarse a la mesa.

—Llevas razón —respondió Nicolas con el ceño fruncido—, la carne está muy rica.

—¡Vamos, dímelo! —imploró—. Cuéntame el secreto, soy tu asistente, ¡soy como tu hijo!

—Azlan, solo nos llevamos trece años —bromeó.

—¡Soy tu hermano de sangre! ¡No se le oculta nada a un hermano, sobre todo si es el pequeño!

Nicolas acabó de comerse la patata en silencio, limpió su bisturí sobre un pedazo de pan, lo plegó y lo guardó en su bolsillo.

—Le he explicado al duque que una niña del ducado necesita mi ayuda y mis oraciones, y que entre tú y yo podíamos salvar a una inocente de las palizas de su padre.

***

Antes de entrar en el antiguo castillo de Carlos IV, un caserón de piedra ocre ocupado por el duque y su séquito, François de Carlingford observó con sorpresa la fila de personas, gentilhombres, burgueses y obreros entremezclados que serpenteaba a lo largo de la calle.

—¿Quiénes son esas gentes? ¿Qué hacen todos ahí? —preguntó al criado que fue en su busca.

En cuanto se anunció su llegada, los loreneses se habían precipitado a centenares para obtener audiencia con su nuevo soberano. Carlingford se inclinó ante Leopoldo, instalado en el gran salón de recepciones.

—Alteza.

—¡Dejaos de protocolos! ¡A mis brazos, mi querido gobernador! —respondió el duque interrumpiendo la sesión.

Se felicitaron calurosamente ante los rostros atónitos de los presentes. El padre Le Bègue, llegado la víspera, fue a saludar al conde.

—¿Queréis que tome nota de las peticiones? —propuso al duque, que aceptó de inmediato.

—Ocupaos de ello, padre, tengo tantas cosas que contarle a mi antiguo preceptor —respondió mientras lo llevaba a una estancia aparte.

Se sentaron junto a una ventana abierta que permitía disfrutar del agradable clima de finales de mayo. De la calle les llegaba el zumbido de la multitud que aguardaba con alegría.

—Contadme, excelencia, ¿cuál es la situación en Nancy?

El conde, que no desdeñaba los honores, apreciaba aquella denominación que a menudo le reservaban, pero le incomodaba cuando procedía del duque, por el que sentía una profunda admiración. Leopoldo lo sabía y a veces lo utilizaba para importunar a su regente, que era el único hombre en quien tenía absoluta confianza. «En igualdad con maese Déruet», pensó mientras leía el mensaje que Nicolas le había enviado. Su cirujano preferido tenía el don de sorprenderlo por su independencia de juicio y admiraba su integridad, aunque a veces llegara a irritarlo. Por lo menos, esos dos no lo traicionarían nunca.

Carlingford le resumió las ordenanzas que había dictado en su nombre y que le había traído para que firmara y se hicieran oficiales.

—Hemos ingresado el segundo pago del derecho de bienaventurada ascensión al trono y eso os permitirá una etiqueta acorde con vuestro rango, alteza —confirmó el conde—. Procederemos a la renovación del palacio ducal que los franceses no se han dignado a mantener apropiadamente.

—Querido conde, deberemos aprender a moderar nuestro rencor y su susceptibilidad, y sé que no va a ser tarea sencilla, lo admito. Sin embargo, somos muy pequeños al lado de nuestro vecino y no me gustaría ver sus botas pisar de nuevo alegremente los caminos de nuestro ducado. Tendremos que hacer gala de humildad para conservar esa independencia que hoy tan solo acaba de ver la luz.

—Lleváis razón, y es muy astuto, pero toda esa gente, nuestro pueblo, está impaciente por recuperar el orgullo y poder ir con la frente bien alta.

Como un eco, un hombre que aguardaba en la fila bajo su ventana se dirigió a sus vecinos:

—¡Nos ayudará, nuestro duque nos protegerá del extranjero!

Quienes lo rodeaban profirieron al unísono respuestas inaudibles.

Leopoldo se puso en pie, seguido por el conde, y se aproximó para oír la conversación. El hombre prosiguió:

—Nuestro comercio se ahoga a causa de las mercancías compradas a bajo precio fuera de nuestras fronteras, que destruyen nuestra actividad. Los impuestos nos esquilman por igual en años de penuria que en años de abundancia, y la soldadesca francesa ha acabado de exprimirnos y ha corrompido a nuestros ediles. Todo eso tiene que cambiar, y aquí estoy para decirlo, ¡aquí estoy para que me oiga!

Los demás lo aprobaron y cada uno añadió algún comentario. El conde cerró la ventana.

—Ese es el problema al que nos enfrentamos —declaró Leopoldo—. Luis XIV no nos ofrecerá una segunda oportunidad. Me gustaría reconstruir rápidamente las instituciones para dar estabilidad al Estado. Acabo de hablar con un hombre que se ha quejado de la existencia de bandas de aventureros, vagabundos de Egipto instalados en Lorena, que roban, saquean e incendian el campo aprovechando la indiferencia de las tropas francesas. Habrá que remediarlo de inmediato.

—Me ocuparé de ello. Ordenaremos su expulsión.

—Restableceremos el Tribunal Supremo y el barón de Canon tomará las riendas del mismo. Su tacto y su paciencia serán muy útiles. Quisiera igualmente que Jean-Léonard Bourcier sea nombrado fiscal general. Nos ha rendido servicios inmensos durante la ocupación francesa. Fue él quien organizó la huida de Nicolas Déruet para que se uniera a nuestras tropas. Los franceses querían colgarlo tras la muerte de su gobernador.

—Maese Déruet me ha solicitado ser declarado oficialmente inocente. No se conforma con la anulación de la pena. Quiere que se sepa la verdad respecto al dinero desaparecido.

—A veces es mejor dejar que el pasado se desvanezca entre las sombras —aconsejó el duque—. Pero, sea, el fiscal Bourcier se ocupará de ello en cuanto sea nombrado. Me he puesto en contacto con él y acepta poner sus conocimientos al servicio de nuestro Estado.

—El señor Bourcier es un hombre recto y competente, de enorme valor —concluyó François de Carlingford, orgulloso de las decisiones de su antiguo alumno, que había comprendido la importancia de rodearse de las mentes más brillantes del ducado en todos los terrenos.

—He pensado en otro hombre recto y competente para ser jefe de la casa de Lorena. ¿Lo adivináis?

—Hay muchos en el ducado. Solo hay que dejar de lado a los oportunistas. ¿Qué pensáis de Thiriot de Viray?

Leopoldo hizo un mohín.

—No, alguien de más envergadura y experto en los sutiles protocolos de las cortes europeas.

—¿Guillaume de Mantoue?

—Tenéis la modestia de no haber dicho vuestro nombre, mi querido conde, pero solo vos podéis haceros cargo de esa misión. ¿Aceptáis?

—Serviros es un honor, Vuestra…

—François Taaft, por Dios, ¡reservaos esas reverencias para las ceremonias! Y haced venir de inmediato a ese hombre que quería que lo escuchara. Quiero saber todo lo que Lorena espera de nosotros.

***

> Jueves, 29 de mayo. Séptimo día. A la paciente le ha aumentado la fiebre y las convulsiones son más frecuentes. Su estado de debilidad letárgico es persistente y va acompañado de evacuaciones involuntarias extremadamente inquietantes. La paciente solo tiene algunos minutos de conciencia al día, durante los cuales el cirujano le hace ingerir gotas de lilio de Paracelso. El único punto positivo: ya no hay humores que supuren de la herida o entre los huesos separados.

Azlan sopló sobre la tinta para que secara más rápidamente y colocó la hoja a continuación de los otros informes. Miró a la pequeña Marie, a la que acababa de cambiarle las vendas. Se estremeció debido a un escalofrío que no la despertó. Sus labios se movieron pronunciando unas palabras mudas, varias veces las mismas, y luego se cerraron. La niña parecía sonreír. Le tomó el pulso, débil pero constante, y aguardó un buen rato durante el cual ella volvió a sufrir escalofríos. Tenía la piel húmeda y caliente. La madre se hallaba a su lado y rezaba desde su llegada sin ni siquiera mirar a su hija, absorta en su fervor para convencer a Dios Todopoderoso de salvarle la vida. El día anterior se confió a Azlan y le contó cómo su marido había golpeado a la niña con un atizador porque tenía miedo de ir a oscuras a buscar agua al pozo. Le contó los golpes que también ella había recibido a lo largo de los años, las costillas rotas y los dientes perdidos. Y ahora su hija. Querría denunciarlo, pero no tenía dinero. Todo le daba miedo: los jueces, su marido, la mirada de los demás. Solo le quedaba la ayuda de Dios, que se hacía de rogar, y de los dos cirujanos del hospital Saint-Charles.

Nicolas mantenía el tratamiento inicial, a pesar de la presión del doctor Bagard, que se había acrecentado. Azlan y él se relevaban junto a Marie sin descanso; temía que si la dejaba sin vigilancia, el médico quizá aprovecharía para imponer su credo: hacerle una sangría, utilizar eméticos o el trépano, lo que para Nicolas equivalía a condenar a su paciente.

—Ya has vuelto a meterte en una coyuntura peligrosa —le dijo el Erizo Blanco cuando Nicolas le resumió la situación.

—Lo que me importa es salvar a esa niña, no mi situación personal —respondió Nicolas mientras cogía una caja de vino que le tendía su amigo.

La depositó en la cocina, junto a las otras cuatro que acababa de descargar, y volvió a la entrada de la casa donde François Delvaux estaba pagando al transportista.

—Aquí tenéis —dijo, y le entregó unas monedas al hombre—. Cuatro florines de Lorena, lo convenido.

—Dijimos cinco —refunfuñó el cochero con la mano aún extendida.

—Cinco incluía la descarga —objetó—. Y de eso nos hemos ocupado mi amigo y yo mismo. ¿Estamos?

—Pero ¡si sois vos quien me ha propuesto descargarlo!

—Así es, y os habéis ahorrado un trabajo duro y eso os deja más energías para afrontar la próxima carrera. Eso bien vale un florín, ¿no creéis?

El hombre siguió refunfuñando, pero, como tenía prisa, no insistió. Tiró de las riendas e hizo que su carreta avanzara.

—Ven, volvamos —dijo Nicolas cuando una lluvia fina y silenciosa, empujada por el viento del oeste, empezaba a caer sobre la ciudad.

El Erizo Blanco pidió beber un vaso de vino de su mejor cosecha, de la que alabó los méritos con la labia y la palabrería de un vendedor ambulante. Luego se reunieron con Azlan junto al lecho de la enferma.

—¿Esta chiquilla es el objeto de tus desvelos? —preguntó François al tiempo que se quitaba el gorro y lo depositaba sobre la cabeza del joven gitano—. ¿Puedo? —añadió, y señaló las vendas que envolvían la cabeza de la pequeña Marie.

Le quitó las gasas y observó la herida aún entreabierta sobre los huesos del cráneo.

—He esperado cuanto he podido —explicó Nicolas—, pero hoy haré la sutura definitiva.

Maese Delvaux tomó el brazo de la jovencita y le pellizcó la piel. No reaccionó.

—Está delgada —dijo al ver su muñeca delicada.

—No come más que algo de caldo —intervino Azlan—. Ayer la hermana quiso darle una manzana asada, sin avisarnos, cuando estaba despierta.

—Y le subió la fiebre, ¿verdad? —preguntó el Erizo Blanco.

—Fiebre, escalofríos y tensión en el bajo vientre. Desde entonces no ha abierto los ojos. Te necesitamos, François.

—En otra vida tuve ocasión de ver casos parecidos. Sin embargo, desde la muerte de Jeanne me prometí que eso no se repetiría.

Miraron a la criatura en silencio, y eso extrajo a la madre de su fervor religioso. Parecía acabar de darse cuenta de la presencia de ellos.

—¿Habéis venido a ayudarnos, señor? —preguntó a François con los ojos fijos en él.

Este recuperó su gorro y se lo caló.

—Solo soy viñatero, señora, pero sí, haré cuanto esté en mi mano.

***

El gatito blanco se había detenido bajo el porche de la residencia del duque en Lunéville y se relamía concienzudamente la pata derecha, que había adquirido un color marrón tras la infructuosa cacería de un ratón en un jardín vecino. Sintió que se aproximaba una sombra y saltó a un lado en el instante mismo en que la rueda de un carruaje se detuvo en el lugar en el que estaba. El animal maulló de miedo y se precipitó al interior del palacete por la puerta entreabierta, y a punto estuvo de hacer caer al lacayo que salía a recibir a los visitantes. Ascendió con ardor la escalinata de mármol, aunque cada peldaño tenía el doble de altura que él, atravesó el pasillo de madera encerada en el que sacó las uñas para no resbalar y corrió hasta la puerta entornada. Entró, pasó entre las piernas de un chiquillo y sintió que lo alzaban del suelo.

—¡Aquí estás! ¿Dónde te habías metido? —preguntó el niño que lo había atrapado y lo sostenía en el aire.

—Francisco, dejad al gato tranquilo —dijo Leopoldo, que había seguido la escena desde su despacho—. Podría haceros daño.

—Yo me ocuparé de ello —intervino Carlingford, y se puso en pie.

El pequeño Francisco abrazó al gato y retrocedió.

—No, me lo quedo, ¡quiero seguir jugando con él!

El duque miró al conde de Carlingford.

—¿Puede transmitir la viruela?

—Lo ignoro, alteza, le preguntaré a vuestro médico.

—Luego, luego —dijo el duque—, acabemos con esas ordenanzas. Francisco, dadle ese animal al jefe de la casa e id con la institutriz a estudiar la lección. ¡Vamos, príncipe!

El niño no se lo hizo repetir. El aura de su hermano, que iba a dirigir un Estado, lo impresionaba y lo intimidaba hasta el punto de que ya no osaba enfrentarse a él como en la corte de Innsbruck.

Leopoldo firmó un decreto relativo a la nueva organización del Tribunal Supremo, en el que trabajaban desde hacía varios días y cuya versión final le convenía. Sin embargo, aquel 3 de julio se le hacía difícil concentrarse en sus deberes de Estado. Aguardaba el regreso de Versalles del marqués de Couvonges, quien debía anunciarle la respuesta oficial de Luis XIV a su petición de matrimonio con Isabel Carlota de Orleans, la hija de su hermano. El asunto se inició el año anterior, poco después del Tratado de Ryswick, cuando el marqués viajó en secreto a Francia para entrevistarse con el rey. Sin embargo, el día de esa audiencia fue el mismo en el que la noticia del fallecimiento de la madre de Leopoldo llegó a Versalles. El luto postergó la respuesta oficial de Luis XIV.

—Debería haber llegado ya. ¿Será una señal de mal augurio? —preguntó el duque cuando Carlingford le presentaba una nueva ordenanza relativa a la liberalización de los impuestos para los recién casados que se establecieran en el ducado.

Leopoldo estaba nervioso como un joven en su primera cita. Se puso en pie, echó un vistazo por la ventana y recorrió la estancia de un lado a otro, con las manos a la espalda.

—¿Creéis que he hecho bien en enviar con él a Rosa de Cornelli?

—Ya me lo habéis preguntado en más de una ocasión —respondió el conde, divertido—. Es una mujer temible que tras su belleza juvenil oculta a una notable y hábil negociadora. Entre ambos sabrán convencer al rey y a su señor hermano.

—¿Son pasos eso que oigo? —preguntó Leopoldo, que acababa de detenerse.

Alguien llamó a la puerta. El duque se sentó deprisa tras su mesa, cogió el primer papel que encontró y fingió leerlo. Carlingford abrió y dejó entrar a Couvonges y a la marquesa de Cornelli.

—¡Aquí están mis heraldos! —exclamó el duque, y los invitó a sentarse tratando de disimular su impaciencia—. ¿Qué tal el viaje?

—Hemos regresado al galope en cuanto el rey nos ha dado su respuesta —contestó Couvonges, y le entregó un pliego.

Leopoldo rompió el sello y lo leyó.

—Acepta… ¡Acepta! ¡Qué satisfacción!

—La ceremonia tendrá lugar en Fontainebleau el próximo octubre —precisó el marqués—. Hemos convenido que os representaría el duque de Elbeuf. El matrimonio se renovará en cuanto la duquesa llegue a Lorena.

—Acepta —repitió Leopoldo antes de dirigir una mirada a Carlingford.

Se puso en pie y tomó a Couvonges del brazo.

—¡Decidme más, contadme más cosas, amigo mío!

—El rey entregará a su sobrina novecientas mil libras al contado y su señor hermano añadirá doscientas mil libras pagaderas tras su muerte, así como trescientas mil libras en pedrerías.

—Eso está muy bien… Pero ¿cómo es ella? —preguntó el duque mientras conducía a Couvonges hacia el pasillo—. Vos la habéis visto, así que describidme a la futura duquesa de Lorena. ¿Cuál es su estado de ánimo?

—Es una mujer encantadora, que se alegra de pacificar nuestros dos Estados gracias a esta unión. Colmará a vuestra alteza.

Carlingford aguardó a que hubieran salido y se volvió hacia Rosa para interrogarla con la mirada.

—Es bajita, de rostro poco agraciado y lloró desconsolada al conocer la noticia, si queréis saber la verdad —dijo ella sin andarse con rodeos.

—Os agradezco vuestra sinceridad, Rosa.

—Ahora me toca a mí preguntaros: ¿la alegría de Su Alteza es debida a un arrebato amoroso por su prometida o a la protección que tal alianza ofrecerá a nuestro ducado?

—Al entrar a formar parte de la familia del rey, Lorena ya no es enemiga de Francia, querida —dijo él con una amplia sonrisa.

El duque reapareció en el umbral de la puerta.

—Carlingford, hay que hacerle un magnífico obsequio. Un collar y unos brazaletes de perlas.

—Podríais llevárselo vos mismo, alteza —dijo Couvonges, que se hallaba detrás de él—. Sería un gesto apreciado.

—Ya veremos —dijo Leopoldo sin volverse—. Primero debemos reconstruir nuestro ducado. Y añadid unos pendientes y unos anillos de diamantes. No dudéis en gastaros hasta trescientas mil... no, cuatrocientas mil libras. El rey debe saber la estima que tengo por él.

—Ahora somos nosotros los que tenemos al rey en nuestras manos —susurró Carlingford al oído de Rosa.

***

Al noveno día, la fiebre no había disminuido. Marie, como si la guiara el instinto de supervivencia, salía de su letargo tres o cuatro veces al día para beber los líquidos que le ofrecían, aunque en ocasiones los vomitara entre espasmos que casi la ahogaban, y volvía a cerrar los ojos. Cada vez temían que no volviera a abrirlos. El día anterior Nicolas se vio obligado a rehacerle la sutura, que había cedido durante una violenta crisis de vómitos. Había pasado parte de la noche releyendo las obras que trataban de las fracturas de cráneo, pero no había hallado una respuesta que lo satisficiera. Se había detenido a releer el libro de Harvey sobre la circulación sanguínea y se había dormido con el de Descartes, mientras en su mente tomaba forma una idea. Se había abierto camino en su sueño y lo había despertado por la mañana, imperfecta pero lo bastante convincente como para experimentarla.

—¿Un baño? ¿Pretendes bañarla para despertarla?

—Para que pierda el exceso de calor. Descartes dice que el calor del corazón mueve la sangre, y el de ella se ve aumentado por la fiebre. Los humores se ven perturbados. Si restablecemos la temperatura habitual del cuerpo se acelerará la curación. El agua nos ayudará como el líquido que rodea a los fetos.

El Erizo Blanco se frotó el mentón.

—El famoso sol bajo la seda del que hablaba Marianne. ¡Vaya…! En el peor de los casos, morirá limpia —declaró, y se arrepintió de inmediato de su salida de tono al ver la mirada torva de su amigo.

Fueron en busca de un balde y lo encontraron en el desván del hospital. El edificio había albergado una fábrica de calderos, y algunos habían quedado allí tras la expropiación de los terrenos. Transportaron el de mayor tamaño, de cobre y de forma oblonga, junto a la cama de la paciente. Encendieron la chimenea y calentaron el agua en el fuego. Al cabo de una hora, todo estaba listo. Azlan y François introdujeron a Marie con grandes precauciones en la bañera mientras Nicolas le mantenía la cabeza erguida y la fijaba con unas almohadas. Añadió al agua unas sales aromáticas y aceite rosado. El hospital disponía de un termómetro de Réaumur que sumergieron en el agua para verificar que la temperatura fuera de al menos treinta grados. Azlan reemplazaba regularmente el agua de la bañera con la que iban calentando al fuego. El tratamiento se prolongó durante dos horas y luego sacaron a Marie de la bañera, la secaron, le dieron unas fricciones y la tendieron en su cama. Repitieron la operación dos veces a lo largo del día, y en todo momento trataron de hablarle para ver si así la sacaban de su estado comatoso.

No lograron mayores éxitos que los días precedentes, pero la chiquilla bebió más de un litro de caldo y lo digirió bien. Al anochecer, parecía que la fiebre había remitido y que los escalofríos se hacían más esporádicos. La noche transcurrió en calma, y al día siguiente Nicolas decidió sumergirla de nuevo en el benefactor baño aromático. En cuanto la metieron en el agua, la niña abrió los ojos y se quejó de dolor de cabeza.

—Eso es buena señal —dijo el Erizo Blanco a la madre, que estaba muerta de preocupación.

La tarde del décimo día Marie permaneció despierta más de una hora, y Azlan tomó nota de ello con entusiasmo. La fiebre había disminuido, pero prosiguieron los baños durante varios días. La hermana Catherine les advirtió que la reserva de leña prácticamente se había agotado. François hizo que trajeran más leña de su propia reserva, prevista para el invierno, para paliar la escasez.

—Haya de la mejor calidad —precisó—. Compré demasiada, así que será mejor que la aproveche la chiquilla.

El decimoséptimo día interrumpieron los baños, cuando la niña ya comía alimentos sólidos y permanecía la mayor parte del tiempo despierta pero silenciosa. El cuadragésimo día, Nicolas observó una consolidación casi total. Solo una zona, situada entre el parietal y el temporal, del tamaño de una moneda, había producido una carne violácea y sanguinolenta. La eliminó con alumbre calcinado y recubrió la parte ósea con mantequilla de antimonio.

> 10 de julio de 1698. En el quincuagésimo día, la exfoliación es total y la cicatrización, perfecta. La joven paciente ha recuperado el peso y el apetito. A lo largo del día, sin embargo, aún mantiene períodos de ausencia y de melancolía de los que nadie logra sacarla. Nuestro cirujano ha pedido verla regularmente en Saint-Charles para seguir su evolución.

Azlan guardó aquella última página en el archivo y se reunió con el equipo que rodeaba a la pequeña Marie cuando esta se disponía a marcharse. Nicolas había obtenido que ella y su madre quedaran bajo la protección de Leopoldo. Irían a vivir al palacio ducal, donde la madre serviría en las cocinas. Nicolas denunció al padre por su violencia reincidente, pero la justicia, en plena reorganización, no decidiría acerca de su suerte hasta aproximadamente un año después.

—Por lo menos, durante ese tiempo no podrá acercarse a ellas —concluyó el Erizo Blanco—. Y vigilaremos para que así sea.

La niña sonrió y articuló un agradecimiento silencioso antes de seguir a su madre, que cargaba con sus escasas pertenencias hacia su nueva vida.

—Un nuevo salvamento extraordinario de maese Déruet —añadió François al verlas alejarse.

—Sin vosotros dos no lo habría logrado jamás —respondió Nicolas—. La energía de un solo hombre no hubiera bastado. ¿Y si probamos el regalo de la madre de Marie?

Los tres cirujanos se hallaban reunidos alrededor de la mesa de la cocina de Saint-Charles y devoraban la tarta de mazapán.

—Según los rumores, y debido a la mala cosecha, nuestro duque pronto prohibirá los pasteles y la venta de trigo fuera de las fronteras del Estado —comentó Azlan.

—¿Y de dónde sacas tú esas informaciones, jovenzuelo? —preguntó maese Delvaux.

—De mis compañeros del juego de pelota.

—No me habías dicho que jugabas a la pelota —dijo Nicolas con un tono de reproche.

—¿Y por qué tendría que contártelo todo? ¡Este último mes estabas muy ocupado!

—¿A qué sala vas? —preguntó el Erizo Blanco mientras se chupaba los dedos.

—A la del palacio ducal.

—¡Mira tú por dónde! ¡Si tiene entrada en palacio! No me extraña que estés tan bien informado.

—¿Es gracias al conde de Carlingford? —preguntó Nicolas.

Azlan negó con un movimiento de la cabeza sin responder de palabra. Le divertía haber despertado así su curiosidad.

—¡Qué más da! —remató Nicolas, que se había dado cuenta de su juego y quería cambiar de tema para que reaccionara—. A mí no me importa mientras no te lastimes los dedos.

—Y también he sabido que el duque acaba de proclamar una ordenanza acerca del comercio de vinos —añadió Azlan.

—Pues llega un poco tarde, yo ya me rindo —dijo el Erizo Blanco, que se había puesto en pie—. Pero ¡eso no nos impedirá vaciar una de mis botellas!

La tomó y llenó las jarras hasta el borde.

—¡A la salud de Marie y del futuro de la cirugía! —exclamó.

Alzaron sus jarras y las entrechocaron.

—¿Eso significa que aceptas unirte a nosotros en Saint-Charles? —preguntó Nicolas, que comprendió la solicitud implícita de su amigo.

—Creo que lo pensaré. Acabo de vender mi viña a un amanuense. Mi pobre Jeanne no me va a reprochar que cambie de opinión. Y a fin de cuentas, muchacho, ¿qué ha escrito el duque acerca de los vinos?

El joven gitano pareció súbitamente perturbado.

—Que los vinos extranjeros ejercen una competencia desleal. Ha… ha ordenado que quienes posean esos vinos los hagan salir de nuestro Estado a más tardar dentro de quince días.

—¡Qué dices! Pero ¿qué estás diciendo? —exclamó el Erizo Blanco, que a punto había estado de ahogarse con un bocado de mazapán.

—Creía que ya lo sabías… Dentro de un par de semanas se habrá prohibido la venta de vinos extranjeros en el ducado, François.

***

La ordenanza ducal se aplicó al pie de la letra y, a pesar de las protestas de los comerciantes y de algunos taberneros que habían dejado de lado los vinos loreneses en favor de los extranjeros, las botellas fueron transportadas fuera del ducado y se prohibió todo tipo de importación bajo pena de confiscación. Maese Delvaux no sintió ni pesar ni desengaño: había vendido sus viñedos a los canónigos vecinos por una suma superior al valor medio. Luego comprendió que estos, bien informados, habían especulado con el monopolio de los vinos locales una vez aplicado el decreto. El peculio, sin embargo, le permitiría concluir la construcción de la *Nina* y la alegría de trabajar de nuevo con Nicolas compensó con creces el fracaso de sus años de viñatero.

—A pesar de todo, aún no he dicho mi última palabra como comerciante —susurró a su amigo mientras consolidaban una fractura de la pierna de un paciente.

El hombre, herrero de profesión, había recibido una coz mientras trataba de inmovilizar a una yegua nerviosa. La rotura era limpia, sin astillas, y Nicolas la había reducido sin dañar los músculos ni los nervios adyacentes. François sostenía la pierna del herrero, que se había negado a tomar cualquier tipo de remedio y, bravucón, apretaba los dientes para contener el dolor. El Erizo Blanco se inclinó hacia Nicolas, que aplicaba un vendaje previamente bañado en oxirrodino.*

—Tengo una idea que te va a encantar: con tu experiencia en plantas, tu fama y mi conocimiento de los vinos podríamos fabricar un elixir que venderíamos por todo el ducado. ¿Qué te parece? —susurró en voz aún más queda.

Nicolas miró fijamente a los ojos de su amigo, en los que los reflejos turquesa de los iris indicaban que no bromeaba.

—Creo que ni tú ni yo estamos hechos para ser comerciantes. ¿No lo ves?

—No estoy de acuerdo, muchacho. Y un buen producto puede dar grandes beneficios.

—Pero yo no quiero negociar con los conocimientos que me han sido transmitidos por otras personas. Eso no me pertenece.

—¡Tienes derecho a permitir que el pueblo se beneficie de tus conocimientos! Más aún: ¡es tu obligación!

—Lo hago a mi manera.

—Deja que yo lo haga a la mía, es justo.

—En tal caso, demos con la fórmula de esa poción y se la distribuiremos a los necesitados.

—¡Mira que a veces eres terco como una mula, Nicolas! Si hoy regalo la receta de nuestro elixir, mañana vendrán otros que lo venderán y en un mes estará muerto y enterrado.

—¡Eh! —protestó el herido con un grito de dolor—. ¿Por qué murmuráis? ¿Qué me estáis ocultando?

—Se trata de una conversación privada —respondió el Erizo Blanco refunfuñando—, no os incumbe.

El hombre se apoyó sobre los codos con un doloroso esfuerzo.

—Pero ¡eso no es cierto! Os he oído decir que en un mes estaré muerto y enterrado. ¿Qué me sucede? ¡Decidme!

—Se trata de un malentendido, señor —intervino Nicolas—.

* Mezcla de aceite de rosas y de vinagre.

Vuestra fractura no presenta complicación alguna, la he vendado y en unas semanas ni la notaréis.

—Esto no está muy claro —respondió el hombre—. Ya hace un rato que tramáis algo acerca de mi pierna. Por última vez, ¿qué me estáis ocultando?

François, a quien la actitud de Nicolas había irritado, fulminó al herrero con la mirada.

—¿Cuántos años tenéis? —le preguntó en tono seco.

—Cuarenta y ocho. ¿Por qué?

—Porque vuestra humedad substantífica se ha evaporado desde hace tiempo, ¡ese es vuestro problema!

—¿Mi qué?

—Qué más da. Para resumíroslo, sois viejo y estáis reseco, y la fractura es muy fea. Si fuerais joven, vuestro cuerpo sería húmedo y blando, y las cales óseas se habrían podido regenerar sin consecuencias. Os lo repito: ¡habrían podido!

Nicolas se había apartado y observaba la escena cruzado de brazos.

—¿Y en ese caso? —preguntó el hombre, que había conseguido sentarse sin movilizar su pierna dolorida.

—En ese caso, sois viejo. Y la consolidación será difícil. Habría una manera...

—¿Qué manera?

—No, olvidadlo.

—Decídmelo. ¡Se trata de mi propia vida!

—Existe un remedio, un elixir, que da de nuevo a los huesos y al cuerpo la humedad substantífica natural.

—¿A qué esperáis? Dádmelo. No quiero quedarme cojo o, peor aún, perder una pierna.

—Desgraciadamente, no se vende en el ducado.

—¡Qué mala suerte! ¿Dónde puede encontrarse? ¿Dónde? ¡Mi hijo irá a buscármelo!

François miró victorioso a Nicolas.

—Solo este caballero conoce la receta del mismo —añadió mientras señalaba a su amigo—. Os dejo —concluyó antes de abandonar la estancia, con la cabeza bien erguida, triunfador.

***

A Nicolas le costó enormemente explicarle al hombre que ese elixir aún no existía y que no lo iba a necesitar. Prometió a François que pensaría en su propuesta. Aunque no tuviera intención de convertirse en vendedor ambulante, la idea de desarrollar sus propios remedios le gustaba y el hospital Saint-Charles era el lugar ideal para dedicarse a ello. Al día siguiente por la tarde, el 16 de agosto, abandonaron la consulta para asistir a la partida de las últimas tropas francesas de Nancy. La ciudad no había visto un gentío tan compacto desde el entierro de Carlos III. El ambiente no era festivo y tampoco hostil, no había gritos ni aplausos, ni fachadas engalanadas, los rostros eran serios y tensos. Las esperanzas habían sido defraudadas o traicionadas muchas veces y los soldados en muchas ocasiones simplemente habían sido reemplazados por otros. Había habido señales anticipadas, el regreso de los loreneses de la lejana guerra de Hungría, la destrucción de las fortificaciones de la ciudad por los ocupantes, la noticia de la llegada del duque a Lunéville, aunque algunos decían que eso no era más que un rumor y que el verdadero duque se había quedado en Austria. Todos habían acudido a ver partir con sus propios ojos el último símbolo de Francia antes de pensar incluso que la paz era una realidad. La población se había reunido apelotonada en la place de la Carrière, donde los regimientos de Guyena y Languedoc se hallaban formados frente a sus dos comandantes y al gobernador francés. Este último pasó revista, incómodo a lomos de su caballo nervioso, antes de descabalgar y subir a su carruaje, estacionado frente al palacio ducal. En el momento de entrar en el habitáculo, se detuvo y dirigió una última mirada al edificio. Junto a una estilizada torre rectangular se alzaba otra, gruesa y redonda, el Vix, a lo largo de la cual serpenteaba una amplia escalera exterior que conducía a la galería en la que había estado instalado durante cuatro años. Comprendió en aquel instante lo que había atraído su atención: de pie en el tramo final de la escalera del Vix, con las manos en la baranda, el conde de Carlingford lo observaba, inmóvil. El futuro ex gobernador no le perdonaría jamás haberse visto obligado a devolver miles de monedas de oro a los loreneses, cuando todos sus predecesores también habían acuñado moneda con su efigie. Carlingford lo saludó con el sombrero antes de que entrara en el carruaje.

Los militares desfilaron por última vez y abandonaron la plaza en dirección a la puerta de Saint-Jean, en un silencio únicamente roto por el ruido de los cascos de los caballos sobre los adoquines. Un grito se alzó entre la multitud:

—¡Viva Lorena libre! ¡Viva el duque!

Tras unos instantes de titubeo otros repitieron a coro la frase, que se propagó entre todo el pueblo seguida de vítores y de manifestaciones de alegría. Todo el mundo hablaba, se abrazaba, bailaba, la plaza se había convertido en un lugar ruidoso, vivo y colorido. Se anunció la llegada de cinco compañías lorenesas, formadas recientemente y que aguardaban la orden de entrar en la ciudad por la puerta de la Craffe. Nadie quería abandonar la place de la Carrière, todos querían saludarlos, prolongar aquel momento, y de todos los barrios de la ciudad no dejaban de acudir más y más gentes.

Nicolas y François siguieron la ceremonia de pie, sobre un poyete junto al arco. Sobresalían un metro por encima de la marea humana, cuyas cabezas formaban olas anárquicas.

—¡A buena hora he aceptado seguirte! —refunfuñó el Erizo Blanco—. ¿Cómo pretendes dar con Marianne cuando la mitad del ducado desfila ante nuestros ojos?

—¡Precisamente es el mejor momento! ¡Ahora o nunca! ¡Siento su presencia, François, la siento!

Sin dejar de hablar, Nicolas escrutaba meticulosamente cada metro cuadrado de la plaza. Varias veces le pareció reconocerla, pero aquellas mujeres no tenían más que un vago parecido con Marianne, y el Erizo Blanco, que se precipitaba hacia ellas siguiendo las indicaciones de Nicolas, siempre volvía con las manos vacías.

—¡Ya estoy harto! —decretó François al reunirse con él en el poyo—. No está aquí. Deja ya de engañarte.

Nicolas se restregó el rostro.

—Si Dios quiere, volveréis a encontraros —aseguró el Erizo Blanco al tiempo que le palmeaba el hombro.

—En cualquier caso, no aguardaré sin hacer nada hasta que Dios intervenga. Nadie dicta mi destino.

—Eh, vosotros dos, ¡a ver si os alegráis! —dijo una voz que conocían.

Malthus, el boticario, se hallaba frente a ellos dispuesto a darles un abrazo.

—¿Cómo estáis, amigos? —preguntó tras bajar los brazos ante la ausencia de entusiasmo de ambos hombres.

—¿Has vuelto al ducado? —preguntó François sin acercarse.

—Sí, como muchos otros. Volveré a abrir la tienda. Supe lo de tu mujer, lo siento mucho.

Maese Delvaux le dio las gracias con la boca pequeña. La gente se había puesto a bailar en corro y serpenteaba alrededor de la plaza. Uno de los bailarines empujó a Malthus en su impulso y se excusó riendo. Nada parecía poder enturbiar el fervor reinante. El boticario se frotó la espalda y refunfuñó antes de dejarlos.

—Ven, volvamos —propuso Nicolas a François—. Con tanto alborozo, entre caídas y peleas tendremos trabajo.

Dejaron la plaza y cruzaron la ciudad vieja hasta el domicilio del Erizo Blanco. En la rue des Maréchaux resonaba la algarabía del vecindario.

—Entra; recojo mi instrumental y nos vamos a Saint-Charles.

Guardó en una bolsa algunas cosas y se echó al bolsillo una navaja.

—¿Crees que fue él quien robó el dinero hace cuatro años? —preguntó Nicolas, que había permanecido en silencio durante todo el camino.

—¿Malthus? ¡En mala hora ha aparecido hoy ese! Pensaba que habías olvidado esa historia.

—¿Cómo quieres que olvide que fui a la cárcel y me vi obligado a huir a la guerra por un acto que no cometí? Cuando no pensaba en Marianne, pensaba en ellos: Malthus, Courlot, todos esos que pudieron robar cinco mil francos y que me acusaron de haber asesinado al gobernador.

—Malthus es un cobarde, pero jamás habría hecho algo semejante. Créeme.

—Se marchó del ducado justo después.

—El médico francés también. Deja que el tiempo ponga las cosas en su sitio, muchacho. Los que deban pagar, pagarán. Quizá ya hayan pagado, corroídos por los remordimientos.

Ató el lazo de cuero de su bolsa.

—Podemos irnos.

Nicolas había cogido un brazalete dorado de encima de la mesa y lo observaba con atención.

—Encontré esa joya entre las cosas de Jeanne —comentó el Erizo Blanco—, pero no era suya, estoy seguro. Marianne debió de olvidarla al marcharse. ¿La reconoces?

Nicolas asintió con la cabeza imperceptiblemente. Los recuerdos venían a su mente.

—Lo llevaba en el tobillo.

—Pues guárdala, y cuando tengas ocasión se la devuelves.

Deshizo las vendas de sus manos y se puso el brazalete en su muñeca derecha. Solo se lo sacaría para que volviera sobre la piel de Marianne.

***

Al día siguiente en la ciudad aún reinaba el bullicio de la improvisada fiesta. Todos aguardaban la llegada del duque. En los balcones habían comenzado a aparecer banderas, como si el acontecimiento fuera inminente. Sin embargo el día transcurrió sin que se confirmaran los rumores que surgían y desaparecían al cabo de poco.

Los dos cirujanos y su asistente trabajaron sin descanso y atendieron a los heridos con un contagioso buen humor. Al ponerse el sol, la carroza de la marquesa de Cornelli se detuvo frente al hospital Saint-Charles. El cochero descendió, provisto de un mensaje para Nicolas.

—¿Ahora? ¿Queréis que os acompañe ahora mismo, Claude?

—La señora marquesa me ha pedido que os conduzca al palacio ducal, donde os espera. No sé nada más, pero no podemos retrasarnos.

Nicolas se limpió las manos, teñidas por una tintura nueva que deseaba probar en las lesiones de las articulaciones. Cogió su bolsa con el instrumental.

—Voy contigo —propuso Azlan.

—No, lo siento. Solo maese Déruet —replicó Claude—. Son las órdenes que he recibido.

—Si necesito tu ayuda, te mandaré llamar —dijo Nicolas mientras se ponía su túnica.

El joven se encogió de hombros y salió sin decir palabra.

Rosa aguardaba a Nicolas a la entrada de la galería de los Ciervos.

—Apresuraos, nos está esperando.

—¿Quién está enfermo?

Ella señaló su bolsa.

—No vais a necesitar eso, dejadla ahí. No hay nadie enfermo —añadió ante su gesto vacilante.

Lo tomó de un brazo con una mano y con la otra se subió la falda para poder caminar más deprisa.

—Entrad —dijo al llegar al extremo de la gran sala—. Mi papel acaba aquí. Claude está a vuestra disposición.

—¿Marianne?

—Quizá pronto tendré noticias. Pero ante todo pensad en vos, Nicolas. No estropeéis el presente.

Ella bajó la mirada, titubeó un instante y partió.

Cuando abrió la puerta, el hombre que se hallaba en la estancia contemplaba un inmenso tapiz que representaba a Carlos el Temerario. Se volvió y dirigió a Nicolas una graciosa sonrisa.

—¡Mi cirujano preferido! ¡Aquí estáis por fin!

Nicolas se inclinó para saludar al duque Leopoldo.

—Alteza... os imaginaba en Lunéville.

—He llegado hace poco. Os hemos echado en falta, maese Déruet.

—Conocéis mi poca habilidad para la etiqueta y el protocolo.

—Lo sé, ¡y en eso también os hemos echado en falta! Hoy Lorena se rinde a mis pies y me cubre de halagos. Sentémonos.

Según el recuerdo de Nicolas, la habitación no había cambiado desde la primera vez que estuvo allí. Las mismas mesas de mármol sobre las que se apilaban marcos dorados de cualquier manera, y sobre una cómoda aún se hallaba el maniquí de madera con la boca abierta y los músculos y tendones visibles.

—He venido de incógnito. Mañana se anunciará a toda la ciudad mi presencia y deberé cumplir con mis obligaciones. Pero esta noche el duque se halla oficialmente a veinticinco kilómetros de Nancy. Quiero aprovecharlo y vais a ayudarme.

—¿Cómo?

—La carroza de la marquesa está a nuestra disposición. Vais a enseñarme la ciudad.

—¿En plena noche?

—La noche favorecerá la indispensable discreción. Me hablaréis de mi ducado y de los loreneses. En vuestro hospital estáis en contacto con gentilhombres, burgueses, artesanos, obreros, gentes de toda extracción social. ¿Quién mejor que vos para conocer el pulso de la ciudad, sentir su respiración, sus esperanzas y sus miedos? Y sé que hablaréis sin temor y sin interés.

—¿Qué estáis dispuesto a ver de la realidad de vuestro Estado, alteza?

—Lo que juzguéis digno de mostrarme.

Cruzaron la ciudad al paso, sin omitir ni un solo barrio, y Nicolas, por lo general poco locuaz, no dejó ni un instante de silencio. Evocó la construcción de la ciudad nueva, el río Saint-Jean, las calles comerciales y los gremios, las cárceles y los juicios por brujería, los últimos de los cuales tuvieron lugar cincuenta años antes, las casas de beneficencia y los hospitales, las hambrunas y las penurias, las procesiones y la fiesta de las teas, la fidelidad de los loreneses a su duque, a su tierra. Su acompañante lo había escuchado y se había llenado de imágenes de la ciudad dormida.

Claude detuvo el vehículo en la esquina del palacio ducal y la rue des Cordeliers en el mismo instante en que daban las doce campanadas en la Grande-Rue.

—Ahora, maese Déruet, soy yo quien os mostrará una cosa.

Leopoldo tendió la mano hacia el edificio ante el que se había detenido la carroza.

—¿La iglesia des Cordeliers? Pero si está cerrada desde la ocupación francesa —dijo Nicolas.

—Exacto, y la ocupación ha acabado —añadió el duque, y sacó una llave del bolsillo de su chaqueta y se la tendió.

La fachada, al igual que la puerta, era de tamaño modesto y estilo discreto. Solo un rosetón que representaba las armas de Lorena, rodeadas de los nueve escudos que las componían, situado sobre la puerta de entrada y de igual tamaño que esta, indicaba a alguien avispado que aquel lugar no era solo la casa de Dios. La cerradura se abrió al primer intento y Nicolas volvió a cerrar con llave en cuanto hubieron entrado. Unas antorchas, dispuestas en la nave central, producían una luz ambarina.

—Le he pedido a Carlingford que la iglesia estuviera iluminada esta noche —precisó el duque ante la mirada interrogadora de Nicolas—. Quería recogerme aquí. ¿Sabéis qué representa este lugar para mi familia?

Lo ignoraba por completo. Nadie le había hablado nunca de los Cordeliers, de los que solo conocía el nombre y cuya existencia jamás le había interesado. Su único recuerdo se remontaba a diez años antes, cuando un vecino del barrio recibió en la cabeza una piedra procedente de una galería, construida entre la iglesia y el palacio ducal, que se hallaba en ruinas. Lo curó con François, pero el hombre quedó tullido y la pasarela fue derribada.

—La mayoría de mis antepasados se hallan enterrados aquí. Y los que aún no lo están, pronto lo estarán. Venid.

Atravesaron la nave y entraron en una capilla octogonal situada a la izquierda del altar. El edificio, de una altura impresionante, estaba construido con mármol blanco y negro. Siete de las paredes del octógono se hallaban ocupadas por un sarcófago de piedra, rematado con un cojín de mármol sobre el que reposaban una corona, un cetro y una mano de justicia.

—Son cenotafios —explicó Leopoldo—. En el interior no hay restos mortales. Mis antepasados se hallan en una cripta situada bajo nuestros pies.

Se dirigió hacia uno de los reclinatorios situados frente al altar, también de mármol, con una escultura que representaba a la Virgen María con Jesús en brazos rodeada por dos angelitos. Se sentó y se recogió. Nicolas, impresionado por aquel lugar, retrocedió.

—No, quedaos aquí, maese Déruet. Quedaos —dijo el duque sin volverse.

La cúpula estaba constituida por decenas de bajorrelieves de ángeles, querubines y estrellas alineadas en marcos y en hileras rectilíneas. Nicolas contó treinta y dos líneas de seis esculturas. Solo la construcción del techo debió de llevar varios años de trabajo. La parte alta de la bóveda se abría a un campanario de vitrales transparentes que servía de pozo de luces durante el día y por el que iluminaba la luna en las noches de verano.

Se situó junto a la verja de entrada donde una estatua representaba a la justicia bajo los rasgos de una mujer, con una balanza en una mano y una espada en la otra. El rostro era redondo, de labios carnosos y cuello grueso. En la base de aquel cuello descubrió un pequeño bulto y sonrió: sin saberlo, el artista había reproducido el tumor naciente de la modelo. «El cáncer devorando a la justicia», pensó. Vio a Leopoldo santiguarse y ponerse en pie, y se preguntó qué podía esperar el pueblo de un hombre nacido para reinar.

11

Nancy, del 18 de agosto al 10 de noviembre de 1698

A la mañana del día siguiente se hizo pública oficialmente su presencia. Cientos de habitantes se agolparon en la Grande-Rue bajo las ventanas del palacio. De nuevo hubo bailes y jolgorio sin incidentes. Las tiendas cerraron durante tres días para permitir que el pueblo manifestara su alegría. El 20 de agosto, Nicolas propuso ocuparse él solo de los enfermos de Saint-Charles, menos numerosos que de costumbre, como si la esperanza de un futuro mejor y la distracción de la fiesta hubieran tenido un efecto beneficioso en las patologías comunes. El Erizo Blanco aprovechó para ir al puerto del Crosne y Azlan se puso su camisa de lino y sus calzones más amplios para ir a la sala de juego de pelota. François regresó antes de la puesta de sol, pero el joven asistente no comparecía a pesar de que ya era de noche.

—Ya es mayorcito —dijo François, divertido ante la inquietud de Nicolas—. ¿Qué le va a suceder? Debe de estar en brazos de una doncella. ¡Es lo propio de su edad!

Nicolas iba de un lado a otro del salón de Saint-Charles, la única estancia del establecimiento que disponía de un reloj de péndulo.

—Azlan es incapaz de ocultarme algo, siempre me lo cuenta todo —dijo Nicolas, y fue a mirar por la ventana.

Un carruaje pasó sin detenerse.

—¡A palabras necias, oídos sordos! —replicó François—. Ni siquiera sabías que jugaba a pelota.

—Llevas razón… —dijo Nicolas mientras se bajaba las mangas que acababa de arremangarse.

—¡Pues claro que llevo razón!

—Llevas razón, y yo voy a ir a la sala de juego de pelota —concluyó Nicolas, y se colocó el sombrero.

—¡Maldito bilioso! ¡Ve a donde quieras, no me moveré de aquí! —anunció el Erizo Blanco a la vez que tomaba asiento para remachar sus palabras.

—Te lo agradezco. Quedan las curas del señor Despois y hay que cambiarle la venda a Germaine Moycet.

François se llevó las manos a la cabeza.

—¡Diantre! ¡Ya no me acordaba de esa! ¡Me persigue con sus proposiciones de una manera indecente!

—¡No te quejes! Tenemos que cuidarla y se le ha metido entre ceja y ceja que quiere convertirte en su marido. Es viuda y un buen partido, ¿no te parece?

—Pero ¡apesta como una cerda! Y no necesito que nadie se ocupe de mí —respondió François al tiempo que se ponía en pie prestamente, como si lo hubiera picado un insecto.

—Al contrario, creo que ya ha llegado el momento, ¿no? —sugirió Nicolas cuando su amigo le abría la puerta y lo invitaba a salir.

—Te aviso: si continúas animándola con absurdas ideas de boda, ¡le anunciaré que tiene gangrena y que hay que cortarle ambas piernas!

—Me rindo ante la amenaza. La vida de mis pacientes es lo primero —replicó Nicolas cuando se halló a su lado en el umbral.

El Erizo Blanco le dio una palmada amistosa en el hombro.

—Vamos —le dijo—, vete antes de que prohíba la entrada a este establecimiento a todas las viudas del ducado. ¡Y trae de vuelta al muchacho!

El fresco de la noche lo sorprendió. El verano había sido corto, y cuando los organismos aún no se habían saciado de calor parecía que el tiempo ya se preparaba para el otoño. En un cuarto de hora llegó a la sala de pelota, al otro lado de la place de la Carrière. Los dos únicos jugadores presentes no habían visto a Azlan en todo el día. La inquietud de Nicolas aumentó y trató de relativizarla. Sin duda François tenía razón y había alcanzado una edad en la que se liberaba de todas las tutelas. Alrededor del palacio aún había numerosos grupos que respiraban por última vez el ambiente festivo suscitado por el retorno de su duque. Preguntó a unos soldados del regimiento de la guardia, que velaban por el cumplimiento del último fallo del Tribunal Supremo.

—¿De qué estáis hablando? —preguntó al de mayor grado, que le mostró el cartel colgado a la entrada de la plaza.

Nicolas comprendió súbitamente lo que le había sucedido a su asistente. Arrancó el papel y corrió en dirección a la puerta de la Craffe.

***

El contacto de la paja húmeda y el olor de la misma despertaron a Azlan. Durante una fracción de segundo tuvo la impresión de haber regresado al castillo de Peterwardein y de que su padre lo llamaba. Abrió los ojos. El calabozo de la cárcel de la Craffe estaba iluminado únicamente por el resplandor de la antorcha de la celda del guardián. Todo le volvió a la memoria, el gentío alrededor del soldado que leía la ordenanza que anunciaba la detención inmediata de todos los bohemios que no hubieran abandonado el ducado, el dedo de un hombre entre la multitud que lo señalaba a él, los empujones, sus protestas, la mujer que salió en su defensa, los guardias que titubearon y el teniente que lo hizo detener.

Lo habían tomado por un vagabundo. A lo largo de esos cuatro años en los que había acompañado a los loreneses, había acabado por olvidar que nació gitano. Su piel mate, sus cabellos de azabache que había dejado crecer desde su retorno, sus iris negros, su acento extranjero, todo aquello que tanto gustaba a su alrededor y que le proporcionaba un encanto que sabía utilizar le señalaba hoy como culpable. ¿Culpable de qué? Volvió la cabeza hacia los compañeros de infortunio que compartían la mazmorra con él, dos bohemios que no habían sido advertidos del decreto y que habían sido detenidos cuando pedían limosna a un burgués. Ambos hombres hablaban en romaní sin preocuparse por su presencia. Observó cómo Babik se parecía a ellos. Y también él sin duda. «Un *rob*. Siempre seré un *rob*, ¡vaya a donde vaya!» Su pensamiento era un grito de cólera. Golpeó la pared con la palma de la mano, luego con el puño cerrado, una vez, y luego otra, haciendo crujir sus articulaciones. Los dos detenidos interrumpieron su conversación.

—¿Estás bien? —dijo uno de ellos.

—¡No! —gritó Azlan.

Golpeó la pared como si fuera un enemigo invisible sin poder detenerse. Sus falanges sangraban y cada golpe dejaba un rastro de sangre sobre las frases grabadas a lo largo del tiempo por los prisioneros. Los bohemios lo inmovilizaron y lo calmaron rápidamente antes de soltarlo de nuevo. Agotado, sin resuello, se dejó caer al suelo. La cabeza le daba vueltas. Oyó a alguien que lo llamaba, ruido de pasos y el tintineo de unas llaves. Los dos vagabundos se apartaron de él. Azlan alzó la cabeza y vio a Nicolas, rodeado del carcelero y de un oficial lorenés. Tras ellos se hallaba el conde de Carlingford, que había acudido como garante de la identidad del prisionero.

—Ya está —dijo Nicolas mientras le ayudaba a levantarse—, ya ha pasado.

Puso sobre los hombros de Azlan el largo abrigo de *betyar* que había traído de Hungría.

—No volverá a suceder. Nunca más —dijo dirigiéndose al soldado, que apartó la mirada.

Al salir, las nubes ocultaban el resplandor del cielo. Azlan se detuvo e inspiró profundamente. No había pronunciado ni una sola palabra.

—Rosa nos ha enviado su carroza —prosiguió Nicolas, y señaló el carruaje que los aguardaba—. Ven, volvamos a casa.

Dio un paso adelante. Azlan no se movió.

—No —murmuró este con un hilo de voz.

—¿No?

—No iré a Saint-Charles... No es mi casa.

—Comprendo lo que debes de sentir, de verdad, pero no dejes que la cólera te ciegue —respondió Nicolas al tiempo que le agarraba del hombro.

Azlan miraba al vacío.

—Entre la gente que quería echarme había un hombre al que curé el mes pasado. Le he reconocido.

—Pero me han explicado que la mayoría de los testigos salió en tu defensa y que los soldados se te acabaron llevando para evitar una pelea. Necesitarás tiempo, pero debemos olvidar este incidente.

—¿Cómo olvidar que he sido detenido para ser expulsado solo porque me parezco a esos dos fulanos que estaban conmigo en el calabozo? Sí, soy gitano, soy bohemio, pero creía que me había ganado ser también lorenés, *gadjo*.

Nicolas bajó la mirada.

—Me iré un tiempo a casa de Rosa de Cornelli —concluyó Azlan—. Al menos el necesario para que cicatricen estas heridas —añadió mientras mostraba sus manos enrojecidas e hinchadas—. Las otras tardarán más en cerrarse. Mucho más.

***

A la mañana siguiente, el duque se desplazó hasta la casa de la marquesa para expresarle a Azlan la gratitud del Estado lorenés hacia el que él llamó «hijo de Hungría y de Lorena» y conversar largamente con él. A pesar de una noche agitada por las pesadillas, no parecía tan marcado por los acontecimientos y tenía buen aspecto bajo la protección de Rosa, que no se separó de él durante la entrevista, protegiéndolo con la seguridad propia de su rango. Azlan, por su lado, estaba turbado por el interés que la joven le manifestaba. Lo atraía por su belleza, por los atavíos que lucía y que jamás había visto en ninguna otra mujer, pero también por su personalidad encantadora. Ella sabía calibrar enseguida las fuerzas y las debilidades de sus interlocutores y lo utilizaba para conseguir sus fines con mayor éxito que si hubiera contado con fuerza física. «Ni siquiera el duque está a su altura», pensó al verla aconsejar al soberano, que trataba en vano de convencer a Azlan de la bondad de sus edictos.

—Vuestra alteza debe reprimir la mendicidad y a la vez socorrer a los pobres. El pueblo debe comprender que nada os preocupa tanto como trabajar a favor de la conservación de nuestros buenos súbditos.

Con dos únicas frases, ella había logrado resumir con qué justa mezcla de acción y diplomacia debía desenvolverse el soberano para llevar su reforma a buen término. Una vez se hubo marchado el duque, Rosa besó a Azlan en la frente, como hacen las hermanas o las madres, lo felicitó por haber aceptado el diálogo y le dejó apoyar la cabeza sobre su vientre. Sentía el suave movimiento de su respiración y un perfume que no alcanzó a identificar pero que a lo largo de toda su vida asociaría a los primeros sentimientos de su corazón. Rosa le pidió que le explicara la circulación de la sangre y le hizo prometer que ese mismo día iría a visitar a Nicolas.

De regreso al palacio, Leopoldo almorzó una pularda y un postre y acto seguido se sumergió con François de Carlingford en las cuentas del ducado. Los ingresos ordinarios alcanzarían un millón seiscientas mil libras, a las que había que sumar trescientas cincuenta mil libras procedentes del derecho de bienaventurada ascensión al trono y dos millones de libras fruto de la venta de los cargos judiciales y financieros.

—Eso hace alrededor de cuatro millones de libras, de los que podremos disponer a lo largo del año —concluyó Carlingford, y alzó la vista hacia el duque.

Leopoldo se aproximó a una ventana y en cuanto lo vieron se formó un corro de una cincuentena de personas en la Grande-Rue para aclamarlo. Salió al balcón y saludó, antes de regresar al interior con las manos a la espalda para ocuparse de los asuntos del nuevo Estado.

—¿Algo no va como es debido, alteza?

—¿Por qué decís eso? —replicó mientras se volvía hacia Carlingford.

—Al haberos enseñado las ciencias más nobles desde vuestra más tierna edad, puedo vanagloriarme de saber cuándo una cuestión os gusta o no os gusta, alteza. En estos instantes, parecéis absorto en otras cuestiones.

—¿Creéis que nuestro edicto ha sido justo? ¿Debíamos expulsar a esos mendigos extranjeros? —preguntó con la franqueza aún propia de su juventud.

—Tenemos ya suficientes desventurados nativos en nuestro ducado de los que ocuparnos —respondió Carlingford con convicción—. Las guerras y los desórdenes han traído aquí a bandas de vagabundos que pillan, roban y secuestran hasta en los lugares más remotos. Dicen ser egipcios o bohemios, y ya hay algunos a los que se busca por asesinatos cometidos en nuestro Estado. No podemos ser indulgentes con ellos, alteza. De ninguna manera.

La respuesta pareció tranquilizar a Leopoldo. Sus rasgos se relajaron.

—Tenéis razón, continuemos así. Reprimamos la mendicidad y socorramos a nuestros pobres. No tengo mayor preocupación que trabajar por la conservación de nuestros buenos súbditos, como ese muchacho.

—Un análisis muy pertinente, alteza.

—No es mío, pero lo suscribo completamente. Ese joven Azlan es un futuro cirujano brillante, sería una lástima que abandonara el ducado. Necesitamos a todas nuestras fuerzas vivas para nuestro Estado. Proponedle un título, que abandone ese nombre imposible de retener e implicadlo en la ayuda a los indigentes y a nuestros súbditos en la penuria.

—Por desgracia, también él está sin blanca. No podrá comprar un cargo —respondió Carlingford—, a menos que se le ofrezca graciosamente.

Leopoldo se aproximó a su regente y adoptó un tono de confidencia.

—La marquesa lo ha acogido bajo sus alas, creo que no seguirá pobre y sin nombre por mucho tiempo.

—No es a él a quien quiere cazar —replicó el conde en el mismo tono.

—¿No? ¿A quién? Decidme. Adoro los secretos de alcoba y en nuestro ducado aún no hay muchos —dijo, animado.

—Ha acogido al asistente para atraer al maestro.

—¿Nicolas Déruet? A esa mujer le gustan los retos, ¡si a ese lo embrujó una comadrona!

—¿Qué hombre podría resistirse a la gracia de la marquesa de Cornelli?

—El mismo que resistió a todas las mujeres de Peterwardein y de Viena. ¿Queréis hacer una apuesta, mi querido conde? —preguntó el duque con una sonrisa irónica que suscitó la misma sonrisa por parte de Carlingford.

A Leopoldo le encantaban los juegos, y las apuestas eran moneda corriente entre él y su consejero durante los años de campaña, en los que habían hallado una diversión que no requería cartas, ni fichas ni mesa. Y la intuición del joven soberano a menudo había sido superior a la de su regente.

—¿Cuál es la apuesta? —preguntó el conde.

El duque se inclinó y se la murmuró al oído. Carlingford abrió los ojos como platos.

—Una apuesta elevada —comentó.

—Parecíais muy seguro de vuestra afirmación, François Taaft —replicó Leopoldo, burlón.

Utilizaba en contadas ocasiones el nombre del conde, con el que le recordaba sus orígenes modestos.

—Muy bien, vos lo habréis querido, alteza. ¡Acepto!

—Esto me ha puesto de buen humor. Volvamos a nuestros asuntos —dijo el duque—. ¿Tenéis noticias de mi futura esposa?

***

La ausencia de Azlan era notoria en la vida cotidiana de Saint-Charles. Todo el mundo, cirujanos, médicos, monjas y pacientes, echaba en falta su buen humor y su naturalidad. No se redactaban los informes sobre los pacientes, y los sanadores, acostumbrados a leer y releer esos informes para comprender mejor el impacto de sus tratamientos, se lamentaban. Pero no tenían a nadie que pudiera tomar el relevo.

—Ese chico sabe hacerse imprescindible —comentó el doctor Bagard—. Hace dos semanas que no está aquí y ya está todo patas arriba.

Azlan había ido a visitarlos varias veces. Las heridas de sus falanges, superficiales, habían cicatrizado rápidamente, pero el joven no tenía intención de reincorporarse a su trabajo antes de varias semanas. Nicolas estaba preocupado por su cambio de actitud, puesto que para él la cirugía era toda su vida. Una semana después de su encarcelamiento, fue a enseñarle el regalo que Rosa le había hecho: una raqueta de buena madera, con un cordaje de cáñamo, fabricada por el más famoso maestro del juego de la pelota del momento.

—Una verdadera joya —comentó Azlan al mostrársela a sus dos amigos, y luego les hizo prometer que irían a verlo a la sala del palacio.

Pasaba parte del día entrenándose y el resto le enseñaba a Rosa los rudimentos de la cirugía. Ella lo colmaba de regalos.

—Como ese traje ridículo que vino a enseñarnos ayer —dijo maese Delvaux durante la pausa para el almuerzo.

Nicolas peló su patata, la mordió y enseguida escupió la carne podrida.

—Ya no debe de comer patatas muy a menudo —añadió mientras Nicolas bebía toda el agua de su jarra para atenuar el sabor.

Cuando Azlan descendió del carruaje no lo reconocieron hasta que llegó junto a ellos. Vestía una chaqueta hasta la cintura de damasco blanco, decorada con galones y puntillas doradas cuyos botones relucían a la luz del día como soles, y un par nuevo de botas altas de piel gruesa y con costuras de calidad. El muchacho estaba orgulloso y feliz de mostrarles su vestimenta a sus amigos, pero la reacción burlona del Erizo Blanco primero le fastidió y luego lo enojó. La conversación fue breve y Azlan, furioso, se marchó dando un portazo. El carruaje de Claude partió sin que Nicolas lograra retenerlo. Esa misma mañana François pasó por casa de la marquesa para disculparse, pero el joven se negó a recibirlo. Desde entonces, el Erizo Blanco, conocido por su carácter rencoroso, refunfuñaba airado contra Azlan y lo maldecía con cualquier pretexto.

—En todo caso, no se estropeará las manos haciendo de petimetre de la marquesa —dijo François al tiempo que le mostraba los callos debajo de sus falanges—. No como nosotros.

Nicolas, que había decidido callar para no enfadarse a su vez, interrumpió el monólogo del cirujano.

—Te equivocas, François. Lo que ha sufrido es un golpe tremendo, créeme. Si lo hubieras conocido en Peterwardein lo comprenderías.

El Erizo Blanco rezongó y tragó una bola de pan para evitar responder.

—Solo tiene diecisiete años. Permítele que se maraville ante otras cosas que no sean bisturíes o amputaciones —prosiguió Nicolas.

François tragó la miga que masticaba.

—¿Eres tú quien me lo dice? Hace una semana temías que abandonara la carrera.

—Y he pensado en ello. Lo importante es que halle su camino. Tal vez no fuera la cirugía —añadió, y dejó sobre la mesa una bandeja de madera con ciruelas.

—Tal vez no fuera la cirugía… —replicó François imitándolo exageradamente—. Sin embargo, si yo te hubiera escuchado, jamás habrías acabado tu aprendizaje. Un día querías ser orfebre. Al día siguiente, médico. Y un día después, pintor. Enumeraste todos los oficios.

—Ten, pruébalas, son las últimas —dijo Nicolas, y empujó la bandeja hacia su amigo.

—¿Quieres saber la verdad? —continuó el Erizo Blanco mientras se servía un puñado—. La verdad es que si no te hubiera obligado una mañana y otra, hoy trabajarías en el campo o en el matadero. Y a ese muchacho, ¡tendrás que obligarlo!

Se zampó una ciruela y escupió el hueso al suelo. Fue a dar contra el pie de la hermana Catherine. El Erizo Blanco se levantó precipitadamente y se quitó el gorro.

—Oh, perdonad, madre, ¡no os había visto! Voy a limpiar la cocina.

—Ya lo haréis más tarde, maese Delvaux —respondió la monja sin poder evitar una mirada de ligera reprobación ante la leonera en la que habían convertido la estancia—. Os espera un enfermo.

—¿De qué tipo? —preguntó Nicolas, que había advertido el nerviosismo de la religiosa.

—Del tipo especial. He hecho que se instale en la sala de autopsias.

—¿Otro sifilítico? —preguntó el Erizo Blanco, y cogió unas cuantas ciruelas más.

—Heridas de bala.

François se frotó las manos.

—¡Esta tarde me voy a divertir!

—¿Tan grave está?

—No, pero me ha pedido estar aislado y solo quiere ser atendido por los dos.

—¿Creéis que oculta algo?

—Él os lo dirá. Se ha presentado como amigo vuestro. Se llama Malthus.

***

Sentada en una silla de la galería, Rosa aplaudió el punto que Azlan acababa de ganar.

—¡Quince a uno! —anunció el muchacho que arbitraba, situado en el interior, y luego anotó el resultado con tiza en el suelo.

Orgulloso de sus progresos y animado por los asiduos de la sala, había insistido para que ella fuera a verlo. El juego de la pelota, en el que se movía mucho dinero, tenía fama de atraer a timadores de toda clase dispuestos a desplumar a los aficionados faltos de reconocimiento. Los jugadores profesionales de pelota, más de un centenar en toda Europa, iban de sala en sala para ganarse la vida gracias a las apuestas en los partidos. Rosa lo sabía y temía que Azlan fuera una presa fácil para jugadores sin escrúpulos. Había citado al señor Hyacinthe Reverdy, el jugador con mayor renombre del ducado, y este se retrasaba. Rosa aprovechó para admirar la sala, una de las más bellas de Europa, construida a primeros del siglo XVII siguiendo el modelo de la del Louvre. Se habían empleado los materiales más nobles y resistentes, desde las piedras procedentes de la cantera de Pont-Saint-Vincent hasta las tejas de las adoberías de Brichambeau y del barrio de Saint-Nicolas, y las inmensas pinturas murales fueron realizadas por un artista de fama. Numerosos jugadores profesionales frecuentaban la sala de Nancy, sobre todo porque el juego ya estaba en declive en Francia dado el absoluto desinterés de Luis XIV en la práctica del mismo.

—Querida marquesa, sabréis disculpar mi retraso —dijo el hombre, y la sacó de sus pensamientos.

—Soy yo quien se excusa, señor Reverdy, por haberos obligado a interrumpir vuestras actividades para venir hasta aquí —respondió mientras él le daba un intenso besamanos.

Rosa no se inmutó. Estaba acostumbrada a gustar a los hombres y sabía detectar enseguida a aquellos que la cortejarían asiduamente.

—Estoy aquí desde el principio, pero deseaba observar el juego de vuestro protegido —añadió, y se sentó junto a ella—. Estaba cerca de la pared del fondo.

—Os confesaré que no entiendo nada de este pasatiempo y que es la primera vez que vengo aquí —respondió ella al tiempo que se abanicaba enérgicamente.

—Estos lugares se honran de contar con vuestra presencia, querida marquesa. Incluso si tienen el impudor de calentar vuestra piel tan delicada.

—Dado que parecéis dispuesto al cumplido, ¿qué pensáis de mi amigo Azlan?

Hyacinthe Reverdy dibujó la sonrisa embaucadora de aquel que no se desalienta ante un desaire y respondió mientras lo observaba jugar.

—La verdad es que tiene un buen golpe y se coloca de forma natural en el servicio. He visto cómo clava la pelota de una esquina a otra y utiliza las diagonales, anticipa las trayectorias con seguridad. Sus golpes de derecha son muy potentes, pero en los de revés le falta precisión. Todo eso es prometedor —analizó mientras el público, una veintena de personas agolpadas tras la red de la gradería, aplaudía una jugada espectacular.

Azlan había efectuado un servicio picado y luego una volea que había pasado rozando la cuerda. El muchacho que arbitraba gritó «cuarenta y cinco a quince» con voz ronca y acto seguido lo anotó en el cuadrado del suelo.

—El juego de pelota no es tan fácil como parece. El principiante siempre tiene la impresión de una progresión muy rápida que solo desaparece cuando se las ve con un jugador más curtido. Y eso le puede costar más de un disgusto.

—Por esa razón os pido que me ayudéis —respondió ella a la vez que cerraba su abanico—. ¿Aceptaríais ocuparos de Azlan?

—¿Cómo os lo iba a negar, querida marquesa? Entrenaré a vuestro protegido.

—Un último punto: ¿cuáles son vuestros honorarios?

—Seiscientos francos, pagaderos por adelantado. Corren a mi cargo los gastos de las partidas, refrescos, camisas, madera para la chimenea y velas, además de los gastos adicionales. Y dentro de seis meses os lo devolveré capaz de defenderse de los jugadores de pelota más viciosos.

El partido se había interrumpido para que pudieran encender varias hileras de velas dado que ya había poca luz.

—Es el único punto débil de esta sala —comentó Reverdy—. Solo tiene dos ventanas. En cuanto el cielo está nublado hay que encender velas.

Un chiquillo blanqueaba las pelotas haciéndolas rodar dentro de un saco lleno de salvado y luego se las devolvía a los jugadores. Azlan realizó un servicio cortado golpeando la pelota por debajo y corrió a la red para intentar una volea. Su adversario le devolvió un golpe muy fuerte. La pelota, hecha de cintas de tela comprimidas y cosidas, le dio en la mejilla sin darle tiempo a protegerse. Azlan, aturdido, se arrodilló para recuperarse antes de abandonar el partido. Rosa, inquieta, se aproximó al terreno de juego.

—No es nada —intervino el futuro entrenador.

—Pero ¡si lo ha hecho a propósito!

—¡Claro que lo ha hecho a propósito! Estaba a punto de perder el punto y el partido. Recibirá más pelotazos hasta que aprenda a esquivarlos.

Antes de que Azlan se reuniera con ellos, ella renovó su petición.

—Haced que progrese y enseñadle a cuidarse de los estafadores. Si lo lográis, habréis cumplido vuestra misión y os habréis ganado lo que es vuestro.

—La mejor recompensa será trabajar para vos, marquesa —replicó él, y le tomó la mano para darle un segundo besamanos.

Ella la retiró antes de que él tuviera tiempo de acercar los labios.

—Me parece que confundís la caza y el juego de pelota, querido señor Reverdy. Espero que seáis más hábil en el segundo que en la primera.

***

Gabriel Malthus había recibido una bala de arcabuz en la grasa de la nalga y otra en el brazo derecho que le había atravesado el bíceps sin causar daños en ninguna arteria ni nervio. Su caso, como lo había juzgado la hermana Catherine, no inspiraba inquietud alguna y las heridas habían dejado de sangrar antes incluso de que llegaran los cirujanos. Sin embargo, se hallaba en un estado de miedo y nerviosismo que nada parecía poder calmar. Su respiración era rápida, le temblaban las manos y tenía la mirada extraviada, y al igual que una mosca excitada, iba a un sitio y se iba de inmediato de allí. Malthus se había negado a beber cualquier cosa, medicina o alcohol. Cuando Nicolas le preguntó qué le había sucedido, evocó un ataque de bandidos en un sendero del bosque en la linde del ducado. No convenció a nadie, pero le daba igual.

El boticario, al que le gustaba vestirse a la antigua usanza, llevaba siempre un jubón negro de mangas muy abombachadas y chorreras de puntillas blancas, así como unas medias de color oscuro. Lo había dejado todo sobre una silla antes de dejarse curar. Nicolas observó las ropas mientras François, que chupaba huesos de ciruela, acababa de coser las dos heridas con una despreocupación que enojó a Malthus. Ambos intercambiaron unas miradas de odio, y el Erizo Blanco acabó por escupir los huesos y una retahíla de gentilezas.

—Gabriel, ¿qué le ha sucedido a tu ropa?

Nicolas se había acercado a la mesa en la que curaban al paciente y le mostró el jubón.

—¿Qué ocurre? —preguntó Malthus mientras se daba la vuelta con una mueca de dolor.

—La llevas toda cubierta de un fino polvillo blanco. Al igual que tus cabellos y tu barba —añadió a la vez que le separaba los cabellos con la punta del escalpelo.

—¡No me toques! —respondió Gabriel, y le apartó el brazo—. Debía de haber polvo por el camino, ¡qué sé yo! ¿Importa acaso?

—Da igual, es verdad —añadió Nicolas, y dejó de nuevo el jubón sobre la silla.

La hermana Catherine entró y le habló al oído.

—Está ahí un policía que quiere hablar conmigo. François, ¿puedes acabar sin mí? —preguntó Nicolas al tiempo que buscaba un paño con el que enjugarse las manos.

—¿Sucede algo grave? —interrogó Malthus con la mirada de nuevo extraviada.

Salió sin responderle, seguido por la monja. El Erizo Blanco rebuscó en su bolsillo una última ciruela y se la llevó a la boca para mascar el hueso, empapó una compresa con aceites esenciales y untó las dos heridas. El paciente se estremeció.

—¿Tienes miedo? —preguntó el cirujano.

—Tengo frío.

—¿En pleno verano? —bromeó François.

—¡Pardiez, si me habéis desnudado!

—Sé reconocer el miedo, pues afecta a otros músculos —dijo François, y se acercó a él fingiendo observar los temblores de sus piernas—. Los escalofríos son más cortos y anchos. Incontrolables. El miedo recorre el cuerpo como una ola, de abajo arriba.

—¡Pues sí que estamos bien! ¿Y de eso también quieres curarme?

—En cualquier caso, tienes suerte. Podrás denunciar la agresión que has sufrido a las autoridades sin tener que desplazarte. Por cierto, ¿qué te han robado?

Por toda respuesta, Malthus refunfuñó, con la mirada clavada en la puerta.

El cabo pertenecía a un regimiento de la guardia de Leopoldo y su patrulla había tratado de detener un carro que abandonaba el ducado. El cochero había intentado darse a la fuga. Perseguido por los soldados, que habían abierto fuego contra él, abandonó el vehículo en la carretera de Toul y huyó a lomos del caballo de tiro. En el interior del carro, los soldados hallaron veinte sacos de cincuenta kilos de harina. Desde el 24 de febrero, estaba prohibida la exportación de grano fuera del ducado.

—So pena de una multa de quinientos francos y confiscación de los coches, monturas y el producto del contrabando —precisó el militar.

La escasez había llevado al duque a dictar leyes que prohibían la exportación o el acaparamiento de trigo. La patrulla había seguido al hombre hasta Nancy, donde le habían perdido el rastro.

—Pero estamos seguros de que está herido —añadió el cabo—, y estamos registrando los hospitales y establecimientos de los médicos. ¿Habéis atendido hoy a un hombre herido de balas de mosquete, maese Déruet?

Cuando Nicolas regresó a la sala de autopsias, François comprendió que debía dejarlo solo con Malthus. El boticario estaba sentado en la mesa de operaciones y se había vestido. Nicolas cerró el bote que contenía el bálsamo utilizado y lavó los escalpelos en una palangana.

—Tengo un problema —dijo mientras guardaba su instrumental.

—¿Ah, sí? ¿Qué sucede? —respondió Gabriel, cuya voz delataba la emoción.

Nicolas se secó las manos y se acercó a su paciente.

—En la habitación de al lado hay un hombre que solicita mi ayuda para detenerte por haber tratado de vender trigo en el extranjero.

—Pero se equivoca, se trata de una confusión… —comenzó Malthus, sin convicción.

—En tal caso ¿cómo explicas que tu trasero haya interceptado la trayectoria de su bala? Y te ha descrito con tal lujo de detalles que, una vez hayas salido de aquí, aún vas a tener más problemas.

El boticario bajó la vista.

—Nicolas, compré novecientos kilos de harina para comerciar con Francia justo antes de que un edicto prohibiera exportarla. El problema es que aquí solo quieren mi trigo los pobres y los necesitados, pero ya no tienen dinero con que pagarlo. ¿Cómo iba a saber yo que me encontraría con toda esa harina en mis manos? ¡Si no logro venderla, estaré arruinado!

—¿Sabes que si te denuncio un tercio de la multa y de los bienes confiscados me corresponderá a mí? Y otro tercio a los pobres del ducado.

—Sí, lo sé… ¡Estoy arruinado! —gimió Malthus.

—¿Qué harías tú en mi lugar? —preguntó Nicolas, y se acercó a él—. ¿Qué harías?

—Compré ese producto honradamente con el dinero de mi tienda y soy víctima de las circunstancias. En tu lugar, te dejaría marchar… vamos, me dejaría marchar… Digamos que me entiendes, ¿verdad?

El hombre había recobrado la esperanza y se había incorporado.

—Quizá —respondió Nicolas—. Pero ¿por qué iba a hacerlo por alguien que me envió a la cárcel hace cuatro años y me robó cinco mil francos?

—¡Yo no hice nada! —exclamó Gabriel a la vez que se ponía en pie impulsado por la cólera.

Apenas apoyó el pie en el suelo, hizo una mueca de dolor y gimió conteniendo un grito antes de volver a sentarse.

—¿Por qué me acusas de eso? Soy inocente, inocente ¡y pongo a Dios por testigo!

Su voz estaba teñida de rabia contenida.

—Eras tú quien debía recibir esa suma para entregármela —prosiguió Nicolas mientras se acercaba a la puerta.

—Nunca llegó a mis manos, ¡desapareció de las arcas del gobernador! Pudo ser cualquiera en palacio, cualquiera… por ejemplo ese médico, ese Courlot que quería verte preso como escarmiento.

—Sin embargo, fuiste el único que dejó la ciudad poco después, Gabriel.

—Todo parece acusarme, pero no fui yo. ¿Cómo podré convencerte? Denúnciame si así lo quieres, denúnciame, pero por esa razón no, por esa no, por favor.

Malthus gritó y sollozó. Sus palabras se volvieron incomprensibles. Se ocultó el rostro entre las manos para llorar. Un hilillo de baba le colgaba de la comisura de los labios y se le pegaba a la barba. Cuando alzó la cabeza, Nicolas había salido. La puerta había quedado abierta. El policía ya no estaba allí. Vio un bastón que utilizó como muleta y se marchó cojeando.

***

El Cristo de piedra del puente de Malzéville, con la cabeza gacha, parecía abatido por el calor que reinaba en aquel final de verano. Encaramado en su columna, contemplaba las embarcaciones que subían o bajaban por el Meurthe y los barcos mercantes que fondeaban en el puerto del Crosne, donde la actividad se desarrollaba al ritmo de las cargas y descargas. Nicolas y François habían descansado un buen rato tumbados en la *Nina*, que seguía en construcción. Amarrada a orillas del puerto, parecía desnuda sin sus velas.

—El taller que me las debía entregar se ha incendiado, ¡vaya suerte la mía! —dijo François, y se puso en pie para servirse un vaso de su vino—. Ahora tendré que esperar unos meses o quizá un año.

Bebió y observó con envidia el paso de una chalana de formas generosas, cargada de troncos de haya, cuya línea de flotación rozaba la superficie del agua. El barco provocó unas leves olas que llegaron hasta la *Nina* y zarandearon a los dos pasajeros.

—¡Parece que estemos en alta mar en plena marejada! —exclamó el Erizo Blanco, que se mantenía en pie junto al mástil—. ¡Soy el capitán Delvaux! —gritó alzando un brazo al cielo, cosa que hizo que dos pescadores que se hallaban en la orilla se volvieran hacia ellos.

—¡Aprende a nadar, marino de agua dulce! —le gritó uno de ellos—. ¡Y a respetar a los pescadores!

François abrió la boca para responder, cambió de opinión y se sentó junto a Nicolas.

—Ese mequetrefe no me va a estropear el día.

—¿Por qué te dice que aprendas a nadar?

—No tengo la menor idea. ¿Y si asamos un pescado?

—No soy buen pescador, François, y no veo que tengas material en tu barco.

—Pero ¿quién habla de ir a pescar? En la tienda del puerto hay unas truchas deliciosas. Enciende un fuego y ahora vuelvo con la comida.

Nicolas se instaló en la orilla y apiló unas ramas secas sobre una alfombra de ceniza, en medio del pequeño círculo de piedras que utilizaban los habituales de aquel lugar. Los dos pescadores pasaron junto a él y se detuvieron a charlar. Se marcharon cuando François volvía de la tienda con un pescado en cada mano.

—¿Qué querían esos gusanos? —preguntó mientras observaba cómo se alejaban.

—Vendernos lo que han pescado.

—No los necesitamos, ¡ya conocemos los buenos establecimientos! Mira, mira qué bonitas son —dijo, y le mostró las truchas.

—¿A cuánto las has pagado? —preguntó Nicolas mientras prendía su encendedor de sílex.

—A cinco francos la pieza. ¿Por qué?

—Porque los dos gusanos se las vendieron ayer a los de la tienda. Me ofrecían las piezas de hoy a tres francos. Más frescas y más baratas.

—Bah, hay que hacer que el comercio prospere —respondió François, y se dispuso a limpiar el primer pescado—. La dueña de la tienda antes estaba instalada en la ciudad nueva. Y a fuerza de malos inviernos, escasez y racionamiento, acabó rindiéndose. Este puerto es el futuro. Ya hay obreros que se han instalado en barracones y pronto habrá casas de piedra. En la ciudad, la competencia se ha vuelto demasiado dura.

Las ramitas y troncos secos tras el verano soleado prendieron rápidamente y se consumieron igual de deprisa.

—También me han explicado cómo te sacaron ayer de una situación embarazosa —prosiguió Nicolas mientras soplaba en las brasas—. Te caíste de la *Nina* y tuvieron que alargarte un palo para que no te ahogaras. ¡Nunca me habías dicho que no supieras nadar!

—Así son los jóvenes de hoy en día, no hacen más que inventarse cosas para pavonearse —refunfuñó el Erizo Blanco—. Se me atoró el pie en un cabo bajo el agua, eso es todo. Hasta el mejor nadador del ducado habría necesitado ayuda.

Almorzaron a base de pescado, una hogaza de pan y un queso tan duro que François creyó que iba a dejarse otro diente, pero este permaneció en su sitio tras bambolearse ostensiblemente. Volvieron a la *Nina* para echarse una siesta al sol.

—Confiesa que eres como los demás —afirmó el Erizo Blanco—. No crees que sea capaz de echarme a la mar a bordo de este barco, ¿no es cierto?

Por toda respuesta, Nicolas sonrió. Admiraba el temple de su amigo, que desde hacía años perseguía su sueño y lo construía tabla a tabla con una constancia ejemplar, cuando cualquier otro habría abandonado, y ello a pesar de que no tenía ninguna dote como marino, ni siquiera como nadador. Quería vencer el elemento que le era más hostil. Aunque tuviera que dedicarle la vida. Aunque le costara la vida. Le respondió como amigo, de corazón, y le habló del miedo que tenía de verlo partir.

Se dejaron mecer un buen rato en silencio antes de que François lo interrumpiera.

—Echo de menos al chaval —dijo, tumbado, con la cabeza apoyada en el banco que servía de asiento en la popa—. Aunque aún aguardo sus excusas. Espero sinceramente que regrese pronto.

—Vino a verme hace un par de días, pero ya solo piensa en su juego de pelota —explicó Nicolas sin abrir los ojos.

El sol jugaba con las nubes y le gustaba ver cómo la cortina oscura de sus párpados cerrados se iluminaba por instantes.

—Rosa se ocupa bien de Azlan —comentó el Erizo Blanco con un tono ambiguo que Nicolas fingió no comprender.

—Sí, ejerce una gran influencia sobre él y no escatima en gastos. No quisiera que creyera que tiene el futuro resuelto. Hablaré con Rosa. ¿Te he dicho que vamos a ir juntos a Fontainebleau?

—Ah, no —respondió François, y se apoyó en los codos para incorporarse—. ¿Con qué motivo?

—Acompañar al duque de Elbeuf, que representará a nuestro soberano en la boda con Isabel Carlota de Orleans. Me parece natural que Rosa, que abogó ante el rey a favor de esa unión, esté invitada, pero mi presencia me parece fuera de lugar. He tratado de excusarme, pero Carlingford ha insistido tanto que he comprendido que una negativa sería un *casus belli*. Tendrás que ocuparte del servicio tú solo durante diez días, el mes próximo. Es una buena razón para pedirle a Azlan que vuelva a ayudarnos.

—Tendré que morderme la lengua para no hacerle comentarios, pero no me gusta su nueva vida.

—A mí tampoco, no es su mundo. Pero debe enfrentarse a ello para que espabile.

—¿Y si no espabila?

—Uno siempre acaba por espabilar, es ley de vida.

El color naranja que tintaba su vista se ensombreció súbitamente. Nicolas abrió los ojos: las nubes cubrían el cielo. Se sentó a su vez y tendió a François un pergamino que había extraído de su bolsillo.

—El conde me ha entregado esta carta.

François la abrió, pestañeó para acomodar la vista y leyó de viva voz.

> Yo, Jean-Léonard Bourcier, procurador general del ducado de Lorena y Bar, tras examinar la acusación contra Nicolas Déruet, de oficio maestro cirujano, acusación elevada el 18 de abril del año de gracia de 1694 por la familia De Rouault, representada por el doctor Jean-Baptiste Courlot, médico personal del difunto gobernador De Rouault, por el asesinato del gobernador y el robo de una suma de cinco mil francos, declara, a la vista de los elementos presentados en su acusación y su defensa, y sin nuevas pruebas por parte de la acusación, la inocencia del señor Déruet y condena al doctor Courlot a hacer efectiva a Nicolas Déruet una suma equivalente como indemnización por los perjuicios ocasionados. Esta decisión se conservará en los archivos del Tribunal y se hará pública al pueblo lorenés mediante la colocación de carteles durante un mes en los municipios de las comarcas situadas a menos de diez leguas* de Nancy.
>
> En Nancy, a 10 de septiembre de 1698, por la gracia de Dios y de S.A.R. Leopoldo, duque soberano de Lorena y de Bar.

—¡Es formidable! —exclamó François, y le devolvió el pergamino—. ¡Por fin te han declarado inocente! Una historia que acaba bien. ¡Estoy muy contento por ti, de verdad!

Nicolas lo miró con gesto abatido.

—Yo también lo creía. Pensaba que esta decisión me haría justicia, pero sigo sintiéndome como… sucio. Tengo que averiguar quién robó el dinero. Tiene que reconocer públicamente su acto.

François se quitó el gorro para rascarse la frente.

—Te habrían enviado a la cárcel por una razón u otra, con o sin esa historia de los cinco mil francos, créeme. Y Courlot está en Francia desde hace mucho tiempo, nunca pagará la indemnización. Pensemos en el futuro, Nicolas. Jeanne ha muerto, Marianne está lejos…

* Una legua de Lorena equivale a 4,939 km.

—¿Qué dijo cuando se fue? ¿Cómo estaba ese día? —preguntó Nicolas, que se había incorporado—. Nunca me lo has contado.

—Pero es que nada hay que contar... Yo acababa de vender el establecimiento y ella buscaba dónde alojarse. Y...

El Erizo Blanco se interrumpió. Unas gotas de fina lluvia, traídas por un viento incipiente, los desalojaron. Se refugiaron en la tienda y se sentaron a una de las tres mesas que servían de taberna.

—En cuanto a Marianne, recuerdo que tenía una cita —prosiguió el Erizo Blanco al tiempo que llamaba a la camarera—. Cuando volvió, me anunció que dejaba la casa pero que me daría noticias suyas. Parecía extraña. En aquel momento pensé que se debía a la emoción de su marcha, tras aquel período tan duro.

—¿Sabes con quién se había citado?

—No.

—¿Dónde? ¿Cómo se llamaba la calle?

François pareció reflexionar.

—No, lo siento —respondió.

Miró a Nicolas a los ojos antes de bajar él la mirada para observar sus manos.

—Lo siento, muchacho —repitió—. Aquel día estaba borracho, demasiado borracho. Al igual que durante todo ese período. Vendí porque me temblaban las manos. Ya no era capaz de trabajar.

***

Azlan se dejó convencer para volver a Saint-Charles todas las tardes durante la ausencia de Nicolas. «Ni un día más», añadió, lo que moderó el optimismo inicial de los dos cirujanos. Ambos esperaban en secreto que esos días bastarían para que recuperara el gusto y la vocación por su profesión.

Nicolas llegó a Fontainebleau la víspera de la boda, el domingo 12 de octubre, en compañía de gentilhombres de la casa de Lorena, cuya conversación había versado principalmente acerca de la etiqueta y la jerarquía en la ceremonia. Habían conspirado como si se tratara del asesinato de un príncipe para convencer al hermano del rey de que su hijo, el duque de Chartres, no debería tener un rango superior al del esposo, hecho que había causado perplejidad a Nicolas. Se había enfrascado en la lectura de las obras de Ambroise Paré y había dejado que los conspiradores siguieran excitados elaborando aquel proyecto cuya envergadura era incapaz de comprender.

Prefirió no alojarse en el palacio y alquiló una habitación en una posada muy próxima. Al día siguiente curó al posadero, que se había cortado con un cuchillo de carne, dio una vuelta por el castillo a pie y se encontró con Rosa en el patio del Caballo Blanco, frente a una inmensa escalera en forma de herradura. La vio descender los últimos peldaños con admirable agilidad, casi sin alzar la falda de su vestido. Nicolas esbozó un besamanos y la alabó, impresionado.

—Mi querida Rosa, he visto vestidos que realzan el encanto de una mujer, pero vuestra belleza haría brillar los vestidos de todos los costureros del mundo. Haréis sombra a la novia.

—¿Qué os parece el palacio de Fontainebleau? —le preguntó ella, con el corazón henchido por el cumplido que sabía que era sincero y que le había sonrojado las mejillas.

—¿Es un palacio? ¡Creía que era una ciudad entera! —bromeó él al tiempo que miraba en derredor.

—Os esperaba con impaciencia, os lo mostraré —dijo ella, y le tomó del brazo.

Nicolas era feliz de hallarse en su compañía, pues se sentía incómodo entre la gente de la corte y las preocupaciones de la misma, que le eran completamente ajenas. Conocía lo bastante a Rosa para saber que ella no lo miraba con prejuicios sociales. Su vestimenta, sencilla y lustrosa, habría podido hacerlo pasar por uno de los criados del castillo, empleado en las cocinas o en la montería. Rosa tenía intención de protegerlo y de aprovechar al máximo aquellos momentos, en los que imaginaba que él estaba allí solo para ella. Eso la arrastraba y a la vez la asustaba, pues siempre había dominado sus relaciones amorosas.

—¿Asististeis ayer a la ceremonia de petición? —preguntó cuando ella lo conducía a la izquierda de las escaleras tentaculares.

—Sí, en el gabinete del rey. Estuvo presente la corte entera e incluso el rey y la reina de Inglaterra. Me crucé con vuestros compañeros de viaje y esperaba veros allí.

No obtuvo respuesta. Nicolas nunca se sentía obligado a justificar sus decisiones. Entraron en el primer edificio.

—La sala del juego de pelota —dijo ella, encantada con su guiño—. Así podréis describírsela a Azlan. Le he prometido que algún día iríamos a la de Fontainebleau o la de Versalles. De momento, según el señor Reverdy, nuestro protegido aún no está en condiciones de ser exportado.

—Deberíamos hablar acerca de su futuro, Rosa. Aunque no seamos de su sangre, somos su familia y me preocupo por él.

A ella no le sorprendió su petición.

—Acompañadme, haré que evitéis los oropeles y los faustos del palacio, puesto que algo me dice que no os interesan en demasía. Conozco un lugar que os gustará y donde podremos conversar sin que nos molesten.

—Si está a menos de una legua, acepto.

—Está al otro extremo de este patio —respondió ella entre risas—. La gruta de los Pinos.

—¿Una gruta?

El lugar arrancaba del edificio principal del patio y en verdad tenía apariencia de cueva. La fachada había sido decorada en la planta baja con estatuas de atlantes que custodiaban tres arcadas de piedra rústica tallada. En el interior, las paredes y los techos estaban decorados con frescos e incrustados de guijarros y conchas. Rosa reprimió un mohín al descubrir que la estancia se hallaba ocupada por un hombre sentado a una mesa, frente a una pequeña chimenea que desprendía una luz y un calor insuficientes. Estaba escribiendo, inclinado sobre el papel como un alumno aplicado.

—Entrad, entrad —dijo sin volverse—. Acabo mi nota y os saludaré gustoso.

La pluma rechinó y el ritmo de la misma se aceleró hasta el punto final. El hombre se puso en pie. Tendría poco más de veinte años, era de talla pequeña, lucía una gran sonrisa y parecía afable. Su voz era suave y calmada.

—Louis de Rouvroy, duque de Saint-Simon y padre desde hace tres meses. Os vi ayer en la ceremonia. Sois de la casa de Lorena, ¿verdad? —dijo mientras se dirigía a Rosa.

Rosa se presentó y lo felicitó por su paternidad.

—Jacques es mi primer heredero, pero el linaje será largo —precisó él—. ¿Y vos, caballero? Creo que no tenemos el honor de conocernos.

—En efecto. Soy Nicolas Déruet, cirujano del hospital Saint-Charles, en Nancy.

La mirada de Saint-Simon reveló condescendencia. Miró las vendas de las manos de Nicolas.

—¿Ah? —exclamó, sorprendido por la presencia de un artesano plebeyo junto a la marquesa—. Tal vez deseabais aislaros —añadió dejando entrever dobles sentidos.

—Estábamos visitando el palacio. Os lo ruego, señor duque, quedaos —respondió Rosa—. Estabais ocupado escribiendo.

—Sí. Ya he acabado —aseguró mientras ordenaba sus papeles.

—¿Son poemas? ¿Prosa? —insistió ella.

—Son notas, simplemente notas. He decidido escribir un día las memorias de cuanto haya visto de los asuntos de mi tiempo. Y para ello necesito tomar notas y conservar documentos.

—Es una empresa muy loable, caballero —prosiguió Rosa—. Ser testigo de la propia época es noble y ambicioso.

—¿Verdad que sí? Ese es el objeto de mi proyecto —peroró, halagado.

—¿Y a tal fin seguís las peregrinaciones de la corte y del rey? —intervino Nicolas con la voz más neutra que pudo para atenuar sus palabras.

—Sí, me hallo allí donde tienen lugar los acontecimientos importantes. Mirad, por ejemplo, lo que estaba redactando cuando habéis llegado: ayer se produjo un episodio que causó gran escándalo entre los loreneses. Isabel Carlota de Orleans, tras la ceremonia, se retiró a sus aposentos. No hizo acto de presencia durante la cena. ¿Sabéis por qué? ¡Lloraba sin cesar!

—¿Y el pueblo?

—¿Qué pasa con el pueblo?

—¿Habéis pensado en describir sus condiciones de vida? ¿Sus miserias? ¿Sus lágrimas?

—¿Y con qué fin? ¿Acaso el pueblo leerá mis memorias? Quiero consagrarme a los acontecimientos importantes, como os he dicho. ¿Sabéis, por ejemplo, que la princesa de Conti pretendió no asistir a esta boda y que el rey tuvo que enojarse ante sus falaces excusas? Sospecho que ella lo hizo adrede. Pero no puedo deciros nada más.

Su última frase, que supuestamente debía despertar la curiosidad de su auditorio, no logró el efecto deseado. El duque de Saint-Simon se batió en retirada ante la zanja que se abría entre él y sus interlocutores.

—Voy a cambiarme para la boda —se excusó—. Parece que el duque de Elbeuf se pondrá el mismo atuendo que ayer —añadió sin poder evitarlo.

—Es un gesto de confianza hacia su sastre —respondió Nicolas—. Y una vieja costumbre lorenesa que simboliza la fidelidad hacia la novia —soltó en cuanto le vino a la cabeza la ocurrencia—. Cuanto más gastado está el traje, más virtuoso es el hombre.

—A la vista del vuestro, sois un modelo de virtud —respondió Saint-Simon, satisfecho de su respuesta.

Nada más terminar la frase comprendió que acababa de caer en la trampa: su flamante vestido lo convertía a él en un consumado mujeriego. Mostrarse enojado significaría reconocer la verdad en las palabras de Nicolas y callar sería consentir o quedar como un mequetrefe.

Tras elegir la segunda opción, se esforzó en sonreír y los saludó vagamente antes de despedirse.

—¿Son todos así? —preguntó Nicolas tras cerrar la puerta que el hombre había dejado abierta.

—No, es inteligente y servicial —suspiró ella—, pero no le gustan los loreneses.

—¿Y qué hacéis vos entre ellos, Rosa?

—Me gano mi libertad, igual que vos. Pero a mi manera.

—¿Participando en esta mascarada? —preguntó él mientras añadía un tronco a la chimenea.

Las llamas colorearon la estancia con un velo ambarino. Las conchas que recubrían el techo parecieron animarse.

—Las cosas se pueden mover tanto desde dentro como desde fuera, querido maestro.

No se sentía a la altura para enzarzarse en una justa oratoria con ella.

—Decidme qué habéis averiguado acerca de Marianne —dijo él, y le ofreció una silla.

Rosa hizo una mueca al sentarse.

—¿Estáis seguro de estar preparado para oír lo que tengo que contaros?

Él se había sentado frente a ella, inclinado hacia delante, con los codos en los muslos, dispuesto a absorber cuantas informaciones ella le transmitiera. Rosa fue presa de una súbita melancolía: él no veía en ella más que a un mensajero y había pasado todo ese tiempo en su compañía solo a la espera de ese momento. Sintió un peso en el pecho y suspiró.

—Todo lo que he averiguado confirma un hecho del que había sido informada: no se marchó sola.

—Lo sé, se llevó a Simon con ella.

—No es eso lo que quiero decir. Se marchó con un... un hombre. Y hoy están casados. Lo lamento.

Una piña estalló en la chimenea.

—Pero... es imposible —acabó por articular él—. ¡Es imposible, seguro que os equivocáis!

—Lo lamento —repitió ella mientras unas lágrimas brotaban de sus ojos.

—¡Os equivocáis, seguro! ¡No puede estar casada!

—Nicolas, comprendo que lo neguéis —dijo ella, y se secó rápidamente los párpados—, pero me lo han confirmado varias fuentes.

—¿Y dónde están?

Ella bajó la vista.

—Lo ignoro.

—No podéis saber que están casados sin haberlos localizado. ¡Eso no tiene ni pies ni cabeza! —exclamó él, y se puso en pie.

—Fue en Nancy, antes de ir a por el pequeño Simon. Bastará que consultéis el registro de la parroquia de Saint-Sébastien.

Nicolas se llevó las manos a la cabeza.

—¡No es posible, esto es una pesadilla!

—Creedme que hubiera deseado ser portadora de otras noticias.

Rosa no pudo contener la segunda oleada de lágrimas.

—Me gustaría veros feliz —prosiguió ella, entre sollozos—. Aunque…

Se puso en pie y se acercó a él.

—Aunque preferiría que fuera conmigo…

En un impulso que no pudo reprimir, Rosa lo besó en los labios. Ocultó su rostro en el hombro de Nicolas y lo abrazó llorando desconsoladamente. Pasada la sorpresa, él la abrazó y la acunó con ternura. Ella le dijo «Os amo», pero las palabras se las llevó una ola de lágrimas. Rosa se acurrucaba contra él, sacudida por temblores, mientras él trataba de serenarla. Se sentía culpable. Culpable de no haber descubierto los sentimientos de Rosa, culpable de ese sufrimiento que le infligía, culpable hacia Marianne, en la que pensaba mientras otra mujer lo abrazaba a él. La noticia de su matrimonio era como una realidad imposible. Si Rosa estaba enamorada de él, a buen seguro le había mentido. Trató de deshacerse del abrazo, pero ella se agarró a él, no quería que la viera así, con el rostro devastado por la pena. Ella, una mujer orgullosa e independiente, deseaba quedarse entre sus brazos, que aquel momento, aunque no fuera compartido, durara una eternidad, y sentir su piel, su olor, su calor y ese contacto que tal vez fuera el último.

Al cabo de un buen rato, agotada, ella se apartó despacio y ocultó el rostro entre sus manos. Le costaba respirar y se sofocaba, mareada.

—No quiero que me veáis así, os lo ruego, Nicolas. Dejadme, dejadme.

Él retrocedió hasta la puerta, silencioso, y la vio gemir. Titubeó y salió.

Dio unos pasos en el patio, lleno entonces de carruajes lujosos y donde reinaba una intensa agitación de lacayos y palafreneros. Nadie se fijó en él. Nicolas se detuvo en mitad de la plaza, indiferente ante el hormiguero humano. Era incapaz de reflexionar. El peso de los acontecimientos lo aplastaba. Marianne y ahora Rosa... Olió sus manos, en las que se había impregnado el perfume de sus cabellos, aroma a jazmín y azahar. No podía dejar a la joven sola y sufriendo. No podía huir de lo que había provocado en ella sin quererlo.

Una carroza, más suntuosa que las otras, de marquetería dorada y tirada por ocho caballos, se detuvo frente a la gran escalinata mientras el murmullo aumentaba. De ella descendió el rey de Francia. La boda iba a dar comienzo. Volvió la espalda a la agitación y regresó a la gruta de los Pinos.

Rosa estaba tumbada en el suelo, inanimada. Su rostro estaba cerúleo y tenía los labios muy apretados. Nicolas se precipitó hacia ella y detectó un pulso muy débil en la muñeca y ausencia de respiración. La puso de lado, sacó su bisturí y lo abrió, y le cortó el vestido y luego los cordones del corsé. Le dio la vuelta, la desnudó hasta la pelvis y puso su mejilla contra su nariz. Le pareció detectar un ligero aliento. Sus ropas le habían comprimido la respiración, pero esa no era la única causa de sus males. Sus tegumentos seguían sin recibir suficiente oxígeno. El señor de Saint-Simon entró y lo vio inclinado sobre el cuerpo medio desnudo de Rosa. Alzó los ojos al cielo y se encogió de hombros, y acto seguido salió. Recuperaría el tintero más tarde. «Decididamente, a veces la nobleza tiene extrañas inclinaciones», pensó, a la vez que se prometía callar ese incidente para no enturbiar la jornada.

Nicolas ni siquiera lo vio. Puso la mano sobre el cuello de la joven y le pareció detectar una hinchazón de la tráquea. Guiado por su experiencia y sin pensar, introdujo el escalpelo en el cartílago y practicó un pequeño orificio. Rosa inspiró profundamente y el aire silbó al pasar por la abertura. Al fin respiraba. Deshizo las vendas de sus manos y las puso junto a la herida antes de ir en busca de ayuda.

La Gazette de France publicó en sus columnas que, el 13 de octubre de 1698, se celebró en la capilla de Saint-Saturnin del palacio de Fontainebleau el matrimonio de Isabel Carlota de Orleans y el duque de Elbeuf, representante del duque Leopoldo. Una ceremonia sumamente sobria, a la salida de la cual el rey besó a su sobrina, que de nuevo se deshizo en lágrimas. Rosa y Nicolas no asistieron a la ceremonia y abandonaron Fontainebleau al día siguiente.

***

Al otro lado del Mosela, la campana de la abadía dio diez campanadas. A esa hora del día el mercado estaba muy animado y, a pesar de la penuria, era posible procurarse pan, verdura y carne. El hombre compró buey a una regatona cuyas manos expertas podían extraer los últimos retazos de músculo y de grasa de cualquier hueso. Paseó un buen rato entre los tenderetes y se detuvo frente al ayuntamiento, donde se dispersaba un pequeño corrillo. Habían colgado un cartel que ya no interesaba a los transeúntes. Empezó a leerlo, con la mente distraída por un grupo de estudiantes que reían a carcajadas y armaban jaleo. Por el acento, reconoció que se trataba de holandeses llegados de las Provincias Unidas, probablemente para estudiar teología o derecho. Prosiguió la lectura y de repente sintió que la sangre se le helaba en las venas.

—No, no es posible —murmuró—. Imposible…

Miró en derredor y aguardó a que la gente se hubiera alejado, arrancó el cartel y lo ocultó bajo su camisa. No regresó directamente a su casa y se entretuvo paseando junto a la orilla del río para darse tiempo de pensar. Al llegar frente a su domicilio, había tomado una decisión.

Al abrir la puerta, Marianne se volvió y le sonrió.

—¡Por fin llegas! Has tardado mucho y el pequeño Simon tiene hambre.

—Tengo hambre —repitió el niño con el ceño fruncido, como si así acentuara su enfado.

Se aproximó al hombre y observó las compras que llevaba en la mano.

—¡Bien, carne! ¡Gracias, papá!

El muchacho tendió los brazos en busca de un mimo. Marianne cogió los paquetes que llevaba el hombre para que este pudiera tomar en brazos al niño. Cuando los dejó en la cocina, oyó las risas de Simon por las cosquillas.

—Para, no puedo más —dijo entre risotadas.

—Esta mañana he atendido un parto de una niñita preciosa —gritó—. ¿Me oís? —preguntó ante la ausencia de respuesta.

—¡Sí! —respondieron a coro.

—Ya tenía pelo, un cabello negro muy bonito. Y unos ojos grandes y curiosos. ¡Ha sido emocionante! Nunca me cansaré de ello. La madre es la mujer de Thiballier, sabes, el abogado.

—Voy a por agua al pozo —gritó Simon—, ¡es papá quien la ha pedido!

Se marchó sin aguardar la respuesta de Marianne. Esta cogió los cardos que había comprado en el mercado y separó las pencas de las hojas, y luego las troceó para cocerlas en la marmita de la chimenea para el almuerzo. Sintió la presencia del hombre a su espalda.

—Estás muy callado, mi querido Martin —dijo ella mientras rascaba las verduras.

—¿Me quieres? —preguntó él en un tono serio y frío que hizo que ella se volviera.

—Sí, te quiero —respondió con su voz dulce y serena—. Te quiero, querido Martin.

Él le entregó el pergamino que había arrancado de la pared. Marianne se limpió las manos y buscó en los ojos de su marido el motivo de su inquietud. Ella tomó el cartel y leyó la sentencia de Jean-Léonard Bourcier que declaraba inocente a Nicolas. No pudo reprimir un grito. La leyó por segunda vez, con la mano en la boca. Sus ojos pasaban una y otra vez por las líneas como si quisiera borrarlas con la mirada. Martin le cogió el pergamino de las manos. Marianne permaneció inmóvil.

—No está muerto —declaró él—. Maese Déruet se encuentra en Nancy.

—Vivo… Nicolas está vivo…

—¿Qué vamos a hacer? ¿Crees que sabe lo del dinero?

Ella lo miró sin responderle. Tuvo incluso la impresión de que no lo veía. En el momento en que se acercaba para abrazarla, Marianne se marchó precipitadamente y a punto estuvo de derribar a Simon, que regresaba acarreando el cubo de agua.

—¿Qué pasa, mamá? —preguntó el chiquillo al verla salir.

Se volvió hacia Martin, inquieto.

—Papá, ¿qué le pasa a mamá?

El hombre se agachó y sentó al niño en sus rodillas.

—Una mala noticia, pequeño. Una muy mala noticia.

—¿Ah, sí? ¿No tenemos más madera para el fuego?

Martin volvió a ponerse en pie y abrazó a Simon. El niño insistió.

—¿Es la abuela? Mamá me ha dicho que estaba enferma. ¿Se ha muerto?

—No, la abuela está bien. Pero alguien ha regresado del país de los muertos.

—Eso es bueno, ¿verdad? ¿Por qué mamá parecía triste? ¿Es grave?

—Aún no lo sé, jovencito. Aún no…

***

Rosa permaneció en silencio varios días. Nadie supo nunca qué había sucedido realmente. Le había aparecido un edema en la garganta y se había hinchado hasta ahogarla. Los médicos sospecharon que la había picado un insecto: «Una araña, una mosca o una avispa», dijo uno de ellos con su docta persuasión.

Nicolas retomó su actividad en Saint-Charles y, cada tarde, relevaba a Azlan junto a Rosa para atenderla. La primera semana solo pudo ingerir alimentos líquidos. Gracias a los ungüentos que le aplicaban varias veces al día, la cicatrización fue rápida y la joven no sufrió fiebre ni otras complicaciones. Solo la voz le cambió para siempre debido al accidente. Las cuerdas vocales se vieron afectadas por la traqueotomía improvisada. Los sonidos emitidos eran guturales y su timbre, antes tan claro, se había vuelto oscuro y ronco. Cuando se oyó por primera vez, lloró durante todo el día hasta dormirse de agotamiento. Su voz también la hacía sufrir físicamente, pues no podía mantener una conversación sin sentir muy pronto picazón y quemazón en la garganta. Azlan, al verla así, se reprochaba no haber estado presente, persuadido de que hubiera podido evitar el drama. Nicolas, por su parte, aún se preguntaba si había tomado la mejor decisión.

—No os reprochéis nada, me habéis salvado la vida —le dijo ella un día, cuando le cambiaba la venda.

—¿Os salvé u os mutilé? —respondió él mientras ponía el dedo sobre el bulto de la cicatriz.

—Me mutilasteis para salvarme.

Había llorado y se había secado las lágrimas mientras él le leía un capítulo del libro de Descartes. Rosa no ocultaba la angustia de la que a veces era presa, al igual que no disimulaba su alegría por la presencia de Nicolas. A petición suya, él se había instalado en su casa. No habían vuelto a evocar su conversación del día del drama. Como si tuvieran un acuerdo tácito, ambos evitaban los gestos o palabras ambiguas hacia el otro, y mantenían una condescendiente y amistosa neutralidad. Azlan estaba muy feliz de volver a tener a su amigo a su lado y el *gadjo* había aprovechado para convencerlo de que siguiera trabajando con él todas las mañanas.

El joven y Nicolas temían sobre todo que pudiera aparecer un nuevo edema en la garganta de Rosa, que sería fatal. No les convencía la idea de que lo hubiera producido un insecto, pues no habían observado ninguna picadura y Rosa no lo recordaba. Habían decidido utilizar los informes de Azlan para dar con casos parecidos e interrogar a sus antiguos pacientes.

—¿Ayunáis por penitencia o por olvido de las súplicas de vuestros estómagos?

Alzaron las cabezas hacia François, que los contemplaba, divertido, desde el pasillo. Azlan y Nicolas, sentados en la sala de los archivos, estaban rodeados por dos altas pilas de papeles, todos caligrafiados por la mano del joven aprendiz de cirujano a lo largo de los ocho últimos meses. Por su parte, el doctor Bagard los había autorizado a consultar las notas que Azlan había redactado para él.

—¿Qué hora es? —preguntó Nicolas, que parecía desorientado.

—Las dos de la tarde. El caldero de la cocina está vacío: las monjas, al no encontraros, han regalado a los enfermos los restos de la comida. Hay una nueva posada que, según parece, supera a todas las demás con su estofado de carne con verduras. ¡Caballeros, os invito a Le Sauvage!

La posada se hallaba en la planta baja de un edificio señorial, en la rue du Moulin, a unos pasos del hospital. A aquella hora, el establecimiento no estaba muy frecuentado y pudieron elegir una mesa junto a la ventana. Audit Aubry, el propietario, les mostró la sala de juego contigua, concurrida y animada, saturada del humo del tabaco y de la humedad emanada. Los allí presentes jugaban a cartas, principalmente al lansquenete y al faraón. Dos grupos jugaban a la *bassette*,* que se había puesto de moda. Había tal algarabía que todos gritaban para hacerse oír.

—¡Me gusta este ambiente! —declaró el Erizo Blanco mientras se frotaba las manos—. Tengo la impresión de que el estofado será suculento.

No quedaba ya estofado y tuvieron que contentarse con una sopa con pan, pero ello no empañó su buen humor.

—¿Y qué habéis hallado en vuestra investigación? —preguntó, y se pasó la mano por el mentón para secarse algunas gotas de sopa.

* Juego de cartas parecido al lansquenete. *(N. del T.)*

Cinco enfermos habían sido atendidos en Saint-Charles con síntomas parecidos. Tres habían fallecido, uno de ellos incluso antes de ser trasladado al hospital. Los otros dos pacientes habían sufrido los mismos edemas en la garganta, la lengua y los labios y, por fortuna, no les habían obstruido completamente las vías aéreas y habían desaparecido al cabo de unas horas. Todos padecían una urticaria más o menos importante.

—A ninguno lo había picado un insecto durante los días precedentes a su llegada al hospital —precisó Azlan.

—¿Eso es todo? —se sorprendió el Erizo Blanco, decepcionado.

—Lo sé —respondió Nicolas mientras desmigajaba el pan en la sopa—. No es mucho.

—¿Cómo se encuentra Rosa?

Las secuelas físicas mantenían a la joven enclaustrada en su casa. Una vez hubo cicatrizado la incisión pidió a Nicolas, y este se lo permitió, taparse el cuello con alguna prenda. Un sastre le cortó unas chorreras de seda y puntillas que le cubrían el cuello hasta el mentón.

—Para su voz hemos probado diversas mieles, infusiones de canela, de salvia y otros remedios, pero sin resultado. Le ha cambiado para siempre —dijo Azlan.

—Es una mujer excepcional y tiene los medios para superar ese defecto —observó François.

Le Sauvage se hallaba junto a la fábrica de seda y los obreros trabajaban para poder abrirla de nuevo tras haber estado cerrada durante la ocupación francesa. Los martillazos resonaban en la rue du Moulin y el incesante tráfico de carretillas animaba la circulación. No habían tenido que atender a trabajadores de la obra, pero François había apostado con el doctor Bagard que por lo menos tendrían dos pacientes de la fábrica antes de que esta abriera oficialmente.

Azlan, atraído por el ambiente festivo de la sala del fondo, les propuso jugar a cartas. Declinaron la invitación y el Erizo Blanco aprovechó su ausencia para preguntar a Nicolas acerca de Marianne.

—Primero creí que se trataba de una treta de Rosa para alejarme de ella —respondió a su amigo—, pero fui a la iglesia de

Saint-Sébastien y vi el registro con mis propios ojos. En efecto, se casó en septiembre de 1696 con un tal Martin Varroy.

—¿Viste las direcciones?

—Ambos estaban domiciliados en la casa del Refugio. La madre Janson lo sabía y no me dijo nada.

—¡Maldita sea! ¿Y no podríamos insistir?

—¿Para qué? Está realmente casada, y así será hasta su muerte. Nunca viviré con ella, tendré que acostumbrarme. ¿Qué puedo obtener de esa búsqueda, aparte de mayores tormentos?

—Admiro tu fuerza de carácter, Nicolas.

François tosió como si se dispusiera a lanzarse a una explicación importante.

—Voy a contarte una historia que nunca he revelado a nadie —afirmó, y bajó la voz.

—¿Ni siquiera a Jeanne?

—¡A ella menos que a nadie!

El Erizo Blanco se remontó al año 1675, cuando él tenía veintitrés años. A Jeanne la conocía vagamente, solo sabía que era hija del boticario del barrio. François estaba enamorado de una muchacha de diecinueve años.

—¡Blandine! ¡Ah, Blandine! Guapa como no puedes ni imaginar —comentó con los ojos mirando al techo.

El joven cirujano que era acababa de obtener su título de maestro y no tenía la menor duda de que sus sentimientos compartidos conducirían al matrimonio aquel mismo año.

—Pero... no había contado con sus padres, que se negaron a dar su consentimiento.

—¿Estaba prometida a otro?

—¡A un médico! Su padre, que era también del oficio, se negó a que se uniera a un criado que solo era digno de afeitar barbas y hacer sangrías, que obligara a su familia a rebajarse admitiendo en su seno a un trabajador manual que ni siquiera sabía latín.

—Os bastaba aguardar a que cumpliera la mayoría de edad.

—¿Seis años? Sus padres la casaron mucho antes. Al año siguiente había ganado un marido y un título de nobleza. Me era imposible luchar. No la movían sentimientos tan fuertes como para luchar por mí. Por despecho, pedí la mano de Jeanne. A fin de cuentas, no lo lamenté: aprendimos a querernos.

El Erizo Blanco sacó su bolsa y dejó el dinero de la comida sobre la mesa.

—He pensado en nuestra conversación acerca de los elixires —dijo Nicolas, y se puso a juguetear con las monedas relucientes.

—¡Qué interesante, muchacho! Entonces ¿nos lanzamos al comercio?

—No, pero me voy a dedicar a la redacción de una obra sobre mis remedios. Tenías razón cuando me hablaste de ello. Necesito implicarme más, sobre todo ahora que no corro tras una quimera.

Apiló las monedas en una esquina de la mesa.

—¿Vamos? Te he reservado el furúnculo en la mano de la señora Lutton. Es viuda de un coronel —bromeó Nicolas.

—Tú ocúpate de tu viuda, ¡solo espera una palabra tuya! —respondió François.

Nicolas encajó la respuesta y no replicó. Se levantó y se puso el abrigo. Azlan se reunió con ellos en el momento en que abandonaban Le Sauvage.

—He encontrado a un jugador de pelota que ha venido de España para perfeccionarse en el juego —dijo, sonriente—. Vamos a ir a la sala del palacio. Volved sin mí.

Los dos cirujanos solo tuvieron que cruzar la calle para llegar a Saint-Charles. En el momento de entrar, François asió a Nicolas del brazo.

—Lamento lo que te he dicho. No quería herirte.

Nicolas miró a su amigo a los ojos antes de responderle con una sonrisa.

—¿Acaso no son las heridas nuestra especialidad?

***

La estancia era un salón privado del hotel más grande de la ciudad. Los criados, que circulaban en torno a las tres mesas, formaban un ballet discontinuo que serpenteaba entre los grupos de invitados.

—¿Es ella? —preguntó Leopoldo a Carlingford.

—Sí, alteza, a la izquierda de la hija de la señora De Lillebonne.

El duque y Carlingford habían abandonado Nancy para encontrarse de incógnito con el cortejo de Isabel Carlota en Vitry-le-François. Ocultos tras un grupo de gentilhombres, observaban a la futura duquesa, que cenaba en compañía de su séquito.

—Haré que la avisen de vuestra llegada —dijo el conde.

—No, ni se os ocurra. No la molestéis —susurró Leopoldo al mismo tiempo que lo retenía del brazo—. Iremos a saludarla más tarde sin más testigos que vos y la señora De Lillebonne. ¿Qué os parece?

El conde titubeó y aguardó un segundo envite del duque.

—A fe mía, me parece que está muy bien —acabó por declarar.

—¡Carlingford, habladme sin tapujos! No es muy guapa, ¿verdad?

Se forzó a mirarla de nuevo.

—No —confesó con embarazo—. Pero me parece graciosa, de rostro afable y sonriente.

—¡Eso está mejor, François! Estoy de acuerdo. Tiene porte de soberana y gustará mucho a mi pueblo y también a mí. Solo pedimos dejarnos seducir.

—¿Así que es él? —preguntó Isabel Carlota a la señora De Lillebonne, que acababa de señalar al duque entre la multitud que los rodeaba.

Clavó su tenedor en un trocito de codorniz y se lo llevó delicadamente a la boca sin dejar de observarlo.

—¿Pensáis que debo presentarme ante él?

—No, de ninguna manera —respondió su nueva dama de compañía—. Si no se ha hecho anunciar, haced como si no existiera.

—Dios mío, es muy difícil, estoy temblando —respondió sin poder apartar su mirada del lugar donde el duque se ocultaba con poca fortuna.

La señora De Lillebonne se abanicó, acalorada, pues había un gran número de personas en la estancia y la chimenea desprendía un calor infernal.

—¿Qué os parece, mademoiselle? —preguntó.

—Para seros franca, más apuesto de lo que esperaba —respondió Isabel Carlota—. Y estoy impaciente por conocerlo. Venid, retirémonos a nuestros aposentos. Eso hará que venga.

Treinta minutos más tarde, tras hacerse anunciar, el duque visitó a su novia en presencia de la señora De Lillebonne. Pasaron varias horas juntos antes de despedirse, satisfechos de su primer encuentro. A la futura duquesa de Lorena le habían parecido bonitos sus ojos verdes y sus dientes, y Leopoldo quedó encantado por la viveza del ingenio de ella, y eso tranquilizó a todo el mundo acerca de la felicidad futura de aquella unión.

Dos días más tarde, el 25 de octubre, se casaron en Bar en presencia de la casa de Lorena y tras una dura negociación sobre la atribución de los asientos a los diversos invitados. El hermano de Leopoldo, obispo de Osnabrück, que contaba con un sillón en razón de su rango, tuvo que capitular y aceptar una simple silla con respaldo, como sus otros hermanos, hecho que suscitó chistes incluso en *La Gazette de France*.

Los recién casados no se preocupaban por esas cosas, pues se dedicaban a conocerse mejor y correspondían al recibimiento del que eran objeto a lo largo del camino de regreso a Nancy. El cortejo aumentaba en cada ciudad que atravesaban, donde la nobleza y el estado llano mezclados formaban filas de honor para escoltarlos. Llegaron a Jarville, a una legua de Nancy, el 8 de noviembre y se detuvieron para preparar su entrada solemne. La lluvia la retrasó un día. La mañana del 10 de noviembre el cortejo se detuvo frente a la puerta de Saint-Nicolas, en la ciudad vieja, bajo un sol radiante.

***

Los preparativos se prolongaban desde hacía dos semanas. El pintor Charles Giraumel, que había seguido a las tropas en campaña, recibió el encargo de organizar la ceremonia y garantizar la pompa necesaria.

A lomos de su caballo, atravesaba la place de la Carrière para comprobar que los dieciséis cuadros que representaban las victorias lorenesas en la campaña de Hungría estuvieran bien colgados del inmenso arco de triunfo que había hecho edificar. Su asistente se reunió con él, sin resuello.

—¡Está ahí, ahí, en la puerta! —gritó antes de haber siquiera detenido a su montura.

—Adelante, pues —dijo Giraumel, y espoleó a su caballo con tanta fuerza que el animal resbaló sobre los adoquines antes de partir al galope.

Cuando el pintor llegó a las inmediaciones de la puerta de Saint-Nicolas, la multitud era tan compacta que no pudo acceder al arco central, en el que se había erigido un altar. Conocía al dedillo el desarrollo de los actos del día. Carlingford le había entregado las llaves de la ciudad al duque —«Ojalá se hayan acordado de la bandeja de plata», pensó—, se habían interpretado los himnos y el soberano acababa de prestar juramento ante el prior del primado. Giraumel lo vio descender del altar y cruzar la puerta de la ciudad bajo un tapiz de terciopelo rojo y dorado, y luego dejó que la duquesa subiera a una calesa de ocho caballos. Un haiduque vestido de gala guiaba a cada caballo. Leopoldo subió a lomos de un semental gris con arneses incrustados de pedrería y bordados de oro. El desfile por la ciudad iba a dar comienzo.

Giraumel dio media vuelta para regresar al palacio ducal. Oía a lo lejos los aplausos y los gritos de la multitud al paso del cortejo que acababa de ponerse en marcha. La compañía de los Buttiers tenía el honor de encabezar el desfile, seguida por la carroza de Carlingford y numerosos caballos traídos de Hungría. Giraumel interrumpió su ascenso y se situó entre dos calles para ver pasar a los nueve camellos, incautados al enemigo y guiados por prisioneros turcos, que suscitaban los vítores de la multitud. Comprobó que los animales llevaran las gualdrapas bordadas con el escudo de Lorena que había hecho confeccionar especialmente y que el costurero aún no había entregado una hora antes de la ceremonia. Todo se desarrollaba perfectamente.

Tomó una calle transversal y atajó por una callejuela para llegar a la explanada entre la ciudad vieja y la nueva. Tras los camellos desfilaban varias compañías de soldados loreneses, luego las órdenes religiosas, los cargos institucionales, el clero y la corte, hecho que había costado muchas horas de discusiones acerca del orden protocolario. El baldaquín de terciopelo extendido bajo la puerta de Saint-Nicolas había sido doblado y lo llevaban los regidores municipales. Giraumel detuvo su montura frente a un nuevo arco de triunfo, el más alto de todo el recorrido, que representaba diversas alegorías sobre el matrimonio.

—¿Y quién debe pasar tras el baldaquín? —murmuró en voz alta—. Seguro que hay alguien antes del duque y la duquesa…

«¡El marqués de Lenoncourt!» La respuesta le vino a la mente. «Tiene que llevar la espada, ¿cómo habré podido olvidarlo? La falta de sueño me embota la razón.»

Alzó la mirada y comprobó que los habitantes se asomaban ya a todas las ventanas, que habían decorado con los colores de Lorena. Oía las aclamaciones que seguían el avance de Leopoldo, acompañado de su hermano Francisco, precediendo a la calesa de Isabel Carlota. Giraumel se fue directamente a la iglesia de la colegiata de Saint-Georges, donde el gran preboste aguardaba la llegada del duque para decir una misa.

—El cortejo ha recorrido un tercio del camino. Aún tardará dos horas —precisó.

El padre Fournier sonrió.

—Después de treinta años, uno bien puede esperar un par de horas más —respondió.

Charles Giraumel se dirigió entonces al palacio ducal, donde finalizaría el desfile y el duque recibiría el homenaje de los cargos institucionales. Tras una última verificación, se permitió un descanso y bebió un vaso de vino en la cocina, donde reinaba una agitación sin igual. Subió a la galería de los Ciervos y cogió una silla. Se cruzó con una pareja a la que saludó con el placer de un maestro de ceremonias satisfecho. La mujer era la marquesa de Cornelli y el hombre, uno de los cirujanos de Saint-Charles, pero no lograba recordar su nombre. Fue a uno de los balcones para contemplar desde allí el final del desfile. El sol no había faltado a la cita y obsequiaba a todos con un generoso calorcillo para un mes de noviembre. Se sentó pensando en el accidente de la marquesa, que le relataron con todo detalle, y en el defecto que le quedaría de por vida. «¡Qué pena, ella que era tan buen partido!», se dijo. Acto seguido contempló la marea humana que circulaba a sus pies.

***

Nicolas se subió a una silla para alcanzar el bote de porcelana que se hallaba en lo alto de la estantería. Comprobó la inscripción, «Ungüento para quemaduras de fuego y pólvora», y se felicitó para sus adentros por haberlo fabricado aquella misma mañana en previsión de los festejos. Calentó una mezcla de aceite de oliva y cera virgen y añadió dos yemas de huevo y un poco de agua de rosas. Volvió a la sala de curas, donde le aguardaba su paciente, uno de los artificieros que preparaban los fuegos previstos para esa noche. Era un oficial irlandés al que el fin de la guerra había llevado a Lorena, siguiendo al conde de Carlingford. Durante los ensayos, uno de los cohetes había salido disparado verticalmente y lo había alcanzado en el brazo, mermándole la piel pero no su entusiasmo.

—¡Será magnífico! —afirmó mientras Nicolas le extendía el ungüento en el antebrazo—. Hemos construido una máquina increíble que hará dibujos en el cielo. Habrá incluso… No, no os lo digo, ¡ya lo descubriréis vos mismo! ¡La ha inventado el padre Électe, un demonio de hombre!

Nicolas le puso las últimas gasas que le quedaban.

—Listo —le dijo tras atar la venda—, ya podéis dedicaros de nuevo a los preparativos.

El artificiero bajó de la mesa sobre la que estaba sentado y le dio las gracias con una palmada en el hombro.

—Me llamo Waren. Venid a verme y os enseñaré la máquina infernal —añadió mientras se cubría con su tricornio de fieltro grueso y gastado—. Estamos situados junto a las curtidurías.

Nicolas lo acompañó hasta la puerta y vio cómo se fundía entre la multitud que no disminuía, como si todo el ducado se hubiera reunido en Nancy. De todas partes llegaban músicas, el son de instrumentos de metal, oboes y espinetas, así como canciones populares que glosaban la llegada del duque. Había preferido dejar que sus amigos disfrutaran de ese momento y quedarse junto a los enfermos, pues no lograba desprenderse de la melancolía que se había apoderado de él desde su regreso de Fontainebleau. Nicolas subió al desván a por paños limpios, pero no había ninguno seco. Bajó unos cuantos y los extendió frente al fuego, y durante un buen rato contempló cómo las llamas desarticuladas lamían los troncos. Luego vació el agua sucia de la palangana sobre la hierba del jardín y la llenó de nuevo en el pozo del patio trasero. Rosa lo acechaba en sus pensamientos, siempre presente, nunca lejos, mientras la imagen de Marianne se desvanecía lentamente. Aún no había hallado la causa de su edema, pero a los dos pacientes que habían sufrido el mismo mal no se les había reproducido, y eso lo tranquilizó un poco. Subió a la habitación donde aún tenía parte de sus cosas y hojeó el tratado de Lazare Rivière de práctica médica. Como la mayoría de los libros de medicina, estaba escrito en latín y Nicolas, que no sabía descifrarlo, se estrellaba sin cesar contra ese escollo. Sin embargo, estaba convencido de que muchas de las respuestas a sus preguntas se hallaban en obras como esa *Praxis medica cum theoria*, y su impotencia lo enojaba. Solo los médicos aprendían latín durante sus estudios, y no los cirujanos. Aunque su relación con el doctor Bagard fuera cortés, el hombre no se había ofrecido a ayudarlo en su investigación.

—¿Maese Déruet?

La silueta de la hermana Catherine se recortó en el marco de la puerta. Lo buscaba y lo había sorprendido absorto en sus pensamientos. La miró de una manera extraña.

—¿Os encontráis bien? —preguntó ella, inquieta.

Él se puso en pie, con el libro en la mano, y lo cerró ruidosamente.

—¿Os encontráis bien? —repitió ella.

Él le dedicó una amplia sonrisa. Además de los médicos, ¿quién más sabía latín?

La monja estaba sentada a la mesa de la cocina, con el libro de Lazare Rivière abierto ante ella en el índice.

—Hermana, ¿cómo traducís «edema»?

—¿Edema? ¡Ay, Dios, no tengo la menor idea...! No conozco el vocabulario de la medicina. Habladme de oración y de arrepentimiento.

—Esas palabras no me ayudarán a curar —respondió, y de inmediato se arrepintió de haberlo dicho al ver que la hermana Cécile fruncía el ceño—. En tal caso, garganta. La palabra «garganta» —prosiguió— ¿aparece en ese sumario?

—Si no me equivoco debe de ser *faucibus* o algo parecido —dijo ella pensativa a la vez que pasaba varias páginas del libro—. Ahí está: *Faucium*. Puede ser eso. *Faucium ulcerationis causae.* Causas de la ulceración de la garganta —tradujo con orgullo—. Folio 580.

—Es un buen inicio, prosigamos.

Al cabo de treinta minutos la hermana había logrado traducirle las líneas más importantes y, a pesar de algunas palabras que desconocía, se había hecho una idea bastante precisa del mal que Rosa había sufrido.

—Así que es eso... —murmuró al releer las palabras que había escrito al dictado de la monja.

Se deshizo en agradecimientos ante la religiosa, cogió su abrigo y abandonó el edificio por la puerta que daba al arroyo de Saint-Thiébaut.

***

Azlan soltó un grito y mostró los dientes como un animal acorralado. Su pómulo y el arco superciliar derechos, tumefactos y amarillentos, tapaban en parte su ojo y le conferían un aspecto inquietante. Tenía el labio superior hinchado y suturado. Abrió las manos y avanzó hacia Rosa gruñendo y a grandes zancadas.

—¡No, deteneos! —exclamó ella entre carcajadas—. Voy a...

Su voz se había roto en su garganta y tosió hasta quedarse sin resuello. Él cesó su pantomima y se aproximó a ella.

—¿Estáis bien? ¿Queréis un poco de agua? Lo siento, ¡perdonadme!

Ella recuperó enseguida el aliento.

—No tengo nada que perdonaros, no es culpa vuestra, Azlan —respondió tratando de no forzar la voz—. Hacía mucho tiempo que no me reía tanto.

La asió del brazo y la invitó a tomar asiento.

—Estoy seguro de que creéis que exagero, pero ahí estaba, feroz, a dos metros de mí.

—¿Habrase visto alguna vez un oso tan patoso que tropezó con un tocón? —murmuró ella, burlona.

Reprimió la carcajada que volvía a nacer en ella y se enjugó una lágrima.

—Menudo cazador. En cualquier caso, no será un animal quien os ha hecho eso, pero os ha dado un buen mamporro —añadió ella a la vez que acariciaba con la mano la mejilla dolorida.

El español resultó ser mucho más coriáceo de lo que imaginaba jugando a pelota. Las apuestas ascendieron y, en una jugada, ambos subieron a la red y su adversario le lanzó deliberadamente la pelota a la cabeza. La bola, disparada a gran velocidad, provocó unos destrozos iguales a los que habría provocado una piedra. A pesar de la sangre que manaba de su pómulo cortado, Azlan se empeñó en proseguir el partido pues iba ganando desde el principio. El hombre siguió provocándolo y, tras un servicio picado que el español trató de invalidar, Azlan se acabó enfadando y pasó a las manos. La manera en que le describió la escena la inquietó.

—Podría haberos roto los dientes con la raqueta —dijo ella, y tocó el labio aún dolorido del muchacho.

Azlan lo aprovechó para besar las puntas de los dedos de Rosa, que ella retiró con suavidad.

—Disculpadme, no he podido contenerme —confesó, y retrocedió en señal de respeto—. Lo siento mucho, de verdad.

—Mi dulce amigo, ya hemos hablado de ello —respondió, y lo asió del brazo para que permaneciera junto a ella—. Respeto vuestros sentimientos y siento una tierna amistad por vos, Azlan, pero nada más.

—Es a causa de mi edad, ¿verdad?

—En parte, pero también porque mi corazón está cautivo. No quiero que esperéis inútilmente y que sufráis por ello. Quiero conservar vuestra sincera amistad, pues la tengo en gran estima.

—Habéis sido tan bondadosa conmigo, ¿cómo podría sentir la menor acritud hacia vos, Rosa? Vivir todos los días junto a vos me basta para ser feliz.

—¡Ah, no! —exclamó ella alzando su voz grave—. No hagáis eso nunca, concededme el placer de enamoraros perdidamente de una bella dama esta misma noche.

Su perorata la obligó a forzar sus cuerdas vocales y fue presa de un ataque de tos.

—Voy a buscaros agua, ahora vuelvo —dijo Azlan al tiempo que se levantaba de golpe, como disparado por un muelle—. Al fin y al cabo, ¡soy vuestro cirujano!

Retrocedió.

—Sé quién es el elegido por vuestro corazón. No soy tan cándido, hace tiempo que lo he comprendido y eso alivia mi pena: ¡estáis hechos uno para el otro!

El rostro de Rosa se iluminó.

—¿Lo pensáis sinceramente o lo decís para ser agradable?

—Lo pienso sinceramente para ser agradable —respondió malicioso.

—¡No! Decidme…

Azlan ya había salido.

***

Nicolas entró en el palacio ducal por la pequeña portería, de la que le gustaban las esculturas ornamentales, en particular el mono en miniatura vestido de franciscano que coronaba el conjunto. Tenía por costumbre saludar al animal al entrar, pero aquel día ni siquiera le prestó atención. Había allí una multitud como en las grandes ocasiones. Todos cuantos contaban en el ducado o aspiraban a contar se habían reunido con el deseo de felicitar al nuevo soberano, que recibía en audiencia en sus aposentos. La modesta vestimenta del cirujano provocó miradas indignadas o interrogadoras de algunos. La fiesta estaba reservada a la nobleza. Vio a una niña sentada contra una de las columnas de la galería interior. Indiferente a la agitación reinante, tenía las piernas recogidas contra su vientre.

—¡Marie! —exclamó al reconocerla.

Al ver a Nicolas, la chiquilla a la que había curado cuatro meses antes sonrió. Había vuelto a verla en julio varias veces y pudo constatar los progresos, pero seguía estando muda a pesar de que no hubiera causa funcional alguna que le impidiera recuperar la palabra.

—¡Me alegra verte, chiquilla! —exclamó, y la alzó en brazos—. A ver esa cicatriz... —añadió mientras le apartaba los cabellos.

La hinchazón había desaparecido y en el cráneo no se veía secuela alguna.

—¿Tu mamá trabaja en las cocinas?

Ella hizo un gesto de «sí», contrariada.

—¿Estás sola y te aburres? —añadió Nicolas.

Marie asintió.

—¿Quieres que te encuentre amiguitas con las que jugar?

Ella aplaudió.

—Iré a ver a tu madre, no quiero que se preocupe.

La pequeña Marie hizo una mueca interrogativa antes de conducirlo a la sala en la que trabajaban más de cien personas. Cada uno de los empleados tenía una función precisa y todos trabajaban en una algarabía y un alegre ir y venir que no perturbaba la buena marcha de los preparativos. Solo el jefe de intendencia hacía gala de un intenso nerviosismo e iba de un lugar a otro profiriendo órdenes que salpicaba con gestos secos. Se cruzó con Nicolas y se preguntó para qué tarea lo había contratado sin lograr acordarse, a pesar de que su rostro no le era desconocido. Un oficial fue a comunicarle que la cena empezaría más tarde, cosa que lo situó en un estrato superior de agitación. Había que bajar los fuegos de los hornos y subir las astas de los asadores.

Nicolas vio de inmediato a la madre de Marie, que preparaba una besuguera a la espera de un lucio que otra cocinera acababa de limpiar. Junto a ellas, apilados sobre una bandeja de mimbre, unos cangrejos de río aguardaban su turno ante una inmensa cacerola de cobre. Sus pinzas rojas y negras cortaban el aire con movimientos desordenados y cada vez más débiles mientras los efluvios magmáticos del agua hirviente escapaban regularmente sobre el metal enrojecido del horno, postergando unos minutos la ejecución de los crustáceos. La madre parecía tan alegre como el resto del ducado en ese día de fastos y saludó a Nicolas con menos contención que en otras ocasiones. Este le explicó que Marie había sido invitada con los hijos de la servidumbre que componía el séquito de la duquesa y que tal vez vería al príncipe Francisco, tras haber conocido a sus gatitos. Ella se lo agradeció muy efusivamente y le prometió acudir a la visita mensual, a la que ya iban con retraso. Él comentó que la chiquilla hacía verdaderos progresos.

Azlan tardaba en volver. Rosa manipuló la cabeza de madera articulada y recordó aquel día de la primavera de 1694 en el que visitó el lugar con Nicolas. Nadie sabía qué artista había fabricado aquel muñeco despellejado ni a quién estaba destinado. Siempre había estado allí.

Charles Giraumel entró con dos sirvientes y les indicó una mesa de mármol y varias sillas.

—Llevadlas de inmediato a donde se halla el duque —ordenó antes de volverse hacia Rosa para disculparse por las molestias—. La cena se servirá dentro de una hora en la sala Saint-Georges —anunció, y salió tras cerrar la puerta.

Regresó al cabo de cinco minutos, solo.

—¿Todo en orden, querida marquesa? —preguntó, solícito.

Giraumel le confesó su inquietud al verla aislada y triste cuando la corte entera se hallaba reunida abajo en aquel día excepcional.

—¿Deseáis que os acompañe durante la velada? —añadió él—. Parece que no contáis con un caballero.

Rosa le agradeció el ofrecimiento y pretextó ir a la cocina a reunirse con Azlan para abandonar la estancia. Conocía bien la mirada de los hombres y sabía qué se ocultaba tras la misma. Aquella era abiertamente astuta. Descendió la inmensa escalinata de la torre del Reloj, cruzó el patio interior sobre el que se había extendido un toldo a modo de techo provisional y donde unos músicos se preparaban para tocar, y se estremeció a causa del frío que despuntaba tras haber sido arrinconado a lo largo de todo el día por un sol generoso. En cuanto llegó, el calor de la cocina la envolvió con un bienestar que la serenó. El jefe de intendencia fue a saludarla para satisfacer sus deseos, que se limitaban al vaso de agua propuesto por Azlan. Respondió que no había visto a nadie que correspondiera a la descripción del muchacho, aparte de un artesano que había hablado con una de las cocineras y había hecho extrañas preguntas.

—¿Puedo quedarme un rato para mirar? —preguntó una vez le sirvieron el agua.

Su petición le pareció extraña, pues las cocinas eran el lugar menos interesante de aquella velada, pero se inclinó ante ella. ¿Qué se le podía negar a la viuda, por muy excéntrica que fuese, de una de las grandes figuras del ducado, muerto en combate como un héroe?

Circuló entre las mesas y los fogones buscando a Azlan con la mirada, preguntando a las criadas, pero pronto tuvo que rendirse a la evidencia: Azlan no había entrado allí. Vio un plato en el que había fruta fresca dispuesta en forma de pirámide. En la cúspide había una baya de alquequenje. «Mi preferida —pensó ella—. El amor encarcelado…» La cogió y la mordió con deleite tras verificar que nadie la observaba. La experiencia la divirtió y Rosa la repitió varias veces. Comió un pastelillo de crema de vainilla, se relamió los dedos y aprovechó la marcha de una cocinera para robar un manjar que había descubierto en la corte del rey. Justo cuando se lo llevaba a la boca, una mano la asió de la muñeca para impedírselo.

—Os recomiendo encarecidamente que no lo hagáis —pronunció una voz a sus espaldas.

***

—¿Rosa?

Azlan acababa de entrar en la estancia contigua a la galería de los Ciervos, con un vaso en cada mano.

—Siento mucho haber tardado tanto, pero me disculparéis al saber lo que os he traído —añadió.

—La marquesa no se encuentra aquí —dijo Charles Giraumel al salir de detrás de las cortinas que ocultaban el balcón—. Estaba contemplando la diversión en las calles —añadió, como si quisiera disculparse.

Giraumel le explicó dónde se hallaba Rosa, y eso provocó una mueca de Azlan.

—A buen seguro nos hemos cruzado —concluyó.

—¿Y qué lleváis en esos vasos? —preguntó, aguijoneado por la curiosidad.

—Un vino espumoso, un invento de un monje benedictino de la abadía de Saint-Pierre d'Hautvillers. ¡Es un vino muy ligero y divino!

Giraumel dudó un instante. No recordaba que semejante alcohol figurara en el menú de los festejos.

—No hay de qué preocuparse —respondió Azlan—, es de la bodega del palacio. El conde de Carlingford me ha llevado allí para mostrarme este tesoro. Solo hay cinco cajas compradas al padre Pérignon. Y, según parece, es una bebida que ofrece múltiples ventajas.

—¿Sería una osadía pediros que me dejéis probarlo?

El rostro de Azlan se ensombreció. Sus hematomas le dieron un aspecto inquietante.

—Al decirlo, mi intención no era ofenderos, señor —dijo Giraumel.

—El conde aún se halla allí, os aconsejo que vayáis a verlo a él.

—Iré de inmediato —dijo Giraumel, que tomó la respuesta como una demanda implícita de que se marchara—. Os cedo la alcoba para la velada.

—Sea —respondió Azlan sin comprender la alusión—. Espero a la marquesa.

—Entiendo vuestro juego. Os deseo una partida placentera.

—¿Placentera? ¿A qué juego os referís?

—Al que se juega entre dos, ante todo.

—¡Como el juego de pelota! ¿Vos jugáis?

—¿A la pelota?

—No, al otro.

—Como todo hombre que se precie, supongo.

—¿Me enseñaréis a jugar?

—Le dejo eso a la marquesa, joven.

Azlan, que hablaba perfectamente francés, no captaba sin embargo los dobles sentidos ni la ironía que podía desprenderse de ciertas expresiones. Esa candidez infantil era parte de su encanto, pero le costaba a veces algunos malentendidos.

—Rosa no entiende de eso y prefiere ver cómo lo hago con el señor Reverdy —añadió con terrible sinceridad.

—¡Qué cosas tan extrañas suceden, no quiero oír más acerca de ello!

Giraumel simuló taparse los oídos y se marchó sin saludarlo.

Azlan se quedó desconcertado unos instantes, sin comprender el efecto que el juego de pelota podía provocar en ciertas personas. Recordó de repente el brebaje que sostenía en las manos y decidió aguardar a la marquesa bebiendo el suyo.

***

Nicolas le cogió el manjar de la mano a Rosa.

—¿Tan hambriento estáis, caballero, que llegáis al extremo de robar mi comida? —dijo ella conteniendo su alegría tras una sonrisa discreta.

—No, pero si mi razonamiento es exacto, acabo de salvaros de una situación de peligro —respondió Nicolas mientras observaba el pedazo de carne blanca que tenía en la mano—. ¿Qué comisteis el día de la boda del duque en Fontainebleau?

—¿En la cena?

—Sí, en la cena. Antes de que os ahogarais.

—¿Qué insinuáis, Nicolas? ¿Que fui envenenada? ¿Quién podría querer atentar contra mi vida? Ni siquiera tengo marido que pudiera intentarlo…

—Decidme qué había en el menú.

Alguien dio una orden. El duque había acabado las audiencias y a continuación se serviría la cena. En un instante, en la cocina reinó una intensa agitación. Rosa trató de recordar.

—Aquí es difícil concentrarse —se disculpó—, ¿no preferís que vayamos afuera?

Subieron entonces a la primera planta, donde se hallaban los apartamentos de la corte, y se aislaron en un camarín en el que la chimenea estaba encendida y procuraba luz y calor suficientes.

—Lo siento, pero no lo recuerdo —confesó ella.

Nicolas exhibió la carne de la pinza del bogavante que le había confiscado.

—El duque de Elbeuf tiene mejor memoria que vos. Recuerda que os comisteis un plato entero.

—Es verdad, estaban deliciosas, pero he olvidado en qué comida fue, ¡había tantas cosas que descubrir a lo largo de esos tres días!

—Nadie os envenenó, Rosa, aparte del propio animal. Este alimento es para vos como el arsénico.

—¡Si no es más que un crustáceo! En Fontainebleau lo comió toda la corte, incluidos el rey y la reina de Inglaterra. ¡Un veneno los habría matado a todos!

—No puedo explicaros el porqué, pero algunas personas tienen dentro de sí el antídoto y otras no, y estas pueden enfermar e incluso morir.

Ella cogió el pedazo de bogavante y lo observó, dividida entre la inquietud y la cólera.

—Un alimento tan anodino… —murmuró ella, y se llevó la otra mano a la cicatriz—. ¿Decís que con solo tragarlo podría morir? Qué miedo me da…

Lo arrojó al fuego.

—Ahora que lo sabéis, no volverá a suceder —dijo él—. Además, en el ducado no se encuentran y en la cocina me han explicado que estos los habían traído expresamente desde Boulogne en unas cubas de agua de mar.

—De modo que esta es la segunda vez que me salváis la vida, Nicolas.

Ambos se miraron a los ojos.

—¿En qué pensáis? —preguntó ella cuando él desvió la mirada hacia la chimenea rojiza.

—Quería disculparme, Rosa.

—¿De qué ibais a disculparos?

—De haber dudado de vuestra integridad. Creía que deseabais alejarme de Marianne cuando en todo momento me habéis dicho la verdad.

Una orquesta de cuerda, instalada en el jardín interior del palacio, comenzó a interpretar una sinfonía.

—¿Conocéis ese concierto de Corelli? —preguntó ella con los ojos cerrados—. Es una pura maravilla… Me transporta hasta tal punto que olvido mi desgracia.

—Rosa, sois una mujer resplandeciente y ninguna desgracia podrá empañar vuestro brillo, creedme —dijo Nicolas, y le ofreció el brazo—. Venid, bajemos.

—No me apetece mezclarme con los demás. Desde aquí oímos la música y la algarabía de la fiesta. Lo prefiero. ¿Aceptaríais quedaros a mi lado esta velada? Azlan ha desaparecido.

—Deseo pasar la velada con vos, pero os propongo marcharnos de aquí e ir a un lugar más original. Ahora me toca a mí pediros que confiéis en mí.

Azlan entró y los sorprendió sentados frente a la chimenea. Les ofreció los vasos de champán.

—¡Por fin os encuentro! ¡Ahora ya no nos separaremos!

***

El padre Électe se frotó las manos para entrar en calor. Se había dedicado a los preparativos con tanto ahínco que no había cogido ninguna prenda de abrigo para el frío de la noche. Waren se dio cuenta de ello y le ofreció una manta que había encontrado en la parte trasera de su carroza.

—Sería una lástima pillar una pleuresía el día de la liberación del ducado —añadió con el acento irlandés que cultivaba y que le hacía pasar por alguien próximo a Carlingford.

—¿Habéis acabado las reparaciones? —preguntó el cura, envuelto en el grueso paño blanco.

—Así tan abrigado tenéis un aspecto papal —bromeó Waren, y se echó a reír.

El padre Électe se santiguó.

—No blasfeméis y poned fin a esa palmera que nos causa tantos problemas.

Uno de los cohetes grandes se había estropeado durante el transporte y el cilindro, de madera de peral, se había resquebrajado de arriba abajo. Parte de la pólvora se había escapado y había estado a punto de prender fuego en la habitación donde se almacenaban todos los fuegos artificiales.

—Pasadme la cordelera, padre.

El cura le tendió una cuerda que tenía un extremo atado a un poste y el otro anudado a un palo de madera del tamaño de un brazo. El irlandés había fabricado un nuevo cohete con un cartón grueso enrollado en varias capas. Untó el cordel con jabón, luego lo enroscó alrededor del canuto y pasó el palo entre sus piernas. Retrocedió para que el cordel, al apretar alrededor del cilindro, grabara un surco. Hizo girar el canuto un cuarto de vuelta y volvió a empezar, hasta que la marca fue de profundidad regular en todo el perímetro. Retiró la cordelera y estranguló el canuto siguiendo el surco con ayuda de un cordel que remató con un nudo corredizo, dejando únicamente una pequeña abertura por la que introdujo una varilla de sauce. Puso el conjunto en equilibrio sobre su índice derecho a la altura de la varilla, a unos centímetros del cuello del cohete. El artefacto se inclinó hacia la varilla. Waren cogió una sierra y cortó un centímetro de la varilla, y repitió la operación. El equilibrio ya era perfecto.

Durante todo ese tiempo Électe contó el número de grupos de cohetes que se dispararían. En cada zona de tiro, dos asistentes aguardaban la señal, antorcha en mano, para encender cada uno una mecha atada a los cohetes. Las mechas se habían hervido con cal viva, salitre y jugo de boñiga de buey para minimizar el riesgo de que la llama se apagara, y todos los sistemas estaban equipados con un doble encendido. Nada debía hacer peligrar el espectáculo.

—¿Y bien? —preguntó el padre Électe, impaciente.

Waren verificó con una marca la longitud del cañón del cohete.

—Seis veces el diámetro —respondió, satisfecho.

—Hubiera preferido siete, para mayor precisión —objetó el cura.

—Ya hemos hablado de ello en otras ocasiones. El cartucho no lleva ornamento y seis veces es suficiente. La varilla tiene nueve veces la longitud del cohete, ¡es perfecto! He creado una mezcla nueva que dará una lluvia de granos de oro y he dispuesto las dosis según los diámetros.

—¡No está previsto en los castillos imaginados por Giraumel! Me pregunto por qué me habré dejado convencer por vos.

—¡Porque soy el mejor artificiero de Europa!

El padre Électe tiró de la manta, que le resbalaba por los hombros.

—¡Que Dios nos asista!

—*Inch' Allah* —respondió el irlandés con malicia al tiempo que observaba cómo el cura fruncía el ceño.

Depositó el artificio sobre el único lugar libre de un caballete en el que había una batería de cohetes dispuestos a despegar.

—Ya está —concluyó, y volvió a cubrirse con su tricornio, que se le había caído mientras trabajaba—. Solo queda esperar a vuestro mensajero para que dé la señal de inicio. ¿Será él quien llega? —preguntó al oír ruido de cascos.

—No —afirmó el padre Électe—. Es una de las carrozas del duque.

Waren vio la forma de algo que parecía un insecto pateando aproximarse rápidamente.

—Viene directa hacia nosotros... Pero ¿qué hace? —exclamó el cura, y se apartó.

—Creo que son los caballos quienes dirigen al cochero y no a la inversa —dijo el irlandés, y a continuación cogió un tizón del brasero que había junto a él.

Avanzó gritando y agitó la antorcha con movimientos amplios y circulares.

***

Azlan tiró de nuevo de las riendas de los cuatro caballos que formaban el tiro y que no conseguía que lo obedecieran. Había convencido a Carlingford de que le prestara una de las carrozas del cortejo y a Rosa de que le dejara conducirla en lugar de Claude, que se había quedado en el palacio. El trayecto se había desarrollado sin contratiempos, pero, al llegar a la explanada entre las dos ciudades, un borracho que seguía de fiesta disparó un mosquete al aire y asustó a los caballos, que partieron al trote hacia las curtidurías vecinas.

—¡Apartaos, Waren, os pisotearán! —le gritó el cura.

—No permitiré que arruinen mi trabajo —respondió el irlandés, y gritó y agitó el tizón con más fuerza aún.

Azlan tiró en vano de las riendas y descubrió entonces la palanca situada a su izquierda. Cuando la accionó, las ruedas se bloquearon y los caballos se detuvieron en seco a cinco metros del artificiero y del primer caballete de cohetes. El cochero habitual había entrenado a sus animales para que obedecieran a esa señal en lugar de a las riendas para detenerse.

En el interior, nadie se había lastimado. Nicolas había abrazado a Rosa contra él para evitar que se golpeara contra el habitáculo. A ella esa experiencia le había parecido agradable y no se hubiera quejado de Azlan por nada en el mundo.

—A punto ha estado de costarnos un accidente —declaró el muchacho para disculparse.

—Mi señor cirujano —dijo Waren para dar la bienvenida a Nicolas—, me complace constatar que vuestro sistema de socorro es tan raudo como en el campo de batalla, pero ya no estamos en guerra —añadió a la vez que le estrechaba la mano—. Señora marquesa, vuestra presencia será nuestra primera explosión de felicidad de esta velada.

Rosa le agradeció el cumplido con una sonrisa. El irlandés les presentó al padre Électe, que aún temblaba de emoción.

—¡Aquí está el vino! —exclamó Azlan, que ya había olvidado el incidente.

Sacó dos botellas de champán del padre Pérignon de un baúl situado en la parte posterior de la carroza. Tropezó al ir hacia ellos, a punto estuvo de caer y maldijo a unas imaginarias piedras.

—Creo que ha abusado del vino espumoso —dijo Nicolas al oído de Rosa.

El muchacho repartió los vasos de cristal de Saint-Louis que había cogido de un armario en las cocinas de palacio y sirvió el alcohol, cuya espuma subió hasta desbordarse.

—¡Qué cerveza tan singular! —comentó Waren tras beberlo de un trago—. ¡La verdad es que quita la sed!

—¿Cómo está vuestra quemadura? —le preguntó Nicolas.

—¿Qué quemadura? ¡Ya no siento nada, vuestro ungüento es mágico! —respondió el artificiero—. Venid, os mostraré una máquina absolutamente increíble.

El grupo cruzó un terreno donde algunos curiosos ya se habían congregado para seguir de cerca el espectáculo. Se detuvo frente a un caballete más ancho que los demás que sostenía un cohete de mayor diámetro que los otros.

—¡Tenéis ante vuestros ojos un artefacto que hará aparecer letras de fuego en el cielo, la perla de nuestro espectáculo! —anunció Waren—. Y se lo debemos al padre Électe —añadió mientras lo presentaba con la mano como un charlatán de feria, cosa que incomodó al sacerdote.

—¿Podéis explicarnos su funcionamiento, padre? —preguntó Rosa, que se había percatado del malestar del cura.

—Máquinas así existen desde hace ya tiempo, pero numerosos problemas han hecho que hasta hoy su utilización fuera poco frecuente. El más común es que esas letras, al arder, cobran un ángulo que las hace de muy difícil lectura.

—El invento del padre Électe permite mantener las letras derechas durante todo el ascenso del cohete, hasta que vuelven a caer —explicó el irlandés, que estaba de rodillas ante el artefacto—. La astucia es que las letras prenden durante el ascenso, que es más largo que la caída, cosa que las hace visibles más rato.

—¿Qué palabra se podrá leer?

Waren se puso en pie.

—¡No será una palabra, señora, sino una frase!

—«Viva Su Alteza» —confirmó el cura con orgullo.

—Vuestro cohete, sin embargo, apenas tiene un diámetro de cuatro pulgadas —comentó Nicolas—. ¿Cómo podéis desplegar una frase tan larga?

Azlan, que había permanecido en silencio, seguía bebiendo champán de la botella misma, mientras inspeccionaba despreocupadamente el aparato.

—Bien observado —dijo Waren tras aproximarse al cohete para alejar al joven, cuya torpeza le inquietaba—. Tres pulgadas y media, exactamente. La frase está enroscada en el cilindro en cuatro revoluciones y se desplegará en el aire. Trece letras de cinco pulgadas de altura y sus correspondientes espacios. Un prodigio, ¿no os parece?

—Es fabuloso —asintió Rosa.

—Volvamos a nuestro cuartel general, el mensajero no puede tardar —propuso el irlandés.

Azlan se había inclinado de nuevo sobre el cohete, intrigado.

—Sobra una letra —dijo cuando el grupo ya abandonaba el lugar.

Todos se detuvieron y se volvieron hacia él.

—Sobra una letra —repitió antes de beber un trago a gollete.

—¿Qué pretendéis decir? —interrogó el cura.

—«Viva Su Alteza» son doce letras y no trece —afirmó con seguridad.

—Es cierto —confirmó Rosa.

—¡Es imposible! —se indignó Waren—. Supervisé la fabricación personalmente. En ese cohete hay trece letras dispuestas a arder, ¡os lo garantizo!

—¿Cómo lo habéis escrito? —preguntó Nicolas bajo la mirada inquieta del cura.

—¿Cómo? V, I, V, A, un espacio, S, U, un segundo espacio y A, L, T, E, S, S, A. ¿Cómo pensabais que lo había escrito?

—¡No! —gritó Électe—. ¿No habréis hecho eso? Decidme que se trata de una broma.

—¿Qué pasa? ¡Que alguien me lo explique! —espetó Waren al ver que la situación se volvía inquietante.

—«Alteza» se escribe con zeta y no con dos eses —resumió Nicolas—. ¿Cómo se escribe en inglés?

—*Highness… My goodness!* —exclamó el artificiero al percatarse de su error—. *My Lord!* ¿Qué podemos hacer?

El cura se había dejado caer sobre la hierba húmeda, postrado, y se llevaba las manos a la cabeza.

Azlan estalló en una carcajada que no podía contener. Waren se había aproximado a la máquina y la contemplaba desesperado.

—No hay nada que hacer. Días de trabajo, esperanzas y sueños. Yo lo he echado a perder.

—A la vista de todas las precauciones que habéis tomado, ¿tal vez tengáis letras de recambio? —sugirió Nicolas para tratar de encontrar una solución.

—Sí, tengo otro cohete en el almacén, pero tendrá la misma falta. No sabía, no sabía… —dijo enojado el artificiero.

—¿Cuánto tiempo os llevaría preparar una zeta y sustituir las dos eses?

Waren lo observó, pensativo y vacilante.

—Además habrá que redistribuir los espacios de las otras letras y comprobar los equilibrios modificados —respondió por fin—. El centro de gravedad no será el mismo. Necesitaré treinta minutos.

—Vale la pena intentarlo, ¿no creéis?

El hombre asintió y se precipitó hacia el lugar donde almacenaban los cohetes. El padre Électe se serenó y, con la ayuda de Nicolas, transportaron la banderola al interior del edificio para protegerla de la humedad nocturna. A Azlan, cuyos gestos denotaban su inestabilidad, le encargaron que acompañara a Rosa hasta la posada más próxima para que se calentara a la espera de que empezara el espectáculo. En el palacio ducal la cena se alargaba y el duque decidió interrumpirla para ver los tan esperados fuegos artificiales. Todos los invitados se dispersaron por los jardines y las calles adyacentes para contemplarlos.

Nicolas ayudó a colocar la letra Z en el chasis con alambres, y dobló los extremos hacia el interior para evitar que se engancharan a la banderola. El mensajero del duque llegó en el momento en que Waren, que había doblado el conjunto en un rollo de cuatro capas, lo introducía en el cuerpo del cohete. Lo calibró en un tiempo récord y con una serenidad impresionante. Al cabo de diez minutos daba la señal para encender los primeros cohetes.

Poco acostumbrado a beber alcohol, Azlan se había tumbado en un asiento del interior de la carroza y se había dormido al instante. Rosa y Nicolas estaban sentados fuera, en el pescante del cochero, y compartían una gruesa manta de piel de borrego, arrebujados uno contra el otro. Sus manos se habían encontrado y no se soltaron a lo largo del resto de la noche.

Además de tracas, ruedas y palmeras, hubo cohetes de dos e incluso tres vuelos, así como soles giratorios, palmeras y volcanes de fuego lanzados desde el suelo. Las armas y colores del ducado y de la familia Orleans iluminaron el cielo antes de la frase final, en letras de fuego, que despertó la admiración y la sorpresa de todo el mundo. Waren arrojó al aire su tricornio y gritó:

—¡Viva Su Alteza!

12

Nancy, del 11 de noviembre a diciembre de 1698

El dolor que taladraba su cráneo le hizo abrir los ojos a pesar de la gravidez que lo atraía hacia los limbos. La luz acrecentó su migraña. Azlan emitió un sonido entre el gruñido y el gemido y cubrió su cabeza con las sábanas. Así protegido, consiguió mantener los ojos abiertos tras varias tentativas en las que parecía que le clavaran dagas en las órbitas. Sus oídos silbaban aún más que los cohetes de los fuegos artificiales y la cabeza le daba tantas vueltas como la vez en que Babik lo llevó a pescar al Danubio un día de tormenta.

Tras unos segundos en blanco, recordó la velada. La última imagen era del asiento tapizado de cuero de la carroza. Tuvo que rendirse a la evidencia: el día de la liberación del ducado había sido también el de su primera borrachera. Se consoló pensando que aquella mañana de noviembre probablemente no era el único en ese estado. La campana de Saint-Epvre dio ocho campanadas con una violencia que no conocía. Necesitó varios segundos antes de darse cuenta de que se había retrasado y que las consultas habrían comenzado sin él en Saint-Charles. Nicolas y François se burlarían de él. Sobre todo el Erizo Blanco, que no desaprovechaba una ocasión para importunarlo desde que discutieron. Al pensar en ello, se incorporó de golpe y sintió unas fuertes náuseas que le costó controlar. «No lo voy a conseguir —murmuró para sus adentros—. Admiro a Germain y su capacidad de recuperación.»

Azlan recordó las decocciones benéficas que Nicolas le preparaba a Ribes de Jouan las mañanas de resaca en Hungría.

—Llevaban sauce y ¿qué más? —murmuró.

La habitación de su amigo se hallaba en el mismo piso que la suya, a una distancia nimia para un hombre en ayunas. Allí podría hallar con qué aliviar su mal. Tomando infinitas precauciones, logró vestirse con un pantalón y una camisa y llegó hasta el umbral. Se agarró al pestillo a la espera de que las olas que lo zarandeaban de izquierda a derecha acabaran por estabilizarse y abrió la puerta. Recorrió el pasillo arrastrando los pies sobre el suelo de madera, pegado contra la pared, y se alegró de no encontrarse con nadie. Por cautela, llamó a la puerta de Nicolas, aguardó una respuesta que no se produjo y entró.

La luz del día, tamizada por las cortinas cerradas, iluminaba lo bastante la habitación sin necesidad de abrirlas y creaba un ambiente de claroscuro apropiado para su cefalea. Vio la maleta grande del cirujano, la abrió y extrajo sus obras de cirugía en busca del diccionario Chomel. El libro se hallaba en la base de una de las pilas de la maleta. Guardó los otros volúmenes y se aproximó a regañadientes al rayo de luz vertical que entraba por la ventana. Halló la respuesta en la página 159 y la leyó justo antes de ser presa de un vértigo aún más fuerte. Se sentó tan rápido como le fue posible en el borde de la cama, cubierta con un enorme edredón. Contrariamente a lo que esperaba, el contacto fue duro. El bulto sobre el que acababa de sentarse se movió y un chillido femenino desgarró el silencio. Azlan gritó a su vez, se puso en pie de un salto, abrió las dos cortinas en un movimiento reflejo y se volvió.

—Pero ¿qué hacéis vos ahí? —dijo Rosa, que se había sentado y cubría su desnudez con las sábanas.

—¿Y vos? —preguntó Azlan, cuyo corazón había dado un brinco y los latidos resonaban en sus tímpanos.

—¿Azlan? —preguntó Nicolas, que acababa de despertarse y asomaba entre las sábanas.

—He venido a por… —comenzó el muchacho, pero no pudo terminar su frase y se volvió para vomitar por la ventana abierta.

Nicolas se levantó para ayudarlo, pero Azlan le hizo una señal de que se encontraba bien. El joven había perdido en la aventura el botón de sus pantalones. Con una mano se los sujetaba y con la otra se sostenía la frente dolorida.

—Siento haberos asustado —dijo antes de dirigirse de espaldas hacia la puerta—. Y estoy muy contento por los dos.

—Tu reacción habría podido hacernos presagiar lo contrario —dijo Nicolas mientras se acercaba a él.

—Es el vino de anoche, pero ahora ya me encuentro mejor —respondió, liberado provisionalmente de las náuseas—. Quedaos ahí, quedaos los dos, yo me ocuparé del trabajo en el hospital.

—¿No quieres que te cure?

—No... Quedaos juntos, sobre todo, ¡es lo que más deseo! Por favor...

Salió antes de que su amigo fuera en su ayuda. Nicolas se acurrucó contra Rosa y le acarició el rostro y luego el cuello.

—¿Cómo os sentís esta mañana?

—Viva, muy viva —murmuró ella con su voz grave.

Él le besó la cicatriz.

—Me siento bella, gracias a vos —le susurró al oído antes de besarle la oreja.

Un ruido sordo llegó hasta ellos.

—Azlan... —musitó Nicolas con una mueca.

—¡No pasa nada! —gritó el chico desde su habitación—. Solo me he caído, y todo va bien.

—Pobre —dijo Rosa al tiempo que acariciaba los cabellos de Nicolas—. ¡Y antes ya le habían golpeado en la cara en el partido de pelota!

—¿En el partido de pelota? —preguntó él, intrigado. Se incorporó y se apoyó en los codos.

Ella le relató el incidente con el jugador español. La anécdota divirtió mucho a Nicolas.

—¿A qué viene esa sonrisa? —preguntó Rosa, y dibujó el contorno de los labios de Nicolas con su dedo—. ¿Qué es lo que ambos me ocultáis?

—Puedo decíroslo sin menoscabo para él. ¡Nuestro Azlan es todo un gentilhombre!

—Explicádmelo —lo acució ella antes de poner la cabeza sobre el vientre de su amante.

El día de su partido contra el español, Azlan fue a Saint-Charles para que Nicolas lo curara.

—Tenía el labio partido y el arco superciliar abierto —explicó mientras acariciaba el cabello de Rosa—. Se lo cosí y le puse un ungüento cicatrizante. Pero no lo había herido su adversario, ni siquiera una pelota.

—¿No? ¿Qué sucedió?

—Una pelea con su profesor de pelota, Hyacinthe Reverdy.

Rosa se sentó frente a Nicolas con aire incrédulo.

—¿Reverdy? ¿Y por qué haría algo semejante?

—Querréis decir por quién —dijo Nicolas antes de besarla en los labios—. Por vos, amor mío.

—¿Por mí?

—A Azlan no le gustaba la manera en que el hombre os perseguía. Me dijo que su cortejo grosero era una falta de respeto hacia vos.

—Es cierto que no es persona que se distinga por su elegancia e ingenio, pero desde un primer momento le indiqué hasta dónde podía llegar.

—Reverdy cometió el error de hablar con él para averiguar cómo ganarse vuestro corazón. Y lo que se ganó fue un puñetazo en la mandíbula.

—Así que llegaron a las manos... Mi pequeño Azlan, y ni siquiera se atrevió a explicármelo —dijo mientras abrazaba a Nicolas.

—Por orgullo, imagino.

—En cualquier caso, no volverá a suceder. El señor Reverdy ha regresado a París. De ello hace ya dos semanas, pretextó un asunto de gran importancia y le pagué sus honorarios.

Rosa se estremeció. Se inclinó hacia el suelo para recuperar una prenda de vestir. Nicolas aprovechó para besarle la espalda.

—Vuestra piel es una seda perfecta, Rosa.

—Oíroslo decir es una felicidad inagotable —respondió al tiempo que se incorporaba.

Ella le mostró una tela blanca.

—¿Permitís que coja vuestra camisa?

Por toda respuesta, él la besó en la boca. Ella se la puso sin desabotonarla.

—¿Permitís que me quede con ella?

Otro beso.

—Os la doy si me permitís quitárosla.

—Necesito sentiros sobre mi seda incluso cuando estéis ausente, amor mío —dijo ella. Puso las manos sobre el rostro de su amante y sumergió su mirada en la de él.

El fuerte ruido de los cascos sobre los adoquines llegó hasta ellos por la ventana abierta. Claude conducía a Azlan al hospital Saint-Charles.

—El día de hoy nos pertenece —añadió él, y sumergió sus ojos en los iris de ella.

—El futuro nos pertenece —corrigió ella, y acto seguido lo empujó y se tendió sobre él.

***

Al día siguiente Nicolas retomó las consultas en Saint-Charles. El establecimiento estaba a rebosar debido a la llegada de los accidentados en el curso de la fiesta. Numerosos esguinces, luxaciones y fracturas favorecidos por el alcohol y la noche, así como heridas de arma blanca o de bala, principalmente accidentes o peleas de borrachos. Los cirujanos no daban abasto, y más aún dado que tres de los obreros que desmontaban el arco de triunfo de la explanada se habían caído desde lo alto del andamio. Tras inmovilizar las diversas fracturas y limpiar y suturar las heridas, instalaron a los heridos en una de las habitaciones de la primera planta donde se habían dispuesto unos jergones.

—¡Pondremos el cartel de «completo»! —dijo François mientras se lavaba las manos en la palangana prevista a tal efecto.

Hizo una mueca de asco al ver que el líquido era muy turbio.

—¿Quién tenía que cambiar el agua?

—Yo, lo siento, no me ha dado tiempo —respondió Azlan—. He tenido que ocuparme de todos los vendajes y de todos los informes del médico.

—Ya puede ir aprendiendo a apañárselas solo —refunfuñó el Erizo Blanco—. ¡No somos sus lacayos!

—Prefiero que sigamos ocupándonos de esa tarea —respondió Nicolas, que acababa de entrar en la cocina.

Se arremangó y sumergió las manos en la palangana.

—De lo contrario, el doctor Bagard estará muy contento de poder redactarlos en latín. ¿Desde cuándo utilizamos agua del pantano para limpiarnos? —dijo, y se secó las manos con un paño limpio que colgaba junto a la chimenea.

—Es culpa mía —repitió Azlan—. Iré al pozo a por agua.

—No damos abasto, Nicolas —explicó François—. Hay demasiada actividad para nosotros solos.

—Lo sé, y los otros hospitales también están desbordados. La llegada masiva de los exiliados y de los trabajadores no nos ayuda en la tarea. Iré a ver al duque para abogar por nuestra causa, necesitamos más brazos.

—Y material —añadió François.

—Y medicinas —agregó Azlan.

—Y locales... —concluyó Nicolas—. No es seguro que lo consigamos, pero no se reconstruye un Estado sin unos buenos cimientos.

La campanilla instalada encima de la puerta tintineó.

—Detesto ese cacharro —se irritó François—. Desde que lo instalaron, tengo la impresión de ser un cochero que debe preparar los caballos.

—Las monjas no paraban de ir y venir para avisarnos de la llegada de nuevos pacientes. Para ellas es una mejora.

—Pero yo prefería ver llegar a la hermana Catherine y que nos explicara los síntomas a su manera, aconsejándonos que nos apresuráramos cuando los casos eran desesperados. Y cuando remataba su frase santiguándose, creedme, ¡había que correr! Y ahora suena una campana...

—Es el progreso —insinuó Azlan.

—Ya verás qué hago yo con su progreso —dijo François al tiempo que simulaba usar unas tijeras.

—Quedaos aquí. Iré yo —señaló Nicolas.

—Te acompaño —respondió el joven.

Unos días antes, una monja que acababa de sumarse a la congregación confundió a Azlan con un herido y eso lo ofendió. Sus heridas habían cicatrizado completamente y ya no había hinchazón. Solo el color amarillento recordaba que los tejidos del rostro habían estado tumefactos.

La llamada se debía a un paciente que había ingresado inconsciente la noche de la fiesta, dos días antes.

—Un cultrívoro —comentó Nicolas cuando llegaron a la sala más grande, en la que había diez camas, todas ocupadas.

—¿Un cultrívoro? ¿Qué es?

—Se ha tragado un cuchillo —respondió la monja que los acompañaba.

—¿Un cuchillo?

—De tres pulgadas de longitud —precisó el cirujano.

El hombre era un farandulero que había aprovechado las fiestas para ofrecer un espectáculo en la plaza de la colegiata de Saint-Georges. Tras hacer malabarismos con cuchillos, se tragó uno entero. Los primeros espectadores, impresionados, aplaudieron a rabiar y le dieron muchas monedas. Envalentonado, el artista repitió el número dos veces más. En el último intento, los espectadores, menos atentos y más ebrios, lo acusaron de hacer trampas y uno de ellos, un guarnicionero de la ciudad nueva, le sostuvo las manos a la espalda para comprobar que no hacía ningún truco, mientras su compadre le metía la hoja del cuchillo en la boca.

—¿Y qué? Ya lo había hecho dos veces…

—Pero era una ilusión, un truco de prestidigitación —explicó Nicolas—. El último se lo tragó de verdad. Para él fue algo novedoso.

El paciente estaba tumbado de costado.

—Me duele el vientre, haced algo —gimió.

Desde el accidente, vomitaba todas las comidas y tenía náuseas. El objeto estaba atrapado entre el esófago y el estómago. El hombre sintió una arcada y escupió unas serosidades rojizas y volvió a gemir a cada inspiración.

—Se está debilitando mucho —advirtió la monja.

—¿Podéis ir a buscarme aceite de almendra dulce? —preguntó Nicolas.

Del candelabro más cercano, cogió una vela delgada y la apagó.

—¿Qué vas a hacer? —preguntó Azlan.

—¿Recuerdas a aquel oficial austríaco en Timisoara?

—¿El que cantaba arias de ópera?

—Tenía por costumbre limpiarse la lengua rascándosela con un tenedor, hasta el día que se lo tragó.

—¡Sí, lo recuerdo! Lo sorprendió un cañonazo. Parecía que el cubierto saldría por arriba, pero no fue así.

Nicolas se acercó a su paciente, que los había oído y se agitaba.

—¿Qué vais a intentar? No iréis a abrirme el vientre, ¿verdad?

—No, tranquilizaos. A menos que queráis recuperar el cuchillo hoy mismo.

El hombre esbozó una sonrisa y tragó con dificultad.

—Vamos a empujarlo hasta el estómago para que descienda por la vía natural.

—El austríaco del que hablábamos sufrió un accidente similar —explicó Azlan—. Una vez se lo hubo tragado, el tenedor se abrió camino por sus intestinos y salió por el recto al cabo de unos días.

—¿El recto? ¿Qué es esa salida? ¿El ombligo?

—Nuestro oficial se lo encontró en las heces —prosiguió Nicolas.

—¿Dónde están las heces? —preguntó el farandulero, con los ojos desorbitados.

Nicolas miró a su asistente y dudó en seguir o no sus explicaciones.

—Un gran maestro cirujano solía decir: «La naturaleza hace lentamente y con suavidad lo que no podríamos realizar sin un gran peligro».

—Ah, así que es eso —respondió el enfermo, al que la docta sentencia había tranquilizado a pesar de no haberla comprendido.

Nicolas hizo macerar polvo de jengibre en vino mientras untaba la vela con aceite. El herido bebió con dificultad el brebaje. Azlan hizo que se tumbara del lado derecho y que echara la cabeza hacia atrás tanto como le fuera posible, y se la mantuvo en esa posición utilizando ambas manos como un trépano. François, al que se había llamado como refuerzo, le sostenía los hombros y el tronco.

El nerviosismo se había apoderado del paciente y temblaba.

—No os ocultaré que lo que sucederá a continuación será desagradable —explicó Nicolas—, así que os aconsejo que concentréis vuestros pensamientos en algo que os guste.

—No es difícil —respondió el hombre con voz temblorosa.

—Pensad en vuestra mujer y vuestros hijos —propuso François.

—Imaginad que actuáis ante el duque o el rey de Francia —añadió Azlan.

—Abrid bien la boca —pidió Nicolas—. Intentad no morder la vela. Si se partiera, tendríamos que recuperar dos objetos en lugar de uno.

El hombre sintió una arcada cuando el bastón de cera atravesó la barrera de la campanilla, pero el jengibre hizo su efecto. Nicolas hizo gala de extrema rapidez. En cuanto tocó el cuchillo, lo empujó suavemente hasta sentir el estómago contraerse al paso de la hoja. Una vez retirada la vela, el hombre se estiró boca arriba y aspiró una gran bocanada de aire.

—¡Bravo! —exclamó el cirujano—, sois muy valiente y me habéis ayudado mucho.

Dio instrucciones a la monja: gelatina y huevos al menos durante dos días. Y pocas bebidas.

—En caso de que se produzca una herida en el estómago, no es cuestión de complicarla con líquidos —explicó—. Seguiremos la evolución del objeto.

—¿Y si queda atorado en su órgano?

—En tal caso no habrá más solución que operarlo. Rezad para que eso no suceda —añadió mientras le tendía la vela.

—Lo olvidaba —dijo la monja—. Ha llegado la marquesa de Cornelli y os espera.

—Vete, muchacho, no la hagas esperar —aconsejó François acompañando su frase con un gesto de la mano—. Acabaremos sin ti.

En cuanto Nicolas hubo abandonado la estancia, François se volvió hacia Azlan.

—¿Y tú? ¿Ya no te entrenas para jugar a pelota?

El joven le explicó, con cierta incomodidad, la razón de la marcha de su entrenador.

—¿Y qué más da? ¿Por qué la huida de ese bruto te va a impedir jugar? ¡Vamos, lárgate!

Una vez se quedó solo, el Erizo Blanco elaboró una preparación aceitosa que administró al enfermo con ayuda de una cuchara.

—Ya veis lo útil que es pensar en cosas agradables —dijo François.

—Tenéis razón —respondió el hombre antes de verse interrumpido por una tos seca.

Logró incorporarse sin ser presa de náuseas.

—He pensado en el momento en el que clavaré ese mismo cuchillo en el corazón de mis torturadores. Y eso me ha dado fuerzas. Unas fuerzas infinitas.

***

Nicolas guió a Rosa en la visita de Saint-Charles. El conjunto ocupaba una manzana entera, entre la rue des Artisans y de Saint-François a lo largo, y la rue du Moulin y de Saint-Jean a lo ancho. El arroyo de Saint-Thiébaut dividía el establecimiento en dos partes, la más pequeña de las cuales, en el lado sur, estaba ocupada por las habitaciones reservadas a las monjas. El espacio, de gran superficie, había permitido crear varias salas de curas, una para las operaciones y otra para las enfermedades «secretas». Los pacientes disponían de camas de verdad y de un patio interior donde pasear. Adosado a este había un segundo patio, más pequeño, sombrío y húmedo, que se hallaba junto al curso de agua y se utilizaba como vertedero. La zona de los cirujanos estaba en ese perímetro, lejos del ala principal reservada a la medicina, pero había sido acondicionada con gran funcionalidad por Nicolas y Azlan. Entraron en la sala de los remedios, adonde acababa de ir François. Machacaba en un mortero de mármol una sustancia resinosa.

—Preparo unas bolitas narcolépticas a partir de las adormideras que cogí en primavera —explicó—. Las de flores rojas. Las dejé en infusión en vino blanco para hacer un licor según una receta que solo Nicolas y yo conocemos —añadió con ufano orgullo.

Le mostró el mortero.

—He secado el láudano para obtener esta resina de opio. La haré digerir con vinagre de rosa y añadiré raíz de angélica. Con eso haré unas bolitas que guardaré en ese bote. Otra receta de la casa.

Señaló un jarrón de porcelana blanca con finas decoraciones azules que representaban un paisaje.

—Con una cereza confitada es excelente para el sueño —añadió Nicolas al tiempo que cogía a Rosa por el brazo—. Venid, de lo contrario François os explicará todas las recetas de nuestra farmacopea solo para impresionaros.

Ella le sonrió para darle las gracias y prosiguieron la visita. Rosa se desplazaba con una gracia y una levedad que parecían naturales. Atraía las miradas y la luz. Nicolas estaba orgulloso de la presencia de ella a su lado, del interés que manifestaba por su trabajo y de las preguntas que le planteaba. A pesar de que su relación fuera secreta y Rosa no mostrara sus sentimientos en público, los dos amigos de Nicolas habían comentado el asunto con placer, pues estaban muy contentos por él. Y el secreto había dejado de serlo para muchos, cosa que, a los ojos de algunos, la hacía ser indecorosa. Ella, sin embargo, no prestaba atención a esas cosas.

La marquesa iba casi a diario a Saint-Charles. Habían pasado diez días desde los fuegos artificiales cuando entró en la sala de curas donde Nicolas examinaba la quemadura del artificiero. Waren estaba muy contento: el duque lo había recompensado concediéndole el monopolio de la fabricación de pólvora y salitre.

—Debo ir al palacio ducal a recoger el acta del decreto —precisó al despedirse—. Maese Déruet, señora marquesa, me siento muy feliz porque mis pacíficos cañones han podido bendecir vuestra felicidad.

Una vez hubo salido el irlandés, Nicolas besó la mano a Rosa.

—Dejadme adivinar... ¿Venís a la consulta?

Ella lo abrazó y lo besó apasionadamente.

—No, os añoraba y me sentía celosa del lugar que me roba a mi amado todos los días.

—Podría vernos alguien...

—¿Teméis por vuestra reputación? —bromeó ella.

—A decir verdad, pensaba en vuestra posición social. No soy...

Ella le puso un dedo sobre los labios.

—Chitón... Dejad eso de una vez, sois un hombre de valía y solo me interesa esa valía, la del corazón.

Puso la mano sobre el pecho de Nicolas.

—Quisiera que ese corazón latiera siempre por mí. Siempre.

Su timbre, aún frágil, se quebró.

—No habléis más, debéis hacer que vuestra voz repose si queréis que cure.

Ella asintió. Le dio a beber un vaso de agua en la que había diluido unas gotas de un alcoholado de malva salvaje.

—Me gusta cuando os ocupáis de mí —le murmuró ella al oído antes de mordisquearle la oreja ligeramente—. ¿Cuándo acabáis la visita de los enfermos?

En la cocina se oyó la campana.

—Esperadme aquí —dijo Nicolas tras un último beso.

Volvió unos minutos más tarde acompañado de una madre y su hija.

—Rosa, quería presentaros a una persona a la que quiero mucho y que nos costó unas cuantas noches en vela —declaró mientras alborotaba los cabellos a la pequeña Marie.

La chiquilla hizo un mohín.

—¡Tu cicatriz, lo siento! —se disculpó, y le explicó a Rosa las circunstancias de su milagrosa salvación—. De momento, sin embargo, no ha recuperado el habla. Aún no —concluyó.

La marquesa tomó a la niña de la mano y deshizo el collarín que cubría su cuello.

—Constato que tú y yo tenemos un problema de voz —dijo con dulzura—. Uniremos nuestros esfuerzos para curarnos las dos. ¿Estás de acuerdo?

Marie miró a su madre y luego a Nicolas para preguntarles y aceptó asintiendo con la cabeza.

—Muy bien —prosiguió Rosa—. ¿Confiáis en mí, señora? ¿Aceptáis que me ocupe de vuestra hija?

La mujer, impresionada, se deshizo en agradecimientos.

—¿Cómo pensáis hacerlo? —preguntó Nicolas, intrigado.

Rosa había recurrido a los servicios del maestro de canto que acababa de ser nombrado en la casa del duque y cuya llegada se esperaba, procedente de Roma.

—Aprenderé de nuevo a utilizar mi voz gracias a sus lecciones, y pienso que Marie también podría intentarlo.

La chiquilla dio palmas y emitió un gruñido gutural. Su madre volvió a darle las gracias a Rosa sin atreverse a mirarla a la cara y se marchó enseguida.

Por la noche, como tenían por costumbre, cenaron en su dormitorio, sentados en la cama. La opulencia del palacete de Rosa, las inmensas estancias de delicados dorados, los criados atentos al menor detalle y todo ese lujo lo incomodaban.

—He vivido en chozas o habitaciones sin calefacción desde que me acuerdo —le había confiado él a su llegada.

—Ya veréis, uno se acostumbra a ello más rápido que a la pobreza —le respondió ella.

Sin embargo, las reticencias de Nicolas no habían disminuido. Se negaba a que otra persona cocinara para él, se ocupara del fuego o le lavara la ropa. Era una manera de conservar su independencia que a Rosa le gustaba. Estaba convencida de que con el tiempo acabaría por aceptar ese modo de vida. Sin embargo, le gustaban esos picnics en la habitación y las atenciones de Nicolas hacia ella.

Abrió la boca y tragó cerrando los ojos el pedazo de pan que él había mojado en un caldo de gallina. Rosa apreciaba el aspecto sensual de que su amante le diera de comer, aunque los platos que le preparaba no fueran refinados como los del cocinero que trabajaba para los Cornelli.

—Quería daros las gracias por lo que le habéis propuesto a la pequeña Marie —dijo tras besarla—. Ni su madre ni nuestro hospital podrían haberse permitido ese gasto.

—¿Creéis que eso la ayudará?

—Pues no había pensado en ello, pero es la última esperanza que nos queda. En ella todo es funcional, pero los golpes que su padre le propinó eliminaron el habla, como si Marie acabara de nacer.

Rosa sujetó un trozo de manzana entre los dientes y lo depositó en la boca de Nicolas, mientras lo besaba lánguidamente. Se sentó y suspiró de placer.

—Quisiera ayudaros, amor mío, ayudar al hospital.

—¿De qué forma? —preguntó mientras retiraba la bandeja de comida de la cama.

—Me habéis dicho que necesitabais material y espacio, y quisiera hacer un donativo. Así podríais comprar el terreno contiguo y construir un edificio más acorde a su función.

—Vuestra proposición me conmueve, Rosa…

—En tal caso ¡decid que sí!

La abrazó y sintió los escalofríos que recorrían la piel de su amada.

—… pero no puedo aceptar.

—¿Por qué?

Nicolas la besó en el cuello y le acarició el cabello.

—Por nosotros dos —respondió con dulzura.

Ella se volvió para mirarlo a la cara.

—¿Eso significa que si no fuéramos íntimos habríais aceptado?

—Sí, sin duda —confesó él—. Entenderéis que no deseo parecer alguien que se aprovecha de la situación para abusar de vuestros sentimientos y de vuestra fortuna.

—Pero ¡el dinero es mío y hago con él lo que quiero! El marqués murió y me lo dejó todo en herencia, no perjudico a nadie —se indignó ella.

La imagen del coronel lorenés agonizando en sus brazos le vino a la memoria.

—Sé qué estáis pensando —prosiguió ella—, pero hicisteis lo que estaba en vuestras manos para salvarlo. Y sabéis igual que yo que en vida no fue un santo varón. Por lo menos, una vez muerto hará el bien al prójimo. ¿Os parezco ruda, tal vez? —añadió al ver que él fruncía ligeramente el ceño.

—¿Qué pasó con él? Os conozco bastante y sois la persona más dulce del mundo.

Rosa se tumbó de lado. Nicolas la imitó, frente a ella, tomó sus manos entre las suyas y las puso sobre su cuerpo. Sus miradas se fundieron y la de Rosa se llenó de una pesadumbre salada cuyas gotas rodaron por su rostro. Susurró. El marqués, conocido por su brutalidad, la forzó la noche de bodas. Rosa, que reclamaba que la cortejara respetuosamente, se negó a entregarse a él como una esposa sumisa.

—Era una noche de luna llena. Me obligó a tumbarme y me agarró por las muñecas antes de echarse sobre mí. Me ordenó que cerrara los ojos y me negué a ello. Me golpeó varias veces para que cediera. Mi mirada lo culpabilizaba. No me rendí. Así que desplegó sus instintos más viles, me... me penetró y sentí cómo mi virginidad huía chorreando por mis muslos. Sentía dolor y tenía miedo, pero no era cuestión de mostrárselo. Veía el astro anaranjado mirarme por la ventana, redondo, ultrajantemente redondo, indiferente a mis gritos que marcaban cada uno de sus asaltos.

Se detuvo para que no la invadiera una marea de emociones.

Nicolas la abrazó aún más fuerte, la besó en el rostro, secó sus lágrimas y la envolvió con su cuerpo. Permanecieron un momento en silencio.

—Desde entonces no soporto la luna llena —continuó Rosa—. Para mí es cómplice de ese hombre, ese héroe de la nobleza lorenesa, muerto en el campo de honor y de quien hoy todos admiran su coraje. Ya veis, amor mío, ahora lo sabéis todo acerca de mí. Y comprenderéis por qué no considero que esa fortuna sea usurpada. Entre los dos, cada uno con sus armas, haremos el bien, Nicolas.

***

La duquesa se cosquilleó la frente con la pluma de oca que utilizaba para escribir, como hacía siempre que buscaba una palabra o una idea. La carta, la primera que enviaba a su madre, la Princesa Palatina, era una descripción del viaje hasta Nancy y de su llegada triunfal. Le quedaba solo concluirla. Mojó la punta en el tintero y la hizo rechinar sobre el papel.

> Vos que solíais decirme que la felicidad radica en buena medida en nuestra imaginación, no tengáis miedo alguno, querida madre, pues seré feliz en este pequeño ducado donde he hallado un marido amante y respetuoso. Los loreneses me parecen súbditos bastante agradecidos y fieles. Su entusiasmo nos ha hecho saltar las lágrimas en varias ocasiones. Los festejos han terminado ya y podremos ocuparnos de gobernar el palacio como es debido. La abundancia de celebraciones, sin embargo, ha afectado a la salud de vuestro yerno, que esta mañana sufría el tormento de un ataque de hemorroides. Le he aconsejado la piedra de Portugal, que tan bien me fue en su momento, y espero que se habrá restablecido para su viaje a Pont-à-Mousson. No quiero anticiparme a los acontecimientos y os tendré al corriente de su curación.

Leopoldo se hallaba tumbado boca abajo en una cama que había hecho instalar en su despacho del palacio ducal. Un biombo ocultaba la mitad del lecho.

—¿Y bien? —preguntó al tiempo que se volvía hacia el conde de Carlingford.

—Jean-Léonard Bourcier ha releído el texto y no lo ha corregido. Una vez firmado, podremos hacer pública la noticia mañana mismo —respondió el conde antes de levantarse de la mesa para llevarle un pergamino.

El duque asió el decreto por el que se obligaba a declarar el trigo a los propietarios del mismo y lo ojeó. De repente se detuvo.

—¡Ay! ¡Estaos quieto, me hacéis daño! —gritó.

Jean-Baptiste Alliot, su médico personal, apareció por encima del biombo.

—¿Vuestra alteza podría agacharse? En estas condiciones me es imposible ser eficaz. El señor Cornuet de Belleville os lo confirmará.

La cabeza del primer cirujano de Leopoldo apareció junto a la de su médico.

—Es cierto, alteza, y hacer una intervención en estas condiciones es peligroso.

Sobresaliendo por encima del biombo, los dos hombres parecían marionetas en un teatro, y eso divirtió a Carlingford.

—El tumor que tenéis junto al ano es más pequeño que esta mañana —declaró Alliot.

—Y la sangre de vuestra alteza es menos melancólica —confirmó Cornuet de Belleville.

—En ese caso ¡explicadme por qué aún me es imposible sentarme o andar sin tener la impresión de haber recibido una bala en las posaderas! —objetó Leopoldo.

—El tratamiento con sanguijuelas requiere cierto tiempo —respondió el cirujano a la vez que le mostraba un bote lleno de esos animales—. Y los bichos hoy no están muy voraces.

El duque se incorporó y se colocó en la posición que le habían indicado.

—Muy bien, señores. Disponéis de diez minutos para que vuestras ayudantes recuperen el apetito. El ducado no puede esperar.

Carlingford ahogó discretamente la risa ante el inesperado espectáculo de dos hombres inclinados sobre el trasero ducal, tratando de acelerar con ayuda de los parásitos la perforación de la vena obstruida por un coágulo. Volvió a sentarse a la mesa y consultó la lista de los asuntos del día. La repoblación de Lorena, la reconstitución de las comarcas, la reorganización de las Cámaras, el equipamiento de la policía y el ejército, la reglamentación de la justicia, la legislación de la vida cotidiana, los mercados, los molinos, el alumbrado, las carreteras, la leña para las calefacciones, todo el comercio, la ayuda a los pobres, a los huérfanos y a los enfermos y, sobre todo, los medios para percibir las finanzas que harían posible todo lo demás.

Una vez los médicos se hubieron marchado, el duque recuperó su posición horizontal y suspiró.

—Tendría que haber avisado a maese Déruet. Por lo menos a estas alturas ya estaría curado…

—¿Queréis que lo haga llamar?

—¡Mañana, si esos bichos no han hecho efecto! ¿Dónde nos habíamos quedado?

El temor a la hambruna había llevado a Carlingford a dictar decretos muy estrictos para evitar la exportación de los productos de primera necesidad. Las leyes y las amenazas habían tenido escaso efecto sobre los comerciantes, que se habían manifestado en las calles de Nancy.

—Incluso castigamos para que sirviera de ejemplo a un propietario al que detuvimos en la frontera con sacos de trigo, un tal Malthus. Pero de nada ha servido y algunos prefieren acumular sus productos antes que vendérselos al pueblo. Con este decreto, estarán obligados a declarar sus productos semanalmente.

—Acabarán por claudicar. Dádmelo, lo firmaré.

—Os lo llevo, alteza.

—No, no es cuestión de tratar los asuntos de Estado tumbado como un sibarita. ¡Y dejad de llamarme «alteza», excelencia!

Leopoldo se puso en pie con muecas de dolor y se dirigió caminando con pequeños pasos hasta la mesa de despacho. Firmó el texto de pie.

—Liberad a ese Malthus y enviadlo como arrepentido por todas las comarcas a llevar la buena nueva y recordar el imperio de la ley.

La duquesa entró en la habitación para preocuparse por la salud de su marido y anunciarle la llegada del arquitecto encargado de la decoración de sus apartamentos. Insistió para que Leopoldo se reuniera con él y diera su opinión sobre las obras propuestas.

—Estoy trabajando con el conde, ya me explicaréis lo que decidáis —le dijo, pues el dolor le provocaba una rigidez poco habitual en él.

—Pero es muy importante, Leopoldo. Nuestro palacio recibirá la visita de reyes y reinas, de soberanos de toda Europa, y todo debe tener un fasto a la altura de nuestros invitados. La reforma de este edificio es una prioridad —concluyó Isabel Carlota con la autoridad que siempre había visto en su madre y que muy a menudo había sufrido.

—Iré, dejadme solo el tiempo de firmar los decretos más urgentes y estaré con vos y vuestro decorador —respondió Leopoldo sin atreverse a moverse por miedo a despertar de nuevo el dolor.

—Ha trabajado para los palacios del Milanesado, ¿os dais cuenta? —insistió ella—. Para nosotros es una suerte inmensa que acepte dirigir las obras, eso no tiene precio.

En cuanto la duquesa se hubo marchado, Leopoldo se volvió hacia Carlingford.

—¿Podremos vender cargos suplementarios? ¿Conceder más títulos?

—Eso no bastará. Necesitaremos un impuesto suplementario al del derecho de bienaventurada ascensión al trono —respondió el conde—. Por decisión vuestra, acabamos de reembolsar catorce mil libras de ese derecho a los habitantes de Nancy.

—Han gastado mucho más en los festejos, es mera cuestión de justicia. Pensad en otros diezmos, aumentad los impuestos de los sellos, o los de circulación en las postas a los caballos y las chalanas. Algo encontraréis.

Leopoldo se aproximó lentamente a la ventana que daba al patio interior. Decenas de criados iban y venían cargados con el mobiliario de la familia ducal, formando una diagonal rectilínea de la que emergían las formas rectas de baúles, mesas, sillas, camas y canapés transportados hacia los apartamentos situados en las plantas del palacio. La duquesa, acompañada de la señora De Lillebonne, pasó junto a la hilera de criados y enfiló la gran escalera redonda.

—Isabel Carlota lleva razón —dijo al regresar hacia la mesa de despacho—, tenemos que demostrar que nuestro ducado nada tiene que envidiar a los otros Estados salvo su tamaño. Instauraremos una era de prosperidad que Europa entera señalará como ejemplo. Para ello habrá que sumar a todo el mundo, nobles, burgueses y campesinos. Hay que devolverle al pueblo la confianza. De momento iré a reunirme con la duquesa y encauzaré los ardores de su tapicero. ¿Algo más para esta mañana?

El conde pareció dubitativo, pero cambió de actitud.

—Hablando de maese Déruet, ¿sabéis que vive en casa de la marquesa de Cornelli y que es su amante?

—Me ha llegado algún eco de la noticia, en efecto —respondió Leopoldo.

—Y eso me convierte en ganador de nuestra apuesta, con el debido respeto.

El duque se cruzó de brazos y se le ocurrió una jugarreta.

—¿Están casados, mi querido Carlingford?

—No, pero no creo que tarden mucho.

—Entonces, si aún no se han casado, la apuesta sigue en pie. Si se casa con la marquesa, vos ganáis, y si se convierte en amante de su anfitriona, gano yo.

—El trato no es equitativo…

—¡Alguna ventaja tiene que tener ser soberano!

A la mañana siguiente fueron a buscar a Nicolas para conducirlo junto a Leopoldo. Le hizo una incisión en la vena para eliminar el coágulo de sangre responsable de sus dolores y luego tapó la herida con un ungüento cicatrizante de composición propia. Dos días después, el duque emprendía el camino para visitar la Universidad de Pont-à-Mousson.

***

El agua de la Fuente Roja arrastraba partículas de hierro que alfombraban con una capa parduzca la cuenca de recepción y que le valían su reputación de agua milagrosa. Marianne se inclinó hacia el chorro y llenó un cubo entero, y luego bebió agua y se lavó las manos. Repetía esos gestos antes de cada parto que debía practicar. El agua la bebería la parturienta para conservar al máximo sus fuerzas y serviría para lavar al recién nacido. Bajó de vuelta por el camino de la fuente y se detuvo a menudo para dejar en el suelo el cubo y descansar, pues la cuerda que servía de asa le segaba los dedos. Hacía un frío intenso y el otoño se había decantado definitivamente al terreno del invierno. A cada espiración, la humedad exhalada formaba un chorro de vapor que se diluía en la niebla que la rodeaba. A veces Martin la ayudaba en esa tarea, pero aquella mañana habían discutido y su marido había cogido sus cosas, un abrigo largo con un forro grueso y su bastón de buena madera, y le anunció que volvería tarde por la noche. Su trabajo de guarda forestal le obligaba a salir del pueblo y a veces a permanecer ausente hasta el día siguiente, pero tenía la ventaja de proporcionar carne para la familia procedente de los restos de las cacerías o de la caza furtiva.

Por orden del montero mayor, el capitán de cazadores había movilizado a los guardas con el objetivo de perseguir una manada de lobos que se había visto rondar cerca de Pont-à-Mousson desde hacía algunos días. Las trampas dispuestas en diferentes extremos de la ciudad parecían no tener efecto disuasorio y solo habían caído en ellas algunos zorros y gatos salvajes. Martin se había ofrecido voluntario para la batida confiando en que aquello lo ayudaría a evacuar el rencor a lo largo del día. No tenía intención de dialogar acerca de una cuestión que consideraba zanjada. Sin embargo, tenía la sensación de que la súbita reaparición de Nicolas había instilado en Marianne un germen que no cesaba de crecer.

Esta llegó a última hora de la mañana al domicilio de la paciente, en la rue de l'Imagerie. La esposa del decano de la facultad de Medicina, al salir de cuentas, había sufrido contracciones durante toda la noche y la había hecho llamar, pues sentía que estaba a punto de romper aguas. El niño que venía al mundo era el octavo fruto de su matrimonio y el parto se anunciaba rápido. Marianne apenas había tenido tiempo de dejar a Simon en casa de sus suegros y preparar el material para el parto.

—Pero ¿por qué? ¿Por qué hoy?

Cuando entró en la estancia principal, el decano Pailland se lamentaba y recorría el pasillo de una punta a otra.

—¡Ah, ya estáis aquí, por fin habéis llegado! —exclamó el hombre, al que jamás le había visto tan buena disposición hacia ella.

El médico era rigorista y tenía una pobre opinión de su persona y de su ocupación. En todos sus encuentros anteriores había tratado a la comadrona con notorio menosprecio. Ese día, sin embargo, la llegada de Marianne representaba para él un enorme alivio.

—Llegáis en el momento oportuno, temía que me vería obligado a quedarme aquí. El duque se encuentra en Pont-à-Mousson y se ha hecho anunciar en la universidad. Me ha hecho llamar para que le presente nuestra facultad —añadió—. Por una indiscreción de su corte, sin embargo, he sabido que tiene la intención de crear una cátedra de cirugía para un tal Déruet, que luchó con él en la campaña de Hungría.

Un escalofrío recorrió el cuerpo de Marianne. El notable se cubrió con su más bella peluca y la miró sorprendido.

—¿Qué os sucede? ¿Me he colocado mal el postizo?

—No —respondió ella con una voz que la emoción hacía temblar.

—¿Os encontráis indispuesta? No sería el momento más apropiado…

—Me encuentro bien, me encuentro bien —aseguró ella tras haber recuperado el control de sí misma.

—¿Desde cuándo se le da el título de profesor a un criado? —farfulló el hombre mientras se vestía con su toga universitaria negra.

Se abotonó la epitoga de armiño.

—¡Hoy no era el día más indicado para dar a luz! Venid, os acompañaré.

Guió a Marianne hasta la puerta y la dejó entrar sola. La paciente había rechazado parir sobre una silla o sobre la mesa de la cocina y aguardaba a la comadrona, recostada contra unas almohadas, en una cama pequeña que se había preparado a petición de Marianne. Se había clavado una barra de madera para que le sirviera de apoyo para los pies y a los lados se habían atado dos correas de cuero para que pudiera agarrarlas durante las contracciones. Al decano, esas disposiciones le habían parecido contrarias a la regla natural según la cual cualquier parturienta debe sufrir al dar a luz, pues el dolor es útil, pero no las había impedido ante la insistencia de su esposa.

—¡Os dejo en vuestros asuntos de mujeres! —gritó desde el pasillo—. Le diré al duque que nuestro hijo llevará su nombre en homenaje a nuestro encuentro de hoy. Eso tal vez le hará cambiar de opinión respecto a esa historia de la cátedra —añadió para sí, y cerró la puerta de golpe.

La habitación era una biblioteca que olía a cuero y a papel. La cama había sido dispuesta frente a la chimenea, que despedía un calor vivo. Marianne envió a la criada a la tienda del boticario a comprar aceite de almendra dulce, aceite de nueces, huevos y canela. Pidió una botella de vino, un pedazo de mantequilla fresca, hilo y tijeras, que rápidamente le llevaron.

—Tenemos mucho tiempo —dijo al ver la agitación que la rodeaba.

—Volved a vuestras tareas y ya os llamaremos —añadió el ama de llaves, cuya gran serenidad contrastaba con el nerviosismo reinante.

Una vez solas, ambas mujeres evocaron los partos precedentes, dos de los cuales habían concluido con la muerte de los recién nacidos. La comadrona se untó los dedos de mantequilla y los introdujo hasta el orificio interno. El cuello solo estaba parcialmente dilatado. Aplicó mantequilla en las paredes para facilitar la dilatación. Marianne sintió una resistencia al tacto. Aunque aún fuera demasiado pronto para confirmarlo, el niño parecía estar bien colocado, con la cabeza hacia delante.

La madre se estremeció a pesar del calor reinante y se cubrió con otra manta más. Marianne hizo hervir el vino con la canela y añadió azúcar. Le dio a beber la mezcla, y eso hizo que entrara en calor y la relajó. Anne de Pailland era una mujer que seguía siendo delgada a pesar de sus anteriores embarazos y cuya edad, más de cuarenta y cuatro años, no constituía un obstáculo para el esfuerzo que debería hacer. Siempre se había negado a que la asistiera un cirujano, pues no deseaba que la viera parir ningún hombre, ni siquiera su propio marido y médico.

Al cabo de dos horas, las contracciones eran menos espaciadas y el cuello se había dilatado. A pesar de su experiencia de los precedentes embarazos, Anne sentía crecer en ella el mismo miedo que en las demás ocasiones, el miedo a no poder lograr expulsar el feto fuera de su vientre, cosa que la condenaría irremediablemente, pero la presencia de Marianne, cuya reputación era enorme, la serenó.

Sintió una contracción más fuerte que las demás, recobró el resuello y miró con inquietud a la comadrona.

—Estoy segura de que será una niña —dijo la comadrona, con una sonrisa—. Una Leopoldina.

La mujer gimió: acababa de romper aguas.

***

Azlan apretó las cuerdas de las muñecas y los tobillos del farandulero y las anudó a las anillas situadas en las cuatro esquinas de la mesa que servía para las operaciones. François había ido a buscarlos a casa de Rosa a mediodía: el hombre había vomitado sangre negra durante toda la mañana. El cuchillo se hallaba en su estómago desde hacía dos semanas y no había podido ser expulsado hacia los intestinos tal como habían esperado los cirujanos.

—Tenemos que actuar —concluyó el Erizo Blanco—, de lo contrario su órgano acabará como un odre agujereado por todas partes.

—Ya conoces las posibilidades de éxito de tal operación —objetó Nicolas.

François asintió.

—Siempre serán más posibilidades de salir de esta que si no hacemos nada —respondió.

—¿Tiene fiebre?

La respuesta negativa les decidió a intentarlo.

El farandulero había ingurgitado láudano y alcohol y se hallaba sin conocimiento. Se había dejado atar sin siquiera darse cuenta y murmuraba palabras incomprensibles. Ninguno de los dos cirujanos había practicado nunca una operación de estómago y Nicolas había consultado sus láminas de anatomía para decidir dónde hacer la incisión y el método a seguir. Era un lugar ricamente irrigado y quería evitar seccionar vasos sanguíneos importantes, cosa que podía ser fatal.

Marcó con tinta el lugar de la incisión, debajo de las últimas costillas flotantes del hipocondrio izquierdo. Se había preparado diversos instrumentos para estar a punto ante cualquier eventualidad. Azlan sostenía los hombros del paciente para evitar cualquier sobresalto brusco, y François asistiría a Nicolas. Cuando practicó la primera incisión, sonaron las dos de la tarde en el campanario de la iglesia de Saint-Sébastien.

La hoja del escalpelo atravesó los músculos y el peritoneo, y formó una abertura longitudinal que François abrió con ayuda de pinzas. Nicolas tomó una aguja curvada para estirar el estómago hacia delante. A pesar de la lámpara de veinte velas que habían hecho instalar sobre la mesa y la luminosidad procedente de las ventanas, su exploración se veía dificultada por las sombras que recubrían parcialmente el órgano. François separó aún más los bordes de la herida.

—¿Lo has localizado? —preguntó a Nicolas, que se disponía a abrir el estómago.

Este le señaló un minúsculo bulto en la parte izquierda de la cara posterior.

—La punta del cuchillo —dijo calmadamente mientras el hombre gemía a cada espiración.

Practicó una segunda incisión a la altura de la hinchazón de la membrana y dejó aparecer la hoja metálica. Nicolas la agarró con unas pinzas dentadas y extrajo lentamente el objeto, que dejó sobre la mesa. Cosió los bordes de la herida del estómago, le aplicó una compresa impregnada de bálsamo español y repitió la misma operación en la herida externa. El farandulero, cuyas reacciones cada vez eran menos inhibidas, gritó y trató de liberarse de sus ataduras, pero Azlan había adivinado su gesto y lo inmovilizó.

—Ya está —dijo el cirujano, tras vendar la zona operada.

El Erizo Blanco tomó el cuchillo, en cuyo delicado mango de cuerno había grabadas unas cruces cristianas, lo lavó y silbó admirado.

—Bonita pieza. ¡Por lo menos medirá cinco pulgadas!

El enfermo extendió el brazo hacia François, que le entregó el objeto. Lo cogió sin ni siquiera mirarlo y lo mantuvo apretado en su mano, incluso después de que lo trasladaran a una cama.

—¡Buen trabajo! —lo felicitó François.

—Esperemos unos días antes de alegrarnos.

—¿Podré hacerlo yo, la próxima vez? —preguntó Azlan.

Ante sus miradas dubitativas, prefirió cambiar de tema.

—Os invito a Le Sauvage. Ayer gané contra el mejor jugador de la ciudad y he cobrado una buena prima.

***

—Se presenta bien —confirmó Marianne a la madre, que la interrogaba preocupada con la mirada—. El niño ya está en la coronación.

La parte superior del cráneo comenzaba a dilatar el orificio exterior. Se frotó las manos con aceite de almendra dulce y deslizó sus dedos entre los labios y la cabeza del feto para facilitarle el paso. Anne no se había agotado empujando antes de tiempo y, tranquilizada al saber que la criatura se hallaba en la mejor posición posible, se esforzaba con toda su energía bajo las órdenes de Marianne. La comadrona tiró suavemente de la cabeza, aplicando movimientos de derecha a izquierda y luego de izquierda a derecha para sacar los hombros. Dos criadas, una a cada lado de la parturienta, ayudaban enjugándole el sudor y dándole a beber agua de la Fuente Roja, al tiempo que mantenían un fuego vivo en la chimenea.

Tras los hombros, aparecieron enseguida los brazos. Marianne tocó los dedos para contarlos y anunció a la madre que el niño estaba bien formado. Lo sostuvo por la espalda hasta que hubo salido del todo y lo envolvió en una sábana. La criatura lloró inmediatamente, casi sin ayuda alguna.

—¿Es un niño? —preguntó la madre—. Los niños salen antes que las niñas.

—Una niñita muy guapa —respondió Marianne mientras se la mostraba—. ¡Tan rápida como un niño!

Sin cortar el cordón, dejó a la recién nacida sobre el vientre de su madre. Marianne enroscó el ombligo alrededor de tres dedos suyos e introdujo la mano en la vagina, manteniendo el cordón lo más cerca posible de la placenta. Tiró lentamente para tratar de desengancharla. La membrana no se movió. Hizo un segundo intento y la movió de izquierda a derecha, pero la adherencia era muy fuerte. Debería esperar a la expulsión natural de la placenta.

Utilizó el hilo y las tijeras para cortar el cordón y se puso a lavar a la criatura, que había dejado de llorar. Durante el parto de Anne de Pailland, Marianne no había logrado deshacerse ni un solo momento de la imagen de Nicolas asistiéndola en el parto de la madre de Simon. Desde que sabía que estaba vivo, había aparecido de nuevo desde lo más profundo de su memoria, donde había logrado arrinconarlo. Ocupaba sus pensamientos a la vez que un naciente sentimiento de culpabilidad. Su marido se había dado cuenta de ello y, en un primer momento, la había ayudado y apoyado, pero habían surgido reproches y luego discusiones. Su matrimonio reposaba sobre un secreto que compartían y que el regreso de Nicolas había resquebrajado. No podría soportar que él fuera a Pont-à-Mousson. Jamás.

Marianne vistió a la recién nacida de piel arrugada y una criada la instaló en una cuna junto a la cama. La comadrona observó a la madre sonreírle a su hija, que se chupaba el pulgar con los ojos cerrados. El vientre de Anne aún estaba muy redondo y tenso.

—En cuanto salga la placenta, podréis darle el pecho —dijo, y a continuación se puso aceite en los dedos—. Vamos a intentarlo de nuevo. Soplaos en las manos, lo más fuerte que podáis y tanto tiempo como os sea posible.

El gesto ayudaría a empujar el diafragma hacia abajo y comprimir la matriz. Marianne lo había probado ya con éxito en el caso de mujeres multíparas. La madre obedeció. En cuanto empezó a empujar, sintió un dolor violento en el bajo vientre y gritó.

—Una contracción…

En su cuna, la recién nacida se sobresaltó y se puso a llorar. Anne hizo una mueca de dolor y gimió.

—¡Me duele!

Marianne hundió la mano y esta topó con una membrana blanda. Su corazón latía aceleradamente. Había una segunda bolsa. «¿Cómo no lo habré visto antes?», pensó ella, maldiciendo su poca perspicacia: estaba embarazada de gemelos.

Tranquilizó a Anne y le anunció que su décimo hijo iba a nacer muy pronto. Sin embargo, fue presa de un mal presentimiento. Había varias señales que la alertaban. La bolsa se rompió en el acto. La comadrona introdujo de nuevo su mano y tuvo la confirmación de sus temores. Llevó a una de las criadas a un aparte y le susurró que fuera a avisar a un cirujano y que preparara lo necesario para una lavativa.

—¿Qué sucede? —preguntó Anne, que se había percatado de la situación.

Marianne se sentó junto a ella y le tomó la mano.

—No sé cómo decíroslo, señora… La criatura… la criatura que vais a dar a luz ya está muerta.

***

Cruzaron la calle y entraron en el establecimiento cuya sala de juego estaba siempre llena. Eligieron, como tenían por costumbre, una de las dos mesas que daban a la calle. La otra se encontraba ocupada por un cliente habitual que fumaba en pipa mientras contemplaba cómo la vida del barrio sucedía ante sus ojos. Los saludó y les dirigió una sonrisa cómplice antes de retomar su actividad. El hombre lucía una barba que le ocultaba el rostro. Nicolas lo observó un buen rato. Había en él algo que lo inquietaba, sin saber qué era. Estaba allí siempre que iban a la posada, siempre en el mismo sitio, con la mirada clavada en la calle. «Y, sin embargo, no está en su sitio», pensó Nicolas.

—¿Te sientas o nos sirves la bebida? —bromeó Azlan al darse cuenta de que su amigo no podía apartar la mirada del extraño vecino.

Se disculpó y pidió un pan y una jarra de vino. El posadero se lo sirvió, así como un cuchillo que François miró con desdén antes de partir la hogaza.

—Recuerdo el caso de un hombre que se había tragado un hueso de buey oculto en una col —explicó—. Dos meses después se lo encontraron clavado en las carnes de su ano. ¡Comer ya es hoy muy arriesgado, solo hace falta que nos añadan cubiertos!

—Pediré al duque que firme un edicto que prohíba comer cualquier cosa que no sean alimentos —bromeó Nicolas.

—Ya puestos, tendría que firmar de inmediato un edicto que prohibiera a la gente enfermar, eso es lo que a mí me convendría —propuso François—. Si no fuera por estar con vosotros, ya habría dejado este oficio.

—Y otro más que prohibiera refunfuñar durante todo el día —completó Azlan.

El Erizo Blanco frunció el ceño con tanta fuerza que las dos cejas parecieron unirse entre los ojos.

—No lo dirás por mí, ¿no, muchacho? —preguntó con tono amenazador.

—No, claro que no… Lo decía solo para bromear… vamos… —balbució el joven.

—Pero tu broma iba por mí, ¿verdad? —insistió.

—En absoluto… Pensaba en algunos de nuestros enfermos que siempre están descontentos.

François se echó a reír.

—¿Me has creído? ¿De veras has creído que me había enfadado?

—Sí, un poco —respondió Azlan, que se mantenía alerta.

Nueva carcajada del cirujano.

—¡He descubierto mi vocación por el teatro! —dijo, satisfecho del efecto conseguido.

Atraído por el ambiente, el posadero se sumó a ellos. François le contó su broma y eso aún humilló más a Azlan. Adoptó una postura burlona e imitó al fumador de pipa abstraído contemplando la calle. El Erizo Blanco relató la operación del farandulero señalando al dueño el cuchillo destinado al pan y exagerando el tamaño del que habían retirado del cuerpo del desgraciado. Nicolas trató de relativizar el alcance del acto quirúrgico, más aún dado que su paciente aún no se hallaba ni mucho menos fuera de peligro, pero el tabernero miraba, impresionado, el cuchillo e imaginaba el instrumento entrando en la garganta. Sintió un escalofrío de asco y cambió de tema de conversación.

—Mi mujer está preparando el equipaje, pues nos vamos a ver a su hermana, que nos ha pedido que vayamos.

—¿Y vas a cerrar el establecimiento?

—No, el jefe del Chat qui Boit nos reemplazará.

—¿Ese caradura que dejó de comprarme vino? No volveré hasta que regreses tú.

—¿Vais muy lejos? —preguntó Nicolas, y le dio una palmada a Azlan en el hombro para que se incorporara a la conversación.

—Llegaremos antes de la noche si la patrona consigue cerrar su maleta. Voy a ver qué hace —añadió antes de marcharse.

***

Marianne se quedó para asistir al cirujano. Ambos, uno tras otro, verificaron que el feto estaba inanimado en el vientre de la madre, y luego el hombre decidió sacarlo. La comadrona, que sabía el traumatismo que ello conllevaba, hizo un último intento de darle la vuelta a la criatura y tirar de sus pies. Las lavativas habían provocado algunas contracciones, pero Anne, agotada y conmocionada, no había logrado expulsarlo. Su marido aún no había regresado.

—Tendré que utilizar los hierros —dijo el cirujano, y sacó de su maleta dos pinzas con los extremos en forma de gancho.

Ella examinó los instrumentos procurando darle la espalda a la madre para que esta no los viera.

—¿Qué vais a hacer con eso? —murmuró.

—Agarrarlo y tirar de él. ¿No lo conocéis? Es el instrumento inventado por Mauriceau.*

—Pero…

Ella calló y lo llevó lejos de la cama, donde una criada daba de beber una decocción a Anne.

—Tendríamos que intentar otro medio natural —arguyó Marianne—. Ese instrumento es… ¡inhumano!

—Vamos, está muerto y pronto también lo estará la madre si no hago algo —se impacientó el hombre.

Anne gimió. La conversación había concluido.

—Acompañadme, os necesitaré para ayudar a la señora Pailland.

La carroza del duque se alejó por el patio de la abadía de los Prémontrés. El decano estaba satisfecho del resultado de su entrevista. Indicó a su cochero que guardara el vehículo directamente en el establo: iría a pie. A Pailland le gustaba notar el aire frío de las noches de invierno antes de regresar a casa. Se sentía impaciente por ver a su nuevo hijo. Uno de los curas de la capilla de la uni-

* François Mauriceau, cirujano y padre de la obstetricia francesa.

versidad lo había avisado, como habían convenido, antes de dirigirse al domicilio para bautizar a la criatura. El decano estaba apenado porque se trataba de una niña, pero esa contrariedad se había disipado ya cuando llegó ante su casa, una vasta mansión burguesa construida gracias a la dote de su primera esposa. En el mismo instante, una berlina procedente de Nancy se detuvo unos metros más lejos. De ella descendieron la hermana de Anne y su marido, y le hicieron grandes gestos. No sentía mucho entusiasmo por verlos, pues la familia de su esposa se componía de tenderos y comerciantes que a él le parecían comunes y vulgares. El hombre pagó al cochero tres libras y desató el baúl situado en la parte posterior. La mujer se aproximó para un besamanos que el decano apenas esbozó.

—¿Qué noticias tenéis?

—La criatura ha nacido y voy a conocerla ahora mismo, al tiempo que vos —respondió Pailland—. ¿Habéis cerrado vuestra posada para venir? —preguntó por educación, a pesar de que la respuesta no le interesara.

—No, Le Sauvage está abierto, hemos llegado a un acuerdo con un colega.

—Tomaos tanto tiempo como deseéis con Anne y la recién nacida, iremos a instalar nuestras cosas y nos reuniremos con vos más tarde —añadió la mujer, para alivio del médico.

Pailland se desabotonó la epitoga de armiño y se quitó la túnica. Entregó las ropas a un criado sin más prisas que de costumbre.

—El señor debería ir a ver a la señora de inmediato —dijo el hombre.

—Ahora iré, ahora iré —respondió, irritado por el consejo del sirviente—. ¿El cura aún está ahí?

—Sí, señor. Y también el cirujano.

—¿El cirujano? ¿Qué cirujano?

No aguardó la respuesta y se precipitó a la biblioteca.

***

El farandulero había acabado por dormirse tras una tarde en la que nada conseguía calmarle el dolor. Nicolas había ido a verlo varias veces, le había administrado analgésicos a base de sauce, había limpiado la herida con bálsamos antisépticos y cicatrizantes, pero solo el agotamiento había podido con el enfermo y le había procurado unas horas de descanso. Todos sabían que ese tipo de operación tenía secuelas muy dolorosas, pero que pronto podría establecerse el pronóstico vital. Si los alimentos lograran transitar por el estómago y si no se declaraba fiebre alguna a lo largo de los días siguientes, tendría muchas posibilidades de curarse. Azlan y François se marcharon antes de lo habitual, con rostro de confabuladores, a reunirse con Waren, el artificiero, con quien habían simpatizado y en cuya casa pasarían la velada. Nicolas estaba encantado de poder estar a solas con Rosa. Su amor lo hacía feliz y, por primera vez en su vida, se sentía equilibrado y no solo por su pasión por la cirugía. Y, sobre todo, no tenía miedo.

Se vendó las manos, incluidos los dedos, para protegerlas del frío vivo y evitar las grietas que comenzaban a formarse en sus pulgares. Cuando lo vio entrar en el pequeño salón donde se había aislado para leer, Rosa se echó a reír.

—¿Es la moda de Saint-Charles eso de utilizar vendas en lugar de guantes? —preguntó ella tras besarlo con una fogosidad que la compostura habría desaconsejado a cualquier mujer de la nobleza.

La felicidad de Rosa era, a su vez, igualmente visible y sincera. Disfrutaba con sus discusiones, en las que todas sus opiniones debían ser razonadas, o bien eran debatidas a lo largo de toda la noche hasta que acababan por ponerse de acuerdo. A ella le gustaba dejarse convencer por él, fuera cual fuese el tema, como en un juego de seducción y sensualidad. Tras ello, aún lo deseaba más. A veces Rosa imponía sus convicciones y la dulzura de sus victorias era comparable al placer. Nicolas advirtió que él sentía el mismo placer en aquellas discusiones que invariablemente culminaban en una fusión de ideas y cuerpos.

—Os reservo una sorpresa —dijo ella mientras le desvendaba las manos—. Esta noche tenemos a un invitado de alcurnia.

Él hizo una mueca de disgusto.

—Sabía que esa sería vuestra respuesta —respondió, divertida—, y yo hubiera tenido la misma en vuestro lugar. Sin embargo, cuando sepáis quién nos visita, estaréis en mejor disposición, amor mío.

El criado abrió de par en par las dos grandes puertas del salón.

—Ha llegado el señor Sébastien Maroiscy, señora —anunció.

En cuanto se volvió, el hombre entró y atravesó la estancia hacia sus anfitriones a paso de húsar.

—Encantado de conocerla, marquesa. Vuestra belleza rebasa de lejos las fronteras de vuestro ducado y hay quienes la alaban con cumplidos incluso en Versalles —declaró con una ostensible reverencia.

—Esa belleza de la que habláis ha sufrido algunas alteraciones —respondió ella mientras comprobaba que el cuello de puntillas le cubría la cicatriz.

—La belleza de vuestra inteligencia permanece intacta y también cuenta con alabadores en toda Francia —concluyó, y se aproximó a Nicolas—. Maese Déruet, deseaba estrechar la mano del hombre de dedos de oro —prosiguió, expresivo—. Es un placer conoceros en tan agradables circunstancias.

Sébastien Maroiscy era uno de los mejores editores de París, librero jurado de la universidad de la capital francesa. Corto de estatura y de constitución delgada, el hombre tenía un rostro marcado por profundas arrugas y ojeras impresionantes. A la edad de cuarenta y ocho años, aparentaba muchos más y compensaba su aspecto físico con una permanente vivacidad y una intensa verborrea.

—¡Este es realmente un día bendito! —dijo alzando su copa—. Bebamos por nuestro encuentro y por mi nombramiento como impresor jurado en vuestra Universidad de Pont-à-Mousson. Vuestro duque posee realmente una personalidad fascinante. Lo he conocido esta tarde, junto al decano Pailland, quien, y que quede entre nosotros, es mucho menos afable. Parecía tener ganas de acabar cuanto antes. Sin embargo, deberé estar a buenas con él, pues necesitaré su autorización para cualquier impresión.

Maroiscy dio un buen mordisco a una codorniz que sostenía con los dedos por haber rechazado los cubiertos. Su apetito era proporcional al flujo de sus palabras.

—¿Os instalaréis en Pont-à-Mousson? —preguntó Nicolas, que no prestaba atención a la comida de su plato desde hacía un buen rato.

—Abriré una imprenta y pondré al frente de la misma a alguien de confianza. Mis negocios me retienen en París. Y aún necesito la autorización de nuestro soberano para trabajar con el ducado, pues actualmente la legislación de la librería lo prohíbe. Sin embargo, cuento con algunos apoyos en Versalles y pronto debería solucionarse.

Se limpió los dedos en la servilleta y dejó en la misma grandes manchurrones de salsa, bebió una copa del vino de François, que elogió —al igual que elogió el resto de la cena—, y resopló ruidosamente.

—Vayamos al objeto de mi visita. Querido maestro, vos participasteis en un hospital volante durante la campaña de Hungría. Cuatro años de guerra, ¿verdad? —preguntó Maroiscy.

—Tres años y cinco meses —rectificó Nicolas, a quien ese tema ponía nervioso.

—Es bueno ser preciso. Es una cualidad importante en cualquier materia. ¿Tenéis idea del número de personas que habéis salvado durante esa campaña? ¡Miles, sin duda!

—Tengo sobre todo el recuerdo de aquellos que no se salvaron.

La imagen del joven húsar, cuyo cerebro había sido atravesado por una bala de mosquete, le vino a la mente. Rosa se dio cuenta de ello y puso su mano sobre la de Nicolas. Él la acarició suavemente.

—Sin duda también fueron miles —concluyó Nicolas.

—¿No es fascinante pensar que esos pocos años de campaña han hecho más por vuestro arte que cien años de paz? ¡Tomad como ejemplo a Ambroise Paré! —dijo el hombre, y sumergió su mano en un plato de dátiles secos—. Sucede lo mismo con la medicina y las ciencias.

—Es un progreso que se realiza en detrimento de los pueblos, en detrimento del ser humano —intervino Rosa.

—Perdonadme si parezco provocaros, pero trato de imaginar que esos sacrificios no son en vano —arguyó Maroiscy antes de escupir los huesos en su palma y arrojarlos a la chimenea.

—¿Adónde queréis llegar, señor Maroiscy?

—Os traigo recuerdos de parte de uno de vuestros amigos. ¡Oh, qué maravilla! —exclamó al descubrir el postre que le servían, un pastel de crema y frutas.

Se recreaba en la intriga que acababa de suscitar.

—Una verdadera delicia, felicitad de mi parte al cocinero.

—Nos traíais recuerdos... —sugirió Nicolas.

El hombre se limpió la boca con la servilleta.

—Sí, es cierto... El señor Ribes de Jouan os envía saludos.

—¡Germain! ¿Cómo está? ¿A qué se dedica? ¡Contadme!

La excitación de Nicolas divirtió al librero.

—¡Lo dejé en mejor situación que lo hallé!

Sébastien Maroiscy conoció a Ribes de Jouan en París, en una sala de juego donde compartieron mesa en una velada de lansquenete. El cirujano había bebido mucho y perdió aún más, y al acabar la noche debía varios cientos de francos a sus compañeros de partida. El editor pagó sus deudas y lo alojó durante algún tiempo en su casa. Germain rondaba los cincuenta años y había abandonado la cirugía para probar suerte como jugador profesional, con un éxito discreto.

—No podía evitar explicar anécdotas y batallitas de la guerra en mitad de la partida. Al principio creí que era un método para distraer a sus adversarios, pero pronto me di cuenta de que le era imposible callar.

Para saldar la deuda, Germain le propuso escribir sus aventuras en los países en guerra que había atravesado.

—Era muy locuaz en la evocación de posadas, lupanares o palacios en los que se había emborrachado, pero en cuanto le preguntaba por el hospital y las operaciones, solo hablaba de vos y no escatimaba los elogios. Al cabo de unos días me dijo que yo tenía que hacer el libro con vos. Estoy convencido de que tiene razón. *Memorias de un cirujano lorenés en campaña*, ¿qué os parece el título? Podríais contar todos los casos interesantes que tratasteis. Quisiera poner el acento en el aspecto médico y no en la estrategia de guerra.

—¿Habéis publicado muchas obras de medicina, señor Maroiscy? —preguntó Nicolas.

—¡Ninguna! Teología, derecho, memorias e incluso algunas novelas. Me gustaría que fuerais el primero.

—Es muy amable por vuestra parte, pero no tengo intención de aceptar.

—¡Pensad en la difusión de vuestro saber! Además de nuestra librería en París, tenemos acuerdos con Plantin en Amberes, Elzevier en Leiden y estamos presentes en la feria de Frankfurt. Y vendedores ambulantes difundirán vuestro libro por todos esos países.

—No soy famoso ni tengo títulos honoríficos.

—¡Vuestra experiencia y vuestro saber son vuestros títulos! Vuestra integridad os honra, creedme, y compartirla con vuestros colegas no significa traicionarla. Sin embargo, tengo que reconocer que los beneficios pecuniarios serán escasos.

—No es eso lo que me hace albergar dudas, sino que me pregunto cuál es vuestra verdadera motivación.

—Seré franco con vos: efectivamente tengo cierto interés en implantarme en el ducado. Los libros se imprimirán en Francia y se expedirán desde Pont-à-Mousson al extranjero.

Ese tejemaneje permitiría a Maroiscy ahorrarse las tasas de la publicación en el extranjero.

—Pero me interesa vuestro relato, de verdad —insistió—. Prometedme que lo pensaréis.

—Así lo haré —respondió Nicolas a la vez que dirigía una mirada a Rosa—. ¿Germain sigue viviendo con vos?

—No. Tiene su casa allí donde haya cartas. Está convencido de que un día dará con la martingala infalible que lo hará rico. No tengo la menor idea de dónde puede hallarse en estos momentos.

Justo antes de despedirse, Maroiscy abrió el maletín de piel del que no se había separado y les ofreció un volumen.

—Una edición holandesa de la *Ética* de Spinoza, que he obtenido gracias a uno de mis corresponsales. Era mi deseo obsequiárosla, marquesa, maestro. Sé que tenéis predilección por el autor.

—Parecéis muy bien informado acerca de nuestros gustos —dijo Rosa entre risas—. ¿Acaso tenéis algún espía en el ducado?

—Amigos, solo amigos. Y confío que pronto podré contaros entre ellos.

Una vez el editor hubo partido, se retiraron a su habitación. En cuanto cerraron la puerta, Nicolas abrazó a Rosa y la besó, la tomó en brazos y la tumbó sobre la cama.

—Ese hombre me ha hecho vivir un verdadero calvario —comentó tras un largo abrazo.

—¿Por qué? A mí me ha parecido una velada agradable.

—Pero yo estaba ahí, a vuestro lado, sin poder tocaros ni acariciaros, sin poder teneros para mí solo… ¿Acaso me infligís una tortura?

—Se trata de una prueba y ambos la hemos superado —dijo ella, y comenzó a desabotonarle la camisa mientras Nicolas le desanudaba el corsé.

Se abrazaron largamente.

—Me gustaría que escribierais ese libro, amor mío —murmuró ella entre dos besos.

—Deseo olvidar lo que vi y lo que viví allí.

—Allí conocisteis a Germain y a Azlan. ¿No creéis que sea el momento de hacer las paces con ese período?

Él se tendió sobre el cuerpo de ella.

—¿Cómo lográis tener siempre razón? Sois mi ángel y a la vez mi genio. ¡Os amo! —murmuró en su oído.

—Os amo, Nicolas —respondió ella, y cerró los ojos para alimentarse de sus palabras—. Si supierais cómo os amo…

***

Marianne anduvo sin detenerse, como si quisiera dejar atrás la pesadilla que acababa de vivir. Cruzó el puente y paseó junto al Mosela y, cuando la oscuridad invadió el camino, se sentó sobre un tronco, junto a un barco que los obreros aún cargaban a la luz de un fuego, y lloró.

Nada había sucedido como era de esperar. Marianne había cogido las manos de Anne y le había pedido que fijara su mirada en ella. Le había hablado y la había tranquilizado mientras el cirujano preparaba su instrumental. Ella le indicó con una señal que la paciente estaba lista. Cuando Anne gritó, Marianne se pegó contra ella para evitar que se incorporara. Su grito se transformó en gemido de dolor y luego se desvaneció. Cuando Marianne trataba de hacer que volviera en sí, el hombre dejó caer los instrumentos y retrocedió.

—¡Qué horror, es el diablo! —exclamó.

El feto yacía sobre una espesa membrana sanguinolenta, entre las piernas de su madre inconsciente. Las pinzas se habían quedado clavadas en su cráneo. Al intentar tirar del cadáver con un movimiento firme y rápido, el cirujano arrancó la placenta, que salió envuelta en sangre. El cordón, muy corto, se había enroscado alrededor de su cuello amoratado. Las sábanas se habían empapado de una sangre espesa y oscura. El hombre salió a vomitar y regresó acompañado del cura.

—Señora, ¿os encontráis bien?

Uno de los obreros, que la había visto junto a su embarcación, se aproximó, intrigado por su presencia. Ella lo miró sin verlo. Le repitió la pregunta. Marianne hizo un signo negativo con la cabeza y luego volvió a anegarse en lágrimas. El hombre vio que sus colegas casi habían terminado el trabajo y se sentó junto a ella.

—Me llamo Joseph-Adam. ¿Qué ha sucedido?

No obtuvo respuesta. El llanto se transformó en sollozos espasmódicos. Ella se sintió incapaz de moverse, de respirar, de pensar. Joseph-Adam echó su chaqueta sobre los hombros de Marianne y la abrazó contra él. La prenda estaba húmeda y olía a sudor y tabaco.

—Calentaos, estáis temblando de frío.

Ella logró controlar de nuevo su respiración y sus músculos. La dulzura y el calor de Joseph-Adam la ayudaban. Él le apartó los cabellos que se le habían pegado a las mejillas saladas. Ella no reaccionó. Era incapaz de ponerse en pie o de huir. El hombre, sin embargo, no tenía otra intención que ayudarla y no hizo ningún gesto equívoco.

—¿Vivís en Pont-à-Mousson? ¿Queréis que avisemos a alguien? Mis amigos podrían hacerlo —añadió, y señaló al grupo de cinco obreros que bebían vino junto al fuego.

Ella murmuraba palabras inaudibles sin siquiera mirarlo. Se inclinó hacia ella.

—Me cogió la mano... —repitió ella.

—¿Quién os cogió la mano, señora?

Ella lo miró, por primera vez, fijamente a los ojos.

El cirujano había cometido dos errores: el primero había sido ignorar el estado del cordón, el cual estaba tenso por haberse enroscado y había arrancado la placenta. El segundo, la utilización del fórceps de Mauriceau.

—Estaba vivo... vivo, ¿lo entendéis? —acabó por decir ella, con la voz entrecortada por los sollozos.

El feto, tendido entre las piernas de su madre, abrió los ojos. Permanecía inmóvil, con el rostro inexpresivo, pero abrió los párpados y aparecieron dos ojos negros que miraron al hombre, paralizado por el miedo. Marianne reaccionó y puso su mano sobre la caja torácica del feto: no se notaba movimiento alguno y no se percibían latidos. En el momento en que quiso prevenir al cirujano, sintió una presión en sus dedos índice y corazón: el puño derecho del recién nacido le asía los dos dedos. El cirujano volvió a gritar, aturdido, y salió presa del pánico.

Ella no osó retirar su mano y aguardó interminables minutos a que las últimas fuerzas abandonaran al feto.

—Lo matamos nosotros, ¿lo entendéis?

Aún erró un buen rato y finalmente el frío y el cansancio la guiaron hacia su casa. Charlette, la mayor de las campanas de la capilla de la universidad, vibró ocho veces. Martin estaba allí, de pie ante la chimenea, fumando una pipa cargada de un tabaco mal secado. Había regresado a última hora de la tarde y fue a por Simon a casa de sus padres, cenó con él y lo acostó antes de que llegara Marianne. No se volvió al oírla llegar. Ella se aproximó a él, se detuvo en medio de la habitación y titubeó. No tenía fuerzas para enfrentarse a sus preguntas ni a su incomprensión. Solo alguien que hubiera vivido una cosa semejante hubiera sido capaz de comprenderla, pues los demás no podían ni aproximarse a lo inimaginable. No quería tener que justificarse por no haber vuelto de inmediato, por no haberse ocupado de su hijo, por no haber preparado la cena. No quería tener que decir que se había quedado en un banco en brazos de un hombre al que no conocía y que la había abrazado hasta que ella se sintió capaz de levantarse. De ponerse en pie.

Dio media vuelta y subió las escaleras hacia la habitación. Martin permaneció inmóvil, no subió tras ella y aquella noche durmió junto a Simon. Marianne nunca se había sentido tan sola y se arrebujó bajo las sábanas a la espera del falso olvido que procuraba el sueño.

13

Nancy, de junio a octubre de 1699

Las estaciones desplegaron su cortejo de oropeles hasta la aparición de un sol benevolente y fiel. El hospital Saint-Charles vio cómo aumentaba constantemente el número de pacientes atendidos y el duque concedió a las monjas las rentas de uno de los molinos de la ciudad para proceder a una ampliación. Estas habían adquirido un terreno contiguo para construir un nuevo edificio. Las obras, sin embargo, se vieron interrumpidas en cuanto se iniciaron debido a una denuncia presentada por los herederos del propietario del huerto acerca del acto de compraventa. Pudieron proseguir tras una nueva intervención de Leopoldo y, el 12 de junio de 1699, los carpinteros acababan los trabajos del armazón del tejado antes de dar paso a los que se ocuparían de tejar, bajo la mirada de Nicolas, que escrutaba el cielo, inquieto ante la presencia de algunas nubes.

En el palacio ducal, la duquesa había acelerado las obras. Los apartamentos principescos habían sido renovados y la sala nueva se había convertido en un teatro donde ya se hacían representaciones: además de un grupo de actores sufragado por el soberano, los alumnos de las escuelas y la joven burguesía descubrían el mundo del espectáculo. Tras el retorno de la casa de Lorena a su ducado, una fiesta sucedía a otra.

Isabel Carlota dio instrucciones para que se limpiara la sala nueva y felicitó a los niños que el día anterior participaron en la representación de la obra *Celso y Martesia*. Habían acudido acompañados por su profesor jesuita para desmontar el decorado que ellos mismos habían confeccionado en honor del duque. La tragedia, en tres actos, era una oda a su grandeza.

Al descender la escalera de la Espiral, se cruzó con los actores que subían a ensayar *Psiqué*, escrita por los señores Molière y Corneille, y que ella deseaba ver representar en Nancy tras las funciones ofrecidas al rey de Francia. Los oyó lamentarse de la falta de luz en el escenario, de la pobreza de los decorados y de la mejor consideración que recibían los bailarines del ballet de la obra. Isabel Carlota se dijo para sí que debía ser parte del carácter natural de los artistas no disfrutar nunca del ejercicio de su arte.

En los jardines, los horticultores se afanaban en acabar los parterres. Un hombre podaba las ramas de los naranjos que habían sacado del invernadero y estaban alineados, cual soldados en un desfile, cara al sol. Se inclinó a su paso. La duquesa se detuvo para preguntarle acerca de la producción del año prevista. El año anterior se quedó frustrada al no poder ofrecérselas a sus invitados, pues ninguno de los cítricos había madurado. El hombre la tranquilizó acerca de la siguiente cosecha. El sonido de un clavecín llegó hasta ellos a través de la ventana abierta de uno de los apartamentos de la corte, seguido de la voz de un cantante tenor. Sonrió antes de entrar en el taller del escultor situado en la Orangerie. Se habían encargado unas figuras para reemplazar obras antiguas, divinidades mitológicas que el tiempo y las sucesivas olas de soldados habían destruido, y la duquesa supervisaba la realización de las mismas. El hombre interrumpió su trabajo y se presentó a ella cubierto del polvo de la piedra, adherido a su cuerpo por el sudor. Le aseguró que la entrega se llevaría a cabo antes de su marcha a Versalles, a primeros de otoño. El calor asfixiante del invernadero la hizo salir de inmediato. La música había cesado. Alzó la vista hacia la fachada y vio que su maestro de música la observaba. La saludó con la cabeza, cerró la ventana y desapareció. Amadori Guarducci era un personaje imprevisible, bromista y perfeccionista, cosa que la divertía mucho pero irritaba al duque. Ambos se evitaban tanto como era posible.

Guarducci se volvió hacia Rosa y la pequeña Marie, sentadas frente a frente en el centro de la habitación. Con la espalda erguida y las piernas separadas, tenían instrucciones de respirar sin hinchar los pulmones.

—¿Estáis listas? —preguntó con su marcado acento italiano—. Mantened la mandíbula abierta… No, tanto no, querida marquesa, dejadla descansar con naturalidad —añadió, y a continuación le mostró cómo hacerlo.

Marie se echó a reír ante la ridícula expresión adoptada por el maestro de música y Rosa la siguió, aunque tratara de contenerse.

—*Maria*, *Maria*, no desaprovecháis la ocasión de distraeros —dijo mientras corregía su posición—. ¡Debéis alinear la nariz con el ombligo!

Se sentó al clavecín. La chiquilla volvió a reírse una vez más y se puso seria.

—Ahora, debéis *espirare*…

Miró a Rosa y resopló con fuerza.

—Espirar —tradujo ella.

—¡Eso es, espirar! Espiráis lentamente y decís: «Chhh». ¡Vamos!

Las dos mujeres obedecieron, muy aplicadas. Guarducci lo hizo también y las animó.

—*Va bene!* Cuando hacéis ese sonido, no utilizáis vuestras *corde vocali*. Es el sonido del aliento.

Repitió el movimiento para apoyar su explicación.

—Ahora, queridas alumnas, os pediré *espirare* diciendo «yo». Yooo… —repitió a la vez que se situaba alternativamente frente a una y otra para mostrarles la posición correcta—. En este caso, las cuerdas vocales trabajan. Las sentís *vibrare*.

Puso su mano sobre la garganta de Rosa. Ella retrocedió con brusquedad antes de disculparse.

—Aún me duele la cicatriz —explicó—, prefiero que no la toquéis.

—¿Ah? *Bene. Scusi!* —respondió sin comprender la reacción de la marquesa.

El bulto carnoso ya no le dolía, pero no dejaba que nadie lo viera y menos aún lo tocara, excepto Nicolas.

—Poneos la mano sobre la garganta —dijo mientras ejemplificaba el gesto—, y sopláis, una vez pronunciando «chhh» y otra vez «yooo». *Capito, piccola Maria?*

Trabajaban con el maestro de música desde hacía cuatro meses y ya se habían acostumbrado a su batiburrillo de lenguas. A la niña le gustaban aquellas sesiones que la apartaban de su modesta vida cotidiana. Rosa había progresado y aprendido a utilizar el aliento para dominar su voz, que había perdido parte de su ronquera, pero la chiquilla seguía emitiendo sonidos próximos a gruñidos. Nada audible salía de su boca y nadie comprendía el porqué. El maestro italiano había decidido que bajo su batuta Marie acabaría por hablar. Para él era una cuestión de honor y prestigio, pues ninguno de sus alumnos había fracasado jamás en sus clases, aunque tampoco ninguno tenía la discapacidad de aquella niña. La mayoría se dedicaba al *bel canto* y algunos incluso habían hecho carrera en Europa. Guarducci era una figura de renombre y para él Marie se había convertido en el último reto: lograr devolver la voz a alguien que la había perdido.

—Muy bien —declaró tras varios minutos de «chhh» y de «yooo».

Se sentó al clavecín.

—Ahora repetiremos el mismo ejercicio, pero siguiendo las notas. Un do, un re y un sol.

Amadori tocó espirando unos «yooo» al diapasón de las tres notas.

Rosa, aunque no daba con la altura apropiada, consiguió modular el aliento para obtener el efecto deseado. Marie hizo una tentativa que se saldó con un fracaso y solo hizo unos «chhh».

—Otra vez —dijo cuando se detuvieron tras una larga serie.

Las dos alumnas repitieron el ejercicio, pero la chiquilla se detuvo muy pronto.

—¡Vamos, otra vez! —animó el maestro de canto.

La niña dijo que no moviendo la cabeza y se cruzó de brazos.

—No he pedido tu opinión. ¡Otra vez! —gritó.

La chiquilla miró a Rosa.

—Dejaremos aquí la sesión, señor Guarducci —dijo mientras se ponía en pie.

—Señora, con todo mi respeto, no es la *bambina* quien debe decidir cuándo acaban nuestras clases. Una serie más —dijo dirigiéndose a Marie.

La niña corrió junto a Rosa y lo miró desafiante.

—Nos veremos la semana próxima, gracias, maestro.

Él también se puso en pie.

—Sabed que he enseñado en las mejores academias de música, en *Roma* y *Firenze* con los Fedi y en *Milano* con Brivio. Todo el mundo alaba mi método y mis alumnos siempre se han felicitado por mis enseñanzas. Pero con ella no conseguiremos nada sin disciplina y sin esfuerzo. No hay que ceder, señora.

—Reconozco vuestras habilidades y os agradezco mis progresos, sin duda —respondió ella—. Pero el caso de Marie es especial —añadió.

Alzó la vista al cielo, se acercó a ellas y se agachó frente a la niñita, que se agarró de la falda de Rosa.

—Todo te funciona bien, *piccola Maria*. Tus *corde vocali* están como un arpa que solo aguarda a ser tocada. Tu problema está ahí —añadió apoyando el índice sobre la frente de la niña—. Ahí —insistió—. Y lo sabes tan bien como yo, *bambina*.

***

El fuerte olor de la cera invadió la estancia. El líquido rojo cayó sobre el papel en grandes gotas que se reunieron y formaron una mancha oscura. Azlan aplicó el sello del hospital y quitó los trozos de cera fría que se habían roto. Acababa de cerrar el informe de su paciente cultrívoro. El farandulero estaba definitivamente curado, tras una convalecencia de más de un mes en el hospital, y dio las gracias calurosamente a todo el personal antes de dejarlos unos días antes y prometerles que jamás volvería a probar ningún truco con cubiertos. Quiso guardar el cuchillo como recuerdo. Este no había sufrido daños durante su estancia intragástrica y parecía nuevo.

Azlan buscó la llave del local de los archivos, pero no la halló. En ese lugar, situado en la primera planta, se guardaban también todos los remedios para los enfermos. Imaginó que Nicolas estaría aún allí preparando ungüentos, bálsamos o infusiones. Cuando vio la puerta entreabierta, la empujó suavemente.

—¡Soy el representante del gremio de boticarios! ¡Vengo a controlar la calidad de vuestras fórmulas! —gritó.

La estancia se hallaba vacía. Vio el baúl destinado a los informes de los cirujanos y suspiró. Se sentía ansioso por poder practicar su primera operación y se refrenaba cuando asistía a sus dos amigos o se ocupaba de las curas y baños. Sin embargo, consideraba que ya estaba listo.

El lugar olía a una mezcla de aromas entre los que dominaban el alcanfor, la canela y el eucalipto, pero, al aproximarse a cada uno de los botes de porcelana que los contenían, podía identificar los aceites esenciales extraídos de las flores y de las plantas que Nicolas cuidaba con celo. A Azlan le gustaba estar allí rodeado por aquel Maelstrom de perfumes. De fuera le llegó una conversación. La ventana daba al jardín, donde se había acomodado Nicolas a la sombra de una pérgola recubierta de glicinia, en compañía de Rosa y de un hombre al que reconoció. Sébastien Maroiscy había ido varias veces a Saint-Charles aquellas últimas semanas. Había obtenido todas las autorizaciones necesarias para el establecimiento de su librería y la había instalado al pie de la torre Guéraudel, en Pont-à-Mousson. Su tenacidad con Nicolas había acabado por dar frutos. El cirujano se negaba aún a publicar sus memorias de guerra, pero le había ofrecido su manuscrito sobre los remedios a base de plantas que ya había escrito en parte. «Ha debido de enseñarle su antro», pensó Azlan deambulando ante los armarios que contenían los remedios. Había pasado horas ordenándolos de manera que conviniera a todo el mundo, con una clasificación alfabética y terapéutica. Todos, Nicolas, François y las monjas que tenían acceso a los medicamentos, acabaron por encontrar su organización ideal. Le atrajo la atención un hueco en mitad de una hilera: faltaba un bote, y estaba seguro de que cuando hizo inventario la semana anterior aún estaba lleno. Guardaba un elixir compuesto de una mezcla de plantas y minerales. «Ningún paciente ha requerido un producto para la sangre espesa», dijo para sí, perplejo.

La campanilla de la cocina lo sacó de sus elucubraciones. Descendió la escalinata saltando los peldaños de dos en dos y corrió hasta la sala de curas, donde lo esperaba el Erizo Blanco.

—¡Muchacho, si sigues saltando de esa manera, el próximo campanilleo sonará por ti! —dijo François, y le lanzó su chaqueta de damasco blanco—. ¿Crees que la barandilla es puramente decorativa?

—¿Adónde vamos? —preguntó Azlan, que deseaba ahorrarse la discusión.

—¡A la calle, hay una urgencia en la ciudad!

El hospital había adquirido una carreta cubierta cuya parte posterior habían dispuesto de manera que pudiera acomodarse a una persona estirada y quedara espacio junto a ella. Azlan había fijado con unas cinchas de cuero un baúl que contenía vendas, instrumental, vino y ungüentos. Para ese vehículo se habían inspirado en la ambulancia volante que utilizaron durante la campaña de Hungría, con la única diferencia de que en este caso el tiro se componía únicamente de una mula de edad provecta y con un carácter forjado por las contrariedades. El animal solo aceptaba ir al paso, no se aventuraba jamás por callejuelas estrechas tanto de día como de noche si no estaban suficientemente iluminadas y emitía unos extraños sonidos agudos si le llegaba el olor a sangre. Su antiguo propietario le había partido los ollares porque no soportaba sus bramidos y había querido reducir al animal al silencio, sin embargo la operación concluyó con un resultado inesperado y el grito equino se transformó en una suerte de silbido. El hombre se deshizo de la bestia donándola al hospital. Aparte de esas limitaciones, el animal, de unos treinta años, parecía robusto.

—¿Qué dirección? —preguntó Azlan, a quien le gustaba llevar las riendas y con quien el animal se mostraba menos caprichoso.

—¡A la rue Saint-Nicolas, al patio del Infierno!

—¿El patio del Infierno?

—Cerca de la posada de los Trois Maures. ¿No sabes dónde está?

Era uno de los lugares de peor reputación de la ciudad. Había allí unos establos que los franceses habían utilizado para sus monturas durante la ocupación. Hubo numerosos altercados entre ellos y los inquilinos vecinos, fieles al duque exiliado, que se saldaron con varios muertos.

—Los franceses ya no están ahí, pero parece que el patio desea conservar su reputación —concluyó François.

Al llegar al lugar, varios guardias a pie de una compañía de la policía que se alojaban cerca de allí habían alejado a los curiosos y cerrado el patio. Un hombre, tendido boca abajo, flotaba sobre un charco de sangre.

—Curiosa manera de aprender a nadar —dijo François al tiempo que se arremangaba la camisa.

Un testigo presencial explicó que lo habían hallado así hacía una hora y que nadie se había atrevido a tocarlo. François le dio la vuelta con la ayuda de Azlan y constató que estaba muerto. El hombre tenía una contusión en la frente y otra en el tórax, que le había provocado el hundimiento de la caja torácica. De la nariz y la boca manaba sangre seca.

—¿No te parece anormal? —preguntó Azlan sin que nadie lo oyera.

—¿Un muerto aquí? No, diría incluso que hay que tener poca imaginación para venir a matarse en este cuchitril.

—Tanta sangre… ¡Mira! ¿Cómo lo explicas? ¡No hay ni una sola herida!

—Ayúdame a llevarlo a la carreta. Y tú no deberías venir a trabajar hecho un pincel: ¡te vas a manchar tu bonito traje blanco!

Azlan dejó la chaqueta en la carreta y se arremangó a su vez. Transportaron el cuerpo sobre una plancha que les servía de camilla y lo depositaron con dificultad en la parte posterior del vehículo mientras la mula daba muestras de nerviosismo y chillaba sin cesar. Azlan calmó al animal y volvió al patio en busca de alguna pista.

—¿Una pista? —se sorprendió François—. Pero si no hay nada que comprender. El guardia me ha dicho que era uno de los guarnicioneros de los establos. Se ha acercado a un caballo que le ha soltado un par de coces. Ha conseguido salir del establo y ha caído ahí, a nuestros pies. Me apuesto a que tiene los órganos hechos trizas. Ha meado sangre por todos sus orificios. Bastará que le hagas la autopsia, ¡será un buen ejercicio para ti!

—Acepto la apuesta: si te has equivocado, me deberás una caja de tu vino.

—Eh, no corras tanto, que no tengo...

Los interrumpió el ruido de una caída procedente de la calle. Los mirones aún presentes gritaron.

La mula se había desplomado, víctima de un paro cardíaco. Su lengua azulada le colgaba de la boca. El animal, que padecía un soplo del corazón, no había soportado la tensión y el calor reinantes. El espectáculo del animal muerto causó un pésimo efecto entre los congregados, que vieron en ello un signo del Maligno. La mayoría se fue a toda prisa. Los más valientes se aproximaron con prudencia a la carreta, que se había inclinado hacia delante y cuyas ruedas traseras ya no tocaban el suelo.

Azlan se había arrodillado junto al animal y trataba de reanimarlo palmeándole el cuello.

—Es inútil —dijo François—, todo acabó para esta bestia. Avisaré a un carnicero del matadero para que venga a por ella.

—Crees que... —comenzó Azlan al ver las expresiones de incredulidad y la gente que se santiguaba a su alrededor.

—Lo único que creo, muchacho, es que tenemos un cadáver entre las manos y no disponemos de medio alguno para llevarlo a Saint-Charles, aparte de la tabla.

—Podríamos pedir...

—Nadie nos prestará ningún vehículo para ese desgraciado, pues todos piensan que hay algo diabólico.

—Quisiera…

—No le des más vueltas. Vamos a sacarlo de ahí antes de que se nos presente el clero.

El Erizo Blanco apartó la lona del toldo de la parte posterior de la carreta.

—¿Qué haces? —le preguntó cuando vio que el joven se disponía a subirse a la carreta.

—Tengo una idea para la carreta. Si consientes dejarme hablar a mí y me das tu caja de vino, no nos iremos a pie.

***

El haiduque bostezó sin comedimiento. Desde hacía tres horas vigilaba los camellos y las mulas en una de las dependencias del bastión de Haussonville y no había visto a nadie. Su uniforme de gala, coronado con un sombrero de terciopelo verde y una pluma de faisán, lo mantenía caliente. Los animales, que habían despertado la admiración general durante el desfile del duque, estaban encerrados desde entonces en un improvisado vallado, bajo una inmensa bóveda abierta debajo de la fortificación, a la espera de próximas celebraciones en la ciudad. El lugar, aunque se hallaba abierto a los cuatro vientos, apestaba debido a los excrementos de los animales, y día y noche resonaban bramidos y gritos de los camellos allí alojados, cosa de la que no cesaban de quejarse los vecinos sin resultado: lo provisional adquiría un aire definitivo y para todos el lugar era ya la Bóveda de los Camellos. Los habitantes habían tomado por costumbre ir a admirar a los nueve representantes de la familia de los camélidos, anunciados como botín de guerra de los otomanos, y cuyo exótico aspecto no cesaba de despertarles la curiosidad y de animar sus conversaciones. Las mulas, más numerosas, sufrían la comparación y despertaban nulo interés en los visitantes. Azlan le había propuesto a François tomar prestada una para regresar al hospital, convencido de que nadie se daría cuenta antes de devolver el animal.

El soldado vio acercarse a Azlan, mirando a los animales y hablándoles en húngaro. Reconoció a uno de los miembros del equipo de los cirujanos que habían pertenecido a las tropas lorenesas del duque Leopoldo. Había olvidado su nombre, pero recordaba un episodio de la batalla de Timisoara durante el cual él mismo fue atendido en el hospital de campaña. Desde su llegada a Nancy, los ocho haiduques, que en su mayoría no hablaban francés, vivían al margen y se habían visto relegados a tareas subalternas. A veces los llamaban a la corte para que ejecutaran unas danzas húngaras en alguna fiesta, actividad a la que había quedado reducido el terror de los bravos guerreros que habían sido. Su soldada, veinte soles diarios, les permitía pocas fantasías y casi todos habían encontrado esposa entre el pueblo ducal. La falta de actividad y la añoranza de su tierra se habían apoderado de ellos y algunos pensaban ya en volver a su *puszta** natal. El hombre, de bigote ancho y poblado, era de la región de Buda y Azlan, aunque jamás hubiera estado allí, se inventó una infancia en los barrios lujosos de la ciudad, de los que había oído hablar a Babik. El soldado, impresionado al hallar en Nancy a un compatriota cuyo aspecto y modales parecían indicar que era de la burguesía o de la nobleza húngara, olvidó toda prudencia y aceptó la invitación de compartir un vaso de vino en la taberna más cercana. Los animales estaban todos atados a unas anillas fijadas al muro y el relevo de la guardia no tendría lugar hasta la noche, así que podía concederse una pausa en una actividad que consideraba indigna de su estatuto de guerrero vencedor de los turcos. Cogió su maza, apoyada contra una de las columnas, y lo siguió.

François, oculto en un rincón del bastión, vio cómo Azlan abandonaba el lugar en compañía del haiduque y se dirigió despreocupadamente hacia la manada. No pudo evitar soltar una maldición cuando el olor acre de las boñigas y cagarrutas saturó su olfato. Na-

* Inmensa llanura que forma las estepas de Hungría.

die había limpiado aquel sitio y la paja, ya vieja, estaba sembrada de excrementos de pequeño tamaño que le era imposible evitar.

—¡Malditos animales! —exclamó cuando estuvo a punto de rodar por los suelos tras resbalar sobre uno de ellos.

Dos chiquillos, sentados en un rincón cerca de una de las columnas de base cuadrada, se echaron a reír. El Erizo Blanco se acercó a ellos con aspecto amenazador para hacerlos huir, cosa que hicieron entre gritos. Sus chillidos resonaron en eco entre los arcos de las bóvedas.

«Empezamos bien», se dijo maldiciendo para sus adentros.

François se concentró en elegir una mula que fuera vigorosa pero lo bastante dócil como para seguirlo sin refunfuñar. La idea de Azlan le había parecido ingeniosa, pero no le bastaba tomarla prestada. La necesidad de un tiro para la carreta del hospital era crucial y estaba decidido a utilizar las relaciones de Nicolas con el duque y el conde de Carlingford para que validaran un hecho consumado. Pasó revista a los animales una primera vez y luego otra, sin acabar de decidirse. Uno de los camellos se volvió a su paso y emitió un borborigmo potente que lo roció de gotas de saliva. Abrió la boca, mostrando unos dientes gastados y una lengua inmensa que dejó colgar mientras masticaba perezosamente una bola de paja.

François se encogió de hombros y retomó su búsqueda, convencido de que Dios había creado a esas criaturas con la única intención de conformar al hombre ante un destino que hubiera podido ser peor. Le echó el ojo a una de las mulas más grandes y desanudó la brida que la ataba a la anilla. El animal lo siguió dócilmente unos veinte metros y luego se detuvo en medio del camino, plantado sobre sus cascos, negándose a avanzar o retroceder. François trató de convencerla suavemente y luego con dureza, pero no hubo manera. Se subió a su lomo, se agarró a las crines y la espoleó con los talones sin que con ello lograra nada.

A la entrada del bastión resonaron unos pasos. François murmuró una sarta de insultos al oído de la mula y eso lo alivió en cierta medida, pero no causó reacción alguna en el animal, y luego se escondió entre los camellos. Los dos chiquillos regresaban acompañados por varios adultos en busca del vagabundo que los había agredido.

«¿Un vagabundo? ¿Agredidos? —murmuró para sí—. ¡Menudos zarrapastrosos, esos chiquillos!»

Se pegó contra el cuello de uno de los camélidos, que tuvo la ocurrencia de robarle su gorro. François no se atrevió a moverse, pero no fue ese el caso de la mula. Los chiquillos avisaron a gritos a los adultos cuando el animal se dirigió al trote hacia la salida. Todos corrieron tras ella y se dirigieron hacia la explanada a la que había huido, y eso permitió al cirujano recuperar su gorro, babeado y arrugado, y llevar a cabo la decisión que acababa de tomar. No tenía intención de rendirse ni de volver andando.

La carreta del hospital remontaba lentamente la rue du Moulin bajo las miradas de asombro de los habitantes. A su paso cesaba toda actividad, los curiosos salían de sus casas y los niños que acompañaban al vehículo eran cada vez más numerosos.

Azlan sentía una tremenda sensación de ridículo. Había uncido al animal sin decir palabra, empuñó las riendas y conservó el mutismo a lo largo de todo el trayecto.

—Sé que no me lo perdonas —repitió François, que trataba de nuevo de calmar la ira de su amigo—, pero no he encontrado otra solución.

—Mi idea era que nadie sospechara nada, y no ofrecer un espectáculo de saltimbanquis por las calles de la ciudad —dijo el chico interrumpiendo su silencio.

Miró la cabeza del camello, que oscilaba al ritmo lento de sus pasos, que desaparecía por momentos detrás de sus jorobas o volviéndose a derecha e izquierda, con la lengua colgando y emitiendo unos bramidos roncos que asustaban a los transeúntes.

—No solo el haiduque ya habrá avisado a la policía, sino que además nos cubrimos de vergüenza paseando de esta guisa ante todo el mundo. Tengo la impresión de revivir el carnaval del año pasado —añadió Azlan, que ni siquiera miraba a François—. ¡Salvo que hoy el carnaval somos tú y yo!

—Olvida eso, tenemos un tiro de lo más robusto y fiable. Estos animales, según parece, pueden atravesar el desierto sin beber, comer ni lamentarse. ¡Todo lo contrario de los asnos! Es una buena incorporación al hospital —concluyó tratando de ser convincente.

—Y nosotros somos carne de presidio: ¡la verdad es que hemos robado un trofeo del duque!

—Basta de lamentarte, hijo, no te preocupes. Nicolas y Rosa pronto resolverán el asunto. Nosotros simplemente tratamos de que sus hospitales funcionen de la mejor manera posible —añadió el Erizo Blanco.

Un grupo de chavalines que los seguía desde hacía varias calles se mofó de ellos.

—¿Has oído? —preguntó François.

—¿Qué?

—¡Esos mocosos nos han llamado *ragotins*!

Hizo gestos con los brazos como si quisiera espantarlos.

—¡Vamos, largaos! ¡Fuera!

Los pocos adultos presentes manifestaron su reprobación ante la reacción de François. Este se puso en pie.

—¿No tenéis nada mejor que hacer que seguirnos? ¿Jamás habéis visto una ambulancia volante? Miraos, parecéis vacas frente a un portón nuevo —les reprochó.

Azlan tiró de la camisa de François para obligarlo a sentarse de nuevo, y lo hizo, aunque siguió mirándolos enojado.

—¡Me han hecho enfadar! —dijo para justificarse.

—Ya estamos llegando —indicó Azlan, y señaló con el dedo el edificio de Saint-Charles—. ¿Qué es un *ragotin*?

***

Sébastien Maroiscy hizo un besamanos a Rosa y estrechó firmemente la mano de Nicolas.

—Estoy muy contento de haber llegado a un acuerdo —declaró mientras prolongaba el apretón de manos—. Vuestro tratado de remedios vulnerarios será una obra bella y útil. Volveré a Nancy dentro de seis meses. ¿Pensáis que ya habréis acabado de escribirlo?

Nicolas no prestó atención al final de la frase: la carreta acababa de detenerse frente a la puerta de entrada, a apenas unos metros de ellos.

François descendió y ahuyentó con la mano, como si se tratara de moscas, a los últimos curiosos agolpados junto al camello, sin éxito. Desistió y abrió la lona trasera, descubriendo el cadáver ensangrentado. Los curiosos se dispersaron rápidamente. El Erizo Blanco abandonó la carreta y entró saludando a Maroiscy.

—¿Qué ha sucedido...? ¿Dónde está la mula? —preguntó Nicolas, que se había percatado de su ceño fruncido.

—Pregúntale a tu asistente, él te lo contará. Yo subo a descansar. ¡Estoy rendido!

Azlan, que lo seguía de cerca, recibió una cascada de preguntas a las que respondió cabizbajo, como un adolescente al que hubieran castigado. Dio una versión completa de los acontecimientos. Nicolas decidió dirigirse sin más dilación al palacio ducal para interceder por ellos y poder conservar al animal. Maroiscy los saludó una última vez y montó en su carroza tras acariciarle el cuello al camello, que, impasible, permanecía como una esfinge. Nicolas y Azlan descargaron el cadáver de la carreta y lo transportaron hasta la mesa que utilizaban para las autopsias.

—Espero estar pronto de regreso. Mientras, puedes empezar la autopsia sin mí. Has visto suficientes para saber qué hay que hacer y en qué orden. Si tienes cualquier duda, haz que te ayude François; no dudes en despertarlo, últimamente duerme demasiado. Tengo curiosidad por saber cómo este desgraciado ha quedado en semejante estado. ¿Alguna pregunta?

—Solo una: ¿qué es un *ragotin*?

—Rosa te lo explicará.

Nicolas entró en el palacio por la pequeña portería y saludó al mono esculpido sin ni siquiera mirarlo. El duque se hallaba ocupado en una sesión del Consejo de Estado, pero pudo entrevistarse con el conde de Carlingford. Este aún no había sido prevenido por la policía del robo del animal y prometió a Nicolas que intercedería en su favor para pedir al soberano que el animal se entregara al hospital Saint-Charles. Ambos sabían, dado que habían visto muchos durante la campaña de Hungría, que los camellos de los otomanos eran capaces de efectuar diversas tareas con una resistencia superior a la de los caballos más robustos.

—El pobre diablo al que habéis hallado muerto en el patio del Infierno, ¿ha sido víctima de otra riña? —preguntó el conde.

—No lo creo. Según nuestras primeras constataciones, no tenía ninguna herida intencionada. Estamos realizando la autopsia, os tendré al corriente.

—Os lo agradeceré. Detesto que la gente se mate en nuestra ciudad. Acabaré por prohibir la tenencia de todo tipo de armas.

Se saludaron y, en el momento de salir, Carlingford se dirigió a él.

—Por cierto, Nicolas, tenía otra pregunta. No estáis obligado a responder, pues es personal: ¿tenéis intención de contraer matrimonio con la marquesa de Cornelli?

El cirujano no ocultó su sorpresa.

—Dios mío, os confieso que aún no he pensado en ello.

—Pensadlo, seríamos muy favorables, pero que muy favorables... —dijo Carlingford, y dejó la frase inconclusa.

—¿Mi presencia junto a la marquesa supone un problema? ¿Alguien se ha quejado?

—No, no, pero esta situación no puede prolongarse, por la honorabilidad de ambos. Y dado que parece que sentís mutuos y tiernos sentimientos, nada se opone a ello. Creo que me comprendéis.

Nicolas asintió en silencio y salió. Por supuesto, había pensado y pensaba en ello a diario. La cuestión lo atormentaba.

Al cruzar el patio interior, Leopoldo lo llamó. Salía de la galería de los Ciervos con sus consejeros y se precipitó sobre él, asiéndolo del brazo.

—Maese Déruet, querido Nicolas. ¡Hacía mucho tiempo que no os veíamos por aquí!

El cirujano le explicó el motivo de su presencia. Al duque la anécdota le pareció divertida y la idea de contar con el camello en Saint-Charles se le antojó innovadora. Recordaron la batalla de Timisoara mientras los ministros aguardaban respetuosos a unos metros de ellos a que la jornada del duque retomara su curso.

—Desearía sinceramente que reconsiderarais mi propuesta de crear una cátedra de cirugía en la facultad de Medicina de Pont-à-Mousson —dijo Leopoldo bajando la voz—. Estoy tratando de convencer al decano de que acepte vuestra candidatura.

—Os agradezco ese honor, alteza, pero tengo mucho que hacer en Saint-Charles y me siento bien allí. Hay numerosos cirujanos ilustres para ese puesto en la facultad.

—Si no os conociera tanto, querido amigo, vuestra modestia me parecería sospechosa. Tenemos buenos cirujanos en el ducado, pero necesito a alguien excepcional para hacerse cargo de la formación de los alumnos. Y para enfrentarse a los médicos que presionan para que esa cátedra no se haga realidad. Prometedme que al menos pensaréis en ello.

—Lo haré, alteza.

—Hay una última cosa que os quería decir —añadió Leopoldo, y se alejó un poco más del grupo de cortesanos—. Estoy muy contento de vuestra relación con nuestra querida marquesa de Cornelli, todos nos alegramos de ello. Pero ¿no será su presencia el motivo que os impide instalaros en Pont-à-Mousson? Sois hombre de sentimiento y pasión, pero a veces hay que saber dejar de lado el interés amoroso para privilegiar el interés colectivo. ¿Y quién sabe si allí no encontraríais a una mujer aún más notable?

—Me alegra constatar que hoy todo el mundo se preocupa por los asuntos de mi corazón. Os prometo que también pensaré en ello.

—No prestéis atención a los demás: siempre he sido buen consejero en asuntos amorosos.

Habían transcurrido dos horas cuando regresó al hospital. Azlan lo aguardaba en la cocina, con aspecto contrariado, sentado a la mesa escribiendo el informe de su autopsia. Cuando vio entrar a Nicolas, se puso en pie precipitadamente y de un salto fue a su lado, conduciéndolo hacia la sala donde estaba tendido el cadáver, con las vísceras alineadas junto al cuerpo.

—Tenemos un problema —dijo tras cerrar la puerta y dar una vuelta a la llave.

—¿De qué tipo? —preguntó el cirujano, que temía una enfermedad contagiosa.

—No murió de una coz. Creo que fue envenenado.

Azlan había observado diversos hematomas de tamaño anormal en los principales órganos.

—¿Tienes un escalpelo? —preguntó Nicolas mientras se acercaba al cuerpo.

Hizo una incisión en el hígado, del que brotó sangre líquida.

—Efectivamente, debería tener una consistencia más viscosa... Podría tratarse de una de esas enfermedades en las que los humores permanecen fluidos en caso de derrame.

—Podría ser, pero hay otro elemento —prosiguió Azlan.

Le relató la desaparición del bote que contenía el remedio anticoagulante.

—¿Supones que hay relación entre la muerte de este individuo y el hecho de que no encontremos nuestro bote? —preguntó Nicolas, y dejó el bisturí—. Tal vez alguien lo haya guardado en otro lugar sin darse cuenta. O alguien podría haberlo roto sin querer. Preguntaremos a las monjas, debe de haber alguna explicación sencilla.

—No merece la pena. Ya tengo la explicación.

Azlan cogió un trapo enrollado como una bola y lo abrió.

—Hay una última cosa que quería mostrarte.

Presentó a Nicolas un objeto en varios trozos.

—He encontrado esto en su estómago.

Azlan reconstruyó el objeto. Nicolas reconoció el cuchillo del farandulero por los dibujos grabados en la empuñadura.

—¿Y qué hacemos ahora?

***

Despertaron a François, con las dificultades inherentes al carácter del Erizo Blanco, y fueron a casa de este para aislarse y tomar una decisión. El cuchillo reconstruido presidía el centro de la mesa alrededor de la cual se hallaban sentados los tres amigos. Un largo silencio siguió a la descripción de Azlan. No había la menor duda de que el fiambre era el torturador del farandulero y que este se había vengado infligiéndole el mismo castigo.

—Con la diferencia de que no le ha dejado ninguna oportunidad al obligarlo a beber ese remedio contra la sangre espesa —dijo François mientras servía unos vasos de su vino.

De nuevo el silencio se adueñó de la pequeña estancia en la planta baja de la casa en la esquina de la rue des Maréchaux, que el Erizo Blanco alquilaba por un precio que consideraba exorbitante, más aún puesto que cada vez con más frecuencia la dejaba en provecho de su habitación en Saint-Charles. Uno de los cristales de la ventana estaba roto y ni siquiera lo había cambiado, pues tenía intención de mudarse definitivamente antes del invierno. La propia calle no tenía ningún encanto especial. Situada en el casco antiguo, no lejos de la place de la Carrière, estaba compuesta por casas modestas en la parte norte, que se hallaban frente a unas edificaciones pegadas contra el camino de ronda de las fortificaciones. Allí vivían obreros y artesanos con sus familias y los chavales lo habían convertido en su terreno de juego.

Uno de los críos fue a sentarse ante la entrada, bajo la ventana, como tenía por costumbre, y sacó unos huesecillos de carnero de su bolsillo. Oyó la animada conversación entre los tres cirujanos y los escuchó mientras lanzaba las tabas que su padre le había traído del matadero. Los tres hombres no parecían estar de acuerdo, pero el chiquillo no comprendía el motivo de su discusión. Jugó varias partidas y las ganó todas a pesar de que la dificultad iba en aumento. Logró una *retournette* al atrapar en el dorso de la mano cuatro de las cinco tabas lanzadas y luego suspiró. Su amigo Rémy pasó con su padre. Lo invitó a jugar con él, pero el niño iba al campo a segar la hierba. Suspiró de nuevo. A su espalda, el debate era enconado y las tres voces argumentaban sus opiniones. Intentó una *omelette*, variante que siempre le planteaba problemas dado el tamaño de sus manitas comparado con el de los huesos utilizados en el juego. Salió airoso de los primeros lanzamientos e inició una nueva figura que consistía en tratar de capturar las dos últimas tabas a la vez que tiraba las otras tres. En el momento en que iba a atraparlas, la puerta se abrió bruscamente. Se sobresaltó y soltó todas las tabas. El adulto que salió pisó uno de los huesos y se disculpó.

—Perdona, muchacho.

El hombre se volvió y desapareció por el bastión de Haussonville. El niño recogió su juego y se alejó de la entrada en el momento en que los otros dos también salían.

—Es un secreto entre los tres. Nadie más debe saberlo. Respetará su palabra —dijo el más joven de los dos.

El niño los vio alejarse.

La velada acabó en un ambiente de estudio, como observó Rosa. Cuando Azlan le pidió, tras la cena, que le describiera un *ragotin*, ella se echó a reír y le puso entre las manos un ejemplar del *Roman comique* de Scarron.*

—Ahí hallarás la respuesta —dijo ella.

Se puso a leerlo mientras Nicolas trabajaba en la redacción de varias monografías para su tratado. Cada uno se hallaba en un ángulo del pequeño salón en medio del cual se sentó Rosa, frente a la ventana.

—Me siento abandonada, ¿será ya a consecuencia de la edad? —bromeó mientras abría su abanico y los miraba a uno y a otro.

Nicolas le sonrió, fue hasta ella, la besó y la abanicó.

—Yo estoy instruyéndome —respondió Azlan—. No soy el amante oficial y por ello no tengo las cargas correspondientes —añadió con malicia.

* Un *ragotin* es un hombre bajito y contrahecho. La voz procede del nombre de un personaje bufonesco que aparece en *Le Roman comique*, obra de Paul Scarron (1610-1660), cuya primera parte vio la luz en 1651 y la segunda en 1657. *(N. del T.)*

—Estamos al alba de un nuevo siglo y la juventud reniega de la generosidad gratuita —dijo ella falsamente indignada—. ¿Adónde va el mundo?

—¡La culpa es de Scarron! ¿Puedo quedarme con esta novela? Ya he hallado la respuesta, pero quisiera acabar de leerla.

—Por supuesto, Azlan —respondió Rosa al tiempo que se ponía en pie—. Todos estos libros están a tu disposición —añadió mientras señalaba los ejemplares de la biblioteca—, así como todos los de las librerías de Nancy. Emborráchate de lecturas, jamás estarás saciado ni harto.

Se sentó sobre las rodillas de Nicolas y lo abrazó.

—Me gustaría disfrutar de la felicidad de una vida larga para poder leeros las obras de los grandes autores —dijo. Después se acercó a su oído y murmuró—: No conozco acto más sensual, aparte del propio amor, que acariciaros con las palabras de otros, ángel mío.

Azlan se puso en pie.

—La juventud se retira, el tacto le recomienda cierta discreción —dijo a modo de despedida.

—Contigo, el mundo está a salvo —replicó Rosa.

Ella también se puso en pie y le besó en la frente.

En el momento de salir de la habitación, Azlan se volvió hacia ellos.

—¡La verdad es que François sí tiene algo de *ragotin*! —dijo.

Dos días después, el entierro del guarnicionero reunió a una decena de personas, entre las que se contaban dos primos que eran su única familia, sus vecinos y los tres cirujanos de Saint-Charles. El hombre, con fama de arrogante y pendenciero, no tenía amigos conocidos y no dejó ni descendientes ni deudas, para alivio de los primos. Nadie lloró el trágico fin de aquel tipo que siempre fue rudo con los animales, y la coz fatal fue aceptada por todo el mundo como un signo del destino. Lo enterraron a las tres de la tarde en el cementerio des Soeurs Grises, el 21 de junio, día del solsticio de verano.

***

El mes de julio trajo una placentera dosis de calor que el duque aprovechó para organizar unas cuantas batidas de caza, mientras la duquesa, embarazada de su primer hijo, iniciaba el octavo mes de gestación y se preparaba para trasladarse a Bar-le-Duc para dar a luz. A Leopoldo le costó que aceptara esa antigua costumbre familiar, pero Isabel Carlota acabó por ceder. Los baúles estaban dispuestos para partir antes incluso que la duquesa. Todas las iglesias habían programado los días y horas de plegarias para acompañar las últimas semanas antes del parto.

Entre los regalos de los súbditos, el duque había recibido de parte de los notables de los Vosgos dos perlas pescadas en el Vologne. El río, que nacía en lo alto del macizo, por encima de la ciudad de Gérardmer, tenía fama de poseer en su lecho ostras de agua dulce que contenían elevadas cantidades de perlas salvajes. A Leopoldo se le había metido en la cabeza hallar suficientes para hacer un collar y obsequiárselo a su esposa tras el nacimiento de su hijo. Pidió a Carlingford que redactara un edicto por el que la pesca de perlas en el Vologne se reservaba a su uso exclusivo y aguardó a que Isabel Carlota se marchara para llevarse a la corte en busca de las más bellas gemas.

El 26 de julio, el duque y su séquito de diez carrozas y treinta guardias dejó Nancy y llegó a Cheniménil, un pequeño pueblo junto al curso corto y sinuoso del Vologne, que contaba con una residencia señorial suficientemente grande para alojar al duque. Se había empeñado en llevarse a Nicolas en previsión de las heridas y contusiones que a buen seguro se producirían en el transcurso de la búsqueda en el río. Una gran tienda fue alzada en un lugar donde la orilla se había prolongado sobre un prado de hierba corta. Los gentilhombres del séquito ducal se habían descalzado e iban a torso desnudo, y se adentraron en el arroyo de agua límpida en busca de los moluscos que sobresalían del cieno. Las mujeres se habían sentado a la sombra y acompañaban sus comentarios acerca de la marcha de la búsqueda con risas a veces burlonas y a veces admirativas. Más alejado, el duque, rodeado de Carlingford y del padre Le Bègue, conversaba con el potentado local, que le explicaba cómo algunos campesinos habían resistido contra los franceses convirtiéndose en *schenapans* guarecidos en el bosque. Leopoldo aprovechó para informarse acerca de la calidad de la caza en el perímetro de Cheniménil y prometió volver para organizar una batida ese mismo año, cosa que halagó a su anfitrión. El príncipe Francisco, su hermano pequeño, que debido a su corta edad no había sido autorizado a bañarse, fue a buscarlo para regresar a Nancy: añoraba a sus gatitos.

Los pescadores aficionados demostraron ser torpes, a pesar de las recomendaciones de un campesino que el señor local había enviado para que los guiara. Todos estaban obsesionados por sacar del agua la perla más bella para ser el primero en depositarla en la cajita forrada de terciopelo que Leopoldo tenía junto a él. Sin embargo, la mayoría de las ostras no contenían nada. Desanimados por la dificultad, los buscadores ni siquiera se tomaban la molestia de verificar que las ostras tuvieran en su superficie la pequeña hinchazón característica de la presencia de una perla. Sacaban los moluscos del agua, arrancaban sus caparazones y los tiraban con desdén una vez habían comprobado su infortunio.

Algunas ostras contenían pequeñas perlas oscuras e irregulares, que no eran lo bastante bonitas para el collar de la duquesa pero tenían valor suficiente para ser revendidas.

El duque de Elbeuf, que formaba parte de la comitiva, se sumergió en un lugar donde el río formaba un codo y salió del agua exclamando:

—¡Aquí hay muchísimas, el suelo está negro! ¡Venid!

Todos corrieron y buscaron febrilmente en una zona de diez metros cuadrados. El agua pronto se enlodó debido a las pisadas de los pescadores y la superficie se cubrió de conchas vacías destripadas.

El granjero, al que ya nadie escuchaba, se reunió con Nicolas y Rosa, que se habían sentado sobre la hierba alejados de la agitación reinante.

—¡Tengo una! —gritó Elbeuf—. ¡Una blanca!

La mostró en derredor y salió para presentársela a Leopoldo, que le tendió la caja. La gema era de un color lechoso irregular y de pequeño tamaño, pero el descubrimiento, tras más de dos horas, supuso un nuevo impulso a la motivación de los pescadores y significó que las ostras que hasta entonces se habían salvado tenían las horas contadas.

El anciano meneó la cabeza disgustado.

—Ochenta años —murmuró para sus adentros. Se volvió hacia Nicolas y añadió—: Esos moluscos viven ochenta años, mucho más que cualquier rey o príncipe de este mundo. ¿Os dais cuenta del tiempo que necesitan para alcanzar la madurez? Vos y vuestra dama ya no estaréis aquí cuando esta parte del Vologne esté de nuevo repoblada de ostras. Mis nietos tendrán que esperar a alcanzar mi edad para volver a ver perlas aquí.

—Lo lamento —respondió Nicolas.

—¿Por qué hace eso el duque? ¿Por qué deja que su gente saquee nuestro río?

Los cortesanos habían acabado por abandonar el lugar y buscaban unos metros más arriba. El cieno removido y los restos de los moluscos pasaron ante ellos. El agua había perdido su apariencia cristalina.

—Creo que solo desea complacer a su esposa y no es consciente de lo que me habéis explicado —dijo Nicolas mientras observaba a Leopoldo, que daba la espalda a los pescadores y jugaba a boliche con el príncipe Francisco—. ¿Me acompañáis?

Ayudó al anciano a ponerse en pie y aguardó a que acabara la partida para presentarse al duque, que escuchó con gran interés. Leopoldo se disculpó e hizo que todos los hombres salieran del agua.

—Las cosas claras, anciano: no renuncio al collar de la duquesa. Estas tierras y este río me pertenecen y dispondré en todo momento de ellos como mejor me plazca. Sin embargo, vuestros argumentos son razonables. No quiero destruir este recurso tan frágil. Enviaremos soldados que patrullarán junto al Vologne, unos guardaperlas, para evitar la degradación y, con vuestra ayuda, aprenderán el arte de esta pesca.

—Las palabras de vuestra alteza son sabias, a pesar de vuestra juventud. Podéis estar seguro de que siempre seremos vuestros devotos súbditos, como vos mismo sois un devoto de la tierra de vuestros antepasados —dijo el viejo granjero, y se alejó respetuosamente.

Nadie prestó atención al breve cruce de miradas entre Leopoldo y Carlingford. El día era idílico, el viento hacía que las hojas interpretaran una agradable partitura, acompañadas por bandadas de gorriones y carboneros, el río cantaba en su lecho y las risas de los cortesanos habían dejado sus intenciones ocultas en el palacio ducal. Era uno de esos momentos en los que a Nicolas le hubieran podido entrar ganas de retomar el camino, de recobrar el aliento de la libertad, pero la presencia de Rosa, su perfume y su sonrisa hacían simplemente imposible esa idea. Ella se había convertido en su libertad. Se abrazó con más fuerza a ella. Rosa le devolvió el abrazo y tuvo un pensamiento para la duquesa, que, acompañada de la señora De Lillebonne, acababa de llegar a Bar y se disponía a dar a luz.

14

París, noviembre de 1699

El hijo del soberano nació el 26 de agosto de 1699. Su padre decretó ocho días de fiesta. Los comercios cerraron, se lanzaron fuegos de artificio, una fuente de vino manó frente al ayuntamiento y el hospital Saint-Charles se llenó de pacientes. La madre y el recién nacido regresaron a Nancy el 8 de octubre y el duque, radiante, pudo ver a su hijo. A principios de otoño, Isabel Carlota tuvo otro motivo de satisfacción: Leopoldo por fin había aceptado ir a Versalles para rendir homenaje al rey, algo que le debía en tanto que soberano del Barrois. Vería de nuevo a sus parientes y viviría los fastos cortesanos a la francesa. Una vez resueltas las cuestiones de etiqueta, la familia ducal partió acompañada de un importante séquito con intención de llegar al palacio real el 20 de noviembre.

—¿Qué os parece?

François adoptó una actitud orgullosa ante su embarcación. La construcción había terminado: la *Nina* acababa de recibir sus velas.

—Me alegro mucho por ti —dijo Nicolas antes de palmearle el hombro.

—Sí —añadió Azlan—, y más aún porque hacía tiempo que ya no confiábamos en ello.

El Erizo Blanco vio pasar una nube negra ante sus ojos, pero escampó.

—No te lo echo en cara, muchacho. Os confesaré que yo también he tenido momentos de duda, sobre todo cuando las primeras velas se quemaron en la fábrica. Pero aquí está —añadió con la voz tomada por la emoción.

Se aproximó a su embarcación para que nadie viera las lágrimas que le enturbiaban la vista. Pensaba en Jeanne, a la que echaba en falta más de lo que era capaz de confesar.

—Estaría muy orgullosa —le susurró Nicolas, que se había puesto a su lado.

El Erizo Blanco asintió con la cabeza y se secó los ojos con la manga de la camisa. El puerto del Crosne estaba desierto debido al descanso dominical. Un viento del oeste, fresco y penetrante, hacía restallar las velas que François se había empeñado en izar.

—Tendremos que marcharnos —dijo Nicolas, y señaló la carroza en la que los esperaba Rosa.

Ella hizo un signo con la mano al que François respondió.

—Sabes, sin ella no lo habría logrado. Ya no me quedaba dinero.

—¿Ha sido ella…?

—Sí, ella ha pagado las velas. Y me pidió que guardara el secreto. Decírtelo a ti, sin embargo, no supone traicionarla —añadió enseguida—, contigo no es lo mismo, ahora que sois…

El ruido de un chapuzón lo interrumpió.

—¡Azlan! —gritó Nicolas.

El joven había intentado subir a la *Nina* desde el muelle, pero el esquife se había alejado en cuanto puso un pie encima. Cuando llegaron a la zona practicable de la orilla, había logrado subirse a la embarcación, empapado y a costa de un gran esfuerzo.

—Vuelve, vas a coger frío —le ordenó Nicolas.

—¡Baja de ahí ahora mismo, la vas a estropear!

—Soy Jean Bart el bucanero, único patrón a bordo después de Dios —bromeó al tiempo que simulaba un asalto de esgrima.

—¡Y después de mi pie, que te va a dar en plenas posaderas! —rugió François, y asió el cabo que unía el barco a un poste de madera.

Rosa, alertada por los gritos, se había reunido con ellos. Negociaron la rendición del corsario, quien, muerto de frío, fue a cambiarse a la carroza.

—Espero que disfrutéis de la estancia en Versalles —les deseó François una vez estuvieron todos instalados en la carroza—. Y, sobre todo, no os inquietéis por el hospital: nos las apañaremos la mar de bien con nuestro colega de Saint-Jean. En cuanto al pirata ladrón de barcos, tendrá que obtener muchas victorias jugando a pelota si quiere que lo perdone —añadió mientras le estrechaba la mano a Azlan.

Cerró la portezuela.

—De lo contrario, mejor será que pidas asilo en Francia porque tu destino aquí no sería nada halagüeño. Volved pronto, ya os echo en falta —concluyó el Erizo Blanco, y le dio la orden al cochero de ponerse en marcha.

Claude chasqueó la lengua y arreó a los caballos. La torre cuadrada y la grúa del puerto desaparecieron rápidamente. El mástil de la *Nina* siguió siendo visible y acabó por diluirse en el panorama.

***

Recorrieron en cinco días las setenta leguas que los separaban de la capital francesa. El chapuzón de Azlan le costó un fuerte resfriado cuyos síntomas se manifestaron la misma tarde de su partida. Nicolas no logró contenerlo y el joven aún tosía y estornudaba cuando llegaron a los arrabales de París. Contrariamente al duque y su séquito, no se alojaban en el palacio real, sino en casa de una tía de Rosa, casada con Louis de Beserny, uno de los generales del ejército real. Los dos hombres observaban maravillados la ciudad a través de los cristales del vehículo y les parecía tan grande como un país entero. En cada calle reinaba una actividad que la estrecha calzada hacía parecer aún más densa. Al llegar al Pont-Neuf se vieron obligados a detenerse y aguardar la venida de los gendarmes, que regularon la circulación de los vehículos. Dos grandes carruajes tirados por ocho caballos cada uno —Azlan los había contado una y otra vez, incrédulo— se habían hallado frente a frente entre otros vehículos más pequeños, simones y calesas, en medio de los peatones, vendedores ambulantes y sillas de brazos, cuyos porteadores trataban de aprovechar su menor tamaño para abrirse paso, jaleados por sus pasajeros y las invectivas de los otros cocheros.

Nicolas tenía la impresión de que todos los habitantes de París habían decidido darse cita en el Pont-Neuf para enfrentarse en interminables justas verbales. Cuando finalmente lograron cruzar el Sena, el vaho cubría los cristales de la carroza. Lo limpiaron con el dorso de la mano tras dibujar la cabeza del duque y su mentón prognato entre carcajadas que parecieron sospechosas a los dos porteadores de una *vinaigrette*.* Creyendo que se reían de ellos, exigieron a Claude que estacionara su vehículo para explicar las burlas de sus ocupantes, a lo que el cochero respondió haciendo restallar su látigo sobre sus cabezas y disipando así su humor belicoso.

Rosa esperó a que la carroza hubiera cruzado la rue Saint-Honoré para anunciarles la sorpresa que les preparaba.

—Señores, vamos a hacer unas compras para vosotros.

Se detuvieron en la rue Croix-des-Petits-Champs frente a una tienda cuyo nombre estaba inscrito en el frontón con grandes letras de madera dorada.

—*À la Providence* —leyó Azlan—. ¿Qué es?

—Una guantería. Ya es hora de cambiar de modelo —dijo a la vez que tomaba la mano de Nicolas, envuelta en sus vendas ya gastadas—. Y también para ti, Azlan.

Él miró los callos de su palma derecha.

—Es por el roce de la raqueta en mi piel —explicó—. Pero no me duele. No mucho.

—Tienes manos de campesino y no de cirujano —replicó Rosa antes de abrir la portezuela mientras Claude desplegaba el estribo.

* Silla de porteadores montada sobre dos ruedas.

—No podré jugar con guantes —objetó Azlan, y buscó el apoyo de Nicolas.

—Rosa lleva razón, tienes que protegerte las manos si quieres conservar las sensaciones con el instrumental.

—Para eso tendrían que dejarme operar —replicó—. En ese caso, aceptaría.

—Maese Déruet, el mensaje es muy claro —dijo Rosa cuando un empleado les abría la puerta.

La tienda, de dimensiones modestas, se dividía en dos partes: una para los guantes, que contaba con una pared entera de cajones que contenían muestras de pieles, y otra para los perfumes, que disponía de dos estanterías de frascos de olores aromáticos. Las dos estaban unidas por un mostrador desde el que el comerciante avanzó hacia ellos inundándolos de reverencias y fórmulas grandilocuentes.

—¿Le conocéis? —susurró Nicolas a Rosa cuando los invitaba a tomar asiento.

—No, solo me he hecho anunciar. Estamos en París, querido, y la competencia entre comerciantes es muy dura.

—Señora marquesa, caballeros —dijo el hombre tras la enésima reverencia—, ¿a qué debo el honor de vuestra visita?

Nicolas, irritado por aquella obsequiosidad, no le dio tiempo a Rosa de responder.

—Deseamos compraros vuestro establecimiento —respondió con seriedad—. El lugar es ideal para establecer una tienda de porcelanas.

El maestro guantero tuvo un instante de pánico.

—Pero… es que… ¿Porcelana, decís?

—Sí, porcelana de China. En mi último viaje me traje a un obrero que cuece la porcelana como nadie. Utiliza un procedimiento que da una porcelana idéntica a la de las piezas antiguas. El rey y la corte ya la esperan con impaciencia y la moda se extenderá por todo el país como la viruela. ¿Queréis vender? Decidme un precio y asunto concluido.

Azlan ya no se atrevía a mirarlos por miedo a echarse a reír y había vuelto la cabeza hacia otro lado. Rosa trataba de mantener una apariencia plácida, pero se mordía las mejillas. El hombre se rascó la frente.

—Debo reconocer que vuestra súbita oferta me desconcierta, pero…

Rosa no pudo contenerse y trató de disimular su carcajada con un estornudo. Azlan, que seguía ignorándolos, era presa de unos temblores que ya no lograba dominar. Solo Nicolas permanecía serio.

—¿Qué es ese olor? —preguntó de repente, husmeando el aire.

—¿Olor? —replicó el comerciante cada vez más desconcertado.

—Sí, ese olor que flota en el aire.

—Eso son nuestras muestras de perfume, están compuestas de bases diferentes. También gustan mucho en la corte.

Nicolas olisqueó de nuevo.

—Decidme.

—Hay azahar, jazmín, rosa, limón, madera de cedro, iris de Florencia, bergamota y lavanda, nuestra especialidad.

—Ay, ay, ay, me lo temía. Lavanda…

—¿Qué? —preguntó el hombre, ofuscado—. Nuestra lavanda es una de las más afamadas del reino…

—No, no la critico, pero nuestra porcelana no soporta la lavanda.

—¿Ah, no?

Nicolas alzó las cejas y se dirigió a Rosa meneando la cabeza.

—Veis, querida marquesa, os lo había dicho: lo importante es hallar un lugar completamente neutro. No puede oler a lavanda o a almizcle, puesto que de lo contrario la pintura se fisura —añadió dirigiéndose al guantero.

—¿Se fisura? —preguntó este último, inquieto.

—Sí. Se resquebraja. Es un procedimiento muy especial, ya os lo he dicho, y muy frágil. Lástima, tendremos que renunciar a nuestra oferta. Lo lamento.

—Sí, renunciemos —añadió Rosa, y empezó a respirar aliviada.

—Pero… ¿cuánto me habríais ofrecido? —preguntó el comerciante, preocupado al ver que se le escapaba de las manos un negocio único.

—Olvidémoslo, ya os lo he dicho. Será mejor para todos. Bueno, ¿y si nos enseñarais vuestros guantes? Los míos están pasados de moda —añadió, y se quitó las tiras de paño que envolvían sus manos.

El hombre titubeó y se marchó, apesadumbrado, a la trastienda. Se ausentó diez minutos durante los cuales pudieron recuperar aire y serenarse. A fuerza de contenerse y contorsionarse, a Rosa y a Azlan les dolían los músculos abdominales.

El guantero volvió con varios modelos de cueros y colores y, a pesar de su desengaño, recuperó la profesionalidad. Midió sus dedos para cortar las pieles. Eligieron unos mitones confeccionados con piel de cabritilla, de extrema suavidad. Azlan eligió el color blanco.

—¿Y vos, caballero? —preguntó a Nicolas el maestro perfumista y guantero.

Este recorrió las muestras sin hallar lo que buscaba. Sacó un escalpelo de su bolsillo y lo abrió. El hombre miró con inquietud a Rosa.

—Mi novio es muy puntilloso en la elección de sus ropas —explicó ella, aunque no consiguió tranquilizar al comerciante.

Nicolas se clavó la punta del bisturí en el extremo de su dedo índice e hizo salir una gota de sangre que depositó sobre la hoja en la que el hombre había anotado las medidas.

—Quiero este color —dijo—. El burdeos seco de la sangre coagulada.

—Es por su oficio —aclaró Rosa al guantero desconcertado—. Mi novio es...

—¡No digáis más! —exclamó alzando la mano—. Prefiero ignorar el trabajo de vuestro... novio.

—¿Cuándo cree que podremos tenerlos? —preguntó Azlan.

—Las pieles saldrán hacia casa de la costurera pasado mañana. Digamos, dentro de cinco días.

—¡Es demasiado!

—Nuestro producto está confeccionado a medida, caballero. Hay que tratar el cuero, tensarlo, afinarlo y cortarlo. Solo entonces las partes se cosen con hilo de seda y luego se cepillan, engoman y se tiñen los guantes, del color que solicitan nuestros clientes. Ni siquiera el rey osaría cuestionar este calendario que es la garantía de la calidad de los guantes —concluyó el guantero, que consideraba aquel argumento irrefutable.

—El rey, sin embargo, no tiene previsto jugar a pelota los próximos días y yo sí —respondió Azlan.

El hombre permaneció absolutamente en silencio hasta que salieron de su tienda.

***

La rue du Bout-du-Monde unía las de Montmartre por el oeste y de Montorgueil más al este. No tenía nada destacable, aparte de la presencia de la gran mansión burguesa en la que residía la viuda del general de Berseny, que habría podido acabar mariscal de Francia si una bala de cañón no lo hubiera hecho trizas en un campo de batalla de Flandes doce años antes. Hermana del tío Charles que había educado a Rosa, jamás había regresado a Lorena y había dejado de hacerles llegar noticias tras la muerte de su marido. La petición de su sobrina la sorprendió, pero se sintió honrada de que el séquito del duque, como había denominado a sus tres huéspedes, se acomodara en su casa en lugar de en el palacio real.

La tarde de su llegada a París acompañaron a Leopoldo a la ópera para asistir a la representación de una obra compuesta por Lully. Tras la muerte de este, su yerno ocupó la dirección de la orquesta de la ópera. Como en todas las representaciones de sus obras, la sala estaba llena.

—¿*Proserpina*? —dijo Azlan mientras leía el libreto que habían distribuido a la entrada.

—Los personajes son de la mitología romana —comentó Rosa—. Venid, sentémonos aquí.

En lugar de ocupar el palco a disposición de la corte lorenesa prefirieron sentarse en la platea, cerca del escenario. Las hileras de velas y lámparas de aceite llenaban el local de un humo y un calor que hacían la atmósfera difícilmente respirable. Los olores de sudor se mezclaban con los de los fuertes perfumes que cubrían las ropas. La orquesta se preparaba afinando los instrumentos por grupos sucesivos. Un espectador de edad avanzada se sentó justo delante de Azlan. Llevaba una impresionante peluca que sobrepasaba un palmo lo alto de su cráneo y cubría sus hombros y la parte superior de su espalda con unos enormes tirabuzones amarillentos, abundantemente empolvados. El almidón se adhería con dificultad en los cabellos humanos utilizados para aquel postizo y espolvoreaba a los vecinos a cada movimiento de cabeza.

El joven se limpió la fécula que acababa de caerle sobre la manga de su chaqueta.

—Y además no veo nada. Me tapa toda la vista. Eso no es una peluca, ¡es un pavo con la cola desplegada! —refunfuñó.

Había hablado tan alto que se le había oído. Su vecino de la derecha aprobó y compartió su opinión, pero el molesto espectador permaneció imperturbable. Azlan le dio unos golpes en el hombro. Más bien golpeó sobre los tirabuzones que cubrían el hombro y eso hizo que se elevara una nube blanquecina, sin que el hombre reaccionara.

—No siente nada, su peluca debe de pesar kilo y medio —comentó Nicolas, divertido.

—¿Puedes prestarme tu escalpelo?

Sacó su navaja del bolsillo y se la dio. Azlan la abrió, eligió algunos grandes tirabuzones que sobresalían y los cortó, lo que provocó la risa de toda la fila. Animado por el efecto logrado, prosiguió hasta despejar suficientemente la vista. Satisfecho, devolvió el bisturí a su amigo. El espectador se volvió entonces y lo saludó con una sonrisa, descubriendo una escasa dentición y unas encías violáceas.

—Espero que no os tape la vista —dijo a la vez que mascaba un alimento invisible.

—No pasa nada, gracias —respondió Azlan mientras empujaba con el pie bajo su asiento los restos de cabellos.

—Es por la peluca, demasiado grande para mí. Debería cambiarla, pero es de mi hijo. Murió en la guerra, ¿sabéis? Es el único recuerdo suyo que conservo.

Azlan palideció y miró a Nicolas. Cogió los cabellos que había cortado y dudó de si prevenirlo o no. Cuando iba a tocarle el hombro para avisarlo, Nicolas retuvo su mano.

—Es inútil. Con un poco de suerte nunca se dará cuenta. Es mejor así.

Azlan los guardó en su bolsillo y permaneció un buen rato con los ojos fijos en el suelo, sin atreverse a mirar la espalda mutilada del viejo burgués.

La espera aún se prolongó media hora. La algarabía del público fue en aumento hasta que el director de orquesta apareció y se instaló frente a los músicos. De toda la sala se alzaron aplausos de alivio.

—¿Por qué lleva un bastón? —murmuró Nicolas al oído de su novia.

—Con él marca el compás. A veces tiene tendencia a ser demasiado ruidoso. Sin embargo, son pocos los que saben mostrarse discretos y humildes ante la obra que interpretan, incluso los yernos de los autores.

Rosa apretó la mano de Nicolas con tanta fuerza que sintió los latidos de su corazón en sus venas.

—Me gustaría que un día viajáramos a Italia —declaró ella desinteresándose de la escena—. Os llevaría a Milán, al corazón de la ópera, allí donde los espectadores entusiastas entran en comunión con las obras y se elevan con la música en amorosa fusión. Aquí, si la representación es un éxito, el público apenas corea tímidamente las melodías.

—¿Así que conocéis Italia?

—Por desgracia no, pero mi profesor de canto me ha hecho una descripción tan hermosa que se ha convertido en mi sueño: partir con vos, ángel mío. Tengo un deseo loco de besaros —añadió tras sumergir sus ojos en los de Nicolas.

—Yo también, pero…

—… no estamos solos, lo sé.

—Y no estamos casados.

—Y no estamos casados… —repitió ella.

Rosa se sintió invadida por un deseo infinito acompañado de una evidencia: solo lo amaría a él, para siempre.

—¿Queréis casaros conmigo, Nicolas Déruet?

Él sonrió y le estrechó la mano con una presión firme y dulce a la vez, e inspiró antes de responder. Sus palabras se confundieron con los golpes del bastón del director sobre el suelo. El espectáculo daba comienzo. No pudieron evitar besarse cuando el telón se alzaba sobre el escenario de la discordia, lugar del prólogo, donde la paz se hallaba encadenada. Los cantantes ofrecieron rápidamente las medidas de sus voces. En la platea, los espectadores canturreaban la letra: «Llegaron los tiempos felices de los juegos y placeres…».

Salieron durante el descanso, pues el aire se hacía cada vez más irrespirable y decidieron no volver a entrar.

—La verdad es que esto no es para mí —dijo Azlan mientras paseaban por el jardín del palacio real—. La música que me gusta es la de Babik. ¿Te acuerdas, Nicolas?

—¿Cómo iba a olvidarlo?

Relató a Rosa la noche en que las notas de música surgieron de los subterráneos de la fortaleza de Peterwardein.

—El violín de Babik era el instrumento del alma. Fue un momento mágico y triste a la vez, pues allí supe de la enfermedad de Jeanne por la carta de François.

Azlan, a quien el aire fresco había insuflado nuevas energías y hecho olvidar su tontería, explicó cómo la música del quinteto familiar ambientaba la sala de operaciones durante los asaltos otomanos. No callaba y Rosa pretextó que tenía frío para proponer que regresaran a casa de la tía Berseny.

Se cruzaron con un grupo de jóvenes que se dirigían a la segunda parte de la representación. Azlan intercambió una larga mirada con una de las jóvenes, que se volvió discretamente para capturar su imagen.

—En verdad, creo que me gusta París. ¿Todas las mujeres son tan bellas?

—¡Azlan! —exclamó Rosa fingiendo escandalizarse.

—¿Qué? Recordad esos versos que acabamos de oír: «Amad sin forzaros, amad a vuestra vez…».

—«Pues ya se siente el amor cuando se empieza a temerlo» —completó Nicolas.

Una vez de regreso en la rue du Bout-du-Monde, cada uno se fue a su habitación. Tras unos minutos, Nicolas se escabulló con sigilo a la de Rosa, mientras Azlan volvía a la calle con la esperanza de encontrar a la salida de la ópera a aquella que, con una sola mirada, había encendido su corazón. Y tal vez para poder pedirle perdón al hombre al que, sin saberlo, había ofendido mutilando el recuerdo de su hijo.

A la mañana siguiente, un sábado, todo el mundo se levantó temprano. El duque llevaba a su séquito a Versalles para un encuentro de incógnito con el rey. En el lenguaje críptico de la etiqueta, ese «incógnito» significaba que Luis XIV no se vería obligado a tener en cuenta las susceptibilidades protocolarias de cada uno dado que el duque de Lorena había utilizado el nombre de señor de Chesnay para anunciarse en Versalles. El Estado de Lorena de ninguna manera deseaba dar la impresión de desafiar a su poderoso vecino.

Azlan, al que un criado había visto regresar al alba, se había negado a revelar lo que había hecho aquella noche y se durmió en cuanto el vehículo se puso en marcha. «Finge que duerme», susurró Nicolas al oído de Rosa tras observar al joven, zarandeado en el habitáculo debido a los baches del camino. «Dejémosle sus secretos», dijo ella antes de abandonarse en brazos de su novio durante las tres horas de trayecto. La larga fila de carrozas acompañadas por los guardias loreneses entró antes de mediodía en el palacio de Versalles bajo un cielo tintado de multitud de matices grises. Leopoldo acudió solo al salón, guiado por el primer mayordomo del rey. Luis XIV se hallaba en la sala del Consejo con sus ministros. Interrumpió su reunión e hizo que lo transportaran en silla hasta él, debido a un ataque de gota que lo había mantenido en vela durante toda la noche. Mientras conversaban a solas,

Carlingford y los principales cortesanos esperaron en la sala de los Espejos. El conde, tras admirar los cuadros que cubrían el techo, se frotó la nuca entumecida y se aproximó a una de las ventanas de marco dorado que daban al parque. El cielo era cada vez de un gris más uniforme. «El último elemento sobre el que el rey de Francia no tiene poder», pensó. A su parecer, la desmesura de aquel lugar y la ostentación de riqueza eran una afrenta al Señor. Ningún hombre, ni siquiera el rey, debía tratar de parecerse a Dios. Ya tenía ganas de regresar a Lorena. Suspiró y contempló distraídamente el ir y venir de los cortesanos en los jardines vecinos. Vio a Rosa y a sus dos gentilhombres, que, a unos metros de él, acababan de descender la escalera y se dirigían hacia los dos inmensos parterres de agua al pie de la fachada.

—Preparaos, el rey va a recibirnos —dijo el marqués de Lenoncourt, que había ido a anunciar la noticia a los próximos a Leopoldo que esperaban dispersos en la inmensidad de la suntuosa estancia—. ¡Estamos de suerte! —añadió mientras reunía al resto del bando lorenés.

«Empieza la comedia», pensó Carlingford. Se llevó las manos a la espalda y entró en la antecámara del rey.

***

El criado tendió un cubo al hombre que lo había llamado cuando iban por el sendero que conducía al Trianón. Este abrió su pantalón y orinó en el recipiente de madera ignorando por completo al sirviente de rostro impasible.

—Desde hace dos días no paro de mear —le comentó a su vecino, con el que paseaba por el parque—. Mi médico me dice que vigile las piedras en la vesícula, pero ¿qué voy a hacer? ¡Ay, estimado amigo, qué peligro cuando sentimos que la salud zozobra! Jamás sabemos hasta dónde puede conducirnos.

Se sacudió vigorosamente antes de abotonarse la bragueta mientras proseguía la conversación.

—Prefiero, sin embargo, la arenilla a lo que le sucedió al pobre canónigo Santeuil.

—¿El poeta latino? ¿Acaso no murió hace dos años?

—¡Acaba de morir por segunda vez!

El hombre no respondió al saludo del sirviente, que tapó el cubo y se alejó en busca de otras vejigas necesitadas de desahogo. Miró su pantalón manchado, lo secó con la mano y rogó a su compañero que prosiguieran el camino.

—Querido amigo, es la noticia de la que habla toda la ciudad. ¡Se nota que hace tiempo que no veníais por Versalles!

—Explicádmelo, no me hagáis languidecer.

Santeuil era un habitual de la corte, a la que divertía con sus poemas y su conversación, considerada erudita. El duque de Borgoña, en particular, solía invitarlo con ocasión de fiestas o viajes. Este nieto de Luis XIV, que entonces contaba quince años, se lo llevó el verano de 1697 a visitar su ducado.

—Creo recordar que murió en Dijon, ¿no es cierto?

—Así es, durante ese viaje en el que acompañaba al duque. Sin embargo, la noticia que circula hoy habla de un lamentable accidente del que Su Alteza sería el causante. Figuraos que, sentado junto a Santeuil durante una cena, el duque de Borgoña habría vertido, para gastar una broma, tabaco en su vino de España. El otro lo bebió. La misma noche fue presa de vómitos y convulsiones, y dos días más tarde Dios lo había llamado a su seno.

—Sin duda para leerle poemas en latín —trató de bromear el cortesano—. ¿Falta mucho? —preguntó resoplando—. ¿No podemos encontrar una silla de brazos para ir hasta allí?

—No, ya casi hemos llegado, está justo al lado del Trianón de mármol. Ya veréis, es una atracción sorprendente. Una curiosidad de la naturaleza. Volviendo a nuestra historia, parece que, dos años después de los hechos, uno de los lacayos que estuvo al servicio del duque cuenta la anécdota y aquí todo el mundo la repite a coro.

—Pero ¿qué valor tiene un rumor del personal doméstico? Es gente charlatana por venganza.

El hombre se detuvo y agarró a su amigo por el hombro.

—Ahí es donde la cosa se pone interesante. El duque de Borgoña, al conocer esta desagradable noticia, se echó a llorar y confesó de inmediato que era cierto que había cometido aquella estupidez de resultado trágico. Y obtuve esa información de una persona presente en el acontecimiento. Una persona de irreprochable moralidad.

El otro pareció impresionado por la revelación.

—Todo eso es muy triste por el señor Santeuil, pero no había mala intención por parte del duque. Se trata simplemente de una fatalidad.

—Qué queréis, ya lo dice el proverbio: «Los juegos de los príncipes no siempre hacen reír a los cortesanos». Se perdona con mayor facilidad a la juventud si es de sangre azul.

Un joven desconocido interrumpió su comadreo.

—Disculpad, señores, ¿sabéis adónde conduce este camino?

Azlan volvió hasta donde estaban Rosa y Nicolas.

—Según ellos, hay otro castillo del que no he comprendido el nombre, con jardines y una atracción que uno no puede perderse.

Nicolas dirigió una mirada de súplica a Rosa.

—Un último pequeño esfuerzo —lo animó ella—, no sabemos cuándo tendremos ocasión de volver a Versalles. Ni siquiera sabemos si habrá otra ocasión. Vamos, amor mío.

—En cualquier caso, yo iré. Siento curiosidad por cuanto hay aquí. Es un sitio increíble —dijo Azlan.

—Me rindo, vayamos a hartarnos de imágenes de la grandeza real. ¡De este país donde los estanques son lagos, los jardines, bosques y los castillos, ciudades!

Llegaron enseguida al Trianón de mármol y pasearon por la galería abierta, con suelo de baldosas negras y blancas, rodearon los edificios hacia el norte y allí se encontraron con los dos hombres a los que habían preguntado el camino.

—Mirad, ahí es —dijo uno de ellos, y señaló un carromato de cortinas negras dispuesto junto a un bosquecillo.

En uno de los extremos se había formado una aglomeración y los espectadores aguardaban, impacientes, su turno para entrar. Del otro lado, los que descendían subrayaban sus impresiones en animada conversación. Un grito sordo llegó del interior.

Nicolas reconoció la jaula y la voz de Joseph Urfin, el hombre salvaje al que había salvado en Nancy cinco años antes.

***

Cuando la campana dio las ocho, el Erizo Blanco abrió los ojos y suspiró. Llevaba retraso. El sol que inundaba la habitación no lo había sacado de sus sueños, contrariamente a lo habitual. Se vistió deprisa prometiéndose a desgana pedir ayuda a las monjas: ya no lograba despertarse al alba y a partir de entonces tendría que contar con ellas para que llamaran a su puerta cada mañana. Descendió la escalera de entrada, cogió una escoba y se puso a barrer la acera antes de la llegada de la carretilla de recogida de la basura de la calle. Las multas en caso de infracción eran elevadas y la entrada de Saint-Charles, con el ir y venir incesante de las carretas y de la ambulancia volante, estaba plagada de excrementos animales. Solo hacía seis días desde la marcha de Nicolas y de Azlan y ya esperaba impaciente su regreso.

François había creído poder hacer funcionar él solo el servicio, con la ayuda ocasional de un cirujano de Saint-Jean, pero pronto tuvo que rendirse ante la evidencia de que la tarea lo superaba, más aún dado que sus fuerzas no eran óptimas desde hacía varios meses. «Maldita fatiga», gruñó mientras verificaba que no hubiera olvidado barrer ni una cagarruta. La campana sonó una segunda vez. Tenía que ir al convento del Refugio para atender a la madre Janson.

Aunque la rue de Grève se hallaba a unos diez minutos a pie de Saint-Charles, prefirió tomar la carreta para sacar al camello, el cual, desde hacía poco, se había convertido en propiedad oficial del hospital. En contrapartida, se habían visto obligados a acoger una manufactura de paños ordinarios y finos. Los tres comerciantes que la poseían eran muy solventes y habían obtenido el monopolio del suministro de uniformes para todas las tropas del Estado lorenés. Nicolas había logrado negociar la obtención de una provisión anual de paño para la ropa blanca de las camas y la fabricación de vendas y compresas. Los talleres se hallaban en el nuevo edificio, cosa que limitaba las molestias de las idas y venidas de los proveedores.

François se detuvo en la rue des Ponts, frente a la entrada auxiliar de la institución, y descendió para tirar del animal, que se negaba a pasar bajo el porche. Fueron a dar al jardín interior, donde varias internas podaban las ramas de los ciruelos que daban fama a su confitura y de la que tan orgullosas estaban. Ató la brida del animal a uno de los árboles y pidió a las chicas que lo vigilaran. Al camello lo acariciarían y mimarían hasta su regreso. Así ocurría allí donde lo llevara.

La madre Janson había acabado por aceptar el cuidado de un cirujano e informó de ello a las monjas de Saint-Charles, pero no ocultó su sorpresa al ver a François entrar en su habitación, de la que no había salido desde hacía varios días, postrada en cama debido al dolor.

—Esperaba que viniera maese Déruet —dijo ella como si quisiera disculparse por su reacción.

Le relató el viaje de la corte a París, del que ella no estaba al corriente. O bien se lo habían dicho y lo había olvidado. A veces sus pensamientos no eran claros, como si la frontera entre los sueños y la realidad se desplazara sin cesar. Pero había recobrado lo bastante la lucidez para ceder a la insistencia de las demás monjas. Sin embargo, mostrar su seno a un hombre, aunque fuera un cirujano, constituía una prueba para ella y desde que se había despertado estaba rezando a Dios para hallar las fuerzas para dejarse examinar. El tumor, que había descubierto dos años antes, había triplicado su tamaño durante los últimos meses y ahora era tan grande como una nuez. Cada movimiento le producía más y más dolor y el simple roce de la tela sobre su piel le resultaba insoportable. La fiebre y la tos que padecía desde hacía una semana, las dificultades respiratorias y la falta de fuerzas, que no lograba recuperar, habían acentuado su calvario. Su propio sufrimiento la acercaba al de Cristo. Sentía aún mayor empatía con él y había asimilado su enfermedad al vía crucis de Jesús. Sin embargo, su fe no bastaba para combatir la enfermedad y había acabado por aceptar la intervención humana.

François se calentó las manos frotándolas. Pidió varios paños y un candelabro para iluminar la habitación, pues carecía de ventana. La enferma se subió la camisa para descubrir su seno izquierdo con cuidado de dejar el otro oculto. El bulto se hallaba situado a media altura, entre el pezón y la base del pecho. Alrededor del mismo la piel estaba rojiza, casi marrón, y segregaba un líquido purulento. Palpó el tumor con grandes precauciones, pero la monja gritó de dolor. François había tenido tiempo de notar que la masa era más bien blanda y eso lo tranquilizó. «No se trata de un cáncer. Debe de ser una glándula tumefacta o una vesícula llena de pus», concluyó. Untó el seno con una mezcla de huevos de rana, sedum y hierba mora y pidió que le repitieran la aplicación cuatro veces al día. La monja que lo había acompañado hasta el lecho de la enferma y que había estado presente a petición de esta anotó, al dictado de François, la dieta que le serviría de tratamiento.

—Cada mañana prepararéis un caldo de ternera, perifollo, pimpinela, achicoria y veinte gramos de cochinillas en polvo. A mediodía, una sopa de pollo con poca sal, y antes de cenar, veinte gramos de ojos de cangrejo de río. Como bebida, *ad libitum*, una tisana de arroz y vino. Vendré a veros dentro de una semana, pero no dudéis en llamarme si vuestro estado no mejorara.

—Gracias, maese Déruet —dijo la madre Janson, que había cerrado los ojos.

—Soy maese Delvaux.

—Perdón, perdón —dijo ella mientras intentaba abrir los párpados con gran esfuerzo—. No me hagáis caso, estoy muy cansada.

—No pasa nada, la comparación con mi amigo para mí es un halago. Con un poco de suerte, estará ya de vuelta para la próxima visita.

—¿Adónde ha ido?

El Erizo Blanco hizo un mohín. Le había contado el viaje a Versalles menos de una hora antes. Según iba recogiendo sus cosas, lo hizo de nuevo sin omitir ningún detalle para comprobar su memoria la semana siguiente.

—Nicolas se ha marchado con la marquesa de Cornelli —concluyó—. Están prometidos y no me extrañaría que anunciaran su boda a su regreso de Francia.

La madre Janson gimió y murmuró «No...», seguido de unas palabras incomprensibles.

—Os dejaré reposar. Tratad de dormir.

La monja lo acompañó hasta la carreta, donde el camello mascaba las briznas de hierba que las internas habían depositado a sus pies. Lo habían dejado solo y también había roto algunas ramas de ciruelo a golpe de mandíbula hasta que ya no quedó ninguna a su alcance. Mientras desataba la brida, François repitió sus recomendaciones a la monja. Cuando regresó a la celda de la superiora, esta, con considerable esfuerzo, se había sentado en su cama, con la cabeza apoyada contra la pared y el rostro consumido por el sufrimiento.

—Madre, ¿qué hacéis?

—Hermana Marie-Dorothée, tomad nota... de cuanto os voy a dictar...

El dolor entrecortaba su respiración.

—Cuando Dios me llame a su lado... entregadle esta carta a maese Déruet... tiene que saberlo... tiene que saberlo.

Inspiró profundamente.

—Escribid...

***

El interior se hallaba iluminado por una hilera de velas alineadas frente a la jaula del hombre salvaje. Un olor a carroña emanaba de la paja sobre la que correteaban ratones. Nicolas esperó a que sus ojos se habituaran y se aproximó a Joseph. Iba desnudo y su cuerpo, más delgado que cinco años antes, estaba cubierto de marcas de latigazos. Le habían crecido el cabello y la barba y conformaban un casco rubio casi tan voluminoso como la peluca del viejo de la ópera.

—Joseph —dijo en voz queda—, ¿me reconocéis?

El hombre permaneció mirándolo sin reaccionar. «Seré estúpido, ¿cómo iba a acordarse de alguien a quien entrevió una noche hace cinco años?», pensó al arrodillarse a la altura del prisionero.

—Hoy no tengo nada que darte —se disculpó, y le mostró sus manos vacías—, pero volveré.

Joseph se acercó a él y lo olisqueó. Fuera, los espectadores se impacientaban. Azlan y Rosa no podrían evitar por mucho más tiempo que entraran en el carromato. Nicolas introdujo su mano en la celda. Joseph la olió y pareció tranquilo.

—Volveré —repitió él.

Se puso en pie. Joseph se aferró a los barrotes y los sacudió sin violencia ni gritos.

—Sí, lo entiendo. Te sacaremos de ahí.

Alzó la cortina que servía de puerta y apareció ante el grupo que aguardaba su turno.

—¡Vamos! ¿Qué hacéis, caballero? ¡Dejadnos pasar! —se enojó uno que golpeaba con impaciencia su bastón contra el suelo—. ¡Nosotros también tenemos derecho a verlo!

—Creo que no va a ser posible —respondió Nicolas con tono autoritario.

—¿Y por qué razón? —preguntó el hombre al tiempo que buscaba la aprobación de los demás.

—Acabo de examinarlo. Está enfermo.

Un murmullo de decepción recorrió el grupo.

—No solo está enfermo, sino que podría contagiar a todos los presentes.

Algunos retrocedieron y otros abandonaron la fila. Los más osados se interrogaron con la mirada. Solo el respondón no se movió y se mostró más insistente.

—¿Qué le sucede? ¿Y quién sois vos, señor?

—Maese Déruet es el mejor cirujano del reino —intervino Azlan—. Y yo soy su asistente.

—¿De qué reino me estáis hablando? No tengo el honor de conoceros —prosiguió el hombre, seguro de sí mismo.

Rosa decidió intervenir.

—Soy la marquesa de Cornelli. Y vos, caballero, ¿quién sois?

Él se descubrió para saludarla.

—Adrien Harénius, primer médico del duque de Orleans y médico honorario de la corte. ¿Desde cuándo un cirujano examina a los pacientes?

El cielo se había teñido de tinta. Los paseantes regresaban al castillo apresuradamente.

—Responded, señor Déruet —insistió Harénius.

Nicolas se sintió acorralado y decidió ser franco.

—¿Queréis entrar conmigo al carromato?

—Esa era mi intención, incluso sin vuestra presencia.

Descendió los tres peldaños que lo separaban del médico.

—Quisiera hablaros de Joseph Urfin, el hombre que está prisionero sin razón en esa jaula. Tenemos la obligación de liberarlo, doctor Harénius.

Rosa y Azlan los habían dejado en el antro del hombre salvaje y se hicieron transportar hasta la sala del juego de pelota, situada a menos de doscientos metros en el exterior del castillo. El joven debía jugar allí un partido el viernes siguiente contra un adversario local que aún no había sido designado y deseaba reconocer el terreno.

Silbó de admiración al descubrir el lugar. La sala era alta, más de ocho metros, calculó, y mucho más luminosa que la del palacio ducal de Nancy, gracias a su orientación y a los inmensos ventanales de la parte superior de los dos muros laterales pintados de negro. Incluso los espectadores estaban cómodos en una tribuna de buena madera cuyo techo los protegía de la luz exterior como un inmenso sombrero. El terreno, de cien pies de longitud, era el mayor que jamás hubiera pisado y ofrecía a los jugadores un espacio importante para retroceder. Se componía de noventa filas de baldosas perfectamente alineadas. Las juntas se habían trabajado de manera que no alteraran el bote de las pelotas. La red formaba una curva perfecta: de una altura de dos pies y medio en el centro, se elevaba a cinco metros en los extremos.

Azlan recorrió el terreno buscando la menor irregularidad, el más leve defecto, pero no lo halló. Volvió junto a Rosa, que se había sentado en la gradería, mientras dos jugadores calentaban antes de un partido.

—¡Jamás había visto algo tan perfecto! —comentó—. ¡No es una pista de juego de pelota, es una mesa de billar! ¡Aquí sí se puede jugar!

El sonido de las pelotas golpeadas resonaba por todos los rincones de la inmensa sala mientras los dos adversarios no se decían palabra; tampoco gritaban, ni se animaban, ni maldecían, cosa que sorprendió a Azlan, pues estaba acostumbrado a los ambientes ruidosos.

—Juegan bien, ¿verdad? —preguntó Rosa con un deje de inquietud en la voz.

—No juegan mal —respondió, sin querer admitir que se sentía impresionado por la velocidad y la precisión de los golpes.

Otros dos jugadores entraron, acompañados por su entrenador.

—¡Mirad quién está ahí! —exclamó Azlan, y lo señaló con el dedo—. Mi antiguo profesor, vuestro antiguo cortesano, ese rufián…

—¡Hyacinthe Reverdy!

El hombre, que los había visto, dio instrucciones a sus alumnos y fue a su encuentro sin apresurarse. Saludó a Rosa, pero a Azlan solo le dirigió una mirada de desprecio.

—Querida marquesa, esta sala se honra de contar con vuestra presencia, que la hace aún más prestigiosa.

—Dejaos de halagos, Reverdy, hay un trofeo que jamás conseguiréis —se irritó Azlan.

—Veo que aún no os habéis librado de este moscardón tan pesado.

En cuanto pronunció esas palabras, retrocedió un paso por precaución. El cabezazo de Azlan durante su último altercado aún estaba presente en su recuerdo y en su carne.

—Desearíamos, caballero, que en el futuro no volvierais a dirigirnos la palabra —pidió Rosa, que deseaba evitar que el joven cayera de nuevo en la trampa de las provocaciones del francés.

—Temo que no será fácil. Tengo entendido que regresaréis en breve para una derrota anunciada. ¿Contra cuál de mis campeones deseáis perder? ¡Elegid! —dijo, e hizo un gesto hacia los cuatro deportistas que se entrenaban sobre el terreno de juego.

Azlan sabía que sus posibilidades de vencer eran prácticamente nulas contra jugadores de más edad, más fuertes y más experimentados que se pasaban el día entero en aquella sala.

—Contra vos, Hyacinthe —respondió con una serenidad que lo sorprendió a él mismo.

—¿Cómo decís?

—Me habéis oído bien. Contra vos.

Reverdy tuvo un instante de incomprensión y creyó que Azlan se burlaba de él. A sus treinta y cinco años, estaba en peor condición física que los jugadores a los que entrenaba, pero su técnica era muy superior. En todo París no había jugador con mejor técnica que él. Era capaz de ganar un partido sin dar la impresión de haberse movido. Comprendió que Azlan hacía de ello una cuestión de honor.

Una ráfaga de lluvia fustigó ruidosamente las ventanas, y luego una segunda.

—Como gustéis —acabó por responder—. Aún no ha comenzado el partido y ya habéis cometido un primer error, jovencito. ¿Tan mal profesor fui? Os prometo que mejoraré en una semana.

***

Una vez en el castillo, se encontraron con Nicolas, que traía una buena noticia: el médico había aceptado ayudarles a defender la causa de Joseph ante el rey. De regreso a París, pasaron la velada en casa de la tía, adonde el doctor Bagard fue a buscarlos para anunciarles que la duquesa Isabel Carlota tenía fiebre.

—No hay otros síntomas, nada inquietante, pero hemos decidido de acuerdo con ella que permanecerá en su habitación y que nadie estará autorizado a verla.

—¿Ni siquiera el duque? —se sorprendió Rosa.

—Él menos que nadie —respondió el médico hojeando uno de los tratados de Nicolas—. Es nuestro bien más preciado. La duquesa está con su madre y con la señora de Lenoncourt. Ha podido conversar con su marido por la ventana.

Cerró de golpe el volumen y se lo tendió al cirujano.

—Nos contentaremos con unas sangrías y unas lavativas. Ya sé lo que pensáis, Nicolas, pero el tratamiento no lo he indicado yo. El duque de Orleans nos ha impuesto a su médico, un tal Harénius. Es él quien lo ha decidido. Nosotros seremos solo observadores. Pero temo que pueda ser la viruela.

El pronóstico del doctor Bagard se confirmó al cabo de cuarenta y ocho horas: el martes, Isabel Carlota despertó sin fiebre pero con numerosas máculas rojas en el cuerpo y el rostro, algunas de las cuales ya se habían transformado en las pápulas características de la viruela. Leopoldo hizo decir varias misas por la curación de su esposa y permaneció alejado del palacio real. Tenía verdadero pánico de las enfermedades que se extendían como un reguero de pólvora.

Ese martes fue también el día de la entrega de los guantes, pues la casa À la Providence había tenido el pundonor de acabar la fabricación de los mismos antes de la fecha prevista. Azlan aprovechó para ir a entrenarse a una de las numerosas salas de la capital con el señor Alexandre Masson, al que le habían recomendado por su arte en el juego. Creía —o aparentaba creer— en sus posibilidades de victoria y quería aprovechar los días de que aún disponía para practicar nuevos golpes.

Tras la cena, Nicolas esperó a que la señora de la casa se hubiera retirado para reunirse con Rosa en su habitación. Se acostaron en su cama y se abrazaron y besaron. Cuando ella recobró el aliento, miró hacia la puerta.

—¿Estáis seguro de que mi tía no os ha visto entrar?

—A menos que también tenga a alguien en su habitación, creo que ya duerme. He oído ronquidos. Relajaos, Rosa —añadió, y empezó a tirar del guante para quitárselo.

Ella lo detuvo.

—No, dejaos los guantes. Me gusta cuando me acariciáis con ellos. Y me recuerdan el mayor ataque de risa de mi vida. Lo que me preocupa es el partido del viernes, Nicolas.

Él comenzó a desatarle el corsé.

—Es solo un partido de pelota, no la guerra.

—Vos no conocéis a ese Reverdy. No le bastará con ganar, querrá humillarlo.

—Estaremos ahí para apoyarlo. En cualquier caso, ha sido muy valiente al elegir a su profesor como adversario.

Ella le quitó la camisa y le acarició el torso antes de acurrucarse contra él.

—Soy feliz. Voy a casarme con el hombre al que amo y me hará dichosa. Es una suerte, y deberé tenerlo siempre presente para contrarrestar las contrariedades de la vida.

—Y yo, ¿qué debería decir? Me arrastráis en vuestro impulso hacia lo absoluto, hacéis de mí un hombre mejor, sois mi guía, Rosa.

—Esas palabras me llenan de gozo. Si supierais cómo esperé y deseé vuestro retorno, cómo esperé y deseé que cayera sobre mí vuestra mirada amorosa y no la mirada fraternal que dirigisteis a la adolescente que era. Cuánto miedo pasé por vos durante esos cuatro años de campaña, cada día rezaba para que las armas no os hirieran, para que vuestro comandante no os enviara al frente. Jamás en mi vida había rezado tanto a un Dios que, súbitamente, se interesaba por mí. Os amo desde siempre, ya os amaba antes incluso de conoceros, ángel mío.

—¡Rosa! —gritó una voz tras la puerta.

—¡Mi tía...! ¿Así es como ronca? —susurró a Nicolas, que se excusó con la mirada—. ¿Sí? —respondió ella.

—Cuando vuestro cirujano personal haya acabado de examinaros, ¿podría regresar a su habitación y dejaros reposar?

Una hora más tarde, tras tomar todas las precauciones necesarias, Nicolas regresó al lado de Rosa. Se unieron hasta que ella se durmió agotada. Él siguió acariciándola aún un buen rato después de que se durmiera y luego permaneció tendido junto a ella sin poder conciliar el sueño.

Al descender de su carroza Leopoldo contó los vehículos que lo seguían, ocho en total. Faltaba el que había designado para el doctor Bagard y Nicolas. Debían ir a preguntar por la salud de la duquesa, que seguía en cuarentena en su habitación del palacio real, y luego reunirse con el areópago de la casa de Lorena para rendir homenaje al rey. Leopoldo se sentía sinceramente inquieto por la salud de su esposa, aunque el número de vesículas aparecidas no fuera preocupante, según Harénius. Isabel Carlota no se quejaba y estaba con ánimos, aparte de la presencia de su madre que le parecía más sofocante que la propia viruela.

Deseaba recibir las últimas novedades sobre la salud de su esposa y transmitírselas al rey. Fue conducido en compañía de su séquito a los apartamentos del gran escudero, donde tuvieron que esperar poco antes de que fueran a buscarlos, lo que despertó un murmullo de satisfacción entre la asamblea. La comitiva lorenesa, acompañada del duque de Orleans, atravesó a paso de carga varias estancias sucesivas y luego la sala de guardia, sin que los centinelas presentaran armas, y se detuvo en la antecámara frente a una puerta cerrada. Entre el séquito todos se miraron y se preguntaron acerca de la actitud de los soldados franceses, que podía parecer una afrenta al Estado lorenés. Leopoldo ordenó al marqués de Lenoncourt que se anunciara según las reglas. Llamó suavemente a la puerta de la habitación del rey.

—¿Quién es? —respondió del otro lado la voz del ujier.

—El señor duque de Lorena —anunció con voz firme.

La puerta continuó cerrada. Carlingford se acercó al duque, pero, justo antes de entrar en la antecámara, Leopoldo comprendió lo que le estaba haciendo el rey. Hizo una seña al marqués de volver a empezar. De nuevo, la voz ceremoniosa del ujier les llegó desde el interior.

—¿Quién es?

—El señor duque de Lorena —repitió Lenoncourt con más fuerza.

—No la abrirá. No quiere ni oír hablar de Lorena —susurró Carlingford al oído del duque—. La ceremonia concierne al ducado de Bar. Si seguimos así, nos humillará.

—Adelante —le dijo Leopoldo.

El conde se acercó a la puerta y llamó a su vez. Cuando el ujier hizo la misma pregunta, respondió:

—El señor duque de Bar.

De inmediato, uno de los dos batientes se abrió. Leopoldo dio las gracias a Carlingford con un gesto discreto, como era habitual entre ambos, y se dispuso a entrar.

***

Abandonaron el palacio real una vez Nicolas terminó de prepararle a Isabel Carlota un remedio con hiel de cerdo así como un colirio a base de agua de llantén y azafrán, y llegaron a Versalles en menos de dos horas. Los caballos cruzaron la verja de honor al galope y se detuvieron en el patio de mármol. Los animales, excitados por la carrera, tironeaban de sus bocados espumeando por la boca. El doctor Bagard no quería perderse la ceremonia y dejó que Nicolas fuera a hablar con su colega Harénius para explicarle que habían interferido en su tratamiento y recibir su ira. El médico no se alojaba en Versalles, pero, en calidad de consejero de Su Majestad, estaba allí presente varios días a la semana para ejercer y dejarse ver en las comidas y actos de la corte. Fue a buscarlo al Gran Común, una de las dependencias situadas a unos metros del castillo, un edificio cuadrado que albergaba las cocinas y despensas en la planta baja y varios centenares de apartamentos en los pisos superiores. Harénius había podido obtener uno de ellos y lo transformó en consulta para los cortesanos y su servicio, que compartía con otros dos médicos. Nicolas se perdió varias veces en los dédalos de pasillos que aparecían en cada planta. Vio ratas trepar por montones de inmundicias depositadas junto a las puertas, charcos de agua sucia en los que chapoteaban chiquillos desocupados, cubos de excrementos abandonados. En algunos lugares, los olores pestilentes se mezclaban con los efluvios de las cocinas, donde se preparaban las comidas que se servirían en común en las diferentes mesas del castillo. Acabó por hallar la consulta haciéndose acompañar hasta allí por un joven cuyos padres trabajaban en la despensa y que estaba escribiendo «Viva el Rey» en los peldaños de la escalera con un guijarro.

—Es la única frase que conozco —dijo para excusarse.

El hombre que lo recibió no era el doctor Harénius.

—Hoy lo sustituyo yo —precisó con el acento cantarín de una provincia muy lejana—. Ha ido a la casa de fieras con unos colegas.

—¿La casa de fieras?

—Sí, se trata de una colección de animales vivos, algunos de los cuales son muy exóticos. Una excentricidad de nuestro rey que, a mi parecer, no carece de encanto. Además, recuerdo que el querido doctor Harénius se dispone hoy a llevar a cabo un experimento con uno de los habitantes de la casa de fieras: una bestia salvaje que parece vagamente humana, según dicen. La exponían en el Trianón, pero la gente le tiene miedo. No he tenido tiempo de...

—¿Dónde está? —lo interrumpió Nicolas.

El médico, sorprendido por el tono, se quedó mudo.

—¿Dónde está la casa de fieras? —insistió.

—¡Por todos los santos, en el parque! Al final del canal, hacia el oeste. El edificio principal es un octógono coronado con una cúpula y la zona está rodeada por rejas altas, no tiene pérdida. Pero ¿qué sucede?

—¡Me ha engañado! Tengo que impedir que toque a Joseph.

—¿Quién es Joseph?

—Vuestra «bestia salvaje». Disculpad mi brusquedad. Gracias, caballero —dijo ya desde el pasillo.

—Pero... ¡esperad! Coged un caballo, ¡está a media legua de aquí!

Nicolas no lo oyó, pues ya se hallaba en la planta inferior. El médico hizo una mueca.

—¡Curioso paciente! ¡Y qué ocurrencia llamar Joseph a un animal!

Harénius estaba satisfecho. La intervención fortuita de Nicolas le había permitido convencer al rey de las intenciones lorenesas de dejar en libertad al hombre salvaje. Había obtenido la autorización de devolver a la bestia a la casa de fieras y estudiarla como creyera conveniente. Los tres colegas que lo habían acompañado habían llegado a la misma conclusión que él: el espécimen que acababan de examinar no podía formar parte de la especie humana. Aunque su constitución pudiera parecerlo —«Como dos gotas de agua», añadió uno de ellos—, sus miradas de especialistas habían detectado diferencias anatómicas que juzgaban significativas, en particular el tamaño de las tibias, de los antebrazos o de los caninos, de importantes dimensiones. Además, su incapacidad para vestir ropa o para aprender cualquier lenguaje los había convencido definitivamente. La cuestión que preocupaba a la asamblea era definir si Joseph provenía de un cruce entre un mono y una mujer a la que el animal habría podido violar.

—En tal caso, hubiera crecido con su madre —dijo uno de ellos—. Me parece más plausible que una mona haya recibido la semilla de un humano. Eso explicaría por qué fue hallado en el bosque donde lo habrían criado unos lobos.

Los otros asentían con la cabeza.

—Y también la razón por la que tendría las características principales de esos animales —añadió Harénius.

Hubo nuevos asentimientos.

—¿No podría haber alguna intervención diabólica en ese fenómeno? —propuso el más bajito, un hombre calvo que no lucía peluca sino un característico traje negro.

—Padre, vuestro ministerio os hace tergiversar el punto de vista, deberíais razonar como el excelente anatomista que también sois —respondió Harénius, que ya se esperaba la observación.

—Propondría, sin embargo, ver si tiene la marca del diablo —insistió.

—Hace una hora que está ahí ante nosotros, desnudo, ¡ya la habríamos visto si tuviera una! —dijo otro en tono impaciente—.

Pasemos al experimento que ha preparado el doctor Harénius. Así aclararemos las cosas.

El grupo se hallaba cerca de la jaula de los lobos. Joseph, con los pies y las manos encadenados, fue conducido por dos soldados ante la verja. La última comida de los animales había tenido lugar el día anterior y la presencia de humanos los ponía muy nerviosos.

—Dado que se dice que esta bestia fue hallada, a la edad de nueve años, en medio de una manada de lobos parecidos a estos, me parece legítimo pensar que no lo atacarán —explicó Harénius—. En el caso contrario, su autopsia nos aportará muchas enseñanzas.

Hizo una señal con la mano a los guardias. Estos abrieron la puerta y lo lanzaron a la jaula.

***

Leopoldo se descubrió e hizo una primera reverencia al entrar, una segunda a mitad de la sala y otra a dos metros de Luis XIV. El rey permaneció inmóvil. Era como una estatua de cera, rodeado de su familia, el canciller, el gran chambelán, su primer mayordomo, los duques de Borgoña y de Anjou, nietos del rey, aún adolescentes, así como de un grupo de cortesanos en la parte posterior de la estancia. Todos estaban inmóviles como en los retratos que abundaban en el castillo. Solo un gran perro blanco tipo grifón deambulaba por la habitación e, indiferente al protocolo, hacía rechinar sus garras sobre el suelo de madera encerada. El duque de Lorena, a pesar de estar habituado a las cortes europeas, quedó impresionado por el refinamiento de la decoración. El oro se hallaba presente por doquier, sobre los tapices murales, los cojines, los cortinajes, los marcos, la marquetería, el reloj de péndulo que marcaba las horas sobre la chimenea o los querubines que sostenían inmensos candelabros encendidos. Las propias llamas parecían doradas con oro fino.

Según rezaba el ceremonial, entregó el sombrero, los guantes y la espada al chambelán y se arrodilló sobre un terciopelo rojo a los pies del rey. El monarca tomó sus manos entre las suyas antes de que el chambelán pronunciara las palabras de homenaje, un juramento de fidelidad que Leopoldo repitió antes de firmarlo. Luis XIV pareció aliviado y rompió el silencio.

—Puesto que lo juráis, señor, os digo que en mí hallaréis a un buen amigo y a un buen vecino. Ahora, cubríos.

Acabada la ceremonia, el rey se puso en pie y se interesó por la salud de la duquesa.

—¿Cómo se encuentra mi sobrina? Me dicen que ha contraído la viruela en París.

—Precisamente espero noticias para transmitíroslas. Con vuestro permiso, majestad, iré a preguntar a mi médico, que ya debe de haber llegado.

—Id, señor. Y reuníos conmigo en mi despacho. Tenemos que discutir acerca de un asunto importante.

Cuando el ujier volvió a abrir la puerta, todo el clan lorenés rodeó a su duque. Bagard le contó su visita a Isabel Carlota, pero Leopoldo parecía no escucharlo. Carlingford le había hablado de un mensaje recibido de uno de sus agentes en la corte de Francia. Al principio no había dado crédito a aquel mensaje, pero la petición del rey parecía confirmarlo. Si finalmente era cierto, el pequeño Estado iba a vivir momentos difíciles apenas un año después de haber recobrado la independencia.

***

Nicolas corrió al lugar donde se hallaban las carrozas de los loreneses. Encontró la suya, pero, como temía, el cochero estaba ausente, pues se había ido a las cocinas a por una pinta de vino. Deshizo las riendas de uno de los percherones, lo llevó al patio y montó a lomos del animal agarrándose de la crin. El animal parecía dócil. Hizo que cogiera un trote ligero, luego más animoso y empezó a galopar una vez tomaron el camino que conducía a Saint-Cyr. Por ese camino se vería obligado a rodear todo el parque, pero era el único que permitía mantener aquella velocidad. Pronto sintió el calor del caballo irradiar de su cuerpo. Disminuyó la velocidad a mitad de trayecto, para que el animal tuviera tiempo de recuperarse, y retomó el galope en cuanto la casa de fieras estuvo a la vista. Llegó al patio adoquinado y se detuvo ante la entrada principal, entre dos edificios en forma de torres cuadradas. Cruzó corriendo y accedió al pabellón octogonal por una de las galerías axiales. El interior estaba recubierto de cuadros que representaban a los animales de la casa de fieras. No había ni rastro del médico.

Nicolas accedió a un balcón que rodeaba el edificio central y dominaba los alrededores. El conjunto se encontraba en medio de un parque, también de forma octogonal, rodeado de vallas y de parcelas limitadas por altas rejas donde se hallaban los animales más extraños de la creación: ibis, casuarios, grullas, avestruces y pájaros de todas las formas y colores. Más lejos, unas dependencias de piedra encerraban las jaulas de mamíferos de países lejanos, entre los cuales las fieras eran la principal atracción. Los paseantes, poco numerosos, estaban diseminados por todo el octógono. Nicolas escrutó cada palmo de terreno sin alcanzar a reconocer al médico. En el momento en que se decidía a descender al parque para investigar las diversas parcelas, unos ladridos y aullidos resonaron procedentes de una perrera en un extremo de la casa de fieras. Uno de los gritos era humano.

Cuando entró sin resuello en el vallado, los dos guardias rechazaban con la punta de sus espadas a los lobos excitados. Joseph estaba tendido cerca de ellos, inanimado, con el cuerpo cubierto de mordiscos, algunos tan profundos que la carne había sido arrancada hasta el músculo. El médico, que le daba la espalda, comentaba su experimento.

—Estoy disgustado, ha estado a punto de llevarme la contraria —constató, y el comentario hizo reír a sus colegas.

—¿Qué habéis hecho? Pero ¿qué habéis hecho? —gritó Nicolas mientras se precipitaba hacia la jaula.

A su llegada, los lobos gruñeron y mostraron los dientes, pero permanecieron alejados bajo la amenaza de las armas. Se agachó, puso su cabeza sobre el pecho del herido y sintió un líquido caliente sobre el suelo: la sangre manaba a chorro bajo su pierna derecha. Dio la vuelta a Joseph y vio confirmado lo que temía. Parte del muslo había sido arrancado y la arteria femoral estaba seccionada. Nicolas hizo el gesto maquinal de quitarse las vendas de las manos para utilizar los paños como torniquete, pero soltó una maldición: aquella misma mañana se había puesto por primera vez sus mitones de cuero. Se los quitó, metió el puño en la abertura y comprimió con todas sus fuerzas.

—¡Está vivo! —gritó al grupo que lo contemplaba sin reaccionar—. Id a por un cirujano y a por instrumental. ¡Deprisa, deprisa!

Mientras mantenían a las bestias a distancia, los soldados ayudaron a Nicolas a sacar a Joseph de la jaula y lo depositaron sobre la mesa que servía para preparar la comida de las fieras. No había recobrado la conciencia. Su pulso era débil. La hemorragia parecía contenida, pero Nicolas siguió comprimiendo hasta la llegada del cirujano, un coloso robusto como un herrero, que se presentó vestido de gala en compañía de dos ayudantes. Lo habían interrumpido en plena comida cuando, por primera vez desde su llegada, tuvo el honor de ser invitado a la mesa del rey. Examinó con la mirada las heridas al tiempo que se quitaba la chaqueta y la peluca. Nicolas no tuvo que resumirle la situación.

—Dios mío, pobre desgraciado —murmuró, y empezó a sacar de su maleta el instrumental entre un ruido de tintineos.

Fueron las únicas palabras que pronunció antes de ponerse manos a la obra. El lorenés ya había comenzado a hacer una ligadura de la arteria.

Un pelícano asomó la cabeza entre la reja y chasqueó el pico. Nicolas no lo oyó. Su concentración se había sumado a su cólera. Las dos eran extremas. Cauterizaba los vasos de cada herida, la limpiaba y la cosía, y acto seguido pasaba a la siguiente.

—Agua, id a por agua. Aún necesitamos más.

Su voz era serena, casi fría. Consagraba toda su energía a la precisión de sus gestos. Lo demás no tenía importancia. Debía salvarlo.

Los dos cirujanos trabajaron durante tres horas y contaron treinta y tres mordiscos profundos. El herido gemía a cada espiración y no tardaría en recuperar el conocimiento. Nicolas hizo traer una manta con la que cubrió a Joseph, y luego ayudó a su colega a recoger su instrumental. Encontró sus guantes en el suelo, los sacudió y se los puso antes de sentarse sobre la paja, con la cabeza entre las manos, a unos metros de la jaula donde las bestias se habían calmado y parecían amorfas. Se sentía responsable de lo sucedido. El cirujano le ofreció un cucharón lleno de agua.

—Hemos hecho cuanto era posible.

—Gracias, muchísimas gracias. Me llamo Nicolas Déruet.

—Lo sé, os conozco por vuestra reputación. Os he observado y ha sido un placer trabajar a vuestro lado. Tenedme al corriente. Siento curiosidad por saber si podrá salir de esta.

Cuando salió del vallado, Nicolas se dio cuenta por las miradas asqueadas de algunos que se cruzaron con él que llevaba su ropa manchada de sangre. Uno de ellos se aproximó y señaló al herido que los dos ayudantes sacaban de la casa de fieras sobre una tabla.

—Dicen que ha saltado a la jaula de los lobos. ¿Cómo se puede hacer algo semejante?

Nicolas miró indignado al curioso y no tuvo fuerzas ni para responder. Salió de la casa de fieras y se dirigió al castillo, donde el clan lorenés se disponía a regresar a París.

No volvió a oír hablar de Harénius. Joseph Urfin murió tras cuatro días de agonía en el hospital militar de Versalles. En su edición del 4 de diciembre, *La Gazette de France* indicaba en un suelto que el hombre salvaje, obsequio de la reina de Polonia al rey Luis, había sido devorado por los animales de la casa de fieras real. En primera página, figuraba el trágico fin del poeta Jean-Baptiste Santeuil.

***

Habían decidido dejar el reino de Francia justo después del partido de Azlan. Nicolas permaneció encerrado los días siguientes en la casa de la rue du Bout-du-Monde y había canalizado su cólera sumergiéndose en la escritura de su obra, que había dejado de lado en los últimos meses. Siguiendo los consejos del señor Masson, Rosa llevó a Azlan a la tienda de un fabricante de raquetas en la rue Grenelle-Saint-Honoré para comprar una de madera de fresno y tilo, muy ligera, con dos tercios del mango recubiertos de una fina piel de cordero blanca. Las cuerdas estaban hechas de un intestino muy resistente que permitía una tensión mayor que la de la media. Se detuvieron en un sastre y encargaron las camisas, calzones, camisolas y medias, el equipo completo de moda que vestían los jugadores de la corte de Versalles.

—No es cuestión de darles la menor ocasión de criticar —le dijo ella—. Vas a estar impresionante.

—Ya que no brillante —bromeó él.

La duda había minado su determinación después de haber realizado la tarde anterior un entrenamiento muy flojo.

—Tengo la impresión de retroceder —le confió Azlan a su entrenador.

—Eso suele ser buena señal —respondió Masson, aunque pensara lo contrario.

El hombre había insistido en que cambiara de calzado y, la víspera del partido, convencieron a un zapatero de la rue Pavée-Saint-André para que le confeccionara a toda prisa un par de zapatos de piel de búfalo, sin talón, atados con cordones y con una suela con costuras a la vista para disminuir el riesgo de caídas.

—Hemos hecho todo lo posible para que esté en las mejores condiciones —dijo Rosa al sentarse junto a Nicolas en la carroza.

Lo besó y lo cubrió con una manta. La noche había depositado una fina capa de hielo sobre la ciudad.

—Tengo reservada una sorpresa para cuando llegue —dijo él mientras se ponía los guantes.

—¿Una sorpresa?

—Sé que he parecido ausente y tal vez indiferente estos últimos días, pero yo también quería participar en su preparación.

—¿Y…?

Azlan entró en el habitáculo y se sentó frente a ellos. Rosa comprendió que debería esperar para saber lo que su novio había tramado.

—¡Estoy listo, adelante! No pongáis esas caras, no soy un ternero camino del matadero.

El trayecto fue agradable, al ritmo de las anécdotas de su estancia en la capital.

—Dicen que vuestro guantero ha decidido vender. Vuestra broma le dio ideas —añadió ella antes de estallar todos en un ataque de risa al evocar la escena.

Los adelantó un jinete poco antes de su llegada a Versalles.

—¡Es el señor Masson! —exclamó Azlan, que lo reconoció—. Estoy contento de que venga a ver el partido.

La carroza se detuvo en una calle estrecha frente a un edificio con la fachada pintada de negro alrededor de la puerta de entrada.

—Hemos llegado —murmuró al reconocer el edificio cuya parte superior era un inmenso ventanal acristalado.

Mientras Nicolas y Rosa se dirigían a la gradería interior, Azlan fue a cambiarse a la sala de los jugadores, donde un fuego crepitaba en la chimenea. Reverdy no estaba allí, sin duda calentaba sobre el terreno de juego con uno de sus alumnos. Se tomó su tiempo para vestirse y disfrutar del calor de las llamas. Se quitó las botas, a las que Alexandre Masson le había hecho añadir unas suelas de plomo tres días antes. «Un viejo truco de jugador de pelota», le dijo su profesor. Se ató los zapatos y dio unos pasos, sintiendo una increíble ligereza. Azlan sonrió, convencido de que se lo iba a poner difícil a su adversario. No pedía más, consciente de la gran diferencia de nivel entre ambos.

Hyacinthe Reverdy entró sin llamar, con un mohín de desprecio en los labios.

—¡Aquí está mi pequeño adversario! ¿Listo para recibir una lección?

Azlan se había preparado para aguantar los comentarios y burlas del hombre. Quería evitar caer en la provocación. Rebuscó en su bolsa, se tomó algún tiempo y fingió elegir entre varias raquetas.

—Acabo de cruzarme con nuestro amigo Masson —añadió Hyacinthe—. Le he pedido que arbitre nuestro partido. No ha podido negarse. Será el juez.

Azlan rumió para sí: como viejo zorro, Reverdy acababa de obligar a su entrenador a adoptar un papel de estricta neutralidad. No podría proporcionarle ánimos ni consejos.

—Después de vos —dijo Reverdy al tiempo que le señalaba la salida.

Azlan tomó el pasillo que conducía al terreno de juego concentrado en contar las cuerdas de su raqueta. Tras él, Reverdy silbaba, relajado. De repente se detuvo para escuchar con más atención el ruido de fondo que procedía de la sala. El joven también lo había oído. Cuando entraron, Reverdy no pudo ocultar su sorpresa.

—Pero ¿qué es esto?

***

La gradería estaba llena de espectadores. Abarrotada. Todos eran loreneses. Allí estaba Leopoldo, con el conde de Carlingford, al lado de Nicolas y de Rosa, así como toda la corte del ducado, la guardia, los criados y los cocheros del séquito. El cirujano había logrado reunir incluso a los loreneses de París.

Azlan fue a saludar al duque, que estaba radiante y encantado de mostrar la solidaridad y la fidelidad de sus súbditos en el corazón de la ciudad de Luis XIV. Los escasos espectadores franceses se habían esfumado o no habían podido entrar por falta de asientos. La multitud era ruidosa, alegre, colorida y deseaba asestar un buen golpe por mediación de Azlan al reino que tanto tiempo los había oprimido. Alexandre Masson llamó a ambos jugadores al centro del terreno. Sostenía en la mano una raqueta que conservaría a lo largo de todo el partido para protegerse de los posibles pelotazos.

—¿Liso o nudo? —preguntó a Azlan.

El lorenés indicó el lado liso de la raqueta.

—Liso.

El árbitro la lanzó al aire e inspeccionó el lado del que había caído.

—Nudo —dijo—. El partido es al vencedor de seis juegos. El señor Reverdy tiene el primer servicio. ¿Deseáis darle una ventaja a vuestro adversario?

Hyacinthe no podía negarse a aceptar la costumbre que decía que un jugador de menor habilidad debía contar con algunos puntos de ventaja para equilibrar un partido.

—Propongo quince en cada juego y ventaja.

—Eso consiste en anotarse un punto perdido en cualquier momento del partido —explicó Nicolas a Sébastien Maroiscy, su editor, que había querido estar presente para animarlos pero que jamás había puesto los pies en una sala de juego de pelota.

—Podéis guardároslos —respondió Azlan—, no deseo la menor ventaja. Os venceré en estricta igualdad.

Su respuesta fue saludada con los gritos de ánimo de los espectadores. Reverdy sonrió para fingir tranquilidad. En su fuero interno, sin embargo, maldecía tener que enfrentarse a un entorno hostil en su propio feudo.

—Como gustéis —dijo.

Se posicionó al fondo para servir, mientras Azlan se dirigía al otro lado para recibir el lanzamiento.

El francés ganó fácilmente el primer punto, pues cuando Azlan devolvió el servicio la pelota salió de los límites de la pista.

—Quince a cero —anunció Masson, y trazó una marca de tiza sobre la baldosa a sus pies.

El segundo punto fue más reñido. Azlan trató de devolver los golpes de revés, y luego se volvió súbitamente y golpeó la pelota en diagonal con un derechazo. Reverdy no trató de llegar a la pelota. El público gritó de alegría como si ya hubieran ganado el partido.

—¡Quince a uno! —gritó el árbitro para indicar el empate.

«Lo ha hecho a propósito —pensó Azlan—. No ha jugado el punto para obtener un handicap.»

Al poco confirmó sus temores. El francés ganó con facilidad los tres puntos.

—Un juego a cero para el señor Reverdy —exclamó Alexandre Masson.

Con ayuda de su raqueta, alzó la red para que ambos jugadores cambiaran de campo. Desde la gradería, los loreneses animaban a Azlan tan ruidosamente que nadie oyó al árbitro anunciar que el francés había ganado el siguiente juego. En el segundo punto, Hyacinthe de nuevo dejó pasar una pelota que hubiera podido devolver, cosa que irritó a Azlan. El hombre, seguro de sí mismo, ganaba o perdía los puntos a su conveniencia. De pie junto a la puerta del fondo de la pista, Masson trataba de conservar la fría neutralidad del juez árbitro. Maldecía haber caído en la trampa de Reverdy y quería gritarle a Azlan que cambiara de táctica. Cuanto más lo provocaba el francés, más aumentaba el muchacho la fuerza de sus golpes, y cada vez el primero se la devolvía con mayor potencia y acababa por obligarlo a cometer falta.

—Tres juegos a cero —anunció cuando los dos hombres volvían a cambiar de campo.

Hyacinthe hizo que le trajeran algo de beber y uno de los dos muchachos le llevó vino, mientras Azlan fue a buscar el apoyo de los espectadores cuyas muestras de ánimo no habían cesado. El duque se aproximó a él.

—Nada es definitivo. Cada punto es una batalla. Sé poco del juego de pelota, pero tengo experiencia en estrategia militar. No tratéis de jugar los golpes más fuertes, Azlan, en eso siempre os ganará ese hombre. Buscad su punto débil y a por él. Pase lo que pase, este partido ya lo hemos ganado, lo ha ganado Lorena —añadió Leopoldo a la par que le mostraba la sala rendida a su causa.

La frase lo serenó. No tenía nada que perder, pero sí su antiguo profesor. Vio cómo bebía un último trago de vino y regresaba a la pista sin prisas. En lugar de disparar su servicio golpeando de arriba abajo, Azlan sirvió la pelota de abajo hacia arriba, como habría hecho un principiante. La pelota, sin demasiada fuerza, obligó a su adversario a acercarse a la red y a agacharse para recogerla, y el lorenés aprovechó para devolverla de volea y enviarla lejos del alcance de Reverdy. La ovación de la gradería provocó una sonrisa del francés. Hizo un signo a Azlan de que no se dejaría sorprender de nuevo con ese truco. Y, sin embargo, sucedió. Los puntos siguientes fueron intercambios de efectos trabajados. Las pelotas rozaron la cuerda y se estrellaron en la red una vez de cada lado.

—El resto pierde. Juego para el servicio —declaró el árbitro antes de garabatear algo en el suelo.

Con el anuncio del primer juego ganado, la alegría de los loreneses se transformó en euforia. Dos gentilhombres descendieron al terreno de juego a felicitar a Azlan como si hubiera ganado el partido.

Había decidido no volver a intentar jugadas ganadoras de forma directa. Se aplicaba en colocar la pelota dentro del límite de la pista, a veces con gesto vigoroso, a veces más suavemente, sin permitir que le dictaran el juego. Sabía que se cansaría antes que Reverdy, cuya superioridad técnica le permitía reservarse, pero Azlan se sentía capaz de jugar cada punto como si defendiera su vida. Tenía la impresión de nutrirse de la energía de cada uno de los ánimos que recibía.

El combate ganó en intensidad. Azlan rompió el servicio del francés, que acumuló varias faltas directas, y logró remontar la ventaja.

—¡Empate a seis juegos! —anunció Alexandre Masson con énfasis.

Cada punto, cada pelota jugada, provocaba gritos de alegría o de rabia.

La tensión era palpable tanto en la gradería como en la pista. Reverdy efectuaba unas pausas cada vez más largas durante las cuales Azlan se negaba a sentarse y recorría el terreno de juego arriba y abajo, con la vista al frente, la mirada fija en su raqueta o hacia sus amigos. Jamás había sentido semejante comunión, tal deseo compartido de triunfo. Estaba a punto de conseguirlo y no quería sucumbir.

El francés ya no sabía cómo escapar del lorenés. A cada cambio de táctica, Azlan hacía lo mismo. Reverdy ya no alcanzaba a anticipar los golpes de su adversario. Sabía por experiencia que el estado de gracia de un jugador no duraba todo un partido y se atrincheró al fondo de la pista, arriesgando lo menos posible a la espera de que la situación diera un vuelco. El joven lorenés no podría aguantar ese ritmo mucho tiempo sin comer ni beber.

—¡Empate a ocho juegos!

Rosa se había sentado. Hacía una hora y media que había comenzado el partido y en la gradería el calor era asfixiante. Los demás permanecían todos de pie, pataleando durante las jugadas, acompañando los gestos de Azlan, aplaudiendo, gritando, maldiciendo a veces para luego excusarse con sus vecinos. Incluso los dos músicos que el duque había llevado consigo hacía ya rato que no tocaban, cautivados por el partido. Nicolas no apartaba la vista de Azlan y este buscaba su apoyo con la mirada en cada cambio de campo. A su izquierda, Leopoldo se inclinaba de vez en cuando hacia él, exaltado por la batalla pacífica en la que todos tenían la sensación de estar participando: el joven aficionado contra el gran jugador de pelota, el pequeño Estado contra el gran reino. «Si gana, le daremos una recompensa de mil francos», dijo cuando Azlan recuperó el servicio. Al alcanzar el empate a seis, el duque se había animado: «¡Si gana, le pondremos su nombre a una calle!», lo que suscitó el asentimiento de Carlingford, más dispuesto a hacer ese tipo de obsequio sin coste para la hacienda ducal. Cuando Azlan alcanzó el resultado de nueve juegos a ocho, Leopoldo cerró los ojos y pidió a Dios que acudiera en su ayuda para asestar el golpe final. Se dejó llevar por sus vecinos en un ambiente indescriptible.

—¡Ya es suyo! ¡Ya es suyo! —exclamó Carlingford—. Va a sacar y ganará el partido.

«Si gana, le daré un marquesado», decidió el duque en el momento en que Azlan lanzaba la pelota.

***

En la sala de los jugadores, el fuego de la chimenea se había convertido en brasas anaranjadas. Nicolas le dio una fricción en la espalda a Azlan con una toalla caliente que había impregnado de aceite de masaje. Ambos amigos estaban silenciosos. En cuanto acabó, la echó alrededor de la nuca del joven y se sentó a su lado. Azlan la desplegó y se cubrió la cabeza.

—¿Por qué? ¿Por qué han hecho eso?

—Razón de Estado, supongo.

En el momento en que se disponía a lanzar la pelota y ganar el partido, un grupo de soldados de la guardia real, a las órdenes de un oficial, invadió el terreno de juego e interrumpió el partido.

—Por orden del rey —indicó el capitán—. Para garantizar la seguridad de los presentes.

Leopoldo se presentó de inmediato ante el oficial y le ordenó que dejara terminar el juego, pues no contravenía ninguna ley ni moral del reino. Sin embargo, la noticia del carácter simbólico y político del partido llegó rápidamente a la corte, y el rey, en plena sesión con sus ministros, fue informado de la misma. El gran chambelán propuso interrumpir el partido con el pretexto de la insalubridad de la sala para evitar cualquier incidente diplomático con el ducado. A pesar de las protestas de los loreneses, los soldados impidieron que el partido prosiguiera y escoltaron a Reverdy, feliz de salir bien librado, hasta su domicilio.

—Iba a ganar. Seguro que no habría perdido ese punto. Ese no. Jamás.

—Lo sé. Todos lo sabemos. Para nosotros, eres el vencedor.

Se puso en pie y arrojó la toalla.

—Para mí no. Me ha robado la victoria. Me ha robado.

Se puso la camisa y la abotonó despacio. Su mente aún estaba en la pista de juego.

—Si hubieran entrado un minuto más tarde, habría ganado. ¿Te das cuenta?

—No lo creas, Azlan. Esperaban fuera, uno de los nuestros los vio. Si el francés hubiera tenido oportunidad de ganar, no habrían intervenido.

—Es… —empezó, sin dar con una palabra suficientemente dura para calificar lo que sentía.

—Es política —concluyó Nicolas, y le tendió su chaqueta—. Venga, nos vamos.

Guardó sus cosas de cualquier manera en una bolsa.

—Había cincuenta —dijo mientras arrojaba las pelotas sobre sus ropas húmedas.

—¿De qué estás hablando?

—De las cuerdas de mi raqueta. Dieciocho verticales y treinta y dos horizontales. Lo sé, las he contado en cada pausa. Fue una idea del señor Masson para no perder la concentración. Cincuenta. Una más que los puntos que he ganado. Jamás olvidaré esa cifra.

15

Nancy, marzo de 1700

Se alegraron de hallarse de nuevo en el ducado, en Nancy, en Saint-Charles y en su mesa en Le Sauvage, donde el Erizo Blanco les expuso todos los casos tratados durante su ausencia, aderezando su relato con detalles operatorios que obligaron al patrón, que había salido a saludarlos, a refugiarse tras su mostrador. Desde que su cuñada dio a luz un niño muerto en unas condiciones atroces no soportaba la menor descripción médica. Junto a ellos, el inamovible cliente los saludó cuando entraron con su sonrisa intrigante y prosiguió su observación de la calle. Por primera vez Nicolas vio que le gustaba la seguridad de la vida que llevaba, en la que cada elemento se hallaba en su lugar. El mismo techo cada noche y el placer de encontrarse con la mujer a la que amaba, explicarle las actividades de la jornada, conversar con ella sin trabas ni tabúes, proyectarse en un futuro de aparente conformidad, eran fuente de exaltación. Jamás hubiera creído que ese tipo de existencia pudiera tener atractivo alguno para el nómada que aún era unos años antes. La libertad podía hallarse en cualquier sitio, incluso en el espacio más reducido. Había mil maneras de viajar.

—Creo que soy feliz —dijo Nicolas a François.

Estaban de pie en uno de los tres balcones de la galería de los

Ciervos contemplando los preparativos del carnaval previsto para dos días después, el 2 de marzo, con ocasión del *mardi gras*. Uno de los carros pasó bajo su vista. Simbolizaba una pista de juego de pelota en medio de la cual se había instalado un asiento con los colores del ducado. Estaba dedicado al partido de Azlan, del que incluso Charles Giraumel había pintado un cuadro. Titulado *Victoria heroica de los loreneses en el reino de Francia*, se hallaba expuesto desde hacía varios meses en la sala nueva del palacio ducal. El joven se había negado a desfilar por lo que no consideraba una victoria, y el modo en que concluyó el partido aún le quitaba el sueño algunas noches. Sin embargo, apreciaba el reconocimiento y la simpatía de que hacían gala las gentes de Nancy y que no había disminuido desde su regreso. Se había convertido en su héroe, él, hijo de bohemios. Aunque eso no había cambiado de ninguna manera su actividad cotidiana en el hospital, aparte de que algunos enfermos pidieran ser atendidos por él. No se había aprovechado de su notoriedad. «Salvo una o dos veces con las chicas», reconoció ante Rosa, y se sonrojó. La consecuencia más inesperada fue la dificultad de dar con un apellido para quien solo había tenido nombre. Azlan se había negado al principio a que le impusieran un apellido, fuera cual fuese, y no aceptaba el pretexto de que debía adaptarse a las costumbres del ducado.

—Es igual en todos los países civilizados, todo el mundo lleva el apellido del padre además de su nombre —argumentó François con torpeza.

—No así en mi tribu de nómadas —respondió, y salió dando un portazo.

El asunto estuvo a punto de acabar antes de tiempo. El duque, enojado por la sistemática negativa del joven a aceptar todas sus propuestas, que se le antojaban honorables y halagadoras, le dio un ultimátum para que eligiera una de ellas. Él seguía negándose y Rosa dio con la solución.

—La adopción es una propuesta hermosa y generosa por su parte —comentó François cuando una fina lluvia impelida por el viento del oeste los había obligado a él y a Nicolas a refugiarse en el interior.

Los criados disponían cuatro grandes mesas para la comida prevista tras el desfile. En la planta baja, la cocina se iba llenando con los ingredientes necesarios para preparar los manjares más refinados para el centenar de invitados que esperaban recibir.

—Creo que Cornelli sería el único apellido que aceptaría llevar, por respeto a Rosa.

—Y pronto el tuyo estará unido al de ella. De esa manera, además, te convertirás en su tutor oficial.

—Eso le ha hecho reír mucho cuando lo ha sabido... ¡Ah, ahí llega Amadori Guarducci!

El maestro de música del palacio ducal los había citado una hora antes.

—Me apuesto un tokay a que se va a quejar una vez más del personal y para justificar su retraso nos dirá que se ve obligado a hacerlo todo él mismo —murmuró François.

El italiano extendió los brazos cuando aún se hallaba a veinte metros de ellos.

—¡Ah, amigos míos, amigos míos!

Nicolas le respondió con un gesto amistoso.

—¿Ahora bebes vinos extranjeros? —susurró al oído del Erizo Blanco—. ¿Desde cuándo?

—¡Desde que no me queda ni una botella del mío, pardiez! Y tardará en volver a haber alguna, pues el nuevo propietario ha arrancado las viñas para convertirlo en un campo de trigo.

—Amigos míos, disculpad el retraso —dijo Guarducci tras saludarlos—, pero ya sabéis qué sucede cuando...

—... se anda falto de personal —completó François.

El italiano hizo un gesto de sorpresa y frunció el ceño desconcertado.

—*Ma no*, quería decir cuando se prepara un largo viaje.

—¿Nos dejáis?

—Mi misión ha llegado a su fin y la casa de Lorena ha decidido no prolongarla. *Senza estensione.*

—Quiero agradeceros lo que habéis hecho por Rosa, os estoy muy reconocido —respondió Nicolas antes de tenderle la mano.

Se las estrecharon con fuerza.

—La marquesa ha trabajado mucho, ha sido muy valiente y ha recuperado su voz. Por el contrario, mi *piccola Maria*...

—Habéis hecho cuanto estaba en vuestra mano. Sigue sin hablar y el porqué será un misterio.

—Por eso os he hecho llamar, quería hablaros acerca de ella. Vuelvo a Italia, a *Milano*, donde conozco a un médico, muy especializado, que ha trabajado con los mejores cantantes de ópera. Él podría ayudarla. He propuesto llevarme a *Maria* a mi servicio y pagar los cuidados del *dottore*. Su *mamma* está de acuerdo, pero quiero contar con vuestra bendición, maese Déruet.

—Es una buena idea y muy generosa, Amadori. Esa experiencia solo podrá serle beneficiosa.

—Que Dios os escuche, amigo mío. *A Dio piacendo!* El duque tiene el proyecto de construir una ópera en esta ciudad y me ha prometido concederme la dirección de la misma. Por ello ¿quizá volveremos a vernos?

—Hasta ese momento, enviadnos noticias vuestras.

—Para entonces ¡espero que el personal del palacio habrá mejorado! —concluyó el maestro de música.

El sabor del chardonnay de Hungría satisfizo por adelantado las papilas de François.

***

Al día siguiente, primer día de marzo de 1700, era un día lluvioso. Azlan atravesó el patio del hospital Saint-Charles con un cubo en cada mano en dirección al arroyo Saint-Thiébaut, que separaba los edificios de los enfermos de la residencia de las monjas. La llovizna, arrastrada por el viento, fustigaba su rostro y le dificultaba la visión. Se negó a agachar la cabeza por una simple lluvia y mantuvo la frente alta hasta su destino. Se detuvo frente al curso de agua y saludó a la hermana Catherine, que se hallaba en la orilla opuesta.

—¿Tenemos muchos pacientes esta mañana? —preguntó ella mientras depositaba en el suelo el montón de ropa que llevaba al lavadero.

—No, solo la operación de un bulto.

—Estaré de vuelta dentro de una hora. ¿Me necesita Nicolas para las curas?

—Él no, pero yo sí —respondió antes de vaciar en el arroyo los restos de las sangrías y las lavativas de la noche anterior.

—¿Ayuda para los informes?

—No, hoy voy a operar yo —respondió Azlan, y empezó a aclarar someramente los recipientes con agua.

Se puso en pie y se enjugó la frente, por la que se deslizaban gotas de lluvia.

—Es mi primera operación, si queréis asistir seréis bienvenida, hermana.

—¡Por supuesto! Me alegro por vos. ¡Ahora mismo voy para allá, la colada puede esperar!

El paciente era un hombre de unos treinta años que Nicolas había elegido por su complexión robusta y cuyo cuadro clínico mostraba que tenía un cálculo en la vejiga de fácil extracción. Había pensado en un nuevo protocolo que creía que facilitaría la operación. Consistía en dilatar la vejiga los días previos a la intervención quirúrgica con ayuda de tisanas de una mezcla de grama, regaliz y granos de lino, hasta alcanzar un volumen de dos pintas diarias. La segunda ventaja del tratamiento era que disminuía los dolores durante la micción.

Nicolas se sentía impresionado ante la tranquilidad de la que hacía gala Azlan mientras se preparaba. Estaba impaciente y alegre y no mostraba signo alguno de nerviosismo o inquietud. Su seguridad no era impostada. Recordó su primera operación, sus temores y cómo le temblaron las manos, el enojo de François ante sus moratorias, la copa de coñac que bebió para infundirse coraje y la hemorragia que se produjo tras la incisión.

—Tu primer caso no fue fácil —dijo el Erizo Blanco mientras ataba las muñecas del paciente—. Sufría podredumbre de las venas y, sin embargo, lo salvaste —concluyó tras verificar la solidez de los nudos.

—Por favor, dadme más láudano —pidió el paciente con voz temblorosa.

François se lo dio a beber y se puso un largo chaquetón de cochero.

—Lamento de veras no poder quedarme para ver al muchacho, pero parece que lo del convento del Refugio es urgente.

—¿El tumor de la madre Janson? —preguntó Nicolas al tiempo que doblaba las piernas del paciente hacia los muslos.

—Por desgracia, lo que tomé por un simple tumor es un verdadero cáncer, ya no tengo ninguna duda.

Azlan entró con el instrumental en las manos y lo depositó sobre un paño extendido. Observó la vestimenta del Erizo Blanco.

—¿Te has vestido así porque temes que haya goteras en el techo? ¿O tienes miedo de que te salpique la sangre y te has cubierto de la cabeza a los pies?

François le explicó la razón y Azlan hizo un mohín.

—¡No, ahora no, no en mi primera operación! ¿No puedes dejar la visita para esta tarde?

—Me temo que no. Pero habrá otras ocasiones de verte manos a la obra, no dejarás el oficio tras tu primer muerto —bromeó en voz queda.

—Soltadme, he cambiado de parecer —gimió el hombre mientras trataba de liberarse.

Nicolas había atado sus extremidades inferiores con correas de cuero, integradas en la mesa, que impedían cualquier movimiento.

—No os preocupéis, caballero, todo irá bien —dijo el joven a la par que hacía un signo a François para que se marchara—. Vamos a libraros de vuestro dolor.

Le aplicó un pequeño vendaje en la verga para retener la salida de orina, cogió un trocar con su cánula, un escalpelo y, sin titubear, hizo una incisión en línea recta debajo del escroto.

El ambiente de Le Sauvage era de fiesta: Azlan acababa de invitar a una ronda para celebrar el éxito de su primera operación.

—Deberías esperar a que haya acabado su convalecencia —moderó Nicolas.

El joven rió y mostró a los reunidos un frasco que contenía un guijarro negruzco del tamaño de una nuez.

—La piedra de mi paciente —dijo mientras la exhibía con orgullo—. La he cortado con la uña —añadió para bromear.

Los clientes murmuraron de admiración y trataron de ver sus manos. El gerente sirvió otra botella de vino sin atreverse a mirar el frasco que iba de mesa en mesa y se sentó al lado de ellos resoplando.

—Aún no es mediodía y ya estoy rendido. Me duele mucho el vientre.

Señaló el lugar del estómago.

—Sé que debería visitar a un médico, pero desde la muerte de la hermana de mi mujer, a la que asistí, huyo de ellos como de la peste.

—¿Quieres contármelo? —propuso Nicolas.

Negó con la cabeza. Las imágenes del recuerdo doloroso reaparecían en su mente.

—Intento olvidarlo. El cirujano, la comadrona, hasta el decano Pailland, que había visto cosas peores, todo el mundo estaba consternado. Créeme.

Nicolas no insistió.

—Supongo que tus dolores aparecieron en ese momento.

—A fe mía, sí. ¿Es grave?

—No lo creo, pero será largo. Te traeré remedios para aliviarte.

—¿De qué estáis hablando? —preguntó Azlan, que había regresado a la mesa y llevaba en la mano el bote con la piedra.

El posadero se levantó, pálido.

—¿Y dónde está hoy tu cliente más fiel? —preguntó Nicolas al tiempo que señalaba la silla vacía junto a la ventana.

—No lo sé —respondió el dueño, y se rascó la cabeza—. Hace dos días que no viene por aquí.

—¿Quién es?

—No tengo la menor idea. Se sienta ahí cada día, mira en silencio cómo trabajan los artesanos y luego se marcha. Nunca he podido charlar con él. Un tipo singular.

—Es cierto —convino Nicolas—. Tiene una mirada extraña. Serena y determinada. Y también melancólica. La próxima vez le hablaré.

—Lo invitaremos a beber y el alcohol soltará las lenguas —declaró Azlan mientras servía más vino.

François entró sacudiéndose la manga.

—¡Maldito camello! —exclamó antes de reunirse con ellos—. ¡Siempre tiene que echarme sus babas encima en cuanto vuelvo la espalda!

—Ven, siéntate y olvida a ese bicho —dijo Azlan—. Ven a beber con nosotros.

—No me apetece beber —replicó, y permaneció de pie.

Miró a Nicolas, que había comprendido.

—¿Cuándo ha muerto?

—Esta mañana, poco antes de que yo llegara. Tenía otros bultos en la espalda, a lo largo de la columna. Estoy seguro de que no los tenía cuando la examiné hace tres meses. Seguro.

La madre Janson, que se sabía condenada, había rechazado la presencia de un médico o de un cirujano. Por la mañana, cuando ya agonizaba, su asistenta terminó por pedir ayuda a Saint-Charles.

—Pero ya era demasiado tarde —dijo François.

—¿Cómo murió Jeanne? —preguntó Nicolas tras un silencio.

—¿Cómo que «cómo»?

—¿Se apagó rápido? Espero que no viviera una agonía como la de esa monja. Nunca te lo he preguntado.

—Y deberías haber seguido sin preguntármelo. No me gusta hablar de ella, muchacho. No me gusta —dijo François, y a continuación gruñó—: ¡Me voy!

Dio unos pasos, titubeó y volvió a su mesa.

—Pero tienes derecho a saberlo. Su apoplejía hizo que perdiera la cabeza. Ensuciaba su cama y cada día había que cambiarla y lavarla. Su voz se había convertido en unos sonidos inaudibles. Su sangre parecía mezclada con unos humores densos. Era tan espesa que ni siquiera las sangrías hacían efecto. Su rostro había adquirido una expresión fría. Parecía de piedra. Su boca ya solo se abría en parte y únicamente podía ingerir purés. Su piel se había gangrenado en algunas zonas, en la espalda y las piernas, a pesar de todos los ungüentos que le aplicaba. ¿Te das cuenta de en qué se había convertido? Llegué a desear que sufriera otra apoplejía que fuera fatal. Jeanne, nuestra Jeanne… No hubiera querido que la vieras así. Nunca. Y ahora, dejémosla en paz.

***

—¡Las antorchas! ¡Encended las antorchas!

El oficial de la compañía de los Cent-Suisses cruzó la place de la Carrière a lomos de su caballo gritando su orden. De inmediato, decenas de luces aparecieron en las ventanas de la calle. Recorrió todo el trayecto del desfile repitiendo la orden y luego regresó al punto de partida. El badajo de la campana de Saint-Epvre golpeó cinco veces su cuerpo de bronce. El primer carro, que representaba una pista de juego de pelota, salió del patio del palacio ducal al son de un cañonazo disparado desde los jardines. A bordo del mismo iban músicos, trompetas y timbales, cuya misión era abrir el paso a la procesión.

Al oír el cañonazo, Azlan estaba cambiando el drenaje al paciente al que había operado. Sentía alivio por no haber tenido que participar en el desfile, pues la idea de ser exhibido sentado en un carro para alborozo popular le parecía grotesca. Había insistido en la importancia de su presencia en Saint-Charles aquel martes por la tarde.

—Ya está, ya han empezado —dijo la hermana Catherine al tiempo que le tendía una venda—. Parece que son las mismas comparsas que el año pasado. ¡Tuvieron tanto éxito!

—Pues también me la perdí —dijo el paciente—. Estuve enfermo.

—¿Algo grave? —preguntó Azlan mientras examinaba la cicatriz que le había dejado, que le parecía bastante lograda para ser la primera.

—Un sifilazo —respondió con un deje de vergüenza en la voz—. Me lo regaló una moza para mis veinte años, una putilla del puerto.

La monja, habituada al lenguaje florido de parte de los pacientes, no se mostró ofendida y eso decepcionó al hombre.

—Hacéis bien en decírnoslo —añadió Azlan—. Os quedaréis más tiempo y también os trataremos eso.

—Pero ¡si ya no tengo nada! —protestó.

—¿Queréis asistir al carnaval del próximo año?

—Por supuesto.

—En tal caso, en cuanto vuestra vejiga vuelva a funcionar os trataremos la sífilis. ¿Alguna objeción?

El paciente frunció el ceño. La monja dirigió una sonrisa de agradecimiento a Azlan. El ruido de las percusiones llegó hasta ellos a través de la ventana entreabierta.

Tras los músicos, el desfile se había constituido en torno a cuatro temas, cada uno de los cuales representaba un país. Ocho muchachas de la nobleza local iban en el primer carro, conducido por el gran chambelán de la casa de Lorena, seguido por nueve jinetes. Todos vestían a la alemana. Además de las luces procedentes de las viviendas, numerosos criados portando antorchas de cera rodeaban a las diversas comparsas y formaban un cordón ininterrumpido y móvil de luz que acentuaba la belleza irreal del espectáculo. La multitud era numerosa y compacta, y los que llegaban con retraso apenas veían nada. Las fuentes de vino que manaban a chorro aún no habían exacerbado el buen humor del pueblo, que se mostraba reservado y disciplinado. Los disfraces de los espectadores, a menudo consistentes en un simple antifaz o algún oropel original, contrastaban con la riqueza y el refinamiento de los paños y bordados que lucían los participantes en el desfile. La comitiva abandonó la place de la Carrière y se adentró en la ciudad nueva.

François se había instalado en la explanada entre ambas ciudades en compañía de Waren. El artificiero había previsto lanzar algunos cohetes encargados por el consejo de la ciudad de Nancy. Saludaron al cortejo que desfiló frente a ellos al paso. El segundo carro, conducido por el gran escudero, iba precedido por un grupo de violines. Entre las nueve elegidas había tres canónigas de Épinal. Todas iban ataviadas con vestidos de la corte española, al igual que los nueve gentilhombres que las acompañaban.

—¡Hasta las monjas se corrompen! —comentó el Erizo Blanco—. ¡De nuevo tendremos derecho a bulas papales!

El irlandés, que comprobaba las mechas de encendido, estalló en tales carcajadas que los espectadores que se hallaban junto a ellos se volvieron.

—Los conventos están llenos de esposas repudiadas y de muchachas encerradas a la fuerza —precisó mientras corregía el ángulo de una palmera en el caballete—. Hacen bien en divertirse un poco.

François se desinteresó del desfile y ayudó al artificiero a desplazar un cohete de torniquete.

—Por favor, apartaos —pidió el irlandés al grupo que se había detenido para mirarlos—. ¡Y no fuméis junto a los explosivos! —añadió a la vez que se dirigía a dos jóvenes que llevaban sendas pipas encendidas en la boca.

Los fulanos, ofendidos, fanfarronearon con su tabaco incandescente junto a los cohetes. Antes de que el Erizo Blanco pudiera reaccionar, un haiduque con uniforme de gala se plantó ante ellos con los brazos cruzados. Sin mediar palabra, los imprudentes se esfumaron. La reputación de guerreros feroces de los combatientes húngaros era conocida en la ciudad entera y a nadie se le pasaría por la cabeza buscarle las cosquillas a uno de ellos.

—¡Nicolas! —exclamó François—. ¡No te había reconocido!

—Es una idea de Rosa. Me he resistido mucho antes de aceptar, pero, finalmente, parece que tiene algunas ventajas.

François dio una vuelta alrededor de su amigo.

—Está todo, hasta la daga. ¡Solo te falta el bigote!

—¿Os unís a nosotros? —propuso Waren—. ¿Me haréis el honor de encender la primera descarga?

Le tendió una antorcha.

—Sería un placer, pero le he prometido a la marquesa que la acompañaría durante el desfile —respondió mientras se alejaba—. ¡Nos veremos en el baile esta noche!

Nicolas siguió el avance de la oruga humana que iba tras el cortejo hasta la ciudad nueva. Había logrado convencer a Amadori Guarducci de que retrasara su partida para que la pequeña Marie pudiera asistir al carnaval, el primero y quizá el último que la chiquilla vería en Nancy. El italiano aceptó con la mejor disposición, puesto que además le propusieron formar parte de la tercera comparsa. Desempeñaba el papel del postillón, sentado junto al cochero, el marqués de Beauvau. Rosa iba en el mismo carro, disfrazada de mora, con Marie a su lado. La niña estaba maravillada y respondía tímidamente a los saludos de la multitud agolpada a lo largo del cortejo. Los jinetes moros rodeaban el carro con lanzas en la mano. La marquesa era la mujer más bella del desfile y, a su paso, los espectadores solo tenían ojos para ella, cuyo vestido negro realzaba sus cabellos azabache y sus delicados rasgos. Nicolas oyó los comentarios admirativos y se sintió orgulloso de ser su futuro marido. Antes de subirse al vehículo, ella le había preguntado si la amaba, como hacía varias veces al día para así disfrutar de su respuesta. «¿Acaso no acabo de ofreceros la más hermosa prueba de amor?», bromeó él a la vez que señalaba su disfraz de haiduque.

El último carro se había rezagado un poco y la procesión acababa de detenerse a la entrada de la rue Saint-Nicolas para esperarlo. A bordo del mismo iba la familia ducal. Leopoldo, disfrazado de sultán, portaba las riendas del tiro, compuesto por ocho caballos alazanos elegidos entre los más hermosos de sus cuadras. Sentada detrás, en un trono bellamente decorado con piedras preciosas y coronado con plumas blancas, Isabel Carlota vestía de sultana y llevaba al príncipe Francisco sobre las rodillas. Al fondo del carro había ocho mujeres del séquito disfrazadas de princesas otomanas. Y también formaban parte de la comparsa diez jinetes vestidos de visires o de pachás que rodeaban al soberano.

Nicolas empujó a un hombre sin querer y se disculpó. No iba disfrazado y tenía el rostro cubierto de sudor.

—¿Os encontráis bien? —preguntó el cirujano—. ¿Necesitáis ayuda?

Le respondió con un gesto negativo y le dio las gracias con una palmada en el hombro. Nicolas lo vio entrar por una puerta cochera y regresó al desfile, que ya reanudaba la marcha entre los aplausos de la multitud.

El hombre se reunió en un pequeño patio interior con una mujer con un antifaz de encaje que solo dejaba ver la parte inferior de su rostro. Llevaba un gorro, parecido al de los obreros, que le ocultaba completamente el cabello.

—Es él, el del disfraz verde —dijo la mujer.

—¿Estás segura? —preguntó el hombre, cuya voz delataba su nerviosismo.

—Sí, no tengo la menor duda. No es el momento de arrugarse. Se hará lo pactado.

—Nos encontraremos en el lugar convenido.

Un soldado de la guardia entró, los saludó y apoyó su fusil, y se dispuso a orinar contra la pared del fondo. Salieron sin apresurarse. El gentío se dispersaba tras el paso del cortejo. La mujer se dirigió hacia la rue du Pont-Moujat mientras su acólito seguía los pasos de Nicolas para no perderlo.

***

—¿Qué habéis dicho?

—El buey *tabouré*.*

El conde de Carlingford estaba sentado a la mesa con Carlos,

* El jueves lardero, los carniceros de Nancy tenían por costumbre elegir el buey más lustroso, decorarlo con abalorios y guirnaldas y conducirlo así a la corte y a las casas de la burguesía de la ciudad. La visita del buey *tabouré* era un honor y su recorrido por las calles constituía un verdadero espectáculo, pues los carniceros hacían que caminara y saltara de manera muy cómica. *(N. del T.)*

hermano de Leopoldo, obispo de Osnabrück, en la plaza del mercado frente al ayuntamiento, donde se había previsto una abundante comida a mitad de recorrido.

—Extraña costumbre —respondió el obispo—. ¿Y esos carniceros conducen al animal hasta palacio?

—No solo a palacio, sino incluso a los apartamentos de la duquesa. Al son de un tambor —precisó el conde con especial regodeo en los detalles que sabía que escandalizarían al cura.

No tenía demasiado aprecio por aquel hombre, que le parecía completamente opuesto a Leopoldo: pretencioso, cicatero e incapaz de hacerse a un lado ante cualquier razón de Estado.

—¡Santo Dios! ¿Qué fiesta pagana es esa?

—Es solo una tradición, como tantas otras, a la que el pueblo tiene mucho apego. Lo veréis con vuestros propios ojos pasado mañana.

—¡Podéis estar seguro de que me las arreglaré para no tener que estar presente! —replicó Carlos.

Carlingford, satisfecho, se puso en pie al ver llegar los primeros carros. El desfile se detuvo y todos los participantes abandonaron sus puestos para comer y descansar. Solo un centenar de privilegiados de la nobleza o la burguesía local habían sido invitados y se oyeron algunos comentarios entre el gentío, que debía contentarse con la fuente de vino instalada en la esquina de la rue de la Boucherie. Leopoldo, que se había dado cuenta de ello, hizo distribuir entre los presentes los restos de la cena antes de dar la señal de partir de nuevo. Todos volvieron a los carros.

—Marchémonos de esta fiesta, volvamos —dijo Rosa a Nicolas—. Deseo sentiros contra mí, mi ángel, ahora mismo.

—Leéis mi pensamiento, Rosa.

—¡Venid, querida marquesa, os esperamos! —le gritó Amadori, que acababa de instalarse junto al cochero.

—La cabeza me da vueltas, creo que iré a descansar —respondió ella.

La pequeña Marie, que la había oído, saltó del carro y se agarró de su tul negro.

—Creo que no está de acuerdo —dijo Nicolas con una sonrisa—. Dejemos nuestra escapada para más tarde.

Tomó la mano de Rosa y la besó con dulzura. Ella se acercó a él y lo besó en la comisura de los labios. Nicolas se quitó los guantes y se los puso a ella.

—Así estaré junto a vos, junto a vuestro corazón.

—Prometedme que luego no volveremos a separarnos.

—Os doy mi palabra, Rosa.

—¿Recordáis vuestra promesa en nuestro primer encuentro?

—Sí, ayudaros a retrasar vuestro matrimonio con el marqués de Cornelli. Pero no llevaros conmigo.

—Y añadisteis: «Me lo agradeceréis». Quería daros las gracias, Nicolas. Lleváis razón: me gusta esta vida. Y os amo.

El cortejo abandonó la plaza y salió por la rue du Moulin, luego por des Artisans y pasó frente al hospital Saint-Charles, a cuyas puertas se habían asomado los pacientes que podían valerse por sí mismos y el personal.

Al entrar en la sala de curas para inmovilizarle el tobillo a un paciente que había resbalado al pisar una cagarruta, Azlan parecía preocupado.

—¿Hay algo que os inquieta? —preguntó la monja que lo asistía.

—¿Es grave? —indagó el paciente, que imaginaba lo peor para su pierna.

Acercó la mano al emplaste que había preparado y cogió un puñado.

—No ha venido…

El cirujano depositó la bola de arcilla sobre el tobillo del herido y sintió todas las miradas sobre él.

—Nicolas —explicó—. Me dijo que vendría a vernos cuando el desfile pasara por nuestra calle. No ha venido.

—Ah… —exclamó el hombre, aliviado.

—Dejemos que se divierta —añadió la monja—. Mañana nuestro hospital estará lleno.

Azlan extendió la cataplasma y se limpió las manos. Una vez el hombre se hubo marchado, acabó de escribir el informe de su operación del bulto, comprobó que no hubiera ningún paciente que esperara a ser atendido y se fue a descansar a su habitación antes de que llegara la avalancha de caídas y riñas tras la mascarada. Tenía en mente la imagen de Rosa buscando a su novio entre el gentío. De pie en su carro, se volvió hacia Azlan y le hizo una mueca interrogativa. Nicolas no se hallaba entre el cortejo.

—¡Cuánto tarda! —declaró Waren sin dejar de escrutar el bastión de Haussonville, desde donde un soldado debía indicarle el momento de prender las mechas, al regreso de la procesión al palacio ducal.

El artificiero alzó la cabeza. La noche comenzaba a cubrir el cielo por la puerta de la Craffe. Las nubes, que formaban un barniz grisáceo al inicio del desfile, habían confluido en una única placa oscura que lo inquietaba. La humedad había aumentado y cubría el material y las mechas, que tenían que ir secando con unos paños.

—Aún nada —refunfuñó—. Dentro de una hora, mis petardos ya estarán demasiado mojados.

—Iré hasta allí —propuso François—. Te haré una señal desde la balaustrada del bastión.

—Llévate esto —dijo, y le tendió un pequeño cohete—, es una bengala roja. Enciéndela desde el palacio en cuanto se detengan los carros. Yo podré verla. Así ganaremos tiempo.

François cruzó corriendo la place de la Carrière que los habitantes habían comenzado a ocupar, como era costumbre en todos los acontecimientos importantes. Las luces brillaban aún en las ventanas y se habían formado corrillos alrededor de los músicos, funámbulos o malabaristas. Reconoció al capitán de la compañía de los Cent-Suisses y le preguntó cuál era la situación. El militar no tenía información y le propuso que subiera al Vix, la torre que dominaba la plaza. François cogió una vela de un candelabro que había en el suelo junto al cual se había dormido un criado. Ascendieron la espiral de piedra de suave pendiente hasta lo más alto, donde había un amplio balcón. François identificó rápidamente la procesión, que formaba una serpiente luminosa cuya cabeza acababa de superar la plaza de la iglesia de Saint-Epvre, a menos de cincuenta metros de ellos.

—¡Ya llegan! —gritó el Erizo Blanco—. ¿Queréis ayudarme?

Le tendió la vela, arrimó la bengala a su guía, una caña de avellano de un metro de longitud, y apoyó el conjunto contra el parapeto sosteniéndolo por ambos extremos.

—En cuanto Su Alteza ponga un pie en el suelo, encended la mecha, ¿de acuerdo?

Leopoldo se volvió hacia Isabel Carlota, en cuyo rostro fatigado aún eran visibles las marcas de la viruela. Antes de inaugurar el banquete tenía intención de ir a ver a su hijo, al que la fiebre retenía en cama. La señora De Lillebonne se había quedado en los apartamentos junto al principito de seis meses. Le dio las riendas al conde de Spada, que hacía el papel de postillón, y se reunió con la duquesa en la parte posterior del carro, y a punto estuvo de caerse en varias ocasiones debido al traqueteo.

—¡Aquí llega mi sultán, que se arriesga para venir a verme! —bromeó ella, y le acarició la mejilla.

—Tendré que ordenar que arreglen estas calles, ¡o acabarán con nosotros! —respondió Leopoldo al tiempo que se frotaba la nuca—. Por fortuna, ya casi hemos llegado.

Le alborotó el cabello al príncipe Francisco, que arrojaba papelitos de colores a los espectadores que se agolpaban cada vez más cerca de los vehículos. Cuando los ocho caballos de su carro se detuvieron frente al palacio ducal, a la altura de la sala de juego de pelota, las primeras comparsas, acompañadas por sus respectivos grupos musicales, habían llegado a la place de la Carrière y los participantes descendían poco a poco de los carros. Un criado dispuso un escabel junto al suyo. Leopoldo saludó con la mano a la multitud que lo aclamaba antes de descender. Alzó la vista hacia el Vix y reconoció a François Delvaux por su gorro blanco. La duquesa iba unos pasos por delante de él y llevaba a su hermano de la mano.

—No sabía que habría fuegos artificiales... —dijo.

Leopoldo no pudo concluir la frase. Sintió un dolor en la pierna y cayó al suelo. A su alrededor se oyeron gritos, ruidos de pasos numerosos, y luego un relámpago rojo zigzagueó en el cielo.

***

—Señor, por favor. ¡Señor!

Nicolas reconoció al hombre al que había empujado sin querer. Estaba en la esquina de la plaza del mercado, cerca del matadero, inclinado sobre sí mismo y parecía tener fuertes dolores.

—¿Qué os ocurre?

—Es el pecho, como si me hubieran dado una puñalada.

—Estamos al lado de Saint-Charles, el lugar donde trabajo. Os llevaré allí —propuso el cirujano.

—No, se me pasará, pero os necesitaré para volver a casa.

Nicolas lo ayudó a sostenerse en su hombro y a cruzar la plaza en dirección a la rue Saint-Dizier, a contracorriente de la mascarada. Se detuvieron una vez la hubieron cruzado. Al hombre parecía costarle bastante recuperar el aliento. Hizo una mueca de dolor.

—¿Sentís ese dolor a menudo?

—No, por suerte.

—¿Cuando hacéis esfuerzos?

—Sí.

—Pediré a un médico que vaya a examinaros.

—Es que... no tengo dinero para pagarlo.

—No es cuestión de honorarios. ¿Aceptáis?

—¿Cómo rechazar una propuesta tan generosa? ¡Sois mi samaritano! Me llamo Martin y vivo aquí al lado, en la rue Saint-Jacques.

Se detuvieron frente a una casa encajonada entre dos tiendas cerradas.

—Es aquí.

Nicolas se detuvo un instante y Martin se percató de ello.

—¿Ya no deseáis entrar?

—Conozco este lugar, trabajé y viví aquí varios años. Una extraña coincidencia del destino.

—En efecto…

Martin lo miró de una manera que le pareció extraña, como si algo dentro de él lo atormentara.

—Me encuentro mejor, señor —prosiguió tras una larga vacilación—, de verdad. Os lo agradezco y dejaré que disfrutéis de la fiesta.

Abrió la puerta y se volvió hacia Nicolas.

—Os prometo visitar al médico muy pronto. Y no quiero que este lugar despierte en vos recuerdos olvidados que no deberían salir de su escondrijo. Nunca hay que revivir el pasado. Gracias de nuevo por vuestra bondad.

Martin recorrió el pasillo que conducía hasta la parte posterior, un jardín abandonado. Había un único banco adosado a la verja que lo rodeaba. La mujer del antifaz de encaje estaba allí de pie.

—¿Dónde está?

—No he podido. Tampoco he querido —respondió Martin—. ¡Que se vaya al diablo! Al fin y al cabo, si quiere casarse con ella, es su vida.

Se sentó pesadamente en el banco. Ella se acercó a él y meneó la cabeza.

—Me prometiste que lo traerías aquí.

Él se encogió de hombros.

—No es nada nuestro. Al menos, no es nada mío.

Ella se quitó el gorro y la máscara.

—Me prometiste…

Un cohete estalló en el cielo en mil soles rojos e iluminó su rostro.

—¡Marianne! —gritó Nicolas desde el umbral.

Tras dejar a Martin, había regresado a la plaza del mercado y luego había vuelto sobre sus pasos. Recordó la conversación de la víspera con François y decidió volver por última vez a la casa donde murió Jeanne; deseaba exorcizar la parte de culpa que aún quedaba en él por no haber estado presente para ayudarla y darle ánimos cuando la vida la abandonó, quería recogerse y rendirle un último homenaje.

Al llegar a la casa, la puerta estaba entreabierta. Llamó, pero la algarabía de la calle ahogó su voz. Entró y oyó hablar al hombre en el jardín, el lugar preferido de Jeanne. Allí iba para recuperar fuerzas rodeada de sus rosas, para escuchar al Erizo Blanco maldecir en broma a sus pacientes y para entonar cancioncillas populares.

Cuando una voz femenina respondió a Martin, por un instante tuvo la sensación de que Jeanne había vuelto, que la hallaría sentada en el banco tarareando «Mambrú se fue a la guerra» mientras doblaba los paños que utilizaban como vendas, y que al verlo le sonreiría. Luego se detuvo, al final del pasillo de baldosas negras y blancas, incapaz de seguir avanzando: acababa de reconocer la voz de Marianne.

—Nicolas...

Se acercó a él. Los primeros cohetes del espectáculo iluminaron el cielo. Martin se fue al interior sin mirarlos.

—Yo le he pedido que os trajera hasta aquí.

—¿Fingiendo estar enfermo?

—Pensé que os habríais negado a verme si os lo hubiera pedido. ¿Me equivoqué?

Nicolas no pudo ocultar su desazón ante la irrupción de Marianne en su vida.

—¿Por qué hoy? ¿Por qué después de seis años? ¿Por qué aquí?

Se sentaron en el banco de Jeanne.

—Vuestra mirada es dura y vuestra voz, fría, y eso me entristece. ¿Qué he hecho tan condenable como para que me tratéis de esta manera?

—Creo, en efecto, que tengo razones para estar enfadado. Aunque el tiempo las haya suavizado.

—En tal caso, es el momento de decirlas, ¿no os parece? Nos separamos siendo amantes y cuando volvemos a encontrarnos sois mi enemigo. También yo tengo derecho a una explicación.

Ella no había cambiado. Sus cabellos lucían el mismo peinado que cuando él se marchó de Nancy, su mirada tenía el mismo atractivo misterioso y su voz tranquilizaba incluso cuando era autoritaria. Había acabado por convencerse de que ese momento no llegaría nunca y había guardado su rencor y sus reproches en un rincón de su memoria. Ella se había marchado, había huido y se había casado para vivir su vida fuera de la ciudad.

—¡Os creía muerto! —exclamó ella ante los primeros reproches—. Me informaron de vuestro fallecimiento.

—¿Quién?

—No puedo decíroslo, lo lamento. Tuve la impresión de que todo se hundía a mi alrededor. Primero Jeanne, luego vos y por último Simon, al que había que proteger.

—¿Proteger de quién? ¿De la difunta madre Janson?

Un grupo de espectadores pasó junto al jardín hablando a gritos y se alejó. Las explosiones habían cesado y dado paso a soles giratorios que creaban un alba índigo sobre los tejados. Nicolas se puso en pie ante ella.

—Marianne, todo lo que me decís es tan confuso… ¿A qué vienen tantos misterios? ¿Qué sucede?

Ella se puso en pie a su vez y le tomó las manos.

—No os caséis con Rosa de Cornelli. Os lo suplico, ¡no cometáis esa locura!

Él apartó las manos con suavidad.

—Así que es eso… mi boda…

—No, no es lo que pensáis, no actúo por celos. La marquesa no es la mujer que imagináis. ¡Os lo suplico, renunciad a vuestra boda, Nicolas!

Cohetes aún más grandes surcaban de nuevo el cielo. Marianne ocultó su rostro entre las manos y sollozó.

—Lamento mucho causaros esa pena, en verdad me entristece —dijo Nicolas midiendo cada una de sus palabras—. Os amé sinceramente, Marianne, pero nos han separado seis años y os sabía casada.

—¿Os dais cuenta de lo que me ha costado venir esta noche? ¿Pedirle ayuda a Martin? Estuvo ahí cuando me vi obligada a huir, aceptó casarse conmigo y ha educado a Simon como si fuera su propio hijo. Entre nosotros no hay amor, sino un sano entendimiento. O así era. Saber que estabais vivo ha sido una conmoción, y más aún averiguar que ibais a casaros con esa persona.

—Pero ¿qué tenéis que reprocharle? Me gustaría aclarar este malentendido.

—No puedo deciros más, simplemente os pido que confiéis en mí, en nombre de lo que vivimos juntos. ¡Por piedad, Nicolas, apartaos de ella!

Las tracas y ruedas se entremezclaron sobre la ciudad en un ramo de colores y detonaciones. El silencio que siguió pareció sobrenatural, y pronto lo cubrieron los aplausos y los gritos de la multitud.

—Lo siento, amo a Rosa y voy a casarme con ella. Confío en ella. Es una mujer íntegra y apasionada.

Marianne no pudo contener unas nuevas lágrimas fruto de la rabia y la tristeza a la vez.

—No me habéis dicho nada que pueda convencerme, ¿me entendéis?

—Ella no puede hacerlo —dijo una voz a su espalda.

Martin se había situado entre la esquina de la casa y el jardín y no lo había oído llegar.

—No puede hacerlo —repitió—. Y yo tampoco. ¿Creéis que actúa por despecho? Es cierto que aún os ama, y puedo atestiguarlo.

—¡Martin, no! —exclamó ella entre sollozos.

—Pero estamos ligados por un juramento. Por dinero. Al menos, en lo que a mí respecta. ¿Queréis saber más? Informaos acerca de quién compró esta casa, quién compró realmente las viñas de François Delvaux. Hablad con las monjas del Refugio. Interrogad a vuestro alrededor y acabaréis por saber.

—¿Por qué iba a hacer algo semejante?

—Es preciso que sepáis toda la verdad antes de tomar una decisión, Nicolas —respondió ella, y le miró fijamente a los ojos—. Sé que nunca seré vuestra esposa, pero os aprecio y deseo que seáis feliz.

Nicolas miró al uno y a la otra y fue presa de un mareo. Se sentó en el banco.

—¿Insinuáis que François le vendió esta casa a Rosa?

Martin no tuvo tiempo de responder a Nicolas. Desde la calle les llegó un ruido de pasos. Alguien alarmó a los paseantes junto a ellos.

—¡El duque! ¡Parece que ha habido un atentado contra el duque! Lo han llevado a Saint-Charles.

***

Azlan se dio la vuelta entre dos estratos de sueño. Le gustaba ese estado en el que, sin haber despertado aún, tenía la sensación de poder controlar todavía los acontecimientos de su sueño. En el mismo, todo el entorno era pesado, caliente y ruidoso. Había gritos, tantos gritos que no lograba acallarlos. Una tensión agobiante. Decidió abrir los ojos, cosa que le exigió un esfuerzo considerable. La habitación estaba en penumbra. El ruido y los gritos seguían estando presentes y venían de abajo. Mientras se calzaba las botas, François entró sin llamar siquiera.

—¡Deprisa, muchacho!

—¿Qué sucede? ¿Es grave?

—Te lo explicaré por la escalera, el duque nos espera.

El Erizo Blanco había asistido a la escena: al descender del carro, un hombre se precipitó sobre Leopoldo. El agresor fue derribado al suelo por el primer escudero en el momento en que se disponía a clavarle una daga. Se produjo una gran confusión. Apareció una carroza en la que se instaló el duque ayudado por Carlingford y por su guardia, y abandonaron al galope la place de la Carrière.

—¿Lo has examinado?

—Sí. La punta se ha clavado en la pantorrilla, pero no ha seccionado ninguna vena importante. Te ha reclamado.

—¿A mí?

—Nicolas está desaparecido y tú cuentas con su confianza. Me reuniré contigo, voy a por los ungüentos de cicatrización.

Leopoldo estaba tendido sobre la mesa de curas. Parecía muy tranquilo a pesar de que a su alrededor reinara una gran agitación. Los soldados habían rodeado el establecimiento por temor a que hubiera cómplices en la ciudad. Cada consejero daba sus órdenes, a veces contradictorias, en una indescriptible batahola. Todo el mundo entraba y salía, unos controlaban a los otros y llegaban incluso a sospechar de cualquiera, o hacían valer un rango superior o una más amplia experiencia, en un ambiente electrizado.

Azlan se concentró en su paciente, que lo saludó con gran cortesía y una sonrisa sincera. El duque soportaba su dolor con elegancia. Llevaba el pantalón de seda subido hasta la rodilla y tenía algunos hilillos de sangre seca sobre la piel alrededor del punto de entrada, en medio de la pantorrilla. La herida no era profunda y al ser la hoja del arma delgada no se había dilacerado el músculo. La corva no se había visto afectada y los tendones estaban intactos. Aplicó un emplaste y vendó la pierna para unir ambos lados de la herida.

—Curiosa vestimenta para un sultán —comentó el duque.

—Prometedme que no bailaréis esta noche, alteza.

—Os prometo que pasaré tanto tiempo como me sea posible sentado a la mesa. Además, esta aventura me ha abierto el apetito —fanfarroneó.

Se volvió hacia Carlingford, que había supervisado la cura.

—Excelencia, este incidente no debe tener consecuencias respecto a nuestros países vecinos. ¿Ha hablado?

—Dice ser religionario y pretende haber querido llamar la atención por la suerte que vuestra alteza les reserva. Asegura que no ha querido atentar contra vuestra vida.

—Creo que no me encontraría en esta tesitura si el conde de Spada no hubiera intervenido. No es cuestión de azuzar un conflicto con los hugonotes. En el peor de los casos, declararemos que ese hombre actuó en un ataque de locura. Id a tranquilizar a mi séquito —añadió mientras el ruido crecía en el pasillo—, ¡no hay ningún zorro en el gallinero!

El conde abandonó la sala para acabar con la algarabía y tranquilizar los ánimos.

—Su Alteza se encuentra bien, su herida no reviste gravedad. Tenemos que conservar la calma y que no corra la voz de este incidente. Investigaremos para averiguar quién está tras este atentado, pero os pido que no digáis ni una palabra acerca de lo ocurrido. Todos iremos a la cena de palacio y nos divertiremos. Hay que tranquilizar al pueblo. Contamos con vosotros.

A su regreso, Leopoldo se había levantado y había apoyado el pie en el suelo.

—Es más difícil de lo que creía —dijo a su colaborador más cercano—. Id a por un bastón, ya inventaremos una razón carnavalesca para explicar la presencia del mismo. ¿Mi torturador está en la prisión de la Craffe?

—No, alteza, está aquí. Lo hemos aislado —explicó Carlingford—. Requerirá algunas curas —añadió, y miró a Azlan.

El duque dio las gracias a su cirujano y abandonó Saint-Charles con el bastón prestado por el padre Le Bègue, que se había presentado allí para saber cómo estaba. Azlan reunió diversos instrumentos, remedios, pomadas y paños, y se dirigió a la sala utilizada para las autopsias, donde el agresor había sido encerrado y se hallaba custodiado.

El hombre llevaba grilletes en las manos y los pies. Esperaba sentado en el suelo en un rincón de la habitación, con la mirada altiva y orgullosa. A pesar de su rostro tumefacto y ensangrentado, Azlan reconoció a su vecino de mesa de Le Sauvage y su enigmática sonrisa.

Nicolas atravesó la escalinata de Saint-Charles en el momento en que las trompetas y tambores de la primera comparsa indicaban el inicio de la cena del *mardi gras*. Halló a Azlan ocupado cerrando una herida encima de una costilla flotante. En la confusión del atentado, varios soldados de la guardia, convencidos de que el hombre acababa de matar al duque, se encarnizaron con él y lo acuchillaron con sus espadas hasta que intervino un capitán. Las heridas no habían seccionado ninguna arteria ni habían alcanzado órgano vital alguno. El prisionero saludó con la cabeza a Nicolas, quien, al igual que Azlan, reconoció al parroquiano de la taberna.

—Te relevaré —dijo, y se sentó junto a él.

—No te diré que no, tengo los riñones molidos de tanto agacharme. No he comido desde mediodía, voy a ir a por pan y patatas a la cocina. ¿Te apetece o prefieres vino?

—No, gracias, solo agua.

Trabajó un buen rato en silencio, dejando que los gemidos del herido acompasaran el tiempo. Cuando Azlan regresó, preparaba su instrumental para cauterizar la herida más profunda. El joven dejó un vaso de agua y un pedazo de pan junto a él. Nicolas se los ofreció a su paciente, que aceptó beber para humedecerse la boca y los labios cortados e hinchados.

—Os estaréis preguntando por qué he llevado a cabo un gesto que os parece insensato, ¿no es cierto? —dijo tras mirar fijamente durante un buen rato al cirujano.

—¿Así que aún tenéis lengua? Siempre creímos que la excentricidad de la que hacíais gala en Le Sauvage solo era perjudicial para vos mismo. En eso andábamos errados.

El cirujano apartó los bordes de la herida con ayuda de unas pinzas y cogió una lanceta cuya punta se calentaba sobre una llama.

—El duque es un hombre bueno con sus súbditos —añadió—. Representa una esperanza de paz duradera para el ducado. No sé si vuestro gesto era insensato, pero sin duda ha sido una estupidez. ¿Decís que lucháis a favor de los derechos de los hugonotes? Ninguna causa justifica la violencia, señor, ni siquiera la más justa.

—¡Esas son palabras de soñador! Vuestra posición es insostenible. ¿Qué pretendéis hacer? ¿Huir, huir siempre? ¡En tal caso estáis más loco que yo!

No respondió y cauterizó los nervios seccionados. El paciente ahogó un grito. Nicolas hizo un último vendaje y lo roció con un bálsamo de aristoloquia.

—El año pasado, algunas familias fueron expulsadas de la abadía de Beaupré a causa de su confesión —prosiguió el hombre, cuya cólera y emoción no amainaban—. Y eso no es todo.

—Es cierto, vi expuesto el decreto que prohibía dar asilo a luteranos —asintió Azlan, que comía sus patatas y los escuchaba con interés.

—Vuestro duque puede ser justo con sus súbditos católicos, pero con las demás confesiones no se porta mejor que los franceses. Quiero poder vivir en el ducado sin tener que ocultar mi religión. No he querido asesinar a vuestro soberano. Le he alcanzado allí donde había decidido hacerlo.

Calló un instante para que pasara una ola de dolor.

—Mi gesto es un símbolo para llamar la atención de todos. Si no obedecemos las ordenanzas, nos confiscan nuestros bienes y nos envían a la cárcel —prosiguió.

—Intercederé ante el duque en vuestro favor, señor. Aunque me oponga a vuestros métodos, comprendo vuestra angustia y la comparto.

—Gracias, Nicolas Déruet. No esperaba menos de vos.

—¿Sabéis cómo me llamo?

—Sí, y vos sabéis cómo me llamo yo.

Cogió uno de los trozos de pan, hizo una bolita con la miga y se la lanzó.

—¡Anselme Gangloff!

El hombre al que había dado de comer en la prisión de la Craffe seis años atrás.

—Para mí no erais más que una sombra. No conocía vuestro rostro.

—Aquí me tenéis de la cabeza a los pies. Y no muy presentable, ¿no es cierto?

***

Al salir de Saint-Charles, la fiesta aún estaba muy animada. La presencia de Leopoldo en los festejos de palacio acalló el rumor incipiente y todo el mundo se abandonó a los placeres sin comedimiento. Nicolas dejó que Azlan volviera solo a casa de Rosa y se excusó tomando a Anselme Gangloff como pretexto para dar un largo paseo por la ciudad. Sin embargo, sus pensamientos se enredaban en la conversación que había mantenido con Marianne, que daba vueltas y vueltas en su mente. Su súbita reaparición suponía para él un choque tan grande como lo que ella le había querido anunciar. Se dio cuenta de que no la había olvidado, simplemente la había relegado lo bastante como para no verse obligado a enfrentarse a sus sentimientos. Amaba a Rosa, que lo hacía feliz, y no tenía intención de replantearse su matrimonio. Tras haber recorrido los bastiones del este, llegó a la puerta de Saint-Nicolas al sur de la ciudad nueva y la cruzó para detenerse sobre el puente que cruzaba el foso. Al otro lado, el arrabal de Saint-Pierre estaba iluminado por fuegos artificiales. Se sentó apoyado en el chamizo de la entrada y observó el ir y venir de las gentes. Un campesino borracho y vocinglero lanzó una botella vacía al brazo de río, y a punto estuvo de caer por la barandilla debido a su gesto.

La campana de la iglesia del noviciado de los jesuitas le recordó que llevaba más de una hora sentado sobre las tablas de madera del suelo. El frío había empezado a penetrar en su cuerpo. Tenía la impresión de que formaba parte del decorado y que podía acceder a la intimidad de los transeúntes que ahora no lo veían. Reconoció a la madre de Marie del brazo de su marido. Había acabado por regresar al hogar y retomar su actividad anterior. Nicolas se felicitó por la inminente marcha de la chiquilla a Italia. El hombre de mirada taimada seguía sin inspirarle confianza alguna. Jamás hallaría excusa para un individuo que había golpeado a su hija hasta causarle un traumatismo. Una carroza pasó a poca velocidad, obligando a los paseantes a arrimarse a la baranda. Una vez en el camino, dio media vuelta de golpe. La maniobra era muy arriesgada dada la proximidad de la orilla, pero la destreza del conductor redujo el peligro. El vehículo regresó al puente entre las imprecaciones de la multitud y se detuvo frente a Nicolas. Él había reconocido a Claude, el cochero, la primera vez que pasó. Se abrió la portezuela y salió Rosa, disfrazada aún de mora, con los mitones rojos en las manos. Se lanzó en brazos de él.

—¡Nicolas, estábamos muy inquietos! ¡Os hemos buscado por toda la ciudad! ¿Qué sucede? Tenéis las manos frías, volvamos, ¡estáis helado!

Una vez en el interior, ella se cubrió junto a él con una manta. El vaho empañó rápidamente los cristales del habitáculo.

—Azlan me ha informado acerca del atentado contra el duque. No debemos mezclarnos en eso. Ese hombre no se merece ninguna indulgencia.

—Rosa...

—¿Sí, ángel mío?

—... os amo.

Le hubiera gustado hablarle de Marianne, decirle de qué la había acusado, pero le podía el cansancio. No tenía ganas de afrontar nada más aquella noche.

—Yo también —respondió ella, y fue a besarlo en el momento en que una de las ruedas de la carroza rodó sobre un adoquín más irregular que los otros.

Sus bocas chocaron y los incisivos de Rosa cortaron ligeramente el labio superior de Nicolas. Ella se deshizo en disculpas.

—No es nada —dijo cuando ella tiraba de la puntilla de su manga para secarle las gotas de sangre—. Nada en absoluto. No es culpa vuestra.

—No quiero haceros daño, jamás —respondió ella al borde de las lágrimas—. Ni siquiera así.

—Es tarde. Estamos todos agotados.

Él le acarició la mejilla.

El final del trayecto transcurrió en silencio. Rosa había apoyado su cabeza sobre las rodillas de Nicolas y había cerrado los ojos. Él escribió una frase en el cristal, que borró antes de llegar a la rue Naxon.

Claude desplegó el estribo, abrió la portezuela y volvió a subir para sostener las riendas. Una vez los pasajeros hubieron descendido, condujo la carroza a los establos, soltó a los caballos y sacó las mantas del habitáculo. La humedad interior había hecho reaparecer las palabras que Nicolas había trazado. Claude las miró un buen rato y las borró: no sabía leer.

***

La suerte de Anselme Gangloff se decidió al día siguiente, Miércoles de Ceniza. Lo despertaron al alba y lo condujeron de la torre de la Craffe a la capilla des Cordeliers, unas decenas de metros más lejos, donde lo esperaban Leopoldo y Carlingford. El duque estaba de pie, apoyado en su bastón, bajo la luz naciente que se filtraba a través del rosetón de la pared de entrada, junto a la tumba de uno de sus antepasados. Anselme había reflexionado durante toda la noche, atenazado por el dolor, y llegó a lamentar su gesto, aunque lo había madurado durante mucho tiempo. Había hecho daño a la causa que defendía, pero su honor le impedía arrepentirse. Esperaba un fin rápido.

Carlingford le citó todas las acusaciones que recaían sobre él, cualquiera de las cuales podía enviarlo por sí sola a la muerte tras las más temibles torturas. Luego, de manera inesperada, le propuso un trato sorprendente: su vida a cambio del compromiso de irse a vivir a las Provincias Unidas y no regresar jamás al ducado ni a Francia. Diez minutos más tarde, franqueaba la puerta de Notre-Dame en compañía de una escolta encargada de llevarlo a destino. El duque no dijo una palabra en su presencia.

Cuando Carlingford fue a decirle que el luterano había abandonado Nancy, el duque se había sentado en una de las filas de asientos de la iglesia a orar.

—¿Creéis que cumplirá su palabra? —preguntó Leopoldo para convencerse de ello.

—Es tan feliz de seguir con vida que hubiera firmado cualquier cosa. No volverá a hacerlo, pero ha estado a punto de entorpecer las futuras negociaciones.

—¿Debo aceptar las propuestas del rey de Francia?

El conde se sentó a su lado.

—Tomémonos el tiempo que sea necesario, alteza. Luis XIV os habló de ello oficiosamente en la ceremonia de homenaje. Dejemos que el rey dé un paso, esperemos a que envíe un mensajero.

—Ni una palabra de ello, solo nosotros dos estamos al corriente. Ni siquiera lo sabe la duquesa. Si llegaran a saberlo en Viena, estaríamos en una situación muy comprometida.

—Al ofreceros el Milanesado a cambio de la Lorena, el rey espera esa situación. No me sorprendería que ya hubiera hecho llegar su oferta al entorno del emperador del Sacro Imperio.

—¿No nos dejará nunca en paz?

Se puso en pie y entró en la capilla octogonal, se aproximó a uno de los cenotafios y apoyó su mano sobre el mármol negro. Carlingford lo había seguido, pero se detuvo ante la verja de entrada.

—¿En qué situación se halla la repatriación de mi padre? —preguntó sin volverse.

Una delegación lorenesa había partido a Innsbruck para llevar de vuelta a Lorena los restos de Carlos V. Carlingford lo tranquilizó: la comitiva se hallaba en Alemania en el camino de regreso.

—Era su deseo más ferviente. Lo pidió en su lecho de muerte —añadió Leopoldo, y se santiguó y volvió junto al conde.

Al salir, los comerciantes de la Grande-Rue abrían sus puestos y los vendedores ambulantes habían instalado sus tenderetes contra el muro del palacio ducal. Una colonia de gorriones se había refugiado en un viejo roble y trinaba bajo los rayos de un sol diáfano.

—Organizaremos un funeral grandioso. El pueblo no debe dudar de mi apego a esta tierra. Pase lo que pase después.

***

Nicolas llegó temprano al hospital. Se había levantado cuando Rosa aún dormía y barrió la calle frente al ala del edificio situada en la rue des Artisans, por donde había pasado el desfile dejando un reguero de excrementos equinos y papelitos de colores en gran número por el suelo. Sin embargo, la actividad física no le había bastado para deshacerse de la imagen de Marianne. Se dedicó entonces a cambiar los vendajes de los enfermos, principalmente de los que habían llegado durante la noche debido a fracturas o luxaciones de los miembros, la mayoría de los cuales estaban aún ahogados por los efluvios del alcohol. Hacia las diez se permitió una pausa y se sentó en la cocina frente a una botella de agua y un pedazo de pan. François pasó a buscar el camello y la carreta para ayudar a Waren a recoger sus caballetes. Azlan fue a llevarle sus mitones, que había olvidado al marcharse, de parte de Rosa. Lo dejó pronto para ir a jugar a pelota contra un jugador llegado de Metz que había retado al nuevo campeón ducal.

—El combate será duro, tengo la impresión de llevar mis zapatos de plomo en los pies —dijo mientras buscaba un remedio entre los botes de la farmacia—. Llevo también un casco de plomo en la cabeza —añadió, y se frotó el cabello.

Nicolas le preparó su mejor receta para la resaca y se la bebió como si fuera el santo cáliz. Había exigido a sus dos amigos que no fueran a trabajar al día siguiente de *mardi gras* y constató con placer que habían obedecido. El final de la mañana le deparó un poco de tiempo libre y lo aprovechó para consultar las láminas de anatomía del tratado de Govert Bidloo, lo que le recordó las veladas pasadas con Marianne estudiando la obra. Cerró rápidamente el volumen. A mediodía fue a verlo el doctor Bagard.

—Se trata de un caso especial en el que requeriré vuestra ayuda —le precisó aquel a quien todos en el hospital llamaban el Ojo por su precisión en el diagnóstico.

El médico se dio la vuelta sin ni siquiera aguardar la respuesta.

La joven había sido instalada en la más grande de las salas de enfermos, en la parte reservada a las mujeres. Tenía veinticinco años, una constitución enclenque y la piel lívida. Tumbada en la cama, tiraba de las sábanas para taparse hasta el mentón y solo dejaba sobresalir su rostro sobre una alfombra de largos cabellos rubios y ondulados.

—Anne Voirin. Se ha caído en el granero de sus padres, en Eulmont, cuando acarreaba un haz de paja. Desde ese día vomita cualquier cosa que coma o beba. Estado de extenuación permanente, sin menstruación, numerosos desvanecimientos. Sus orines son oscuros y tienen un olor pútrido —añadió a la vez que señalaba un vaso lleno sobre una mesa cercana—. En la superficie de los mismos hay una nube de color ámbar y contienen una cantidad demasiado elevada de materias terrosas. También he observado hebras. ¡Jamás había visto un humor tan pervertido!

—¿Cuándo tuvo lugar el accidente?

—Hace ocho meses. Es increíble que aún siga viva, ¿no os parece? Hasta el momento, todos los tratamientos de su médico han fracasado. Es él quien la ha traído aquí. En su pueblo la gente empieza a decir que es obra de Dios. Debemos descubrir la superchería, si hay tal. En caso contrario, estaremos ante una santa.

Nicolas se acercó a la paciente. Esta lo miró sin decir nada. Sus párpados no pestañeaban. Le aguantó la mirada hasta que él bajó la suya. Luego él le sonrió con afabilidad. Respondió a todas sus preguntas con un hilo de voz y se durmió durante la conversación.

—¿Y bien? —preguntó el médico, que había adoptado una posición docta, con la mano en el mentón.

—Su anatomía podría haberse visto modificada como resultado de la caída y provocar una obstrucción de los intestinos. ¿Permitís que la examine para saber más?

—No hay ninguna objeción por mi parte, pero ella se negará a que la toque o a desnudarse ante vos. Disponéis de todo vuestro tiempo, no saldrá del hospital hasta que hayamos resuelto su enigma. O morirá aquí.

Nicolas pasó la tarde consultando los libros que versaban sobre casos semejantes, pero ninguno explicaba lo que le sucedía a

Anne Voirin. Por la noche, a la hora de la cena, presenció cómo una monja le hizo tragar dos cucharadas de caldo de ternera. Unos minutos después la joven fue presa de espasmos y vomitó un líquido límpido y espumoso. Dado que el esfuerzo la había agotado, se durmió de inmediato. Él se sentó junto a ella y observó su respiración, profunda y regular. Los rasgos de su rostro estaban distendidos. La miró un buen rato sin verla, absorto por lo que había vivido la víspera. Se sentía culpable hacia Rosa por no haberle hablado de su encuentro con Marianne.

—¿Va todo bien, maestro? ¿Me necesitáis? —preguntó la monja, que se había quedado junto a él a la espera de alguna petición.

Él se frotó el rostro y suspiró.

—No, vamos a dejar que descanse. Cuando despierte, dadle de nuevo las cucharadas del caldo medicinal cada dos horas. Si su estado empeorara durante la noche, haced que me avisen.

Nicolas se detuvo en la entrada principal para oler el aire impregnado de los primeros aromas de la primavera, pero no logró apropiarse de aquel momento. Su mente seguía sujeta desesperadamente a sus preguntas. La hermana Catherine se unió a él.

—Lo había olvidado, una de las monjas del Refugio ha venido a traeros una carta.

—¿Una carta?

—La madre Janson os escribió antes de morir —dijo, y le tendió el papel doblado y sellado.

—¿Podéis dejarla en la mesa de mi habitación? La leeré mañana.

—¿Maese Déruet?

—¿Sí?

—¿Creéis que la chica de Eulmont es un milagro de Dios?

—La naturaleza obra a veces milagros que parecen del Creador, hermana.

***

El zorro olisqueó el ratón que acababa de matar. Se lo llevó a la boca y se quedó inmóvil, con las orejas erguidas: un grupo de humanos, del que había percibido el olor, atravesaba el bosque de Garenne haciendo un ruido ensordecedor. Abandonó su presa y se deslizó en el interior de un tocón destripado a aguardar a que se marcharan. Precedidas por cinco músicos vestidos con librea que llevaban sombreros decorados con cintas amarillas, una cincuentena de parejas a caballo pasaron en orden disperso, seguidas por otras tantas parejas a pie. Una de ellas se detuvo a un metro del tronco donde se cobijaba el cánido. Este contuvo un aullido que lo hubiera delatado y aguardó con los ojos clavados en la grieta, por la que veía a un hombre acuclillado.

—¿Qué estás haciendo? —preguntó la mujer, impaciente.

—Estos zapatos me hacen daño —respondió el hombre—. Hubiera tenido que dejarme puestas las botas.

—¡Vamos a llegar los últimos y ya no habrá leña para hacer una gavilla!

—Pero ¡si el bosque está lleno de leña! ¡Basta con agacharse! —respondió mientras le daba la vuelta al zapato, del que cayó un guijarro—. Eso es, así está mejor.

Se levantó con gesto satisfecho, recogió una rama y la partió.

—¡Y sé de lo que hablo, soy yo quien vende esta madera seca!

—Y mientras, somos los últimos —repitió ella.

—Nunca debería haber aceptado participar en esta ceremonia grotesca.

—Édouard, las teas son una vieja tradición que hay que respetar. Y no seguirla nos hubiera comportado una sanción.

—Preferiría pagar esa multa que exponerme al ridículo de esta farsa.

El ruido de unas hojas al moverse hizo que se volvieran.

—¿Qué ha sido eso? —preguntó Édouard, inquieto.

—Sin duda una bestia que ha visto que estamos solos y que va a avisar a su manada —respondió ella en broma a pesar de no haber visto nada.

Esa respuesta tuvo efectos inesperados en el marido.

—Vamos, apresurémonos, o será otro quien pague por la gavilla que he reservado.

Cuando se reunieron con el grupo, la mayoría recogía ramas muertas o ya habían atado el manojo, mientras los músicos, criados de Nancy, proponían a los demás, por diez *sous*, los haces que habían confeccionado por anticipado.

En ese primer domingo de Cuaresma, todas las parejas casadas en 1699 volvieron del bosque cogidas de la mano y cada marido llevaba bajo el brazo una gavilla de ramas que simbolizaba su unión.

Una vez reinó de nuevo el silencio, el zorro recuperó su presa muerta y, empujándola con el hocico, la echó a su madriguera.

Cuando la romería entró en la ciudad, una multitud casi tan numerosa como el martes precedente e igualmente festiva la estaba aguardando. Los espectadores arrojaban sobre los casados guisantes salteados con mantequilla y sal y se mofaban de ellos alegremente.

—¡Menuda tradición! —refunfuñó Édouard, y miró a su mujer enojado—. Dejar que el populacho se burle de nosotros… Al próximo que me llame cornudo lo empalaré con la gavilla.

Al entrar en el patio del palacio ducal, el hombre no había osado llevar a cabo su amenaza, a pesar de algunos comentarios que prefirió pasar por alto. El cortejo dio tres vueltas al recinto interior, bajo la mirada del duque, de la duquesa y de todo el séquito presente en las ventanas y los balcones, y luego se dirigió a la plaza del ayuntamiento para depositar allí las gavillas. La lluvia de guisantes redobló al llegar a la plaza. Édouard resopló al presentir que se aproximaba el final de la ceremonia y eso entristeció a su esposa, a quien la actitud de su marido le había aguado la fiesta. No tuvo tiempo de reprochárselo: su esposo resbaló sobre un montón de guisantes salteados y cayó de espaldas entre la hilaridad general. Más herido en su amor propio que en sus carnes, lanzó la gavilla hacia los que tenía más cerca y se marchó de allí sin ni siquiera preocuparse por su esposa.

—Ese se merece su suerte, pero no su patrona —dijo François a Nicolas y a Rosa, que habían contemplado la escena desde el balcón del ayuntamiento—. ¿No lo reconoces?

No lo recordaba en absoluto.

—Es un comerciante de madera al que curé hace mucho tiempo. La última vez fue el día que volviste a Nancy, muchacho. Créeme, no olvidaré ese momento.

—Solo recuerdo que lo echaste de tu establecimiento. Un poco como hoy.

Los cinco criados interrumpieron la música. Uno de los consejeros de la ciudad avanzó, empuñando una antorcha, y prendió fuego a la pila de leña cuyas llamas se elevaron rápidamente a varios metros de altura. Rosa asió la mano de Nicolas.

—¿Os imagináis que el año que viene será a nosotros a quienes les tocará ir a por la gavilla? Eso me alegra, pues solo con vos desearía hacerlo, ángel mío. Con nadie más.

Él respondió con una presión en la mano.

—¡Es el momento del sorteo de los Valentines! —exclamó el Erizo Blanco a la vez que se frotaba las manos—. Venid, bajemos, vayamos con Azlan.

Los jóvenes estaban reunidos en la plaza, cerca del fuego ya apenas vigoroso. Rosa estaba orgullosa de Azlan. Vestía un traje que ella le había hecho confeccionar para la ocasión, con una chaqueta de color leonado y caqui y bordado en oro. A sus dieciocho años, era de una belleza resplandeciente. Era feliz de ir cogida del brazo de los dos hombres de su vida y se sentía exaltada. «La felicidad debe de ser esto», pensó. Cada día leía a Spinoza, de quien había aprendido de memoria algunos textos, los relativos a la pasión, que recitaba como si fueran oraciones. «La esperanza y el temor...» La pequeña mancha de inquietud que despuntaba en su paisaje desde hacía varios días volvió a hacer mella en ella: Nicolas había cambiado desde la noche de *mardi gras*. Lo sentía en detalles imperceptibles, en el sonido de su voz, en la mirada que no era ya la misma. Rosa prometió volver a leer la *Ética* para hallar respuesta a sus preguntas.

Desde el balcón del ayuntamiento, el preboste de Nancy comenzó el sorteo de las parejas entre los chicos y las chicas en edad de casarse. A cada nombre se alzaban aplausos, a veces risas ante emparejamientos improbables, o exclamaciones de admiración ante una suerte feliz o armoniosa.

Junto a ella, Azlan se divertía mucho y su entusiasmo disipó los nubarrones de Rosa. Cuando el preboste anunció «Azlan de Cornelli», su corazón latió como el de una madre. Los aplausos fueron los más numerosos de la ceremonia y todas las chicas cuyo nombre aún no había sido pronunciado esperaban secretamente ser la elegida. Cada Valentín tenía que hacer un obsequio a aquella a la que el azar había unido a él durante la semana siguiente. Aunque el compromiso se limitara a un intercambio de obsequios, todos los años la ciudad acogía en su seno uniones consagradas tras las gavillas.

La Valentina designada, que contaba quince años, era la chica más joven de la ceremonia. Hija de Melchior de Ligniville, Anne-Marguerite también poseía una belleza y una viveza de ingenio poco comunes a su tierna edad, y todo el mundo consideró que la suerte había hecho gala de buen gusto al asociarlos. Rosa dio un beso en la mejilla a Azlan antes de que este se reuniera con Anne-Marguerite para recibir las felicitaciones del duque, que acababa de llegar allí. Nicolas se había alejado de la plaza con François. Ella los vio en animada conversación en la esquina de una de las calles vecinas. Alrededor de ella, la multitud comenzaba a dispersarse. Rosa vaciló en reunirse con ellos. La conversación parecía encendida. En la esquina opuesta, dos vagabundos que estaban expuestos en la picota por no haber respetado la ordenanza que prohibía la mendicidad gritaban a la chiquillería que los rodeaba que dejaran ya el juego: desde hacía varios minutos, los chavales se turnaban para hacer girar su jaula redonda, apoyada sobre un eje central. Dejaron de hacerlo cuando uno de ellos se desvaneció y se fueron de allí entre risas.

—¿Quién es el loco que se atrevería a abandonar a la mujer más hermosa del mundo, aunque fuera solo por unos instantes?

Ella no había oído acercarse a Carlingford. Este la saludó con una elegancia que sus años de campaña no habían deslucido. El comentario, que pretendía ser un cumplido, la hirió. Rosa pretextó que había enviado a Nicolas a buscar su carroza. El conde le preguntó por la boda y ella le dijo que estaba previsto que se celebrara el 26 de junio. La noticia pareció alegrarle sinceramente, cosa que en parte era verdad, pero también le hacía ver más cerca la posibilidad de ganarle la apuesta al duque. Ella le dejó hablar y de vez en cuando miraba hacia la rue Saint-Jacques, por donde los dos hombres se habían adentrado. Carlingford se despidió en el momento en que Azlan abandonaba el ayuntamiento. La ceremonia había concluido y el joven lo aprovechaba para desaparecer antes de la cena.

—Acabo de vivir la relación más corta de mi vida —declaró Azlan antes de que ella tuviera tiempo de preguntarle—. ¡A mi Valentina le interesaba más el duque que yo! ¡Eso sí que es una lección de humildad!

Su risa distrajo la creciente contrariedad de Rosa, y él se dio cuenta.

—¡Mira, ahí están mis compadres! —exclamó al ver a sus amigos reaparecer por la rue Saint-Jacques.

François no se tomó la molestia de ir hasta ellos y llamó a Azlan con un gesto de la mano. Nicolas se excusó ante Rosa y le besó la mano. Le había pedido al Erizo Blanco que le reemplazara en Saint-Charles.

—Desearía volver a casa —dijo ella—. ¡Me gustaría teneros para mí el resto del día!

Los guisantes salteados crujieron bajo sus pies cuando abandonaron la plaza.

***

Sus cuerpos permanecieron unidos durante un largo rato. El tiempo se había diluido, fuera apenas quedaba luz y el vigilante había encendido las primeras farolas instaladas en la ciudad vieja, que colgaban de cuerdas que iban de un lado a otro de las calles próximas al palacio. Azlan había regresado y se había precipitado a la cocina para comer, como tenía por costumbre. Claude había almohazado a los caballos, cuyas herraduras habían resonado sobre los adoquines. La pareja pasó la tarde al ritmo de los ruidos tranquilizadores de la actividad cotidiana, amándose y fundiendo sus deseos.

Nicolas acarició la espalda de Rosa, desde la nuca hasta el final de la curva perfecta de sus riñones, rozando su piel hasta sentir los leves estremecimientos que la sacudían. Ella se dio la vuelta y le besó los labios, mordisqueándoselos con sus incisivos o rozándoselos con la lengua, y luego le susurró palabras amorosas y se sentó en la cama.

—Tengo ganas de jugar a la *Ética* —sugirió ella, y se puso en pie sin aguardar su respuesta.

El ejercicio consistía en establecer una proposición y tratar de demostrarla con argumentos lógicos, con la ayuda del libro de Spinoza, hasta llegar a la conclusión, que terminaba gritando: ¡QED!* Cada una de esas partidas era para ellos una justa verbal que hacía sus delicias y que iba acompañada invariablemente de grandes carcajadas.

Ella se puso la camisa blanca de su amante y cogió el libro de la biblioteca antes de volver a acurrucarse contra él.

—Ahí va mi proposición —comenzó Rosa.

Abrió el volumen al azar y, apoyando la cabeza sobre la espalda de Nicolas, leyó:

—«Si el alma ha sido afectada por dos afectos al mismo tiempo, cuando más tarde sea afectada por uno de ellos, también será afectada por el otro.»

—¡Menudo plan! —bromeó él.

—Concentraos, ángel mío, o volveréis a perder…

Él se volvió para besarla y se sentó con las piernas cruzadas rodeándola.

—Recuerdo a un paciente al que operé en una fábrica de tabaco transformada en hospital de campaña. Me vi obligado a amputarlo sin anestésico, pues ya no teníamos láudano, ni siquiera alcohol. Su dolor fue terrible.

* QED, siglas de la locución latina *quod erat demonstrandum* («lo que se quería demostrar»). *(N. del T.)*

—Encantador, pero ¿cuál es la demostración? —preguntó ella, y dejó caer las manos a lo largo de sus muslos.

—A partir de ese momento no pudo volver a oler el tabaco de pipa sin sentir un dolor agudo en el muñón. A veces, incluso gritaba de dolor. ¡QED!

Rosa comprobó la respuesta de Spinoza.

—Acepto vuestra aserción, ¡habéis ganado! Voy a buscar otra más difícil —prosiguió ella mientras hojeaba el libro.

—No, me toca a mí —dijo él, y le robó el libro de las manos.

—¡Si no sabéis leer latín!

—Veamos... esta —dijo fingiendo leer—: «Cuando el alma desvela una realidad que deprecia la imagen del ser amado, disminuye o contiene la capacidad de acción de los sentimientos amorosos».

Se apartó de él y lo miró, inquieta.

—¿Podéis desarrollar la demostración, a ver si lo he entendido?

Nicolas se apoyó contra el cabecero de la cama.

—Si, por ejemplo, yo descubriera que le comprasteis la tienda a François y luego sus viñas, a mis espaldas.

—¿Cómo depreciaría eso mi imagen? ¿De eso hablabais esta mañana con él?

—Ha empezado mintiéndome y luego me lo ha confesado. Me gustaría comprenderlo.

Rosa se incorporó sobre sus rodillas.

—¿Alguna vez desde esa época os he ocultado mis sentimientos? Para mí, ayudarlo era acercarme a vos, ángel mío. Sin embargo, no deseaba que eso se viera como un gesto que dejara a François en deuda conmigo.

—Lo sé, nunca le habéis pedido nada a cambio —añadió él, y le acarició el brazo.

Ella no le devolvió la caricia.

—En tal caso ¿por qué me juzgáis con tanta dureza?

—No os juzgo, me sorprende saber que tenéis semejantes secretos.

—¡Menudo escándalo tener ese secreto! Y vos, ¿no tenéis secretos?

Nicolas no respondió y bajó la mirada.

—Si tenéis secretos que juzgáis que no debéis compartir conmigo, respeto vuestras razones —continuó ella—. Pero concededme entonces eso a mí también. No os he ocultado nada de mí que no debáis saber.

Su cabal razonamiento llegó a lo más hondo de él. Súbitamente se sintió aún más culpable por no habérselo dicho todo.

—Rosa, he hablado con Marianne.

Nicolas relató su conversación en el jardín del antiguo establecimiento de François. Ella lo escuchó sin interrumpirlo. Su rostro estaba inmóvil y sus rasgos se habían endurecido. Perdió la calma y exclamó:

—¿Qué me reprocha, exactamente? ¿Qué me reprocha esa mujer?

Llamaron a la puerta.

—¡Hola, enamorados! ¿Cenáis conmigo?

Azlan gritó detrás de la puerta.

—No, esta noche no —respondió Nicolas—, estamos cansados. ¡Hasta mañana!

—¡Lo entiendo, divertíos!

Los pasos alegres del joven se alejaron. Rosa se había llevado las manos a la frente en señal de incomprensión.

—Tengo la impresión de estar viviendo una pesadilla, Nicolas —dijo ella con un escalofrío.

—Marianne dice que está ligada por un secreto. Solo sé que fue a vuestra casa el día que se marchó del establecimiento de François.

Rosa se aproximó a su amante, que la abrazó.

—Sí —respondió—, lo recuerdo muy bien. Vino a ver a mi marido. Sin embargo, yo conocía la naturaleza del secreto de ambos, sabía de la existencia del niño de sus amores ancilares.

La voz de Rosa se quebraba a cada frase, casi a cada palabra. Sus cuerdas vocales estaban al límite.

—Lamento haceros pasar por este suplicio, pero no podía guardármelo para mí.

—Comprendo mejor vuestro cambio de actitud. Acaso… ¿dudáis de mí? —preguntó ella, y la última palabra quedó atorada en su garganta y acabó en un grito sordo.

Unas lágrimas rodaron por su rostro. La abrazó contra él con fuerza y la acunó.

—Nunca más —dijo ella entre dos sollozos—. Nunca más dudéis de mí… no podría soportarlo.

—Ya está, amor mío, se acabó. Estoy aquí.

Él tuvo la impresión de que su propia voz era la de otro. Mucho después de que ella se hubiera dormido, aún la acunaba.

16

Nancy, de abril a junio de 1700

Cuando Anne Voirin abrió los ojos, el cirujano estaba sentado junto a su cama y la miraba. A ella le gustaba su presencia, tranquilizadora, a pesar de que un mes después de su llegada ni él ni nadie hubieran logrado resolver el enigma de su estado. La única mejora notable era la cantidad de caldo que la paciente lograba ingerir sin expulsarlo de inmediato.

—Habéis dormido más de doce horas —le dijo Nicolas—. ¿Cómo os encontráis?

—Fatigada —respondió ella con la voz arrastrada que la caracterizaba—. Pero Dios me da fuerzas para seguir. Me habla en mi sueño. Me guía.

Titubeó un instante y prosiguió:

—¿Creéis que me ha escogido? ¿Que soy una elegida?

Nicolas no respondió.

—Es lo que los demás dicen de mí, en Eulmont —añadió para justificarse—. ¿Es una prueba que me envía?

—Todas las enfermedades son una prueba, Anne. No soy más que un practicante y nada sé de teología. ¿Queréis contarme de nuevo cómo ocurrió el accidente?

Ella accedió de buena gana a su petición. Al bajar la escalera del granero, la bala de heno que cargaba a la espalda le hizo perder el equilibrio y no pudo agarrarse de la cuerda que servía de pasamanos. Al caer, su cabeza golpeó varias veces contra los peldaños y sus vértebras cervicales se desplazaron ligeramente, pero no se rompió ningún hueso, por lo menos en apariencia. Anne no perdió el conocimiento y pidió ayuda a sus padres.

—¿Dónde os dolió primero?

—En la cocina, al sentarme en una silla.

—Me he expresado mal, quería decir: ¿en qué lugar de vuestro cuerpo?

—En el vientre, ahí, creo —respondió a la vez que señalaba su estómago.

La joven vomitó sangre después de caerse.

—Y hoy ¿dónde os duele?

—Ahí también.

Se llevó la mano al vientre.

—¿Puedo? —preguntó él, y se quitó los guantes.

Ella asintió con la cabeza. Él era, junto con Azlan, la única persona que ella aceptaba que la tocara.

—Me gustan vuestros guantes rojos —dijo ella mientras los acariciaba.

—Son un regalo de mi novia.

—Me lo figuraba, siento el amor —murmuró con los ojos cerrados.

Ella apretó uno de los mitones en su puño.

—Mucho amor, pero también miedo.

—¿Eh, acaso sois vidente? —bromeó.

Ella dejó la prenda y evitó la mirada de Nicolas.

—¿Es en este lugar preciso?

—Sí —respondió con una mueca de dolor—, como si me clavaran una aguja.

«El orificio inferior del estómago», pensó él.

—Vuestra novia es guapa.

—¿Es una pregunta?

—No, estoy segura de que es guapa, lo sé.

—Es muy guapa. Vamos a casarnos.

—Felicidades, maese Déruet.

La imagen de Rosa leyendo a Spinoza, tumbada desnuda contra él, apareció ante sus ojos. Sonrió.

—Ahora pensáis en ella —añadió la paciente.

—Y vos leéis demasiado en mis pensamientos.

—Eso me sorprendería, pues no sé leer… ¿Es cierto que el bebé de nuestro duque ha muerto?

—Desgraciadamente sí. Se lo han llevado unas fiebres.

El pequeño Leopoldo de Lorena falleció mientras dormía cinco días antes, el sábado 3, de abril. El duque le pidió a Nicolas que le practicara una autopsia para extraerle el corazón. El cuerpo del recién nacido fue enterrado en la capilla octogonal junto a sus antepasados, mientras que el órgano, embalsamado y guardado en una caja de metal grabado, fue depositado en la iglesia del noviciado de los jesuitas, como aconsejaba la tradición.

—En tal caso, rezaré por él. Y la próxima vez que Dios me hable, le diré que se ocupe de nuestro príncipe.

Nicolas asintió, pero había dejado de escucharla. La frase de la *Ética* le vino a la mente como una intuición: «Si el alma ha sido afectada por dos afectos al mismo tiempo, cuando más tarde sea afectada por uno de ellos, también será afectada por el otro»…

¿Y si lo que trataban de combatir no tenía relación alguna con la caída? ¿Y si la ceguera de su diagnóstico debido al accidente les ocultaba otra patología incipiente?

—Dos afectos al mismo tiempo… —murmuró.

—¿Qué decís? —preguntó Anne en voz queda.

Estaba agotada por el esfuerzo que le había exigido la conversación. Nicolas pasó revista a todos los síntomas que padecía, omitiendo el accidente. La solución comenzaba a abrirse camino. Se puso en pie de repente.

—¡Ahora vuelvo, voy a buscar al doctor Bagard!

—Prometo que hasta entonces no os daré esquinazo —respondió ella con los ojos entrecerrados.

—Si mi idea es exacta, dentro de unos días podréis huir allí donde os plazca.

***

Azlan hizo un mohín al entrar en Le Sauvage: su mesa la ocupaban cuatro burgueses que volvían de una sesión de entrenamiento de la milicia municipal. El posadero se disculpó y, con la mano, le indicó que tomara asiento junto a la ventana.

—No hemos vuelto a ver a ese parroquiano —les dijo refiriéndose a Anselme Gangloff—. ¡Uno más que se ha ido a otro sitio a hacer fortuna!

Azlan alzó las cejas mirando a François: habían sabido a través del capitán de la compañía de los Buttiers, que escoltó al protestante, que este había muerto en brazos de su mujer. A lo largo del trayecto contrajo una infección como consecuencia de las heridas y los médicos locales no lograron que remitiera.

—No entiendo qué pudo pasar —comentó el joven cirujano—. Ninguna de las heridas tenía un pronóstico vital.

—A veces hay venenos tóxicos que penetran por las heridas y provocan la muerte. Nada se puede hacer, muchacho.

—En cualquier caso, qué extraño destino —añadió Azlan, y miró por la ventana abierta.

Se había sentado en la silla de Anselme y trató de imaginar los pensamientos durante sus horas de ensoñación en Le Sauvage, pero no lo logró y pidió una sopa, olvidando lo que acontecía en el exterior. Desde la sala del fondo llegaba la algarabía de los jugadores y el olor a tabaco que brotaba de las decenas de pipas encendidas.

—Una partida de lansquenete —informó el patrón cuando fue a servirles—. No os aconsejo que os suméis, porque huele a timo. El banquero no es de aquí y me parece que es un buscavidas. Ha empezado jugando como un principiante para dorarles la píldora a los demás y, desde hace varias manos, no ha vuelto a perder. ¡Si ese es novato, yo soy jesuita!

En ese momento lo llamaron desde una mesa que reclamaba más alcohol.

—Mientras consuman… —concluyó antes de alejarse.

—Creía que el lansquenete era un juego de azar —comentó Azlan tras brindar con su amigo.

—El mejor jugador es el que logra aparentar que su técnica no es más que azar. Entre esas gentes hay parte de ilusionismo —concluyó François con cierta admiración.

—Me las he visto con gente así en el juego de pelota. ¡Al acabar los partidos se llevan todo el monto de las apuestas!

En la sala de juego los comentarios se sucedían al ritmo de las cartas repartidas. Poco a poco los clientes abandonaban las mesas para sumarse a los curiosos y a los que hacían apuestas. Debido a la falta de espacio, los últimos se vieron obligados a quedarse en la entrada de la sala.

Bebieron un momento en silencio, uno su caldo y el otro su vino, en una bella sincronización que divirtió al tabernero, que los observaba apoyado en su mostrador. Azlan pidió una segunda escudilla y más pan. Su mirada evitó la de François. El Erizo Blanco sintió que dudaba sobre si hablarle o no.

—¿Tienes algo que decirme, muchacho?

—No sé si puedo… ¿Estás al corriente?

—¿Al corriente de qué?

—Entonces no lo sabes, si estuvieras al corriente no me lo preguntarías así —dijo Azlan, y sorbió un poco más de sopa.

—Ah… y, según tú, ¿qué te habría respondido si estuviera al corriente?

—Me habrías dicho «sí» o «desgraciadamente» o «desgraciadamente, sí». Seguro.

François se toqueteó la barba y le dirigió una pregunta tortuosa.

—Azlan, imagina que estuviera al corriente y creyera que tú no, pero que hablas para saber qué sucede. ¿Qué crees que te respondería?

—Me dirías «Pero ¿qué sucede?» con un tono falsamente inocente.

—¡Vaya! ¿Y por qué «falsamente» inocente?

—Pero no tenías ese tono. ¡Así que no sabes qué sucede!

El masaje de la barba se intensificó. Los pensamientos de François se movían por su mente como en un laberinto.

—Muchacho, en la hipótesis de que yo no tenga el mismo nivel de información que tú, ¿no has considerado hacerme partícipe de la confidencia para que los dos podamos hablar de ello?

—Sí. Creo que sí.

—En ese caso ¿por qué hacerme una pregunta cuya respuesta, sea cual sea, no tendrá influencia alguna sobre el desenlace de esta conversación dado que invariablemente acabarás por darme la información que posees?

Azlan lo miró con los ojos como platos.

—¿No he hablado claro? —preguntó François, que se sentía incapaz de repetir lo que acababa de decir.

—¿No tratarás de decirme que soy un poco complicado?

—¡Por lo menos alambicado! ¡Debe de ser tu vena bohemia!

—¡Babik diría que es mi vena lorenesa! De acuerdo... François, quería decirte que Nicolas ha visto a Marianne.

Fue el Erizo Blanco quien al oír eso lo miró a su vez con los ojos como platos.

—¡Me cago en la mar! ¡Ahora lo entiendo!

—¡Ves, no lo sabías!

Bebió el último trago de caldo.

—La ha visto y se lo ha dicho a Rosa.

—¡Mal rayo me parta!

François había gritado tanto que los clientes apostados entre las dos salas se volvieron hacia su mesa.

—Muchacho, también yo he de decirte algo: ¡le he confesado lo de la casa y las viñas!

—Lo sé.

—¿Eh?

—¡Escuché desde detrás de la puerta mientras discutían!

François farfulló unas palabras incomprensibles.

—¿Y qué más sabes? —acabó por articular—. ¿Cómo está Marianne? ¿Dónde vive?

—No tengo ni idea. Simplemente lo ha prevenido contra su boda. No creo que hayan vuelto a verse. ¿Qué podríamos hacer para ayudarlos?

—¡Nada, muchacho, sobre todo no hay que hacer nada! Hicieras lo que hicieses, por lo menos harías desdichada a una persona. Ellos mismos deben decidirse sin reproches. Por el contrario, puedes seguir abriendo bien las orejas...

—¿Me incitas a espiarlos?

—¡Por supuesto que no! —respondió François, ofendido—. Pero es importante que sepamos lo que se trama.

—Nunca haría eso a...

Lo interrumpió una exclamación general procedente de la sala del fondo, en la que se entremezclaban gritos de sorpresa y de reprobación.

—¡Es una carta triple! —exclamó el banquero—. Lo lamento, corderillos, pero deberéis aflojar el dinero.

—¡Ladrón! ¡Sois un bribón! —se indignó un jugador.

—Esta partida ha sido conforme a las reglas. Habéis perdido y debéis saldar las deudas.

—Nadie puede tener tanta suerte en el juego. ¡Es imposible!

—El juego es una ciencia, caballero. El azar no es el destino: se domina.

—¿Ves lo que te decía? —dijo François a Azlan—. La técnica ante todo. ¡Eh, vaya cara se te ha puesto!

El joven parecía asombrado.

—Conozco esa voz... —dijo Azlan. Se puso en pie y repitió—: ¡Conozco esa voz!

Se dirigió hacia el lugar de donde comenzaban a salir los espectadores y los jugadores. Al otro lado, el banquero seguía defendiéndose con calma y serenidad de las acusaciones del jugador más vehemente, que era a la vez el que más dinero había perdido.

«No puede ser él —pensaba a cada paso—, no es él. ¡Y, sin embargo, es su voz!»

Azlan aguardó a que los últimos clientes hubieran abandonado la sala del fondo y entró. El hombre estaba sentado, con una pipa entre los labios y un sombrero de *betyar* sobre la cabeza, echando cuentas de sus ganancias.

—¡Germain Ribes de Jouan! —lo llamó.

Germain alzó la cabeza y lo miró de arriba abajo sin manifestar la menor emoción.

—¿Qué puedo hacer por vos, señor?

***

Nicolas abrió el bote que contenía la achicoria silvestre, cogió las últimas hojas secas y las añadió al agua, donde ya hervían la verdolaga, el ruibarbo y la corteza de limón. Filtró la decocción, añadió jarabe de flores de melocotonero y bajó con su remedio a la sala de curas, adonde el doctor Bagard había llevado a Anne Voirin. Parecía atemorizada. Nadie había querido explicarle la causa de su estado antes de verificar la hipótesis de Nicolas.

—Vamos a purgaros —le anunció el médico— y observaremos los humores excretados.

La sentaron en un dompedro de respaldo ancho y ligeramente inclinado. Bebió la poción, cucharada a cucharada, tragando cada una con dificultad, pero logró ingerirlas.

La hermana Catherine llamó al cirujano para que atendiera a un obrero de la curtiduría que había recibido un impacto de sal en el rostro mientras curtía una piel. El artesano se quejaba de quemaduras en el ojo, que Nicolas le alivió con ayuda de un destilado de composición propia. Lo animó a regresar al día siguiente para repetir el baño ocular, pero estaba convencido de que el hombre no iba a presentarse. La atención solo era gratuita para los indigentes, y los honorarios exigidos, por modestos que fueran, hacían titubear a más de uno que solo iba allí en caso de extrema necesidad. En Saint-Charles se dispensaban muy pocos tratamientos destinados al simple alivio.

Una hora más tarde, Nicolas fue a visitar a Anne Voirin y junto a ella se hallaba el doctor Bagard. Ya había examinado las heces producidas y se dirigió a él nada más llegar.

—¡Una hipótesis equivocada! En estos excrementos no hay nada, aparte de los humores pútridos.

Le tendió el cubo.

—Mejor será que se os ocurra otra idea o al siguiente a quien convocaremos será a un cura para beatificarla.

—La mezcla no era lo bastante fuerte —replicó el cirujano—. Permitidme probar un remedio más drástico.

—¿Qué vais a inventar ahora?

—He preparado un extracto alcohólico de raíz de granado. He visto utilizarlo con enorme éxito en este tipo de casos.

—¿*Punica granatum*...? *Ægroto dum anima est, spes est** —dijo el médico dirigiéndose a la monja, a la que el aparte incomodó.

Una vez el doctor Bagard se hubo marchado, Nicolas despertó a la joven y le hizo tomar cuatro cucharadas de granado. Arrojó el contenido del cubo al arroyo Saint-Thiébaut y subió a su habitación a descansar un poco. Cuando François lo encontró, este se había dormido con un libro abierto entre las manos.

—¡Deberías bajar, Azlan tiene una sorpresa para ti!

—¿Un diccionario de latín? —respondió mientras despertaba.

—¡Ven, ven enseguida!

—¡Cuatro años!

Ribes de Jouan fue el primero en hablar. Nicolas se quedó unos segundos pasmado en la puerta de la cocina, hasta que se dio cuenta de que no estaba soñando.

—¡A mis brazos, amigo mío! —exclamó Germain, que no terminaba de recuperarse de la sorpresa.

Nicolas se sintió transportado a las granjas destartaladas de los llanos de Hungría. El hombre no había cambiado, apenas algunas arrugas que habían aparecido alrededor de sus ojos en su ancho rostro de piel gruesa. Se dieron un largo abrazo, con interrupciones en las que, retrocediendo uno y otro, se observaban, como si quisieran asegurarse de que no estaban soñando.

—¡Mira a quién me he traído de Le Sauvage! —dijo Azlan, que se había quedado apartado.

—¡El muchacho ha crecido tanto que no lo he reconocido! ¡Un verdadero doncel de Lorena! —dijo Germain al tiempo que agarraba a Azlan del hombro—. Ven con nosotros, quiero disfrutar de este momento: ¡los tres reunidos!

* «Para un enfermo, mientras hay vida hay esperanza.»

Germain había llegado de París con el editor Sébastien Maroiscy a principios de semana.

—¿Qué has hecho todo este tiempo? —preguntó Nicolas, y lo invitó a tomar asiento mientras François descorchaba una botella de vino para cada uno.

Una vez los regimientos loreneses se retiraron de Hungría tras el Tratado de Ryswick, Germain y su compadre siguieron a las tropas alemanas hasta que se firmó la paz en Karlowitz en 1699. Luego Grangier regresó al sur del ducado para establecerse allí, y Ribes de Jouan prefirió probar suerte en el terreno de las cartas. En el lansquenete, el trece y el faraón no era el más dotado, pero su ingenuidad despertaba la simpatía de los jugadores y lo convertía en un temible adversario del que nadie desconfiaba hasta verse desplumado. Recorría las diversas provincias francesas y rara vez se detenía más de una semana en la misma ciudad, permaneciendo allí hasta que no lo dejaban entrar en ningún garito.

—Hace más de un año que no he vuelto a coger el instrumental —concluyó tras un trago de alcohol—. Y no lo añoro —añadió anticipándose a la pregunta—. Mi vida actual me gusta.

Sobre la puerta, el badajo golpeó el cuerpo de bronce de la campanilla.

—¿Qué pasa? ¿Es hora de comer?

—Son las monjas que nos avisan para atender a un paciente —explicó François—. Iré a ver qué quieren, quedaos aquí.

—Es para una paciente mía —añadió Nicolas, y se puso en pie—. Germain, ¿quieres asistir al fin de un milagro divino?

—Será un placer, hace tiempo que no le he dado una patada en el culo a la religión —respondió, y empuñó su botella—. ¡Empieza la partida!

Anne Voirin miró circunspecta a los cuatro cirujanos que la rodeaban. Aunque sonrieran y estuvieran distendidos, tantos sanadores para ella sola le resultaba inquietante. Aguardó su veredicto mientras se pasaban de mano en mano el cubo en el que flotaban sus heces. Germain no había podido reprimir un silbido de admiración seguido de un comentario de su propia cosecha.

—¡Nada mejor que volver a la cirugía con un caso sublime…! Pero todo va bien, señora —añadió tras la mirada de reprobación de Nicolas.

El doctor Bagard entró en aquel momento y Nicolas le presentó a Germain, quien, a modo de saludo, le puso el cubo entre las manos. El hombre, a pesar de estar habituado a la observación de excrementos, contuvo una arcada y contempló un buen rato el resultado de la lavativa. Todo el mundo aguardaba a que anunciara oficialmente el diagnóstico.

—*Tænia saginata.* Me quito el sombrero, maese Déruet —dijo con afectación—. Habéis acertado.

—¿Qué es eso? —preguntó la paciente, al ver que no se interesaban por ella.

—Tenéis una lombriz solitaria, Anne —respondió Nicolas—. Es la que os provoca los dolores, náuseas y vómitos. Vive en vuestro intestino y se alimenta en vuestro lugar.

—Pero… ¿ha salido?

—En parte.

—Es enorme —añadió Germain, y miró de nuevo el contenido del cubo—. ¡Con la cabeza, medirá más de una ana!* Debe de quedar aún el doble o el triple en vuestro vientre.

Dejó el cubo y cogió unas pinzas que utilizó para extraer la lombriz. Nicolas se situó frente a la enferma para evitar que viera el parásito, que parecía una cinta blanquecina constituida de anillos apilados. Ribes de Jouan la dejó sobre la mesa con cuidado para confirmar su estimación y cogió de nuevo la botella, satisfecho.

—Os pediré que prosigáis el tratamiento hasta que se haya curado completamente —dijo el médico dirigiéndose al cirujano, antes de abandonar la estancia sin ni siquiera mirar a la chica.

—¿Me voy a curar? —preguntó ella, incrédula.

—Seguro —respondió Germain entre dos tragos de vino.

* Una ana equivale a 1,188 metros.

—¿No soy la elegida de Dios?

Nicolas le asió la mano.

—Hay mil maneras de serlo, Anne. Si algún día os llega la gracia, no será a través del sufrimiento.

Germain sufrió un hipo ruidoso.

—Amén —concluyó.

***

Ribes de Jouan se negó a alojarse en casa de Rosa y prefirió una de las habitaciones de Saint-Charles. Aquel lugar le permitía mantener el ritmo de vida noctámbulo de un jugador de cartas así como una relativa discreción, y a la vez estar cerca de sus amigos. Al día siguiente de su llegada, visitó a Leopoldo y al conde de Carlingford, con quienes compartió una cena que calificó de «consistente y elegantemente regada». Ese festejo le valió un ataque de gota pronto mitigado por los cuidados combinados de Nicolas y Azlan. En recuerdo de sus años de campaña, el duque le propuso una plaza de cirujano honorario a su lado, pero la rechazó sin ni siquiera ofrecerle una explicación, lo que molestó al soberano. Germain conservaba los modales adquiridos junto a las tropas en campaña y la manía de no permanecer nunca mucho tiempo en el mismo lugar. Al cabo de una semana ya había visitado las principales timbas y garitos de juego de la capital ducal, y les anunció su intención de ampliar su zona de trabajo. El 15 de abril partió hacia Nomeny y volvió al día siguiente acarreando varias decenas de monedas de oro. La semana siguiente se marchó a Lunéville, donde permaneció tres días y regresó sin blanca. La última noche cayó en manos de un jugador profesional que lo desplumó al igual que él hacía con los aficionados locales.

—No lo vi venir, ¡parecía tan estúpido! —confesó antes de subir a acostarse—. Afortunadamente, aún quedan en este Estado varios cientos de pueblos donde recuperarme —concluyó.

Germain se levantó al día siguiente tras más de doce horas de sueño. Empujó con el pie la puerta de la cocina de Saint-Charles y entró.

—¿Y si hoy vamos a dar un paseo en barco? —vociferó.

Todas las miradas se dirigieron al Erizo Blanco.

La carroza se detuvo en medio del puerto de Malzéville, tras un paseo que los llevó a los pueblos de la orilla del Meurthe. Germain iba sentado en el lugar del postillón y se puso en pie.

—¿Es ese de ahí? —preguntó.

—No —respondió François, que llevaba las riendas—. Más a la derecha, en la punta del Crosne.

—¿La chalana de allí abajo?

—Sí, es la *Nina* —declaró con orgullo.

—¡Parece nueva! ¿Ya la has hecho navegar?

—¡Es lo único que le falta para estar lista!

—¿Estás seguro?

François hizo restallar el látigo sin esperar a que Germain se sentara. Los dos caballos, sorprendidos, arrancaron de golpe. Ribes de Jouan cayó sobre el asiento y a punto estuvo de romperse la espalda, cosa que lo hizo reír y aún humilló más a François.

En el interior, Rosa se había agarrado del brazo de Nicolas mientras Azlan se asía de la correa de cuero que servía de picaporte.

—Espero que no esté tan nervioso al mando de su barco —bromeó—. De lo contrario, acabaremos todos en la nasa de los pescadores.

Los caballos se detuvieron frente a la embarcación. Mientras todos alababan la obra acometida por François, este subió a la *Nina* y tiró del cabo de amarre para acercarla a la orilla. Nicolas ayudó a Rosa a subir a bordo y luego cogió las dos cestas que Azlan le tendió.

—Id con cuidado —dijo François, que soltaba los cabos que sostenían las velas—, las botellas son frágiles.

—También hay comida —añadió Azlan dirigiéndose a Rosa, tras haber subido a la chalana.

Ribes de Jouan se había sentado sobre la hierba con una cara de guasa que mosqueó a François.

—Germain, nos vamos, ¿qué haces? ¡Voy a levar anclas!

—¡No, no lo creo! ¿A que va a ser que no?

—Y ahora ¿qué sucede? El tiempo es perfecto, el viento, suave y los pasajeros, de alcurnia. ¿Qué más quieres?

—Un ancla, precisamente —respondió, y señaló la parte delantera de la chalana—. Tu embarcación no tiene.

François necesitó menos de una hora para dar con el elemento que faltaba. Tras una cólera homérica, con unos gritos que hicieron salir a todos los obreros del puerto de sus alojamientos, dio con el marino que le había servido de arquitecto naval y lo amenazó con una vivisección. El hombre negoció entonces el préstamo del ancla de otra chalana que se hallaba en dique seco para una reparación. Dos ayudantes la llevaron hasta allí y la instalaron en la *Nina* en el momento en que el viento había arrastrado unas nubes frente al sol.

El Erizo Blanco izó la vela tras varios intentos, pues los nudos confeccionados cedían a cada golpe de la brisa. Los obreros, que se habían quedado en el muelle para asistir a la salida del puerto, oscilaban entre las risas y las burlas, lo que aumentaba gradualmente la excitación del cirujano, su nerviosismo y su torpeza. Germain pronto se apiadó de él y asumió la dirección de las operaciones del velamen. François no rechistó y se sentó al timón, que maniobró gracias a las discretas recomendaciones de Ribes de Jouan. La *Nina*, tras unas primeras vacilaciones, adquirió seguridad. A bordo nadie decía ni media palabra. Todo el mundo estaba concentrado en los potenciales obstáculos: los pescadores cuyas barcas se hallaban en el radio de acción de la chalana y que vigilaban, inquietos, los desplazamientos del barco, una gran roca que sobresalía del agua en medio del río y los pilares del puente de Malzéville. Tras efectuar un amplio círculo a la salida del puerto, la *Nina* se dirigió hacia el puente de ocho arcos, de los cuales solo los tres situados en el centro eran lo bastante altos para que la embarcación pudiera pasar, como informó Germain. François le indicó que quería cruzar bajo uno de los arcos más a la derecha, dado que allí no había remolinos. Azlan y Nicolas evaluaron la altura del barco y la del arco y gritaron a François que cambiara de rumbo.

—Confiad en mí —les respondió con serenidad, contento de llevar la iniciativa tras los acontecimientos anteriores.

—¡Te arriesgas a chocar contra el puente! —replicó Nicolas, que se aproximó a él—. Vas a destrozar la *Nina* y nos llevarás a una situación incómoda. ¡Te recuerdo que hay una dama a bordo!

—Cambiará de rumbo —aseguró Azlan a Rosa—. No es más que una fanfarronada.

—No estoy preocupada —respondió ella—, tengo a mis dos ángeles de la guarda.

Rosa abrió su sombrilla y la hizo girar despreocupadamente apoyada sobre su hombro.

—Disfrutemos del paseo —dijo ella con una sonrisa tranquilizadora.

El barco se hallaba a veinte metros del puente. Cualquier maniobra era ya urgente antes de ser imposible. Germain hizo un último intento con el capitán, que le dijo que se alejara con un gesto de la mano. Apoderarse del timón por la fuerza hubiera supuesto estrellarse sin remedio contra una de las columnas.

—¡Vete al diablo, a fin de cuentas es tu cáscara de nuez!

El puente estaba a diez metros. Nicolas comprendió que François, harto de las burlas de todo el mundo, había decidido echar a pique su obra.

El puente estaba a cinco metros. Se desplazaron hacia la proa y rodearon a Rosa para protegerla de las astillas de madera que se producirían debido al impacto. Germain señaló con el dedo el pequeño islote de piedras que rodeaba uno de los pilares y en el que podrían refugiarse en caso de naufragio. Esperaba que el mástil se partiría por la parte alta y no se hundiría entero, así podrían regresar a la orilla a remo. «Si no ha olvidado también los remos», pensó echando un vistazo en derredor. En vano.

François les mostró el Cristo de piedra sobre su columna a la entrada del puente.

—¡Ahora es cuando hay que implorar su bendición, amigos!

En el momento de cruzar el puente, todos agacharon la cabeza.

El impacto no se produjo. El mástil solo rozó las maderas del puente. La *Nina* había pasado. François se echó a reír.

—Aún no habré navegado mucho, pero llevo ya bastante tiempo por aquí y sé qué hay que hacer para salir del puerto. Mirad los tres arcos centrales: los remolinos han acumulado allí ramas y troncos. Hace años que se le pide al preboste que lo limpie. No hubiéramos pasado, amigos. Todos los barcos toman este camino. La altura del mástil está calculada en consecuencia. ¿Realmente habéis creído que estaba dispuesto a sacrificar la *Nina* por un acceso de cólera? ¡Solo Rosa lo ha comprendido y ha confiado en mí!

Nadie respondió. El Erizo Blanco mostraba una amplia sonrisa. Por fin se había convertido en marinero.

***

«Ya hemos llegado», pensó el conde de Carlingford mientras contemplaba la fachada del palacete de inmensa escalera exterior. Había sabido de la llegada a Nancy la noche anterior del señor de Caillères, enviado especial del rey de Francia. «Ahora empezará el regateo.» El hombre iba a pedir la firma oficial de Leopoldo para cambiar el ducado por el Milanesado.

Carlingford accionó el llamador de la puerta. Eran las siete de la mañana. Confiaba en que el plenipotenciario aún estaría en cama y estaba dispuesto a impedir que llegara en plena forma a su entrevista con el duque, prevista para aquella tarde. Por desgracia, el hombre era mañanero y parecía que el viaje desde Versalles no había hecho mella en él. El señor de Caillères elogió los méritos del ducado de Milán, más rico, con más habitantes y más prestigioso. Empleó un discurso convencional y lisonjero pero cuyos argumentos eran difícilmente refutables. El conde lo escuchó con interés para descubrir los ángulos de ataque que el duque podría utilizar para comenzar las negociaciones. El margen de maniobra sería muy estrecho.

Al acompañarlo a la puerta, el francés lo halagó.

—Me alegra mucho que hayáis venido a verme vos primero, excelencia. Sois el hombre capaz de dar al príncipe los consejos convenientes para su gloria y sus verdaderos intereses.

Tras despedirse, el conde dio un rodeo y fue a Saint-Charles para ver a Nicolas. Quería la opinión de un lorenés de abolengo y del hombre al que consideraba la mente más libre y fiable del ducado. El hospital era también el mejor lugar para tomar el pulso de la opinión de los súbditos de Leopoldo y el más seguro para entrevistarse con el cirujano sin llamar la atención.

Llegó cojeando y quejándose de un dedo del pie tras una caída en las escaleras de su residencia. Nicolas, habituado a esas maniobras, se reunió con él en una sala, fuera de las zonas comunes, donde se almacenaban las sábanas limpias y las compresas. Un olor a aceite de esencias, utilizado para impregnar las gasas y los apósitos, perfumaba la estancia. Carlingford le contó la situación y el cirujano no pareció sorprenderse.

—Los rumores circulan deprisa —dijo Nicolas—. Sabemos que ayer llegó a la ciudad un mensajero del rey. La imaginación de la gente ha hecho lo demás. Se dice que el duque se dispone a dejar a sus súbditos en manos de Francia.

—¡Dios mío, no es ese el caso!

—¿Por qué? ¿Acaso se va a negar?

La actitud incómoda de Carlingford sirvió de respuesta.

—Soy irlandés y estoy al servicio de la corona del Sacro Imperio Germánico, y por ello quien menos puede juzgar a otro —acabó por responder—. Vos, empero, maese Déruet, ¿qué haríais en su lugar?

—Nuestro soberano puede escuchar a su corazón o vender su alma.

—¡Diantre, no os andáis por las ramas!

—Por eso venís a verme, os sirvo de espejo para enfrentaros a la realidad sin los afeites de los intereses cortesanos.

Nicolas se aproximó al conde para que lo mirara a los ojos.

—La cuestión es: ¿todo hombre tiene un precio al que se le puede comprar?

Carlingford bajó la mirada.

—No todo es tan sencillo, creedme.

Se acercó a la ventana y la abrió.

—¿Cómo podéis trabajar con este olor? —dijo al tiempo que hacía el gesto de abanicarse—. ¡Apesta!

—Es el olor de la curación, excelencia. Me protege y me proporciona seguridad. No podría prescindir de él. Me he acostumbrado. Al igual que Leopoldo podrá acostumbrarse a las pocas comodidades y a la pequeñez de su Estado y hallar la felicidad junto a sus súbditos.

—Nicolas, ¿qué sucedería si Su Alteza rechazara la proposición de Luis XIV?

—El rey de Francia elegiría otro sitio para sus deseos de expansión. No podemos decir sí a todos sus deseos para no molestar al gigante.

—Si Dios pudiera oíros… Nuestro duque no es un hombre devorado por la ambición de poder, y lo sabéis por haberlo seguido en sus campañas. A veces, sin embargo, desaparecer es la única opción.

—De hacerlo, lo que logrará es que sea nuestro Estado el que desaparezca del mapa. Definitivamente.

***

Nancy, 29 de mayo de 1700

> Han llegado a Nancy varios escritos de París, entre ellos los que recoge *La Gazette de Hollande*, que han hecho público el objeto de mi viaje así como el contenido del tratado entre vuestra majestad, Inglaterra y Holanda acerca del reparto de la sucesión de España. Esto le ha dolido al señor duque de Lorena, que había pedido que la parte relativa a la cesión del Milanesado permaneciera secreta. Entre sus súbditos, algunos ya lo acusan de traición.

El señor de Caillères releyó su misiva al rey, la secó y la selló. Cuando todo parecía resuelto, la situación se complicaba y debía retrasar su regreso a Francia. El duque dudaba, Caillères había averiguado que al día siguiente iba a reunir a sus principales consejeros para pedirles su opinión. El francés había previsto visitar a todos ellos, especialmente a los togados, dispuestos a pelearse y a oponer razones legales a la proposición. Resopló al pensar en la tarde que iba a pasar tratando de convencer a unos hombres cuyo interés era conservar a Leopoldo junto a ellos. Carlingford le había hecho saber que había obtenido de su soberano la autorización de no contrafirmar el acuerdo, dados sus vínculos con el Sacro Imperio Germánico, excusa que Caillères había interpretado como una deserción. El conde incluso había previsto ausentarse del ducado cuando se ratificara el tratado.

Al salir del palacio donde se alojaba, el señor de Caillères tuvo la sensación de que todas las miradas que recaían sobre él lo designaban como el liquidador del ducado. Aceleró el paso y decidió ignorarlas, y se prometió hacer cuanto estuviera en su mano para regresar lo antes posible a su casa. Al llegar al domicilio del primero de los consejeros, se cruzó con una carreta tirada por un camello cuyo cochero vestía de *betyar* sin que nadie se sorprendiera. Decididamente, aquella ciudad no estaba hecha para él.

Germain detuvo la ambulancia frente a la entrada del hospital Saint-Charles.

—Tranquilo, Hyacinthe —dijo al camello, que no dejaba de chillar y lanzaba su baba en todas direcciones.

—Gracias por tu ayuda —dijo Azlan cuando salió de la parte posterior de la carreta—. Me ha recordado mi infancia.

—Ha sido un placer, chico —respondió él al saltar al suelo—. ¿Quieres que te ayude con el enfermo?

—No te diré que no, pesa mucho.

—¿Cómo que peso mucho? —replicó una voz desde el interior—. ¿Insinuáis que estoy gordo?

Azlan hizo una mueca que significaba que lamentaba haber hablado y se metió bajo la lona.

—No, señor. No es una opinión. Todo el mundo pesa mucho cuando hay que llevarlo en volandas.

—¡Soy consejero de Estado y marqués, y desearía que no lo olvidarais cuando os dirigís a mí, camillero! —gritó el hombre a la vez que se sostenía el vientre—. ¡Apresuraos! ¿No veis que sufro lo indecible?

—En tal caso no deberíais haber perdido tanto tiempo arreglándoos, señor marqués consejero de Estado —respondió Germain mientras se asomaba al interior.

—¡Seréis grosero!

—Vuestro halago me llega a lo más hondo de mi corazón —respondió, impertérrito.

Hicieron que el paciente se tumbara sobre una tabla y lo sacaron de la carreta con dificultad.

—¡Pues sí que es pesado, el animal! Tendríais que haberos quitado la peluca, nos habríamos ahorrado algún que otro kilo —añadió Germain, que acto seguido unió el gesto a la palabra.

Arrancó el postizo de la cabeza del consejero de Estado y se lo mostró con el brazo extendido, como si se tratara de un trofeo, a Azlan. El joven no tuvo tiempo de prevenir a Ribes de Jouan, que sintió un aliento cálido y húmedo que goteaba en su mano: el camello acababa de robarle la peluca y la masticaba aplicadamente. El grito del enfermo hizo salir a Nicolas y a François, que primero creyeron que sufría un ataque de apoplejía, antes de descubrir la razón de su sobresalto desgarrada y medio devorada entre los dientes del camello.

François y Azlan hicieron entrar al enfermo mientras Nicolas y Germain trataban de disputarle a Hyacinthe los últimos pelos, con los que podía ahogarse.

—¡Vaya idea ponerle Hyacinthe a un camello! —dijo Germain tras recuperar algunos tirabuzones y mechones—. Habrá querido vengarse de su estúpido nombre. Yo, en su lugar, lo habría hecho.

El animal había sido bautizado así por François en homenaje al adversario de Azlan, quien en el partido de pelota de Versalles babeó y escupió sin cesar.

—Retiro mi comentario —dijo a la luz de las explicaciones—. ¡Es un nombre perfecto para este bicho!

Germain almorzó con ellos antes de despedirse: había decidido pasar unos días en casa de su compadre Grangier en Bellefontaine, cerca de Remiremont.

—¿Estás seguro de que no quieres acompañarme? —preguntó a Nicolas en el momento de despedirse.

—Ahora mismo tenemos muchas cosas que hacer.

—No hay muchos clientes.

—Pacientes, Germain, pacientes. Lo que me tiene ocupado es la preparación de mi boda. Dile a Grangier que iré a visitarlo este verano y que será bienvenido en Nancy. Y tú, ¡no olvides volver antes del 26!

***

Para desmentir a Ribes de Jouan, a principios de junio hubo una epidemia de sarna en el ducado. El hospital estaba lleno a rebosar y los tres cirujanos se turnaban día y noche para atender a los enfermos. No habían vuelto a tener noticias de Germain, cosa que no sorprendió a nadie, pero empezaba a inquietarlos. El sábado 12, de junio, un agente de policía de Remiremont se presentó en Saint-Charles. Lo enviaba el juez comarcal para investigar acerca de un hombre al que habían encarcelado y que decía ser amigo del duque y de Nicolas. El capitán no tuvo tiempo de indicar la identidad, pues François pronunció su nombre acompañado de una maldición.

—¿De qué acusan a Germain? —preguntó Nicolas con aire falsamente sorprendido.

El policía vació su escudilla de sopa antes de responder. Los otros dudaban entre una deuda de juego, que le hubieran pillado haciendo trampas o una estafa.

—Alteración del orden local. Vuestro amigo... ¿cómo decirlo? Hizo aguas menores contra el muro de la abadía de Remiremont voceando canciones que hirieron la sensibilidad de las canonesas durante un alboroto que acabó mal. La abadesa estaba muy enojada y denunció el caso al juez. Ahora vengo del palacio ducal, donde Su Alteza ha tenido la bondad de recibirme. Ha intercedido a favor del señor Ribes de Jouan y pronto será liberado.

—¡Eso es una buena noticia! —exclamó François, y le ofreció un pedazo de pan con su sopa.

—A condición de que el señor Déruet en persona vaya a buscarlo —prosiguió el capitán—. Su Alteza ha insistido en ello. Creo que teme que vuestro amigo pueda reincidir.

—¿De cuánto tiempo disponemos antes de partir?

—¿Cuánto necesitáis para prepararos?

El policía, muy satisfecho de su réplica, aspiró ruidosamente el brebaje y algunos hilos de puerro quedaron colgando de su bigote.

Remiremont se hallaba a más de cien kilómetros de Nancy. Los dos hombres recorrieron el camino en dos días y llegaron a Bellefontaine al caer la tarde. Dado que el soldado no podía proceder a la liberación hasta la mañana siguiente, Nicolas decidió detenerse y pasar la noche en casa de Grangier. El capitán le prometió que Germain estaría en libertad antes de mediodía y lo dejó a la entrada del pueblo. El lugar, formado por un centenar de casas, parecía un sitio agradable donde vivir. Preguntó a un adolescente, vestido con ropa vieja y sucia, descalzo, que volvía de pescar con dos truchas en la mano. Le indicó la dirección a seguir mientras sus presas se debatían boqueando y dando golpes de cola anárquicos cada vez más débiles. El muchacho, que las agarraba firmemente de las branquias, no prestó atención a sus desesperadas tentativas y se alejó silbando. Nicolas salió del pueblo y siguió un riachuelo que lo condujo a una fragua, cuyos edificios estaban encajonados entre el arroyo y el bosque, al pie del sendero. La actividad había cesado debido al descanso dominical y el lugar parecía desierto. Siguió un kilómetro más sin ver ninguna vivienda y se preguntó si el chaval no lo habría engañado. Descabalgó cuando el camino se adentraba en un profundo oquedal. En aquel instante Nicolas oyó a un animal acercarse a él sin verlo. Removía las hojas y las ramas a un ritmo anormal: debía de estar herido y no se apoyaba en una de sus patas. El ruido cesó de repente. La bestia estaba tras él en el camino.

***

Leopoldo entró en los apartamentos del padre Creitzen, su antiguo preceptor, al que halló meditando con una Biblia entre las manos. Su pierna derecha, estirada, reposaba sobre un montón de cojines. El duque se sentó en una silla baja frente a su confesor.

—¿Cómo va vuestra gota, padre? —preguntó en alemán.

—Muy bien. De todo mi cuerpo, es la parte más viva y entusiasta —bromeó—. Entonces ¿vais a firmar?

—No os puedo ocultar nada. Ahora mismo el representante de Francia abandona el palacio con mi consentimiento para el tratado.

—Veo en vuestros ojos una mezcla de alivio y de temor —comentó el padre Creitzen.

—Decidme que no soy un traidor; que yo no mancillo la memoria de mis antepasados intercambiando su tierra por el Milanesado.

—Conocéis mi opinión, maestro. Vuestro margen de maniobra era tan estrecho como la cuerda de un funámbulo. Habéis tomado la decisión más sensata.

Leopoldo se puso en pie y, sin pensarlo, se acercó a la ventana y la abrió. Daba al patio interior, donde la duquesa jugaba con el príncipe Francisco y su gato. Un suave viento introdujo olor a hierba en la habitación.

—El emperador del Sacro Imperio me va a odiar. Mi pueblo me va a odiar —dijo mientras seguía contemplando a su esposa, cuyo humor jovial irradiaba a su alrededor.

—Vuestros allegados os seguirán amando, ¿y no es eso lo esencial?

Leopoldo se volvió hacia su confesor.

—No tenéis idea de lo que se dice. Ya he recibido numerosas cartas en las que se me acusa de traicionar a quienes hicieron gala de una fidelidad a toda prueba hacia mí. ¿Cómo puedo reprochárselo? Casi pienso que tienen razón.

Creitzen apoyó su mano sobre la del duque.

—Olvidad por un instante la política, a los reyes y a los emperadores que quieren dirigir vuestros actos. ¿Qué os diría vuestro corazón?

La respuesta pareció evidente a Leopoldo. Se quitó la peluca, cuyo peso y volumen lo incomodaban, y se enjugó la frente.

—Mi corazón pertenece a esta tierra, al igual que el de mis ancestros y el de mi hijo, que reposan aquí.

—Pero si tomáis esa decisión, ¿qué creéis que sucederá?

—¡El rey de Francia se enojará tanto que enviará a sus tropas a la primera ocasión!

El padre Creitzen se frotó la articulación dolorida.

—Y si aceptáis ese tratado, entregáis el ducado a Francia.

—Estoy a merced de los poderosos de Europa. Sin fortificaciones, sin un gran ejército, nuestra posición es insostenible, ¿no es cierto?

El jesuita esbozó una sonrisa.

—Recordad mis enseñanzas acerca del arte de la guerra. Os fueron útiles durante vuestras campañas, ¿verdad?

—A veces me salvaron y otras me condujeron a la victoria, ¿cómo iba a olvidarlas?

—En tal caso ¿por qué no las aplicáis? Nos hallamos en una guerra con nuestros vecinos que no recibe ese nombre. Y más vale maña que fuerza.

El viento se acentuó y aportó un frescor agradable. Creitzen cerró los ojos.

—Por fin un poco de aire…

—¿Os sentís mal, padre?

—La vejez es la única guerra perdida por adelantado. ¿Puedo pediros que llaméis a mi criado para que me acerque a la ventana?

—Yo me ocuparé de vos —dijo Leopoldo a la par que se ponía en pie.

—¡Sois mi soberano y mi maestro! Nunca…

—Y vos, mi preceptor y confidente —respondió Leopoldo, y empujó una butaca—. Venid, apoyaos en mí.

Lo ayudó a instalarse frente a la ventana abierta.

—¿A qué maña debería recurrir? —preguntó el duque mientras se apoyaba en el marco de la ventana.

—Tengo un amigo misionero que me trajo de Pekín un libro que trata del arte militar chino, del que he extraído numerosas enseñanzas. Vuestra alteza no puede oponerse a Francia, pero Francia no puede oponerse a la voluntad de Dios. El rey de España está moribundo, por lo que se escribe y se dice. Si el Señor lo llama a su seno, los herederos se pelearán entre ellos. Aspirar siempre a tener más poder forma parte de la naturaleza de los poderosos. Pienso en particular en el príncipe de Saboya, que no es favorable a Francia.

—¿Creéis que su sucesión pondrá fin a las aspiraciones de Luis XIV?

—Es nuestra mejor oportunidad. Aceptad la oferta y dejad que se marche el enviado del rey de Francia. Luego pedid introducir artículos secretos so pretexto de que en ningún caso queremos ofender al emperador del Sacro Imperio. Haced que regrese ese Caillères, discutid, negociad, dejadlo volver a Versalles. Luego, de nuevo, pedid modificaciones. Ese ir y venir durará hasta otoño, por lo menos. Los franceses nos toman por gente sin delicadeza y sin experiencia diplomática. Utilicémoslo para ganar tiempo hasta la muerte del rey de España. Después, el apetito de los soberanos hará el resto.

—¿Y vos me llamáis maestro? ¡Vuestro plan es admirable, padre! Lo pondremos en práctica de inmediato.

Volvió a colocarse la peluca envuelto en una nube de almidón.

—Alteza, nunca he tenido ocasión de decíroslo, pero quería agradeceros la suerte que reservasteis al hugonote que atentó contra vuestra vida. Vuestra magnanimidad os honra.

—A vos, que sois mi confesor, os lo puedo decir abiertamente: sobre todo temí vuestra ira. Nacisteis luterano, me parece —añadió Leopoldo con una amplia sonrisa que provocó la hilaridad del padre Creitzen.

—En ese caso, también yo me voy a permitir una confidencia, alteza: cambiad de peluquero. ¡Este os hará morir ahogado bajo kilos de pelo y polvo!

***

Nicolas se volvió y descubrió ante él un perro de tamaño medio, de pelo corto. Su pata delantera derecha no era más que un muñón al que llevaba atada una fina zanca de madera. El animal gimió moviendo la cola.

—¡Si a ti te conozco! ¡Eres Tatar!

El sabueso de Transilvania se acercó y olisqueó a Nicolas, que se agachó para acariciarlo.

—¡Tatar! ¡Me alegro de verte!

El animal, que también parecía haberlo reconocido, le lamía el rostro sin cesar. Se oyó un largo silbido en el bosque. Tatar salió corriendo, se detuvo y volvió hacia Nicolas ladrando. Fue tras él.

Cuando Grangier vio al jinete que seguía a su perro entró en su casa a por un fusil, pero rápidamente lo dejó en el suelo al descubrir que se trataba de Nicolas.

—¡Mi capitán! ¡Qué sorpresa!

El abrazo fue breve, pues Tatar se metió entre los dos hombres a golpe de muleta.

—Catherine, ven, que te presentaré a mi amigo —gritó Grangier.

Una joven, que aguardaba tras una ventana, salió, dubitativa.

—Ven, no tengas miedo. Es uno de los cirujanos de los que te he hablado.

Ella corrió a refugiarse en brazos de su marido y pronunció un «buenos días» casi inaudible. El camillero se había casado con ella nada más regresar al ducado, el año anterior. Era originaria del pueblo y él aceptó instalarse en la casa familiar, una antigua granja en la que ella vivía sola desde la muerte de sus padres.

—La región no es muy segura —prosiguió él para justificar la reacción de su mujer—, y hemos sido saqueados varias veces.

—¿Trabajas en la fragua? —preguntó Nicolas mientras descargaba sus cosas.

—¿Allá? No, por nada en el mundo. Soy forestal de Remiremont. Se supone que debo luchar contra cazadores y pescadores furtivos y ladrones de leña... ¡ya os imaginaréis que de poco sirve! Así que hago lo que puedo y también me aprovecho. Vamos, entrad y explicadme qué ha sido de vos y qué hacéis en este agujero perdido. ¿Tenéis noticias de Germain?

Cuando Nicolas le explicó la situación de su compadre, Grangier se echó a reír. Ribes de Jouan había dado como excusa ir a su casa para tener el camino libre y tratar de cazar a otros jugadores allí donde nadie lo conocía, en los confines del ducado. Sin embargo, su afición al alcohol lo había llevado más lejos de lo que esperaba. «Como siempre», concluyó el forestal.

Catherine preparó un estofado de conejo que a Nicolas le pareció delicioso y que Grangier calificó de «puramente furtivo». Pasaron un buen rato a la mesa recordando los tres años vividos entre fortalezas y campamentos. Nicolas evocó su presteza en el hospital y le ofreció un puesto en Saint-Charles si el trabajo en el bosque no les diera de comer, cosa que emocionó a Grangier. Los invitó a su boda con Rosa y les ofreció enviarles una carroza a buscarlos.

—Gracias, capitán. Sois una buena persona.

—Salvo que ya no soy capitán y detesto los honores. Llámame Nicolas, ¿de acuerdo? Y te ordeno que me tutees, como antes.

Grangier se puso en pie y sacó una botella de porcelana del aparador de madera maciza.

—Vamos, Nicolas, bebamos un aguardiente de ciruelas para rematar este día tan hermoso. Bajo las estrellas. Como hacíamos en Peterwardein.

Anduvieron hasta el riachuelo que relucía bajo los rayos plateados de la luna y se sentaron en la orilla.

—Mira qué llena está —dijo Grangier refiriéndose a la luna—. ¡Parece una zorra a punto de parir!

Se descalzó y metió los pies en el agua.

—Ni siquiera sé cómo se llama este arroyo. Nunca lo he preguntado y Catherine no me lo ha dicho. Tal vez no tenga nombre.

Descorchó la botella y se la tendió.

—Es buena mercancía, diez años en barrica de roble. ¡Por nuestro reencuentro!

Bebieron uno después del otro, en silencio, escuchando el ruido del agua deslizándose sobre su lecho de piedra. Grangier rompió la calma tras un buen trago de licor.

—Sabes, no he olvidado que allí me salvaste la vida. Nunca lo he olvidado. Tengo una deuda contigo, Nicolas.

—Pasábamos nuestro tiempo salvando a los demás, y tú el primero. Mientras tú estabas en el frente, yo no corría el riesgo de recibir una bala en la cara.

—Sin ti hubiera muerto asfixiado. Volviste a buscarme cuando nada te obligaba a ello. También tú te habías intoxicado.

Nicolas le tomó la botella de las manos y bebió otro trago.

—Es cierto que esa noche tuvimos suerte.

Le devolvió la botella.

—La providencia estaba de nuestro lado —concluyó el cirujano.

Grangier lo miró un buen rato, se limpió la boca con un gesto seco y bajó la cabeza.

—Quisiera... Voy a saldar mi deuda. Esta noche.

—¿Qué quieres decir?

—Creo que la providencia sigue de nuestro lado. Hay un secreto que debes saber ahora, antes de tu boda. A propósito de la marquesa de Cornelli.

***

Abandonó Bellefontaine cuando el alba perezosa trataba de iluminar el camino cubierto por estratos de niebla inmóviles. Tatar lo acompañó un trecho del camino y desapareció entre un halo de humedad. Lo oyó gemir y luego emitir un largo aullido a la manera de un lobo. Tardó dos horas en llegar a Remiremont y entró por la puerta des Capucins. Las fortificaciones rodeaban algunas viviendas, un hospital y una iglesia. Germain lo esperaba, apoyado en la fachada de uno de los edificios de la place des Dames. Nicolas se presentó ante el policía para que le devolviera la montura a Ribes de Jouan. La campana de la abadía vecina acompañó su salida con ocho campanadas de sonido agudo. Germain se volvió una última vez hacia la ciudad que parecía inmovilizada por la niebla.

—No volverá a suceder, créeme. Gracias, Nicolas, gracias.

No respondió. El regreso fue silencioso. Germain comprendió pronto que él no era la causa de ese laconismo, pero no trató de obtener una explicación. Intentaría rehacer sus finanzas jugando contra el propio duque, al que sabía aficionado al lansquenete y desafortunado en el juego. En caso de derrota, le propondría entrar a su servicio para saldar la deuda. Su plan de acción lo tranquilizó y pasó la última parte del trayecto tratando de romper el mutismo de su amigo, sin éxito. Al llegar a Saint-Charles, Nicolas comió, preguntó por sus pacientes a Azlan, subió a su habitación y salió con la bolsa de cuero en la que guardó varios panes y carne seca, escribió una nota a Rosa y ensilló su caballo, cuya piel aún estaba húmeda tras el viaje.

—Volveré dentro de dos días —dijo a François, a quien ni siquiera se le pasó por la cabeza preguntarle la razón de su ausencia, pues su mirada grave era muy elocuente.

Nicolas tomó el camino de Nomeny y, poco antes del bosque comunal, se metió por un sendero que bordeaba el bosque. Halló fácilmente la barraca en la que se cobijó una mañana de enero de 1694. El día de su encuentro con Rosa y con Marianne.

Nicolas entró en la casa abandonada, extrajo las tablas que cerraban las ventanas y las abrió de par en par para que el aire ventilara el ambiente enmohecido. Se quitó los mitones rojos y se vendó las manos con unos paños, fue a por ramas y troncos secos y en cuanto volvió se durmió sobre el suelo. Cuando despertó reinaba la penumbra. Encendió un fuego, calentó agua en la que echó unas hierbas y comió un pan mojado en ese caldo. Saciado, añadió un tronco en la chimenea y sacó un libro de su vieja bolsa. Cogió el papel doblado que había entre sus páginas y pasó un buen rato mirando su nombre, escrito con una caligrafía firme y segura. «No está escrito por la mano de una moribunda», pensó. Tal vez la madre Janson la dictó a su asistente. No había querido abrirla, pues presentía que lo que iba a descubrir en ella cambiaría el curso de su vida. Pero la había conservado. No podía dejar de oír las palabras de Grangier. Sentado en la orilla de un arroyo perdido en el fin del mundo, una noche de verano, le habló a Nicolas del mes de septiembre de 1696.

—El comandante me eligió para llevar las cartas de nuestros soldados a Lorena. Y para comunicar las bajas a las familias de aquellos que habían muerto en combate. Fue justo después de Timisoara, ¿recuerdas? ¡Imagínate pues el trabajo que tenía! En primer lugar debía ir a casa del marqués de Cornelli para entregar a su esposa una carta de nuestro duque en la que decía que su esposo había caído en el campo de honor como un verdadero héroe, en resumidas cuentas, para que supiera que era viuda pero que podía estar orgullosa del difunto.

Grangier bebió un trago de aguardiente y se metió en el riachuelo para mirar de frente a Nicolas.

—Al llegar, la marquesa no me pareció sorprendida ante la funesta noticia, y con razón: ya la habían prevenido varios días antes. Le entregué la carta de nuestro duque. La abrió ante mí y me dio las gracias. Iba a retirarme cuando me preguntó si te conocía. «¡Por supuesto!», le dije, «si trabajamos juntos.» Si hubieras visto sus ojos, su mirada, lo atenta que estaba mientras le hablaba de ti, quería saber más, y más aún, me acribillaba a preguntas, una tras otra. Yo estaba contento por el interés que mostraba, pues me había esperado llantos y lamentos y en lugar de eso me pedía que le explicara qué hacíamos durante el día, al menos tú, con todo detalle. Estuve hablando hasta quedarme sin voz, tal vez durante tres horas. Como estaba hambriento me llevó a la cocina, donde pude comer hasta saciarme. Sin faltarle a mi Catherine, ¡fue la mejor comida de mi vida! Esperé un buen rato. Luego la marquesa volvió con su cochero, un tal Claude, y una bolsa de monedas de plata.

Grangier, con las manos en los bolsillos de unos pantalones provistos de polainas que había metido en el agua, miró al cirujano a la espera de una tácita autorización para proseguir. Nicolas se había quedado mudo.

—¿Quieres saber lo demás? —preguntó en el momento en que Tatar fue a reclamar caricias sentándose junto a Nicolas.

Le acarició el pelaje y respondió.

—Cuéntalo. Cuéntamelo todo.

—Quinientas libras. Todo era para mí. A cambio de un servicio. Claude me condujo hasta una congregación religiosa, en la ciudad nueva, donde debía hablar con alguien.

—¿Qué congregación era?

—No conozco Nancy, nunca he sabido el nombre de la calle. Sobre la puerta había una inscripción tipo «Alabado sea Dios».

—¿«Gloria a Dios»?

—¡Eso es! Gloria a Dios…

—¡El convento del Refugio!

Nicolas se puso en pie y también metió los pies en el riachuelo.

—¿Hablaste con una monja?

—No, con una seglar que estaba con un crío, un chiquillo de dos años. No hizo falta que me dijeran su nombre, yo ya lo sabía, la reclamabas cada día desde que te uniste a nuestras tropas. ¡Allí todos estábamos convencidos de que desertarías para reunirte con ella! Y cuando la vi era igual que en tus descripciones, tu Marianne. Solo que hice una cosa mala.

Grangier titubeó. Bebió de un trago el culo de aguardiente de ciruela para infundirse valor.

—Por quinientas libras le dije que habías muerto en combate. Ante nuestros propios ojos.

La casucha crujía a merced de las ráfagas de viento. El aire se colaba silbando por debajo de la puerta y salía por la ventana de cristales rotos. Las llamas que danzaban sobre los troncos ondulaban al ritmo de las borrascas. Nicolas estaba sentado frente a la chimenea y se había cubierto con una manta.

—Sobre todo no se lo digas a Germain, nunca le he hablado de eso. Se habría enfadado por lo del dinero —le había pedido Grangier, en Bellefontaine, tras excusarse de nuevo.

—Lo comprendo, no es un acto digno de ti.

—¡No, se habría enfadado por no haberlo compartido con él!

El recuerdo de su inesperada respuesta le hizo esbozar una sonrisa. Se acercó al fuego y dejó la carta junto a él. Estaba convencido de que lo que la madre Janson tenía que decirle echaría por tierra todas sus ilusiones sentimentales. Marianne y Grangier acusaban a Rosa de haber intrigado contra una rival para apartarla. Ayudó a François hasta que este se sintió en deuda con ella. «Pero ¿eso es un crimen cuando se ama? —pensó—. ¿Hasta dónde habría llegado yo en su lugar?» La propia Marianne había abandonado Nancy, se había casado y criaba a Simon con la ayuda de un dinero que podía ser el del gobernador, por el que él se había visto obligado a huir. Jugueteó un buen rato con el papel doblado. Solo un sello de cera roja lo separaba de la verdad. Acercó la uña para abrirlo y se detuvo. «Pero ¿qué voy a hacer? Amo a Rosa, soy feliz, ¿por qué iba a estropearlo todo? Marianne se casó con otro y también le deseo felicidad. Al diablo el pasado, si lo abro no hallaré la verdad sino un infierno de reproches.»

Se puso en pie, arrojó el papel al fuego y salió sin volverse.

17

Nancy, de junio a noviembre de 1700

El camello Hyacinthe emitió un gruñido sordo al detenerse frente a la puerta de servicio del hospital Saint-Charles. Sus bramidos fueron acallados por el grito de dolor que provenía de la carreta. Azlan, que descansaba en su habitación leyendo un libro que había tomado prestado de la biblioteca de Rosa, salió a ayudar a François a transportar al herido al interior. El hombre tenía el antebrazo derecho envuelto en un paño que formaba una enorme bola blanca. Estaba muy nervioso y tuvieron que intentarlo varias veces antes de lograr que bebiera un buen trago de alcohol y espíritu de vitriolo filosófico. Se calmó y luego entró en un estado de postración entrecortado por sus gemidos.

—Hay otro más, tengo que volver allí —dijo François mientras cogía algunos instrumentos y una sierra.

—¿Qué ha ocurrido?

Se había producido un accidente en el molino de Saint-Thiébaut. Dos hombres, uno de los cuales era el molinero que estaba moliendo trigo, habían resultado heridos.

—Este se ha quedado enganchado del brazo a una cuerda atrapada entre los dientes de la noria. Se ha elevado hasta la viga principal y allí su propio cuerpo ha obturado el paso. ¡Imagínate lo demás!

—Nada puede contra la fuerza del agua. ¿Y su mano? —preguntó Azlan, y señaló el montón de paños que lo cubría todo.

—Debe de flotar río abajo. Tendrás que hacer un trabajo de precisión, muchacho. Parece que el otro ha quedado atrapado al intentar detener la rueda. Sin duda tendré que amputarlo. Volveré tan pronto como pueda.

Una vez a solas, Azlan apartó con precaución las vendas y observó que no estaban muy manchadas de sangre. La hemorragia había sido leve. Cuando retiró la última, no pudo reprimir un silbido.

—¿Aún tengo la mano? Decidme —preguntó el herido con voz temblorosa—. No la siento y me duele, me duele mucho.

El brazo acababa por debajo de la muñeca, donde podían verse el cúbito y el radio, así como trozos de tendones entre un manojo de músculos, vasos sanguíneos y carne. El cirujano advirtió un elemento oscuro que creyó que era un pedazo de madera. Pero al girar la extremidad descubrió que se trataba del pulgar. Había resistido cuando la cuerda arrancó los otros dedos a la altura de las primeras falanges. Cuando supo la buena noticia, el hombre hizo una mueca y soltó una carcajada nerviosa.

—¡Menuda suerte haber conservado solo ese dedo! ¿Para qué queréis que me sirva, aparte de para sostener una escudilla?

—Vuestro amigo no tendrá tanta suerte. Parece que perderá el brazo —respondió Azlan antes de impregnar una gasa con cerato de galeno.

—¡No es amigo mío! ¡Y perder un brazo por lo que ha hecho no es nada!

La cólera del paciente le infundió fuerzas. Se sentó en la mesa.

—¡Ese individuo es un ladrón y me hubiera gustado que la muela lo aplastara! —añadió agitando el muñón.

Vio el estado de su mano y contempló estupefacto el pulgar intumescente que colgaba de lado. El hombre se asustó.

—¡Ayudadme, curadme, salvadme el dedo! —gimió.

Azlan le dio de nuevo de beber para calmarlo y prosiguió la tarea de coser lo mejor posible el miembro seccionado. En ausencia de François y de Nicolas, era la primera vez que efectuaba esa intervención. Los tejidos se habían dilatado al máximo antes de que la mano se desgarrara. La flexibilidad de los vasos sanguíneos permitió limitar la pérdida de sangre, pues las paredes se habían replegado hacia el interior del desgarro y habían favorecido la formación de coágulos. Cauterizó los nervios seccionados así como algunas venas y una arteria, antes de cubrirlo todo con la piel que había quedado y coserlo con varios puntos de aguja en cruz. El hombre se hallaba de nuevo en un estado próximo a la postración. Azlan se preguntó qué clase de disputa podía haberlos llevado a correr tan insensatos riesgos. Extendió el excipiente sobre la herida cosida y contempló el resultado, satisfecho de su trabajo. En el mismo instante oyó que la carreta regresaba e hizo trasladar a su paciente a la sala de las enfermedades secretas, al lado de un sifilítico que dormía, para evitar que los dos hombres volvieran a encontrarse cara a cara. El Erizo Blanco le confirmó que ya había realizado las principales curas a su herido y que no necesitaba ayuda. El joven cirujano estiró su espalda contracturada y fue a la cocina a por algo de comer.

—¡Nicolas! —exclamó, muy sorprendido, al descubrir a su amigo sentado frente a un tazón de caldo—. ¿Cuándo has regresado?

—Ahora mismo. Acabo de dejar mis cosas en la habitación e iba a reunirme con vosotros.

Se saludaron con un abrazo afectuoso.

—¿Y adónde has ido? Empezábamos a preocuparnos, pues tu mensaje era muy enigmático.

—Lo siento, necesitaba estar solo.

—¿No será que el matrimonio te da miedo? He tenido que tranquilizar a Rosa, ¡ve a verla pronto!

—Tienes razón, pero primero quiero ver a mis pacientes, hace ya seis días que no cumplo con mi deber. ¡No volverá a suceder! Tú vete a casa, las hermanas me han dicho que llevas un buen rato operando.

Azlan no se hizo de rogar. Nicolas fue al encuentro de François, que acababa de vendar al molinero. El hombre, amputado a la altura del omóplato derecho, profería amenazas e insultos hacia su compañero de infortunio.

—No te preocupes —dijo François—, lo calmaré y lo aislaré.

Con mis remedios, dormirá un día entero —añadió, y le mostró una botella de aguardiente de ciruela—. ¡Luego me contarás qué te ha sucedido!

Nicolas visitó a sus pacientes y consultó los informes que Azlan mantenía al día con una puntualidad que lo impresionó. La noche era más bien tranquila en el hospital y decidió aprovechar para continuar con el manuscrito de su obra que Sébastien Maroiscy le reclamaba con insistencia. Al cabo de una hora fue a buscar a François, pero no dio con él en la planta baja. Subió a la primera planta y no encontró a nadie en la sala de los remedios ni en la de los archivos. Nicolas vio que la puerta de su propia habitación estaba entreabierta. Sonrió al imaginar al Erizo Blanco esperándolo con una botella de tokay procedente de su reserva secreta. Sin duda, incluso habría empezado a bebérsela.

—François, tú... —empezó al entrar, antes de quedarse petrificado por la sorpresa.

Rosa estaba allí de pie, junto a la mesa que utilizaba para trabajar, con una carta medio calcinada entre las manos.

***

Sus ojos tenían un color que no le había visto nunca.

—Azlan me ha dicho que habíais vuelto. He venido lo antes posible y descubro esto... —dijo Rosa a la vez que agitaba el pergamino—. ¿Podéis explicármelo?

Nicolas cerró la puerta.

—Es la pregunta que deseaba haceros, Rosa. ¿La habéis leído?

Ella hizo un movimiento de cabeza imperceptible.

—Sí... Esa mujer ha perdido la cabeza.

—¿Conocíais a la madre Janson?

—Di dinero al convento del Refugio, como a otras instituciones, pero...

—Como a Azlan, a François o a Grangier. ¿Creéis que todo puede comprarse?

La cólera brotaba de las palabras de Nicolas. Ella bajó la cabeza y apretó los dientes para no llorar.

—Me estáis... Me estáis hiriendo, ángel mío. Hiriendo y ofendiendo.

—Disculpadme, no era mi intención. Pero ¡esta carta me ha conmocionado!

—¡También a mí! ¿Qué os pensáis? Y en primer lugar, ¿de dónde procede? ¿Por qué se halla en este estado?

Nicolas le explicó cuándo se la entregaron y cómo la había olvidado en uno de sus libros. Le relató su encuentro con Grangier, la barraca y la decisión de arrojarla al fuego.

—Me quedé un buen rato fuera, sentado en el umbral de ese refugio. Al volver a entrar me di cuenta de que la había tirado movido por un impulso. Se había quedado a un lado y las llamas directas no la habían alcanzado. Vi en ello un signo. La saqué de la chimenea y la leí.

Rosa profirió un grito y se desvaneció. Él se precipitó sobre ella, le desanudó el corsé y la tendió sobre la cama. Su pulso era rápido y regular. Nicolas abrió la ventana al recordar los preceptos de Germain acerca del aire viciado y luego puso una silla sobre la cama para alzar las piernas de Rosa y que la sangre le fluyera hacia el corazón y el cerebro. Su falda descendió ligeramente y descubrió sus piernas bien moldeadas y de piel muy suave. Las acarició con los dedos y las tapó con una sábana, y acto seguido puso su mano sobre el vientre de Rosa para controlar su respiración.

—¿Por qué? ¿Por qué hicisteis eso? —murmuró mientras contemplaba su rostro desvanecido—. ¿Por qué vos?

Antes de morir, Marie-Thérèse Janson se liberó del secreto que unía a Marianne y a Rosa. La comadrona, al tener noticia de que la marquesa había enviudado, se reunió con ella para comunicarle la existencia de Simon, hijo del marqués de Cornelli, y reclamó para él su derecho a la herencia. «Sin fundamento», proclamó Rosa. «Es un hijo ilegítimo pero natural», replicó Marianne, y afirmó que tenía el certificado del padre Lecouteux. El hombre que bautizó a Simon inscribió el nombre del padre. Las dos mujeres se encontraron en presencia de la madre superiora del Refugio.

Unas gotas gordas cayeron ruidosamente y flagelaron los muros y el patio interior del hospital. Rosa aún no había recobrado el conocimiento y parecía dormir de forma apacible. Nicolas pisó el pergamino abierto. La carta se le había caído a Rosa de las manos cuando se desvaneció. Volvió a leerla. Cada palabra estaba ya grabada en él.

Las dos mujeres llegaron a un acuerdo. Marianne mantendría en secreto la filiación de Simon y Rosa le concedería una renta que le garantizara una vida decente en otro lugar que no fuera entre las paredes de un convento. Al creer que Nicolas estaba muerto, Marianne aceptó casarse con Martin, quien, a su vez, adoptó al niño.

«Y así se cierra el círculo —pensó Nicolas mientras, acodado en la ventana, contemplaba el chaparrón que lavaba la ciudad—. Nancy necesita la lluvia para librarnos de los miasmas de nuestras cobardías y compromisos.»

Rosa murmuró unas palabras inaudibles. Con dificultad, entreabrió los párpados. Nicolas se sentó junto a ella, desgarrado entre un sentimiento violento de rechazo y un deseo de ternura ante su desamparo. Quería perdonárselo todo, pero se lo impedía lo que consideraba una traición amorosa. Le tomó la mano y ella se la apretó tan fuerte como pudo. Se encontraba demasiado débil para ponerse en pie, para defenderse o para luchar. Tenía la sensación de que su amor se le escapaba de entre las manos, siendo a la vez la causante y la víctima de ello.

—Por nosotros —dijo ella con voz débil y entrecortada—. Lo hice por nosotros. ¿Por qué es tan condenable? ¿Por qué…?

Nicolas trató de dominar la emoción de su voz sin conseguirlo.

—Habéis despojado a Simon de su derecho… En su carta, la madre Janson dice que temía por la vida de la criatura si llegaran a denunciar el caso ante la justicia.

—Pero ¿cómo podéis creer que podría hacerle daño a Simon? ¿Cómo? Esa carta está llena de malentendidos, esa mujer tenía la mente confusa, estaba muriéndose y ahora que ya no está aquí su palabra no puede cuestionarse. ¿Os dais cuenta de la injusticia de esa situación? ¿Cómo podría defenderme contra la voz de una muerta?

—Estoy seguro de que no le habríais hecho daño a Simon. Pero ¡me habéis mentido, habéis mentido a Marianne y la habéis obligado a marcharse de Nancy!

No respondió. Nicolas estaba alterado y ningún argumento podría convencerlo.

Rosa inspiró profundamente y le brotó un estertor. Él le tocó el cuello y luego le acarició la cicatriz.

—Vuestra mano, vuestras caricias… Jamás podré soportar su ausencia, jamás. Sois mi único ángel —declaró ella, y cerró los ojos—. No podría…

Sus párpados se estremecieron y le cayeron unas lágrimas.

—Hablaremos de ello en otro momento —respondió él.

Nicolas fue a ponerse en pie y Rosa lo agarró del brazo.

—¡No os vayáis, no!

—Voy a calentar agua para daros a beber un remedio, si lo tenéis a bien.

Él se soltó despacio. Ella no se opuso, se acurrucó sobre sí misma y lloró desconsoladamente, con el cuerpo sacudido por espasmos. Ocultó su rostro enrojecido entre las manos.

—Volveré enseguida, Rosa.

—Decidme que me llevaréis a casa, que me tomaréis entre vuestros brazos y que haremos todo lo posible para olvidar ese pasado. Decídmelo…

—Si tuviera ese poder…

—¡Sí lo tenéis, solo es cuestión de quererlo! ¡Decídmelo, decidlo, por piedad!

—Rosa…

—Ya no me llamáis «amor mío»… ¿Tan sucia e indigna de vos os parezco?

—No, no es eso, pero no puedo volver a vuestra casa…

Ella se incorporó muy nerviosa y se quedó sentada en la cama.

—¡A nuestra casa! ¡NUESTRA casa, ángel mío! ¡Nuestra! Me siento miserable por lo sucedido, si supierais cómo lo lamento, ¡cómo me arrepiento! Os pido perdón, perdón —dijo ella mientras le tomaba la mano y se la llevaba a su mejilla húmeda—. ¡Perdón!

Permanecieron sin moverse, en silencio, un buen rato. Luego él la besó en la frente y salió.

***

Abrió con llave la puerta de la sala de los remedios y cogió unos botes de helecho y de flores de lúpulo con los que bajó a la cocina para calentar agua. François se reunió con él en el momento en que echaba las plantas en una pequeña marmita de hierro llena de líquido hirviente. Nicolas le contó el desmayo de Rosa, pero omitió el contexto y su decisión. La noticia inquietó al Erizo Blanco, que se ofreció a subir a velarla junto a él.

Sonó la campanilla, indicando que las monjas pedían ayuda en la sala de curas.

—¡Al diablo esa campanilla, uno de estos días le cortaré la lengua! —vociferó François—. No soporto que me llamen como a un criado.

—¿Acaso no lo somos? —preguntó Nicolas mientras removía la mezcla—. Tendrías que ser soberano o ermitaño para no tener que sufrirlo. De lo contrario, todos somos criados de los demás —añadió en un tono frío que no era propio de él.

La campanilla insistió, nerviosa. Nicolas dejó caer la cuchara en el recipiente.

—Voy a ver qué sucede mientras se prepara la infusión.

—Te acompaño, muchacho. ¿Estás seguro de que todo va bien?

No tuvo que responder. La hermana Catherine entró asustada.

—¡Deprisa, necesitamos vuestra ayuda! ¡Son los dos pacientes del molino!

—¿Sus heridas?

—¡No, están peleándose! Nuestro asistente ha llevado al molinero a la sala de las enfermedades secretas, ¡y no sabíamos que el otro ya estaba allí! ¡Se van a matar!

Cuando entraron, los dos hombres se hallaban en un violento cuerpo a cuerpo y el único camillero del servicio estaba sentado con las manos en su rostro ensangrentado. Ambos gritaban con rabia a cada golpe que propinaban y con dolor a cada golpe que recibían. Los puñetazos volaban y las rodillas eran arietes. Las vendas habían desaparecido, las suturas se habían descosido y las heridas estaban en carne viva. Un combate a muerte en el que el molinero parecía llevar la ventaja. El dedo salvado del otro se había luxado y formaba un ángulo extraño con el antebrazo. Su rostro estaba colorado debido al agotamiento. Los dos cirujanos los separaron mientras la monja les impartía una vana lección de caridad cristiana. François se ocupó del enfermero, cuyo arco superciliar se había partido debido a un desafortunado codazo, mientras Nicolas atendía al pugilista que mayores daños había sufrido.

—¡Dejad que se muera! —espetó el molinero desde uno de los rincones de la habitación donde se había acurrucado—. ¡Eso es lo que se merece!

El hombre respondió con un estertor del que nadie comprendió el significado. Escupió sangre y dos dientes a la par, y luego alzó el muñón que ya solo sostenía un pulgar tambaleante, como habría hecho con un puño amenazador, en un irrisorio gesto de desafío.

—Ese ya no podrá hacer el gesto del *digitus medius* —bromeó François, y de inmediato se arrepintió de su broma.

La monja aproximó su bolsa de trabajo a Nicolas sin que este tuviera que pedírsela. Era una excelente ayudante y sabía anticiparse a las necesidades de quien hiciera las curas. Con el paso del tiempo, había llegado a reconocer los diversos instrumentos así como sus funciones y se había convertido en una asistente eficaz en las operaciones. Dispuso hilo y aguja mientras él preparaba la herida. Rehízo la costura del muñón y luego lo envolvió en un paño impregnado de ungüento. El herido contenía el dolor para no mostrarlo ante su adversario. De vez en cuando se volvía hacia el molinero, que se había calmado, y le dirigía miradas de odio. Este último, tras unos minutos de postración, parecía de nuevo dispuesto a pelear.

—Calma —dijo François, que le vendaba el tórax pues tenía varias costillas rotas—. No tengo ganas de acabar como nuestro camillero. Pero ¿qué mosca os ha picado a uno y otro? ¿Qué os reprocháis?

Los dos hombres eran vecinos y su disputa era tan antigua que el motivo original había adquirido unos contornos difusos. No pasaba una semana sin que uno de los dos reprochara al otro alguna maldad: el robo de un saco de harina, haber amontonado boñigas ante la puerta de entrada, un pequeño incendio en los arbustos del jardín o la presencia de ratas en el granero, todo era culpa del odiado vecino. Sus desavenencias se habían convertido en un odio ordinario que sus numerosos hijos perpetuaban sin ni siquiera saber por qué, y había conducido a una pelea en el molino cuyo desenlace los dejaría tullidos de por vida.

—Empate, ¡iguales a un brazo! —declaró François, y meneó la cabeza apesadumbrado.

Él, a pesar de que se encolerizaba con facilidad, no era persona rencorosa y no comprendía los caracteres irreconciliables, y menos aún cuando el motivo de discordia de aquel día había sido la venta de un pan demasiado cocido. El segundo hombre era panadero.

El incidente se prolongó casi una hora y Rosa dormía cuando Nicolas regresó a la habitación. Su rostro estaba devastado por las lágrimas y su piel se veía más pálida que de costumbre. Dejó la infusión, que tuvo que calentar de nuevo, se sentó junto a ella y se inclinó para besarla en un reflejo de ternura. Sintió su perfume, siempre el mismo, una fragancia exclusiva fabricada por un perfumista de París que exhalaba el frescor de las hojas de tomate, de la que ella no había querido revelarle la composición. «Para que por lo menos haya un pequeño secreto entre nosotros —añadió ella—. Y para que ninguna otra mujer lo lleve nunca.» La frase cobraba ahora otro sentido y otros pensamientos no tardarían en sembrar la duda acerca de lo que se habían dicho. ¿Cómo podría confiar de nuevo en ella? La pregunta daba vueltas en su cabeza desde que leyó la carta de la madre Janson. Sus sentimientos seguían vivos, se sentía irresistiblemente atraído por ella, en cuerpo y alma. Pero, sin confianza, ¿cómo podrían mantenerse vivos? No tenía más solución que romper para siempre.

—¿Por qué habéis hecho esto? —murmuró él.

Le intrigó la inusual expresión de su rostro. Tenía los labios apretados y el ceño fruncido como si la habitara una tensión interior. Puso la mano sobre su vientre: su respiración estaba entrecortada por pausas frecuentes.

—Rosa...

Nicolas la llamó suavemente, varias veces. No reaccionó. Insistió y le pellizcó la piel. Nada. Parecía que le costaba alzar el diafragma, cada inspiración constituía un esfuerzo. Le palmeó un poco las mejillas, le habló al oído. Rosa era una muñeca de trapo. Cuando apretó el pulgar contra la palma de la mano de ella, le pareció que quería cogérselo, pero la reacción fue más débil que una caricia.

—¿Me oís? ¡Estoy seguro de que me oís! —dijo con firmeza—. Debéis de haberos desmayado otra vez y vuestro cuerpo aún está aletargado. Lo lamento, nuestra conversación os ha vuelto melancólicos los humores. Lo siento mucho, es culpa mía...

Le tomó la mano de nuevo.

—Si es un mareo, ¡apretadme el pulgar con fuerza! ¡Vamos!

No hubo reacción.

—¿Qué sucede? Vuestro corazón late, respiráis con dificultad, pero respiráis. Amor mío, no temáis, pronto os sentiréis mejor.

Ella movió la cabeza imperceptiblemente. De derecha a izquierda. Luego de izquierda a derecha. «No...»

—¿No? ¿Por qué? ¿Qué tenéis?

El rostro de Rosa permanecía inmutable. Se dio cuenta de que ya no le era posible comunicarse.

—Rosa, voy a ir diciendo las letras del alfabeto y me apretaréis el dedo para formar palabras. ¿De acuerdo?

Sintió que la mano se crispaba ligeramente alrededor de su pulgar y comenzó a deletrear. Reaccionó con la «y» y la «o».

—¿Yo?

Los dedos de Rosa asintieron. Prosiguió.

—Q… u… i… e… ¿quiero? ¿Yo quiero?

Ella asintió, rozándole la piel.

—M… o… r…

Él le soltó la mano.

—¡No! —gritó.

Nicolas acababa de comprender.

***

Se precipitó hasta la sala de los remedios y vio que se había quedado abierta.

—¿Qué habrá utilizado? —exclamó mientras recorría las filas de botes para localizar el producto que había ingerido—. ¡François! —gritó—. ¡François! ¡Auxilio!

Prosiguió su búsqueda. Todos los botes estaban en su sitio, cerrados, y no parecía que nadie hubiera tocado ninguno.

—¡Rápido, rápido! —se dijo a sí mismo cuando le parecía no encontrar la solución—. ¿Qué habría cogido yo en su lugar, qué habría cogido? ¡François! —gritó de nuevo—. Pero ¿qué estará haciendo?

A Rosa le gustaba oírle hablar de su trabajo. También era la lectora de su manuscrito acerca de los remedios y solía hacerle muchas preguntas.

—¿Qué sucede, muchacho? —dijo el Erizo Blanco al entrar—. Espero que no me hayas molestado por una bobada, ¡iba a prepararme la comida!

Cuando Nicolas le explicó la situación, soltó una ristra de insultos.

—Vuelvo junto a ella. François, es necesario que descubras qué ha tomado para saber cuál es el antídoto.

—En caso de que exista —respondió, y se puso a abrir los botes situados a más altura—. ¡Dios mío! Pero ¿por qué habrá hecho eso? ¿Por qué?

Nicolas no respondió y regresó a la habitación. Rosa tenía los párpados abiertos.

—¡Rosa! ¡Qué alivio…! ¿Cómo os sentís?

No respondió. Se sentó a su lado y la cogió de la mano. Estaba fría. Los dedos, incluso las uñas, estaban blancos.

—Rosa, ¿me oís?

Sus ojos estaban fijos e inmóviles. Pasó una mano frente a su rostro. No lo veía.

—¡El alambique está vacío! —gritó François desde el pasillo.

Al entrar, se quedó estupefacto ante el rostro de Rosa.

—Dios mío, ¿está…?

—No, respira y su corazón late débilmente. ¿Qué había en ese alambique?

—Había dejado un baño de vapor para recuperar toda la resina.

—¿Resina de qué? —se impacientó Nicolas, que aguardaba la respuesta.

—¡Opio! ¡Se ha tomado todo el opio que extraje ayer!

En el mismo momento Rosa fue presa de temblores. Todos sus miembros se contrajeron anárquicamente y en su rostro se dibujó un rictus de dolor.

—Voy a por tártaro estibio, ¡hay que hacer que vomite! —dijo François—. ¡Hay que purgar ese veneno!

—¡Demasiado tarde! ¿Tenemos cristal de Condy?

—No, Bagard nunca los ha querido en Saint-Charles. No le gusta la química. ¿Es un antídoto?

—Me han hablado de él, pero no lo he probado nunca. ¡Es nuestra única oportunidad!

—Registraré la ciudad entera si hace falta, pero ¡lo traeré!

Nicolas se tumbó junto a Rosa y la abrazó sin lograr reducir los temblores, que solo cesaron al cabo de unos minutos. Sus ojos se habían quedado abiertos e inexpresivos. El ritmo de su respiración se ralentizó aún más y las pausas se hicieron más y más frecuentes. Trató de estimularla mediante la voz y sin dejar de masajearle con regularidad el abdomen, que se alzaba con dificultad.

François tardaba en regresar. Los párpados de Rosa se cerraron muy despacio. Cuando volvió a tomarle el pulso, no se lo encontró. Nicolas gritó y vociferó, la sentó sobre la cama y la zarandeó para tratar de arrancarla de su estado comatoso. Ella inspiró ruidosa y profundamente, como un recién nacido al que el aire le quema los pulmones, y luego fue presa de más convulsiones, con los ojos abiertos mirando al vacío y las pupilas dilatadas. El ataque fue más breve que el primero y le siguió un nuevo estado de embotamiento. Le dio friegas en las manos, que estaban cada vez más frías a pesar de la cálida temperatura del ambiente.

—¡Lo tengo!

François entró blandiendo una botella.

—Diluido en agua sulfurosa de Plombières, ¡lo he robado en Saint-Julien! Hasta he traído una cuchara.

Nicolas se situó detrás de Rosa y forzó la abertura de su boca. François depositó el líquido en la parte posterior de la lengua. Los dos esperaban que ella conservara aún el reflejo de deglución. Tragó, para gran alivio de ambos. Continuaron. A la tercera cucharada, tosió y escupió el permanganato de potasio.

—Lo repetiremos dentro de una hora —decidió Nicolas, y depositó el remedio sobre la mesa donde aún se hallaba el pergamino calcinado.

Se cruzó con la mirada de su amigo y creyó ver en ella un reproche. François, sin embargo, no podía saberlo.

El Erizo Blanco le propuso turnarse junto a ella y se negó. Nicolas permaneció pegado a Rosa, a la escucha del menor signo de malestar. Varias veces se vio obligado a estimularla hasta lograr que su respiración adquiriese un ritmo regular. La segunda administración de cristal de Condy se llevó a cabo sin inconvenientes. Durante la hora siguiente, Rosa no tuvo ninguna convulsión y sus ojos permanecieron cerrados. A la tercera administración, logró abrir sola la boca para tragar el antídoto. Sus presiones sobre el dedo de Nicolas eran cada vez más firmes en respuesta a sus preguntas. Cuando abrió conscientemente los párpados, su calvario duraba ya más de cuatro horas. Sin embargo, su malestar no había terminado. Rosa fue presa de unas náuseas imparables y vomitó durante doce horas, hasta el agotamiento extremo, a veces incluso perdiendo el conocimiento tras los ataques y durmiéndose con la cabeza apoyada sobre el cubo de madera. Nicolas se ocupó de ella sin flaquear y rechazó la ayuda de François y de Azlan, que se había presentado allí tras recibir aviso de una de las monjas. Pasó la noche junto a su cama y también la mañana. A mediodía Rosa pudo tomarse un caldo sin vomitarlo. La dejó tras la comida. Ambos habían permanecido en silencio.

***

Tras un último envite vigoroso acompañado de un sordo jadeo, Ribes de Jouan se dejó caer sobre el lecho al lado de una joven de larga melena pelirroja.

—¡Nada hay tan placentero en este mundo terrenal como correrse en un coñito de calidad! —exclamó alegre, y le palmeó las nalgas a su pareja.

Ella se arrimó y le acarició el bajo vientre mientras él encendía su pipa con delectación.

—Verdaderamente divino —exclamó exhalando humo con olor a miel.

—Sabía que te gustaría —respondió ella antes de redoblar sus caricias sobre su alborotada virilidad.

—No, me refería al tabaco. ¡Está de muerte! Pero tus caricias también me gustan —añadió ante el gesto ofendido de la mujer.

Pasó su mano por los cabellos de color fuego con gesto maquinal, igual que si acariciase el cuello de su caballo. Ella aceleró los movimientos hasta lograr su erección. Germain eyaculó distraídamente y le dio las gracias sin darse siquiera cuenta de su absoluta zafiedad.

—Por cierto, ¿cómo te llamas? —preguntó mientras contemplaba cómo se vestía.

—Por el precio que pagáis, podéis elegir el nombre que deseéis —respondió ella, y cogió la bolsa que había sobre la mesa.

—¿Ah?

La respuesta lo había sorprendido y decepcionado.

—¿Así que no tenemos más que una relación comercial?

La risa de la joven le hizo fruncir el ceño aún más.

—¡No me digáis que os habéis enamorado de mí!

Él se levantó, desnudo, abrió la ventana y respiró profundamente antes de volverse hacia ella.

—Hace ya un mes que nos frecuentamos, ¿no?

—Pagarme tres veces por semana no me convierte en vuestra novia —dijo ella al tiempo que cerraba los postigos—. Y no os da derecho a exhibiros ante mis vecinos.

—¡No creo que te tengan por damisela!

—Para vos, y para cuantos me pagan, no soy más que una puta. Pero hasta las putas tenemos orgullo —afirmó al tiempo que se recogía los cabellos para ponerse la cofia—. Un día me entregaré por amor.

Él bajó la vista hacia su propio cuerpo, que ya acusaba sus más de cincuenta años.

—Ese día no podré luchar —replicó mientras sopesaba desengañado su vientre abultado—. ¡Mi único encanto es mi dinero!

Se puso la camisa, el chaleco y buscó sus calzones.

—Aquí me toleran porque el propietario también es cliente mío. Las miradas, sin embargo, me dicen que soy una mujer poco virtuosa. Debo ser discreta —prosiguió ella, y le tendió el pantalón que se había mezclado con sus ropas.

—¡Deberías estar orgullosa de quién eres y de lo que haces! ¿Cuántas mujeres, incluso las de mayor número de títulos, han ofrecido tanto placer a los hombres? ¡Ninguna!

—Tomaos vuestro tiempo, señor Ribes, podéis quedaros aquí. Pero yo tengo cosas que hacer.

—¿Adónde vas? —preguntó mientras se ponía la chaqueta—. Tengo el día libre.

La joven se puso un chal sobre los hombros y cogió una cesta llena de velas.

—Pareces una beata camino de la iglesia —dijo, burlón.

—¿Ah, sí? ¿Acaso lo que acabamos de hacer me impide el fervor?

Germain se excusó por su incorrección.

—Soy así, no tengo educación, solo la del ejército y los tugurios. Si te pago, ¿podemos pasar el día juntos?

—Vos...

La asió del brazo.

—¿Adónde vamos, querida Erzsébet?

—¿Erzsébet?

—Es un recuerdo sentimental de Hungría. Dado que puedo elegir tu nombre...

—De acuerdo, me llamaré Erzsébet. Iremos a tres leguas de aquí, a Condé. Hay un mercado donde vendo velas. Diré que sois mi padre.

—Me siento halagado.

Abrió la puerta para dejarla pasar.

—¿Ves como la paternidad me hace ganar en modales?

Su risa se mezcló con el aroma de la pipa que se diseminaba por la escalera.

***

El mercado se celebraba en la inmensa plaza de tierra junto a la iglesia del pueblo. Había allí un centenar de tenderetes, entre los cuales deambulaban miles de compradores y de mirones en un indescriptible barullo. Obreros, artesanos, criados y burgueses se mezclaban entre los puestos de pañeros, sombrereros, vidrieros, guarnicioneros, cesteros, panaderos, carniceros, un pastelero llegado de Nancy para vender sus almendrados, varios dentistas que ofrecían sus servicios rápidos y charlatanes con elixires milagrosos. En la periferia del mercado había instaladas varias tabernas donde los jugadores se habían agolpado alrededor de improvisadas mesas.

—Tengo la impresión de que este sitio me va a gustar —declaró Germain, y espoleó el flanco de su caballo para hacerlo avanzar.

Llevaba el cesto delante, y Erzsébet iba detrás como una amazona y le abrazaba por el vientre. El trayecto había durado más de una hora y, en esa postura tan incómoda, ella llegó agotada, sobre todo porque el jinete no había querido detenerse a descansar.

Erzsébet se instaló junto a un cuchillero, bajo un toldo de tela raída y sucia, tensado solo de un lado y que formaba un triángulo que reducía considerablemente el espacio vital. Germain se interesó por la producción de su vecino, al que le compró un cuchillo con la garantía de que la hoja era de Toledo.

—Vuestra hija es una persona muy amable —le dijo el farandulero como cumplido.

—Es cosa de familia —respondió Germain, y besó a Erzsébet en la frente.

Esta vendió sus existencias en menos de dos horas. Erzsébet, cuyo verdadero nombre era Marie-Louise, reutilizaba los restos de las velas votivas que recuperaba en las iglesias y capillas de Nancy, las fundía y les ponía una mecha nueva. Esa actividad le proporcionaba poco dinero, pero le permitía concertar citas con su clientela masculina de forma discreta.

—Así que esta es tu oficina de reclutamiento —bromeó Germain después de que un notable de la localidad se marchara tras haber convenido una fecha con ella.

La invitó a comer en la taberna más próxima, dieron una vuelta por el mercado y luego ella lo condujo hacia el garito que sabía que era más de fiar. Germain no ocultó ser jugador profesional y acordó con el dueño el reparto de los beneficios que obtuviera de los jugadores aficionados.

—Erzsébet, ¿quieres quedarte conmigo? Siento que vas a traerme suerte —dijo al tiempo que se frotaba las manos como si quisiera hacer saltar la chispa del éxito.

La invitó a sentarse en sus rodillas, pero ella prefirió la silla que le ofreció el comerciante. El hombre reclutó enseguida jugadores entre la multitud que se apiñaba junto a las mesas de juego. Germain echó tres partidas de lansquenete, que ganó con facilidad, pero los gendarmes interrumpieron su racha. A petición del cura párroco tenía que cesar el juego, que la Iglesia consideraba como ofensa a Dios. Se retiraron bajo la tienda de Marie-Louise, con el tabernero, para repartirse las ganancias.

—Habíamos dicho mitad y mitad —protestó Germain, tras el recuento de la bolsa que le había dado el hombre—. He tomado nota de las apuestas y las cuentas no cuadran.

—Tengo que deducir los gastos de la tienda y el emplazamiento —respondió—. Y cada vez es más difícil contentar a los gendarmes.

El tabernero cerró su bolsa e hizo ademán de marcharse.

—Despacito, un trato es un trato, amigo. Mitad y mitad. De lo contrario, llevo en el bolsillo un cuchillo que me pide que lo limpie en las vísceras de un miserable que no tiene palabra.

La amenaza pareció simplemente divertir al tipo, que soltó una carcajada.

—Mi padre se disculpa, no le rige la cabeza, perdonadlo —dijo Marie-Louise, y señaló a tres hombres con aspecto de mendigo que aguardaban a unos metros de allí.

Germain los miró de arriba abajo.

—En absoluto, no me disculpo, exijo lo que se me debe —prosiguió—. Por el contrario, sí es cierto que la cabeza ya no me rige y por eso soy tan peligroso.

Sacó el cuchillo y examinó la hoja, haciéndola relucir al sol.

—¿Veis qué hambre y sed tiene? ¿Cuál de vosotros quiere probarla primero? Fui cirujano y desde entonces me ha quedado el gusto por los tajos bien hechos…

El tabernero detuvo a sus cómplices, que se habían aproximado, con un gesto de la mano.

—Sé reconocer por experiencia a quienes mienten en el juego. Nadie puede tomarme el pelo —dijo a Germain mientras lo apuntaba con el índice.

—Yo no miento —afirmó con calma.

—Lo sé —respondió el hombre—, lo sé. No os tiemblan las manos ni os pestañean los ojos.

Volvió a abrir su bolsa y de ella sacó un pequeño libro encuadernado en cuero gastado.

—Sois un personaje curioso, caballero. Para estar tan seguro de vos, o tenéis una gran experiencia con las armas o sois un inconsciente, pero prefiero no conocer la respuesta. Tened, os regalo esto además de vuestras ganancias.

Le tendió el libro. Marie-Louise se inclinó por encima de Germain y leyó el título: *Tratado de la armonía y constitución general de la verdadera sal, secreto de los filósofos, y del espíritu universal del mundo, siguiendo el tercer principio del Cosmopolita, obra tan curiosa como provechosa, acerca del conocimiento de la verdadera medicina química, recopilado por el señor de Nuisement, recaudador general del condado de Ligny-en-Barrois.*

—¡Menuda palabrería! ¿Qué queréis que haga con esto? —replicó Ribes de Jouan, y se lo lanzó con desdén.

—Os equivocáis. Se lo ganamos a un jugador que lo consideraba su más preciado tesoro. En el fondo, realmente no nos lo dio. Lo cogimos. Parece ser que perteneció al duque Enrique II y que contiene un secreto.

El tabernero se lo tendió de nuevo.

—De acuerdo —respondió Germain, que deseaba acabar ya con aquello—. Estamos en paz. *La verdadera medicina química...* ¡otro charlatán como vos! Vamos, largaos —añadió uniendo el gesto a la palabra.

—Tenéis suerte de conocer a esta joven, señor. De lo contrario, os habríamos dado una lección de modales.

Germain ya ni le miraba. Había abierto el libro. Los cuatro compadres abandonaron el terreno del mercado.

—Siempre puedo regalárselo a Nicolas —murmuró mientras lo hojeaba.

Alzó la cabeza. Marie-Louise había desaparecido.

—¡Erzsébet! —la llamó—. ¿Dónde te has metido?

—Estoy aquí.

La joven se hallaba detrás de él y sujetaba al caballo de las riendas.

—Volvamos a Nancy, por favor.

Él sonrió.

—Hija mía, tengo que decirte algo importante: no soy tu verdadero padre.

La besó en los labios.

—¡Por eso puedo pediros que os quedéis esta noche conmigo para pasar un rato agradable!

Ella rió y se quitó la cofia, dejando caer sus cabellos hasta los hombros y la nuca.

—¡Estáis loco, pero os adoro!

—Entonces ¿esta noche es gratis?

Tomaron el camino de Nancy. Germain había abierto el libro y lo había apoyado en la cesta vacía frente a él. Al llegar cerca de la orilla del Mosela, detuvo la montura y se volvió hacia su compañera.

—Escucha este pasaje:

Al lector:
Es parte del cuerpo del hombre
y seis letras tiene su nombre;
si a ellas una P agregamos,
y S por M permutamos,
de los sabios descubriremos
el objeto de sus desvelos.

Cerró el libro de golpe.

—Finalmente, me lo voy a quedar. ¡Este libro me ha dado una idea!

***

Nicolas no volvió a la rue Naxon. Tampoco había vuelto a ver a Rosa. Le había escrito varias cartas que ella no había respondido. Se mantuvo informado por medio de Azlan, a quien interrogaba a diario, y luego espació sus preguntas. Oscilaba entre un estado de culpabilidad por la melancolía en la que ella había caído y de cólera hacia quien consideraba responsable de la situación. Nicolas se había sumergido en cuerpo y alma en su trabajo para evitar tener que pensar, pero, sin embargo, no tenía más remedio que enfrentarse a la mirada crítica de Azlan. El joven sufría aquella situación y el desgarro de los dos seres a los que más amaba y respetaba. Una mañana de julio le pidió a Nicolas que no volviera a preguntarle por Rosa. Ya no soportaba hallarse en la encrucijada de la desesperación de ambos y le dijo que le había pedido lo mismo a ella.

—Compréndeme. A partir de ahora, si quieres noticias suyas, irás tú mismo a buscarlas. No soporto más verla llorar cuando le describo tus jornadas de trabajo ni verte tan triste cuando te hablo de su salud. Quiero que sepas únicamente que su vida ya no corre peligro, es una mujer fuerte y acabará por olvidarte.

Nicolas asintió sin decir palabra. Esperaba en secreto que su amigo tomara esa decisión por él. No había podido con el fantasma de aquella a la que había amado, pero iba a hacer todo cuanto estuviera en su mano para lograr que su presencia fuera soportable.

Pasaron las semanas sin que fuese consciente del tiempo. Dedicaba el día a sus pacientes y la noche a su manuscrito, que ya llegaba a su fin, o a la observación del cielo, y limitaba el sueño a los momentos de agotamiento. François y Azlan mantenían con él una neutralidad y benevolencia que lo irritaban. No estaba enfermo ni desesperado. O tal vez sí, pero no se daba cuenta. En cuanto a Germain, se había instalado en la ciudad nueva, en casa de una mujer a la que llamaba su hija, y parecía tan ocupado en sus asuntos que no había dado señales de vida desde el mes de julio.

Una mañana de septiembre, sin saber por qué, Nicolas comprendió de pronto que debía llevar a cabo lo único que pondría punto final a esa etapa de su vida. Tras mandar todas sus cosas a casa de Rosa, tomó prestada la montura a François y se dirigió a Pont-à-Mousson.

Marianne subía penosamente por el sendero rodeado de viñedos que conducía a la Fuente Roja. El parto de su paciente había durado más de seis horas y en la batalla había volcado todas sus fuerzas físicas. El recién nacido llegaba dos semanas después de salir de cuentas, pesaba cuatro kilos y ella tuvo dificultades para sacar la cabeza sin utilizar los fórceps. Detestaba ese instrumento desde la pesadilla vivida en casa del decano Pailland, hasta el extremo de que en varias ocasiones se había negado a utilizarlos o a que los utilizara el cirujano presente. Lavó al niño con agua de la fuente, lo envolvió en paños y salió a buscar más agua para la madre agotada.

Vio al desconocido tendido en la hierba, cerca de un álamo, junto a la fuente. Este no se movió cuando ella se detuvo y depositó la damajuana bajo el chorrillo de agua oscura. Marianne no tenía miedo, aunque los alrededores no fueran muy seguros debido a los vagabundos que rondaban fuera de las fortificaciones. Ya le había contado a Simon los rumores acerca de ellos para que no se le ocurriera salir de la ciudad. A sus casi siete años, pasaba parte del tiempo solo en casa o con sus amigos por las calles de Pont-à-Mousson. Su padre adoptivo había abandonado definitivamente la idea de ocuparse de él desde su encuentro con Nicolas. Martin solía estar en el bosque por su oficio o en las tabernas próximas a la universidad. «Y Simon no tendrá la suerte de tener hermanos y hermanas», pensó ella al constatar el vacío de su vida matrimonial. Martin y ella ya no dormían juntos. Él se permitía relaciones extraconyugales y muchas veces abandonaba su hogar durante varios días. «Pero ¿cómo reprochárselo?» Su único vínculo era el niño y la suma de dinero que semanalmente llegaba de Nancy. Había pensado en rechazar el dinero, por orgullo, por sentirse liberada de ese compromiso que la repugnaba, pero en tal caso Martin se habría marchado. Se lo había advertido. Sola sería incapaz de criar dignamente a Simon.

El recipiente de vidrio y mimbre tardaba en llenarse. El caudal de la fuente se había visto reducido por una larga sequía, pero, en contrapartida, desde entonces el agua era más rica en hierro. El hombre, que le daba la espalda, vestía un abrigo largo y llevaba el cuello subido hasta la nuca. Lucía también un curioso gorro de astracán que le ocultaba el rostro. «Espero que no esté muerto.» El pensamiento le pasó por la cabeza justo antes de que un osado insecto se posara sobre su mano. El extraño lo espantó con un gesto reflejo y eso la tranquilizó. Un chapoteo dirigió de nuevo su atención a la damajuana, de la quc desbordaba el agua.

—Por fin —murmuró ella.

La cogió del asa y levantó con esfuerzo los veinte kilos que pesaba el recipiente lleno. Marianne se alegraba de poder alejarse de allí.

Nicolas la oyó descender por el sendero. Alzó su gorro de *betyar* y la vio justo antes de que desapareciera tras la curva del camino. Se sentó y permaneció un rato inmóvil. No estaba dormido cuando ella llegó a la fuente. La había reconocido mucho antes. Sin embargo, en el último instante se había sentido estúpido. Supo que ella ejercía en Pont-à-Mousson y que iba a menudo a por agua a la Fuente Roja, así que se instaló allí la víspera y aguardó. A su llegada, sin embargo, se dio cuenta de que aquello no tenía sentido. Su conversación en Nancy había puesto punto final a su relación. No se atrevió a abordarla.

La siguió con la mirada hasta que ella llegó a la puerta de la ciudad. Entonces se puso en pie, se sacudió el polvo de sus ropas y abandonó el promontorio.

Marianne depositó la damajuana a la entrada de la casa. Llamó a Simon, pero no obtuvo respuesta. Al llegar a la cocina pisó unos pequeños fragmentos de vidrio esparcidos por el suelo y enseguida descubrió el origen de los mismos: el cristal del tragaluz que daba al patio trasero se había roto.

—¡Simon! —gritó enfadada.

Rápidamente halló los restos del cristal escondidos entre la hierba alta del jardín. El chiquillo había tratado de ocultar su travesura. Debía de haberse marchado a la isla de Esch para esperar allí a que la cólera de Marianne se aplacara. No le gustaba que anduviese por las orillas del Mosela, pero no tenía manera de impedir que saliera en su ausencia. «Aparte de atarlo a su cama», pensó ella, a falta de más ideas. El niño rebosaba de energía y requería una atención particular que ella a veces no se sentía capaz de darle. Pensó en Rosa, a quien la vida consentía más de lo que se merecía.

—He aquí una reflexión irrelevante —murmuró para sí—. Se ha casado con el hombre al que yo amaba, yo crío al niño que ella no ha querido, ¿por qué iba a tenerle tirria?

Sonrió ante la ironía de la situación y se sentó a descansar un momento sobre el jergón de Martin, que había instalado frente a la chimenea de la cocina para las noches cada vez más numerosas en las que, borracho, era incapaz de subir las escaleras. En aquel momento se sentía ebria de cansancio. Marianne se tumbó y cerró los ojos un tiempo que le pareció muy corto. La despertó un ruido en la calle. «Debo terminar el trabajo con mi paciente», pensó para motivarse, pues el cuerpo le pesaba mucho. La puerta de entrada se cerró de un portazo.

—¿Simon? ¿Martin?

Ante la ausencia de respuesta, se levantó y salió de la cocina. Marianne profirió un grito de sorpresa: el vagabundo del gorro curioso estaba ante ella. Nicolas se quitó el sombrero.

***

El apartamento de Marie-Louise, de una sola habitación, había sido transformado en estudio por Germain: por doquier había libros abiertos y papeles llenos de notas en medio de los cuales el cirujano, a torso desnudo, con las manos enlazadas sobre su cabeza, se hallaba inmóvil. Su compañera se había dormido sobre la cama, cansada de esperar después de que él se hubiera levantado de repente, presa de una súbita inspiración.

—Casi lo tengo, casi lo tengo —gruñó sin preocuparse ni un ápice de Marie-Louise, que abrió los ojos para asistir a la revelación.

Tomó una pluma y trató de escribir una palabra sobre un pergamino, pero la tinta se había secado. Germain la mojó de nuevo y trazó varias letras en mayúsculas, permutó dos, añadió otra y contempló el resultado.

—No —dijo finalmente—, no es eso. Esto no funciona.

—Estupenda noticia —replicó ella a la vez que le tendía la mano—. Y ahora ¿podéis volver a la cama para que acabemos lo que habíamos empezado?

Contempló a la joven, a la que la sábana de lino marcaba el contorno de sus formas.

—Debo de estar loco para ocuparme más de este enigma que de tu cuerpo, Erzsébet —declaró él, y volvió a la cama.

Echó a un lado un libro que había sobre la sábana, se tendió y la abrazó.

—¡Y cuando seamos ricos te apartaré de tu vida miserable y me casaré contigo!

—¡Palabra de cliente!

—¡No, palabra de Jouan!

—Soy una mujer a la que uno toma y no con la que uno se casa, y vos sois como los demás, maese Germain. Pero eso no impide que os ame —concluyó ella mientras le besaba el torso.

—La recíproca es igualmente verdad —respondió él, y comenzó a besarle sus cabellos llameantes.

El libro que le dio el tabernero había causado en él el efecto de una revelación. Se había convencido de que este iba a conducirlo al secreto de la «gran obra»: la transformación de un metal inferior en oro. Hasta ese momento, la ciencia alquímica no le había apasionado, ni siquiera interesado, pues le resultaba demasiado engalanada de oropeles filosóficos y poéticos, por los que sentía aversión. Pero al volver a Nancy había tratado de vendérselo al librero Pujol pensando que se sacaría unos cuantos francos. El hombre, honrado, le advirtió que el libro valía mucho más, dada su rareza y debido a la historia asociada al mismo. El autor, Clovis Hesteau de Nuisement, dedicó su obra al duque Enrique II en 1621. Algunos años antes el soberano había sufragado en secreto el trabajo de dos alquimistas en el castillo de Condé. Los dos hombres trabajaron allí como reclusos, vigilados por guardias suizos, de 1609 a 1610, con una reserva de lingotes de plata que debían transformar en oro. Los intentos se saldaron con fracasos y la empresa se interrumpió, y luego se retomó dos años más tarde. El asunto se complicó cuando el fiscal general, al descubrirlo, los acusó de brujería. El duque, asustado ante el cariz que tomaban los acontecimientos, hizo clausurar el laboratorio. Sin embargo, el libro de Hesteau de Nuisement lo empujó a empezar de nuevo, convencido de que el autor había descubierto el secreto de la piedra filosofal. Contrató a dos nuevos alquimistas. Nada se supo de los trabajos de los mismos, tan secretos que nadie llegó a saber si dieron algún fruto ni cuándo terminaron. Enrique II se llevó su secreto a la tumba en 1624.

Mientras acariciaba los pechos de su compañera, Germain repasó mentalmente todos los elementos de los que disponía, pero sin lograr completar el rompecabezas. Había obtenido la ayuda del recaudador de la moneda de Nancy, quien, una vez establecido el protocolo de la transmutación, había prometido proporcionarle cuatro kilos de plata para ser transformados en oro. Sin embargo, hasta el momento, aún no había logrado descifrar el secreto del libro de Nuisement y confiaba en el hombre con el que debía reunirse.

Marie-Louise le reprochó su falta de entusiasmo, cosa que él se negó a reconocer en lugar de esforzarse y darle algo más que caricias ausentes. Ella renunció a la idea de obtener placer y se dedicó a proporcionarle un mínimo goce, del que él ni siquiera se dio cuenta. La besó distraídamente y alzó la cabeza, con los sentidos en alerta.

—¿No es una carroza lo que acaba de detenerse?

Ella suspiró antes de responder.

—Relajaos, no espero a nadie, podéis quedaros toda la noche.

—Yo sí —replicó él mientras se abotonaba el pantalón—. ¿Dónde está mi camisa?

—¿Y a quién esperáis?

—A un viajero que viene de Alemania —respondió sin dar más explicaciones.

Las herraduras de los caballos resonaron de nuevo sobre los adoquines.

—No era para vos —dijo ella, y tiró de la sábana para cubrirse—. ¡Volved a mi lado, tengo frío!

Él se sentó en el borde de la cama.

—Erzsébet, lo digo completamente en serio. ¿Aceptarías partir conmigo?

—¿Cuando os hayan enviado a la cárcel? Vuestra historia huele a timo, creedme.

Alguien llamó a la puerta. Germain sonrió a Marie-Louise para tranquilizarla, cogió su sombrero y su pipa y se reunió con un hombre al que ella no logró ver el rostro.

***

Lanzó una piedra para espantar a un gorrión que había entrado en la casa. Simon solo dio en el cristal de la cocina, que se hizo añicos con un estruendo de cascada. Corrió a por una escoba, se cortó al tirar los trozos que había recogido y fue presa del pánico cuando la oyó entrar. Cuando Marianne lo llamó, se metió bajo la cama junto a la chimenea, rogando que ella no lo descubriera. Ya habría tiempo de inventar alguna historia de ladrones para explicar el accidente. Su madre siempre creía sus explicaciones y él estaba acostumbrado a mentir para evitar los castigos. Cuando ella se tumbó en la cama, el colchón relleno de paja se hundió y aplastó a Simon contra el suelo polvoriento. Apenas podía respirar, pero no se atrevió a gritar por miedo a la reacción de su madre. Por suerte, su calvario no duró más de un minuto. Vio los pies de Marianne pisar las losas irregulares de piedra tallada y alejarse. Respiró profundamente y contuvo la tos. Cuando asomaba la cabeza por debajo de la cama, Marianne gritó. Simon volvió a su escondrijo. Se oyó una voz de hombre. No era la de su padre. El tono era dulce y sereno. Simon no tenía miedo, pero no era cuestión de aparecer en ese momento.

El hombre habló mucho rato. Simon comprendía las palabras, pero a veces se le escapaba el sentido de las mismas. Era acerca del perdón. ¿Quién debía perdonar a quién? El desconocido no había creído a su madre, decía haberse equivocado. Tendría que habérselo preguntado, ¡Simon le habría dicho que ella no mentía nunca! Los adultos no hacen suficientes preguntas a los niños. A ese hombre no lo conocía, pero su voz le era familiar. Habló de un refugio. Simon conocía la palabra, con su amigo Christophe habían construido uno en uno de los árboles de la isla de Esch. El niño entendió que había vivido dos años en un refugio con unas hermanas... no recordaba haber vivido en un árbol. No recordaba nada más que esa casa de Pont-à-Mousson, a sus padres y los padres de su padre, la colina adonde iban todas las semanas, la fuente preferida de mamá, los bosques de su padre. ¿Quizá antes habían vivido en el bosque? ¿Y tendría hermanas? Todo lo que decía aquel hombre parecía muy complicado. Y su madre habló a su vez. También lloró. Lo percibió por el tono de su voz, las entonaciones, las palabras quebradas en la garganta. «Mamá está muy triste...» Simon quería salir de su escondrijo, abrazarla, protegerla. El desconocido era un amigo, lo sabía. Pero solo él, su hijo, podía comprenderla y darle todo su amor. A pesar de las travesuras, a pesar del cristal roto.

Y, de pronto, todo se hundió.

«Mamá dice que no soy su hijo, que no es mi madre, que papá no es mi padre, que se arrepiente de haberme traído con ella, que debería haberme dejado en el refugio. Que mi padre está muerto, que mi madre está muerta. Que yo también debería estar muerto. ¿Por qué dice eso? ¿Por qué? Dice otra vez que se arrepiente. Que habría querido vivir con él. ¿Qué dices, mamá? ¿Qué significa arrepentirse?»

Simon se echó a llorar. Lloraba y su cuerpo temblaba. Tenía calor y tenía frío, se ahogaba bajo el jergón de paja que se había convertido en su mortaja. El polvo se pegaba a sus mejillas húmedas. Lloraba sin hacer ruido, para que no lo oyeran. Del otro lado, hubo un largo silencio, muy largo. No se hablaban. Sin embargo, allí estaban. Una voz murmuró: «Adiós». Otra dijo: «Hasta luego».

La puerta se cerró. A través de sus ojos empañados vio la falda de su madre entrar en la cocina. Acercarse. Detenerse. Su rostro apareció. Simon ocultó el suyo. No quería volver a verla nunca.

***

Las campanas de todas las iglesias de Nancy repicaron durante varios minutos. La noticia, confirmada en *La Gazette de France*, corrió como un reguero de pólvora. Dieciséis días antes, Carlos II de España había fallecido. Luis XIV no esperó a su muerte para planear el reparto de su Estado, del que formaba parte el Milanesado. Las predicciones del padre Creitzen se revelaron exactas: ofendido por la actitud del rey de Francia, el monarca había dejado su herencia al duque de Anjou, segundo hijo del delfín. Y el 16 de noviembre, el Rey Sol aceptó oficialmente el testamento. El intercambio de Lorena y el Milanesado ya era agua pasada.

Ehrenfried Creitzen escuchó con indisimulado placer el repique alegre de las campanas antes de cerrar las ventanas. Leopoldo, pergamino en mano, le leía la carta que había preparado para el rey Luis XIV.

—«... he recibido la noticia, con el mismo afecto que guardaré toda mi vida por los intereses de vuestra majestad, de que habéis tomado la resolución de preferir en el reparto de la monarquía de España las disposiciones del difunto rey a favor de monseñor el duque de Anjou, a quien deseo toda la prosperidad imaginable.» La haré enviar hoy mismo. Esto pone punto final a este asunto. Padre, vuestro plan era perfecto: tuvimos a ese señor de Caillères en vilo sin que llegara a sospechar nada.

—Dios ha favorecido nuestros intereses, alteza.

—¡Y no lo olvidaremos en los siguientes festejos! Haremos que digan misas. Espero que ahora el rey de Francia dejará al ducado en paz.

El confesor de Leopoldo lo miró con ternura preguntándose si la candidez de su protegido era fingida o real.

—Temo, alteza, que tendremos que vivir con la idea de que Lorena es un insecto en la pata de un león. El día que le piquemos demasiado, nos barrerá de un lametazo.

—En tal caso, seamos como esos insectos cuya picadura es indolora y vivamos sin molestar a nuestro anfitrión —concluyó el duque.

Carlingford se sumó a ellos para confirmarles que todo estaba dispuesto para la cena que esa misma noche se serviría para cien comensales, en la galería de los Ciervos, en honor de la onomástica de Leopoldo. Las noticias llegadas de Francia, sin embargo, le darían un sabor especial.

—¿Habéis pensado en las fuentes de vino de la place de la Carrière? —inquirió el duque.

—Ya se han dispuesto, alteza.

—Todo el pueblo debe disfrutar de las fiestas, debemos ser generosos con quienes tanto nos han dado.

Creitzen asintió con el mentón. El conde de Carlingford alzó las cejas.

—Dentro de los límites de nuestros recursos, que no son los de nuestros vecinos... Al respecto, alteza, he sido informado de la proposición del señor Ribes de Jouan.

Leopoldo ocultó su enojo tras una fachada de placidez.

—Decididamente, excelencia, siempre me será muy difícil, por no decir imposible, tener el menor secreto con vos.

—Quisiera preveniros ante ese tipo de... aventura —añadió Carlingford, y buscó con la mirada la complicidad del padre Creitzen.

—Mi confesor nada tiene que ver con eso —se defendió Leopoldo—. He pasado varias tardes con nuestro amigo Germain perdiendo al lansquenete y debo saldarle algunas pequeñas deudas. Y me ha hablado de un libro que se halla en su posesión.

Germain se había dado cuenta de que él solo no podría llevar su empresa a buen puerto, pues la misma requería unos fondos de los que carecía, así que se dirigió al duque. La alquimia, sin embargo, no lo apasionaba. La salvación llegó de manos de Creitzen, que había conservado sólidas amistades en Alemania, en particular con la sociedad de los rosacruces, uno de cuyos miembros había llegado a Nancy para estudiar la obra a petición suya.

—No es bueno que ese tipo de personajes merodeen por nuestra ciudad —recalcó el conde de Carlingford—. Esa orden hermética tal vez sea popular en Alemania, pero nosotros solamente podemos ganarnos las iras del Vaticano. No es el momento más adecuado, pues al Papa le encantaría vernos en dificultades.

—No temáis —intervino Ehrenfried Creitzen—, nuestra participación no aparece por ninguna parte. Oficialmente, todo está en manos de Ribes de Jouan, pero no nos gustaría dejar sin investigar un texto que hubiera descubierto el secreto de la transmutación. Hay que verificarlo.

—¿Y dónde está?

—Intentando descifrar los mensajes incluidos en el libro —intervino el duque—. Por ese motivo he aceptado que venga en secreto un intermediario de Alemania. Comprendo vuestras reticencias, excelencia, pero no actuamos guiados por la exaltación. ¿Os imagináis lo que ese descubrimiento podría reportar a nuestro Estado?

—Permitidme que sea escéptico.

Leopoldo comprendió que era inútil tratar de convencer a su ministro.

—Olvidemos eso por unos días, mi querido conde, y disfrutemos de nuestra alegría. Además, esta noche tengo una sorpresa para todo el mundo. ¡Habrá una apoteosis final!

***

Nicolas releyó la hoja que había escrito y la dejó sobre el montón. Acababa de concluir su tratado sobre los remedios a base de plantas y no sentía alegría alguna. Haría que se lo entregaran al editor Sébastien Maroiscy en Pont-à-Mousson para evitar tener que volver a esa ciudad. O tal vez se lo quedase para él. Habían transcurrido dos meses desde su última conversación con Marianne y casi otros cinco de la marcha de Rosa del hospital. Había declinado la invitación del duque a los tres cirujanos para asistir a la cena en palacio. Prefería rodearse del silencio de Saint-Charles y todos respetaban su decisión. Trabajó buena parte de la noche en el proyecto de ampliación de su servicio y solo se concedió una pausa cuando la luna desapareció del marco de la ventana entreabierta. Eran más de las once de la noche y François aún no había regresado de la fiesta. Bajó a la cocina, bebió el resto de la decocción que se había preparado para todo el día e hizo la ronda de sus pacientes, que estaban durmiendo.

De camino a su habitación oyó el berrido característico del camello romper el silencio de la calle. La carreta volvía de la velada. El Erizo Blanco no tardó en asomar. Su gorro había desaparecido y sus escasos cabellos se habían enzarzado como hierbas silvestres tras una tormenta. La tela de sus calzones estaba desgarrada a la altura del muslo y su chaleco, que había lavado para la ocasión, se veía sucio y arrugado.

—Antes de que me preguntes, estoy bien y Azlan también —dijo con la voz aún tomada por la excitación.

—¿Qué ha pasado, François? ¿Un problema con Hyacinthe? —inquirió Nicolas cuando percibió el olor animal que exhalaban sus ropas.

—No, nuestra montura nada tiene que ver. El responsable es nuestro duque —respondió, y se echó a reír—. ¡Menuda idea tiene el príncipe de lo que es una fiesta! Ven, te contaré lo sucedido delante de una copita.

Avivaron el fuego que languidecía en la chimenea de la cocina y se sentaron frente a esta, en el suelo, en compañía de unas botellas de vino local que François había traído de la fiesta.

—Llegamos con Azlan a la cena. La puerta principal de palacio estaba abierta y nuestra carroza nos dejó frente a la Espiral. Había luces por todas partes, candelabros sostenidos por criados, antorchas colgadas de las paredes e incluso braseros en el patio principal. ¡Había luz como en pleno día! Para ser franco, debo decirte que hemos ido con Rosa.

—Haces bien, ¿por qué me iba a oponer? —replicó Nicolas, a quien la información, aunque previsible, le hizo sentirse incómodo—. Y… ¿cómo se encuentra?

—Aún tiene secuelas del «accidente», pero disminuyen día a día. Durante la cena ha estado elocuente y sonriente, amable con todo el mundo. Numerosos gentilhombres se disputaban para acompañarla durante la velada. Hay que decir que es el mejor partido del ducado, ¡joven, bella, viuda, con título y rica! Pero no te preocupes, Azlan la vigila como un perro guardián. Ha sido su acompañante. Y ella se ha marchado mucho antes de que acabara la fiesta.

—Rosa es libre de entregar sus sentimientos a quien desee.

—Aún puedes cambiar de opinión —aconsejó su amigo.

La mirada de Nicolas le hizo comprender que se había aventurado demasiado lejos. El Erizo Blanco se puso en pie y se situó frente a él para contarle el resto.

—Tendrías que haber visto el menú: había catorce platos, ¡hasta los he contado! Nos han servido tres sopas diferentes, con verduras exóticas, otros tantos pescados llegados de Fécamp y de Honfleur, anguila, salmón y carpa, manitas de cerdo rellenas, asado de buey y cabeza de jabalí, con unas salsas sublimes, patés, pastel y unos postres que no conocía. ¿Sabes qué son los *croquembouches*? ¿Y los *entremets*?* ¡Ay, si Jeanne aún viviera, habría pasado la mejor velada de su vida!

Nicolas se dejó arrullar por el relato alegre de su amigo y se relajó.

—¡El duque tiene un apetito de ogro! Tendrías que haberlo visto zamparse los platos a medida que llegaban. ¡Y los vasos del vino espumoso del padre Pérignon! Sin querer faltarle al debido

* El *croquembouche* es un pastel típico en bodas, bautizos y otras celebraciones, que consiste en una pila cónica de profiteroles rellenos de crema o nata y regados con caramelo. Se llama *entremets* a los dulces servidos entre platos, o entre los quesos y los postres, como sorbetes, mousses o helados. *(N. del T.)*

respeto, ¡nuestro soberano estaba tan pedo como el más borrachuzo del ducado!

Hyacinthe, al que François había hecho entrar en el patio de Saint-Charles, emitió unos bramidos potentes y repetidos.

—¡Me olvidaba! He cargado provisiones en la carreta, los restos del festín para nuestro hospital, ¿me ayudas a entrarlos?

Se vieron obligados a hacer tres viajes, pues la carreta iba hasta arriba de los manjares anunciados.

—Le daré las gracias al duque por su bondad —dijo Nicolas mientras contemplaba la mesa colmada de comida—. Con esto podremos alimentar a todo el mundo durante varios días.

—En tu lugar, yo no lo haría. Digamos que me he anticipado un poco a su aprobación, ¿me entiendes? ¡Y eso podría ponerme en una situación comprometida!

—François...

—¿Qué? Es por una buena obra, ¿no es así? ¡Y también he traído vino, pero eso lo pedí!

Descorcharon una botella de champán y volvieron a instalarse frente a la chimenea. El Erizo Blanco prosiguió su relato.

—Ha habido baile y luego nos han invitado a asomarnos a los balcones y ventanas que dan al patio interior. Su Alteza había hecho traer un toro de los Vosgos, un animal reputado por su corpulencia y su fuerza, ¡un verdadero monstruo! Le había hecho serrar los cuernos. El conde de Viange, el montero mayor, ha ordenado que soltaran una jauría de perros.

—¿Perros?

—Sí, de los utilizados en las cacerías del duque. ¡Imagínate el cuadro! Se han encarnizado con el toro y lo han enfurecido a fuerza de ladridos y mordiscos. El animal ha empitonado a varios y ha matado a dos allí mismo. Los otros ladraban cada vez más y le mordían en las patas y los costados. Desde los balcones, todos jaleaban aquella carnicería y excitaban a los animales, a cual más, y en el ambiente se respiraba la exaltación, sobre todo porque el vino corría a raudales. Había tripas y sangre sobre la hierba, créeme. Los cortesanos se partían de la risa a la vista de un perro que volaba por los aires de una cornada. Excepto Azlan. Estaba conmocionado ante ese bárbaro espectáculo y ante la reacción de los invitados. Me ha mirado con esos ojos que te culpabilizan y te dicen: «Hay que hacer algo». Ya conoces al muchacho, en esos casos no hay quien pueda negarle nada. Así que sin pensarlo dos veces nos hemos precipitado hacia el duque para que detuviera la carnicería, pero ni siquiera nos ha dado tiempo de llegar hasta él.

François dio unos buenos tragos, sediento, y se sirvió más antes de proseguir.

—El animal acababa de derribar una barrera, situada ante la entrada de la torre del Reloj, ¡y subía por la escalera! ¡Si hubieras visto qué pánico! ¡Se podía localizar al animal por los gritos de los invitados! Ha llegado hasta la galería de los Ciervos y ha destrozado todas las mesas de la cena, haciendo volar los manteles, los platos que aún estaban sobre las mesas y las sillas, en resumidas cuentas, ¡una verdadera tempestad! Mientras, yo he logrado llegar a la escalera de la torre, donde me he reunido con Azlan en busca de heridos. Afortunadamente, todo el mundo ha logrado protegerse de ese Belcebú con patas y se ha encerrado en los apartamentos al otro lado del palacio. Hemos atendido a algunos invitados que se habían caído de culo o que se habían magullado entre la marabunta y nos hemos reunido con el duque y sus guardias en la gran sala. ¡Vaya espectáculo, tendrías que haberlo visto! Pero eso no era nada ante lo que iba a suceder…

***

Tras su acceso de furia, el toro se sentó en un extremo de la galería de los Ciervos, agotado. Llevaba enredado entre sus cuernos uno de los manteles del banquete. La tela lo cubría casi por completo, como el velo de una novia. El capitán de la guardia hizo que lo rodearan y ordenó apuntar las armas, pero el duque pidió que aguardaran antes de disparar. El grupo, formado de manera precipitada, era heteróclito: miembros de la compañía de los Buttiers con sus fusiles, dos arcabuceros de la patrulla policial, arqueros y varios alabarderos. Leopoldo, en medio de ellos, permanecía inmóvil con la mirada fija en el animal, cuya respiración arremolinaba regularmente una esquina del mantel sobre su hocico. Tras recuperarse unos instantes, el toro se levantó e hizo que reaccionaran los soldados, que solo esperaban una orden para abrir fuego. El capitán había centrado toda su atención en el soberano, quien, al darse cuenta, le indicó que no hiciera nada. La tensión iba en aumento. El animal se hallaba a unos cincuenta metros de ellos. Pisoteó la vajilla de cristal y algunos pedazos se incrustaron en sus cascos. El suelo de madera crujía bajo sus pasos. El mantel le molestaba cada vez más. Se enfureció y corneó una silla que voló a varios metros. El salón de recepciones parecía un campo de batalla. El toro iba y venía por una zona acotada. Había visto a los humanos y los había observado atentamente antes de perder el interés. Leopoldo estaba impresionado ante la fuerza del animal y por la bravura de la que había hecho gala frente a los perros. Le hubiera gustado perdonarle la vida en señal de respeto.

—¿Hay forma de devolverlo al redil sin correr el riesgo de que destruya otras salas? —dijo al soldado.

El hombre, sorprendido ante semejante pregunta, titubeó. No sabía cómo proceder. El duque le ordenó que localizara de inmediato una jaula y la llevaran hasta allí. Su serenidad impresionó a cuantos estaban a su alrededor.

Mientras, el toro se había aproximado a una de las chimeneas, desde donde observaba sus maquinaciones. La tela le cubría el lomo y formaba una cola que arrastraba por el suelo. Intentaba a veces desprenderse de ella moviendo la testuz, pero los cuernos habían desgarrado el paño y el mantel se había enrollado en la base de los mismos.

—¿Sabemos algo de la jaula? —preguntó Leopoldo.

No habían hallado en el palacio ninguna del tamaño adecuado y varios gendarmes habían ido a buscar una de las dos células de la prisión de la Craffe. El toro rebuscaba comida entre los restos esparcidos por el suelo.

—Me extrañaría mucho que encuentre lo que busca —dijo François a Azlan—, pues no recuerdo haber comido hierba esta noche.

El comentario hizo reír al grupo, incluido el duque, que se

volvió hacia él con una mirada de complicidad. En ese mismo instante el animal, impaciente, sacudió la testuz compulsivamente, hizo volar su tocado y un extremo del mismo barrió la chimenea. Hubo brasas que salieron proyectadas a varios metros de distancia. El toro pisoteó el suelo con la pata derecha. Cuando bajó la cabeza, el grupo se dio cuenta de que el mantel se había convertido en una antorcha sobre su lomo. El animal reaccionó cuando el humo le entró por los ollares, justo antes de sentir la quemadura. Dio varias vueltas sobre sí mismo para deshacerse de las llamas que lo azotaban sin cesar al ritmo de sus movimientos. Los pelos del lomo ardieron y exhalaron olor a chamusquina. Loco de dolor, embistió al grupo.

—¿Alteza?

Los soldados únicamente aguardaban su orden.

—Lo más tarde posible, y sobre todo evitad la cabeza, ¡la quiero intacta! —respondió Leopoldo. Entonces el toro se situó en medio de la estancia y el duque gritó—: ¡Directo al corazón!

Los perdigones y las flechas alcanzaron su diana en perfecta sincronización. El animal mugió y se desplomó sobre el suelo de madera. Se arrastró a lo largo de unos metros y llegó hasta los pies del duque, que había permanecido inmóvil mientras los soldados se retiraban tras la salva. El toro seguía vivo y trató de incorporarse, sin lograrlo. Las balas le habían segado las dos patas delanteras, una de las flechas le había perforado una arteria y del pecho le brotaba un pequeño surtidor. Mugió de nuevo. Los tiradores, que habían recargado sus fusiles y arcabuces, lo remataron. Uno de ellos desgarró el mantel que aún ardía y lo arrojó a la chimenea.

El olor a carne quemada impregnaba la galería entera. El soberano se aproximó al cuerpo sin vida del animal, se arrodilló y puso la mano sobre la frente del toro.

—¿Qué hace? —preguntó Azlan.

—Parece que esté rezando... —respondió François.

Unos criados, que habían acudido portando cubos de agua, aguardaron a que el duque se hubiera retirado para arrojarlos sobre el cadáver, en el que aún ardían los cuartos traseros y la cola y provocaban una humareda nauseabunda.

Al salir, Leopoldo se volvió hacia los dos cirujanos.

—Señores, es mi deseo que la cabeza de ese noble animal decore nuestra galería de trofeos. Haced lo necesario para que dentro de cien años, de doscientos años, aún se halle intacta para que su bravura sea elogiada por nuestros descendientes.

—... Para rematar la velada he hecho de carnicero, y esa es la razón de mi estado —concluyó François—. El cuerpo sin cabeza del toro ha ido a la cocina para la cena de mañana.

Hyacinthe volvió a bramar.

—¿Qué le ocurre a ese camello? —exclamó Nicolas, y se levantó con la intención de llevarlo al establo.

—Es por la caja que hay al fondo de la carreta.

—¿Queda otra caja?

—Sí, quería explicártelo antes de descargarla. Espero que no hayas previsto irte a dormir pronto esta noche, muchacho.

—¿Quieres que dé de comer a Hyacinthe? Podrá esperar a mañana...

—No, es por lo que hay en esa caja.

—No me dirás que...

—¡Pues sí! Sé despiezar, pero no embalsamar. Para eso eres único, Nicolas. En ese punto el duque ha sido muy claro.

—Bueno... Abrámosle las puertas de la eternidad a su último trofeo.

18

Nancy, de marzo a diciembre de 1701

La habitación era pequeña y olía a moho y humedad. Nada más entrar, Germain, fiel a sus costumbres, abrió la ventana. El hombre que lo seguía la cerró de inmediato.

—Demasiado frío —dijo a modo de excusa.

—Si preferís los miasmas y sus efectos deletéreos, allá vos —respondió Ribes de Jouan.

Vio la mesa esquinera, la llevó al centro de la habitación y se sentó tras limpiar con la mano la capa de polvo que la cubría.

—¿Por qué habéis elegido un hotel tan mediocre? —preguntó a su interlocutor.

—Sabéis igual que yo que nuestro asunto requiere la mayor discreción —explicó el hombre, que ni siquiera se había quitado el abrigo ni el tricornio.

Así vestido, con las manos en los bolsillos, parecía un cuervo, pensó Germain. Se contuvo y no se lo dijo, pues su interlocutor no había manifestado ningún sentido del humor desde que lo conoció, cinco meses antes. Escuchó con lasitud el discurso acompasado que le dirigió, trufado de los habituales reproches acerca de la lentitud en la ejecución del proyecto y el descontento de su comanditario.

—Escuchad —dijo Germain, seguro de sí mismo—, por mí podéis trabajar con todos los alquimistas y científicos de la tierra, si creéis que así lo conseguiréis antes que conmigo. Podemos dar por terminado nuestro acuerdo en cualquier momento.

—Lo sé, lo sé perfectamente —confesó el hombre, aburrido—, pero debo rendir cuentas y nuestros amigos...

—Vuestros amigos esperan desde hace decenas de años, sus padres y los padres de sus padres esperaron toda su vida. Creo que podrán esperar aún unos meses más, ¿no os parece?

—Por supuesto, pero nuestros recursos son limitados.

—Por eso me he asegurado el apoyo de nuestro duque.

Ribes de Jouan, como taimado tahúr, sabía que su principal arma era el libro de Nuisement, el cual ellos ya habían visto. Si él no lograra hallar el secreto de la piedra filosofal, les vendería el libro, convencido de que acabarían por aceptar su precio. Germain tranquilizó al hombre evocando significativos progresos, a pesar de no haber avanzado en absoluto: cada frase del *Tratado de la armonía y la constitución general de la verdadera sal* era para él un enigma que se hacía más oscuro a cada página. La jerga filosófico-científica de los alquimistas lo tenía cada vez más harto y, además, el padre Creitzen por un lado y el hombre con pinta de cuervo por otro eran cada vez más insistentes. Sin embargo, no cedería su tesoro por menos de diez mil francos. Terminada su conversación de negocios, ofreció a su interlocutor un vaso de vino. Germain quería ganarse su confianza y estaba convencido de que su reserva era únicamente superficial. Hasta aquel momento, el hombre siempre había rechazado compartir cualquier cosa con él. Sin embargo, para su sorpresa, el otro aceptó. Germain tuvo que ir a por la botella a la taberna situada en la planta baja, para que no los vieran juntos en público. El emisario de los rosacruces tenía una obsesión por el secreto que a Germain cada vez le costaba más aceptar.

—¡Brindo por nuestro éxito!

Bebieron a la vez, pero el hombre economizó sus tragos.

—¿Qué sabéis del Cosmopolita? —preguntó Germain, mientras el alemán se quitaba el sombrero.

—¿Alexander Sethon? —preguntó, y dejó su vaso sobre la mesa, lleno en tres cuartas partes.

—Sí, el que cita Hesteau de Nuisement: «El tercer principio del Cosmopolita».

—Poco.

«Miente —pensó Germain—. Y miente muy mal.»

—Si os interesa mi libro, sabréis que es la tercera parte de una trilogía —prosiguió el cirujano.

—Todo lo relativo al tema nos interesa —aseguró el cuervo, apacible.

—Sethon escribió la primera parte, el *Tratado del mercurio*. La segunda fue obra de otro alquimista, coetáneo suyo, Michel Sendivogius: el *Tratado del azufre*.

—Si vos lo decís…

—Y yo poseo el *Tratado de la sal*, que su autor entregó hace cien años al duque Enrique II.

El hombre no manifestó ninguna emoción especial. La conversación parecía incluso aburrirlo. Ribes de Jouan se había desplazado a Ligny-en-Barrois para hablar con los descendientes de Clovis Hesteau de Nuisement, que le revelaron la existencia de los otros dos libros. Germain regresó persuadido de que no hallaría nada sin poseer los tres volúmenes.

—El Cosmopolita fue el único que logró la transmutación en sesiones públicas —prosiguió—. Nadie pudo probar nunca que hubiera engaño o trampa. Poseía el polvo que legó a Sendivogius. Nadie sabe qué se hizo del mismo.

—En la alquimia hay muchas leyendas como esta. Debéis desconfiar, caballero. Son muchos los que se han quemado los dedos.

—O que han acabado de pie sobre unos haces de leña acusados de brujería, lo sé. Hoy, sin embargo, ya nadie muere en la hoguera, uno simplemente se pudre en un calabozo por estafa.

La apreciación de Germain no alteró a su interlocutor, que permaneció impasible. El alemán asintió y bebió otro trago tan corto como los anteriores. Hacía un esfuerzo por beber, pues era evidente que estaba poco habituado al alcohol y desconfiaba de sus efectos.

—Os lo pido una vez más, señor Ribes de Jouan, ¿queréis vendernos ese libro cuya lectura es mucho más compleja de lo que imagináis?

—Podemos hablar de ello a partir de diez mil francos.

—Comunicaré vuestra proposición a nuestros amigos.

Cruzó la ciudad para reunirse con Marie-Louise en su habitación de la rue Paille-Maille. Estaba con un cliente y había cerrado la puerta con llave. Eso lo puso de bastante mal humor, pues por el camino se le había metido en la cabeza comenzar la tarde retozando un rato con Erzsébet. No se sentía enamorado de ella, pero su deseo era más que simple apetito. Saber que se acostaba con otro le molestaba cada vez más y así se lo había dicho a ella. Invariablemente había obtenido una respuesta contra la que no podía luchar: él vivía en casa de ella y no tenía ninguna fuente de ingresos. Había decidido no aguardar más para negociar, dispuesto a vender un secreto que estaba seguro que no descubriría nunca y con el que nada podía hacer.

***

Versalles, 4 de mayo de 1701

Hija mía, mi querida niña, debo contaros la lección que ayer di a ese pretencioso personaje, ese indigno señoritingo de Saint-Simon que no aprecia a nuestra familia y al que se la tengo jurada. Al sentarnos a la mesa del rey, va esta mañana y se sitúa frente al príncipe de Deux-Ponts. He dicho entonces en voz muy alta: «¿Por qué será que el señor duque de Saint-Simon ronda tanto al príncipe de Deux-Ponts? ¿Será que desea rogarle que coja a uno de sus hijos como paje?». Todo el mundo se ha echado a reír tanto que ha tenido que marcharse. ¡Qué placer empezar una comida con un plato así, hija mía!

Respecto a vuestro señor padre, sigue siendo el mismo. Por bien que yo trate a sus favoritos, sigue convencido de que, aunque yo esté a su favor, no dejaré de hablar mal de ellos ante el rey; por esa razón, y aunque me diga palabras agradables y en apariencia viva bien conmigo, en el fondo no puede sufrirme y me critica ante el rey tanto como esa vieja asquerosa de la señora de Maintenon.

Eso es cuanto puedo deciros. Os envío un estuche de moda; es muy feo, pero es solo para mostraros las cosas que están de moda actualmente. Como ya no está permitido poseer estuches de oro, podréis guardar vuestros estuches de costura dentro de este.

Isabel Carlota lloraba de risa con la carta que acababa de recibir. La correspondencia de su madre era para ella una fuente de placer, pues las descripciones que la Princesa Palatina hacía de la corte de Versalles la alegraban y reforzaban su opinión de la enorme suerte que tenía de hallarse junto a Leopoldo en un pequeño Estado sin intrigas cortesanas. Acarició su vientre y decidió anunciar a su madre la noticia que hasta entonces había mantenido en secreto.

Nancy, 12 de mayo de 1701

Querida madre, vuestras cartas siempre me colman de felicidad. Son una presencia tranquilizadora desde la última vez que nos vimos. Hay un acontecimiento que ya no puedo seguir ocultando a vuestros oídos y a los de mi señor padre. Dios ha tenido la bondad de concederme estar embarazada de nuevo, por tercera vez, tras la muerte de nuestro principito y el nacimiento de Isabel Carlota. Está previsto que dé a luz el mes de noviembre. Este estado me hace muy feliz, al igual que a mi esposo, quien me ha predicho que será un niño. El duque, como hombre amante y considerado, me ha concedido que no vaya a Bar para el parto y que pueda permanecer en nuestra ciudad de Nancy. También ha elegido a la comadrona. Isabel Carlota, por su parte, se encuentra bien y cumplirá seis meses dentro de nueve días y el duque quiere hacerla abadesa de Remiremont. ¿Hubierais creído, querida madre, que un matrimonio de conveniencia pudiera transformarse en un matrimonio de amor? Me alegra que el destino me haya reservado un hombre tan dulce y bueno. No quiero decir más y os mantendré informada de mi embarazo.

Le entregó la carta doblada a la señora De Lillebonne, quien a su vez la informó de la llegada de la comadrona. La duquesa la hizo entrar sin más tardanza y la recibió con los brazos abiertos.

—Señora, me han hablado muy bien de vos y me alegro de contar con vuestra presencia a mi lado para el parto. Me alegro mucho.

Carlingford frunció el ceño. La carroza se dirigía hacia Lunéville cuando Leopoldo le anunció que había requerido los servicios de Marianne para la duquesa.

—En nuestra apuesta, nada impide la intervención del destino —dijo el duque, malicioso.

—En tal caso, el destino ha adoptado vuestros rasgos, alteza. Pero la partida aún no ha acabado.

—Mi querido François, la marquesa ha quedado definitivamente fuera de la carrera y sé que a nuestra comadrona aún le devora la pasión por maese Déruet. Antes de que la duquesa haya dado a luz, estarán juntos. ¿Por qué querríais que no fuera así?

—El destino, siempre el destino, inaprensible destino, alteza —respondió Carlingford, que ciertamente carecía de cualquier idea o argumento con que replicarle.

El duque soltó una risita seca: se sabía ganador. Leopoldo contempló satisfecho el paisaje campestre desfilar ante sus ojos. La expresión de su rostro cambió de repente.

—Detened la carroza —exclamó dirigiéndose a Carlingford—. ¡Detenedla!

El séquito se detuvo. El responsable de la guardia que formaba su escolta personal se presentó ante el duque.

—¿Qué ocurre, alteza?

El duque había descendido y se hallaba en mitad del camino, junto a un cruce con un sendero que se adentraba a su izquierda entre dos campos de cereales.

—Capitán, ¿podéis decirme adónde lleva ese camino?

—No, alteza, lo ignoro… pero puedo preguntárselo a ese campesino —respondió, y señaló a un joven que reunía a sus ovejas en un prado vecino.

El militar se dirigió hacia el pastor sin aguardar la autorización.

—¿Cuál es la razón de esa pregunta? —inquirió Carlingford—. Es probable que ese camino no lleve más que a algún pueblo sin mayor interés.

Leopoldo se plantó en el cruce.

—Lo que me interesa no es la pregunta, sino la respuesta. Nuestro hombre era incapaz de saber adónde lleva ese camino. Por una simple razón: no hay ningún indicador.

—Por Dios, es cierto —respondió el conde—. No me había dado cuenta de ello.

—No he visto ni uno en todo el camino. Y mirad ese arbusto ahí y esta pila aquí: ¿creéis que se hallan a más de sesenta varas del camino? ¿De qué sirve dictar ordenanzas si luego no se aplican?

Leopoldo habló sin cólera, pero la firmeza de su tono hizo que todo el mundo comprendiera que debían poner remedio a aquello lo antes posible.

—Ordenaremos a todos los prebostes que hagan cumplir el edicto. Los campesinos talarán esos setos y se clavarán nuevos postes indicadores —aseguró Carlingford.

—Nada debe entorpecer la circulación de los viajeros y el comercio, ni los ladrones ni el estado de los caminos —insistió Leopoldo.

El capitán llegó acompañado del pastor, al que llevaba del brazo.

—Este hombre os explicará adónde conduce ese sendero, alteza.

—Bien, pero primero soltadlo, a menos que temáis que salga volando —respondió Leopoldo.

El soldado obedeció y el joven se frotó el brazo.

—Disculpad su rudeza —dijo el duque—. ¿Cómo os llamáis?

—Me llamo Valentin, señor.

—Alteza… —le corrigió el capitán tras darle una colleja.

—Señor alteza —añadió el muchacho.

—He aquí un joven trabajador ingenioso. ¿Dónde estamos, Valentin? ¿Adónde lleva ese camino a nuestra izquierda?

La pregunta pareció sorprenderle.

—Pues… a Vitrimont. Y todo recto, llegáis a Lunéville.

—¿Por qué no hay ninguna indicación en este cruce? —preguntó Carlingford, a quien aquel intermedio comenzaba a exasperar.

—No lo sé, señor… alteza —añadió, lo que provocó la risa del duque.

—Para mi amigo, «excelencia» bastará. ¿Esas ovejas son vuestras?

—No, de los eremitas de Sainte-Anne. Trabajo para ellos. A cambio, me enseñan.

—¿Y qué os enseñan?

—He aprendido a leer y a escribir. Ahora estudio ciencias —añadió, orgulloso.

—Así pues, sabéis leer pero ignoráis las ordenanzas que obligan a colocar postes indicadores y a talar los setos. Menudo sabio —bromeó Carlingford.

—Vivo en el bosque, señor excelencia.

Leopoldo le indicó que se aproximara y se alejó del grupo con él.

—Valentin, ¿a qué distancia estamos de Nancy?

—Diría que a unas dos leguas.

—Si a un soberano no se le respeta a dos leguas de su palacio, ¿cómo van a obedecerlo en los confines del ducado?

—Lo comprendo. ¿Queréis castigarme?

—No. Quiero saber por qué mi pueblo no obedece las leyes que se dictan por su bien.

—Se debe a que los campesinos tienen tantas cargas que esta les parece injusta. ¿Por qué construir los caminos que otros utilizarán? Durante ese tiempo, los viajeros no trabajan en sus campos. Y los postes suponen menos leña para el invierno. Todo eso no es en contra vuestra, alteza, pero hay que vivir.

—Os agradezco vuestra franqueza, Valentin.

—Estudio de verdad, ¿sabéis? Quiero viajar y conocer mundo.

—¿Cuántos años tenéis?

—Dieciocho.

—Que Dios os conserve ese frescor tanto tiempo como sea posible —declaró Leopoldo al darse cuenta de que a la misma edad él había luchado tres años en la guerra.

El séquito prosiguió su ruta. El duque contempló la silueta del pastor alejarse poco a poco en la lejanía. Indicó a Carlingford que enmendara la ordenanza de 12 de marzo de 1699 de manera que se repartiera el trabajo entre todos los habitantes del municipio.

—Y si ello no bastara, utilizaremos también a nuestros soldados —concluyó.

Le ordenó que enviara a Valentin a estudiar a la Universidad de Pont-à-Mousson en cuanto acabara la cosecha.

—Pagaré de mi bolsillo hasta que le encontremos un protector. ¿Qué significa esa sonrisa, François?

—Ved cómo el destino puede ser inaprensible: acabáis de cambiar la vida de ese joven desconocido.

***

Tras dos meses sin lluvia, julio prolongó la persistente sequía. El forraje comenzaba a escasear y los ríos se reducían a unos chorrillos de agua en unos lechos demasiado anchos. En el palacio ducal, la duquesa había perdido su alegría habitual. Su padre había fallecido súbitamente el 9 de junio, víctima de una apoplejía, e Isabel Carlota pasaba los días en sus aposentos, abatida y melancólica. El duque organizó varias estancias en Lunéville, en el antiguo castillo de Carlos IV. El lugar era vetusto, pero le gustaba mucho el entorno, más rodeado de naturaleza que el palacio de Nancy. Su proyecto de código civil estaba casi concluido y había invitado al autor del mismo, el fiscal general Bourcier, a visitar el castillo para zanjar los últimos detalles. El código de Leopoldo contenía artículos que reconocían el derecho a la defensa de los acusados así como los abogados de oficio para los pobres. Esbozaba igualmente la supremacía del derecho laico sobre el de la Iglesia.

—Espero que con ello podremos tener más justicia para todo el mundo —declaró el duque tras escuchar a Bourcier releer cada parte—. Y que no tendremos demasiados problemas con el Vaticano. Habéis hecho un trabajo excelente, señoría, realmente excelente, y os felicito.

El duque miró a su secretario y comprobó que había tomado nota de los elementos esenciales de la reunión. El hombre comprendió la solicitud implícita, recogió sus cosas y se marchó.

—Hay otro asunto del que quería hablaros —prosiguió Leopoldo dirigiéndose a Bourcier—. Me será útil contar con vuestra opinión, pues en vuestra actividad cotidiana estáis en contacto con el pueblo. Quisiera saber qué piensan de mí mis súbditos. Habladme con franqueza y no me ocultéis nada. Os lo ruego.

Bourcier no pudo disimular su sorpresa y comenzó a hablar como si se tratase de un alegato en una sala de audiencias.

—Alteza, vuestros escrúpulos os honran, pero puedo aseguraros que todos vuestros súbditos os estiman y veneran como aquel que trajo la paz y la prosperidad al ducado. El episodio del Milanesado ha sido olvidado, y puedo afirmaros que jamás he oído la menor frase ni la menor alusión negativa concerniente a vuestra acción en este Estado.

Leopoldo se puso en pie para contemplar los jardines y el bosque que los rodeaba.

—Albergo temores a raíz de ciertos acontecimientos. Mi corte está ahí para complacerme y jamás se atrevería a decírmelo. Tengo pocos vínculos directos con el pueblo. Por fortuna, vos formáis parte de él.

Tomó una hoja de su mesa y se la tendió.

—Tomad, leed. Leed este poema.

Bourcier acomodó la vista, que cada día le fallaba más para leer, tosió para aclarar la voz y declamó:

Cuando bajo las dulces leyes se respira
y mi pueblo feliz te contempla y admira,
duque, el rumor turba el plácido remanso
de ese naciente y tan agradable descanso.
¡Ay! ¿Será verdad que insensible a mis penas
quisiste cambiar estos campos por otras tierras
y los soberanos un acuerdo concertado
te propusieron firmar en solemne tratado?

—¿Recordáis ese texto? —preguntó Leopoldo tras recuperar el papel.

—Dios mío, sí, cómo iba a olvidarlo. Fui yo quien lo escribió cuando sucedió lo del Milanesado.

—Extraje dos conclusiones: la primera, que siempre podré confiar en vos a la hora de decirme la verdad y expresar vuestros sentimientos. La segunda, que es mucho mejor que os dediquéis a la justicia que a la poesía.

El comentario hizo que el fiscal prorrumpiera en carcajadas.

—Debo reconocer que esos versos eran mediocres, alteza. Y pido disculpas a la literatura.

—Bastante mediocres, es cierto, pero con el sello del corazón. Algo inestimable cuando hay que tomar una decisión.

Bourcier fue presa de un ataque de tos que lo dejó sin aliento. Le costó recuperar el resuello y se disculpó ante el duque.

—Es una pleuresía que me es tan fiel como vuestros súbditos a vos, alteza.

Leopoldo hizo traer una jarra y dos vasos.

—Agua de Bussang, bebed, es mano de santo para lo que tenéis. A veces también la tomo yo. Volviendo a nuestra conversación, tengo una misión que confiaros.

Jean-Léonard Bourcier lo escuchó con interés y estupefacción. Aceptó sin pestañear.

***

—¡Esta noche, amigos, quiero que celebremos una verdadera fiesta, que todo el mundo beba y se divierta!

Subido encima de una mesa de Le Sauvage, Germain, vestido de *betyar*, arengaba a los parroquianos.

—¡Que corra el vino, que circule por nuestras venas y encante nuestros humores! —exclamó a voz en grito, y acto seguido saltó al suelo y fue hasta la mesa donde se hallaban sus amigos.

Cogió un vaso, lo alzó, gritó «¡Salud!», se lo bebió de un trago, chasqueó ruidosamente la lengua y acto seguido se sentó entre Nicolas y Azlan.

—¿Y qué celebramos? —preguntó el joven—. Nos has citado sin explicarnos nada.

—Muchos asuntos que concluyen o se presentan bien, chaval.

Se puso en pie y gritó para que lo oyera toda la sala.

—¡En primer lugar, me instalo en casa de Erzsébet!

Aplausos y gritos de alegría saludaron la noticia. La mayoría de los clientes no conocía a Germain, pero era el que los invitaba a beber durante toda la velada.

—Sí, amigos, soy un concubino, y además concubino de una putilla, ¡cosa que me convierte en la persona menos recomendable de esta asamblea!

Su grosería, sumada a los efectos del alcohol, provocó las carcajadas del auditorio.

—Tal vez termine casándome con ella, pero, de momento, ¡la moza prefiere el dinero de los otros! —prosiguió Germain, satisfecho.

En varias mesas se oyeron algunos comentarios procaces. Aprovechó para beber varios tragos a gollete, directamente de la botella.

—Además, voy a cerrar un excelente trato comercial que me permitirá invitaros a unas cuantas rondas más.

Nueva ovación en la sala. Algunos aplaudían, otros alzaban sus vasos para que el posadero les sirviera. El ruido de fondo era continuo y ensordecedor.

—¿De qué está hablando? —preguntó François a Nicolas, que le confesó su ignorancia.

Ribes de Jouan inhaló una buena bocanada de humo de su pipa.

—Está también la liquidación de una deuda de juego de mi amigo el duque Leopoldo, una parte de la cual se encuentra ya en el bolsillo de nuestro anfitrión —declaró al tiempo que señalaba al dueño, el cual fingió rebuscar en sus pantalones—. Y os confesaré una cosa, queridos compañeros: ¡nuestro soberano no es tan hábil con los naipes como en la guerra! Y puedo decirlo, pues lo he conocido en ambos menesteres.

Las risas y los comentarios brotaron de nuevo por doquier. Cerca de la puerta, sentado en la silla que antes ocupaba Anselme

Gangloff, un joven de aspecto tímido escuchaba las conversaciones sin perderse la menor frase. El adolescente parecía perdido y asustado en el ambiente canalla de Le Sauvage.

—Por último, tengo los tres mejores amigos del mundo, y eso os lo deseo a todos.

Se reunió con François, Azlan y Nicolas bajo una salva de aplausos. Su larga capa de bandolero húngaro le daba el aspecto de un príncipe de los pobres.

Trajeron un segundo tonel de vino y lo abrieron de un mazazo, lo que animó el local lo indecible.

—Tendría que haberte conocido hace tres años —dijo François—. ¡Tú solo habrías vaciado mi reserva de vino!

—Nunca es tarde, amigo mío, y puedo imaginarme como propietario de un viñedo, ¡debe de ser una de las pocas actividades que aún no he probado!

—¿Y por qué no? —respondió el Erizo Blanco con un brillo en los ojos.

Nicolas se prometió hablar con él al día siguiente: François no había tratado lo bastante a Germain como para conocer su escasa fiabilidad. Era generoso por naturaleza y tenía tendencia a embalarse en cuanto surgía una idea y a apropiársela. Sin embargo, dejó que soñaran parte de la noche con un futuro al frente de la mayor explotación vinícola del ducado y de Francia juntos, que bautizaron «Viñas lorenesas» y que estaba destinada a las más altas glorias comerciales. Luego los dos hombres se fueron a la sala de juego, donde alternaron las rondas de alcohol y las partidas de lansquenete.

Nicolas, intrigado por el joven solitario, que no se había movido y parecía observar a todo el mundo, se sentó a su mesa y entabló conversación con él. El muchacho le dijo sin hacerse de rogar que era uno de los asistentes del fiscal Bourcier, quien le había pedido que pasara la velada en Le Sauvage para informarle acerca de cuanto se dijera sobre el duque Leopoldo. Había reclutado a todos sus colaboradores para que le proporcionaran un estado de opinión detallado del ducado acerca de su soberano.

—¿Y qué has retenido de esta velada que pudieras escribir? —preguntó Nicolas en el momento en que una sarta de insultos salía desde la sala contigua como consecuencia de las malas cartas que le habían dado a Germain.

—A decir verdad, nada —admitió el joven—. Sinceramente, nada. Su Señoría, el fiscal, no va a estar contento.

—Pásate mañana por el hospital Saint-Charles y podrás preguntar a los enfermos.

—¿De veras?

—Sí, la mayoría se aburren y estarán encantados de contarte lo que se dice.

—Gracias, señor, gracias. ¿Puedo irme ahora?

Cuando se quedó solo, Nicolas pensó en Rosa. Hacía ya un año desde la última vez que se vieron. Un año entero... Varias veces había tenido ganas de decirle que la perdonaba, que ya no sentía cólera ni rencor, pero nunca había logrado ir más allá. Una sola vez fue a la rue Naxon a verla. Fue un día de febrero, tres meses atrás. Claude se hallaba en el patio y reparaba la capota de cuero de la carroza. Miró a Nicolas acercarse, no respondió al saludo de este y entró en la casa sin decir palabra a avisar a la marquesa de que maese Déruet deseaba verla. Reapareció cinco minutos después con una respuesta negativa: Rosa estaba muy ocupada y no podía recibirlo. Al marcharse, Nicolas se volvió y vio la silueta de ella en una de las ventanas del pasillo, en el primer piso. Era la que estaba más cerca de su habitación. «Cerca de la habitación de ella», se corrigió.

Vio una jarra de vino y se la bebió a conciencia, y luego una segunda, hasta que acabó por perder la cuenta. Los juerguistas eran cada vez más escandalosos. Habían dejado de jugar a cartas, faltos ya de dinero y de insultos y maldiciones, y volvieron a su lado vociferando, cantando y retándose con unas pullas cada vez regadas con más vino. Germain se proclamó rey de Marmarus y se hizo transportar, sentado en una silla que cuatro forzudos sostenían a pulso, vestido con su atuendo de *betyar*, repartiendo besos como un rey hubiera repartido monedas a sus súbditos. La velada acabó con la intervención de la milicia burguesa a la que los vecinos, hastiados, habían avisado. Los clientes abandonaron Le Sauvage como una lluvia de chispas.

La luz del sol lo despertó. Nicolas hizo una mueca y abrió los ojos ante una cubierta de lona beis que olía a moho. Azlan se había dormido a su lado. Estaban tumbados en la carreta de Saint-Charles.

—¿Qué hacemos aquí? —murmuró con voz pastosa, a lo que Azlan respondió con un gruñido, sin moverse.

Salió de la ambulancia volante: el paisaje era el del puerto del Crosne. Ante él se hallaba la *Nina*, con las velas a medio izar en el mástil. El bulto tendido junto al timón llevaba un gorro blanco. De pie en la orilla, cerca de la grúa y de las barracas, Germain orinaba en el agua. Se volvió y saludó a Nicolas con un amplio gesto de la mano. Los recuerdos afluyeron rápidamente. Los cuatro amigos habían decidido rematar la velada con una travesía nocturna a bordo del barco de François, pero la expedición fue menos que breve, ya que ninguno de ellos logró izar las velas. Vaciaron un tonel que se habían llevado consigo y que ahora flotaba en el Meurthe, entre dos arcos del puente de Malzéville, y al final cayeron desplomados en orden disperso según avanzaba la noche.

—¡Vaya fiesta, madre mía, vaya fiesta! —dijo Germain, y le dio una colleja amistosa que le cayó como si le hubieran dado un martillazo en el cráneo.

Azlan se reunió con ellos sin dejar de bostezar. François se puso en pie con dificultad bajo la mirada de sus amigos, que se habían sentado en la orilla, silenciosos.

—¿Qué ocurre? ¡Parece que estéis velando a un muerto! Ya sé que estoy rodeado de tablas de madera, pero es mi barco y no mi ataúd.

El chiste los animó. Nicolas se desnudó y se echó al agua, y pronto lo siguieron los otros dos. François se quedó en la *Nina* pretextando dolor de espalda.

Abandonaron el puerto en el momento en que los primeros obreros llegaban al trabajo. A lo lejos, una chalana se disponía a atracar para desembarcar su mercancía. El capitán hizo sonar un cuerno y Hyacinthe respondió con un bramido interminable. La indolencia ocupó el resto del día.

***

Mientras se vestía, Marianne intentó no prestar atención a su ropa. Sin embargo se había cambiado ya tres veces de falda, de corsé y de calzado hasta dar con la combinación que más la favorecía. «Solo quiero sentirme bien con mi ropa —pensó para convencerse—. Esto no tiene nada que ver con mi cita.» Se roció con su perfume preferido, uno que la condesa de Sauvigny le había obsequiado con motivo de un parto, y halló una excusa fútil para justificarlo. Se miró en el gran espejo de los aposentos de la duquesa, se cambió de nuevo de zapatos y de sombrero y finalmente se decidió a salir. Faltaba todavía una hora para la entrevista y fue a la librería de Pujol. Marianne le había encargado el libro de François Mauriceau, el más célebre cirujano partero de París.

—*Tratado de las enfermedades de las mujeres embarazadas y de las que han dado a luz* —leyó, y acarició la cubierta—. Lo buscaba desde hace mucho tiempo…

—Se lo he encargado directamente al autor, en la rue des Petits-Champs, pues de lo contrario habría sido imposible obtenerlo.

—Gracias, señor Pujol.

El recuerdo del recién nacido de Anne de Pailland le vino a la memoria. La imagen se le aparecía en sueños, aunque cada vez con menos frecuencia. El feto fue arrancado del cuerpo de su madre mediante un instrumento inventado por François Mauriceau, los fórceps, que elogiaba en su libro. Nunca había vuelto a ver al cirujano que los utilizó. El hombre se marchó del ducado al día siguiente, por temor a un proceso en el que podía ser condenado a prisión. Sin embargo, el decano Pailland no los molestó, ni a él ni a Marianne. Se murmuró que el duque intervino para echar tierra sobre el asunto. Ella pagó su error con sus remordimientos y decidió dejarlos en Pont-à-Mousson durante los meses en que iba a alojarse en el palacio ducal.

Marianne se sentó frente al mostrador, entre dos pilas de libros que olían a tinta fresca, y resiguió con el dedo los lomos de las obras leyendo los títulos en voz alta.

—*El instrumental conveniente para los jóvenes cirujanos...*

Intrigada, lo extrajo de debajo de la pila con una destreza que atribuyó a la suerte. La obra trataba acerca del instrumental necesario para todo tipo de patologías y accidentes. Hizo una mueca de asco, volvió a ponerlo en lo alto de la pila y cogió el segundo: *Secretos y remedios probados con las preparaciones hechas en el Louvre, por orden del rey.* Lo hojeó rápidamente sin interés, pero se dejó llevar por su olor a pergamino y la suavidad del tacto. El tercero, *El perfumista real*, detallaba el arte de perfumar con flores. Se detuvo en el *Tratado de esencias suaves de flores para los cabellos*, anotó mentalmente las recetas a base de jazmín y azahar y luego lo dejó. Se acercó al mostrador, sobre el cual había dos novelas de Eustache Le Noble, un autor que le era desconocido. Dejó *Las aventuras provincianas* y optó por *Zulima o el amor puro*.

La campanilla tintineó anunciando la entrada de un cliente.

—Querido amigo, ¡cuánto tiempo hace que no me honras con tu visita! —saludó Pujol de buen humor.

Los dos hombres se regocijaron. Marianne los ignoró. Se había sumergido en la lectura de lo que el autor calificaba de «novela histórica»: Zulima, hija del sultán de Egipto, se había enamorado locamente del príncipe de Westfalia, esclavo en la corte del mismo sultán. Un amor imposible, pues el príncipe estaba casado y era católico. Marianne frunció el ceño ante el planteamiento dramático de Le Noble.

Pujol había ido a la trastienda a buscar una rareza editorial y el hombre contemplaba a Marianne, que le daba la espalda con la cabeza ladeada y hojeaba las últimas páginas de la novela para descubrir el desenlace. Zulima, al no soportar ya más la situación, había decidido organizar la evasión del príncipe y de su esposa, y huir con ellos. Al llegar a Alemania, se convirtió al cristianismo. Marianne comprobó que el librero se hallaba aún ocupado en la trastienda y hojeó el final, que leyó susurrando entre dientes:

«Llegaron todos entonces a Westfalia, donde Zulima vivió con el príncipe y la princesa como una verdadera hermana…».

Meneó la cabeza en señal de desaprobación.

«… y dos años más tarde, al fallecer Leonor mientras daba a luz, el príncipe de Westfalia se casó con Zulima, y vivió y reinó muchos años con ella en continua felicidad…»

—Eso está mejor —murmuró ella.

«… y finalmente, al morir con la muerte de los justos, los tres se hallan enterrados en el mismo sepulcro en Herford.»

—¡Eso, jamás!

Gritó sin poder controlarse y se volvió para verificar que el cliente no la hubiera oído. Cuando lo vio, plantado dos metros detrás de ella, se quedó boquiabierta.

—Buenos días, Marianne —dijo Nicolas.

Ella profirió un grito y dejó caer el libro.

—¡Dios mío! ¡Ahora no!

Él lo recogió, miró el título y se lo tendió.

—Lamento haberos asustado —añadió con su voz dulce, que ella no había olvidado.

—No lo lamentéis, es solo la sorpresa —explicó mientras apretaba el libro contra ella.

—¿Por qué habéis dicho «Ahora no»?

—¡Y esto es para ti! —exclamó Pujol al salir de la trastienda.

Puso en manos de Nicolas un enorme tratado escrito en holandés.

—Conoces a Frederik Kuyrijsk, el anatomista de Amsterdam, ¿no es cierto?

—Me lo quedo —confirmó Nicolas sin ni siquiera interesarse por el libro—. ¿Puedes hacer que me lo lleven a Saint-Charles?

—¿Ah? Sí… —respondió el librero, decepcionado por la acogida de su amigo—. ¿Y vos, señora Pajot?

—¿Yo?

Marianne lo miró sin saber a qué se refería. Pujol le señaló la obra de Le Noble.

—*Zulima*… ¿lo queréis?

—No —respondió ella, y se lo devolvió—. Tiene una frase de más.

—¿Ah? —repitió el hombre mientras miraba la cubierta sin comprender.

El librero volvió a la trastienda desconcertado.

—Qué gran sorpresa veros en Nancy, Marianne. Pero me alegro mucho —se apresuró a añadir Nicolas—. ¿Cuánto tiempo os quedaréis? Me gustaría... Me gustaría volver a veros. Olvidad la última palabra de nuestra conversación en Pont-à-Mousson.

—¿Adiós? Es una de esas palabras que creemos indelebles y en cambio desaparece con las primeras lluvias. No os preocupéis, habrá ocasión de vernos.

Unas arrugas de contrariedad aparecieron en su frente.

—Ahora debo marcharme. No es que no desee quedarme, pero tengo que atender una visita que viene a verme al hospital. Me temo que ya llego tarde. Pero no importa.

—Yo tampoco puedo quedarme. Una cita de trabajo.

—Me han anunciado a una persona del séquito de la duquesa, sin duda una gobernanta que se habrá atragantado con una espina. ¡Es una locura la cantidad de pacientes que vienen de palacio con un alimento atorado en la garganta! ¡Parece que se pasaran el día entero comiendo! —bromeó él para disimular su disgusto.

—Por lo que a mí respecta, se trata de una persona a la que no quisiera hacer esperar.

—Alguien afortunado, en cualquier caso. Así que dejaré que os marchéis —concluyó Nicolas, contra su voluntad.

Se dio cuenta de que estaba en medio y se apartó excusándose para dejarla pasar.

—¿Sabéis dónde encontrarme? —preguntó Nicolas cuando ella abría la puerta—. El hospital está en la rue du Moulin, en la antigua fábrica de calderos.

—No lo olvidaré. Hasta luego.

—Hasta pronto.

En cuanto Marianne hubo salido, se apresuró a llamar a Pujol y le compró la novela de Le Noble. Corrió para acudir a su cita, evitó la rue Saint-Jean, sus tiendas y sus paseantes, atravesó la plaza del mercado y aceleró el paso en la rue du Moulin. Tomó la rue des Artisans desde el sur a la vez que Marianne accedía por el norte. Llegaron a la entrada del hospital al mismo tiempo.

—¿Marianne? —dijo con sorpresa mientras trataba de recuperar el aliento—. ¿He olvidado algo?

—Sí, vuestra puntualidad. Pero podéis estar tranquilo, Nicolas: yo soy vuestra cita.

Ella le explicó la petición del duque, las dudas que ella había manifestado, la reacción sorprendente de Martin, que la animó: el soberano había insistido para que ella, y solo ella, fuera la comadrona de Isabel Carlota. Leopoldo le había prometido alojamiento en palacio y la asistencia del mejor cirujano ducal.

—Que hoy vengo a solicitar —concluyó ella.

Él aceptó con entusiasmo a la vez que trataba de refrenar su excitación.

—¿Queréis que os muestre mi cubil? —propuso, y le tendió el brazo.

Nicolas le mostró las salas de los pacientes, las habitaciones dedicadas a las curas y a las operaciones, la sala de autopsia, y luego subieron a la primera planta y se entretuvieron con los botes que contenían todos los remedios. Marianne estaba locuaz y Nicolas, tras unos minutos de reticencia, no dejaba de hablar. Habían recuperado su complicidad y compartían su pasión por la medicina.

—¿Qué hay en esa ala? —preguntó ella, y señaló un pasillo que acababan de dejar atrás.

—¿Ahí? Nada interesante. Son las habitaciones del personal. Para mí es más que un simple alojamiento, es mi refugio. Ahí guardo todos mis libros.

—¿Me enseñáis vuestros tesoros?

Ella no aguardó su respuesta y lo arrastró de la mano.

***

Azlan sintió una lengua rasposa lamerle el rostro y apartó suavemente al gato.

—¡Genghis, basta ya! —susurró, y lo agarró por la piel del lomo.

Se levantó sin hacer ruido y miró a Rosa, dormida en su cama, junto a la cual estaba el sillón en el que él había pasado la noche. Ella no se había curado de sus ataques de melancolía desde que Nicolas había roto su noviazgo, y los alternaba con ataques de vértigo y náuseas. Se había dormido, agotada, tras haberlas sufrido toda la noche. Azlan se desesperaba al verla en semejante estado, había probado diversos remedios y había tenido que admitir su impotencia para combatir su enfermedad. Antes incluso de que se lo propusiera, Rosa le hizo prometer que no le diría nada a Nicolas y que no le pediría ayuda. Azlan había cumplido su palabra, pero lamentaba haberse comprometido a ello.

Colocó el brazo de Rosa, que colgaba de la cama, junto a su cuerpo. Genghis aprovechó para propinarle un lametón que no la hizo pestañear siquiera. Dormía profundamente. El gato era un obsequio de Azlan y sacó a Rosa de su apatía durante algún tiempo, hasta que perdió todo interés por el mismo. El joven estaba cada vez más preocupado por ella.

Almorzó en la cocina en compañía del felino, que sorbió un plato de leche bajo la mirada enternecida de la criada. Esta se ocupaba del animal y lo vigilaba, pues había convertido la despensa en su reino. Germain fue a preguntar por Rosa, como hacía regularmente, y compartió la comida de Azlan. El joven le explicó que la noche anterior, a su regreso de Saint-Charles, la halló de pie frente a la chimenea.

—Tenía en la mano la *Ética*, su libro fetiche. Arrancaba las páginas y las arrojaba al fuego, una tras otra —explicó Azlan—. Ya no sé qué hacer, Germain.

—¡El amor es un estado del que siempre he procurado protegerme! Sin embargo, por suerte forma parte de las enfermedades reversibles y puede acabar en un abrir y cerrar de ojos —exclamó Ribes de Jouan ilustrando sus palabras con una palmada.

Un criado entró en la cocina.

—¿El señor me ha llamado?

—No, pero con gusto recuperaría unas pocas fuerzas —anunció Germain, y le tendió su tazón—. En vuestra bodega guardáis un tokay extraordinario.

—Muy bien, señor.

—Y dejadme la botella, por si fuera necesario prolongar el tratamiento.

Azlan se levantó para despedirse.

—¿Has pasado la noche jugando? —preguntó al observar el rostro demacrado de su amigo.

—No, tratando de dar con la solución a un problema que me volverá loco. ¡O riquísimo!

—En ambos casos, dejarás en ello tu alma —bromeó, y se echó el resto del pan al bolsillo.

—¡Me parece estar oyendo a Nicolas, chaval!

—Ese nombre está prohibido en esta casa —declaró una voz a sus espaldas.

Rosa se hallaba en el umbral, vestida únicamente con un camisón y envuelta con un chal. Su piel se veía deslucida y su tez, lívida. Sus ojos no estaban aún acostumbrados a la luz y habían adquirido la forma de unas almendras, y sus labios, que por lo general dibujaban una sonrisa, parecían inertes. Germain, a pesar de su poca sensibilidad hacia los problemas humanos, sintió una profunda empatía hacia ella.

—Lo lamento —dijo él—, no os sabía presente.

—No es más que mi cadáver —afirmó ella, y se acercó hacia una bandeja de fruta—. Hace tiempo que ya no vivo en mí.

La frase afectó a Azlan, que no supo qué responder y dirigió a Germain una mirada que pedía auxilio. Rosa miró las fresas e hizo un mohín, y optó por un albaricoque del que se comió la mitad y tiró el resto.

—¿Deseáis que me quede? —propuso Germain cuando ella los dejaba sin decir palabra—. ¡Puedo ser una buena compañía!

Ella se volvió y lo contempló con una mirada vacía. Azlan se acercó a ella, por miedo a que se desvaneciera. Ella lo detuvo con un gesto de la mano.

—Prohibido en esta casa —repitió antes de abandonarlos.

Cuando llegó al hospital, Azlan se sorprendió ante la ausencia de los otros dos cirujanos. La monja presente, la más joven de toda la congregación, le dijo con una voz tan diminuta como su constitución que era el primero en llegar a la sala de curas. Se encogió de hombros y preparó el instrumental para las consultas. Ya estaba lo bastante desesperado ante el desamparo de Rosa como para preocuparse por el retraso de sus colegas.

—Hay un enfermo que ha llegado hace más de una hora y se queja de no haber sido atendido —explicó la monja—. Tiene muchas ganas de orinar —añadió, apurada.

—Que vaya a aliviarse al río, ya lo visitaré luego.

—Señor, precisamente ahí está el problema... os lo quiere enseñar.

—¿Enseñármelo?

—Sí, para eso ha venido. Para hacerlo... delante vuestro.

—Pero ¿qué tipo de enfermo es?

—Un enfermo muy especial.

—¿Lo ha examinado el médico?

—El doctor Bagard no estará en Saint-Charles hasta la tarde. Y ese caballero no podrá retenerse tanto tiempo. Veréis, me ha confesado que...

Le susurró al oído la información que el pudor le impedía pronunciar en voz alta.

—¿Es cosa del diablo o una broma? Ahora mismo voy —dijo Azlan—. ¡Y que estos fenómenos tengan que ocurrir cuando estoy solo!

***

Marianne se desperezó como un gato y cubrió con las sábanas su cuerpo desnudo. Todo había sucedido muy deprisa. Como en un sueño. Ella no había premeditado nada. Demasiada espera. Una vez en la habitación de Nicolas, mirando los libros, ella se acercó a él y lo besó. Luego todas las sensaciones se entremezclaron en un torbellino que los arrastró al paraíso cuyas puertas se habían entreabierto seis años antes. Ella no deseaba pensar en el futuro, solo aprovechar el presente, el regalo que Dios le había concedido permitiéndole recuperar por algún tiempo al hombre que amaba.

«Y que ya me ha abandonado», pensó con una sonrisa.

Nicolas le había prometido volver enseguida sin decirle adónde iba. Acarició el lugar donde se hallaba unos minutos antes y la almohada que aún conservaba la señal de su cuerpo y su calor. Hundió en ella el rostro y aspiró su olor. La puerta se abrió.

Marianne se sentó, radiante.

—Amig…

Su impulso se congeló ante la imagen del joven desconocido, en apariencia tan sorprendido como ella. Se cubrió los pechos con la almohada que tenía en la mano.

—¿Quién sois? —preguntó Azlan al tiempo que volvía la cabeza mientras ella buscaba su ropa interior en un extremo de la cama dejando al descubierto la punta de su seno.

—Una amiga de maese Déruet —replicó ella, y se puso la casaquilla directamente sobre la piel.

—Una amiga de Nicolas… ¿desnuda, en su cama?

—Me llamo Marianne Pajot.

—¡Así que sois vos! —dijo Azlan, cuya expresión se había endurecido.

—Sí, soy yo. Y vos, señor, ¿quién sois?

—Azlan de Cornelli. Rosa es mi tutora.

—Así que sois vos… ¿Podéis darme la falda que está sobre esa silla?

Obedeció sin dejar de mirar hacia otro lado cuando se la dio.

—Me marcho, no debería estar aquí —dijo Azlan.

—Soy yo quien no debería —reconoció Marianne mientras se vestía—. Y no sé dónde está Nicolas, porque supongo que es la pregunta que ibais a hacerme.

Se fue sin decir palabra. Ella lo oyó alejarse. Marianne comprendía que para el joven ella pudiera representar la causa de la aflicción de Rosa, pero se negaba a sentirse culpable cuando era Simon quien debería ocupar el lugar de Azlan en casa de la marquesa.

Olvidó la contrariedad naciente y se dejó invadir por el recuerdo de las caricias de su amante. Alguien llamó a la puerta, que se entreabrió.

—Sois comadrona, ¿verdad? —preguntó Azlan sin asomarse.

—¿Por qué? ¿Tenéis a una parturienta en Saint-Charles?

—No, es más complicado —dijo la voz de Azlan.

—Entrad, ya estoy presentable —propuso ella, y abrió la puerta.

El apuro del joven cirujano era manifiesto. Sin embargo, estaba solo y necesitaba ayuda. Decidió olvidar momentáneamente el contexto y le expuso el caso que acababa de atender. Un hombre de treinta años había sufrido un problema respiratorio unos días antes y el médico le había prescrito una sangría. Más tarde, ese mismo día, vomitó y sufrió convulsiones.

—Me ha explicado que sintió que algo se desprendía de sus riñones de forma brusca, y que luego tuvo muchas ganas de orinar. Y entonces sucedió algo increíble. Tan impensable que no le he creído, pero lo ha reproducido ante mí: ¡la orina le salió por el ombligo! Juro ante Dios que lo he visto con mis propios ojos. ¡Un chorro que parecía salido de una verga!

—Os creo —afirmó ella sin aparentar sorpresa.

—¿Ah, sí?

Azlan se esperaba mayor reticencia.

—¿Habéis oído hablar del uraco? —preguntó ella, y se acercó a la maleta de Nicolas.

—¿Luraco? ¿Es una ciudad?

—Tal vez una lejana ciudad otomana —bromeó ella, y sacó un libro de pequeño tamaño, grueso y con el cuero nuevo—. Pero sobre todo es un canal.

Se sentó en la cama y abrió la *Memoria de la Academia de Ciencias* de ese año.

—Venid a mi lado, no temáis.

Marianne le puso el libro entre las manos y señaló con el dedo una ilustración.

—Es un canal que las comadronas conocen bien: une la vejiga con el ombligo, pero se cierra al nacer y se convierte en una especie de vestigio.

—¿Creéis que a mi paciente se le haya podido abrir a causa de las convulsiones?

—Es raro en los adultos, pero puede producirse una fístula y hacer que el líquido salga por el ombligo. Una algalia debería bastar para resolver el problema.

—No conozco esa planta —confesó él, intrigado.

—Es normal, aún no crece en estas tierras: es una sonda para la vejiga. Puede utilizarse para desviar la orina del ombligo y ayudar a cerrar el uraco.

Azlan se puso en pie de inmediato.

—Tengo que volver allí. No creáis que soy tan ignorante como parezco —añadió él, ofendido.

—Os revelaré un secreto: maese Déruet me hizo la misma pregunta hace siete años —le confió ella, y adoptó un aire de complicidad.

—Quiero… quiero daros las gracias, pero sabed que esto no cambia en absoluto lo demás. No apruebo lo que Nicolas hace con vos.

Cuando volvió a la sala de curas, el Erizo Blanco estaba inclinado sobre el paciente y trataba de comprimir la pequeña hinchazón formada en el ombligo.

—¿Dónde te habías metido? —preguntó Azlan.

—No te vas a creer lo que me acaba de ocurrir —afirmó François mientras se sacudía la camisa mojada por encima de los calzones.

—Le he avisado y no me ha creído —dijo el paciente, apesadumbrado—. No me ha creído.

—¡Me ha meado con el ombligo! ¡Será bruto!

François presionó un poco más fuerte sobre el ombligo.

—¡Basta, me hacéis daño! —exclamó el hombre al tiempo que le golpeaba sobre el gorro blanco.

—¡No, señor, os estoy curando! —lo fulminó François, y se colocó bien el gorro.

Con la mano libre le soltó una colleja.

—Voy a cauterizar todo eso al rojo vivo y todo irá bien. ¡Muchacho, tráeme el material!

—Ni hablar —dijo el hombre—, prefiero quedarme así el resto de mi vida.

—¿Queréis acabar en una jaula como atracción de feria? ¡Jamás he visto algo semejante! ¡Azlan, dame el hierro! —gritó François.

—Sé lo que padece este hombre, y hay otra solución —propuso el joven cirujano.

—¿Tú?

—Sí, yo, hijo de Babik, bohemio de Esclavonia. ¿Sabes qué es el uraco?

—¿Es un vino de tu tierra?

Azlan le explicó la existencia anatómica de ese pequeño canal.

—Le pondremos una sonda mientras se cierra el conducto.

El paciente los miraba a uno y a otro como un acusado que esperara el veredicto más clemente posible.

—Entonces ¿no vais a torturarme con fuego? —preguntó a Azlan.

El joven cirujano le sonrió.

—No, hoy es vuestro día de suerte. Vamos a obturar una vía que en vuestro nacimiento se quedó abierta.

Se acercó al Erizo Blanco, que aún tapaba el ombligo con la mano.

—¿Dónde está Nicolas? Una mujer desnuda lo espera en su cama —susurró.

—Lo sé, me ha hecho poner mi apartamento patas arriba para encontrar un viejo recuerdo. No cuentes con él hasta mañana, muchacho, si entiendes lo que quiero decir.

Azlan frunció el ceño en señal de desaprobación.

—Y ahora démonos prisa. Empiezo a tener calambres —añadió François.

Marianne acarició la mejilla de Nicolas. Este sostenía en la mano un brazalete dorado. La tobillera que ella extravió cuando aún vivía en casa de François y de Jeanne. Él lo llevó algún tiempo en la muñeca hasta que se lo devolvió al Erizo Blanco cuando se enteró de la boda de Marianne. Se lo puso en el tobillo izquierdo y le besó la piel. Ella cerró los ojos para atrapar las sensaciones. De igual forma quería llenarse también de todos los momentos que estaban por llegar y soñó que el embarazo de la duquesa no terminaba nunca.

—Que dure diez, veinte meses, ¡toda su vida! —exclamó con entusiasmo mientras abrazaba a su amante.

—Dudo que esa situación sea del gusto de nuestra soberana, por mucho que a nosotros nos agradase.

—En tal caso ¡que tenga una familia de quince hijos! ¡Quisiera pasar mi vida en palacio para no separarme nunca de vos! ¿Me amáis, Nicolas?

—Es lo que deseo. Quiero olvidar el pasado.

—No lo olvidéis. Enfrentaos a él, dominadlo hasta que se convierta en vuestro aliado. Sin el recuerdo del pasado, no habría logrado llegar hoy hasta vos.

***

Leopoldo entró en el apartamento del padre Creitzen en el momento en que Nicolas salía del mismo. El soberano miró a su preceptor, que parecía dormir. Un vendaje le cubría la mitad del rostro, a la altura de la boca y el mentón. Llevó al cirujano al pasillo.

—¿Cómo está? —susurró el duque como si el enfermo pudiera oírlos a través de la pared.

—La operación ha sido un éxito, alteza. He hecho cuanto estaba en mi mano para que sufra lo menos posible y no se debilite demasiado. Los próximos días serán difíciles para él, puesto que solo podrá ingerir alimentos líquidos.

Ehrenfried Creitzen sufría desde hacía poco una excrecencia en la mandíbula que le molestaba sobremanera para comer y que se le había infectado, dando lugar a que su aliento fuese pestilente. Decidió no aguardar más y recurrió a la cirugía. Nicolas seccionó el tumor y le colocó un drenaje de gasa para evacuar las materias purulentas.

—De acuerdo con el doctor Bagard, nos limitaremos a una única sangría. Vendré a verle mañana —concluyó.

El duque dio las gracias a su cirujano de forma afectuosa y le prometió una suma de dinero, y Nicolas solicitó que fuera entregada a la hermana Catherine para la compra de instrumental nuevo. Leopoldo se sentó junto al lecho de su amigo, quien, aún bajo los efectos del láudano, no había recobrado el conocimiento. Le asió la mano y rezó por su curación, y luego se dirigió al despacho del conde de Carlingford.

Este se hallaba ocupado en la redacción de un edicto que reforzaba la prohibición de vender las reservas de trigo fuera del ducado. Despidió al secretario, que enrolló el documento y salió con el escritorio bajo el brazo. Mientras, Leopoldo jugaba con el muñeco de madera articulado que antes estaba en la galería de los Ciervos y que el conde se había apropiado.

—Los franceses no nos han concedido un respiro demasiado largo —dijo Leopoldo—. Ya proyectan entrar en guerra con el Imperio alemán. Y nosotros nos hallamos en su camino.

—¿Qué piensa Ehrenfried de ello?

—No le he hablado de eso, no quiero que se preocupe más que por su salud —confesó el duque—, pero acabo de verme obligado a aceptar la petición del mariscal de Villeroy de utilizar nuestros prados del Mosela y el Sarre para las tropas reales.

—Debemos contentar a todo el mundo para conservar nuestra neutralidad. Estáis haciendo lo debido, alteza.

—Escribiré al emperador para tranquilizarlo, pero pedid al marqués de Spada que siga insistiéndole acerca de nuestras intenciones de no favorecer a nadie. Continuemos actuando como si la hambruna fuera a abatirse sobre el ducado y almacenemos todo nuestro trigo. Es lo menos que puedo hacer por mis súbditos.

—Hemos comprado cerca de veinticinco mil sacos que están atesorados en Vézelise, Mirecourt y Saint-Nicolas-de-Port.

—Muy bien, prosigamos —aprobó Leopoldo—. ¿Qué dice *La Gazette de France*?

Carlingford miró el periódico desplegado sobre su mesa de trabajo.

—Como de costumbre, solo trae los rumores de la corte. El nuevo rey de España parece que tiene contentos a sus súbditos.

—En todo caso ¡a nosotros nos tiene muy contentos!

Uno de los guardias de palacio se presentó ante ellos, susurró algo al oído del duque y se retiró. Leopoldo esbozó una amplia sonrisa.

—Creo que definitivamente podemos dar por cerrada nuestra apuesta, mi querido conde —dijo una vez que se habían vuelto a quedar solos—. Maese Déruet y nuestra comadrona mantienen desde hace un mes una relación continuada que consuman en la habitación de Saint-Charles o aquí en palacio. Acaba de reunirse con ella en sus apartamentos. Supongo que disponéis de la misma información que yo, excelencia.

—¡Lleváis razón, me declaro vencido! —dijo Carlingford mientras se apostaba ante la ventana.

Contempló el ala opuesta, donde se hallaban los alojamientos de la corte.

—Sin embargo, he estado muy cerca de ganar esta apuesta —se lamentó el conde.

—Os lo concedo, la batalla ha sido dura y por ello la victoria aún es más bella —respondió el duque.

—Parece que es el momento de saldar la apuesta —dijo Carlingford, y cogió una llavecita que llevaba colgada al cuello.

Se dirigió hacia un mueble, abrió una de las puertas y sacó un cofrecillo minúsculo de madera noble grabado por todas sus caras. Leopoldo se frotó las manos.

—¡Aquí está! ¡Aquí está!

El conde se lo tendió, abierto. El duque extrajo del mismo una cadena de la que colgaba una moneda.

—Mi talismán...

La besó y volvió a guardarla en el estuche.

La moneda, acuñada en 1612, representaba en el anverso un retrato de su antepasado Enrique II y en el reverso dos coronas, una atravesada por una espada y la otra por una mano de justicia.

De forma oval, el metal se había oscurecido y estaba estropeada en el centro. En su momento le salvó la vida a su padre, Carlos V, que la llevaba sobre el torso, al detener la bala que un arcabucero enemigo le disparó durante el asedio de Buda.

—¡Por fin vuelves a ser mía! ¡Te he echado tanto en falta!

El medallón, sin valor monetario, era uno de los varios cientos de ejemplares que Enrique II mandó acuñar para distribuir entre sus criados y cortesanos con mayores méritos. Leopoldo lo heredó como si fuera una reliquia fetiche en el momento de ir a la guerra contra los otomanos. Lo había perdido en cuatro ocasiones apostándolo con Carlingford y siempre había vuelto a ganarlo. Se había convertido en el objeto de todas sus apuestas.

—Esta vez me lo quedo —añadió el soberano—, y lo llevaré encima para que me proteja de cuanto nos aguarda.

***

Nicolas hojeó su manuscrito sobre los remedios vulnerarios y lo guardó en una de las cajas utilizadas para los informes, que depositó en la parte más baja de las estanterías de los archivos. «Como un ataúd en su tumba», pensó. Maroiscy acababa de escribirle para explicarle que unos reveses comerciales y la presión de los impresores parisinos lo obligaban a renunciar a las ediciones desde Pont-à-Mousson y que su tratado no obtendría jamás el *imprimatur* de la Universidad de París. No guardaba rencor alguno, más bien sentía cierto alivio, pero en cambio la noticia había encolerizado a Marianne. Estaba convencida de que Rosa se hallaba tras esa decisión.

La comadrona pasaba buena parte de los días en Saint-Charles, dado que el estado de la duquesa no requería una vigilancia constante. Ayudaba a Nicolas en las curas y ofrecía a las mujeres embarazadas, o que creían estarlo, consejos para los dolores, los vómitos, las varices y todos los trastornos ligados al embarazo. A finales de agosto, las pacientes se presentaban a diario para visitarse con Marianne. Azlan se las arreglaba para no coincidir nunca trabajando con ella, incluso en caso de urgencia, cosa que Nicolas también vigilaba. François, por su parte, estaba contento por el regreso de la comadrona, a la que en verdad apreciaba, pero no perdía ocasión de pedir a Azlan noticias de Rosa. Se había instalado entre todos un equilibrio muy precario. Eran conscientes de ello y confiaban en que el tiempo suavizaría la situación, pero los silencios acumulados entre Azlan, Nicolas y Marianne nunca se rompieron.

Nicolas trabajó parte de la noche en los planos del nuevo edificio, en el que había previsto incluir una sala de partos para las mujeres desamparadas. Marianne había salido en defensa de aquellas que, una vez embarazadas, sufrían el rechazo del padre y de su propia familia, y que hallaban asilo en conventos o congregaciones especializadas, o de aquellas con un destino aún menos envidiable, las prostitutas que por desgracia se veían fecundadas por sus clientes. Se había dormido al lado de él tras haber evocado una vez más la penosa suerte de las madres solteras. Él la contempló un buen rato y admiró la pasión con la que defendía su causa, de la cual, sin embargo, se sentía excluido, cosa que achacaba al hecho de ser hombre. «¿Tal vez no se puede compartir todo?», se preguntó antes de acariciarle el cabello.

Bajó a la cocina para preparar la cena para ambos. Aunque Marianne detestara cenar en la cama o en su mesita de trabajo, sabía que Nicolas había adquirido esa costumbre y se esforzaba por participar en ello.

Se cruzó con la hermana Catherine, que se hallaba aún allí, y le habló de las mejoras que preveía coincidiendo con las obras de ampliación. La monja pareció contrariada y lo condujo a su despacho.

—Quería hablaros de ello, maese Déruet. Lo siento, pero habrá que dejarlo para el año próximo. Nuestras finanzas ya no nos lo permiten.

—¿Nuestras finanzas? A principios de año teníamos veinte mil francos de renta.

—Lo sé, lo sé perfectamente.

—¿Hemos tenido gastos imprevistos?

—No, hemos velado por la buena administración de ese dinero. Sin embargo, uno de nuestros donantes se ha echado atrás. Nucstro donante más generoso.

La hermana Catherine no tenía que decirle nada más, pues Nicolas sabía qué significaba: Rosa había interrumpido sus donativos al hospital.

—Los ha transferido a Saint-Julien —precisó la monja.

Nicolas sintió que la cólera se apoderaba de él por completo. Jamás hubiese imaginado que su desencuentro pudiera adquirir ese cariz.

—Lo lamento, lo lamento profundamente, es culpa mía. Ese acto está dirigido contra mí, no contra la institución. Iré a verla para hacer que cambie de parecer —añadió, convencido de que su gesto no obtendría resultado alguno.

—No os preocupéis, ya hallaremos una solución —lo tranquilizó la madre superiora—. Podemos vender nuestras porcelanas de Niderviller. También está la campana que se resquebrajó durante el entierro de Carlos V. Podemos entregarla para que la fundan de nuevo. Sin embargo, respecto a las obras de las que me habláis, por desgracia no van a ser posibles.

***

El calor seguía abatiéndose sobre los campos y sus efectos funestos habían llegado hasta Nancy: los alimentos eran más caros y de peor calidad. En el hospital Saint-Charles, numerosas personas habían sido ingresadas en el servicio del doctor Bagard a causa de debilidad, desvanecimientos y dolor de cabeza, y las sangrías prescritas parecía que no tenían el efecto beneficioso pretendido. Por su parte, los tres cirujanos habían constatado una recrudescencia de los accidentes que atribuían a los golpes de calor y a los mareos provocados por los rayos solares. Solo durante el mes de julio, cinco cocheros habían atropellado a peatones, hiriendo a cuatro de ellos y matando en el acto al último, dos artesanos se habían caído de un tejado, un tercero se había caído en un pozo cuando sacaba agua y un guardia de palacio había sufrido un desvanecimiento que lo había dejado parcialmente paralizado.

—Y no cuento a los campesinos caídos durante las faenas agrícolas como artilleros bajo la metralla —añadió François antes de sumergir el rostro en una palangana llena de agua.

Los tres hombres abandonaron la cocina para dirigirse a una de las estancias más frescas del edificio, encarada al norte y aislada del sol. Habían instalado allí unas camas y trasladado a los pacientes más sensibles. También les servía de lugar de reunión y de comedor.

—El astro cambia la consistencia de los humores, la sangre se vuelve menos fluida, las orinas más oscuras y escasea la saliva —resumió Azlan.

—También he observado que se le pueden atribuir numerosos vómitos —añadió Nicolas mientras vigilaba de reojo a un viejo de respiración irregular.

—No creo que las sangrías sirvan de gran cosa —observó François.

Nicolas se acercó al anciano y este le murmuró algo al oído.

—Son los mismos síntomas que los de algunos heridos en el campo de batalla tras una pérdida importante de sangre —observó Nicolas a la vez que servía agua en un vaso—. Todos me pedían de beber, como ese hombre.

Le llevó el vaso a los labios. El anciano hizo un esfuerzo para tragar y bebió dos sorbos antes de abandonar.

—¿A qué hora es la procesión de san Sigisberto? —preguntó Azlan mientras François se ponía una chaqueta que le iba demasiado grande.

—A las dos de la tarde —respondió el Erizo Blanco mientras buscaba el papel que llevaba doblado en la manga.

Según rezaba la leyenda, las reliquias de ese santo tenían la facultad de cambiar el curso de las estaciones, de hacer llover en tiempos de sequía o de detener las lluvias en caso de inundación. El ayuntamiento había decidido, a petición de los campesinos de los pueblos de los alrededores, organizar una ceremonia de plegarias a san Sigisberto, pues todos pensaban que podría ayudarlos.

—«La cámara ha decidido celebrar una novena en la iglesia primacial este lunes, 15 de agosto, del año de gracia de 1701 para lograr la clemencia y la misericordia de Dios» —leyó François—. Menuda suerte la mía haber sido elegido entre todos nosotros para representar al hospital —farfulló el Erizo Blanco a la vez que tironeaba de las mangas de su chaqueta—. ¿Cómo me sienta?

—Bien —aseguró Azlan intentando obtener un tono convincente.

—Muy bien —confirmó Nicolas sin ni siquiera mirarlo.

—Gracias por vuestro apoyo, amigos míos —ironizó—. ¡Voy vestido como un bufón y no recibo más que ánimos!

—Pues solo tienes que comprarte tu propia ropa —objetó Azlan, que le había prestado uno de sus chalecos.

—Para hacer de devoto una vez cada tres años ante los restos podridos de uno que le besaba los pies al Papa, ¡no la necesito! ¡Yo no tengo la oportunidad de vivir a diario entre la nobleza!

La contestación, que pretendía ser graciosa, no recibió el eco esperado. Azlan lo fulminó con la mirada, enfadado, y Nicolas lo gratificó con un «Vas a llegar tarde» que sonaba como una reprobación.

Una vez François se hubo marchado, Nicolas asió a Azlan del hombro.

—¡Ya lo conoces, no hay que tenérselo en cuenta!

—Si no se lo reprocho, no se lo reprocho… —respondió el joven, y miró la mano de su amigo sobre su hombro.

Nicolas la retiró, consciente de la distancia impuesta por Azlan desde que Marianne se había instalado en Saint-Charles.

—¿Te queda mucho?

—Colocar un drenaje y entregarle los informes al doctor Bagard —enumeró el joven mientras preparaba una gasa.

—Luego te invito a Le Sauvage —propuso Nicolas.

—Gracias, pero no. Tengo cosas que hacer en el juego de pelota.

—No era una pregunta, Azlan. Ha llegado el momento de hablar. Ocúpate de los informes y yo me ocuparé del drenaje. Luego, tú y yo hablaremos.

—Decididamente, la atmósfera no es la misma que antes —farfulló François cuando cruzaba la calle en dirección a la iglesia primacial.

Alzó la vista al cielo cubierto de unas nubes demasiado blancas para anunciar tormenta y entró en el edificio en el momento en que las campanas llamaban a reunión. En el interior, la procesión se disponía siguiendo las consignas del organizador. Se habían congregado representantes de los principales cuerpos eclesiásticos y seculares, y entre las filas se habían formado grupos que cuchicheaban sobre los estragos de la sequía. François saludó a sus conocidos y conversó con un miembro de la congregación de Notre-Dame des Bourgeois de Nancy, que participaba por primera vez. El hombre fabricaba gorros y le había vendido al cirujano el suyo.

—Pero no habéis vuelto para encargarme otros —añadió, y miró fijamente los bordes gastados del gorro del Erizo Blanco.

François no halló la respuesta adecuada para cerrarle el pico, y eso lo irritó un poco. Se excusó diciendo que tenía que ir a ocupar su puesto y se sumó a los músicos que se habían sentado a la puerta, a la sombra del edificio.

—Los dos sargentos del preboste, abrid el cortejo —voceó el organizador a su espalda—. Luego los dos campanilleros. ¿Dónde estáis?

Las campanillas tintinearon desde el altar hasta la entrada de la iglesia al ritmo de la carrera de los dos campaneros, que se colocaron tras los soldados.

El hombre llamó por orden a los diversos representantes de los gremios. Cada uno se situaba en el lugar a él reservado y llevaba en la mano el pendón del gremio.

—¡Madre mía, he olvidado el mío! —refunfuñó François.

Su descuido no le preocupaba lo más mínimo, pues ni siquiera sabía dónde podían guardar en Saint-Charles el estandarte de los cirujanos.

Los ebanistas desfilarían con los toneleros, los carpinteros de carros con los de obra y los cerrajeros con los fabricantes de clavos. Los cirujanos estaban asociados por lo general a los boticarios.

—¿Y los pobres del hospital? ¿Dónde están? —voceó el organizador en busca de los grupos que le faltaban—. ¡No los tengo!

—Allá —indicó François al tiempo que se apartaba de la fila. Señaló con el dedo al representante de Notre-Dame des Bourgeois, que aguardaba su turno como un bendito.

—¿Ese? No me parece precisamente pobre…

—No os fieis de su aspecto, es un pobre disfrazado de rico. Lo hemos vestido antes de venir.

El aspecto serio de François acabó de convencer al hombre, que situó al sombrerero junto al representante de los criados de los pobres. El desprecio general duró toda la procesión y durante meses se mofaron del comerciante por haberle robado el lugar a una persona necesitada. El Erizo Blanco recitó un padrenuestro en señal de contrición, pero se sintió resarcido por la alusión a su avaricia de vestuario.

Los eremitas, los eclesiásticos y los cargos institucionales cerrarían el cortejo. El cura hizo entonar un tedeum y el desfile arrancó con música tras las reliquias de san Sigisberto. Los espectadores, que formaban dos hileras compactas, llegados algunos de aldeas que distaban varias leguas, unieron su fervor al del cortejo para obtener las tan esperadas lluvias. François bostezó y salió a la luz de un sol de justicia.

***

—No voy a tomar nada, no me quedaré mucho rato —dijo Azlan al tabernero cuando fue a preguntarles qué deseaban.

Su mal humor no impresionó a Nicolas, que se tomó su tiempo y charló con el dueño antes de dejarle que fuera a preparar su consumición.

—La sala de juego parece tranquila, a Germain se le ve menos últimamente —comentó ante el mutismo del joven.

La evocación de su amigo distendió a Azlan.

—Sí, está ocupado con sus nuevos negocios.

—Me ha hablado de algo que le pertenece y que desea vender —dijo Nicolas bebiendo agua a gollete.

—No lo sé —mintió Azlan, pues había oído a Rosa hablar de ello.

Nicolas se dio cuenta. Conocía demasiado a su amigo y detectaba en cualquier ocasión lo que llamaba su «voz de la mentira». Sin embargo, no insistió. Aguardó a que los dos clientes ruidosos que acababan de entrar, dos espectadores que seguían la procesión que había empezado con retraso, se hubieran sentado y serenado antes de proseguir la conversación.

—¿Cómo se encuentra Rosa?

—Bien, mucho mejor. Ha recuperado el gusto por la vida y está rodeada de un verdadero enjambre de pretendientes —aseguró el joven cirujano.

—Germain, que la ha visto recientemente, parece tener la opinión contraria —replicó Nicolas.

—En tal caso ¿por qué me lo preguntas a mí?

Nicolas acusó el golpe y calló. En la mesa más próxima, los dos clientes mascaban su pan y bebían su vino en silencio. El de mayor edad, de prominentes mejillas y tez colorada, pronunció una frase que semejaba un gruñido, a la cual el otro asintió con un rezongo, cuyo significado el primero pareció comprender. Su rostro redondo se partió con una amplia sonrisa. Emitió un nuevo gruñido y acto seguido se echó al buche un vaso entero de un tirón.

—Tengo que irme, tengo cosas que hacer —pretextó Azlan.

—Tengo la impresión de que la presencia de Marianne en nuestro hospital no cuenta con tu beneplácito. ¿Me equivoco?

—Por favor, no quiero hablar de eso.

—Azlan, eso tiene consecuencias en nuestro trabajo. Hablémoslo ahora, cuando aún podemos arreglar la situación.

—Crecí oyendo hablar de esa mujer como si fuera tu absoluto, hasta que regresaste aquí y supiste que se había casado y se había marchado. En ese momento ya nada quisiste saber de ella, hasta que repudiaste a Rosa. Y ahora que aparece de nuevo en

Nancy, te la has llevado a la cama. ¿Sabes realmente lo que quieres, Nicolas?

—Tu resumen es muy hiriente y, sin embargo, puedo comprender tu cólera.

—No, no puedes comprenderme. No eres tú quien vive a diario el malestar de una mujer formidable. ¿Arreglar la situación? Solo hay una manera: ¡que Marianne Pajot se marche de Saint-Charles!

Azlan había alzado la voz sin darse cuenta.

—¿Va todo bien? —preguntó el tabernero, que se había aproximado a ellos.

—Sí —afirmó Nicolas sin mirarlo.

El hombre titubeó y luego se inmiscuyó en su conversación.

—¿Marianne Pajot? ¿Estáis hablando de la comadrona de Pont-à-Mousson?

—¿La conoces? —exclamó Azlan, a quien cada vez le era más difícil disimular su cólera.

—Demasiado. Nunca olvidaré lo que le ocurrió a la hermana de mi mujer. Hace de ello más de dos años, y aún tengo pesadillas —confesó el tabernero a la vez que se llevaba las manos al vientre.

Antoine Aubry les relató el parto de Anne de Pailland, el error de Marianne y la culpa del cirujano, sin omitir nada de cuanto vio u oyó aquel día de noviembre de 1698. Habló sin interrupción durante un buen rato, sin morderse la lengua, como si hubiera ensayado ese discurso mucho tiempo en su mente. Sus frases eran las olas de un torrente que descendiera las montañas tras dos años de espera en un dique de hielo, nerviosas, vivas, cortantes. Esa salida que ya no esperaba, esa liberación de unas palabras encarceladas, encorsetadas, fue espontánea, sin premeditación, y el detonante de la misma fue Marianne. Al acabar, miró fatigado pero triunfante a Azlan y luego a Nicolas, se echó al hombro el trapo que tenía en la mano y volvió a su mostrador.

—Rosa ha retirado el dinero que donaba a Saint-Charles —anunció Nicolas, aún emocionado tras el relato de Antoine—. No será posible ampliar el hospital.

—Lo sé.

—¿Te lo ha dicho? ¿Es por mi culpa?

El joven tenía las manos juntas y tan crispadas que los tendones le sobresalían bajo la piel. Bajó la vista.

—Hay algo de lo que quería informarte.

La procesión había dado un gran rodeo hasta la ciudad vieja y regresaba hacia la iglesia primacial al ritmo de los dos campanilleros. Dios debía mostrarse conciliador y dejar que la lluvia inundara el ducado. François, situado en la decimotercera hilera, aguardaba el final con impaciencia. Su vecino de la derecha le molestaba sobremanera. Se trataba del representante de los boticarios, el cual acababa de abrir un establecimiento en Lunéville tras haber pasado un año recorriendo el ducado para predicar el bien en nombre del soberano. El hombre se había echado en brazos de François y lo cubrió de palabras y de palmadas amistosas: Malthus estaba agradecido a los dos cirujanos de Saint-Charles por no haberlo entregado a los gendarmes, estaba agradecido al duque por haberlo perdonado y agradecido también a Dios por su misericordia. Su arrepentimiento, real o forzado, era manifiesto y estentóreo. Se había convertido en el más celoso servidor del duque y del Señor. El Erizo Blanco consideró su presencia como una prueba divina. «Si no lo estrangulo antes de que acabe el desfile, el Todopoderoso hará llover durante diez días, ¡eso por lo menos!», pensó mientras Malthus le citaba todos los actos de beneficencia que había hecho en Lunéville para la salvación de su alma.

—¿Y cómo llevas tu elixir de larga vida? —preguntó François al recordar las experiencias de Malthus.

El boticario frunció el ceño.

—Todo eso queda muy lejos, esa época en la que cometí la imprudencia de pretender hacerle la competencia al Señor mediante mis recetas. Solo él puede decidir acerca de nuestra vida y de nuestra muerte, mediante los remedios de los hombres. ¡Cuando pienso en lo insensato que llegué a ser! ¡Dios me castigó e hizo bien!

François lamentó haber abordado el tema y volvió la cabeza hacia la multitud.

—Por el contrario, ahora trabajo en un proyecto secreto para nuestro soberano —añadió Malthus. Al ver que su vecino no reaccionaba, prosiguió—: Sin duda mis trabajos acerca de los elixires han sido de ayuda. Los consejeros del duque me han contratado para ayudar a un cirujano como tú. Pero ¡no puedo decirte más!

François mostró su interés con una mirada que reflejaba curiosidad. Tenía diez minutos para hacer hablar al boticario acerca de Ribes de Jouan.

—Ah, no, se trata de un secreto —repitió Malthus, contento de ser por fin el centro de interés.

La cabeza de la procesión entró en la rue du Moulin. Los dos curas que llevaban las reliquias del santo y el crucifijo no habían cesado de recitar oraciones y de entonar cánticos religiosos. François había recuperado la sonrisa perdida al iniciarse la ceremonia. El boticario le había desvelado la naturaleza de los trabajos de Germain y quería compartir la noticia con Nicolas. Al pasar frente a Le Sauvage vio la silueta de su amigo sentado a la mesa y, sin avisar a nadie, abandonó el cortejo.

François se abrió paso entre la multitud. Los espectadores se apartaron con desgana y le hicieron comentarios reprobatorios hasta que entró en la taberna. Nicolas estaba solo, con la mirada perdida hacia la pared del fondo. Los demás clientes se habían situado frente a las ventanas abiertas para disfrutar del espectáculo.

No pareció sorprenderle la llegada de su amigo e hizo una señal a Aubry para que les sirviera bebida.

—Sé cuál es el secreto de Germain y nunca adivinarás quién me lo ha contado —espetó François a la vez que se frotaba las manos.

Se bebió dos vasos de un trago y recuperó la respiración con un suspiro de satisfacción.

—¡Menuda sed tenía! Volviendo a nuestra historia…

—... no tiene importancia —lo interrumpió Nicolas, y le sirvió de nuevo—. François, creo que voy a dejar Saint-Charles.

—¡Rediós! —gritó el Erizo Blanco.

Los clientes se volvieron hacia él.

—¡Qué vergüenza! —protestó uno de ellos—. ¡Blasfemar un día de procesión!

François ignoró el comentario y asió el brazo de su amigo.

—¿Qué ocurre? Espero que no sea nada grave...

Nicolas le contó las dificultades financieras del hospital debidas a la retirada de los donativos de Rosa.

—Es Azlan quien le ha pedido que lo haga.

—¿Él? ¡No, no es posible! ¡El muchacho no, te equivocas, amigo mío!

—Acaba de confesármelo. Se niega a aceptar la presencia de Marianne. Y más aún que trabaje con nosotros.

—Hablaré con él, ¡esto hay que arreglarlo! —propuso François, seguro de sí mismo.

—Por desgracia, me temo que Aubry ha precipitado los acontecimientos sin querer.

Nicolas relató la intervención del posadero.

—Sea cual sea el grado de culpa de Marianne en ese parto, las monjas no querrán contratarla.

—¡De todos modos, es la comadrona de la duquesa!

—No quiero luchar contra Rosa y contra Azlan. Todo esto ya no tiene ni pies ni cabeza. La situación se calmará en cuanto me marche a recorrer los caminos.

***

El campesino se levantó con dificultad. Trabajaba en su campo desde el alba, encorvado porque su hoz era pequeña. Desde la ceremonia de la víspera, hacía un sol aún más abrasador que le obligaba a doblar el espinazo tanto como su labor.

Bebió a gollete de su botella de vino y se secó las gotas de sudor que le caían por el rostro. El hombre vigilaba de reojo a la pareja que se había detenido en la fuente del pueblo, a unas decenas de metros de él. Habían llenado una damajuana y acto seguido la habían cargado en su carreta, de la que tiraba un animal más alto que un caballo y jorobado. El granjero acabó por preguntarse si la vista no lo engañaba debido al sol y a la sed, que varias botellas de vino aún no habían logrado saciar. Se encogió de hombros y se puso de nuevo manos a la obra. La fuente que manaba a unos metros de su terreno casi nunca había interesado a nadie, aparte de a los animales que iban allí a abrevar. En Nancy debía de faltar vino para que se preocuparan de ese modo por el agua de su pueblo.

Nicolas se agachó ante el hilillo de agua que brotaba entre las piedras y llenó sus manos ahuecadas para llevarle el líquido a Marianne. Ella bebió dos sorbos y asintió con la cabeza.

—Tiene el mismo sabor.

Recorrían los alrededores de Nancy desde por la mañana en busca de un agua que pudiera sustituir en sus efectos beneficiosos a la de la Fuente Roja, en previsión del parto de la duquesa.

—Ya la hemos encontrado —aseguró ella—. Hay rastros rojos sobre las piedras que la rodean.

El pueblo de Écuelle, a una legua del palacio ducal, permitiría a Marianne disponer de un agua lo bastante fresca para la madre y el recién nacido tras el parto. La muestra que habían tomado le permitiría verificar con el boticario del duque si se trataba de un agua ferruginosa, como todo parecía indicar. Nicolas contempló cómo un campesino segaba el último trigo de su pobre cosecha. Su pasada era corta y los movimientos intermitentes parecían provocarle dolor. «Sin duda debe de tratarse de una vieja herida, una fractura o una bala de fusil en la guerra», diagnosticó el cirujano. El hombre se detuvo y se apoyó en su apero para constatar el resultado de su trabajo. Se miraron con curiosidad. Cuando Marianne se reunió con Nicolas, el campesino se echó la hoz al hombro y se alejó.

—Me pregunto qué pensará de nosotros. Debe de creer que somos unos burgueses que no tenemos callos en las manos —dijo

Nicolas antes de abrazar a su amante—. He curado a tanta gente de nuestros campos que puedo leerles el pensamiento.

—Y yo he asistido a sus mujeres en el parto. Solo el dolor y la muerte son iguales en nuestros tres órdenes, ¿no es cierto?

Nicolas permaneció un momento en silencio y abordó la cuestión que lo reconcomía.

—Marianne, voy a dejar Saint-Charles.

Le reveló la conversación con Azlan y la decisión de no querer mantener un pulso contra su amigo. Ella lo dejó hablar sin interrumpirlo y aguardó a que acabara su monólogo para estallar.

—¡Ni hablar! De ninguna manera podéis dejar el hospital por culpa de esa… ¡de esa mujer! ¿Os dais cuenta de lo peligrosa que llega a ser? ¡Peligrosa! ¿No es esta conversación prueba de ello?

—Rosa no es la única causa —respondió—. No quiero que mis amigos se vean obligados a elegir.

Ella se apartó de él y habló con un odio que no le conocía. Sus brazos dibujaban molinetes en el aire, sus palabras restallaban como el látigo de un cochero y su cuerpo entero irradiaba una cólera que inquietó a Nicolas.

—Tenemos que luchar —concluyó ella—. No podrá echaros de vuestro hospital. Siempre estaré ahí para impedirlo. ¡Nuestra relación es más legítima que la suya! Vos no pertenecéis a su mundo, Nicolas, vos sois del mío. Nosotros dos somos iguales.

Vio la silueta del granjero en la esquina de la primera casa del pueblo. Se había detenido, demasiado lejos para oírlos pero lo bastante cerca como para comprender, y los observaba sin discreción. Los ojos de Nicolas reflejaron su duda. «¿Cuál es mi mundo?»

***

Jean-Léonard Bourcier ascendió la Espiral sosteniendo la cartera pegada contra su cuerpo. El duque le esperaba en la primera planta y lo acogió con los brazos abiertos.

—Señoría, venid, ¡vamos a mi despacho!

El magistrado lo siguió tratando de recuperar el resuello. Leopoldo se dio cuenta de ello.

—Ya veis lo útil que puede ser esta escalera en caso de negociación con emisarios franceses —bromeó el soberano.

—¡Es una verdadera prueba! —asintió Bourcier.

—A ellos, y al señor de Caillères el primero, ¡los recibo en el último piso! ¡Cada uno tiene sus armas!

Leopoldo se instaló en su silla favorita tapizada de color burdeos y juntó sus manos frente a su boca en señal de espera. El magistrado sacó los resultados de la encuesta realizada a súbditos del ducado y le tendió las hojas al soberano.

—Leed —ordenó sin cambiar de actitud—. Leédmelo.

Bourcier inició una larga letanía de alabanzas, la mayoría de las cuales agradecían a Leopoldo haber liberado el ducado de la dominación extranjera y mantener la paz en sus fronteras, proteger de la hambruna y de los bandoleros y favorecer las artes, el comercio y a los artesanos.

—Alaban vuestra extrema generosidad —resumió el fiscal.

Leopoldo era escéptico respecto a la objetividad del método utilizado.

—¿Quiénes eran las personas a las que habéis interrogado?

—Burgueses, trabajadores, colaboradores con los que cuento por todo el ducado. Uno de mis asistentes fue al hospital Saint-Charles para preguntar a los enfermos. La idea me pareció extraña, pero ha permitido dar la palabra a varios gremios.

—¿Habéis pedido su opinión a los curas?

—Os confesaré que no, disculpadme.

—Habéis hecho bien, mis problemas con el Papa les habrían influido. ¿Así que todo el mundo, o casi, está contento con mi reinado?

—Esa es la conclusión a la que llego, alteza.

—En tal caso ¿qué pasó con los que proclamaron su descontento en la plaza del mercado no hará aún seis meses? —objetó el soberano.

—No eran más que algunos propietarios y campesinos que se negaban a declarar su trigo.

El soberano mantenía una actitud que Bourcier identificó como incredulidad. Cogió la última hoja.

—Sé, sin querer desvelarlo todo, que se prepara una ópera para ser representada próximamente ante vuestra alteza. Oíd estos versos:

Demos muestras de inmensa felicidad,
un héroe a diario nos colma de favores,
a Leopoldo alabemos con loores
y así alabaremos la mismísima probidad.

»¿Hay algo más agradable al oído?

—¡No son más que palabras de artistas!

—Que reflejan el sentimiento popular.

Bourcier rebuscó entre sus notas.

—También está este testimonio original: «Su Alteza ha buscado los talentos hasta en los bosques para sacarlos a la luz y animarlos».

—¿Quién puede haber dicho eso?

—Creo que vuestro cochero —respondió Bourcier como si quisiera excusarse.

—Eso me gusta, esos son los testimonios que busco: lo que piensa el pueblo.

El rostro del soberano se distendió.

—Estoy seguro de que disponéis de otros que no osáis mostrarme —añadió, y le señaló la cartera.

—Los que faltan no son más que opiniones aisladas y en ningún caso representan una opinión general compartida por el pueblo.

—Leed, leed…

Bourcier sacó un pergamino que a lo largo de sus renglones desgranaba el miedo al abandono del ducado, el temor a una nueva invasión francesa o los gastos del duque en el juego o en fiestas fastuosas.

—Hay incluso un individuo que os califica de mal pagador de vuestras deudas de lansquenete.

La observación hizo reír al duque.

—¡No hace falta nombrarlo, pero nuestro amigo Ribes de Jouan ganó con trampas! Ahora tiene un trabajo que llevar a cabo para nosotros y más adelante veremos qué hacemos con la deuda. Me inquieta más que el asunto del Milanesado haya podido hacer mella en la confianza de nuestro pueblo.

—No puedo negar que aún haya ciertos temores.

Leopoldo se puso en pie y agradeció al magistrado su trabajo y su honestidad.

—Voy a confiaros una nueva misión: tranquilizar al ducado acerca de mi apego a esta tierra.

Cogió su bastón y describió un círculo a su alrededor.

—Si solo me quedara esto, mientras fuera soberano ahí me quedaría. Si solo me quedara mi cama, no me movería de ella. ¡Decídselo a todo el mundo, decídselo bien!

***

La lluvia cayó sobre Lorena diez días después de la ceremonia y el hecho fue atribuido a san Sigisberto. Estuvo lloviendo tiempo suficiente para empapar las capas superficiales de los campos, limpiar las ciudades de las escorias de la sequía y aumentar en los hospitales las muertes por neumonía. Se instaló un tiempo más fresco y el sol desapareció tras espesos nubarrones de todos los matices del gris.

Germain besó a Marie-Louise, se puso el abrigo de *betyar* y refunfuñó al descubrir la espesa niebla al salir de la casa de la rue Paille-Maille.

—¡Menuda idea implorar a los dioses para que llueva! ¡Este es el resultado! Detesto los días sin sombra —murmuró a la vez que apartaba con la bota un pajarillo muerto y atropellado por una carroza.

Empujó el animalito aplastado al otro lado de la calle. «No me gustaría que mi Erzsébet viera esto, ella que es tan sensible —pensó mientras alzaba la vista hacia la ventana de su habitación—. Decididamente, me estoy volviendo muy sentimental —concluyó, decepcionado por no verla allí—. Nuestro amor es un comercio, nunca debería olvidarlo.»

Llegó a la rue Saint-Nicolas a una hora del día en que la actividad comenzaba a disminuir. El horno ya no olía a pan, el boticario había cerrado la tienda y el librero Pujol echaba la persiana. Germain, que lo había desplumado jugando al faraón, dio un rodeo para no cruzárselo y un segundo rodeo para evitar la posada del Cygne, cuyo propietario tenía algún agravio contra él. Puso su mejor sonrisa y saludó descubriéndose a una de las monjas que barría la calle frente al convento des Dames du Saint-Sacrement: ella, por lo menos, no tenía nada que reprocharle. «Ya va siendo hora de que renueve mi entorno —pensó—, y de manera urgente.» Germain metió la mano en el gran bolsillo de su abrigo y tanteó el libro que se había llevado consigo. Recordó los últimos versos ante los que había pasado horas sin obtener nada:

Es un Espíritu-cuerpo, fruto de la natura,
común, oculto, vil y precioso,
preserva y devasta, bueno y malicioso,
principio y fin de toda criatura.

Subió a la pasarela del bastión de Haussonville, donde un comerciante de madera regordete regañaba e increpaba a un joven aprendiz que había hecho que se cayera al suelo todo el cargamento de su carreta. La lluvia había cesado.

Triple es en sustancia: de sal, aceite y agua pura.
Y coagula, arruma y riega los lugares más bajos,
untuoso y húmedo, o los altos Cielos
y hábil adopta toda forma y figura.

Germain rodeó la place de la Carrière, invadida por una bruma que ascendía hacia el cielo. En el centro de la misma, dos soldados ataban a la picota a una mujer cabizbaja entre los insultos de un grupo de jóvenes.

Solo el Arte, por naturaleza, lo deja ver.
Recela en su centro un infinito poder
con las facultades del Cielo y de la Tierra.

Tomó la Grande-Rue. Un olor a hierba mojada le llegó desde los jardines del palacio ducal.

Es hermafrodita y hace que crezca
cuanto con él indiferentemente se mezcla
pues en sí todos los gérmenes encierra.

Germain había llegado a su destino: la fuente Sorette. Se inclinó y metió las manos bajo el chorro plateado de agua y luego se las secó en sus calzones. A unos metros delante de él, las torres de la puerta de la Craffe relucían bajo los primeros rayos. Se sentó en el borde de la fuente. Una tras otra, las cuatro estrofas se habían aclarado y ahora encajaban perfectamente. «¿Y si fuera...?» Sintió el fuego interior, se había convertido en viento, una pura excitación, y conocía esa sensación que le empujaría a avanzar, siempre con más fuerza, siempre más lejos, con el placer del riesgo, del peligro y del éxito reunidos, ese incomparable placer del que ya no podía prescindir, que le daba la impresión de ser invencible.

Un rápido vistazo le permitió comprobar que su cita aún no había llegado. Germain se puso en pie de un salto. Había resuelto el enigma, ¡lo había resuelto! Eso lo cambiaba todo, ya no era cuestión de vender su libro. Era el mismísimo secreto lo que iba a negociar. Y sería él quien fijaría el precio. Germain contempló su reflejo en el agua de la fuente y pensó en Marie-Louise: «Vamos a obtener nuestra libertad, preciosa...». En el mismo instante, una sombra pasó por encima de él. Oyó un ruido de succión, un ruido que conocía bien, y sintió un dolor en el pecho: una punta de metal salía de su tórax, y de allí brotaban gotas de sangre espesa y oscura. Recordó el ruido: era el que hacían sus instrumentos cuando los clavaba en el cuerpo de sus pacientes. Trató de darse la vuelta, pero la luz lo invadió todo y le quemó la retina. Cuando Germain se desplomó en el estanque ya estaba muerto.

***

—¡Eso es muy enrevesado, demasiado confuso! —declaró el señor Jourdain.

—¿Y qué queréis que os enseñe? —preguntó el profesor de filosofía.

El actor se situó en la parte delantera del escenario y adoptó un aire satisfecho.

—Enseñadme la or-to-gra-fí-a.

Una ola de placer cubrió a los espectadores. Todos conocían aquella escena y las réplicas de Molière se repetían desde hacía treinta años por doquier. Algunos sonreían anticipadamente. El profesor de filosofía dijo su texto:

—La vocal A se forma abriendo mucho la boca: A.

—A, A… ¡Eso es! —exclamó el señor Jourdain, orgulloso de sí mismo.

A medida que se desgranaban las réplicas, estallaban las carcajadas. Algunos espectadores aplaudían al final de cada frase. Los actores de la compañía se habían metido al público en el bolsillo.

El señor Jourdain iba de un lado a otro del escenario instalado en la gran sala del palacio ducal, dando vueltas alrededor del rígido y ampuloso profesor de filosofía.

—¿Queréis escribirle unos versos?

—No, nada de versos.

—¿Solo queréis prosa?

El señor Jourdain se dirigió al público:

—No, no quiero ni prosa ni versos.

Las risas impidieron oír la réplica del profesor de filosofía y la respuesta de su anfitrión. Un soldado entró en la sala y avanzó hasta la primera fila para dirigirse a Leopoldo.

—Todo lo que no es prosa es verso; y todo lo que no es verso…

El actor calló una fracción de segundo. El guardia de la compañía de los Cent-Suisses le hablaba al oído al soberano sin demasiada discreción. Prosiguió:

—… es prosa.

—Y cuando hablamos, ¿eso qué es? —respondió el señor Jourdain haciendo énfasis en el «cuando hablamos».

El militar, indiferente a lo que acontecía en el escenario, salió corriendo, para alivio de los actores. Unos segundos más tarde apareció un oficial y fue junto al duque.

—¡Pardiez! ¡Hace más de cuarenta años que hablo en prosa sin saberlo…! —comenzó el gentilhombre.

Se detuvo. Los espectadores se habían distraído debido al aparte entre Leopoldo y su ayudante de campo. El sortilegio se había roto. El duque se puso en pie y sus consejeros lo imitaron. Un murmullo brotó entre los presentes.

—… y os estoy muy agradecido por haberme enseñado tal cosa —concluyó el actor ante la indiferencia general.

El soberano le hizo el gesto de continuar. El hombre consultó a sus compañeros de reparto con la mirada. La compañía había llegado a Nancy hacía más de un mes y habían ensayado la obra expresamente para esa velada.

—Con vuestro permiso, alteza, desearíamos aplazar la representación hasta vuestro regreso.

Leopoldo se dirigió hacia la duquesa y esta asintió.

—Como gustéis —respondió al actor.

Se dio cuenta de la inquietud que se reflejaba en los rostros circundantes.

—Hoy es un día triste —explicó el soberano dirigiéndose a los espectadores—. Un compañero de armas, un gran cirujano, acaba de dejarnos. Es mi deber rendir honores a los restos de maese Ribes de Jouan.

La sala se vació rápidamente tras la marcha de Leopoldo. El señor Jourdain, que se había sentado en el borde del escenario, murmuró:

—Vuestros bellos ojos de amor me hacen, querida marquesa, morir…

Nicolas no quiso proceder a la autopsia del cadáver de su amigo y François se ocupó de ello. El Erizo Blanco se hallaba encerrado en la sala desde hacía casi una hora. Nicolas y Azlan aguardaban en silencio, sentados en los extremos del banco habitualmente utilizado por los familiares de los enfermos. Leopoldo se acercó a ellos sin ni siquiera saludarles.

—¿Qué ha sucedido? ¡Contadme!

—Venid, alteza, os lo enseñaré —respondió François, que acababa de salir.

Mathieu, el conserje de la puerta de la Craffe, había hallado a Germain frente al pequeño estanque de la fuente Sorette, tumbado y con las piernas encogidas, en una posición que en un primer momento le hizo pensar en un borracho durmiendo la mona. No era extraño que Mathieu se viera obligado a avisar a los hospitales para que evacuaran a algunos que se habían desplomado después de vomitar quimo y bilis ante el portal. Decidió meter las balas de paja destinadas a los prisioneros de la torre antes de que la lluvia volviera a mojarlas, y luego se aproximó al cuerpo y lo empujó con el pie para despertarlo. Germain quedó boca arriba y en ese instante el conserje se dio cuenta de su error.

—Una hoja, probablemente una espada, entró entre los omóplatos y salió a la altura de la sexta costilla izquierda —explicó François, a quien, a pesar de su amplia experiencia, también le costaba enfrentarse a la mirada vacía de Germain.

—¿Y eso qué significa, maese Delvaux?

—Que le atravesó el corazón de parte a parte —respondió François mientras señalaba el tórax—. No cometeré la afrenta de mostraros su órgano, e imagino que daréis crédito a mi palabra, alteza.

—¿Recibió otras heridas?

—No. Solo una, precisa y directa. Definitiva.

El duque se aproximó a la mesa sobre la que yacía el cadáver.

—¿Cuál puede haber sido el motivo?

—Tratándose de Germain, puede ser más de uno, y afirmarlo no supone faltar al respeto a su memoria. Una pelea, una venganza o un robo: sus bolsillos estaban vacíos. Y él siempre llevaba encima algunas monedas, para jugar.

Leopoldo se llevó un pañuelo a la nariz. El olor de la muerte era mareante. Varias moscas iban y venían sobre la piel cérea, frotándose las alas, revoloteando ante el rostro impasible, entrando y saliendo por las aberturas practicadas durante la autopsia. El duque ordenó que Germain fuera enterrado sin dilación en el cementerio de la parroquia de Saint-Nicolas y le dio las gracias al cirujano.

—Con todo mi respeto, alteza, no creo que su muerte sea cosa de bandidos —afirmó el Erizo Blanco.

—Lo averiguaremos, pediré que se abra una investigación.

—Pensamos que está relacionada con el trabajo para el que había contratado a Malthus —insistió François.

El soberano no fingió sorpresa. La idea le daba vueltas también a él desde que le comunicaron la noticia. Creitzen, sin embargo, le había tranquilizado. Dirigió una última mirada al cadáver y aseguró al cirujano que haría cuanto estuviera en su mano para hallar al culpable. Al salir, la hermana Catherine se acercó a él para anunciarle que las diversas congregaciones religiosas dirían varias misas por la salvación del alma de su compañero de armas. Buscó con la mirada a Nicolas y a Azlan, pero ambos habían desaparecido.

***

—Aquí es —dijo Azlan.

Los dos hombres se detuvieron y alzaron la vista hacia la fachada. La rue Paille-Maille rodeaba las fortificaciones al sur y no tenía nada notable. Las casas no superaban las dos plantas y a las del lado par, adosadas a la muralla, nunca les daba el sol.

—No sé qué piso es —comentó Azlan una vez en el interior.

Llamaron a la puerta de la planta baja, donde una anciana les indicó que en esa casa no vivía ni había vivido ninguna Erzsébet.

Una vez en la calle, el joven se adelantó a la pregunta de Nicolas.

—No sé más, solo que vivía en esta dirección con una tal Erzsébet.

—Trata de recordar, ¿algún otro indicio que dejara escapar durante una conversación?

—No, estoy seguro.

La noche había caído y la oscuridad se había adueñado de la calle, que no contaba con iluminación alguna.

—Es un nombre húngaro, quizá podríamos preguntar a alguno de los haiduques si la conoce —propuso Azlan—. Uno de ellos, Bogdan, vive en la ciudad nueva, cerca de la plaza del mercado.

Fueron a casa del soldado, que estaba muy borracho pero hizo un esfuerzo para sentarse en el borde de la cama y tratar de aclarar sus ideas. Se mordisqueó el bigote repetidas veces y les respondió que jamás había oído hablar de una persona con ese nombre que viviera en Nancy. Se ofreció a acompañarles en su búsqueda y trató de ponerse en pie, infructuosamente. Nicolas le dio las gracias con unas palmaditas amistosas para despedirse. Al llegar a la puerta, Azlan hizo chasquear sus dedos.

—Ahora lo recuerdo, Germain dijo una noche en Le Sauvage que era una... chica de vida alegre.

—¿Una puta? —dijo Bogdan tomando impulso para incorporarse—. ¡Tendríais que haberlo dicho antes! ¡En ese caso soy vuestro hombre, puesto que las conozco a todas!

Quince minutos después, tras llamar varias veces a la puerta, prorrumpieron con un vigoroso empujón en el apartamento de Marie-Louise bajo la mirada de reprobación de la anciana vecina.

—Tenemos la autorización del duque —mintió Nicolas, y cerró la puerta tras ellos, con lo que privó a la comadre de una fuente de chismorreos—. ¡Y gracias de nuevo por las linternas! —gritó a través de la puerta.

La habitación se hallaba en un relativo desorden al que Germain estaba acostumbrado. La registraron durante un rato en silencio. Las llamas de las candelas se movían a trompicones y despedían resplandores salvajes.

—¿Qué buscamos? —acabó por preguntar Azlan.

—No lo sé. Quisiera comprender. ¿Por qué él? ¿Por qué esta mujer?

—En cualquier caso, ella no volverá.

Le mostró el armario vacío y las escasas ropas esparcidas por el suelo.

—Aquí no hay más que ropa de hombre. Ella se ha ido.

—¿De qué podía tener miedo? ¿O de quién? —interrogó Nicolas.

Se había sentado para leer los papeles que había encontrado caídos por el suelo.

—Son notas, principalmente escritas para su Erzsébet —comentó.

—Si quieres mi opinión, a la vista de su pasado, esa mujer me parece más cómplice que víctima.

—Azlan, no deberías estar aquí conmigo. Te recuerdo que fui acusado del asesinato de un gobernador. Y que Germain tiene un pasado de estafador en el juego.

—¿Y qué? —se indignó el joven.

—Interesémonos en el presente. François ha dicho que Germain poseía un libro que contenía secretos de hermetismo y que estaba en relación con la Rosacruz de Alemania.

Junto a la cama había varios libros por el suelo. Azlan los consultó.

—Todos tratan de alquimia, ¿podría ser uno de estos?

—Me extrañaría —dijo Nicolas—. Se reunió en varias ocasiones con un hombre en uno de los hoteles de la ciudad. Hay que dar con él.

—¿Cómo lo sabes?

—«Erzsébet, esta noche me reuniré con nuestro amigo el cuervo negro. No me esperes a cenar, pero no aproveches para coger otro cliente más, quiero que estés en forma a mi vuelta» —leyó antes de enroscar los pergaminos—. ¡Vamos, salgamos a cazar a ese cuervo!

Azlan dio unos pasos sosteniendo los libros con una mano y la linterna con la otra, y de inmediato se dio cuenta de que su carga los retrasaría considerablemente. Dejó caer los libros sobre el lecho y se alzó una nube de polvo.

—¿Por dónde empezamos?

—La puerta Neuve —respondió Nicolas, seguro de sí mismo.

—Ahí no hay ningún hotel…

—No. Hay algo mejor.

La puerta Neuve se hallaba entre la ciudad vieja y la explanada que marcaba la frontera con la ciudad nueva. De pequeñas dimensiones, no contaba con un sistema de puente y tenía una función más decorativa y simbólica que práctica. El duque había dictado una ordenanza que obligaba a todos los hoteleros de la ciudad a depositar a diario el nombre de sus clientes en un buzón situado bajo uno de los arcos de la puerta.

—¡Ahí está! —exclamó Nicolas, y señaló una caja de madera y hierro forjado atada con una cadena a una de las columnas.

En la tapa había una rendija por la que los comerciantes podían introducir sus listas. Nicolas sacó su escalpelo y trató de hacerla más grande, sin éxito. Acto seguido, la emprendió con la cadena que la cerraba.

—Ahora vuelvo —dijo Azlan, y dejó la linterna en el suelo.

El cirujano introdujo el bisturí en la cerradura para utilizarlo como llave. Probó diversas manipulaciones, pero ninguna permitió abrir el anillo metálico. Aumentó la presión sobre la hoja y forzó la torsión del mango. El utensilio se rompió dentro de la cerradura.

—Con esto deberíamos lograrlo —dijo Azlan, al que no había oído regresar.

El joven había vuelto a casa del haiduque y le había tomado prestada la maza. Dos golpes más tarde, la caja estaba reventada y tenían las listas en su poder. Se alejaron rápidamente de allí y se refugiaron bajo el bastión de Haussonville para estudiarlas. Primero buscaron los nombres de acento alemán y dieron con dos que se alojaban en los Trois Maures. El gerente les informó que se trataba de dos tratantes de ganado del Sarre, que iban allí todos los años, desde 1680, para comerciar en el ducado. Eran sus clientes más antiguos. Se habían equivocado. Nicolas y Azlan se sentaron a una de las mesas para tratar de deducir quién podía ser el cuervo entre el centenar de patronímicos inscritos.

—Los alquimistas siempre han utilizado enigmas y frases herméticas para comunicarse entre ellos. Eso no nos facilitará la tarea —observó Nicolas.

—Si es alemán, sin duda habrá utilizado un nombre en su lengua. Un nombre ligado a la alquimia.

Contemplaron de nuevo la lista. Sus años de campaña entre ejércitos alemanes les habían conferido algunas nociones de alemán.

—Mira este —dijo Azlan mientras le señalaba uno de los patronímicos.

—¿Tilopomso K.? ¿Qué tiene de particular?

—Suena extraño. Parece húngaro, pero no lo es, estoy seguro. Y tampoco alemán.

—Tilopomso… ¡Azlan, lo has descubierto!

—¿Tú crees?

—Léelo al revés.

—¿Osmopolit?

—Añade la letra del nombre al apellido.

—*Kosmopolit*… ¿«Cosmopolita»? ¿Qué quiere decir eso?

—No lo sé, pero está claro. ¡Ese es nuestro cuervo!

Azlan observaba fijamente el papel.

—¿No estás convencido? —preguntó Nicolas, y le cogió el papel de las manos.

—Sí, pero… ¿Has visto el nombre que figura debajo?

—R. Etatnetta… *Attentater.* ¡Dios mío!

—«Asesino»… Así que son dos. ¿En qué hotel?

—Uno de los antros menos recomendables de Nancy.

El dueño de la posada del Cygne acababa de cerrar la puerta de entrada cuando llamaron.

—¡Está cerrado! —gritó sin pensar en sus clientes que dormían—. ¡Váyanse a otro sitio o vuelvan mañana!

—¡Abrid, por orden del duque!

El hombre refunfuñó un poco y obedeció. Al ver a dos civiles, trató de cerrar de nuevo la puerta, pero Nicolas ya había logrado entrar.

—¿Dónde están estos dos hombres? —preguntó a la vez que señalaba los nombres en la lista.

El propietario del Cygne no se dejó impresionar.

—¿Quiénes sois? Marchaos o llamaré a los gendarmes. ¡Ahora mismo!

Nicolas cerró la puerta mientras Azlan apoyaba ostensiblemente en su brazo la maza que había conservado.

—Los señores Tilopomso y Etatnetta —prosiguió Nicolas—. ¿Dónde están?

—Al fin y al cabo, a mí qué más me da —respondió el patrón encogiéndose de hombros—. Se han largado.

—¿Se han ido? ¿Cuándo?

Los dos viajeros habían emprendido su viaje a última hora de la tarde. Habían pagado por adelantado hasta el fin de semana y le habían pedido al dueño que siguiera inscribiéndolos en la lista de huéspedes.

—Nunca daremos con ellos —se lamentó Azlan—. Se acabó.

—Ahora debe actuar el duque. Gracias a sus relaciones con el Sacro Imperio, puede darles caza más allá de nuestras fronteras.

—Largaos de aquí —intervino el posadero—. No quiero más problemas.

—Una última pregunta: ¿iba con ellos una mujer?

La respuesta no les sorprendió.

***

Nadie supo jamás por qué Germain fue asesinado aquel día de septiembre de 1701, ni quién lo hizo. Los miembros de la Rosacruz y Marie-Louise desaparecieron aquella misma noche. Los agentes de Leopoldo se desplazaron a Alemania y su investigación se cerró con un fracaso. Prematuramente, en opinión de los tres cirujanos, que fueron recibidos en audiencia por el duque. El soberano les había asegurado su apoyo, pero, desde primeros de octubre, nada más se había intentado para tratar de descubrir la verdad. Nicolas, Azlan y François se habían reconciliado durante algún tiempo. La presencia cotidiana de Marianne en Saint-Charles, sin embargo, pronto enfrió ese reencuentro. Cada uno se mantenía en sus posiciones y todos aguardaban a que la duquesa diera a luz, pues ello significaría la marcha de la comadrona. El parto estaba previsto para mediados de noviembre.

El día en el hospital había sido tranquilo, excepto para Marianne, que había tenido que lamentar dos abortos. El primero lo tuvo una joven cuya falta de experiencia la había llevado a confundir un embarazo utópico con un verdadero embarazo. Esa era, por lo menos, la conclusión que el doctor Bagard, al que habían llamado para pedir consejo, había hecho inscribir en el informe. La segunda mujer llegó por su propio pie en el momento en que el médico acababa de dictar a Azlan sus conclusiones. La comadrona la había examinado debido a una abundante pérdida de sangre aparecida en el tercer mes de gestación. Marianne había detectado de inmediato un aborto voluntario y la había aislado para interrogarla. Ella había negado su acto y lo achacaba a una caída por las escaleras, pero luego, ante las incoherencias y contradicciones de su versión, acabó por confesar.

La paciente se cambió el ovillo de gasa que mantenía sujeto entre sus piernas, pues se había empapado de sangre enseguida. Estaba tranquila y no lamentaba su decisión de haberse presentado ante Marianne tras su acto, asustada ante la hemorragia que se había desencadenado. Al margen de las consecuencias sobre su salud, sabía que se arriesgaba a ser condenada a muerte por cualquier juez del ducado. Sin embargo, su marido había descubierto que se hallaba en estado y que él no podía ser el padre, y tenía intención de repudiarla. No tenía ya nada que perder y había decidido borrar las huellas de su infidelidad.

La comadrona regresó acompañada de Nicolas.

—Maese Déruet es el cirujano del que os he hablado. Me gustaría que le contarais vuestra historia, señora, igual que hicisteis conmigo. No temáis. Estoy segura de que podrá ayudaros —explicó Marianne, que no pudo evitar coger a su amante de la mano.

Se cambió de nuevo los paños, que le parecieron menos empapados que la vez precedente.

—Me llamo Joséphine.

La mujer, que tenía treinta y cuatro años y tres hijos, explicó que, tras su boda, su esposo se había desinteresado de ella y solo la honraba para perpetuar su descendencia. Joséphine había aguantado cinco años esa situación y luego tomó como amante al asistente de su esposo, un muchacho con mucha prisa por desflorar su intimidad pero que tuvo que batallar durante varios meses antes de conquistar su corazón. El joven, que solo deseaba su cuerpo, la abandonó rápidamente para asaltar otras fortalezas sentimentales. Joséphine tuvo una segunda aventura amorosa, con el consentimiento tácito de su marido, de lo que este se lamentó acto seguido e hizo que la condenaran a la picota en la place de la Carrière.

—Fue después cuando descubrí mi estado. No me venía la menstruación y vomitaba a diario. Primero creí que se debía a la tortura sufrida, pero comprendí que me había quedado embarazada.

Joséphine bajó la vista. La pérdida de sangre y su confesión la habían agotado. Marianne tomó el relevo.

—Hace tres días, nuestra paciente interceptó una carta que su marido poseía. Era una orden con matasellos emitida contra ella.

La comadrona le mostró el pergamino que Joséphine había traído consigo. Nicolas lo leyó en voz alta:

> Dada la escasa satisfacción que nos aporta la conducta irregular de Joséphine Sébastienne Barbe, esposa del señor de Mabillon,

peluquero de Lunéville, tememos que esta mantendrá sus desenfrenos y por ello mandamos y ordenamos que dicha persona sea ingresada en vuestro monasterio y permanezca allí hasta nueva orden. Rogamos a Dios que os conserve la buena salud. Hecho en la ciudad de Nancy, el decimotercer día del mes de octubre de 1701. Firmado: Leopoldo, duque de Lorena y de Bar.

—No lo aceptaré jamás, ¡jamás! —articuló Joséphine entre sollozos—. ¡Ese sitio sería para mí peor que un calabozo!

—¿Dónde quiere encerraros?

—¡En el convento de las clarisas de Pont-à-Mousson! Entendedme, mi marido no es mala persona, pero hace ya mucho que se ha olvidado de mí y solo se preocupa de sus chiquillos —dijo, y se sonó con uno de los paños antes de proseguir—: ¡Lamento lo que he hecho, no sabéis cómo lo lamento! Pero no soy una libertina y no merezco semejante castigo, ¡eso no! El castigo que sufro hoy ya es suficientemente cruel, muy cruel…

—Necesitáis reposo y cuidados, y os tendremos aquí el tiempo que sea necesario —aseguró Nicolas—. Aquí estaréis al abrigo de cualquier acción contra vos.

—Os lo agradezco infinitamente —respondió Joséphine sin atreverse a mirarlo.

—Mientras, defenderé vuestra causa ante el duque.

—Gracias —repitió ella sollozando, agotada.

—Estoy dispuesta a decir que todo esto se debe a vuestro viaje desde Lunéville y que habéis tenido un aborto natural —intervino Marianne.

—Pediremos la clemencia de Su Alteza —añadió el cirujano—. Hasta entonces, sin embargo, debéis negaros absolutamente a que os examine nadie, ya sea médico, cirujano o comadrona: los pinchazos de las agujas que os habéis infligido son demasiado visibles.

Joséphine lloró aún más.

—Soy una miserable, ¿verdad? ¡He matado a mi hijo! He matado a mi hijo…

Marianne la abrazó y la arrulló murmurándole palabras de

consuelo. En ese preciso instante reprochó a Azlan y a Rosa el haber impedido la construcción de una sala reservada a las mujeres embarazadas que hubieran sido abandonadas. Joséphine necesitaba intimidad y compasión. Marianne lo sabía y se sintió aún más próxima a aquella mujer dado que también ella había sufrido un aborto tres años antes.

***

Pidieron audiencia al duque aquella misma tarde. Mientras Nicolas se entrevistaba con Leopoldo, Marianne visitó a la duquesa. A un mes de salir de cuentas, la futura madre estaba convencida de que iba a traer al mundo a un niño, dada la tonicidad del feto. Isabel Carlota había preguntado a la comadrona acerca de su trabajo en Saint-Charles y le había prometido intervenir en el destino de Joséphine Mabillon, de la que acababa de hablarle, y luego se retiró a sus aposentos para descansar.

Marianne se dirigió a los jardines del palacio, donde Nicolas debía reunirse con ella. El día era frío y húmedo y no quedaba nadie en el exterior. Solo algunos jardineros recogían las hojas que el viento había hecho caer en los paseos. Se detuvo junto al parterre de abajo, cerca de una fuente que había cobrado ya aspecto invernal, y esperó.

Cuando quedó embarazada de Martin, a finales de julio de 1698, su deseo de maternidad se impuso a todas las razones por las cuales no quería ser madre. Marianne decidió aguardar a que su gestación ya no pudiera ocultarse antes de anunciarlo a su marido y a Simon. Amaba a Martin, aunque no estuviera enamorada de él. Le decía «Te quiero» sin pensar que le mentía. Deseaba que la vida cotidiana fuese lo más agradable posible y ella se empleaba a fondo para lograrlo.

Y entonces llegó ese día de octubre, al principio del tercer mes de embarazo, cuando su marido llegó a casa y le dijo que Nicolas no había muerto. En su cabeza todo se trastocó. Nunca hubiera querido un hijo de otro hombre si hubiera sabido que estaba vivo. Jamás. Y ese mismo día tomó la decisión y se procuró en el boticario una mezcla de ingredientes de los que conocía el potente efecto abortivo. Marianne permaneció dos días sin salir de su habitación. Lo que Martin creyó relacionado con la sorpresa producida por la noticia estaba ligado a los espasmos que provocaron la expulsión del feto. Los dolores duraron una semana, pero su carne había quedado marcada para siempre.

Trató de apartar ese recuerdo que a veces aún se despertaba en su cuerpo. No había hablado de ello a Nicolas. Él no lo sabía y no lo sabría nunca. Era una decisión suya y no lo lamentaba, aunque sus relaciones no tuvieran la misma pasión que los había unido siete años antes. Así le parecía. No habían hablado de ello nunca, pero estaba convencida de que a él le sucedía lo mismo. ¡Qué más daba!

Se dirigió hacia la rampa monumental que conducía al parterre superior. Esta estaba formada por dos escaleras enfrentadas, decoradas con una hilera de estatuas de divinidades mitológicas. Eligió la de la izquierda, donde le pareció reconocer la imagen de Venus en la ninfa tendida que reposaba en un nicho de la fachada: eso solo podía traerle suerte. Al llegar a la mitad de los peldaños, alzó la vista hacia la persona que descendía frente a ella.

Nicolas salió satisfecho de su entrevista con el duque y bajó la Espiral apresuradamente. Sin embargo, en cuanto llegó al final de la escalera de caracol se dio cuenta de que Leopoldo, hábil negociador, no había cedido en lo esencial. El soberano le había escuchado con interés y se había preocupado por el estado de salud de Joséphine, y acto seguido había hablado de su comportamiento incompatible con las buenas costumbres y se había lamentado por su marido, pues temía que esa conducta pudiera ser perjudicial para la salud del pobre hombre. El peluquero era el proveedor oficial del duque en sus estancias en Lunéville.

—¿Qué haría yo, una vez allí, si descubriera que el señor Mabillon ha perdido su destreza a causa de un estado de melancolía debido al carácter veleidoso de su esposa? ¿Cómo iba a encontrar una peluca de mi gusto?

El tono y la apariencia jocosa de Leopoldo dejaban pocas posibilidades a Nicolas. Le había hecho una propuesta que el duque se apresuró a aceptar cuando él mismo había sugerido esa solución: Joséphine entraría en el convento del Refugio de Nancy hasta que su devoción hacia Dios y su rectitud moral fueran incuestionables.

El cirujano vio a Marianne en lo alto de la escalera que separaba los dos jardines. Discutía acaloradamente con una mujer cuya elegancia contrastaba con su sencilla indumentaria. Apresuró el paso: Nicolas acababa de reconocer a Rosa.

La conversación fue breve. La marquesa de Cornelli descendió la rampa y se dirigió hacia los establos de las carrozas. Parecía no haber visto a Nicolas. Este se reunió con Marianne, que se había quedado inmóvil a la entrada del parterre superior.

—Marianne, ¿estáis bien?

Ella trató de ocultar su tensión tras una fingida ironía.

—Sí, estoy bien. Acabo de hablar con la generosa protectora de Simon.

Unas lágrimas de rabia aparecieron en sus ojos. Parpadeó para evitar que afloraran.

—¿Qué ha sucedido? —preguntó Nicolas—. ¿Qué ha dicho?

—Que me echará de Saint-Charles, que nos convertirá en dos vagabundos, que nadie en el ducado querrá acogernos… y solo resumo su odio.

—No lo entiendo, ella no era así —afirmó él.

—No os inquietéis, eso no basta para hundirme y menos un día como hoy. Vámonos, tengo ganas de volver a casa, ganas de sentiros contra mí.

Sentado en el carruaje, Azlan se hallaba frente a Rosa mientras ella le informaba acerca del encuentro.

—¿Qué ha sucedido? ¿Qué os ha dicho?

La joven tenía la mirada perdida en el vacío. No había vuelto a verla sonreír ni una vez desde su ruptura con Nicolas. Su voz había empeorado sensiblemente y era de nuevo la de después del accidente.

—Me ha asido del brazo para obligarme a escucharla. Ha afirmado que soy una criminal que deseo el fin de Saint-Charles y que les hago daño a Simon y a Nicolas. ¿Por qué dice esas cosas? Sabe que amo a Nicolas y que aún lo espero.

—Ningún hombre, ningún ser humano merece que uno destruya su vida por él.

—Mi querido amigo, eso soy yo quien debe decidirlo.

***

Isabel Carlota cerró los ojos y se dejó llevar por el abandono. Se sentía más allá de todo: del agotamiento, del dolor, más allá incluso del propio parto. Cuando Marianne le comunicó que había tenido una niña se sorprendió e incluso, en lo más hondo de ella, se sintió decepcionada. Tras la muerte de su primer varón, su esposo deseaba un heredero: solo le había dado dos niñas.

—El capellán está aquí, alteza —avisó Nicolas—. Viene a bautizar a la princesa.

—Luisa Cristina... —murmuró la duquesa sin conseguir abrir los párpados.

El cirujano le hizo repetir sus palabras.

—Se llamará Luisa Cristina —confirmó Isabel Carlota.

Marianne acabó de frotar a la criatura con una mezcla de miel y sal, la envolvió sin apretar muy fuerte los paños y la llevó junto a su madre.

La duquesa percibió el olor dulce y salado de su hija y sonrió. La tomó en brazos para admirarla, mientras el padre De Riguet se preparaba para la ceremonia. El duque, que había salido a cazar al bosque de Garenne, había sido prevenido del nacimiento y no tardaría en llegar. Sin embargo, el bautismo no podía esperar. Media hora después del nacimiento, el cura echó el agua bendita sobre la cabeza de la niña, que, sobresaltada, emitió un llanto poderoso al sentir el contacto del líquido frío.

—Luisa Cristina de Lorena, yo te bautizo en nombre del Padre, del Hijo y del Espíritu Santo —declamó el sacerdote haciendo la señal de la cruz.

La recién nacida respondió succionando el vacío.

Los carillones de la colegiata de Saint-Georges repicaron y unos minutos más tarde siguieron los de Saint-Epvre, Saint-Thiébaut y Saint-Nicolas, y, finalmente, los de todas las instituciones religiosas de Nancy: abadías, conventos, prioratos y noviciados. En menos de un cuarto de hora, todas las campanas se echaban al vuelo.

—¿Qué es tanta agitación un domingo por la tarde? ¿Qué fiesta es hoy? —preguntó el paciente al instalarse en la mesa de curas.

—Es 13 de noviembre y creo que acaba de nacer un príncipe en la casa de Lorena —respondió François.

El hombre emitió un «¡Ah!» sibilante que evidenció que el acontecimiento no le concernía demasiado. Era joven, vestía con elegancia y audacia y hacía gala de la seguridad de aquellos a los que el destino ha elegido por filiación. Miró a los dos cirujanos y a la monja que los ayudaba a preparar el instrumental, los paños y los remedios, sin dar muestra de temor o aprensión alguna. Había acudido para que le trataran un tumor del tamaño de una nuez que le había aparecido debajo de la lengua y que no había dejado de crecer. Su cavidad bucal se había secado, el tejido se había descamado y se veía obligado por ello a beber frecuentemente para humedecerlo, y cada vez tenía más dificultades para masticar los alimentos.

Claude Jacques había recorrido el camino desde Metz, donde enseñaba, con cierto éxito, escultura y dibujo. La fama de los cirujanos de Saint-Charles lo había decidido a consultarles a pesar de haber tenido que interrumpir para ello sus clases.

François lo examinó por pura cortesía, pues la descripción que el paciente le había hecho le bastaba para diagnosticarlo.

—Una ránula —anunció dirigiéndose a Azlan, quien, a pesar de no haber oído jamás tal término, asintió doctamente.

—Una ránula... pero ¿qué más? —preguntó el enfermo.

—Vuestro humor salivar es demasiado agrio y espeso —precisó el cirujano— y ya no puede evacuarse. Tiene la consistencia de la clara de huevo y se ha acumulado en el conducto debajo de vuestra lengua. Eso es lo que se denomina una ránula.

Claude Jacques tragó haciendo una mueca de dolor. El tumor, al adquirir volumen, le había desplazado la lengua hacia atrás y había alterado la articulación de los sonidos, provocándole un timbre de voz que el término ránula caracterizaba perfectamente.

—¿Y qué proponéis, maestro?

François oyó los bramidos nerviosos de Hyacinthe por encima de las campanadas. Nicolas había regresado del palacio ducal.

—Una simple incisión para eliminar esa materia y todo volverá a estar en orden.

—¡Bien, pues manos a la obra, tengo que estar de vuelta en Metz antes de la noche! —respondió el escultor sin titubear.

Su reacción sorprendió a los dos cirujanos, acostumbrados a la indecisión de los pacientes y a su miedo a las operaciones.

—¿No queréis pensároslo?

—¿Por qué? ¿Hay algo más que debería saber?

—No. Practicaremos una incisión ancha con una lanceta para que los bordes no se cierren, y untaremos la herida con una mezcla de miel de rosa y de aguardiente de vitriolo para limpiarla. Nos llevará cinco minutos. Estaréis de vuelta en casa antes incluso de lo que esperabais, señor.

—¡Lo importante es que vuelva curado!

—En otro sitio necesitaríais dos o tres operaciones antes de obtener un resultado definitivo —afirmó François—. Sin embargo, voy a dejaros en manos del mejor cirujano del ducado. Si me disculpáis unos minutos —concluyó, y fue a interceptar a Nicolas antes de que empezara sus consultas.

Aún se hallaba fuera, peleándose con el camello que había cogido la brida y la mascaba aplicadamente. François le propuso proceder a la incisión de la ránula.

—Azlan ya está allí y te asistirá. Por lo que a mí respecta, me rindo, mi vista ya no me permite realizar una incisión de tanta precisión —confesó sin reparos.

—¿Sigues perdiendo vista? —se preocupó Nicolas, que acababa de recuperar la cuerda de la boca del animal.

—No es nada grave, hijo mío, ¡solo me he vuelto perezoso! ¿Cómo ha ido el parto? —preguntó para no extenderse sobre sus propios achaques.

Nicolas le contó la noche y la mañana de espera antes de un parto sin incidentes ni complicaciones. La placenta se había desprendido rápidamente y la duquesa descansaba con la pequeña Luisa Cristina, que había vaciado las glándulas mamarias de su ama de cría.

—Marianne ha estado perfecta, como siempre —concluyó.

—¿Cuándo volverá a Pont-à-Mousson? —preguntó inocentemente François.

—Tendremos que hablar de ello. Mientras, muéstrame al feliz propietario de la ránula que hay que deshinchar —respondió Nicolas al tiempo que sacaba la maleta de su instrumental.

El paciente apareció en aquel mismo instante en las escaleras de la puerta de entrada, acompañado de Azlan.

—Señor Jacques, ¿qué sucede? ¿Habéis cambiado de opinión?

El hombre negó moviendo la cabeza. Llevaba en la boca unas gasas que la mantenían ligeramente abierta y se sostenía la mandíbula inferior con la mano izquierda. Bajó la escalera con paso zozobrante del brazo del joven cirujano y se detuvo frente a François y Nicolas.

—Todo ha salido bien —explicó Azlan, y coreó su comentario con una sonrisa—. Voy a acompañar a nuestro paciente a su carruaje.

François no reaccionó, entre la incomprensión y la incredulidad.

—Parece que ya no me necesitáis —bromeó Nicolas.

Siguieron la marcha del vehículo. Azlan se reunió con ellos y se echó en brazos de François.

—¡Quería darte las gracias por haberme dejado esta oportunidad de operar! ¡Gracias, amigo mío!

El Erizo Blanco se deshizo del abrazo del joven cirujano y se rascó la cabeza.

—¿Puedes refrescarme la memoria? ¡No recuerdo habértelo propuesto!

En ese momento fue Azlan quien se quedó de piedra.

—Pero... has dicho que lo dejabas en manos del mejor cirujano del ducado y te has ido...

—Sí, lo confirmo.

—Quería agradecerte ese cumplido. Aunque sea exagerado, me ha infundido valor para operar.

—¿Así que has creído que hablaba de ti? —respondió François al darse cuenta de la confusión—. Ese elogio, sin embargo, iba dirigido a nuestro amigo Nicolas, aquí presente. Escucha, muchacho, sabes que te aprecio mucho, pero, sin ánimo de ofenderte, ¡estoy seguro de que aún tienes mucho que aprender!

—Lo siento, lo siento mucho —farfulló Azlan—. He creído que me dabas una oportunidad con esta operación. Me habías explicado cómo llevarla a cabo...

—Parece que todo ha salido bien —intervino Nicolas.

—Sí, he seguido las indicaciones de François y he rascado el interior para eliminar todo el humor acumulado. La herida está limpia.

—Bien, pues caso cerrado.

—Aún no —observó François—. No te he indicado dónde practicar la incisión.

—¿Dónde?

—Es esencial abrir la ránula en el punto más alejado de la parte delantera de la boca, muy cerca de la base. ¿Dónde has hecho la incisión?

—No te preocupes —respondió—. Pero, solo por curiosidad, ¿qué sucedería en caso de hacer la incisión en otro lugar?

—Tu paciente volvería a vernos muy pronto —desveló Nicolas, y los invitó a entrar—. No soportaría babear continuamente y proyectar su saliva en sus interlocutores al pronunciar cualquier frase.

—Vamos, ¿dónde has hecho la incisión? —insistió el Erizo Blanco.

Azlan respondió con una sonrisa forzada.

***

Dos semanas después Claude Jacques regresó a Saint-Charles y lo recibió Nicolas. El tumor se había deshinchado, pero la saliva se liberaba de manera anárquica y en las comisuras de sus labios habían aparecido unos hilillos de baba seca. Circulaba un rumor acerca de la rabia de la que el escultor sería portador, un rumor que le había obligado a consultar a un médico de Metz y a confesar que se había hecho curar en el ducado en lugar de en su propia ciudad, hecho que le valió el oprobio general y a la vez el cierre temporal de sus cursos. Nicolas logró convencerlo de que le dejara operarlo para cauterizar la herida y tratar de eliminar el tumor persistente. El hombre estaba dispuesto a cualquier cosa para acabar con los rumores y reanudar sus actividades. Aceptó permanecer varios días en el hospital hasta curarse por completo. Nicolas mandó llamar a Azlan para que lo asistiera, pero la hermana Catherine le reveló que el joven se había marchado de Saint-Charles al saber de la llegada de su paciente y que no tenía intención de volver hasta el día siguiente. François, al que llamaron como refuerzo para la operación, prometió que no lo fustigaría a su regreso. La humillación de Azlan ya era suficiente castigo y, en el pasado, la relación entre ambos había llevado a menudo al enojo por futilidades.

Marianne prolongó al máximo su trabajo junto a la duquesa. Sin embargo, a finales de noviembre su presencia ya no estaba justificada. Isabel Carlota estaba rodeada de suficientes personas para cuidar de ella como para contar además con una comadrona. La señora De Lillebonne le pagó sus honorarios y Marianne abandonó el palacio ducal sin volver la vista atrás. Recorrió a pie el trayecto hasta Saint-Charles y se detuvo en la tienda de Pujol para comprar varios libros que pagó al contado, y luego en la botica de la rue Saint-Nicolas para hacer acopio de diversos remedios antes de su regreso a Pont-à-Mousson.

Esa noche, tras compartir el lecho, Nicolas insistió para que se quedara con él, pero ella no encontró la pasión suficiente para llevar a cabo ese sacrificio.

—Sigo estando casada, no lo olvidéis —dijo ella mientras le acariciaba la mejilla.

—¿Cómo iba a olvidar tan pesada cadena? —le respondió.

Ella recogió sus cosas mientras Nicolas se ocupaba de la resección de la ránula del señor Jacques. Marianne había decidido partir sin dilación. Cada día suplementario haría más difícil la separación. Echaba de menos a Simon y quería verlo de nuevo cuanto antes tras varios meses de ausencia. Martin había sido avaro con las noticias y solo le había escrito dos cartas en cinco meses.

Cuando Nicolas entró en su habitación y vio el gran baúl abierto comprendió enseguida lo que iba a anunciarle. La abrazó con fuerza.

—Quedaos, os lo suplico —imploró, y cerró suavemente la tapa del baúl.

—Ya lo sabíamos —dijo ella sin más—. Desde el principio sabíamos que llegaría este momento. No lo he ocultado jamás.

Se besaron largamente. Ninguno de los dos deseaba interrumpir el contacto de sus labios con la piel del otro. La tomó en sus brazos y la tendió sobre la cama. Ella desató su brazalete del tobillo y lo depositó en la mano de Nicolas.

—Llevadlo cerca del corazón, y así yo estaré ahí, contra vos, en los días que vendrán. Hasta que nos encontremos de nuevo. Podremos vernos en Pont-à-Mousson, ya me procuraré algún sitio solo para nosotros, ¿os gustaría?

—Sí, me gustaría, aunque ese papel de amante no me convenga. Estoy dispuesto a aceptarlo.

Ella estuvo a punto de preguntarle «¿Por cuánto tiempo?», pero no quería echar a perder la emoción del momento. Marianne cogió *Zulima o el amor puro* que Nicolas le había obsequiado y en el que había tachado con tinta la última frase, aquella que detestaba. Recorrió la estancia con la mirada.

—Estoy segura de que volveré a esta habitación en unos pocos meses. La duquesa desea ofrecerle a cualquier precio un heredero a nuestro duque. Pronto estará embarazada de nuevo.

—¡Que Dios y Leopoldo os escuchen! —clamó Nicolas, y dirigió la mirada al cielo.

—Prometedme que lo leeréis —dijo ella mientras le tendía la novela—. Para cuando lo hayáis acabado, estaré de nuevo junto a vos.

Se entregaron el uno al otro con una pasión y un goce que no habían alcanzado nunca y que prolongaron hasta el límite de sus fuerzas. Marianne postergó su partida hasta la mañana siguiente y la luz resplandeció toda la noche en su alcoba, donde se alimentaban uno del otro.

***

—¿Quién es ese juez? ¿Quién lo envía?

La cólera había hecho que Rosa recobrara la claridad de su voz. Se había sentado en un largo sofá otomano, de madera dorada y tapizado de tela estampada, en el que pasaba buena parte del día. El mueble se hallaba frente a la chimenea, en su biblioteca, que solo abandonaba para ir a la cocina o a su habitación. Azlan seguía predicando optimismo y a quien le prestaba atención le decía que la marquesa de Cornelli estaba divinamente y recibía en su casa a la flor y nata de las artes y las ciencias.

El extraño mueble había sido un regalo de Germain, que lo había hecho traer expresamente de Hungría.

—Sois la única en todo el ducado y el reino de Francia que posee un mueble semejante —le dijo cuando ella en un primer momento no quiso aceptar un obsequio por el que sin duda se había endeudado—. Será para vos el confidente más fiel y el sostén más firme.

Ribes de Jouan tenía razón. Pasaba días enteros tumbada en él, leyendo o dejándose invadir por una melancolía de la que se sentía culpable. Sin embargo, y a pesar de sus esfuerzos, nada lograba sacarla de la misma. Cada noche, uno de los criados de la casa ordenaba el suelo de la biblioteca, cubierto de libros, de cartas empezadas, rasgadas, jamás acabadas, y de pañuelos humedecidos por las lágrimas.

También echaba en falta a Germain, su carácter siempre jovial, su generosidad, la locura que aportaba a cuanto hacía, sin barreras, sin tabúes, la libertad con la que vivía su vida. Se dio cuenta de que seguía pensando en él en presente cuando ya había tenido lugar lo irreversible: había osado abandonarla, a ella, en el momento en que más hubiera requerido su presencia. Azlan estaba allí. Su fortaleza, su roca. Daba vueltas y más vueltas frente a ella mientras le explicaba la noticia que acababan de darle: un juez de Épinal había admitido una denuncia contra maese Déruet por complicidad en el crimen relacionado con la muerte del guarnicionero hallado en el patio del Infierno, dos años antes.

—Pero ¿de qué lo acusan? —preguntó ella, y de pronto se tumbó presa de un vértigo naciente.

Azlan la cubrió con una manta y avivó el fuego mortecino en la chimenea. Las llamas cambiaron de color y la leña crujió. El primo de la víctima dudaba de la palabra del cirujano, que había concluido que se trataba de una muerte natural.

—Rosa, debo revelaros un secreto. Un secreto que solo sabemos Nicolas, François y yo.

Le contó el calvario del farandulero, al que aquellos dos hombres obligaron a tragarse un cuchillo, así como su venganza contra el guarnicionero. Ahora era el primo de este último quien reclamaba su parte de justicia.

—Nos reunimos los tres y decidimos no revelar lo que sabíamos acerca de la verdadera causa de su muerte. Fue un momento difícil porque no estábamos de acuerdo, pero al final todos decidimos mantener nuestra palabra. No sé cómo ha podido saberse esta historia.

Azlan, sin embargo, sí tenía una idea acerca de ello. De los tres fue él quien había querido hacer pública la venganza del farandulero, pero había mantenido su palabra. Por una cuestión de conciencia, empero, había reflejado en el informe la presencia del cuchillo en el estómago del guarnicionero. Antes de ir a casa de Rosa se detuvo en Saint-Charles para recuperar el documento que podía acusarlos de complicidad. Había desaparecido.

—Puede haber sido cualquiera —añadió—, uno de los cuatro médicos, una monja o hasta el mismo primo: ese lugar está abierto de par en par. Nos hemos quejado muchas veces de ello a la hermana Catherine.

—Dejo en vuestras manos que deis con el mejor abogado —respondió Rosa—. Nicolas rechazará cuanto venga de mí. No hay que preocuparse. En el peor de los casos, recurriremos. Jean-Léonard Bourcier nos ayudará: es el presidente del Tribunal Supremo —afirmó.

Su rostro se crispó al sentir un mareo más fuerte que los otros.

—¿Qué puedo hacer para ayudaros? —preguntó Azlan. Su voz reflejaba la rabia ante su propia impotencia para cuidar de su tutora durante las crisis que padecía.

—Vuestra presencia ya constituye una inestimable ayuda. Espero que lo sepáis. ¿Lo sabéis, mi querido amigo?

Azlan bajó la vista. Había visto cómo renacía en ella la esperanza al comunicarle que Marianne se había marchado de Nancy. No había tenido valor, sin embargo, para decirle que el mismo día Nicolas se había ido a Pont-à-Mousson para reunirse de nuevo con ella.

La loma de Mousson ya estaba a la vista. Le quedaba menos de una legua de camino. Nicolas se había cubierto con un abrigo largo para el viaje a caballo bajo una lluvia fina y helada. Había decidido no desvelarle a Marianne sus embrollos judiciales, que, por otra parte, no le preocupaban. Una noticia más dramática había ensombrecido aquel 19 de diciembre.

Marianne lo esperaba en la Fuente Roja, al resguardo de uno de los grandes álamos que bordeaban el camino que conducía a la fuente. No osaron tocarse por miedo a que los vieran y anduvieron un kilómetro a través de los sarmientos retorcidos de la viña de la colina, hasta un pabellón de caza situado junto al camino conocido como el de la Treiche. El edificio, minúsculo y compuesto de una única estancia, parecía no haber sido utilizado desde hacía varios lustros. Dejaron las persianas cerradas, encendieron las velas que Nicolas había traído consigo y se apropiaron del lugar. Encendieron un fuego con unas ramas a las que les costó prender. Trabajaron en silencio. Una vez el lugar estuvo a su gusto, Nicolas la abrazó y la besó.

—Hola, Marianne.

—Hola, amor mío. Os he echado en falta.

El apuro de los primeros instantes se fundió lentamente.

—No es fácil verse así —dijo él—. Ocultarse no forma parte de mi naturaleza.

—¿Qué creéis que me sucede a mí? Al venir hacia aquí tenía la impresión de que todas las miradas con las que me cruzaba me desnudaban y me asaeteaban con reproches. Pero de momento no tenemos otra elección.

—En tal caso, considerémoslo como una oportunidad —aseguró él para convencerse de ello.

Trataron de recobrar su intimidad con continuas caricias, pero sabían que aquella misma noche iban a separarse de nuevo durante varias semanas y su contención no desapareció del todo. Su atención se concentraba en los ruidos que llegaban del exterior, los relinchos del caballo, pasos humanos o retazos de conversación, y acabaron por comprender que no podrían abandonarse el uno al otro. No en esa ocasión. Marianne le habló de su vida cotidiana recobrada, del carácter difícil de Simon, de la creciente ausencia de Martin y del vacío que sentía. A Nicolas le parecía que el ambiente en Saint-Charles había mejorado entre los tres cirujanos, pero su amistad se limitaba a una camaradería educada. Ya nada era como antes.

—Debo irme —se lamentó Nicolas al cabo de haber pasado tres horas juntos—. Pero antes hay una noticia que debo daros y que os apenará.

La princesa Luisa Cristina había muerto aquella misma mañana, a la edad de cinco semanas, debido a una fiebre que se manifestó la noche anterior. Aunque estuviera acostumbrada a recibir ese tipo de noticias, Marianne lloró, emocionada y sorprendida. El parto de la duquesa aún estaba muy vivo en su mente.

—Rezaré por su criatura y escribiré una carta a nuestra soberana —dijo ella.

Nicolas le enjugó las lágrimas con ayuda de las vendas de sus manos.

—¡Aún lleváis esos horribles vendajes! —observó Marianne con los ojos enrojecidos e hinchados.

—Siempre los he preferido a los mitones. Al menos, eso creo.

—Algún día deberéis elegir.

19

Nancy, del 4 de julio al 3 de diciembre de 1702

Señor marqués de Locmaria!

Leopoldo se puso en pie para dar la bienvenida a su huésped con los honores que correspondían a su rango de enviado del rey Luis XIV. Cuando la guerra entre el reino de Francia y el Sacro Imperio Germánico era cada día menos enconada, el ducado, situado entre los dos gigantes, desempeñaba una función de zona estratégica. Las tropas de unos y otros estaban autorizadas a atravesar puntualmente el pequeño Estado, bajo infinitas precauciones, para preservar la neutralidad del ducado. Sin embargo, la posición de los loreneses era cada vez más difícil de defender. A uno y otro lado de la frontera los Estados Mayores trataban de convencer a sus respectivos soberanos acerca de la conveniencia de invadir el ducado. En esas maniobras, los franceses eran los más activos e involuntariamente acababan de ganar una nueva baza: el marqués de Varennes, comandante de las tropas episcopales, había sido capturado el 26 de mayo por los imperiales entre Delme y Château-Salins.

—En vuestro territorio —afirmó el señor de Locmaria—. Se hallaba bajo vuestra protección. No hará falta que os diga que Su Alteza Real está muy contrariada. Y decepcionada. Ha sido difícil evitar alguna medida coercitiva. El reino entero no alcanza a comprender la actitud lorenesa, pero nuestro soberano es vuestro protector.

Carlingford y Creitzen intercambiaron miradas cómplices. Habían prevenido a Leopoldo acerca del discurso que pronunciaría el marqués francés y, de común acuerdo, decidieron la actitud a adoptar. El duque presentó sus excusas y agradeció al rey su bondad y clemencia.

—Hemos confiado la investigación al señor de Hoffelize, nuestro consejero de Estado, que llevará a cabo las diligencias necesarias para obtener la liberación del señor de Varennes —afirmó.

—Debéis saber que en Versalles hay quienes acucian a Su Alteza Real para ocupar Lorena y Nancy —insistió Locmaria—. Dicen que tenéis malas intenciones hacia Francia.

Leopoldo no se dejó impresionar y evitó replicar a las provocaciones verbales.

—Esas personas están muy mal informadas acerca de nosotros. Esa sería únicamente una decisión extrema y muy osada. He dictado una ordenanza que permitirá a vuestras tropas perseguir en mi territorio a cualquiera que las ataque. Espero que el rey vea en ello una prueba de nuestra inquebrantable voluntad de paz y neutralidad.

La conversación había acabado. El marqués se despidió sin excesivo protocolo, frustrado al haberse sentido dominado por aquel joven soberano al que creía inexperto y que había demostrado ser más coriáceo de lo previsto. Trató de ver a la duquesa, de la que se decía que era más favorable a los puntos de vista franceses que su marido, pero esta se excusó por motivos de salud. Lo que consideró un rechazo diplomático no lo era. Isabel Carlota se hallaba en compañía de Nicolas y del doctor Bagard.

Sus consejeros felicitaron al duque por su actitud ante el representante francés.

—No hay nada que celebrar —respondió Leopoldo—. No dejarán de acosarnos hasta hallar la más nimia excusa para ocupar el ducado. ¿Cuánto tiempo podemos resistir en semejante situación?

—Me han informado de que cuentan con agentes incluso en nuestro palacio —advirtió el padre Creitzen para apoyar la afirmación del soberano.

El comentario divirtió a Carlingford. Ya había desenmascarado a cuatro en el entorno de Leopoldo.

—¿Veis ese criado que nos ha abierto la puerta? Es un espía francés. Le pagan mil ochocientas libras anuales.

—¿Y a qué esperamos para detenerlo?

—Ahora ya es inútil. Le pagamos el doble para que dé a los franceses las noticias que queremos que conozcan. Hemos escrito cartas falsas dirigidas a la casa de Austria, destinadas a ser interceptadas, que demuestran que la casa de Lorena no tiene compromiso alguno con la coalición ni deseo de romper su neutralidad.

—Hemos aprendido y puesto en práctica vuestras lecciones, padre —añadió Leopoldo—, pero me temo que todas nuestras estratagemas pronto habrán llegado a su límite.

El criado al que habían aludido entró y anunció la visita del doctor Bagard, y a continuación se retiró seguido por las miradas intrigadas de los consejeros del duque.

—Mi querido doctor, por fin —dijo Leopoldo, con tono impaciente—. ¿Vais a darme la primera buena noticia del día? ¿Qué me decís?

La sonrisa del médico fue su respuesta. Isabel Carlota estaba embarazada de nuevo.

***

Azlan bostezó, con la mirada perdida, mientras mordisqueaba un pedazo de pan que la hermana Catherine había ido a buscarle. François y él habían trabajado sin descanso desde hacía casi seis horas. El 19 de agosto de 1702 era para ellos sinónimo del peor día vivido en Saint-Charles. La víspera, hacia las diez de la noche, una detonación despertó a los habitantes de la ciudad. Se hallaba en el hospital con el Erizo Blanco, que había creído que se trataba de un trueno. Sin embargo, en todo el día no había habido ni una nube. El joven, intrigado, subió a la última planta, a la buhardilla donde se apilaban camastros y jergones, y abrió la pequeña ventana redonda que daba a una calle. El olor a pólvora invadió su nariz. Al nordeste, en la ciudad vieja, se alzaba una columna de humo. Alrededor de esta las casas eran visibles como a la luz del día.

—¡El arsenal!

Menos de una hora después llegaron los primeros heridos: obreros que trabajaban en el almacén donde se había producido la explosión, quemados, conmocionados, luego vecinos, asfixiados por el humo, y finalmente los socorristas que trataban de controlar el incendio.

—Precisamente el día en que Nicolas se halla ausente —refunfuñó François ante el número de heridos que esperaban a ser atendidos.

Habían aceptado a los cuarenta primeros y priorizado los casos urgentes, dejando en espera los casos menos graves así como aquellos que ya agonizaban. Los siguientes fueron derivados al hospicio Saint-Julien y al hospital Saint-Jean.

Cuando el alba despuntó con sus primeros rayos, el incendio seguía siendo visible desde la ciudad nueva y el olor a azufre flotaba por las calles y las casas.

Azlan terminó su pan y bebió media botella de vino. Estaba sediento. François, agotado, había perdido a dos pacientes por falta de los cuidados necesarios y había ido a descansar.

—¿Qué ha sucedido?

Nicolas acababa de entrar en la cocina, con su bolsa de cuero en la mano, de regreso de Pont-à-Mousson.

—¡Por fin has vuelto! —exclamó Azlan.

Su alivio y el cansancio hicieron que se le saltaran las lágrimas.

—¿Qué ha sucedido? —repitió Nicolas—. ¿Qué es ese olor? ¿Un incendio en las curtidurías?

El joven cirujano le transmitió lo que habían explicado los primeros heridos. Un equipo de obreros había recibido órdenes de trabajar por la noche en una de las salas del arsenal y parte del techo se desplomó sobre las provisiones de pólvora. La mezcla de salitre, azufre y carbón fue trasladada de inmediato a un lugar seco y a cubierto.

—Uno de los obreros ha utilizado un cubo que tenía el culo agujereado. Ha extendido pólvora hasta el almacén principal, adonde trasladaban la mezcla de la sala sin techo. Nadie sabe cómo, pero el rastro se ha prendido y la llama ha llegado hasta la caldera principal. Él y sus camaradas que se hallaban a menos de cinco metros han desaparecido, literalmente. Por lo que respecta a los demás… solo tú puedes salvar a algunos de ellos, Nicolas. Yo te echaré una mano.

—Voy a dejar mis cosas y me reuniré contigo en la sala de curas. ¿Está ahí Waren?

—No tenemos noticias de él.

—Pregunta a los obreros si conocen la composición de su pólvora. Voy a preparar ungüentos y remedios.

Menos de un cuarto de hora después Nicolas ya estaba manos a la obra. Se dio cuenta, ante las heridas, de las dificultades a las que se habían enfrentado sus amigos. Propuso a Azlan que descansara, pero el joven cirujano insistió en permanecer allí. Los primeros heridos, que habían llegado seis horas antes, sufrían fiebre y tenían mucha sed. Ninguno lograba conciliar el sueño debido a la intensidad de los dolores. Sin embargo, el hospital no contaba con opio ni láudano suficiente. Solo quedaban las decocciones de sauce, que se administraron prioritariamente a los obreros del arsenal dada la extensión de sus quemaduras. Las monjas les habían lavado la cara y les habían aplicado bálsamo de almea allí donde había quemaduras profundas. La explosión también había provocado contusiones más o menos importantes. Nicolas entablilló la pierna derecha de un amanuense de la ciudad nueva tras haber reducido diversas fracturas: el hombre, al oír la detonación, se había asomado al balcón para ver el incendio y, aún medio dormido, se cayó. Varios miembros de los equipos de salvamento se presentaron dando muestras de debilidad tras un principio de asfixia. Azlan reunió a los heridos más leves para vigilar el sueño de aquellos intoxicados por los gases desprendidos. Hubo que suturar algunas heridas, eliminar muchos cuerpos extraños en los ojos y atender a una mujer a la que el accidente le había hecho romper aguas.

A primera hora de la tarde, François emergió de su habitación para relevar a Nicolas y a Azlan. A última hora, los tres hombres se reunieron en la cocina para organizar los días venideros.

—Nos faltan remedios —indicó François.

—No tenemos gasas, ni tampoco paños para fabricarlas —añadió Azlan.

—Las monjas andan escasas de alimentos —completó Nicolas—. Y me imagino que los otros hospitales se hallan en la misma situación que nosotros. Ha venido el conde de Carlingford, y el duque nos ayudará. Recibiremos sacos de trigo y la fábrica de paños nos entregará toda su reserva.

—Menudo día… —dijo Azlan.

Distribuyó el pan que quedaba del día anterior. Lo masticaron en silencio. El olor a pólvora quemada aún les llegaba a través de la ventana abierta. El mismo que podían oler durante sus combates en Hungría. Nicolas y Azlan pensaron en ello, pero ninguno de los dos quiso evocarlo. Nicolas cerró la ventana.

—Quería daros una noticia —dijo tras mirarlos muy serio—. Tal vez no os parezca el momento más apropiado, pero quisiera compartirla con vosotros ahora.

François trató de bromear.

—¿Renuncias a los fuegos artificiales para tu cumpleaños?

Azlan le dio una palmada en el hombro.

—¡No seas tonto! Habla, Nicolas…

—La duquesa le ha pedido a Marianne que sea su comadrona para su futuro parto.

Azlan se quedó de piedra.

—¿Eso significa que volverá aquí? ¿Que se instalará aquí de nuevo?

—No.

Al verse con Marianne en el pabellón de caza, Nicolas había decidido confesarle las dudas que su corazón albergaba, sus temores, sin ni siquiera imaginar que ella tenía las mismas dudas y temores. Verse a escondidas cada semana, sin esperanza alguna de una vida en común, no era algo que congeniara con sus naturalezas. Vivían así desde el mes de diciembre y habían obtenido de ello más frustración que placer. Y su ardor se había consumido también. Ambos tenían la sensación de que el otro había cambiado, que no tenía las mismas atenciones ni las mismas exigencias. Y ninguno de los dos deseaba una relación remilgada ni de compromiso. La conclusión se impuso por su propio peso.

—Nuestra relación ha terminado. Marianne es una mujer formidable y la mejor comadrona del ducado. Quería que fuerais los primeros en saberlo. Quería disculparme también por las desavenencias que todo ello ha originado en nuestra amistad. Ahora iré a ver a mis pacientes —añadió Nicolas antes de salir.

François y Azlan, desconcertados ante la noticia, se habían quedado mudos. La campanilla de la cocina los sacó de su estupor. Las monjas los llamaban. La vida seguía.

***

El otoño, que hizo irrupción tras un verano alborotado, fue aún más encrespado. La opinión del rey de Francia oscilaba entre las cartas de su representante permanente en Nancy, el señor de Audiffret, que describía en sus misivas diarias un ducado partidista que favorecía a los imperiales en oposición a los franceses, y las peticiones de Leopoldo, que insistía en su neutralidad y en su abnegación hacia el tío de su esposa.

«Un grupo de húsares llegó hace unos días al pueblo de Hellimer y no tocó los bienes de los loreneses, pero extorsionó a algunos súbditos de vuestra majestad», escribió Audiffret. «Sentiría una lástima enorme si nos imputaran los crímenes de los enemigos en los obispados —respondió Leopoldo—, pues es algo en lo que nada tengo que ver y que ni siquiera se halla en mi mano impedir sin atentar contra la neutralidad que vuestra majestad ha tenido la bondad de concederme.»

A pesar de los esfuerzos de los loreneses, el señor de Varennes aún no había sido liberado. La posición del duque era cada vez más precaria. Todos lo sabían, pero a la vez todos fingían creer que el pequeño Estado una vez más iba a salir airoso de la crisis con su molesto y gigante vecino.

En Saint-Charles, los tres amigos estaban más unidos que nunca. Marianne ya no era un tema de discordia. Se hallaba junto a la duquesa desde el mes de septiembre y se alojaba en palacio. Su presencia había tranquilizado a Isabel Carlota, cuyo embarazo era más difícil que los tres precedentes. Nicolas había escrito a Rosa y esta no le había respondido. Sin embargo, sabía por Azlan que ella había leído la carta. En esta, él la perdonaba y le pedía perdón. A ella le produjo un gran alivio y desde entonces su estado físico había mejorado poco a poco.

Nicolas no había vuelto a tener noticias del juez de Épinal, al que habían enviado un informe de la autopsia que Azlan había reescrito omitiendo indicar la presencia del cuchillo. El fiscal Bourcier, por su parte, había intervenido desplazándose personalmente a finales de septiembre a Épinal. El caso sería archivado.

El campanero se había encaramado a lo alto de la torre de la catedral de Toul para reparar el badajo. Le gustaba la vista de la que disfrutaba desde allí y no se cansaba de admirar la campiña de suaves montes de los alrededores. El pueblo, situado a veinticinco kilómetros de Nancy, estaba muy cerca de la frontera con el ducado lorenés. El hombre llevó a cabo su trabajo y, cuando se disponía a descender, vio la columna de soldados que serpenteaba por las afueras de Toul. Contó cinco batallones y cuatro escuadrones del ejército francés y acto seguido fue a prevenir al prelado. El rey Luis había decidido, bajo la presión de su Estado Mayor, concentrar sus tropas lo más cerca posible del pequeño territorio, última etapa antes de la ocupación del ducado. La noticia corrió por toda la ciudad en menos de dos horas, luego se infiltró en el ducado y llegó a Nancy aquella misma tarde, por boca de los comerciantes que regresaban de una feria agrícola, y allí se expandió como una epidemia de viruela. El peor de los temores loreneses se estaba convirtiendo en realidad. Algunos habitantes se dirigieron espontáneamente al palacio ducal, donde no parecía que reinara una agitación particular, y regresaron a sus casas al hacerse de noche, algo más tranquilos.

Leopoldo había sido prevenido a primera hora de la tarde por sus agentes en el obispado. Convocó al señor de Audiffret y pasó parte de la noche negociando con él las condiciones de una eventual rendición de la ciudad. Trataba de ganar tiempo. Una vez se hubo marchado el francés, durmió unas horas y se levantó al alba, decidido a pelear diplomáticamente hasta el final.

> Vuestra Majestad es el árbitro de mi destino, y lo confío a las manos de Dios y a las suyas. Podéis hacer de mí lo que os plazca. Tengo aún menos voluntad que poder para resistirme a vos.

Leopoldo releyó la carta que acababa de dictar. La fechó el 1 de diciembre y la firmó. Su secretario la dobló, echó la cera y estampó el sello ducal, y acto seguido la entregó al mensajero encargado de llevarla a Versalles de inmediato.

—Esta petición es nuestra última oportunidad —afirmó el padre Creitzen, que estaba sentado en un rincón de la habitación.

—¿Lo creéis realmente? —le preguntó Leopoldo.

Nadie tuvo el valor de responder.

Durante el día, el señor de Audiffret se encargó de finiquitar sus esperanzas, sin aguardar siquiera a que el rey tuviera conocimiento de la última carta de Leopoldo. Comprendió que su suerte ya estaba echada. No era cuestión de sufrir la humillación de una nueva ocupación. El duque mandó llamar a Marianne y le preguntó acerca del estado de salud de su esposa, cuyo embarazo había entrado ya en el último mes. La respuesta de la comadrona facilitó la decisión.

***

Le Sauvage bullía con los últimos rumores acerca del avance de las tropas francesas. Las conversaciones eran muy animadas, a veces de una mesa a otra. Los tres cirujanos de Saint-Charles se habían instalado en su lugar habitual, pero a una hora poco acostumbrada, para almorzar y conocer las últimas noticias.

—Tengo un tío que estaba ayer en Toul y los vio —afirmó uno de los clientes, lo bastante alto para que lo oyera toda la asamblea—. ¡Varios regimientos!

—Mientras no avancen sobre Nancy, pueden hacer lo que les plazca en Francia —objetó otro—. Sin duda se dirigen a Château-Salins para enfrentarse a los imperiales. ¡Yo digo que nos estamos preocupando por nada!

—¿Por nada? ¿Tan poca memoria tienes que ya ni recuerdas que estaban aquí hace solo cuatro años? —dijo un tercero, sentado a su izquierda—. Y yo ni había nacido cuando nos invadieron por primera vez.

—¡Pues que vengan, que vengan y los echaremos! —gritó el primero a la vez que se ponía en pie.

—¿Con qué? —dijo Aubry, que servía las consumiciones sin perderse el debate—. Ni siquiera tenemos murallas para defendernos.

—¡Contamos con el ejército lorenés! —respondió el hombre pomposamente.

—¡Cuatro soldados y cuatro gendarmes, menuda tropa! —intervino François.

—No, me refiero a los regimientos que combatieron con el ejército imperial contra los otomanos —explicó el cliente, y se situó en el centro de la estancia para dirigir su arenga al auditorio—. ¡Yo estuve allí, y otros también! —añadió, y señaló con el dedo a Nicolas y a Azlan—. Si reorganizáramos nuestro ejército tendríamos la posibilidad de defendernos. ¿No es cierto, amigos?

François intervino antes incluso de que sus amigos pudieran responder.

—Esto no es el campo de batalla; es nuestra ciudad y aquí viven nuestras mujeres e hijos. ¿Qué pretendes? ¿Que nos masacren a todos por nada?

El cliente se aproximó con gesto amenazante al Erizo Blanco, que se puso en pie. El individuo le sacaba dos cabezas.

—¡Serás bocazas, si tú ya no tienes esposa, ni hijos y ni siquiera hiciste la guerra! ¿Por qué ibas a darme lecciones a mí? ¿Acaso el regreso de los franceses te conviene?

François se llevó la mano al bolsillo de sus calzones en busca del escalpelo. Nicolas lo advirtió.

—¡Basta! —exclamó con tono autoritario, y se interpuso entre los dos hombres.

—¡No! —gritó Azlan a la vez que empujaba al cliente con ambas manos.

—¡Basta! —repitió Aubry mientras agarraba a François del brazo.

La tensión disminuyó rápidamente. Los dos hombres se excusaron.

—¡La suerte ya está echada! —exclamó una voz a sus espaldas.

Todos se volvieron hacia el recién llegado, un comerciante conocido por poseer la mayor flota de carros de la ciudad. Se acercó al mostrador para que todos pudieran oírlo.

—El entorno del duque ha encargado todos mis carros para esta mañana.

—¿Todos?

—¡Todos! ¡Veinticinco carros! Acabamos de llevarlos al palacio. ¡Si lo hubierais visto, menuda agitación hay allí! ¡Se lo llevan todo! ¡Es el fin, señores! ¡El fin!

***

Isabel Carlota estaba de pie, inmóvil, en el centro del patio interior al que azotaba un viento gélido. La pequeña princesa Isabel Carlota, que contaba dos años, se había dormido en sus brazos. A pesar del volumen de su vientre y de haber pasado la noche en vela, la duquesa se había negado a separarse de su hija. La criatura había tenido pesadillas y había llorado toda la noche. Alrededor de ellas, la agitación había alcanzado el paroxismo. Los criados habían desmontado los muebles y embalado la plata y las joyas, y los cargaban en las carretas que una vez llenas tomaban el camino de Lunéville. Cuantos no participaban en la mudanza se habían reunido en el patio o asomado a las ventanas para asistir, boquiabiertos o llorosos, a la partida de la familia ducal.

Nicolas fue hasta allí desde Le Sauvage. Buscó a Marianne en el patio y luego en el palacio. Carlingford la había visto en los apartamentos de la duquesa, ocupada preparando una bolsa de paños y de ungüentos, pero las estancias ya estaban vacías cuando las recorrió. Presa de una súbita intuición, fue a la torre del Reloj y subió al último piso, encima de la galería de los Ciervos, al fondo del cual se hallaba la única estancia en la que ella habría querido aislarse en semejantes circunstancias: la biblioteca del palacio.

—¡Marianne!

Ella se volvió, con una pila de libros en las manos.

—¡Nicolas! Me marcho con la duquesa —anunció, y los depositó en una bolsa abierta.

—¿En qué estado se encuentra?

—El feto aún no ha dado la vuelta, así que no hay riesgo de un parto prematuro.

—¿Hace falta que os acompañe? ¿Qué ha dicho el duque?

—Lunéville está solo a seis leguas. Todo irá bien. El señor Thirion nos aguarda allí. Él se encargará del parto. No lo he pedido yo —añadió para evitar cualquier malentendido.

Cerró la bolsa y se sorprendió ante el peso de la misma al intentar arrastrarla. Nicolas se la quitó de las manos.

—¡Si pudiera, me llevaría toda la biblioteca! —confesó ella—. Aquí hay libros que dejarían pasmado a nuestro buen Pujol.

Marianne bajó la vista. Había aguantado con valor la tempestad que sacudía el palacio e hizo un esfuerzo para no llorar…

—Hoy ya se han derramado suficientes lágrimas, no añadiré mi arroyo a ese río caudaloso.

Nicolas la abrazó.

—No hay segundas intenciones en mi gesto —la previno.

—Lo sé, no era necesario que lo dijerais, Nicolas. Hoy todos necesitamos ternura. Todos.

Permanecieron varios minutos sin moverse, sin hablar. Del exterior llegaban los gritos de desesperación de la multitud, cada vez más numerosa, que se había agolpado en la Grande-Rue y la place de la Carrière, rodeando con un irrisorio cordón protector a su soberano ante la invasión que se preparaba.

—Debo irme. La duquesa se dispone a partir. No sé si volveremos a vernos. Quería deciros...

Nicolas puso su dedo sobre los labios de Marianne y la interrumpió.

—Callad... Yo también quería decíroslo: habéis sido muy importante para mí. Sin el deseo de veros de nuevo jamás hubiera soportado cuatro años en los campos de batalla. En lugar de palabras, dejemos que sean nuestros ojos los que hablen una última vez.

—¿Queréis hacerme llorar de verdad, Nicolas? —dijo ella con la voz tomada por la emoción—. De hecho, quería deciros que la función de teatro de esta noche ha sido anulada.

La broma era tan inesperada que se echaron a reír, con una risa nerviosa, liberadora, beneficiosa. El reloj de la torre, situado justo sobre sus cabezas, les recordó la urgencia de la situación.

—Cuidaos mucho. Sois la mejor comadrona que jamás he conocido.

—Os deseo mucha felicidad, Nicolas... incluso con la marquesa de Cornelli.

El capitán encargado de su protección fue a comunicar a la duquesa que su carruaje ya estaba listo. Leopoldo acarició los cabellos de su hija y besó a su esposa en un gesto espontáneo de ternura muy poco protocolario. Dirigía las operaciones desde la víspera y su rostro reflejaba la tensión y el agotamiento. El soberano se había quitado la peluca y sus cabellos despeinados acentuaban el sentimiento de debacle de la familia de Lorena.

—Que Dios no permita que nuestro futuro príncipe nazca en la cuneta de un camino —le dijo a su esposa mientras acariciaba su vientre abultado—. Nuestra humillación ya es bastante grande.

—Os prometo que verá la luz en el castillo de vuestro antepasado. Os lo prometo, alteza.

El tratamiento arrancó una sonrisa a Leopoldo. Isabel Carlota nunca lo había llamado así. El coraje de su mujer lo impresionaba. Creía en él y no iba a decepcionarla. No decepcionaría a sus antepasados ni a su pueblo, aunque fuera soberano de un Estado cada vez más reducido.

—Reuníos conmigo cuanto antes —le pidió ella.

—Estaré a vuestro lado esta noche —prometió Leopoldo.

Ella miró por última vez el palacio y subió a su silla de posta. La señora De Lillebonne y todas las personas de su séquito ya se habían instalado en carros que esperaban en la place de la Carrière. Cuando el vehículo que transportaba a la duquesa y a su hija apareció en la calle los habitantes prorrumpieron en aplausos y clamores, pero cuando la silla de posta pasó ante ellos vieron las lágrimas de su soberana. Todos comprendieron que abandonaba Nancy ante la amenaza de las tropas francesas y hubo entonces gritos, llantos y alaridos. El terror se adueñó de la ciudad.

***

La situación en Saint-Charles era la misma que en todos los barrios. Algunos enfermos habían decidido marcharse y otros preferían quedarse. Un religioso, tratado en secreto de unas pápulas de sífilis en el cuerpo, abandonó precipitadamente el hospital con el torso aún untado de sales mercuriales. Un burgués de la rue de la Monnaie, operado con éxito de un cálculo en la vesícula, se dio a la fuga sosteniendo en la mano el drenaje de gasa por el que seguía manando el humor. Los demás ni siquiera podían planteárselo: su estado no les permitía ser transportados.

Nicolas hizo la ronda de los pacientes, acompañado de la hermana Catherine, para tranquilizarlos.

—Los franceses no son los otomanos y no estamos en guerra con ellos. Vuestras vidas no corren peligro —les anunció—. He obtenido del conde de Carlingford que varios guardias sean destinados a la protección de nuestro hospital. No corremos ningún riesgo —insistió.

—A la una se dirá una misa por la salvación del ducado —añadió la monja—. Aquellos que puedan, que participen en la misma. Dios, en su gran misericordia, se apiadará de nosotros.

Las camas de los que habían huido pronto fueron ocupadas por los primeros heridos a causa de los esfuerzos en las mudanzas, y los tres cirujanos trabajaron el resto de la mañana vendando heridas, reduciendo luxaciones o consolidando fracturas. Hacia las dos del mediodía hicieron una pausa y se reunieron en la cocina.

—El miedo a la guerra causa tantos estragos como una batería de cañones —comentó François.

Dejó caer en su escudilla una papilla de avena espesa y pegajosa.

—Empiezo a estar harto de comer lo mismo que los enfermos —añadió, y olisqueó su comida.

—Queda un poco de caldo de ternera —le dijo Azlan—. Podemos calentárnoslo.

—No te diré que no, hijo. Hace frío incluso aquí dentro. ¡Parece que ya han empezado las restricciones!

La hermana Catherine volvió corriendo de la misa con una noticia alarmante. Sin resuello, esperó a recobrar el aliento para informarles.

—En el sermón han dicho que los franceses están a solo veinte kilómetros de la ciudad...

—A estas horas, la duquesa ya debe de estar en Lunéville —tranquilizó Nicolas.

—Pero ¡parece que tienen intención de quemar todos los barcos del Crosne! —añadió ella, como un trueno.

Todas las miradas se dirigieron a François, que acababa de servirse el caldo caliente. Lanzó su escudilla contra la pared.

—¡Eso nunca! —gritó.

No se veía ningún uniforme en los alrededores del puerto. Nicolas se había apostado en el puente de Malzéville para asegurarse de ello, a petición de François, y luego fue a ayudarle a embarcar las cosas que había recogido de forma apresurada.

—Tal vez deberías esperar —propuso Nicolas—. ¿Y si solo fuera un rumor?

—Y la familia de Lorena que huye de Nancy, ¿también es un rumor? —refunfuñó el Erizo Blanco.

Mostró con la mano la agitación que había alrededor de ellos.

—¿Y eso? ¿Acaso también es solo un rumor?

Tres embarcaciones ya habían salido del puerto y otras se disponían a hacerlo y cargaban, como él, víveres y ropas a toda prisa en sus esquifes.

—¡No, Nicolas, esta vez me marcho!

Embarcaron dos grandes baúles en su chalana y los ataron al mástil. François se apoyó en el palo, con la espalda dolorida.

—Te confesaré que en estos últimos tiempos mi viaje en la *Nina* había pasado a ser una quimera. Me hago viejo. Al final, mi sueño se reducía a haberla construido y no a navegar con ella.

—Nos habíamos dado cuenta —confirmó Nicolas—. Se había convertido en una especie de juego entre Germain, Azlan y yo. El único que aún te creía capaz de partir era Azlan.

—¡Buen chico! Lástima que haya tenido que quedarse en Saint-Charles. ¡Bien, creo que lo tengo todo! —exclamó tras verificar su carga.

Se abrazaron.

—Jamás hubiera pensado que nos despediríamos así. Estas cosas no son lo mío, ya sabes —le confesó François.

—¡Mejor, porque pronto estarás de regreso! En cuanto llegues al mar, da media vuelta, no podremos estar sin ti mucho tiempo —añadió Nicolas, cuya emoción también era palpable.

—¡No volveré a poner los pies en el ducado mientras haya franceses! A nosotros dos, solo nos han dado problemas.

Se abrazaron de nuevo. François miró a Nicolas a los ojos y se frotó el mentón con gesto nervioso.

—Hay algo… —empezó—. Hay una cosa, hijo mío, que quería decirte. Que quería decirte desde hace mucho tiempo.

Se rascó el cabello a través de su gorro blanco.

—¿Crees que es necesario, ahora? —preguntó Nicolas.

—Cállate, no sabes de qué quiero hablarte —replicó el Erizo Blanco, incómodo.

—Por supuesto. De los cinco mil francos de la operación del gobernador. Sé que te los quedaste tú.

—¿Cómo...? Pero ¿cómo? —farfulló François, y acto seguido fue incapaz de seguir hablando.

—El caballero De Rouault te confió la bolsa para que me la entregaras. No se fiaba de Malthus.

El viejo maestro cogió su gorro entre las manos y lo retorció.

—Durante todo este tiempo, hace tanto tiempo que te lo quería confesar, pero no he podido, no he sabido... ¡Era tan... difícil! ¡Soy un miserable, un miserable!

—Necesitabas ese dinero para la *Nina* —lo disculpó Nicolas.

—Es cierto que había pedido préstamos para comprar el mástil. Demasiados. Y tenía que devolverlos... ¡Oh, soy un miserable! —repitió François.

—No. Eres un hombre fiel, un hombre de honor. Eres mi amigo.

François apoyó la cabeza sobre el hombro de Nicolas y lloró.

—Es la primera vez —dijo mientras se sorbía los mocos—, la primera y última vez que me ves llorar. ¡Y no es por culpa del duque y de los franceses, no! Sino por haber traicionado a mi mejor amigo y porque este es tan bueno que me ha perdonado.

Se sonó con el bajo de su camisa.

—Pero hay una cosa que tú no sabes —le confió Nicolas—. Yo tenía intención de darte ese dinero.

—¿De verdad? —preguntó el Erizo Blanco a la vez que se enjugaba las lágrimas.

—Sí. Al quedártelo, fue como si hubieras anticipado el pago.

—Pero ¡eso te llevó a la cárcel y al exilio!

—Aprendí mucho de ello. Jamás habría convertido Saint-Charles en lo que es hoy sin mis cuatro años de campaña. Y conocí a Azlan.

—No solo eres el mejor cirujano de todos los reinos habidos y por haber, ¡además eres el hombre más recto que conozco! Y también el más libre.

—Tan libre que he perdido a las dos mujeres que he amado… —se lamentó Nicolas—. Ahora, márchate, de lo contrario aún estaremos aquí despidiéndonos cuando los franceses releven a sus regimientos.

Tras un último abrazo, Nicolas volvió a la orilla, soltó el cabo de amarre y se lo lanzó a François. El Erizo Blanco deshizo los nudos que retenían la vela. Esta se desplegó restallando al viento. La *Nina* estaba lista. Se sentó al timón.

—Hay una última cosa que quería decirte, muchacho: Rosa te ama y tú aún la amas. Eso salta a los ojos, incluso a los míos. No esperéis a que acabe la ocupación para reuniros de nuevo.

—Buena suerte, capitán.

***

Sentado a su mesa de despacho, Leopoldo tuvo conocimiento de los últimos informes de los agentes que seguían la evolución del avance de las tropas del conde de Tallard. Los regimientos franceses habían llegado a Pont-à-Mousson, adonde un centenar de barcos habían transportado artillería y municiones. Se esperaba la llegada de otros procedentes de Marsal con reservas de sacos de trigo.

«Son miles, armados y equipados para un asedio, y nosotros solo unos centenares en una ciudad sin defensas —meditó el duque—. Mañana mismo estarán a nuestras puertas.»

—Todo está ya listo para vuestra marcha, alteza —anunció Carlingford—. Solo me queda aconsejaros que no la retraséis más.

El soberano se puso en pie y fue a saludar al padre Creitzen, cuyo estado de salud no le permitía desplazarse. Asió las dos manos de su antiguo preceptor y las besó como un hijo haría con su padre.

—Ha llegado el momento —dijo el cura alemán articulando con dificultad.

—Sí, ha llegado el momento… —repitió Leopoldo—. ¿Hemos hecho todo cuanto era necesario para resistir?

—No tengáis remordimiento alguno. Evitaréis que vuestro pueblo derrame su sangre inútilmente. Los franceses acabarán por marcharse. Tal vez yo no lo veré en vida —ironizó a la vez que se acariciaba el bulto que tenía en su mandíbula—. Sin embargo, se marcharán. Una vez en Lunéville, seguid ejerciendo vuestro poder, alteza. Dictad leyes, haced que Lorena resplandezca. No serán unos batallones de paso los que os aparten de vuestra tarea: ¡reinad! Así, resistiréis.

La larga parrafada había fatigado al padre Creitzen. Prometió a Leopoldo reunirse con él en cuanto su estado se lo permitiera. Junto con Carlingford, era indispensable para él.

Leopoldo no recorrió el palacio, pues no le despertaba nostalgia alguna. Solo lo había ocupado durante cuatro años y le había parecido triste y de una concepción antigua. Sin embargo, no aceptaba verse obligado a abandonar su capital bajo la amenaza. Se había acordado con el señor de Caillères que las tropas francesas no cometerían ningún acto de violencia ni exacción sobre sus súbditos, pero conocía bien a los soldados en guerra y sabía que un ejército de ocupación se instalaba siempre mediante la fuerza. El duque mandó a buscar a Nicolas para que examinara de nuevo al padre Creitzen, cuyo estado de salud le preocupaba. El soberano quería conocer su diagnóstico antes de abandonar Nancy. Sin embargo, los gendarmes solo dieron con Nicolas cuando este regresó del puerto del Crosne. Eran casi las tres de la tarde y todos los consejeros del duque lo apremiaban para que partiera sin más tardanza. Leopoldo cedió en parte a sus peticiones y fue a los jardines del palacio. Había decidido abandonar la ciudad con la mayor discreción para no asustar aún más al pueblo. Solo lo acompañarían cuatro escoltas. Carlingford había recibido la orden de ocuparse de la transición con el futuro gobernador militar de la plaza.

Nicolas entró en el palacio unos minutos más tarde. El examen del anciano fue tranquilizador: el tumor había aparecido de nuevo, pero no revestía gravedad y la operación del mismo podía esperar varios días. Condujeron al cirujano hasta Leopoldo, que se hallaba al fondo del jardín, junto al bastión de Vaudémont por el camino de ronda. Discretamente, habían llevado unos caballos al otro lado del foso. Más lejos, en el camino de Lunéville, una silla de posta tomaría el relevo.

Tranquilizó al soberano acerca del estado de salud de su mentor.

—Cuidad de él —pidió el duque—. Es como si fuera de mi familia. Y solo confío en vos. Y también porque solo confío en vos he querido veros antes de partir. Tengo una misión que encomendaros. Una misión que debe permanecer en secreto hasta mi muerte.

Nicolas asintió.

—Caballeros, ¿nos dejáis unos minutos a solas? —ordenó Leopoldo.

—Pero ¿qué hace? —murmuró Carlingford, que vigilaba su partida desde una de las ventanas de los apartamentos.

Los escoltas se habían alejado durante el aparte de Leopoldo y Nicolas. El conde atravesó el patio y luego los jardines a toda prisa, y después se puso a gesticular cuando divisó a los dos hombres en la punta del bastión.

—¡Alteza, tenéis que marcharos! Contáis con una protección muy reducida y el paso del tiempo podría permitir a personas mal intencionadas disponer las cosas para interceptaros. ¡Si os retrasáis, no contaremos con el efecto sorpresa!

—Hemos acabado —indicó Leopoldo, a la vez que miraba fijamente a Nicolas—. No olvidéis vuestra misión, maese Déruet —susurró al marcharse.

El pequeño grupo cruzó el prado que rodeaba el este de la ciudad. Carlingford y Nicolas los siguieron con la mirada hasta que los jinetes desaparecieron por el sendero que conducía a Bonsecours.

***

A la mañana siguiente, a las diez, las tropas francesas entraron por la puerta de Notre-Dame, que fue abierta tras una simbólica resistencia. Los primeros regimientos ocuparon posiciones en la place de la Carrière, desde donde el conde de Tallard entró en el palacio ducal. El resto de las unidades se posicionaron en la plaza del mercado de la ciudad nueva. Poco después de su llegada, los soldados recibieron las órdenes de alojamiento y tomaron posesión de sus habitaciones en las casas de los habitantes, quienes se mostraron desconcertados o abatidos. La cohabitación tenía que volver a empezar.

Carlingford, que se había negado a ver el espectáculo de la revista de las tropas y la ceremonia de izar la bandera, permaneció en su despacho. El señor de Caillères había ido a dar la bienvenida al Estado Mayor a la puerta de entrada y se comportaba como si fuera el dueño de la casa. Les acompañó en una rápida visita del palacio. La desolación que se leía en los rostros de aquellos que se habían quedado contrastaba con la alegría de los militares recién llegados. El conde se sometió a la costumbre y fue a saludar, en nombre del duque, a Tallard y a sus ayudantes de campo. En el momento de retirarse, uno de ellos lo retuvo.

—Conde de Carlingford, excelencia, quisiera hablaros de un asunto importante. Me llamo De Maisonsel. ¿Podéis dedicarme unos minutos?

Se apartaron del grupo en compañía de otro oficial que no se presentó.

—Tenemos razones para creer que se halla en Nancy un hombre buscado en Francia por un delito de la mayor gravedad. Un crimen contra un representante de nuestro reino.

—¿A qué os referís? ¿Sabéis quién es? —preguntó secamente Carlingford.

—Se trata del cirujano Nicolas Déruet, que perpetró un asesinato en la persona del gobernador de Nancy, hace de ello ocho años —respondió De Maisonsel, a quien la situación parecía incomodarlo.

—Es mi deber informaros de que estáis en un error y que el señor Déruet fue declarado inocente a su regreso al ducado. Así quedó sentenciado —respondió Carlingford.

—Y nosotros tenemos una sentencia que lo condena —exclamó el segundo oficial al tiempo que le tendía un papel.

Carlingford lo leyó y lo devolvió sin ocultar su enojo.

—Vuestra condena carece de valor, pues emana de un juez francés en un caso que se produjo en nuestro Estado. Vuestro documento ha prescrito, ¿señor…?

—Soy el coronel Courlot. Jean-Baptiste Courlot.

—Vuestro nombre me es familiar —dijo Carlingford, que acababa de identificarlo.

—Yo era el médico del gobernador De Rouault cuando se produjeron los hechos.

—Lo lamento, pero para nosotros el señor Déruet es inocente. Definitivamente. Y vuestra presencia no cambia las cosas. Nuestras leyes siguen en vigor en nuestro Estado. Ahora, caballeros…

—Por supuesto —afirmó De Maisonsel—, sentimos haberos importunado en semejante momento.

El conde se despidió de ellos, pero Courlot lo retuvo de nuevo.

—¡Esperad! Quisiéramos verlo para interrogarlo. Huyó de nosotros hace ocho años. Si es inocente, como pretendéis, no debe temer nada.

Carlingford volvió sobre sus pasos y miró al francés de arriba abajo.

—¿No será que tenéis una cuenta personal que saldar, señor Courlot?

—Solo trato de reparar una muerte ignominiosa —respondió el oficial alzando el mentón.

—Una operación arriesgada que se complicó —corrigió el conde.

—¿Dónde está?

—No lo sé. Se marchó del ducado hace mucho —mintió Carlingford.

—Vuestra información es inexacta, excelencia —se rió Courlot—. Pedimos al señor de Caillères que lo investigara y, hace una semana, ese cirujano ejercía en uno de vuestros hospitales.

—Por Dios, en tal caso, ¿por qué me hacéis preguntas de las que ya conocéis la respuesta? —se indignó Carlingford—. ¡Señor De Maisonsel, por favor! —añadió dirigiéndose al ayudante de campo, cuyo apuro era evidente.

—Nada más lejos de nuestra intención que provocar un incidente, excelencia —respondió De Maisonsel—, y por ello os pedimos oficialmente permiso para ir al hospital Saint-Charles a interrogar al señor Déruet. Nada más.

—¿Nada más? —ironizó Carlingford—. Como gustéis. Os prohíbo, sin embargo, el menor escándalo en nuestro hospital, ¿me habéis comprendido? Os haré personalmente responsable de ello, señor De Maisonsel.

—Podéis contar conmigo, excelencia.

Una vez a solas, el conde corrió hacia el capitán de la guardia lorenesa y le resumió la situación.

—Llevaos a los haiduques, conocen bien a Nicolas. Si es necesario, registrad todo Nancy, pero es imprescindible que deis con maese Déruet. Si cayera en manos de los franceses, se lo llevarían del ducado y sería su fin. ¡Vamos!

Carlingford se sentó y suspiró: el día superaba con creces sus previsiones más pesimistas.

***

Nicolas vio entrar a las tropas en la ciudad vieja y regresó a Saint-Charles. Azlan no se había presentado por la mañana. Ante la ausencia de sus dos amigos, el servicio parecía desierto. Aguardó un rato y, al no aparecer ningún paciente, decidió ir a buscar al joven a casa de Rosa. Al llegar a la rue Naxon se halló ante cuatro oficiales franceses que iban a tomar posesión de su alojamiento. Claude, que lo había visto vacilar delante del porche, se aproximó a él y le dijo que ni Rosa ni Azlan se hallaban allí.

Nicolas regresó al hospital maldiciendo a su amigo y asistente. Habían dado ya las doce del mediodía y aún no había comido nada. Se detuvo en la cocina, también desierta, y engulló una papilla de avena ante la que François hubiera puesto el grito en el cielo. Hacía ya un día que el Erizo Blanco se había marchado y ya lo echaba de menos. ¿Acaso habría naufragado a pocos kilómetros y esperaba el momento para regresar? Aquella idea lo hizo sonreír.

La campanilla sobre la puerta tintineó. Ese sonido había sido también el origen de las iras homéricas de su amigo, que a punto estuvo en varias ocasiones de cortar el cordón con su escalpelo. Se puso en pie, intrigado. En lugar del toque habitual, tres o cuatro veces, sonaba al voleo, sin detenerse. Como las campanas cuando dan la alarma.

La hermana Catherine se hallaba sola en la sala de curas cuando entraron los soldados franceses a las órdenes del señor Courlot. De Maisonsel había sido requerido por el conde de Tallard y el coronel médico lo aprovechó para ocupar el hospital. La monja trató de oponerse a ellos, pero el francés ordenó que se registrara todo el edificio. Con la excusa de que debía acabar algunas curas, se encerró en la sala y trató de prevenir a Nicolas haciendo sonar la campanilla.

La cocina se encontraba vacía cuando entraron los militares. La ventana permanecía abierta y los restos de la comida aún estaban calientes. Courlot lanzó a sus hombres tras la pista del fugitivo. Nicolas se había refugiado en la estancia más apartada el edificio, la que servía de vertedero para los paños o ropas que había que quemar, así como los humores que se arrojaban directamente al vecino curso de agua. Aquel lugar olía a cloaca. El cirujano había actuado por reflejo, sin comprender qué sucedía.

A través de los nudos de la puerta de madera Nicolas vio a varios soldados que se dispersaban por el patio. Su oficial parecía nervioso. Pasó una primera vez frente a la puerta. Nicolas no lo reconoció. Uno de sus hombres lo llamó desde una ventana del primer piso: habían hallado su habitación y exhibían sus libros de anatomía antes de lanzarlos al patio. El cirujano ahogó un grito.

El olor pestilente que desprendía la habitación hizo que el francés se volviera y trató de abrir la puerta, sin éxito. Pegó el ojo contra una de las grietas de la madera, pero la oscuridad no le permitió distinguir nada.

Nicolas vio su rostro, que no le era desconocido, pero aún no comprendía por qué se hallaba en peligro.

—¡Coronel Courlot! —gritó la hermana Catherine al entrar en el patio—. Si no os marcháis de aquí de inmediato, ¡me veré obligada a quejarme a vuestra jerarquía! Hoy no hay aquí ningún cirujano.

El nombre del oficial le causó el mismo efecto que un tizón en una herida. Nicolas se puso de puntillas y abrió el tragaluz.

Mientras discutía aún con la monja, el oficial observaba insistentemente la puerta. Algo lo intrigaba. Se acercó y hundió su daga en la cerradura. En el interior, la llave cayó. Alguien se había encerrado.

—¡A mí, venid a derribar esta puerta! —gritó Courlot.

Nicolas había saltado al arroyo Saint-Thiébaut. El agua le llegaba hasta los muslos y se le había metido en las botas, cosa que le impedía avanzar más deprisa. Se las quitó y prosiguió su camino. El agua estaba tan fría que ya no sentía la planta de los pies. En el momento de cruzar la rue Saint-Dizier, se ocultó bajo los troncos de madera del puente: un regimiento de artilleros franceses subía por la calle hacia la ciudad vieja. Estaba tiritando. Los militares tardaban en alejarse. Alrededor de él, el agua cambió de color y el olor a cieno se mezcló con el de la sangre. El matadero se hallaba muy cerca y los carniceros habían sacrificado a los animales. La mitad del esqueleto de una vaca pasó junto a él, arrastrada por la corriente. Desde arriba, los soldados la vieron y se divirtieron disparando contra ella con sus mosquetes.

Nicolas prosiguió su avance hasta el puente Moujat, donde alcanzó la orilla para llegar hasta la calle. Se hallaba a pocos metros del único lugar donde podría secarse y calentarse sin arriesgarse a ser descubierto.

***

Bogdan, el haiduque, decretó una pausa en su búsqueda. Había dejado su botella de vino junto a los camellos y las mulas que guardaban en la dependencia del bastión de Haussonville. El hombre tenía la misión de registrar los barrios del sur de la ciudad vieja para dar con Nicolas, pero había regresado con las manos vacías. Se había tomado aquella misión muy a pecho, puesto que apreciaba enormemente al cirujano tras la operación que este le hizo en la pierna, salvándole así el miembro y su dignidad de guerrero. Gracias a maese Déruet, Bogdan aún podía correr con ambas piernas, aunque los prados de Lorena no tuvieran el mismo sabor que las estepas húngaras.

Cuando llegó a las arcadas donde se hallaban los animales lo intrigó un olor inusual. Era un olor que solo él podía detectar. Entre la peste de los excrementos que cubrían el suelo, distinguía un hedor nuevo, mezcla de cieno y de carroña. Descubrió unas ropas tiradas por el suelo, entre dos camellos. Bogdan las olió para confirmar que eran el origen del hedor, pero ya estaba seguro de ello. Desenvainó su cuchillo.

—¡Guarda el arma, no temas! —dijo una voz detrás de él.

—¡Maestro! —exclamó el haiduque al descubrir a Nicolas, que solo llevaba puesta la ropa interior—. ¡Me alegro mucho de haberos encontrado!

Bogdan le explicó al cirujano la situación y la misión que le habían confiado.

—Me parece, a la vista de los hechos, que soy yo quien te ha encontrado —bromeó el cirujano antes de que un estremecimiento recorriera su cuerpo—. Tengo frío —añadió—. La paja apenas me ha secado y tu vino no ha conseguido que entre en calor.

—No os mováis, voy a buscaros ropa limpia. Luego iremos al convento del Refugio.

—¿Al Refugio? ¿Por qué allí?

—¿Por qué? —preguntó a su vez el haiduque a la par que se rascaba la cabeza—. ¡La verdad, no lo sé! Esas son las órdenes: el que os encuentre debe llevaros al Refugio. ¡Y cobra una buena prima de Carlingford! Pero, por vos, ¡lo habría hecho aunque no hubiera dinero de por medio! —añadió, y se alejó.

El trayecto era arriesgado: el convento se hallaba en el extremo sur de la ciudad nueva y tendrían que atravesarla. Bogdan le había proporcionado el uniforme de gala que vestía el día de la entrada triunfal del duque en la ciudad: una chaqueta verde con galones de plata, sombrero con plumas de faisán y unas botas, sin rodilleras, cuyos talones de hierro resonaban sobre los adoquines a cada paso.

—Búscame otra ropa —le pidió Nicolas cuando se vio con el uniforme puesto—. Esto es demasiado llamativo.

El soldado, que había aprovechado para renovar su provisión de vino, bebió un buen trago.

—No, ¡esa es la idea! —respondió—. Así vestido parecéis un embajador o un rico comerciante acompañado por su escolta. Los franceses buscan a un lorenés que se esconde, no a un extranjero que se pavonea. ¡Vamos, cojamos las mulas!

La singular pareja abandonó el bastión y rodeó la ciudad por el barrio del oeste. Se aproximaron a la puerta de Saint-Jean y pudieron constatar que estaba vigilada por una decena de hombres armados que comprobaban la identidad de todos los que salían, entre las protestas de los habitantes que deseaban cruzar la puerta y tenían que aguardar una larga cola. Nancy estaba cerrada.

—Pronto se fijarán en nosotros —anunció Bogdan, y señaló con el dedo una patrulla que se acercaba a ellos al salir de la place Saint-Jean.

Nicolas no compartía la excitación del haiduque, que parecía tomar aquella persecución como un juego. En el momento de cruzarse, Bogdan saludó a los soldados y se dirigió a ellos en húngaro. Uno hizo signos de que no comprendía la lengua y les dijo que siguieran su camino.

—Les he dicho que éramos dos fugitivos que habíamos escapado —fanfarroneó Bogdan—. ¡Me encanta provocar a los franceses!

—La próxima vez espera a estar solo para hacerlo, si no es molestia. ¡He conocido a algunos que hablan húngaro! —previno Nicolas.

—¿Ah, sí? —exclamó el haiduque—. No había pensado en eso.

El convento estaba a solo trescientos metros y la calle por la que avanzaban, entre las fortificaciones, era poco frecuentada. La rue Saint-François desembocó en el bastión de Saurupt, donde un grupo de soldados montaba varias piezas de artillería en un terraplén y apilaba reservas de balas junto a ellas. Los militares hicieron una pausa para observar a los dos hombres y no les prestaron más atención.

El Refugio estaba a la vista. Descendieron de sus monturas y recorrieron los últimos metros a pie. Bogdan llamó con la aldaba a la puerta de la esquina entre la rue des Ponts y la rue des Remparts, en cuyo frontón la inscripción «Gloria a Dios» había sido cubierta por la pátina del tiempo. El grácil rostro de una monja enmarcado en su cofia blanca apareció.

—Soy…

—Lo sé —le interrumpió—. Entrad.

Atravesaron el jardín interior de árboles frutales, arbustos y paseos rectilíneos.

—Os habíamos visto ya hace rato —confesó ella, y señaló una verja que daba a la calle—. ¡Nuestras pensionistas las primeras! No sé cómo habéis logrado llegar hasta aquí sin problemas, con todo ese jaleo.

Nicolas se volvió hacia Bogdan, pero este había desaparecido.

—Soy la madre superiora, la hermana Marie-Dorothée. He asumido la carga de la congregación tras la muerte de la hermana Janson —explicó—. Yo me hallaba presente cuando trajisteis al pequeño Simon.

Nicolas estaba haciendo un esfuerzo por recordar el rostro de la antigua asistente de la hermana Janson.

—He engordado, desde entonces —aclaró ella—. ¿Cómo está ese diablillo de Simon? ¡Me costó muchas noches en vela!

Entraron en el claustro por un patio de arcos bajos y columnas delgadas, y de ahí pasaron al locutorio. La sala estaba desnuda, a excepción de un crucifijo sobre la puerta y un cuadro que representaba a la fundadora del Refugio, Élisabeth de Ranfaing, con hábito de monja, un libro abierto en una mano y tres corderos blancos a sus pies.

—Aquí es. Os dejo. No os preocupéis por los franceses. Nunca han logrado entrar hasta aquí.

Al quedarse solo, Nicolas se quitó el sombrero y la chaqueta bajo la mirada de la señora de Ranfaing, que le pareció inquietante y extraña. Se sintió mejor sin el uniforme de haiduque y trató de pensar. En dos días, todos sus allegados habían desaparecido. La puerta por la que las internas entraban al locutorio chirrió levemente.

—Buenos días, Nicolas —dijo una voz familiar.

***

Rosa de Cornelli se hallaba frente a él. Pálida y ligeramente más delgada.

—Estoy bien, me encuentro mejor —sonrió ella al adivinar sus pensamientos.

Guiado por un impulso espontáneo de ternura, quiso abrazarla, pero se retuvo y ella se dio cuenta.

—Me alegro de veros, Rosa —respondió, consciente de su actitud titubeante—. Incluso en tan extrañas circunstancias —añadió como si quisiera justificar su rubor.

—Tenemos poco tiempo. Estoy aquí para ayudaros —anunció la joven marquesa.

Carlingford había ido a verla, así como Azlan, a última hora de la mañana para explicarle las intenciones del coronel Courlot.

—El conde está convencido de que, si cayerais en sus manos, os enviarían a Francia, antes incluso de que el duque pudiera protegeros, y allí os encarcelarían sin un nuevo juicio. Y soy de su misma opinión. Debéis huir —aseguró Rosa.

—¿Cómo? ¡Todas las puertas de la ciudad están vigiladas por los franceses!

—Hay una manera, pero deberéis confiar en nosotros.

—¿Nosotros?

Rosa esbozó una sonrisa.

—Azlan y yo. Os espera a las afueras de la ciudad. Ha decidido partir con vos.

—Azlan…

—Creed que no ha sido fácil para él —añadió—. Tanto lamentaba dejarme a mí como dejaros a vos en esta tesitura.

Por primera vez desde que se habían reencontrado la miró a los ojos y comprendió que Rosa le había amado como nadie. Que había sido su gran oportunidad. Se dio cuenta de que la cólera que lo había apartado de ella solo ocultaba sus propios sentimientos: seguía locamente enamorado de ella.

Se acercó a Rosa, tanto que sintió el perfume de su cuerpo bajo el de las fragancias sutiles de los aceites esenciales, que percibió su aliento, que vio el movimiento imperceptible de la vena bajo la piel de su cuello, tanto que sus miradas se fundieron.

—Rosa…

—No digáis nada, las despedidas no son mi fuerte. Abrazadme por última vez.

La estrechó contra él dulcemente.

—Rosa, quería deciros que os amo, os amo de todo corazón. Os amo y siempre os amaré —murmuró a su oído.

Ella respondió apretándose con más fuerza entre sus brazos, hasta ahogarse.

—Y vos… ¿Aún me amáis tras todo lo sucedido? —preguntó él, y sintió que el corazón se le salía del pecho.

—Ángel mío… —susurró ella.

La emoción de Rosa ahogó sus palabras. La apartó delicadamente y la asió de las manos.

—¿Queréis partir conmigo, Rosa?

La petición sorprendió a la joven, que abrió los ojos como platos.

—¿Ahora? —inquirió, incrédula.

—¡Sí, ahora! Recordad nuestro primer encuentro. Me dijisteis…

—«Llevadme con vos. Quiero ser libre…» ¿Cómo iba a olvidarlo? Vos antes me habíais dicho…

—«Cuando se ponen los pies en el suelo, rara vez es sobre seda...»

—Y teníais razón. Varias veces me he quemado al caer sobre ese suelo. Pero ¡con vos también me he alzado de él a menudo!

—¿Queréis acompañarme? —repitió Nicolas, esperanzado.

—¿Es una petición de matrimonio, maese Déruet?

—No es una petición según la costumbre, pues deberemos huir lejos del ducado tal vez durante mucho tiempo. Pero os lo prometo: me casaré con vos, ¡tardemos lo que tardemos!

El rostro de Rosa se había transfigurado. Su mirada resplandecía. Era su respuesta: ya nada podría separarlos.

—Y yo que soñaba con enseñaros Italia, ¡qué mejor momento! —bromeó ella—. ¡Vamos, no hagamos esperar a Azlan!

—¿Cómo nos reuniremos con él?

—¡Poniendo los pies sobre el suelo, ángel mío!

De todas las internas, Joséphine Mabillon se ofreció voluntaria para acompañarlos. Llegada tres meses antes, conocía al dedillo el trayecto puesto que lo había hecho decenas de veces. También sabía a qué se arriesgaba si la sorprendían con un fugitivo.

—Sin embargo, tengo una deuda con vos —añadió dirigiéndose a Nicolas—. ¡Vos me evitasteis la prisión de las clarisas en Pont-à-Mousson!

Joséphine prendió una tea y se la tendió a Nicolas, y señaló con la suya el pasillo oscuro situado al fondo de la bodega principal.

—¡El subterráneo del Refugio! —indicó ella con orgullo al descubrir un pasillo abovedado—. Este pasillo es lo bastante alto y ancho para que pase por él un carro.

—¡Con su camello! —precisó Nicolas, impresionado por la construcción—. ¿Sabíais de su existencia, Rosa?

—No podía ser de otra manera: fui yo quien financió su construcción —respondió ella, divertida ante las muecas de sorpresa de su amante.

La madre Janson, como mujer prudente, le puso una condición a la joven marquesa a cambio de permitir que Simon se marchara con Marianne: proporcionarles el dinero suficiente para construir un túnel entre el convento del Refugio y los huertos que las monjas poseían al otro lado de las fortificaciones de la ciudad ducal.

—La madre superiora no quería que las internas tuvieran que cruzar la puerta de Saint-Nicolas para ir y venir del convento a los huertos —precisó Rosa—. Debían estar al abrigo de las miradas ajenas, en razón de su supuesta mala reputación. Y para evitar las tentaciones de unas y otros.

—¿Carlingford estaba al corriente de ello?

—Por supuesto, firmó el permiso de obras en nombre del duque. Fue a él a quien se le ocurrió la idea de ocultaros en el Refugio. El subterráneo no es muy largo, pasa bajo las murallas y el foso y desemboca en sus tierras, a unos cien metros. Ahí nos espera Azlan, con Claude… ¿Por qué sonreís, ángel mío? —preguntó Rosa, intrigada.

—Este lugar me recuerda a otro, muy lejos de aquí pero muy parecido —dijo a la vez que apoyaba la mano sobre la pared de piedra vista.

—¿Todos conducen a la libertad?

—Esa es su pretensión. Y su perfume —añadió Nicolas mientras olía el aire.

El grupo avanzó rápidamente por el túnel rectilíneo. Al cabo de apenas dos minutos, Joséphine, que iba a la cabeza, se detuvo.

—Aquí os dejo —dijo, y levantó su antorcha para iluminar el espacio ante ellos.

El túnel acababa en una escalera cuyo tercio superior estaba bañado por la luz exterior. En lo alto, frente a una verja abierta, la silueta de Azlan les hizo una señal.

Dieron las gracias a Joséphine, que los saludó y los miró ascender los treinta peldaños.

—No sabía que la felicidad se contara por pasos —murmuró Rosa, y apretó con más fuerza la mano de Nicolas.

En lo alto de la ascensión, las tres siluetas se fundieron en una sola.

El 11 de noviembre de 1714 el último regimiento francés abandonó Nancy y entregó las llaves de la ciudad a los loreneses.

El 12 de julio de 1715 se inscribió en el registro de la parroquia de Saint-Epvre el matrimonio de Nicolas Déruet y de la marquesa Rosa de Cornelli, celebrado por el señor cura Fournier, en presencia de Azlan de Cornelli y de Su Alteza Real el digno y poderoso Leopoldo, duque de Lorena y de Bar.

El 20 de diciembre de 1718 se inscribió en la parroquia de Saint-Thiébaut, celebrado por el señor cura De Lory, el nacimiento y bautizo de Marie-Jeanne Déruet de Cornelli, hija de Nicolas y Rosa Déruet de Cornelli…

Epílogo

Martes, 22 de marzo de 1729

Una niebla primaveral ondulaba sobre las torres sin techar del castillo en construcción y le conferían el aspecto de un edificio en ruinas. Las obras no habían avanzado y un forastero de paso hubiera visto un paisaje de desolación. A Leopoldo le divirtió la idea. «Lo que la realidad muestra a nuestros ojos no siempre es lo que pretende ser», pensó.

El príncipe Beauvau-Craon lo sacó de sus meditaciones.

—Alteza, tenemos que regresar o llegaremos tarde al oficio.

La futura residencia, situada en tierras de Ménil, estaba destinada a Marc de Craon y su esposa. El duque había ido a visitar las obras, que pagaba de su fortuna personal, más en razón de los vínculos que lo unían a Anne-Marguerite de Craon que por la simpatía que sentía hacia su marido.

«No hay culo mejor pagado sobre la faz de la tierra», escribió la Princesa Palatina, madre de Isabel Carlota, al respecto.

La duquesa de Lorena estaba inquieta a causa de las considerables sumas que su marido dilapidaba en esa relación, bajo cuya dependencia amorosa se hallaba desde hacía veinte años.

Leopoldo se sentía ligero y feliz de ofrecer a su amante una vivienda digna. Había proyectado reunirse con Anne-Marguerite aquella misma tarde para describirle con detalle su visita y se regodeaba ya del dulce momento que pasaría junto a ella. El duque echó una última mirada al castillo, y los dos hombres se dirigieron hacia la carroza que los esperaba a un centenar de metros, en el sendero que las lluvias de la víspera habían embarrado.

Un riachuelo los separaba del camino. El príncipe de Craon llamó al cochero para que les llevara una tabla para cruzar.

—¿Acaso ya somos unos viejos a los que hay que ayudar a cruzar un arroyo? —bromeó Leopoldo.

Le entregó su bastón a Marc de Craon y, sin tomar impulso, quiso saltar para cruzar el riachuelo. El talón de su zapato izquierdo se hundió en la tierra blanda y le hizo caer al agua.

—¡Alteza! —exclamó el príncipe cuando el cochero y los escoltas corrían para ayudarlo.

Leopoldo se levantó solo e hizo que tiraran de él para salir del agua. Se frotó las costillas, pues había recibido un fuerte golpe en el pecho al caer al suelo, y luego la nuca: estaba indemne.

—Estoy bien —confirmó.

—¡Alabado sea Dios! —dijo Marc de Beauvau-Craon—. Alteza, estáis empapado, regresemos a Lunéville para que podáis cambiaros.

—No, me secaré en la carroza. Vayamos al oficio de los capuchinos sin más tardanza. No habléis de esto en vuestro entorno, no quisiera que llegara a oídos de Anne-Marguerite —respondió Leopoldo.

El príncipe, que no ignoraba la naturaleza de la relación entre su soberano y su esposa, asintió. Había sacado provecho de la magnificencia del duque, por lo que consideraba una indemnización de su infortunio conyugal, y quería seguir disfrutando de la misma.

Leopoldo se secó con ayuda de las mantas con las que se cubría durante los trayectos. Le entregó las mismas y la peluca —que en la caída había ido a parar al riachuelo— a su criado y se estremeció antes de instalarse en el habitáculo.

Domingo, 27 de marzo de 1729

El caballo resoplaba a cada respiración. La espuma alrededor del bocado salía despedida a medida que avanzaba. Trotaba o galopaba desde hacía casi tres horas, respondiendo como podía a la exigencia de su jinete, del que sentía el nerviosismo. Joseph de Gellenoncourt, capitán del destacamento de la gendarmería de Lunéville, estaba a la vez tenso y concentrado en su misión. Nada podría impedirle llevarla a cabo, ni las bandas de ladrones que rondaban por los bosques de los alrededores de Nancy, ni las condiciones climáticas. Pero todo se veía tranquilo, vagabundos y nubes por igual. Se sentía capaz de afrontar cualquier peligro para llegar a tiempo. Maese Déruet era su última oportunidad. Las primeras luces de las casas se hallaban a la vista.

Nicolas dejó la aguja que había utilizado para suturar la herida y se quitó sus quevedos. Las gafas le pellizcaban la nariz, pero le eran indispensables para las operaciones, incluso para las más sencillas.

—Esta vez aún no nos dejaréis para reuniros con vuestro Señor —aseguró al enfermo.

El padre Lecouteux era uno de sus más antiguos pacientes y sin duda alguna el más viejo de todos. Tenía ochenta y ocho años y seguía al frente de su parroquia de Nomeny, ayudado por un cura joven que su jerarquía le había impuesto. El sacerdote dio las gracias al cirujano y evocó con él uno de sus numerosos recuerdos de las veladas que habían pasado juntos hablando de teología y de medicina. A lo largo del tiempo las opiniones de Nicolas se habían apartado cada vez más de las convicciones del cura, que trataba, ya sin esperanza alguna, de conducirlo al recto camino de la fe.

En el momento de partir, Nicolas le dejó las instrucciones para las curas, se despidió y se puso sus mitones rojos y brillantes.

—¡Maestro! ¡Maese Déruet! —gritó una voz desde fuera.

Antes de que tuvieran tiempo de reaccionar oyeron pasos en el pasillo. El cura abrió la puerta y el hombre entró, sin resuello.

—¡Venid, deprisa, nuestro soberano se está muriendo! —gritó Joseph de Gellenoncourt.

Los nubarrones, de un azul de Prusia, parecían haber empujado el día, del que ya no quedaba más que un rayo horizontal pegado al lejano oeste. El cazador furtivo salió del bosque y se sentó bajo un abeto aislado, de ramas gruesas y vigorosas, cuyas espesas agujas lo protegían de la lluvia en cualquier estación. Colgó una liebre muerta de la rama más baja y con gesto preciso tiró de la piel, que se desprendió como una media. Su perro, que observaba la escena, se acercó, olisqueó la carne aún caliente y trató de apropiársela. Sin embargo, la liebre estaba atada demasiado alto y el chucho solo logró golpearla con una pata. El animal se balanceó colgado de la cuerda y eso hizo reír al hombre. El perro se volvió y ladró al paso de dos jinetes, uno de ellos un gendarme, que ni siquiera prestaron atención al furtivo. Este desató rápidamente su botín y los vio desaparecer en dirección a Nancy preguntándose qué podía ser tan urgente para que ni siquiera se hubieran fijado en él. Su familia tendría qué comer esa noche: lo demás no tenía importancia.

—¿Qué pasó tras su caída? —preguntó Nicolas antes de espolear su montura.

Leopoldo acabó el día sin alterar el protocolo. Por la noche sufrió una fiebre repentina muy alta acompañada de escalofríos. Los médicos ordenaron una sangría que no disminuyó los síntomas.

—El miércoles, Su Alteza sufrió una pleuresía —le informó Gellenoncourt—. Se le dieron remedios de todo tipo, pero no surtieron efecto. Ayer pidió a su primer médico que os llamara, aunque recibimos órdenes de esperar. Confiaban en una mejoría.

La noche había vencido definitivamente al día y las sombras alrededor de ellos se fundían en magmas de contornos difusos.

—Esta mañana el estado de Su Alteza ha empeorado. Os ha requerido de nuevo, pero no ha sido hasta primera hora de la tarde cuando me han ordenado ir a buscaros. Está muy débil y ha escupido humores sanguinolentos. Lo salvaréis, ¿verdad?

Nicolas decidió que debían separarse. Mientras él se dirigía directamente a Lunéville, Joseph de Gellenoncourt tomó la dirección de Nancy. Entró en la ciudad, que se preparaba para una noche amarga, y fue al hospital Saint-Charles. Una vez prevenido, Azlan hizo acopio del máximo de remedios en un gran baúl y partió, acompañado del gendarme, en una silla de posta. Llegaron al castillo a última hora de la tarde, hacia las ocho. En cuanto descendió del vehículo, Azlan vio las lágrimas en todos los rostros y comprendió.

Nicolas se había situado en un rincón de la habitación, alejado de la cama mortuoria en la que reposaba el cuerpo sin vida de Leopoldo. El duque había fallecido hacia las cinco y media de la tarde, tras recibir la extremaunción. Al anunciarse la nueva, numerosos habitantes acudieron al castillo, incrédulos, y desde entonces desfilaban, cada vez más numerosos, ante el cadáver de su soberano. La atmósfera era irreal: todos los presentes, nobles y plebeyos, potentados y miserables, se confundían en el dolor y formaban una marea incesante que rompía como las olas ante el duque. Él era su roca, pensó Nicolas para justificar las reacciones de extrema tristeza que abatía tanto a los allegados de Leopoldo como a los desconocidos.

Cuando Azlan se reunió con él, se abrazaron.

—He llegado demasiado tarde —murmuró Nicolas.

—No es culpa tuya —respondió Azlan.

—Sin embargo, tendría que haber estado aquí, junto a él —insistió—. Tendría que…

A uno y otro lado del lecho mortuorio había sendas hileras de candelabros de bronce de varios brazos. La luz que desprendían rodeaba al duque con un halo resplandeciente. Las llamas, al oscilar, hacían correr sombras sobre el cuerpo de Leopoldo. Uno de los criados creyó ver que su señor se había movido. De inmediato, todo el mundo se arrodilló murmurando que el duque estaba vivo, que Dios, en su infinita misericordia, lo había hecho regresar de entre los muertos. Nicolas y Azlan se vieron obligados a intervenir para constatar que el corazón de Leopoldo no latía y que su soberano no respiraba, para concluir finalmente ante la asistencia que el milagro de sus plegarias no se había producido.

Lunes, 28 de marzo de 1729

Todo el día hubo un desfile ininterrumpido de súbditos que deseaban dar su último adiós a su soberano, la misma multitud que, treinta años antes, se había agolpado en todas las calles de Lunéville para conocer a su nuevo duque. Por la tarde se cerró el castillo y el cuerpo fue transportado a una sala dispuesta para proceder al embalsamamiento. El duque había pedido expresamente en sus últimas voluntades que de esa tarea se encargara Nicolas. Su primer cirujano, al que le correspondía ese honor, trató de oponerse a ello, por lo que estuvo acechando el apartamento de la duquesa durante todo el día, en vano. Isabel Carlota confirmó la voluntad de su difunto esposo. Ella solo autorizó a cuatro personas para que participaran en el embalsamamiento.

—Henos aquí reunidos ante tan ilustre finado —dijo el doctor Bagard, y se santiguó tras una breve oración.

El médico vestía su más bella toga roja rematada con una amplia piel de armiño blanco. Su papel se limitaría a supervisar el trabajo de los cirujanos. Azlan había preparado el instrumental necesario para las diversas etapas de la operación. Junto a él, el boticario Malthus alineó los ingredientes, bálsamos, esencias y especias solicitadas por maese Déruet. Nicolas llevaba sus mitones, de los que tantas veces se había reído el duque, como último guiño a una indefectible amistad. El médico hizo una señal al resto de los asistentes para que se marcharan. Nadie, aparte de ellos, debía ver el cuerpo mutilado del soberano.

Los cuatro hombres se miraron en silencio. Malthus, un anciano esmirriado de piel surcada por profundas arrugas, de cabellos canos y amarillentos tan largos que reemplazaban cualquier peluca, salmodiaba unos padrenuestros como quien toma una sopa de pan caliente en silencio. Azlan trataba de evitar la visión del cadáver y se había concentrado en la preparación de la autopsia. A Nicolas se le hacía difícil ocultar su emoción. Odiaba la muerte por la manera en que esta inmovilizaba a los hombres en esculturas de arcilla fría y pútrida. El doctor Bagard revivía en bucle los últimos instantes de vida de Leopoldo. Sus últimas palabras lo obsesionaban. El soberano, cuya voz se había alterado considerablemente, se dirigió a quienes lo velaban.

—Me muero —pronunció lentamente—, sin más dolor que el de no haber servido a Dios con tanta fidelidad como debí y no haber trabajado por la felicidad de mi pueblo con tanto celo como pude.

Su boca se entreabrió. Sus últimas palabras fueron inaudibles. El médico fue quien le cerró los ojos. La imagen no lo abandonaba.

Antes de proceder a la extracción de las vísceras, Nicolas debería separar el corazón del duque. No había tenido fuerzas para hacerle la autopsia a Germain tras su asesinato, ni al padre Creitzen ni a Carlingford, fallecidos dos años después. Sin embargo, le había dado su palabra a Leopoldo cuando este le confió esa misión. Ahora debía llevarla a cabo. No era el primer sol que sacaba de su seda, había habido muchos, pero ese tenía tal importancia que sus manos, tan seguras hasta poco antes, temblaron. Dejó que Azlan se ocupara de abrir el tórax antes de proceder a la extracción del corazón. Nicolas lo separó rápidamente y lo tomó en el hueco de sus manos. El músculo del duque, de un granate oscuro, tenía forma de gota y poseía numerosos y gruesos surcos de grasa en la superficie. Se había convertido en un sol frío.

Malthus le tendió una mezcla de sales que contenía natrón, sustancia que permitiría su conservación al abrigo del tiempo. Nicolas cubrió con esta el órgano y lo depositó en una caja de plata decorada con las armas ducales. El boticario y Azlan acabaron el embalsamamiento bajo las miradas apenadas de los dos hombres.

—Las vísceras hay que llevarlas a los carmelitas —precisó Bagard tras un largo momento en que cada uno se había concentrado en sus propios pensamientos—. El cuerpo de Su Alteza se expondrá de nuevo mañana antes de trasladarlo a Nancy, al noviciado de los jesuitas.

—Os pido, como un honor, que yo mismo pueda proceder al traslado de la reliquia de nuestro duque hasta su destino —dijo Nicolas, que sostenía la caja contra él como un preciado tesoro.

—Si la duquesa no dice lo contrario, ¡así será! —respondió secamente el médico, al que la fatiga volvía irritable.

Hubiera deseado hacerlo él mismo, como le autorizaba el protocolo, pero comprendió que el arbitraje de Isabel Carlota no se inclinaría en su favor. «Si a Déruet ahora le empiezan a gustar los honores, ¿adónde irá a parar el ducado?», pensó Bagard cuando abrió la puerta tras la que esperaban los sirvientes encargados de volver a llevar el cuerpo a la habitación.

Martes, 29 de marzo de 1729

La salida del cortejo funerario, a la cabeza del cual iba Joseph de Gellenoncourt, se fijó a las ocho de la tarde, dada la dificultad de cargar el ataúd en el coche fúnebre. Nicolas y Azlan se sentaron en uno de los vehículos del séquito, con el príncipe de Beauvau-Craon. El cirujano llevaba consigo la caja de plata y se negó a que cualquier otro la cogiera. El cortejo se detuvo en cada iglesia del trayecto. Invariablemente, prevenidos por las campanas que tocaban a difuntos, los fieles acudían hasta allí, surgiendo de la noche cual espectros que aparecieran de la nada, incrédulos y abatidos, y rodeaban el ataúd con sus lágrimas y sus plegarias, mientras el cura local rociaba la carroza con agua bendita. Eran más de las tres de la madrugada cuando el cortejo entró en Nancy por la puerta de Saint-Nicolas de la ciudad nueva.

El noviciado de los jesuitas, muy cerca de allí, estaba profusamente iluminado. Se habían colocado antorchas en el patio principal, donde aguardaban el conde de Tornielle, limosnero mayor, así como numerosos miembros del clero de la ciudad. Todos se santiguaron a la llegada del acompañamiento fúnebre. El cuerpo de Leopoldo fue transportado sin dilación a la capilla des Confesseurs. El reverendo padre Tribolet, rector del noviciado, fue a dar la bienvenida a Nicolas, quien le entregó la caja y lo acompañó a la cripta de la misma capilla. El cura la dejó sobre el suelo de arena, junto a las reliquias de su padre, Carlos V, y de diez de sus hijos.

Tras una nueva ceremonia y unas plegarias, el príncipe de Beauvau-Craon fue a la sacristía y firmó el certificado en compañía de los demás participantes. Al salir, el alba había traído consigo unos rayos de fuego en un cielo inmaculado. Vio a Nicolas y a Azlan, que estaban aguardando su carroza.

—Ya está, se ha acabado —constató el príncipe con un asomo de alivio en la voz.

—¿Qué nos reservará el futuro? —preguntó Azlan cuando los primeros habitantes, prevenidos, se agolpaban a las puertas del patio.

El silencio fue la única respuesta.

—Hay algo extraño, sin embargo —observó Marc de Beauvau.

—¿A qué os referís?

—A la caja. En el documento que he firmado se decía «un cofre de plomo».

—¿Y qué? —preguntó Azlan.

—Juraría que ayer era de plata —afirmó el príncipe de Craon—. Con unos motivos muy trabajados.

—Todos estamos muy cansados —explicó Nicolas tras una mirada furtiva a Azlan.

—¿Cansados? ¡Agotados, querréis decir! —recalcó el príncipe—. Lleváis razón, vayamos a dormir. Dentro de unas horas la ciudad se despertará entre los dolores del luto.

Miércoles, 30 de marzo de 1729

Fueron al puerto del Crosne y se sentaron en la orilla, frente al lugar donde cobró forma la *Nina*.

—¿Crees que lo habrá conseguido? —preguntó Azlan, que pensaba en el Erizo Blanco.

—Así lo espero sinceramente —respondió Nicolas, y se puso en pie para observar la maniobra de un esquife bajo los arcos del puente de Malzéville.

—En tal caso ¿por qué nunca ha dado señal de vida?

—Ya lo conoces, detesta las moratorias.

A Azlan la explicación le pareció insuficiente y se encogió de hombros.

—Lo echo en falta, a pesar de su carácter endemoniado. A veces vengo al puerto con la esperanza de encontrarme la *Nina* en el muelle y a François haciéndome señas entre maldiciones. ¡Y ya puestos, tengo que confesar que vengo a menudo!

—Hace más de veintiséis años que se marchó —constató Nicolas, cuya frase resonó como una sentencia.

—¡No, yo digo que no ha muerto! Llegó al mar y decidió quedarse allí —dijo Azlan—. ¡Hizo realidad su sueño!

Nicolas comprendió la intención del joven. Forjar la leyenda del Erizo Blanco y perpetuarla dependía de ellos. Así, sucediera lo que sucediese, su amigo seguiría vivo.

—Tienes razón —aseguró Nicolas con una sonrisa—. François lo ha logrado.

Azlan también se levantó y se volvió hacia la carroza que los esperaba a pocos metros.

—¿Qué haremos con la caja? —preguntó, y señaló el cofrecillo sobre el asiento.

—Cumplir la voluntad del duque. Ponerla al abrigo —confió Nicolas.

—Pensé que el príncipe se había dado cuenta del cambiazo. Pero ¿por qué hay que esconderla? ¿Qué podemos temer?

Cuando se quedó a solas con Nicolas en el jardín del palacio ducal, el 2 de diciembre de 1702, antes de su partida, Leopoldo le confesó que temía las posibles represalias de los franceses. Estaba convencido de que querrían hacer desaparecer sus reliquias tras su muerte, de que el reino de Francia trataría de borrar la historia de su familia. Nicolas le juró que guardaría su corazón a buen recaudo.

—Y entonces ¿qué hay en esa caja de plomo? —preguntó Azlan.

—El sol de un hombre fallecido el lunes pasado en el hospital Saint-Jacques de Lunéville —respondió Nicolas—. Un pastor.

—¿Sabes dónde guardarlo?

—Allá donde nadie podrá encontrarlo nunca, créeme.

Nicolas le echó el brazo por el hombro, el mismo gesto de ternura que tenía con él cuando, de pequeño, Azlan acompañaba a su maestro en busca de plantas silvestres, allá en Peterwardein.

—Ven, volvamos, Rosa nos espera.

En el cielo, los jirones habían cambiado de color y habían confluido en nubes de formas generosas que se deslizaban, perezosas e indiferentes, por encima del ducado que se despertaba al nuevo día.

Nota del autor

Me sería imposible, en pocas líneas, desenredar la madeja de los hechos probados por la historia y aquellos imaginados para esta novela. En las referencias citadas a continuación el lector hallará mis principales fuentes de información que podrán servirle de guía. La mayoría pueden descargarse en formato digital de la página de la Biblioteca Nacional de Francia (www.gallica.fr).

Algunos lectores habrán descubierto ciertos anacronismos: son voluntarios, pues deseaba incorporarlos a esta historia. Así, el diccionario de Chomel, que Nicolas consulta con frecuencia, en realidad se publicó en 1709. Otras obras citadas, aunque ya habían sido publicadas, no contaron con una traducción francesa hasta tiempo después. Igualmente, las farolas de la ciudad de Nancy no se instalaron hasta agosto de 1715, por orden de Leopoldo, y la rue du Pont-Moujat todavía se llamaba rue Neuve-Saint-Nicolas. Por el contrario, no he indicado los números de los edificios en las calles puesto que entonces no existía un sistema de numeración. Sin embargo, algunas casas pueden reconocerse entre las que aún se alzan en la ciudad antigua.

Las intervenciones quirúrgicas y los casos clínicos aquí narrados se basan en documentos reales e informes de la época que he podido consultar. Me he inspirado sobre todo en las *Mémoires de l'Académie royale de Chirurgie* (*Memorias de la Academia Real de Cirugía*).

Los sitios de Peterwardein y de Timisoara tuvieron lugar en las fechas indicadas y de la manera que los he descrito. Lo mismo para la parte de la novela situada en Versalles, con excepción del partido de juego de pelota, que he inventado para la ocasión, y la presencia de Joseph Urfin, el hombre salvaje (aunque este vivió en ese período).

Por lo que respecta al subterráneo del convento del Refugio, ha permanecido intacto hasta el día de hoy.

Espero haber restituido con la mayor precisión y sinceridad posibles la vida cotidiana de esos años comprendidos entre 1694 y 1702, y confío en que los historiadores me perdonarán los errores que, sin haber sido invitados, se hayan podido deslizar en beneficio de la verosimilitud del relato. Si los lectores desean hacerme llegar preguntas o comentarios, pueden contactar conmigo en la siguiente dirección: eric.marchal@caramail.fr, y estaré encantado de conversar con ellos.

Nicolas, Rosa, Marianne, Azlan, François y Germain son personajes de ficción, pero para mí se han convertido en unos seres tan queridos que hoy me pregunto incluso si no habrán existido realmente…

Principales referencias bibliográficas

Albinus, Bernhard Siegfried y Ladmiral, Joannes, *Dissertatio de arteriis et venis intestinorum hominis. Adjecta icon coloribus distincta*, T. Haak, Amsterdam, 1736. (BIUM París, Biblioteca Interuniversitaria de Medicina.)

Baulant, Micheline, «Jalons pour une histoire du costume commun», en *Histoire & mesure*, Éditions de l'EHESS, XVI, ½, 2001.

Baumont, Henri, *Études sur le règne de Léopold, duc de Lorraine et de Bar (1697-1729)*, tesis doctoral presentada en la Facultad de Letras de Nancy, Berger-Levrault et Cie., Nancy, 1894. (BNF, Biblioteca Nacional de Francia.)

Bernier, J., *Essais de médecine où il est traité de l'historie de la médecine et des médecins*, S. Langronne, París, 1689. Signatura 5741 (BIUM París).

Bidloo, Govert y Gérard de Lairesse, *Anatomia humani corporis*, Joannis a Someren, Amsterdam, 1685.

Bourgeois, Louise, *Observations de Louise Bourgeois dite Boursier sage-femme de ma Reine. Livre deuxième*, M. Mondière, París, 1626. (BNF)

Bourgery, Jean-Marc y Claude Bernard, *Traité complet de l'anatomie de l'homme comprenant l'anatomie chirurgicale et la médecine opératoire*, t. VII, L. Guérin, 1867-1871. Signatura 2083 (BIUM París).

Calmet, Antoine (RP Dom Calmet), *Bibliothèque lorraine, ou His-*

toire des hommes illustres qui ont fleuri en Lorraine, dans les Trois-Évêchés, dans l'archevêché de Trèves, dans le duché de Luxembourg, A. Leseure, Nancy, 1751. (BNF)

Cesena, Amédée de, *Le Nouveau Paris. Guide de l'étranger, pratique, historique, descriptif et pittoresque*, Garnier Frères, París, 1863. (BNF)

Charton, C., *La Lorraine sous le duc Léopold Ier. 1698-1729*, Veuve Gley, Épinal, 1866. (BM Nancy, Biblioteca Municipal de Nancy.)

Chauviré, Frédéric, «La charge de cavalerie, de Bayard à Seydlitz», en *Cahiers du CEHD*, cuaderno n.º 23, cap. 6, pp. 93-131, 2004.

Chomel, Noël, *Dictionnaire œconomique, contenant divers moyens d'augmenter et conserver son bien, et même sa santé*, Le Conte & Montalant, París, 1709. (BNF)

Daremberg, Charles, *Histoire des sciences médicales: comprenant l'anatomie, la physiologie, la médecine, la chirurgie et les doctrines de pathologie générale depuis les temps historiques jusqu'à Harvey*, t. II, J.-B. Baillière et Fils, París, 1870. (BNF)

Dionis, Pierre, *Traité général des accouchements, qui instruit de tout ce qu'il faut faire pour être habile accoucheur*, C. M. D'Houry, París, 1718. (BNF)

Dulaure, Jacques-Antoine, *Nouvelle description des curiosités de Paris*, 2.ª ed., primera parte, Lejay, París, 1787. (BNF)

Franklin, Alfred, *La vie privée d'autrefois. Arts et métiers, modes, mœurs, usages des Parisiens du XIIe au XVIIIe siècle. Les magasins de nouveautés*, E. Plon, Nourrit et Cie., París, 1895. (BNF)

—, *Dictionnaire historique des arts, métiers et professions exercées dans Paris depuis le treizième siècle*, H. Welter, París, 1906. (BNF)

Galante, Émile (dir.), *Revue des instruments de chirurgie; bulletin mensuel illustré des instruments et appareils en usage dans les sciences médicales*, París, 1891. (BIUM París.)

Gilbert, Émile, *La Pharmacie à travers les siècles: Antiquité, Moyen Âge, Temps modernes*, Vialelle et Cie., Toulouse, 1886. (BNF)

Godin, Nicolas, *La chirurgie militaire très utile à tous chirurgiens à tous ceux qui veulent suyvre un camp en temps de guerre pareillement à tous autres en condition pestilente ou dysentrique*, Amberes, 1558. (BNF)

Hammer-Purgstall, Joseph von, *Histoire de l'Empire ottoman: depuis son origine jusqu'à nos jours. Tome douzième: depuis la paix de Zurawna jusqu'à la paix de Carlowicz, 1676-1699*, Bellizard, Barthès, Dufour et Lowell, París, 1838. (BNF)

Harvey, William, *La Circulation du sang: des mouvements du cœur chez l'homme et les animaux; deux réponses à Riolan*, trad. de C. Riche, G. Masson, París, edición de 1879. (BNF)

Haussonville, Joseph d', *Histoire de la réunion de la Lorraine à la France*, t. IV, M. Lévy Frères, 1859. (BNF)

Helvétius, Jean Adrien, *Traité des maladies les plus fréquentes et des remèdes propres à les guerir*, tt. I y II, Le Mercier, París, 1724. (BIUM París.)

Henry, Napoléon, *Histoire de Pont-à-Mousson et des environs*, A. T. Breton, 1839.

Lacombe, Jacques, *Arts et métiers mécaniques*, t. VI, Panckoucke, París, 1789. (BNF)

Larrey, Dominique-Jean, *Mémoires de chirurgie militaire et campagnes*, t. III, J. Smith, París, 1812. (BNF)

Laugier, Jean-François, *Traité des remèdes vulnéraires, dans lequel on explique leur nature et leurs effets, avec la théorie des accidents qui se rencontrent dans les plaies suivant les anciennes et les nouvelles opinions, et par la mécanique*, J. Certe, Lyon, 1693. (BNF)

Le Noble, Eustache, *Zulima ou l'Amour pur: nouvelle historique*, G. de Luyne, París, 1695. (BNF)

Les rues de Paris: Paris ancien et moderne. Origines, histoire, monuments, costumes, mœurs, chroniques et traditions, Kugelmann, París, 1844. (BNF)

Les Tziganes/Roms en Hongrie, Dossiers sobre Hungría, Ministerio de Asuntos Exteriores, Budapest, 2004.

Lespinasse, René de, *Les métiers et corporations de la ville de Paris. III: XIVe-XVIIIe siècles. Tissus, étoffes, vêtement, cuirs et peaux, métiers divers*, Imprimerie Nationale, París, 1897. (BNF)

Levacher de la Feutrie, Thomas; François Moysant y M. La Macellerie, *Dictionnaire de chirurgie*, t. I, Lacombe, París, 1767. Signatura 30944 (BIUM París).

Ligne, Charles-Joseph de, *Mélanges militaires, littéraires et sentimen-*

taires. Tome cinquième: mémoire sur les campagnes faites en Hongrie, au service de l'Empereur, par le comte de Bussy-Rabutin, editor desconocido, 1795. (BNF)

Man***eux, M. de, *Traité sur la connaissance du royal jeu de paume, et des principes qui sont relatifs aux différentes parties qu'on y joue*, Neuchâtel, 1783. (BNF)

Mancini, Giambattista, *Réflexions pratiques sur le chant figuré*, traducido de la 3.ª ed. italiana, Du Pont, París, año III de la República. (BNF)

Marushiakova, Elena, y Veselin Popov, *Roms/Histoire/L'empire ottoman*, Proyecto de educación de los niños gitanos en Europa, Consejo de Europa, 2009.

Mémoires de l'Académie royale de chirurgie, t. I, Delaguette, París, 1743. Signatura 90135 (BIUM París).

Mémoires de l'Académie royale de chirurgie, t. II, Delaguette, París, 1753. Signatura 90135 (BIUM París).

Mémoires de l'Académie royale de chirurgie, t. III, Delaguette, París, 1757. Signatura 90135 (BIUM París).

Ménard, Louis, *Hermès Trismégiste, traduction complète, précédé d'une étude sur l'origine des livres hermètiques*, 2.ª ed., Didier et Cie., París, 1867.

Mourin, Ernest, *Récits lorrains. Historie des ducs de Lorraine et de Bar*, Berger-Levrault et Cie., Nancy, 1895. (BNF)

Nuisement, Clovis, *Traité de l'harmonie et constitution générale du vrai sel, secret des philosophes, et de l'esprit universelle du monde, suivant le troisième principe du Cosmopolite, œuvre non moins curieuse que profitable, traitant de la connaissance de la vraie médecine chimique*, J. Perier et A. Buisard, París, 1621. (BNF)

Paré, Ambroise, *Œuvres complètes, revues et collationnées sur toutes les éditions*, t. II, J. F. Malgaigne, París. Signatura 30621 (BIUM París).

Perrinet d'Orval, Jean-Charles, *Traité des feux d'artifice pour le spectacle*, editor desconocido, París, 1747. (Biblioteca electrónica suiza.)

Pfister, Christian, *Histoire de Nancy*, t. I, Berger-Levrault et Cie., Nancy, 1902. (BNF)

—, *Histoire de Nancy*, t. II, Berger-Levrault et Cie., Nancy, 1909. (BNF)

—, *Histoire de Nancy*, t. III, Berger-Levrault et Cie., Nancy, 1908. (BNF)

Polin, Sébastien, *Le Chien de guerre. Utilisation à travers les conflits*, Tesis doctoral de la Escuela Nacional de Veterinaria de Alfort, 2003.

Pouteau, Claude, *La taille au niveau. Mémoire sur la lithomie par l'appareil latéral, circonstances & dépendances, avec addition de quelques nouveaux instruments pour cette opération*, Aviñón, 1765. (BNF)

Quesnay, F., y F. Bellial des Vertus, *Histoire de l'origine et des progrès de la chirurgie en France*, Ganeau, París, 1749. (BNF)

Quinault, Philippe, *Proserpine: tragédie en musique ornée d'entrées et de ballet, de machines, & de changements de théâtre*, C. Ballard, París, 1680. (BNF)

Ravold, J.-B., *Histoire démocratique et anecdotique des pays de Lorraine, de Bar et des trois Évêchés (Metz, Toul, Verdun), depuis les temps les plus reculés jusqu'à la révolution française*, t. IV, C. Bayle, París, 1890. (BNF)

Recueil périodique d'observations de médecine, chirurgie et de pharmacie, J. Barbou, París, 1754. Signatura 90145 (BIUM París).

Rémond de Montmort, Pierre, *Essay d'analyse sur les jeux de hazard*, 2.ª ed., J. Quillau, París, 1713. (BNF)

Renard, O., y otros, «Pathologies bénignes de l'ouraque chez l'adulte: origine embryologique, présentation clinique et traitements», en *Progrès en Urologie*, n.° 18, pp. 634-641, 2008.

Rolland, A. A. (trad.), *Lettres nouvelles et inédites de la Princesse Palatine*, Colección Hetzel, J. Hetzel, París, 1863. (BNF)

Saint-Simon, Louis de Rouvroy, *Mémoires*, t. VI, Librairie Hachette et Cie., 1888. (BNF.)

Scarpa, Antonio, *Traité de l'opération de la taille ou Mémoires anatomiques et chirurgicaux sur les différentes méthodes employées pour pratiquer cette opération*, Gabon et Cie., París, 1826. (BNF)

Scarron, Paul, *Le Roman comique*, tt. I y II, P. Janner, París, 1857. (BNF)

Ségalas d'Etchepare, Pierre-Salomon, *Essai sur la gravelle et la pierre, considérées sous le rapport de leurs causes, de leurs effets et de leurs divers modes de traitement*, segunda parte, J.-B. Baillière, París, 1836. (BNF)

Spinoza, Baruch, *Éthique*, traducción del conde H. de Boulainvilliers, Armand Colin, París, 1907. La obra original, *Ethica ordine geometrico demonstrata*, se publicó en latín en 1677. (BNF.) [Hay trad. cast.: *Ética demostrada según el orden geométrico*, ed. y trad. de Atilano Domínguez, Trotta, Madrid, 2009.]

Thiéry, Luc-Vincent, *Guides des amateurs et étrangers voyageurs à Paris*, t. II, Hardouin & Gattey, 1787. (BNF)

Tissot, Victor, «Chez les tsiganes», en *La Hongrie, de l'Adriatique au Danube*, Plon, París, 1899. (BNF)

Tomeoni, Florido, *Théorie de la musique vocale, ou des dix règles qu'il faut connaître et observer pour bien chanter*, C. Pougens, París, año VII de la República. (BNF)

Touchard-Lafosse, G., *Chroniques de l'Œil-de-Bœuf des petits appartements de la cour et des salons de Paris, sous Louis XIV, la Régence, Louis XV et Louis XVI*, quinta a octava series, G. Barba, París, 1860. Signatura 9709 (BNF).

Verrier, Eugène, *Manuel pratique de l'art des accouchements*, F. Savy, París, 1867. (BNF)

Watts, Sydney, «Boucherie et hygiène à Paris au XVIIIe siècle», en *Revue d'Histoire Moderne et Contemporaine*, pp. 51-53, julio-septiembre de 2004.

Agradecimientos

A mis padres y a mis hijas, por su apoyo activo e indefectible. Con todo mi amor.

A Christiane, historiadora aficionada pero extremadamente precisa y cuidadosa con los detalles, buscadora infatigable de documentos —¡y de subterráneos!— inencontrables, apasionada por la historia de Nancy y de Lorena. Toda mi gratitud.

A todo el equipo de EAC, Stephen, Anne, Sophie, Julia, Yasmina, Anne-Sophie, y a Virginie Migeotte, por vuestra implicación y energía. ¡Hasta la próxima aventura!

A mi A, a mi ángel, sin quien este libro no sería el mismo.

Y un profundo agradecimiento a mi cafetera, que ha soportado su uso intensivo sin abandonarme nunca.